Vielheit und Einheit der Germanistik weltweit

PUBLIKATIONEN DER INTERNATIONALEN VEREINIGUNG FÜR GERMANISTIK (IVG)

Herausgegeben von Franciszek Grucza und Jianhua Zhu

Band 14

PETER LANG

Frankfurt am Main · Berlin · Bern · Bruxelles · NewYork · Oxford · Warszawa · Wien

Vielheit und Einheit der Germanistik weltweit

Herausgegeben von Franciszek Grucza

Band 14

Koloniale und postkoloniale deutschsprachige Literatur

Betreut und bearbeitet von Adjaï Paulin Oloukpona-Yinnon,
Anna Babka, Axel Dunker

Die deutschsprachige Kultur und Lateinamerika

Betreut und bearbeitet von Willi Bolle

Indien im Spiegel der deutschen Dichtung

Betreut und bearbeitet von Balasundaram Subramanian,
Ursula Kocher, Pornsan Watanangura

Klimachaos und Naturkatastrophen in der deutschen Literatur – Desaster und deren Deutung

Betreut und bearbeitet von Gabriele Dürbeck

Stadtvorstellungen und -utopien in Literatur und Geschichte

Betreut und bearbeitet von Yoshito Takahashi,
Ahn Mun-Yeong, Engelhart Weigl

PETER LANG

Internationaler Verlag der Wissenschaften

Bibliografische Information der Deutschen Nationalbibliothek
Die Deutsche Nationalbibliothek verzeichnet diese Publikation
in der Deutschen Nationalbibliografie; detaillierte bibliografische
Daten sind im Internet über http://dnb.d-nb.de abrufbar.

Umschlaggestaltung:
© Olaf Gloeckler, Atelier Platen, Friedberg

Umschlagabbildung:
Universität Warschau,
gedruckt mit freundlicher Genehmigung
des Biuro Promocji UW.

Gedruckt auf alterungsbeständigem,
säurefreiem Papier.

ISSN 2193-3952
ISBN 978-3-631-63214-7

© Peter Lang GmbH
Internationaler Verlag der Wissenschaften
Frankfurt am Main 2012
Alle Rechte vorbehalten.

www.peterlang.de

Inhaltsverzeichnis

Sektion (5)
Die deutschsprachige Kultur und Lateinamerika

Sektion (13)
Klimachaos und Naturkatastrophen in der deutschen Literatur
– Desaster und deren Deutung

I Poetik und Dramatisierung von Katastrophen

Sektion (43)

Koloniale und postkoloniale deutschsprachige Literatur

Betreut und bearbeitet
von
Adjaï Paulin Oloukpona-Yinnon, Anna Babka
und Axel Dunker

Einleitung

In der Sektion 43 mit dem Titel „*Koloniale und postkoloniale deutschsprachige Literatur*" unter der Leitung von Adjaï Paulin Oloukpona-Yinnon (Lomé, Togo) und der Ko-Leitung von Anna Babka (Wien, Österreich) und Axel Dunker (Mainz, Deutschland) gab es ursprünglich über 30 Vorschläge für einen Beitrag, aber schließlich wurden nur 25 Vorträge tatsächlich gehalten und kritisch besprochen. Einige dieser Vorträge wurden von den Autorinnen und Autoren – aus persönlichen Gründen – nicht zur Publikation freigegeben, so dass hier nur 16 Texte zur Verfügung stehen, die jedoch die breite Palette der in der Sektion diskutierten Fragen widerspiegeln. Die Germanistik mit kolonialer und postkolonialer Ausrichtung setzt sich in der Tat mit einer Reihe wichtiger aktueller Themen auseinander, nicht nur in den deutschsprachigen Ländern, sondern in der ganzen Welt. Diese Themenschwerpunkte sind sowohl wissenschaftlich interessant als auch gesellschaftlich relevant und zeigen die komplexen Verflechtungen von Fiktion und Realität, von Literatur und Gesellschaft.

Adjaï Paulin Oloukpona-Yinnon

CHRISTINE DE GEMEAUX (France, Tours)

Postkolonialismus, theoretische Fragen im internationalen und deutschen Kontext

Ab 1945 setzte mit der Dekolonisierung die Neustrukturierung des internationalen Systems ein, und spätestens seit dem Ende Rhodesiens 1980 schien die koloniale Zeit beendet. Eine Umorientierung zu postkolonialen, ja neokolonialen Verhältnissen fand statt. Der zeitliche Abstand, die aktuellen Probleme der entkolonisierten Staaten und die Globalisierungsbewegung erklären das heutige Interesse für Postkolonialismus und postkoloniale Literatur. Was versteht man aber unter Postkolonialismus? Bezeichnet wird die Zeit vor und nach der Kolonisation, verbunden mit einer Grundsatzkritik, welche die koloniale Prägung von Repräsentationen, aber auch die politischen und wirtschaftlichen Verhältnisse untersucht. Die postkolonialen Studien sind pluridisziplinär ausgerichtet (Anthropologie, Geschichte, Kulturgeschichte, *Cultural Studies*, Literaturwissenschaft bzw. Germanistik). Das Präfix „Post" wurde der – in Amerika so genannten – *French Theory*[1] (mit Begriffen wie Postmodernismus, Dekonstruktion und Diskursivität) entnommen. Erste postkoloniale Ansätze begannen schon in den 1950er Jahren. Die Bedeutung vom *British Empire* einerseits und vom *Empire colonial français* andererseits erklären, dass diese Ansätze aus den entsprechenden Sprachräumen stammen. Mit den Werken Césaires aus Guadeloupe, Memmis aus Algerien und vor allem Fanons, sind „frühe Anfänge postkolonialer Studien" (Albrecht, 2008: 35) zu verzeichnen[2]. Die englischsprachigen Theoretiker – Said, der amerikanischer Palästinenser ist, Guha, Spivak und Bhabha, die Inder sind, haben mit dem *Orientalismus* und den *Subaltern Studies* die postkoloniale Forschung durch neue Begriffe wie „Hybridität" und „dritter Raum" geprägt. Schließlich wurde mit der Welt- und Imperialgeschichte (*New Imperial History.* (Cooper) ein neuer Ansatz wirksam.

Folgende Fragen sind vorrangig: Wie erklären sich nach der Kolonialzeit das rege Interesse für die außereuropäischen Kulturen und die Kehrtwende der westlichen Intelligenz, die Infragestellung der europäischen Modernität,

---

1   Mit Autoren wie Deleuze, Derrida und Foucault. S. Cusset.

2   Franz Fanon, *Peaux noires, masques blancs* (1952); *Les Damnés de la terre* (1961).

die Begriffe der Identität und der Subalternität? Warum wurde von einem deutschen Defizit in postkolonialen Fragen gesprochen? Während der 1955 stattfindenden afro-asiatischen Konferenz von Bandung wurde der Kolonialismus zum ersten Male international verurteilt[3]. Der europäische Rückgang war nach dem Zweiten Weltkrieg in allen Breitengraden offensichtlich. Die europäische und außereuropäische Intelligenz besann sich der Bedeutung des kolonialen Paradigmas. Mit Césaires *Discours sur le colonialisme* (1955), mit Memmis *Portrait du colonisateur, Portrait du colonisé*, mit Fanons *Les damnés de la terre* (s. Sartres Vorwort dazu) wurden die Grundlagen des Kolonialismus und die daraus resultierenden Zustände bewusst gemacht: Erfahrungen von gewaltsamer Unterdrückung, wirtschaftliche Ausbeutung durch die Kolonialherren. Ein gnadenloser Machtkampf unter dem Deckmantel des europäischen Humanismus wurde entlarvt. So wie Hannah Arendt Imperialismus als Folge des Kolonialismus[4] darstellte, setzte Fanon in einem marxistischen Sinne die kolonialen Verhältnisse in Verbindung mit dem kriegerischen Kapitalismus. Die „Dritte Welt" fungiere als zentrale Bühne, wo der Kampf mit Hilfe der modernsten Technik ausgetragen werde. Dagegen sei nur Gegengewalt angebracht (Fanon, 51): Die im Kolonialsubjekt angestaute leerlaufende Gewalt (Fanon, 59) müsse zum Ausdruck kommen. Fanons soziodiagnostische Psychiatrie und Memmis Schilderung einer kolonialen Dialektik – in Anlehnung an Hegels Dialetik von Herrschaft und Knechtschaft – machten deutlich, dass Kolonisierter und Kolonisator – sprich hier Europa – schizophren seien. Im Rassismus – als entscheidende Kategorie[5] des Kolonialismus (Memmi, 90) – konstruiere der Kolonisator nicht nur den zum Objekt gewordenen Kolonisierten, sondern auch sich selbst, mit dem Ziel die eigene grausame Rolle zu ertragen (Memmi, 94). Die ersten Theoretiker gehören zur Phase der Bewusstwerdung, die in den 1960er Jahren mit der Entkolonisierung endete. Sie werden heute noch in Anspruch genommen, wenn man die bipolaren Entgegensetzungen Kolonialherr/Kolonisierter, Westen/Rest der Welt, Zivilisation/Wildheit, männlich/weiblich, ebenso wie die repressiven Festschreibungen ethnischer und nationaler Identitäten „dekonstruktivistisch" auflösen will. Saïds Buch *Orientalismus* (1978) spielte da eine bahnbrechende Rolle, indem es den Orient als ein europäisches Konstrukt hinstellte, das auf Dichotomien beruhe und dahin tendiere, die abendländische Überlegenheit zu

---

3   « Le colonialisme dans toutes ses formes est un mal auquel il doit être mis fin rapidement [...] La soumission des peuples au joug de l'étranger, à sa domination et à son exploitation [est] une négation des droits fondamentaux de l'homme, contraire à la Charte des Nations Unies » (zit. *in* Cooper, 2010). Übersetzung von mir (CdG).

4   « L'impérialisme qui est né du colonialisme » (Arendt, 1982: 7).

5   « Élément consubstantiel ».

rechtfertigen. Dabei werde der Andere übersehen, imaginäre Bilder kombiniere man mit Teilwissen und projiziere sie auf das Objekt. Die diskursive Untersuchung der Texte der Orientalisten seit dem 18. Jahrhundert belege dieses Urteil. So Saïd:

> *Ich betone, dass wenn man den Orientalismus nicht **als Diskurs** [von mir CdG unterstrichen] studiert, man nicht fähig ist, diese extrem systematische Disziplin zu verstehen, die der europäischen Kultur ermöglicht hat, den Orient während der Epoche der Aufklärung in politischer, soziologischer, militärischer, ideologischer, wissenschaftlicher und imaginärer Hinsicht zu führen und gar zu produzieren.*[6] (Said: 15)

In der postkolonialen Kritik der 1970–1980er Jahre wurden also epistemologische Gewaltverhältnisse, eurozentrische Maßstäbe diskursiv kritisiert und in Frage gestellt. In fine wurde zur Entkolonisierung *von Wissen* aufgerufen. Die herkömmliche rationalistische, eurozentristische Geschichtsperspektive und das produzierte Herrschaftswissen über die „anderen" werden seit Saïd angeprangert. So Cooper:

> *Das Ziel war kein geringeres als die Vernunft und den Fortschritt von ihrer Rolle als Leuchttürme der Humanität zu entheben und zu zeigen, dass die Ansprüche auf Universalität, die aus der Zeit der Aufklärung hervorgegangen sind, die Art und Weise des Kolonialismus verdunkeln mit dem dieser nicht nur seine Macht zur Ausbeutung aufzwang, sondern auch seine Fähigkeit Begriffe wie Demokratie, Liberalismus, Rationalität zu bestimmen, nach denen das politische Leben auf der ganzen Welt künftig gestaltet werden würde.* (Cooper, 25)[7].

Die einseitige historische Kontinuität im Sinne der Kolonisatoren wurde in Frage gestellt (Foucault). Said hat das Problem der Identität für alle unterworfenen Völker, Minderheiten und Diskriminierte aufgeworfen. Rasse, Geschlecht, Fremde können nun nach ihrer Funktion hinterfragt werden. Eine Vielfalt der unterschiedlichen historischen Erzählungen wird aufgewertet.

---

6 « Je soutiens que, si l'on n'étudie pas l'orientalisme en tant que discours, on est incapable de comprendre la discipline extrêmement systématique qui a permis à la culture européenne de gérer – et même de produire – l'Orient du point de vue politique, sociologique, militaire, idéologique, scientifique et imaginaire pendant la période qui a suivi le siècle des Lumières ».

7 « L'objectif ne fut rien moins que de destituer la raison et le progrès de leur rôle de phares de l'humanité et de montrer que les prétentions à l'universalité qui ont émergé des Lumières occultent la manière dont le colonialisme imposa non seulement son pouvoir d'exploitation, mais aussi sa capacité à déterminer les termes – démocratie, libéralisme, rationalité – selon lesquels la vie politique, dans le monde entier, serait désormais construite ».

Daraus resultiere eine allseitige Suche nach der Identität, nach dem kulturellen Ursprung und der Versuch die Tradition zu erfinden[8].

Kritik wurde schnell an dem Identitätsbegriff als analytische Kategorie laut. Es wurde gezeigt (Cooper, 2005)[9], dass in der durchgängigen Auffassung der Begriff mit dem Gedanken der Permanenz verbunden ist, wobei die kulturellen Unterschiede und die Kulturgrenzen ontologisch, essenzialistisch aufgefasst werden. Die Gegenüberstellung des einen und der anderen grenze ein. Doch sei Identität etwas, was sich über komplexe Prozesse von Beziehungsgeflechten konstruiere.

In dieser Perspektive nehmen die Werke von Homi Bhabha – vor allem *The Location of Culture* über die Bedeutung der „Hybridität" und über die virtuelle Existenz eines „dritten Raumes" – einen ganz besonderen Platz ein. Hybridität bezieht sich gleichzeitig auf Identität und Kultur: sie entsteht aus den Wechselbeziehungen zwischen Kolonisierten und Kolonisatoren. So seien alle Identitäts- und Kulturformen Produkte einer Mischung, und Hybridität sei ein vorwiegend diskursiver Prozess. Der Literaturwisssenschaftler aus Mumbai knüpft sowohl an Fanon als auch an dem sprachanalytischen Verfahren Foucaults an. Er legt nahe, dass das erzählende Kolonialsubjekt sich zwar einer Fremdsprache bedient, dass diese zu seiner eigenen wird, sich aber in Zwischenräumen, bzw. in einem „dritten Raum" ansiedelt, in dem der Einzelne zu sich selbst über die anderen findet[10]: Dieser Ansatz überwindet die dichotomisierende Perspektive und eröffnet die Möglichkeit einer transnationalen Kultur, die – wie im Paradigma der Romantik – „ironische" Distanz verlangt. Damit wird Dichtung und Kunst eine besondere Rolle zugewiesen und einem dynamischen Verständnis der kolonialen und postkolonialen Frage der Weg geebnet. Die *Subaltern Studies*, welche die „Unsichtbarkeit" des entfremdeten Kolonialsubjekts sichtbar machen wollen, strebten danach, der *captatio* durch den herrschenden vom Abendland geprägten emanzipatorischen Diskurs zu entgehen. Spivak bringt französische dekonstruktivistische Thesen mit den postkolonialen, rassistischen und feministischen Fragestellungen zusammen. Es geht darum, eine subalterne Erzählung

---

8   S. die Kritik von Eric Hobsbawm und Terence Ranger in *The Invention of Tradition* (1983).

9   *Colonialism in Question; Theory, Knowledge, History*, Berkeley and Los Angeles, University of California Press, 2005. Wir zitieren nach der französischen Übersetzung: *Le colonialisme en question: théorie, connaissance, histoire*, Paris, Payot, 2010. S. « Le mot identité [...] est sémantiquement inséparable de l'idée de permanence [souligné par nous CdG] et est peut-être, pour cette raison même, mal adapté à l'analyse processuelle qu'il défend » (Alberto Melucci, zit. in Cooper, 2010: 91)

10   "By exploring this 'third space', we may elude the politics of polarity and emerge as the others of ourselves" (Bhabha).

„von unten", hörbar zu machen, eine neue Geschichte, mit eigenen Methoden und Zielen. Der Begriff der Subalternität gewinnt in letzter Zeit an Relevanz, um Unerhörtes zu verstehen: Der Begriff „*ist noch Brachland, hier und da von Intellektuellen der Dritten Welt und durch einige Westeuropäer aufgegriffen, um die Amerika-phobie nach dem 11. September 2001 nachzuvollziehen"* (Cusset, 157)[11].

Problematisch bleibt, dass die diskursive Forschung nicht alle Aspekte des Postkolonialismus ausschöpft, auch dass man lange den Fokus auf Fragen gelegt hat, die besonders Europa interessieren. Wenn Europa allgemein als „Kolonialmacht", als „Imperium" dargestellt wird, ist doch klar, dass es aus verschiedenen nationalen imperialistischen Traditionen zusammengesetzt ist und nicht allein am kolonialen Welt-Unternehmen beteiligt war. Es liegt den Germanisten nahe, Europa als Mittelpunkt der Debatte anzusehen, denn die Geschichte Europas kann ohne die Kolonialgeschichte nicht verstanden werden. Die Kolonialforschung darf aber nicht eurozentrisch bleiben (Chenntouf, 2008: 156). Sie bemüht sich, die Schattenseiten des Abendlandes zu untersuchen (Cooper, 2010: 9) und die „Dekolonisation der Kolonisierten und der Kolonisierer" (Osterhammel: 121; Cahn, 2010) zu vertiefen. So charakterisiert Sartre Fanons postkoloniales Werk als „ein Mittel, Europa zu heilen" (Fanon, 23). Neuerdings wird über „*The Theft of Europe"* argumentiert (Goody): Europa habe die Geschichte, sowie die Fortschritts- und Modernitätsidee für sich vereinnahmt. Das aus der Modernität ausgeschlossene Kolonialsubjekt – insbesondere der Afrikaner – wird immer entschiedener rehabilitiert. (abgesehen von Sarkozys Dakar-Rede vom 26. Juli 2007![12]). Um neue Aspekte auszuloten, widmen sich die Forscher immer mehr einer *New Imperial History*, die Nation und Imperium, kulturelle und wirtschaftspolitische Aspekte in Verbindung bringt. Die Kolonialfrage wird vor dem globalen Hintergrund der Weltimperien komparatistisch untersucht[13].

Wie steht es mit der deutschen Debatte? Unmittelbar nach 1945 sind die deutschsprachigen Wissenschaftler in der Diskussion wenig präsent gewesen. Der deutschsprachige Raum habe lange Zeit – so die Kritik – poststrukturalistische und postkoloniale Ansätze mit Skepsis betrachtet. In der Literatur hat das Kolonialthema (Lützeler, 1998: 8f.) bis zu den 1960er Jahren keine wichtige Rolle gespielt. Erst Autoren wie Alfred Andersch, Hans Magnus

---

11 « [Il] est encore en friche, repris ici et là par des intellectuels du tiers monde et par certains Occidentaux pour comprendre l'américanophobie de l'après-septembre 2001 ».

12 S. Ba Konaré

13 Mit E. J. Hobsbawm, M. Hardt und A. Negri, J. Burbank und F. Cooper, mit H. Münkler. Unsere eigene Recherche hat im Sinne der „longue durée" den Zusammenhang zwischen der deutschen Kolonialgeschichte und der kontinentalen kolonialen Reichsgeschichte hergestellt (de Gemeaux, 2010).

Enzensberger, Uwe Timm und Wolfgang Koeppen haben einen entscheidenden Beitrag geleistet. Der deutsche postkoloniale Fokus hatte in Deutschland
seinen Ursprung in der Literatur. Der erste deutsche postkoloniale Schritt
führte über eine Erzählung. Beispielhaft ist der Roman *Morenga* von Uwe
Timm. Er dokumentiert in großer stilvoller Vereinigung von Fiktion und
Geschichte (so wird die Proklamation des Generals von Trotha wortwörtlich
übernommen, Timm, 2010: 32) den Aufstand der Herero in Südwestafrika.
Der Völkermord in diesem Gebiet und die Beziehung, die zum Holocaust
hergestellt wurde, hätten zur „kolonialen Amnesie" der deutschen Öffentlichkeit beigetragen. Diese These wird neuerdings von Monika Albrecht
verfochten: sie zeigt, dass die deutsche Meinungspresse *(Der Spiegel, Die
Frankfurter* Hefte, *der Merkur* u. a.) seit 1947 – und insbesondere nach Bandung 1955 – regelmäßig postkoloniale Themen aufgegriffen hat. Erst in den
1990er Jahren wurde aber die koloniale Vergangenheit historisch und literarisch intensiv aufgearbeitet[14]. Neuerdings hat die Germanistik Arbeiten zur
Hybridität und zu den kolonialen Strukturen herausgebracht[15].
     Wie erklärt sich das relative deutsche Defizit in diesem Zusammenhang?
Die kurze Dauer des deutschen Kolonialismus und die Amnesie sind wichtige
Gründe dafür. Monika Albrecht bemerkt schließlich, dass „die gegenwärtige
Gesellschaft in Deutschland gerade nicht durch Einwanderung aus den ehemaligen deutschen Kolonien entstanden [sei]", so biete sich in Deutschland
nicht der Begriff „postkolonial", sondern ‚interkulturell' an; man solle deshalb eher „von einer Germanistik mit ‚postkolonialer Ausrichtung' sprechen", wobei subalterne Gruppen wie Frauen, Gastarbeiter u. a. aufmerksam
thematisiert werden.

Fazit

Die ersten Theoretiker der postkolonialen Studien sind nicht passé, Fanons
Werk bleibt von größter Bedeutung. Für das Verständnis des Weltsystems
war er bahnbrechend; Saïd, Bhabba und Spivak haben sich auf diesen Autor
berufen, der die Entwicklung der entkolonisierten Staaten klar ins Auge gefasst hat (Rolle der autochtonen Bourgeoisie, Problematik des „charismati-
schen leaders"). Für Europa war u. a. dieses Werk „ein Heilmittel"[16] der

---

14 S. G. Graichen, H. Gründer, B. Kundrus, Jürgen Osterhammel, K. Mühlhahn,
    J. Zimmerer/J. Zeller u. a.
15 Axel Dunker, *Kontrapunktische Lektüren*, 2007.
16 Jean-Paul Sartre s. Vorwort zu *Les damnés de la terre*.

Selbstreflexion. Die postkoloniale Kritik des herrschenden vermeintlich rationalen europäischen Diskurses stößt immer mehr auf Resonanz. Es fällt aber schwer, ohne die modernen Kategorien des Rationalismus zu arbeiten, ja neue Kategorien zu erfinden. Sind diese Kategorien ausschließlich europäisch, sind postkoloniale Forschung und Literatur hauptsächlich europäischer, bzw. abendländischer Prägung? Die Antwort scheint mir klar, aber die Diskussion darüber ist noch offen. Am Ende dieser zusammenfassenden Darstellung stellt sich die Frage, ob man jetzt im Sinne von Bhabba das Ende der dichotomisierenden Perspektive absehen kann? Auch wenn der Begriff einer *geteilten Geschichte* zu irenisch erscheint, sollte auf jeden Fall eine Weltgeschichte angestrebt werden, denn die postkoloniale Forschung stellt heraus, dass Kolonialzeit, *Imperial History* und Weltgeschichte in enger Verbindung zueinander stehen. So hat Bhabha im Schlepptau von Fanon das Oxymoron „vernacular cosmopolitanismus" geprägt, das Weltgeschichte mit lokalen Perspektiven kombiniert, Geschichte und Identität nicht mehr als permanent gegebene Orte der Kultur versteht, sondern als notwendige *narratives* für die Selbstverständigung und für einen weltweiten Ansatz. Bleiben die faktischen Probleme einer globalen Ungleichheit auf dem Planeten. Deren Bekämpfung kann nicht eurozentrisch organisiert sein. Deren Fiktionalisierung auch nicht, deshalb beteiligen sich u. a. deutschsprachige Autoren immer mehr an der Hervorbringung postkolonialer Literatur und helfen das relative deutsche Defizit zu überwinden.

Bibliographie

ALBRECHT, M. (2008): *„Europa ist nicht die Welt" (Post-)Kolonialismus in Literatur und Geschichte der westdeutschen Nachkriegszeit*, Bielefeld.
ARENDT, H. (1951): *Imperialism*, New York et al.
BHABHA, H. (1994): *The Location of Culture*, London, 1994; *Die Verortung der Kultur*, Tübingen.
CAHN, J.-P. (2010): *« Guerre d'Algérie et deuil colonial allemand »*, in: GEMEAUX, CH. de (Hg.): Empires et colonies. L'Allemagne, du Saint-Empire au deuil postcolonial, Clermont-Ferrand.
CESAIRE, A. (1955): *Discours sur le colonialisme*, Paris.
COOPER, F. (2010): *Le Colonialisme en question. Théorie, connaissance, histoire*, Paris.
CUSSET, F. (2005): *French Theory. Foucault, Derrida, Deleuze & Cie et les mutations de la vie intellectuelle aux États-Unis*, Paris.

DUNKER, A. (2008): *Kontrapunktische Lektüren. Koloniale Strukturen in der deutschsprachigen Literatur des 19. Jahrhunderts*, München.

FANON, F. (2002): *Les Damnés de la terre*, [1961], Paris.

GOODY, J. ((2006): *The Theft of History*, Cambridge et al.

GRÜNDER, H., (Hg.) (1999): *Da und dort ein junges Deutschland gründen, Rassismus, Kolonien und kolonialer Gedanke vom 16. bis zum 20. Jahrhundert*, München.

HARDT, M. & NEGRI, A. (2000): *Empire* [2000], *Empire. Die neue Weltordnung*, Frankfurt/Main.

HOBSBAWM, E. J. / RANGER, T. (2006): *The Invention of Tradition* [1983]; *L'Invention de la tradition*, Paris.

HOBSBAWM, E. J. (1989): *The Age of Empire 1875–1914* [1987], *L'Ére des empires*, Paris.

BA KONARE, A. (2008): *Petit précis de remise à niveau sur l'histoire africaine à l'usage du président Sarkozy*, Paris.

LÜTZELER, P. M. (1998): *„Postkolonialer Diskurs und deutsche Literatur "*, in *Schriftsteller und ,Dritte Welt'. Studien zum postkolonialen Blick*, Tübingen.

MEMMI, A. (1985): Portrait du colonisé. Portrait du colonisateur [1957], Paris.

OSTERHAMMEL, J. (1995): *Kolonialismus. Geschichte, Formen, Folgen*, München.

SAID, E. (1978): *Orientalism*, New York

TIMM, U. (2010): *Morenga* [1983], München.

ULRIKE STAMM (Deutschland, Berlin)

Zur Problematik des Begriffs „Anerkennung" im Rahmen der postkolonialen Theorie

Ein Fluchtpunkt der postkolonialen Theorie ist die Forderung nach Anerkennung des Anderen. Innerhalb vieler Texte ist dieses Thema aber eher unausgesprochen präsent, wie sich bspw. an Fernando Coronils Aufsatz „Jenseits des Okzidentalismus. Unterwegs zu nichtimperialen geohistorischen Kategorien" zeigt. Er untersucht verschiedene Formen der Repräsentation des Orients in postkolonial ausgerichteten Untersuchungen, die sich zwar gegen die Abwertung nichtwestlicher Länder wenden, denen aber gleichwohl – so Coronils implizite These – keine Anerkennung des Anderen gelingt. In Untersuchungen von Tzvetan Todorov oder Michael Taussig erscheinen demnach die nicht-westlichen Völker lediglich als Objekte westlichen Handelns und nicht als gleichwichtige Akteure. Liest man Coronils Darlegungen auf das von ihm implizit zugrunde gelegte Theorem der Anerkennung hin, so zeigt sich, dass er einen Repräsentationsmodus avisiert, der den Anderen nicht im Kontext einer dichotomischen Logik sieht, sondern als eigenständigen Protagonisten einer Geschichte, die zwar eng mit der Geschichte des Westens verknüpft ist, ohne aber in ihr aufzugehen. Nur auf eine solche Weise kann Differenz jenseits von Essentialisierung und der Transformation in eine polare Andersheit in Erscheinung treten.

Coronil kommt mit seiner Kritik das Verdienst zu, gerade an solchen Untersuchungen, die der postkolonialen Theorie nahe stehen, jene heiklen Dimensionen benannt zu haben, durch die hegemoniale Denkmuster weiterwirken. Ohne dies zu thematisieren, bindet er dabei aber Anerkennung des Anderen an das geglückte Erkennen von Differenz wie von Identität gleichermaßen: nur eine Differenz nämlich, die zuerst als solche erkannt ist, kann auch anerkannt werden; im anderen Fall wird sie unter das Eigene subsumiert, wenn nicht ganz geleugnet. Zugleich aber muss in diesem Anderen auch etwas vom Eigenen erkannt sein, will man es nicht als polare Andersheit konstruieren. Erkenntnis der Differenz und damit Anerkennung wird also nur möglich durch ein Wechselspiel zwischen Einsicht in Identität und Nichtidentität; nach Judith Butler impliziert dies „dass wir den anderen als getrennt, aber psychisch in einer Weise strukturiert betrachten, die wir teilen." (J. Butler 2009: 216)

Mit dem nicht weiter reflektierten Konnex zwischen Anerkennung und einem Erkenntnisprozess wiederholt Coronil eine innerhalb der Philosophiegeschichte vorgegebene Analogisierung der Begriffe, die auch in den meisten Theorien zur Anerkennung als begriffliche Leerstelle erscheint. Zwar beziehen sich Coronils Ausführungen auf wissenschaftliche Texte, die per se der Erkenntnis verpflichtet sind, aber seine Bewertungsmaßstäbe finden sich auch in postkolonialen Untersuchungen, die sich mit literarischen Texten oder allgemein mit Alterität beschäftigen. Nicht zuletzt auch die radikale These von Alexander Garcia Düttmann, demzufolge Anerkennung des Anderen eigentlich nicht möglich sei, sondern immer nur ein Verfehlen darstellt, bleibt in dieser Gleichsetzung von Anerkennung und Erkennen befangen. Im Folgenden soll nun gefragt werden, ob Coronils Kritik mit dieser Engführung von Erkenntnis und Anerkennung für die Interpretation von kulturellen Repräsentationsprozessen brauchbar ist. Die Gegenüberstellung mit Passagen aus zwei Reiseberichten des 19. Jahrhunderts soll klären, aufgrund welcher Voraussetzungen Gesten der Anerkennung der fremden Kultur stattfinden bzw. welche Rolle hierbei epistemologische Vorgänge spielen.

Zunächst möchte ich eine Textstelle von Alexander von Humboldt anführen, die auf eine dem Ideal der Aufklärung verpflichtete Form von Anerkennung verweist. In der „Reise nach Südamerika" ist die schlechte Behandlung der Indianer durch die Missionare für Humboldt Anlass für folgende Überlegung:

> _Zwang, als hauptsächlichstes und einziges Mittel zur Sittigung des Wilden, erscheint [...] als ein Grundsatz, der bei der Erziehung der Völker und bei der Erziehung der Jugend gleich falsch ist. [...] Die menschliche Geisteskraft ist nur dem Grad und der Entwicklung nach verschieden. [...] Unter allen Umständen kann Vernunft durch Vernunft aufgeklärt werden; die Entwicklung derselben wird aber desto mehr niedergehalten, je weiter diejenigen, die sich zur Erziehung der Jugend oder zur Regierung der Völker berufen glauben, im hochmütigen Gefühl ihrer Überlegenheit auf die ihnen Untergebenen herabblicken und Zwang und Gewalt brauchen, statt der sittlichen Mittel, die allein keimende Fähigkeiten entwickeln, die aufgeregten Leidenschaften sänftigen und die gesellschaftliche Ordnung befestigen können._ (A. von Humboldt 2010: 272f.)

Humboldt vertritt in dieser Passage mit dem Verweis auf die Allgemeinverbindlichkeit der Vernunft eine universalistische Perspektive, die deutlich der Aufklärung verpflichtet ist. Der Andere – zu dem auch das Kind zählt – wird von ihm deshalb anerkannt, weil er die gleichen Fähigkeiten zum Vernunftgebrauch und eine gleichartige Geisteskraft hat, auch wenn diese sich dem Grad nach unterscheiden und bisher eher als Potentialität vorliegen mag.

Auch bei Humboldt wird das Verhältnis zwischen Eigenem und Anderem durch ein Wechselspiel von Aspekten der Identität und Diversität bestimmt, wie es für Coronil als Grundbedingung für die Anerkennung von Differenz gilt. Folgerichtig führt an der zitierten Stelle nicht die Einfühlung in die Indianer zur Einsicht in deren Gleichwertigkeit, sondern diese wird vielmehr ermöglicht durch die programmatische universalistische Grundannahme. Das Erkennen des Anderen ist für diesen Akt der Anerkennung zwar Voraussetzung, aber eher im Sinne einer Potentialität als einer schon geleisteten Erkenntnis – nicht der positiv bestimmte Erkenntnisinhalt, sondern die zunächst rein ideell konstruierte Annahme, den Anderen – das bedeutet eben auch immer: als Anderen – erkennen zu können, ermöglicht das Axiom der Gleichwertigkeit.

Die zweite Passage, die hier interpretiert werden soll, stammt aus dem letzten Reisebericht Therese von Bacherachts, der 1850–52 in Java geschrieben wurde. Dieser Text enthält mehrere Beispiele für eine das Eigene relativierende Erfahrung, die nun vor allem als Erschütterung vorgeformter Orientbilder thematisiert wird; aufgrund dieser immer neuen Irritationsmomente nimmt das Gefühl von Fremdheit bei Bacheracht während ihrer Zeit auf Java eher zu als ab. So bestätigt sie nach dreijährigem Aufenthalt ihr immer neues Erstaunen über die Andersartigkeit der fremden Welt:

> *Könnte ich hoffen, meinen Geliebten in Europa die Bilder, die Überraschungen, das Staunen wiederzugeben, welche mich hier abwechselnd gefangen halten. Nicht dass vieles in Indien schön sei, es ist manches so unbequem, so niederschlagend, so anekelnd, aber alles ist mir neu, alles fremd.* (Bacheracht 2006: 245)[1]

Erst nach einer längeren Bekanntschaft mit der fremden Kultur kann die Autorin diese Erfahrung einer grundlegenden Differenz thematisieren; damit dominiert dann jenes Erstaunen, das nach Petra Dietsche die wichtigste Voraussetzung ist für die Anerkennung von Differenz (P. Dietsche 1984: 7). Diese grundlegende Erfahrung von Differenz führt schließlich dazu, dass selbst die planetarische Ordnung auf den Kopf gestellt erscheint:

> *Hier haben wir ja nicht einmal dieselben (!) Jahreszeit, dasselbe Himmelszelt, dieselben Sterne als in Europa. Hier ist alles fremd und der Mond, der jetzt gerade wieder beunruhigend verkehrt im Äther schwimmt, hat aufgehört, mein Trost zu sein, weil er mich mit seinem Lichte aufregt statt beschwichtigt.* (Bacheracht 2006: 155)

---

1 Das epistemologische Problem, dass etwas völlig Fremdes nicht als solches wahrgenommen werden kann, spielt also innerhalb der Reiseerfahrung keine Rolle, denn das völlig Andere tritt durch das Aussetzen der stereotypen Bilder in Erscheinung, wird also in der Negation des Bekannten erfahrbar.

Solch einschneidende Erfahrung einer irritierenden, da nicht einzuordnenden
Fremdheit impliziert eine Einsicht in die Nicht-Verstehbarkeit der fremden
Welt, die eben nicht mehr durch die bekannten Stereotypen oder Topoi fixiert
werden kann. In dieser Perspektive ist somit der westliche, in diesem Fall
kolonialistische Blick, der die fremde Kultur kennt und durchschaut, ebenso
suspendiert wie der nostalgische Blick, der diese auf eine Welt des Ursprünglichen festlegt.

Hier zeigt sich somit ein anderes Modell der Bezugnahme auf Alterität:
es gibt keine universalistische Kategorie mehr, die eine Identität zwischen
Eigenem und Fremdem jenseits der wahrgenommenen Unterschiede gewähr-
leisten würde. Anstelle dessen dominiert der Schreck über den unverständlichen Charakter der fremden Welt. Insofern ereignet sich hier jene von Fritz
Kramer so genannte „Erfahrung der ethnographischen Entdeckung" (F. Kramer 1977: 9), die dazu führt, dass die auf Reisen erfahrene Welt in ihrer un-
aufhebbaren Andersheit wahrgenommen wird.

Dies weist auf Einsichten ethnographischen Schreibens voraus, wie sie
im 20. Jahrhundert, allerdings in radikalerer Form, von Victor Segalen formuliert werden, der in seiner „Ästhetik des Diversen" den Schock des Nicht-
Verstehens als Voraussetzung für die Überwindung eigener Denkmuster
benennt; er sucht daher nicht das „vollkommene Begreifen eines Nicht-Ichs,
das man sich einverleiben könnte, sondern die scharfe, unmittelbare Wahrnehmung einer ewigen Unverständlichkeit." (zitiert nach W. Geiger 1995:
50)

So weit würde Therese von Bacheracht nicht gehen, aber sie registriert
doch deutlich das Versagen stereotyper und dichotomischem Denken ver-
pflichteter Formen des Zugriffs auf die fremde Kultur. Insofern basiert ihre
Begegnung mit dem Anderen auf der Infragestellung der eigenen Position
und folglich auf einem Moment der Negation: dies beinhaltet gerade kein
weitergehendes Verstehen des Anderen, sondern vielmehr Einsicht in das
eigene Nichtverstehen.

Die von Therese von Bacheracht benannte Erfahrung zeigt aber darüber
hinaus, dass Anerkennung in modernem Sinn, jenseits eines normativen Ord-
nungsdenkens und der Verbindlichkeit universeller Kategorien, auf einer Art
Absichtslosigkeit basiert. Dies bedeutet aber, dass sie mit nichtplanbaren
Vorgängen von Erstaunen und Erschütterung zu tun hat, was auf deren existentielle Dimension verweist, zugleich aber auch bedingt, dass diese eine
gewissermaßen intermittierende Dimension gewinnt.

Die Gegenüberstellung theoretischer Überlegungen und einzelner literarischer Passagen zeigt somit, dass die von Coronil vorausgesetzte Erkenntnis
des Anderen nicht Teil des Anerkennungsprozesses sein muss. Zugleich
verweisen die beiden literarischen Texte auf einen historisch bedingten
Wechsel in der Struktur von Anerkennung, die zunächst auf universalisti-

schen Kategorien beruhen, später dagegen auf einem Moment der Befremdung. Es lässt sich folgern, dass angesichts der gegenwärtigen Betonung des Differenzgedankens innerhalb theoretischer Überlegungen möglicherweise die positive Bedeutung universalistischer Perspektiven ebenso unterbelichtet bleibt wie die unmittelbar existentiellen und arbiträren wie absichtslosen Momente der Anerkennung. Gerade mit dem zunehmenden Abstand zur Aufklärung treten diese existentielleren Aspekte stärker in Erscheinung, womit der Erkenntnisakt gleichzeitig zunehmend an Figuren der Negation gekoppelt ist.[2]

Bibliographie

BACHERACHT, T. (2006): *„Heute werde ich Absonderliches sehen ".* *Briefe aus Java 1850–1852.* Hg. von Renate Sternagl. Königstein Taunus.

BUTLER, J. (2009): *Die Macht der Geschlechternormen,* Frankfurt am Main.

CORONIL, F. (2001): *Beyond Occidentalism. Towards Nonimperial Geohistorical Categories,* in: WILLIAMS, P. (Hg.): Edward Said III, London New Delhi, S. 308–345.

DIETSCHE, P. (1984): *Das Erstaunen über das Fremde. Vier literaturwissenschaftliche Studien zum Problem des Verstehens und der Darstellung fremder Kulturen,* Frankfurt am Main Bern New York.

DÜTTMANN, A. G. (1997*): Zwischen den Kulturen, Spannungen im Kampf um Anerkennung.* Frankfurt am Main.

GEIGER, W. (1995): *Victor Segalens Exotismuskonzeption,* in: KUBIN, W. (Hg.): Mein Bild in Deinem Auge. Exotismus und Moderne: Deutschland – China im 20. Jahrhundert. Darmstadt, S. 43–83.

HUMBOLDT, A. von (2010): *Die Reise nach Südamerika. Vom Orinoko zum Amazonas,* Nach der Übersetzung von Hermann Hauff. Bearbeitet und Herausgegeben von Jürgen Starbatty. Göttingen, 11. Auflage.

KRAMER, F. (1977): *Verkehrte Welten. Zur imaginären Ethnographie des 19. Jahrhunderts,* Frankfurt am Main.

NOYES, J. (2003): *Hegel and the fate of normativity after empire. Postcolonialism today: Theoretical Challenges and Pragmatic Issues.* Virtual Symposium of the Open Semiotics Resource Center, Posted June 2003.

---

2 Zur Bedeutung der Negation für die postkoloniale Theorie vgl. John Noyes, Hegel and the Fate of Negativity after Empire.

ENDRE HÁRS (Ungarn, Szeged)

Herders Postkolonialismus.
Anmerkungen zu Berichten über
die Missionsgeschichte in der *Adrastea*[1]

Herders Äußerungen zur weltweiten kolonialen Situation seiner Zeit lassen sich in seinen großen Schriften ohne weiteres finden und im Zusammenhang seines geschichts- und kulturphilosophischen Denkens erfassen. Verfolgt man den historischen Hergang von Herders Kulturtheorie, so steht dennoch einiges zur Disposition und muss immer wieder auf den gerade aktuellen Stand der Dinge bezogen werden. Denn Herders Kulturbegriff oszilliert zunächst einmal zwischen dem Innen und dem Außen von Kulturen und Gesellschaften, zwischen „Gemeinschaften konstituierende[n] zentripetale[n] und Gemeinschaften ein- und ausschließende[n] zentrifugale[n] Kräfte[n] des Sozialen" (E. Hárs 2007: 9). Was zur Folge hat, dass man über Herders Relativismus und/oder Pluralismus historischer Formationen zu diskutieren hat – die Konsequenz miteingerechnet, dass letzterer das Verstehen und die Anerkennung des Anderen und Fremden eher einzuschließen, einen positiv konnotierten „Wettstreit der Nationen" (J. Schneider 1996: 217) zu begünstigen, ersterer hingegen all das eher auszuschließen, Unverträglichkeiten und die Möglichkeit von Intoleranz und Fremdenhass einzuräumen scheint. Zu diesem Dilemma kommt zweitens hinzu, dass sich Herders Ineinssetzen von Natur- und Kulturgeschichte stellenweise durch eine Art ‚Naturalismus' der Darstellung merklich macht, der umsichtiger Lektüre bedarf. Drittens ist auch das vielschichtige Europabild zu beachten, in dem sich Herders Europa- und Aufklärungskritik, ergänzt durch das Doppel von Kolonialismus- und Zivilisationsschelte, mit Eurozentrismus und Aufklärungsoptimismus verzahnt. Und viertens differenziert Herder in seinen Engführungen der Kolonial- und Missionsgeschichte zwischen wahrem Christentum und Konfessionen, woraus dann in Kombination mit Nationalklischees weitere doppel- und mehrspurige Argumentationen resultieren.

Anstatt den konsequenten oder eben inkonsequenten Theoretiker von Kultur zur Rechenschaft zu ziehen, empfiehlt es sich dabei auch den viel-

[1] Für die Unterstützung meines Projekts möchte ich der Alexander von Humboldt-Stiftung herzlich danken.

besprochenen Herderschen Widerspruch selbst aufzusuchen. Denn Herders argumentative Verwicklungen legen auch etwas frei, was auf das Problem kultureller Einschreibungen, auf die Identitätskonstruktionen innewohnende Differenz, vor allem auf deren Träger und Medium, das sprechende Subjekt verweist und fürs Problembewusstsein, gar für die ideologiekritische Empfindlichkeit des Autors spricht. Herder – ohnehin nie ganz unpolemisch – hat in seinem Werk einige Male, und nicht ohne Grund bei tabuisierten Themen wie der Spinozismus, das Freimaurerwesen und der Revolutionismus auf das literarische Gespräch zurückgegriffen und dadurch die „Bedeutungsfindung als diskursives Ereignis" (B. Fischer 2006: 175) in Szene gesetzt. Von Vorteil ist in dieser Gattung, dass man kontroverse Ansichten entwickeln, sich klarer Stellungnahmen enthalten kann, gar erst, wenn die Sprecher durch stereotype Rollen, wie Rabbi und Christ, Asiat und Europäer verfestigt sind. Trotzdem hat man aus Herders Dialogen – mit oder ohne deren eigene Dramaturgie der Einigung – immer wieder die Parteinahme des Autors herausfinden wollen. So erging es auch dem hier kurz aufzugreifenden berühmten Dialog „Gespräche über die Bekehrung der Indier durch unsre Europäische Christen" (1802) aus dem Fünften Stück der *Adrastea*, in dem sich bekanntlich die beiden letztgenannten Figuren über Vor- und Nachteile des Missionswesen austauschen. Der Wortwechsel zwischen dem Asiaten und dem Europäer lässt sich tatsächlich als Beweisstück für Herders scharfe Kolonialismuskritik heranziehen, er passt ebenfalls in sein positives bis idealisiertes „indologische[s] Paradigma" (A. Frank 2009: 77) und dies kommt auch dadurch zum Vorschein, dass Herder „die Position des Asiaten einnimmt", während „[d]er Europäer [...] als der eindeutig unterlegene Gesprächspartner auf[tritt]" und „in seiner Überheblichkeit die Missiontätigkeit als ebenso korrumpiert wie nutzlos und arrogant erscheinen lässt" (A. Löchte 2005: 189).

Gleichwohl ist im Gespräch das im Titel genannte „Uns[e]re" (das „Europäische" und das „Christliche") schwerer als gedacht auszumachen. Nicht nur deshalb, weil die Begegnung der beiden Figuren „rhetorisch-versöhnlich, appellativ und hilflos zugleich" (R. Otto 1996: 457), mit einem Vorschlag zur europäischen Lösung des welt- und machtpolitischen „Knäuel[s] der Ariadne" (J. G. Herder 1885: 505) endet, der dem eigentlichen Gesprächsverlauf zuwiderläuft. Sondern auch deshalb, weil die Figuren dem Verfasser für ihre Rolle viel zu vage geraten; weil sie miteinander mehr verwandt sind, als ihre didaktisch inszenierte Konfrontation erlaubt. Unter Bezugnahme auf Ziegenbalgs und Gründlers Malabarische Korrespondenz (1714–17) führt Herder im Asiaten eine Figur ins Feld, die „beide Theile kennt" (ebd., 498) und das Gespräch in diesem doppelten Bewusstsein als Frontfigur des Herderschen Kulturrelativismus dominiert. Der Europäer darf sich in seiner Gesellschaft im eigenen Lande besucht, beobachtet, dokumentiert fühlen und wird in eine Kommunikation des Kulturellen verwickelt, die auf die Markierung des jeweils Eigenen hinausläuft. Hierzu, zur Aufklärung über sich selbst scheint nun der Europäer in seinem Dünkel auch regelrecht einzuladen. Das in seinen Erwiderungen mehrfach anzitierte „gemeine Volk", welches „an Pagoden, Götzenbildern und Gebräuchen" (ebd., 499) hängt, und unter dem „doppeltharten Joch" (ebd., 502) von Religion und despotischen Gebietern lebt, wird in seinem Munde zum glaubwürdigen Problem, jedoch nicht zu dem der Inder, vielmehr dem der Europäer. Denn erstere sind dem Asiaten zufolge sogar in der Lage, Märchen „dem Sinne nach zu hören, der in ihnen liegt", „wohl wißend, daß es solche sind" (ebd., 500), während sich letztere dadurch auszeichnen, dass sie daran, wie auch an vieles andere nicht denken. Diese Unklugheit bzw. Unreflektiertheit setzt der Europäer seinerseits in Worte um, wenn er sich treffend, aber gleichsam nicht wissend, was er sagt, auf „Macht, Schiffe, Geld, Kanonen, [und] Cultur" beruft, wenn er die Gewinnsucht und die Unmoral der Europäer zur Sprache bringt, all das jedoch für sich selbst sozusagen folgenlos (oder wenigstens mit sich selbst uneinig) artikuliert. Denn das Gesagte schafft eine Distanz zum Europäertum, zu der sich der europäische Gesprächspartner eigentlich nicht bekennt. Mag man ihm Machtzynismus einräumen, sein Deutschtum dem europäischen Wir-Bewusstsein gegenüberstellen, auf jeden Fall ist er in seinem Redeverhalten nicht Herr seiner selbst. Das Gegenteil kann allerdings auch vom indischen Gesprächspartner nicht schlichtweg behauptet werden. Seine Defensive, die Einklagung abendländischer Sünden gerät ihm stellenweise zur richtungsverkehrten Missionierung. Ist doch die zu beschützende Kultur „die feinste, die es im Menschengeschlecht giebt" (ebd., 498), und geht es ihm ja mit den zwischengeschobenen „Wünsche[n] der Bramen" (ebd., 499–500) auch darum, höhere Übersicht, zugleich überkulturelle Stellung für den Brahmanismus zu reklamieren. Just denjenigen Universalismus, den Herder andernorts dem Christentum bescheinigt. Folglich ist der Asiat entweder der eigenen kulturellen Spezifik nicht restlos überhoben (ein Relativist *indischer Art*), oder eben viel zu rutiniert (vielleicht auch viel zu europäisch) im Machtgespräch.

Der seltsamen Dramaturgie des Dialogs zufolge stehen damit zwei Figuren einander gegenüber, die die im Gespräch erweckten Erwartungen klarer Stellungnahmen über- bzw. unterbietend schon mit sich selbst Konflikt tragen. Der Asiat und der Europäer beteiligen sich an einem Wahrheitsdiskurs, der eine mehr wissend, der andere mehr sagend, als Kenntnisstand und Kulturbewusstsein jeweils erlauben. Jedenfalls geraten beide, der Europäer mehr, der Asiat weniger, in Widerspruch zu ihrer spezifischen Einstellung, zum asiatischen Relativismus bzw. zur europäischen Ignoranz. Die Frontlinien verlaufen nicht nur zwischen ‚Wir' und ‚Ihr', ‚gut' und ‚böse', sondern auch zwischen ‚bewusst' und ‚unbewusst', Gesagtem und Gemeintem und setzen

Herders Gespräch (oder dessen Leser) in die Lage, dem Thema von Kolonialismus und Kulturimperialismus das Problem des durch Macht und Wissen
geteilten kulturellen Subjekts gleichsam mit aufzupropfen. Das Experiment
enthält natürlich viel Bedenkliches, soll dies aber nicht einfach der misslun-
genen Fiktionalisierung eines im vornhinein didaktischen Vorhabens zugeschrieben werden, so bleibt nur, das Beunruhigende, das nur bedingt Zufrie-
denzustellende zwischen und in den Figuren zu erfassen und als mögliches
Resultat auszudeuten.

Diese Art Doppeldeutigkeit (vielleicht auch Doppelzüngigkeit) empfiehlt
es sich mitzuberücksichtigen, wenn es darum geht, Herders Äußerungen zu
Macht, Kultur und Differenz zu begreifen. Es sind Verlautbarungen eines
Sprechers, dessen verwirrende Vielseitigkeit doch auch mit dem Problem
selbst zu tun hat. Herder will natürlich dessen Lösung und breitet diese ob
eigens oder im fiktiven Gespräch zwecks eines Besseren vor. Dass sich dafür
alles verwickelt, folgt dann aus der Sache selbst. Es ist nicht möglich, immer
nur eines und nie zugleich vieles zu sein. Den Figuren, die Herder präsentiert,
wohnt ihr Anderes inne, und nicht nur deshalb, weil es dem Sprecher, der
dahintersteckt ähnlich ergeht. Denn auch er ereifert sich als Antikolonialist
und Europäer, Bürger der Gelehrtenrepublik und Deutscher, etc. Ihm dafür
jedoch Vorhaltungen zu machen, erübrigt sich, gesetzt, man stellt sich der
Gefahr, selbst als einer dazustehen, der nicht immer weiß, was er sagt. Nur
eine pharisäische Kulturwissenschaft kann von ihren Autoren in Sachen Identität volle Konsequenz verlangen. Was die derart entworfenen Bekehrungsge-
schichten des ‚Postkolonialisten Herder' vermitteln, ist das Hinterland der
Imperative. Die Erfahrung, dass das Selbst ein durch mindestens eine Linie
geteilter Raum, üblicherweise jedoch ein Palimpsest vieler Linien sei, die
quer durcheinanderlaufen und ein vielfaches Sprechen ermöglichen. Und der
Wunsch, Herr der Lage zu sein, gehört auch nur dazu.

Bibliographie

FISCHER B. (2006*): Herder heute? Überlegungen zur Konzeption eines
    transkulturellen Humanitätsbegriffs*, in: *Herder Jahrbuch / Herder Year-
    book*, B. 8, S. 175–193.
FRANK A. (2009): *Sanftes Gefühl und stille Tiefe der Seele. Herders Indien*,
    Würzburg.
HÁRS E. (2007): *Herder und die Erfindung des Nationalen*, http://
    www.kakanien.ac.at/beitr/theorie/EHars3.pdf, 1–13 (gesehen 11.10.2010).

HERDER J. G. (1885): *Sämmtliche Werke*, Bd. XXIII, hg. v. Bernhard Suphan, Berlin.

LÖCHTE A. (2005): *Johann Gottfried Herder. Kulturtheorie und Humanitätsidee der Ideen, Humanitätsbriefe und Adrastea*, Würzburg.

OTTO R. (1996): *Bekehrung der Indier durch unsre Europäische Christen. Herder über Religion und Kolonialismus*, in: DERS. (Hg.) Nationen und Kulturen. Zum 250. Geburtstag Johann Gottfried Herders. Würzburg, S. 449–457.

SCHNEIDER J. (1996): *Den Deutschen die Krone? Herder über den kulturellen Wettstreit der Nationen*, in: OTTO R. (Hg.) Nationen und Kulturen, S. 217–225.

Carola Hilmes (Deutschland, Frankfurt/M.)

Zu Gast in Ägypten:
Louise Mühlbachs *Reisebriefe* (1871)

Auf Einladung von Ismail Pascha hielt sich Louise Mühlbach (1814–73) gemeinsam mit ihrer Tochter 1870 für knapp 3 Monate in Ägypten auf (L. Mühlbach 1871)[1]. Die Erfolgsschriftstellerin ist eine privilegiert Reisende, die ihre Eindrücke und Erlebnisse frisch niederschreibt und deren Exklusivität hervorhebt: „[D]as haben die andern Touristen nicht erlebt u. gesehen, keinen Harem keine Feste bei den Prinzessinnen, keine Diners en famille beim Khedive – u. dgl. mehr" (C. Mundt 1981: 1181).

Mühlbachs europäischer (männlicher) Blick

Reisen gelten gemeinhin als die vermeintlich unschuldige Eroberung der Fremde, aber es geht dabei um die imaginäre Landnahme und die intellektuelle Vereinnahmung der bereisten Gebiete. Insofern haben wir es mit einer Variante des für Deutschland im 19. Jahrhundert charakteristischen, von Anil Bhatti so genannten „kompensatorischen Kolonialismus" zu tun. Bei Mühlbach stehen eine angepasste Geschlechterpolitik und eine eurozentrische Position ihrem emanzipativen Aufbruch in die Fremde und dem Wunsch nach Selbstverwirklichung im Reisen und Schreiben gegenüber. Diese Ambivalenzen durchziehen ihre *Reisebriefe*. Als informierte Autorin ist sie in ihren Erfahrungen des Orients durch die Lektüre anderer Texte vorgeprägt. Saids Orientalismusthese mit ihren problematischen Implikationen trifft also auf Mühlbachs Schriften zu. An ihnen lässt sich zum einen die Verschränkung von Realität und Textualität ablesen, zum anderen zeigen sie eine gewisse genderspezifische Blindheit. 1856 hatte Mühlbach dem Verleger Georg von Cotta mitgeteilt, „der Geist kennt kein Geschlecht", um so ihre schriftstellerischen Ambitionen zu legitimieren und ihre Romane in seinem angesehenen Verlag unterzubringen. Mühlbachs Verweis auf ihre Intellektualität blendet die Geschlechterrolle also bewusst aus. Als Autorin schließt sie sich

---

1 Zitiert werden der Band mit römischer, die Seitenzahl mit arabischer Ziffer.

damit den gültigen männlichen Wertungen an, die auch in ihren *Reisebriefen* durchschlagen.

Hier liefert sie viele Informationen zur Geschichte Ägyptens, wobei sie die alte Blütezeit von Kultur und Wissenschaft in den Vordergrund rückt. Zur aktuellen politischen und gesellschaftlichen Situation gibt es nur wenige, sehr zurückhaltende Äußerungen. Diese Informationspolitik mag zwar ihrer Rolle als Gast des Vizekönigs geschuldet sein, damit leistet sie aber einer impliziten Abwertung des Orients Vorschub. Die historischen und landeskundlichen Informationen sind entsprechend eingefärbt. Wenn Mühlbach bei der Erinnerung an die große Geschichte Ägyptens vor allem die biblischen Bezüge herausstellt, ist ihre eurozentrische Perspektive besonders deutlich, obwohl sie intentional auf die gemeinsame Vergangenheit von Orient und Okzident abzielt und dabei, in bester Absicht, die herausragenden Leistungen von Frauen hervorhebt.

Die Schätze der Antike werden immer weniger geachtet, nur der materielle Erfolg zähle, klagt Mühlbach (vgl. I: 81). „Das Geld liegt in Alexandria auf der Straße" (I: 90), aber das Leben dort ist gefährlich, denn Staat und Polizei sind schwach. In ökonomischer Hinsicht bietet Ägypten besonders viele Chancen, ein Land für Glücksritter und Geschäftemacher, in dem sogar Frauen Reichtümer anhäufen können. Mit diesen Feststellungen folgt Mühlbach den damals üblichen Kolonialfantasien: „Hier ist eben Alles möglich und Nichts unmöglich" (II: 125). Dass sie sich selbst an den monetären Spekulationen beteiligen möchte (vgl. II: 142), verblüfft allerdings, hatte sie in ihren frühen Romanen doch entschieden sozialkritische Positionen vertreten. Die orientalische Prachtentfaltung bringt sie offensichtlich zum Träumen, beflügelt eigene Größenfantasien. Realpolitisch bedauert sie die doppelte Abhängigkeit Ägyptens, das politisch von Istanbul, kulturell von Frankreich dominiert wird.

Mühlbachs sublimierter Orientalismus

Wiederholt wird Mühlbach von den Frauen des Vizekönigs und von seiner Mutter eingeladen. Mit Hilfe einer Dolmetscherin ist eine Konversation möglich, ausgetauscht werden Belanglosigkeiten. Wenn die Frauen gemeinsam Wasserpfeife rauchen, besteht jedoch ein stummes Einverständnis.

Dem Stereotyp der „hässlichen Orientalin", wie es etwa von Gräfin von Hahn-Hahn oder von Ida Pfeiffer in ihren Reiseberichten vertreten wird,[2]

---

2 Vgl. U. STAMM (2007).

widerspricht Mühlbach. Sie beschreibt die Prinzessinnen als geistreich und edel, ihre Schönheit und Jugend sind ungewöhnlich. Sie sind zu ihren Besucherinnen überaus freundlich und zeigen sich am Leben in Europa interessiert; sie besitzen also durchaus interkulturelle Kompetenzen (vgl. II: 50f.). Mit dieser Charakterisierung knüpft Mühlbach an Mary Montagus *Briefe aus dem Orient* und deren wohlwollende Beschreibung der Frauen im Harem an.[3] Aber während Montagus berühmte *Letters* (1763) erstmals aus dem Harem berichteten und die männlichen Orientfantasien, die vor allem auf Laszivität und sexuelle Affären ausgerichtet waren, korrigierten, schreibt sich Mühlbach wieder diesem Orientalismusdiskurs ein. Allerdings ist dabei eine gewisse Sublimierung festzustellen. Die orientalischen Frauen, die sie im Harem trifft, sind zwar überaus reizend und verführerisch, aber sie besitzen auch intellektuelle Qualitäten: Sie sind redegewandt, witzig und klug. Ihre Wünsche und Sehnsüchte, die in entsprechenden Liedern vorgetragen werden, sind nicht auf erotische Abenteuer gerichtet, sondern auf tiefe emotionale Bindungen. Sie träumen also von Liebe, die unter den gegebenen Bedingungen verhindert ist; das Sehnsuchtsmotiv wird so zum Movens des Begehrens. Wir haben es hier mit einem sublimierten, Körperlichkeit und Sexualität verdrängenden Orientalismus zu tun, in dem Mühlbach eine romantische Liebeskonzeption ins Exotische verlagert und damit deren aus Europa bekannter Trivialisierung bzw. Rationalisierung entgegenarbeitet. War die Stilisierung der Orientalin zum erotischen Wunschbild eine männliche Projektion, so kann Mühlbachs sublimierter Orientalismus als weibliche Wunschfantasie aufgefasst werden. Dem Klischee entkommen beide Varianten nicht; ein möglicher kritischer Subtext verweist stets auf Defizite des Eigenen.

Im Vergleich zu anderen Reisebeschreibungen von Frauen ist auffällig, dass Mühlbach nicht von einem Besuch im türkischen Bad berichtet; auch auf den Besuch eines Sklavenmarktes als einer besonderen orientalischen Attraktion verzichtet sie und vermeidet dadurch eine Auseinandersetzung mit Körperlichkeit. Eine rassistische Abwertung der Orientalinnen zum Zwecke der Selbstaufwertung jedenfalls findet nicht statt. Mühlbach fühlt sich durch den Besuch bei den Prinzessinnen gesellschaftlich aufgewertet und kann deshalb auf eine rassistische Deklassierung verzichten. Ethnische Differenzen werden folglich als soziale Hierarchien realisiert, aber nicht problematisiert. Irritierend ist, dass Mühlbach, die im Vormärz mit ihren Romanen zu den Vorkämpferinnen des Feminismus gehörte, sich mit Wertungen über das orientalische Frauenleben sehr zurückhält. Der Harem wird nicht als Gefängnis bezeichnet, wie etwa bei Hahn-Hahn, und auch die „Vielweiberei" im Orient wird von Mühlbach nicht moralisierend kommentiert.

---

3   Vgl. HILMES (2004: 21–42).

Grenzüberschreitungen

Es gibt vier Szenen, die aus dem bisher geschilderten Erfahrungszusammenhang der Reise herausfallen. Da ist zuerst der Besuch in der Universität der Moschee El-Azhar. Nur in Begleitung bewaffneter Männer kann sich Mühlbach in diesen für Frauen und Ungläubige eigentlich verbotenen Raum wagen. Sie versteht sich als Eindringling und ist auch noch stolz auf ihre erzwungene Präsenz. Ausdrücklich vermerkt sie den „Fanatismus der Studenten" (II: 166) in der Koranschule und thematisiert die Glaubensdifferenzen zwischen Islam und Christentum, von denen für die Europäer eine Gefahr ausgehe. Deshalb stellt sich Mühlbach unter den Schutz der Kolonialherren, von dem sie profitiert. Dieser Demonstration europäischer Macht war eine touristische Depotenzierung der fremden Religion vorausgegangen: Der Besuch bei den tanzenden Derwischen gehörte damals zum Standardprogramm der europäischen Reisenden.

Mühlbach versichert ihren Lesern, sie wolle in Ägypten „Studien des öffentlichen Lebens und des Volkes" (II: 183) betreiben. Deshalb hatte sie sich – wohlgemerkt wieder durch männliche Begleitung geschützt – in einem „miserabeln ägyptischen Kaffeehause" (II: 185) niedergelassen. Hier kommt sie mit einer jungen Mutter ins Gespräch, die von ihrem Mann verstoßen wurde. Diese Szene wird mit sozialromantischem Kitsch überzogen, wenn es heißt: „Armes Geschöpf, so schön, so jung und schon so hoffnungslos" (II: 195). Die geschilderte Straßenszene wird von Mühlbach selbst aber ironisch kommentiert, denn in dieser Umgebung ist sie deplaziert, und nur als Ausländerin wird ihr gestattet, was die Gastgeber als *going native* belächeln. Diese doppelte Perspektive gestattet auch den LeserInnen eine eigene, kritische Positionierung.

Da Mühlbach unbedingt einem Familienfest beiwohnen will, muss sie selbst „in der Tracht der ägyptischen Damen" (II: 218) erscheinen, denn nur verschleiert kann sie in den Harem eines reichen Kaufmanns gelangen. Dieser Besuch bildet das Pendant zu dem in der Koranschule. Im orientalischen Frauenhaus ist sie nur durch Maskerade geschützt, ohne Dolmetscherin ist sie vom Verstehen ausgeschlossen und zur Stummheit verdammt. Der von ihr gespielte Rollenwechsel kann außerdem als Resonanz auf ein französisches Theaterstück, das sie in Kairo sah, aufgefasst werden. Die Umkehr des Geschlechterverhältnisses in *Herrschaft der Krinoline* ist als Komödie inszeniert, Mühlbachs Verschleierung als Orientalin aber ist ernsthaft, eine wirkliche Grenzüberschreitung, die jedoch einmalig bleibt. An ihrem meist eurozentrisch gefärbten und männlich konnotierten Blick ändern diese Transgender-Erfahrungen grundsätzlich nichts, und zu einem Verständnis, dass sie in Ägypten eine ambivalente Position einnimmt – als Europäerin zählt sie zu den Kolonialherren, mithin zu den Akteuren der Geschichte, als Frau zu den

Abhängigen bzw. Unterworfenen –, zu dieser Einsicht dringt sie nicht vor. Ihrer Maskerade bei dem ägyptischen Familienfest misst sie keine weitere Bedeutung zu, denn das Durchkreuzen von Rollenerwartungen dient letztlich bloß voyeuristischen Zwecken. Die gefährlichste Situation der Reise nach Ägypten steht gleich am Anfang. Bei der Überfahrt nach Alexandria gerät das Schiff in einen gefährlichen Sturm. Mit einem Ausruf der Erleichterung – „Ich lebe noch!" – beginnen die *Briefe*. Die transitorische Funktion der Reise wird so dramatisch in Szene gesetzt. Dass das Schiff mit dem Namen „Ceres" der äußerste Außenposten Europas ist – gleichsam eine schwimmende Heimat –, kann man an der Ausschiffung in Alexandria ablesen. Die Schwarzen, die auf den Europadampfer kommen, werden als Wilde wahrgenommen, als ungehobelt, laut und zudringlich. Die Frauen fühlen sich durch deren körperliche Präsenz bedroht und reagieren ängstlich, aber kaum haben sie wieder festen Boden unter den Füßen, werden sie von einem Vertreter des Khedive in Empfang genommen und können sich von nun an sicher fühlen. Die Gefahren der Reise sind vorbei, bevor die Erkundung der Fremde überhaupt begonnen hat.

Bibliographie

HILMES, C. (2004): *Skandalgeschichten. Aspekte einer Frauenliteraturgeschichte*, Königstein/Ts.

MUNDT, C. (1981): *Clara Mundts Briefe an Hermann Costenoble*, in: MCCLAIN, W. H. / KURTH-VOIGT, L. E. (Hg.): Zu L. Mühlbachs historischen Romanen [=Archiv für Geschichte des Buchwesens 22], S. 917–1250.

MÜHLBACH, L. (1871): *Reisebriefe aus Aegypten*. 2 Bde., Jena.

STAMM, U (2007): *Die hässliche Orientalin. Zu einem Stereotyp in Reiseberichten des 19. Jahrhunderts*, in: BOGDAL, K.-M. (Hg.): Orientdiskurse in der deutschen Literatur, Bielefeld, S. 141–162.

MARIS SAAGPAKK (Estland, Tallinn)

Koloniale und postkoloniale Identitätskonstruktionen in den Erinnerungen einer Deutschbaltin

Im Rahmen der vom Estnischen Wissenschaftsfonds unterstützten Projekte „Kulturelle Kontakte und autobiographischer Diskurs" (Nr. 7824) und „Deutschbaltische Kulturtexte und (post)kolonialer Diskurs" (Nr. 8304) liegt der Schwerpunkt der Tallinner Germanistik seit einigen Jahren auf der Erforschung des deutschbaltischen literarischen Raumes. Der religiöse, kulturelle und ökonomische Einfluss der Deutschbalten begann mit der Christianisierung Estlands im 13. Jahrhundert. Für die Esten und die Deutschen begann damit eine Zeit der „geteilten Geschichte"[1] (Conrad 2002: 17). Von da an existierten diese Gruppen, deren kulturelle Intentionen im Bezug auf das bewohnte Land nicht vereinbar waren, neben- und miteinander.

Im Folgenden wird die Darstellung der Jahre 1918–1919 in den Erinnerungen der deutschbaltischen Adelsdame Natalie von Maydell (1878–1970) analysiert. Natalie Johanna von Weiss wurde in Russland geboren, heiratete 1899 Moritz Alexander von Maydell (1869–1945) und landete in der damaligen baltischen Ostseeprovinz Estland. Das junge Paar zog in das Gut des Mannes nach Paasvere (Pastfer). Das Manuskript der Erinnerungen namens *Ein reiches Leben* entstand 1947.

Die erzählte Zeit zählt zu einer der turbulenten Perioden in der estnischen Geschichte, der Erste Weltkrieg endete, die Estnische Republik wurde gegründet und der Freiheitskrieg begann. Die Rahmenbedingungen für das gesellschaftliche Leben wurden neu definiert. Änderungen waren sowohl auf gemeinschaftlicher als auch auf individueller Ebene zu verzeichnen. Die früher privilegierte deutsche Oberschicht sah einem Verfall ihrer historischen Stellung entgegen. Der biographische Bruch bedeutete für die Deutschbalten einen Angriff auf die Ganzheit ihrer Identität. Die Aufmischung der gesellschaftlichen Schichten ließ die Frage nach der Gerechtigkeit aufkommen, auf die die Autorin Maydell in ihrem Text eine Antwort sucht. Die Schilderungen der analysierten Zeitspanne fangen mit einer Episode an, die der Autorin eine

---

[1] Der Begriff der „geteilten Geschichte" ermöglicht es, die Aspekte der gemeinsamen Teilhabe und Mit/Gestaltung der kulturellen Umwelt im breiteren Sinne und einer Trennung der Lebenswelten der am kulturellen Kontakt Beteiligten zusammenzuführen.

große Erleichterung brachte. Während des Ersten Weltkrieges war Moritz Alexander von Maydell nach Sibirien verbannt worden. Von dort kehrte er 1918 zurück. Der Sommer wurde auf dem Gut verbracht, im Herbst musste die Familie aber vor den Bolschewiken nach Helsinki fliehen. Sofort nach der Entspannung der Lage zog die Familie jedoch zurück nach Paasvere. Natalie von Maydell schildert in ihren Erinnerungen ihr Entsetzen über den Zustand des Gutes, sie beschreibt, dass die Bolschewiken in der Bibliothek alle Bücher verbrannt hätten, sowie auf den Edelholztischen Schweine und Hühner geschlachtet und die Möbeln zerstört hätten (Maydell 1947: 38). Der Text dokumentiert ein Gefühl des Verlusts des „Zuhause". Dabei waren aber nicht nur die äußeren Zerstörungen ausschlaggebend. Das Heim war „unheimlich" (Bhabha 2007: 13) geworden, im direkten und übertragenen Sinne. Die sichtbaren Zeichen der Veränderungen waren die kaputten oder verlorengegangenen Gegenstände und die Zerstörungen an den Häusern. Hinzu kam auch das beunruhigende Wissen, dass Fremde das Herrenhaus bewohnt hatten. Das Gefühl der Sicherheit war verletzt worden. Noch schlimmer war jedoch, dass sich auch die Menschen verändert hatten. Während das Haus repariert und instandgesetzt werden konnte, blieb das Verhältnis zu den Gutsbediensteten und den Dorfbewohnern verstört. Diese gingen den Deutschen aus dem Wege. Eine schmerzvolle Erfahrung, die im Text auf äußere Einflussfaktoren zurückgeführt werden, auf die Angst, als Freund der Deutschen von den Bolschewiken bestraft werden zu können, falls diese zurückkehrten. Die Möglichkeit, dass durch die veränderte Zeit ein Gefühl der Unzufriedenheit in den Menschen zum Ausbruch gekommen sein könnte, das auch vorher existierte, wird im Text nicht in Erwägung gezogen.

Um zu betonen, dass die Struktur der alten Beziehungen nichts von ihrer Kraft eingebüßt hat, erzählt der Text davon, dass die Gutsbediensteten nachts zum Mann der Protagonistin gekommen waren, um (wie gewohnt) nach seinem Rat zu fragen. Der Text interpretiert diesen Akt als Loyalitätsbekundung, möglicherweise um die entstandene *Unheimlichkeit* zu mildern, nicht jedoch dahingehend, dass der Movens dieser Besuche darin liegen hätte können, sich die Möglichkeiten in alle Richtungen[2] offen zu halten.

Die Beschreibungen der Jahre 1918–1919 im Text von Maydell sind sprunghaft. Die Schilderungen der großen Geschichte und die des Alltages mit Festen und Zusammenkünften wechseln sich ab. Einerseits unternimmt der Text die Vertextung des Lebens der Protagonistin, indem er die gesellschaftlich relevanten Ereignisse stark macht. Andererseits finden die Unter-

---

[2] Zur beschriebenen Zeit war es unklar, ob Estland ein von Bolschewiken, von Esten oder von den Deutschbalten regierter Staat bzw. Teil eines anderen Staates (Sowjetunion oder Deutschland) sein wird.

brechungen, die die politische Lage in den Alltag jedes/jeder Einzelnen brachte, Eingang in den Text.

Ein schmerzvoller Einschnitt im Leben der Familie war die Enteignung des Gutslandes. Ohne das zugehörige Land konnten die meisten Güter als landwirtschaftliche Zentren nicht überleben. Maydell schreibt über die Kritik an den Deutschen in der Presse: „Immer wieder wurden die Forderungen laut, dass man den ‚Baronen', die 700 Jahre lang das estnische Volk geknechtet hätten, die Güter wegnehmen müsse" (Maydell 1947: 42). Bezeichnend ist hierbei, dass die Meinung der Esten aus der Presse zitiert wird, obwohl man als kleine Minderheit inmitten der Esten gelebt hatte und mit ihnen täglich Kontakt hatte. Dies hat mehrere Gründe – einerseits verkehrte man nicht auf Augenhöhe, der Este/die Estin aus dem Dorf hätte auch dem gestürzten Gutsherrn nie offen seine Meinung gesagt. Andererseits ermöglichten die Zitate aus der Presse der Autorin die Stimmungen im Lande anzudeuten und doch eine Grenze zu ziehen – diejenigen, die so denken, sind anderswo, es sind nicht *unsere Leute* – die eigenen Bediensteten, die Menschen aus den nahen Dörfern. Eine derartige Grenzziehung, die eine Distanz schafft zwischen den aus der Sicht der Autorin radikalen, möglicherweise auch roten, kriminellen etc. Esten und den *eigenen Leuten*, findet man in den Schilderungen der Ereignisse dieser Zeit als gemeinsame Strategie in vielen deutschbaltischen Erinnerungen. Susanne Zantop hat überzeugend dargestellt, dass man im deutschsprachigen Kolonialdiskurs ab dem Ende des 18. Jahrhunderts den festen Glauben hatte, dass der Untergebene bereit sei, seine Lage zu akzeptieren, falls die Beziehung zwischen dem Kolonisten und dem Kolonisierten paternalistisch ist. Der Sklave erkenne die intellektuelle Überlegenheit des Herren an (vgl. Zantop 1997: 149–154). August von Kotzebue, der in seinem Leben auch eine sehr produktive Tallinn-Phase hatte, lässt in seinem Drama „Die Negersklaven" (1796) den Sklaven Zameo seinem Herren sagen: „Du hast mich frey gelassen, und ich bin dein Sklave auf ewig; mit gebundenen Armen hätte ich entlaufen können, aber du fesseltest mein Herz – ich weiche nimmer von dir" (Von Kotzebue 1840: 229). Die Esten waren im 20. Jahrhundert natürlich lange keine Sklaven mehr, doch waren paternalistische Deutungsmuster der gegenseitigen Beziehungen seitens der Deutschbalten immer noch vorherrschend.

Die Entwicklungen des 20. Jahrhunderts zeigten aber, dass die Zeit des paternalistischen Modells beendet war, die Überlegenheit der ehemaligen Herren wurde nicht mehr akzeptiert. Diese Veränderung ist für die Deutschbalten aufgrund ihres Selbstbildes der *guten Gutsherren* schwer zu begreifen. Der Selbstbestimmungswille einstiger Untergeordneter wird als Verrat empfunden. Angesichts der veränderten Rahmenbedingungen fragt der Deutschbalte sich, was ihn bis dahin berechtigt hatte, seine Position auszuüben – *warum bin ich hier?* Eine vorgefertigte Antwort bot dafür die deutschbaltische Auffassung vom sogenannten *historischen Recht* der Deutschen auf das Land, das mit der Christianisierung begründet wurde. Nur wenige baltische Deutsche waren in ihren Erinnerungen bereit, diese Auffassung zu relativieren. Der Schmerz des Verlustes zwang die Deutschen in die Ecke. Rechtfertigungen und Opferbewusstsein boten die so notwendigen Erklärungsstrategien für die Umwälzungen.

Zusammenfassend kann gesagt werden, dass die deutschbaltische Geschichte des 20. Jahrhunderts eine Geschichte der Enttäuschungen und Anpassungen ist. Die Deutschen mussten sowohl moralische als auch materielle Verluste akzeptieren. In dieser Situation war die Bewahrung der eigenen Identität, des Selbstwertgefühls von zentraler Bedeutung. Die deutschbaltischen Autobiographen, für deren Texte Maydells *Ein reiches Leben* exemplarisch ausgewählt wurde, spüren die schizophrene Ambivalenz ihrer Lage, die Unvereinbarkeit der Vergangenheit und der Gegenwart und manifestieren ihre Position in ihren Texten. Das Gefühl der Zugehörigkeit zum Land und den Menschen hatte einen Bruch erhalten. Um dieses Gefühl der Unheimlichkeit gegenüber der eigenen Umwelt textuell zu überwinden, werden die Strategien der inneren Überlegenheit und Ausblendung schmerzvoller Themen verwendet, wie am Text von Maydell gezeigt werden konnte. Die instinktiv entstandene Frage *warum* mündet in Rechtfertigungen. Die Schaffung von Bedeutungen und Inhalten ist stets eine Machtfrage und als es gesellschaftlich nicht mehr in der Hand der Deutschbalten war, flüchteten sie sich in die Texte. Die Wahrheit und Begründungen des Anderen werden in der Situation der inneren Erklärungsnot ausgeblendet, weil sie irritierend wirken. Das autobiographische Schreiben ermöglicht es, die eigene Wahrheit zu postulieren und dient somit dazu, die Ambivalenz zu glätten und der eigenen Lebensgeschichte die gewünschte Bedeutung zu geben.

Bibliographie

ASHCROFT, B. / GRIFFITHS, G. / TIFFIN, H. (2007): *Post-Colonial Studies. The Key Concepts*, New York.
BHABHA, H. (2007): *Die Verortung der Kultur*, Tübingen.
CONRAD, S. / RANDERIA, S. (2002): *Einleitung. Geteilte Geschichten – Europa in einer postkolonialen Welt*, in: CONRAD, S. / RANDERIA, S. (Hg.): Jenseits des Eurozentrismus. Postkoloniale Perspektiven in den Geschichts- und Kulturwissenschaften, Frankfurt, S. 9–49.
KOTZEBUE, A. v. (1840): *Die Negersklaven*, Leipzig.

MAYDELL, N. v. (1947): *Ein reiches Leben. Lebenserinnerungen*, Manuskript im Privatbesitz.

ZANTOP, S. (1997): *Colonial Fantasies. Conquest, Family, and Nation in Precolonial Germany, 1770–1870*, Dyrham et. al.

JAN SÜSELBECK (Deutschland, Marburg)

Postkoloniale Geschlechterkriege.
Anmerkungen zur „Geschichte einer Lyzeistin"
aus Arnolt Bronnens Freikorps-Roman *O.S.* (1929)

Vergessene Fronten.
Zur Faszinationskraft verbotener ‚Abenteuerspielplätze'
in Bronnens O.S.

Arnolt Bronnens Roman *O.S.* führt seine Leser an Schauplätze des Ersten
Weltkriegs zurück, die im kollektiven Gedächtnis verdrängt worden sind –
und es partiell auch 1929 schon waren, als der Roman erschien. Zwar spielt
Bronnens Geschichte zum Großteil gar nicht zu Zeiten des Ersten Weltkriegs,
doch die in ihm geschilderten Freikorpskämpfe erinnern den Leser an eine
Front, an der anders gekämpft wurde als etwa vor Verdun – und an der zu
Zeiten der Weimarer Republik einfach weiter gemordet wurde.

So gesehen ist die Bemerkung Eva Horns, es gebe aufgrund des merkwürdigen Fehlens eines literarischen Erinnerns an die östlichen Schauplätze
des Ersten Weltkriegs „weder einen Ernst Jünger noch einen Remarque der
Ostfront", irreführend.[1] Denn das ist, neben Walter Flex als Autor seines
‚Kriegserlebnisses' mit dem Titel *Der Wanderer zwischen beiden Welten*
(1917) oder Edlef Köppen mit seinem pazifistischen Gegenmodell *Heeresbe-
richt* (1930), in gewisser Weise auch Arnolt Bronnen – nur dass der mangelnde Diskurs über jene Schlachtfelder und die Folgegeschichte der dort
geschehenen Verbrechen dazu geführt hat, dass diese Autoren und ihre sehr
verschiedenen Werke offenbar ebenfalls vergessen worden sind – jedenfalls
im Beitrag Horns.

Das Vergessen habe bereits nach dem Ersten Weltkrieg begonnen,
schreibt Anton Holzer in seinem Band *Die andere Front* über die auffällige
kollektive Ost-Amnesie, einem Buch, das die Fotografien und die Propaganda der Schlachten von 1914–1918 thematisiert. „Schon in der Zwischenkriegszeit machte sich eine seltsame Teilung Europas bemerkbar. [...] Der
Krieg im Westen (und gegen Italien) wurde überhöht und zum Zentrum der

---

1 E. Horn (2006: 218).

kollektiven Erinnerung ausgebaut, die Ereignisse im Osten und Südosten Europas wurden hingegen nach und nach in den Hintergrund gedrängt."[2] Dabei wurden Letztere von rassistischen und sexistischen Projektionen vorangetrieben, die Verbrechen gegen die Zivilbevölkerung in besonderem Maße nahelegten und deren libidinöse Antriebe selbst die Vertreter der ‚Konservativen Revolution' im Deutschland der Zwischenkriegszeit nicht mehr offen beschrieben sehen wollten. Arnolt Bronnens *O.S.* ist jedoch ein Roman, der Einblicke in dieses von kolonialen Vorstellungen befeuerte Begehren erlaubt.

Die „Geschichte einer Lyzeistin":
Nationsliebe und Frauenhass in O.S.

Eine mögliche Antwort auf die Frage, aufgrund welcher Affekte manche Schauplätze des Ersten und Zweiten Weltkriegs im kollektiven Gedächtnis der Deutschen besonders tabuisiert worden seien, gibt Bronnens sexistisch gezeichnete Frauenfigur Antoinette Werner. Es handelt sich um eine dunkelhaarige, nymphomane, anti-deutsch und pro-polnisch eingestellte, dreisprachig aufgewachsene 16-Jährige, die sich mit französischen Soldaten einlässt, die Schule schwänzt und überhaupt mit solchen klischeehaften Attributen exakt das verkörpert, wovor sich der soldatische Mann im klassischen Freikorpsroman geradezu panisch fürchtet. Friedbert Aspetsberger hat diese „Geschichte einer Lyzeistin" deshalb auch bereits treffend als „Kern" des Romans *O.S.* eingestuft.[3]

Klaus Theweleits textempirische Ergebnisse seiner Untersuchung des Umgangs soldatischer Männer mit Frauen vom Typus Antoinettes sind auf Bronnens Roman mit einer Folgerichtigkeit anwendbar, als handele es sich dabei um eine mathematische Grundrechenart.[4] Auch Antoinette ist bei Bronnen als lebendige Verkörperung der libidinösen Verheißungen und Gefahren lesbar, die die anarchische, gesetzlose Zwischenwelt der (süd-)östlichen Kriegsschauplätze für die deutschen Soldaten spätestens seit dem Ersten Weltkrieg darstellte. Das Mädchen verspricht sexuelle Exzesse, deren Attraktion sich Bronnens Männerfiguren in ihrer emotionalen Ambivalenz kaum entziehen können und die ihrer – dem Begehren gleichzeitig inhären-

---

2   A. Holzer (2007: 7).
3   F. Aspetsberger (1995b: 377).
4   Vgl. K. Theweleit (1977/78, Bd. 1: 217).

ten – Phobie gemäß genauso unweigerlich zu Mord und Totschlag führen müssen.

„Toinette", die mit diesem im Roman gebräuchlichen Rufnamen auch verdächtig abwertend nach *Toilette* klingt, *ist* bei Bronnen der Osten als ‚Abort'. Sie verkörpert das, was dem soldatischen Mann bei Todesstrafe verboten ist und was ihn dennoch insgeheim anzieht wie ein Magnet, sie tritt gleichzeitig als Sex-Göttin wie auch als perverse Hexe auf. In einer Szene sprengt sie sich zusammen mit Bergerhoff und Krenek sogar beinahe in die Luft, als folgte sie einem Urinstinkt: Der Deckel einer Granatenkiste bleibt ausgerechnet an ihrem Rock hängen, zerreißt ihr Kleid, „klappte schließlich auf. Toinette blickte nicht hin, blind griff sie hinein, fixierte mit unbeweglichem Blick den andern, riß kurz, wie geistesabwesend eine Handgranate heraus, hielt sie, zerrte an der Zündschnur, bis es einen kleinen Schnapp gab; das Ding schickte sich selbst auf den Weg zur Hölle".[5]

Antoinette tritt als ‚phallische Frau' auf, unter deren Rock sich gleichsam todbringende Waffen verstecken.[6] Ihr kann, soviel ist bereits an der Stelle des Romans klar, zuletzt nur noch mit dem soldatischen „Notwehraffekt" begegnet werden, ihrer Ermordung.[7] Tatsächlich stirbt Antoinette ja auch an einer dilettantischen Abtreibungsoperation, die Bergerhoff seinen Kameraden Rossol nach einem letzten Geschlechtverkehr mit ihr durchführen lässt und nach der sie verblutet.[8] Die Operation selbst wird beschrieben wie eine Vergewaltigung durch die beiden Männer, die sie durchführen: „Sie wehrte sich stumm, verzweifelt, mit wunderbaren, großen, schimmernden Augen. Dann setzte Bergerhoff mit allen Muskeln an und hielt sie eisern. Die Augen brachen. Das Gesicht war bedeckt. [...] Zuletzt bat sie, ihren Leib nicht zu zerschneiden."[9]

Der auffällige Lustmordcharakter von Antoinettes Tod verweist den Interpreten nicht zuletzt auf die Ergebnisse neuerer Forschungen zu Formen sexueller Gewalt in Kriegen. Tödliche sexuelle Gewalt gegen Frauen aus einer als ‚feindlich' konstruierten Ethnie wird ausgeübt, um ihre Rolle als „biologische Reproduzentinnen der Gemeinschaft, Vermittlerinnen ihrer Grenzen und ihrer Kultur sowie Signifikantinnen ethnisch-sozialer Differenz"[10] symbolträchtig zu zerstören, womit die Verwundung von Antoinettes Gebärmutter im Roman Bronnens einen neuen ‚Sinn' bekommt, der über die unmittelbare Grausamkeit der Szene weit hinausweist.

---

5   A. Bronnen (1995: 220).
6   Vgl. K. Theweleit (1977/78, Bd. 1: 99f.)
7   K. Theweleit (1977/78, Bd. 1: 227).
8   A. Bronnen (1995: 233).
9   A. Bronnen (1995: 232).
10 Siehe G. Zipfel et. al. (2009: 11).

Bereits die postkoloniale Theoretikerin Gayatri Chakravorty Spivak stellt in ihrem klassischen Essay *Can the Subaltern Speak?* fest: „Die von den Eroberern begangene Gruppenvergewaltigung ist eine metonymische Feier der territorialen Aneignung."[11] Antoinette aber wird als weibliche Figur des Dazwischen, als „Mischlingsfrau" und Grenzgängerin zwischen den stereotypen Imaginationen von Polen und Deutschland, wie sie in den Köpfen ihrer Mörder existieren, zum Opfer.

Homi K. Bhabha prägte für derartige hybride Botenfiguren, die sich der Welt der Eroberer bis zu einem bestimmten Grade angepasst haben, jedoch für die Kolonisatoren einen gleichermaßen begehrenswerten wie verunsichernden Faktor in der von ihnen dominierten Gesellschaft verkörpern, den Begriff der „Mimikry".[12] Als verkappte ‚rote Schwester' und schwarzhaarige ‚Halb-Polin' trifft auf Antoinette im Grunde genau das zu, was Bhabha über die in kolonialen Gesellschaften entstehende hybride Welt zwischen ‚schwarz' und ‚weiß' schreibt, die den ‚weißen Blick' als fast schon psychotische Perspektive enttarnt. Antoinette wird Opfer jener fetischistischen Wahrnehmung, die ihre Betrauerbarkeit negiert und ihren Körper zu einem pornografisch fokussierten Objekt herabsetzt.

*Vorschlag zur Korrektur bisheriger Forschungsergebnisse
zu Bronnens O.S.*

Bezeichnenderweise wird in Bronnens Roman eine mögliche Verbindung Antoinettes mit dem misogynen Protagonisten Krenek angedeutet, die die hybride Kindfrau genau deshalb zu faszinieren scheint, weil sich Krenek für sie gar nicht weiter interessiert. Die bisher dominierende Deutung dieser nahegelegten ‚Zähmung' von Antoinettes bedrohlicher „Mimikry"-Existenz vermag nicht zu überzeugen: Was Aspetsberger als mögliche „Koalition" im Sinne von Bronnens Leitbegriffen aus der Zeit vor dem Ersten Weltkrieg interpretiert – eine mögliche Vereinigung von Krenek und Antoinette deute eine die Regeln brechende Allianz von Proletariertum und antibürgerlicher Jugend an[13] – dürfte tatsächlich vielmehr die von Theweleit analysierte, für die rechtskonservative Literatur der Zwischenkriegszeit so typische Idealisierung einer asexuellen Ehe symbolisieren, die für die Überwindung des triebgesteuerten, ‚kommunistischen' Chaos steht.

---

11 G. C. Spivak (2008: 94).
12 Vgl. dazu H. K. Bhabha (2000: 125–136).
13 F. Aspetsberger (1995b: 380f.).

Vor diesem Hintergrund erscheint Aspetsbergers Interpretation doch etwas gezwungen, bei der Figur Antoinette ginge es Bronnen „keineswegs, wie die Kritik meinte, um die sexuelle Diffamierung einer nationalen Überläuferin, sondern um strategische Koalitionsmöglichkeiten gegen das Bürgertum bzw. gegen die ‚Alten‘, wie einst in Bronnens Wiener Jungdramen".[14]
Eine revidierte Interpretation von Bronnens literarischem Zeitdokument im hier referierten postkolonialen Sinne erscheint plausibler, nicht zuletzt als Forschungsanstoß für eine ‚kontrapunktische Lektüre‘ der Literatur aus dieser Zeit allgemein – beziehungsweise, im Speziellen, zur kritischeren Analyse der bei Bronnen damals so virulenten faschistischen Orientierung.

Bibliographie

ASPETSBERGER, F. (1995a): *‚arnolt bronnen'. Biographie*, Wien.
ASPETSBERGER, F. (1995b): *O.S. – ein so infames wie gelungenes Werk, vielleicht ein k.u.k.-Skandal in der Weimarer Republik*, in: BRONNEN, A: *O.S.* Nach dem Text der Erstausgabe 1929. Mit einem Vorwort von Wojciech Kunicki und einem Nachwort von Friedbert Aspetsberger, Klagenfurt, S. 369–414.
BHABA, H. K. (2000): *Von Mimikry und Menschen: Die Ambivalenz des kolonialen Diskurses*, in: BHABA, H. K.: *Die Verortung der Kultur*. Mit einem Vorwort von Elisabeth Bronfen. Deutsche Übersetzung von Michael Schiffmann und Jürgen Freudl, Tübingen, S. 125–136.
BRONNEN, A. (1978): *Arnolt Bronnen gibt zu Protokoll. Beiträge zur Geschichte des modernen Schriftstellers*. Mit einem Nachwort von Hans Mayer, Kronberg/Ts.
BRONNEN, A. (1995): *O.S.* Nach dem Text der Erstausgabe 1929. Mit einem Vorwort von Wojciech Kunicki und einem Nachwort von Friedbert Aspetsberger, Klagenfurt.
HOLZER, A. (2007): *Die andere Front. Fotografie und Propaganda im Ersten Weltkrieg. Mit unveröffentlichten Originalaufnahmen aus dem Bildarchiv der Österreichischen Nationalbibliothek*, Darmstadt.
HORN, E. (2006): *Im Osten nichts Neues. Deutsche Literatur und die Ostfront des Ersten Weltkriegs*, in: GROSS, G. P. (Hg.) Die vergessene Front. Der Osten 1914/15. Ereignis, Wirkung, Nachwirkung, Paderborn, S. 217–230.

14 F. Aspetsberger (1995b: 381).

SPIVAK, G. C. (2008): *Can the Subaltern Speak? Postkoloniale und subalterne Artikulation*. Aus dem Englischen von Alexander Joskowicz und Stefan Nowotny. Mit einer Einleitung von Hito Steyerl, Wien.

THEWELEIT, K. (1977/78): *Männerphantasien*. 2 Bde., Frankfurt am Main.

ZIPFEL, G. / DU TOIT, L. / BERGOFFEN, D. / ALISION, M. / BOS, P. / MÜHLHÄUSER, R. (2009): *„Meine Not ist nicht einzig". Sexuelle Gewalt in kriegerischen Konflikten – Ein Werkstattgespräch*, in: *Mittelweg 36*. Zeitschrift des Hamburger Instituts für Sozialforschung, Februar/ März 2009, S. 3–25.

IULIA-KARIN PATRUT (Deutschland, Trier)

‚Zigeuner', Juden und Deutsche im 19. Jahrhundert. Perspektiven und Befunde

Zur Verknüpfung der ‚Juden'- und ‚Zigeuner'-Semantiken

Ende des 18. Jahrhunderts setzte auf dem Gebiet Deutschlands eine Wissensproduktion über den europäischen Osten ein, die den Mustern des Orientalismus[1] folgte und als Kehrseite der Aufklärung in Erscheinung trat. Ein koloniales Blickregime prägte in dieser Zeit auch das Wissen über die beiden wichtigsten Gruppen interner Fremder in Europa, die Juden und die als ‚Zigeuner' Stigmatisierten. Für Juden und ‚Zigeuner' aus Osteuropa potenzierten sich exkludierende Semantiken, weil ihnen gleich zweifach ein ‚asiatischer Kern' zugeschrieben wurde. Mit der erfolgreichen Formel von ‚Halb-Asien' formulierte Karl Emil Franzos gegen Ende des 19. Jahrhunderts für Osteuropa eine Art Bann der deutschsprachigen epistemischen Urheberschaft, eine Exklusion bei gleichzeitiger Verfügbarkeit für den eigenen (deutschen) Selbstentwurf.

Beide, Juden und ‚Zigeuner', hielt man schon seit der Frühen Neuzeit nicht für Europäer; man beschrieb sie vielmehr als Asiaten, und dies hatte je nach Epoche unterschiedliche Implikationen. Allerdings variieren hauptsächlich die Gesichtspunkte, unter denen sie jeweils semantisch exkludiert wurden – ob nun vornehmlich als Andere des Christentums, der Vernunft, der Nation, des Bürgertums, des Volks oder der ‚Rasse'.[2] Mit der vermeintlichen ‚Herkunft' aus dem Orient gingen Zuschreibungen der geistigen Trägheit, Verstocktheit, Arbeitsscheu, Willkür, Grausamkeit und Unfähigkeit zur vernünftigen Regierung (auch Selbstregierung) einher.

Der übergreifende systematische Befund, der sich hieraus ergibt, lautet, dass Juden und ‚Zigeuner', insbesondere jene im Osten Europas, im Zuge eines hochgradig phantasmatischen Prozesses beide als ‚arme Orientalen' zu Anderen der westlichen Episteme, und der deutschen Nation werden. Die

---

1   Saids Orientalismus-Paradigma umschreibt bei weitem nicht alle Repräsentationen des Orients und des Ostens in der deutschen Literatur – es trifft allerdings in vielerlei Hinsicht auf jene zu, die das westeuropäische Selbstverständnis als Nation und die westeuropäische Episteme in der Neuzeit maßgeblich geprägt haben.

2   Zu den Einzelaspekten des Stigmas ‚Zigeuner' vgl. Uerlings 2007.

entsprechenden Semantiken folgen spezifisch kolonialen Mustern, insbesondere hinsichtlich des Blickregimes, das epistemische, politische und ökonomische Machtasymmetrien enthält und spiegelt. Der westliche Blick wird als alleinige Richtinstanz etabliert, die Gegenblicke werden als Kuriosum ins Lächerliche gezogen.

Die deutsche Nation definierte sich bekanntlich über bürgerlich-aufklärerische Werte und Tugenden, über ,deutsches' Familienbewusstsein, Arbeit, gemäßigtes Christentum und bestimmte weitere wirkmächtige Narrative. Ein Diskursstrang, der ab 1800 in der Nachfolge Herders zunehmend populär wird, bringt all diese Inklusionskriterien mit der Zugehörigkeit zum deutschen Volk zusammen. Juden und ,Zigeuner' werden im 19. Jahrhundert vermehrt aufgrund ihrer ,asiatischen' Genealogie in einem Atemzug exkludiert, weil ihre Herkunft sie zu Gegenfiguren prädestinierte. Beide galten als eigene ,Völker', und zwar laut Herder in den *Ideen zur Philosophie der Geschichte der Menschheit* als ,fremde Völker in Europa' (J. G. Herder (1965: 435–437), mit allen Komplikationen, die sich daraus im Jahrhundert der Nation ergaben (insbesondere einer Nation, die sich auch als ,Volk' verstand).

Diskursraum Mittel- und Osteuropa

Aus den zahlreichen bislang ausgewerteten expositorischen Texten ergibt sich, dass hinsichtlich der ,Zigeuner'-Semantiken ein in sich kohärenter Diskursraum ,Mittel- und Osteuropa' bestand, in dem hauptsächlich deutschsprachiges Wissen über osteuropäische ,Zigeuner' hervorgebracht wurde.

Die osteuropäischen ,Zigeuner' gelten schon vor 1900 als Fluchtpunkt der Phantasien über Armut, Elend und gesellschaftliche Nicht-Teilhabe und somit der ,Asozialität' ante literam. Ähnliches lässt sich auch hinsichtlich der osteuropäischen Juden nachweisen. In dem so beschaffenen Repräsentationsregime können die Prototypen gefährlicher, armer und letztlich asozialer ,interner Fremder' im europäischen Osten wie in einem ethnographischen Freilichtmuseum des Orientalischen betrachtet werden. Es ist eine leichte Übung, in Zeitschriften und Beilagen des 19. Jahrhunderts Spielarten des ,Zigeuner'- oder Juden-Orientalismus aufzuspüren, dessen Lieblingskulisse der europäische Osten ist: Die ,Zigeuner' streunen dort meist als „Bande" umher und bilden ein „eigenthümliches Gemälde" (Anonymus (1868: 130f.). Über die osteuropäischen Juden sind bereits in den 1840er und 1850er Jahren (bevor sich der Begriff des ,Ostjuden' herausbildete) Bilder der Armut und des Elends verbreitet.

Osteuropäische Studien über ‚Zigeuner' greifen das deutschsprachige Wissen bereits Anfang des 19. Jahrhunderts auf und variieren es, ohne dabei neue Paradigmen zu entwerfen und ohne das doppelt asymmetrische Blickregime zu unterlaufen (Uerlings, H./Patrut, I. K. 2007: 9–31). Dies bedeutet, dass der Objekt-Status des Ostens internalisiert scheint und die dortigen Gelehrten über ihre eigenen Länder in weiten Teilen durch Mimikry des westlichen Blicks sprechen.

Diskursraum Westeuropa

Der Fluchtpunkt der auf Asozialität (ante literam) zielenden orientalistischen Semantiken im deutschsprachigen ‚Zigeuner'- (und Juden-)Diskurs liegt in Osteuropa. Bekanntlich ist aber der ‚Orient' in der deutschsprachigen Philosophie und Literatur um 1800 nicht ohne weiteres unter den Orientalismus subsumierbar. Es lassen sich durchaus Repräsentationsformen aufzeigen, denen keine derart gravierende Machtasymmetrien innewohnen – so etwa eingehende Auseinandersetzungen mit der vedischen Bhagavad-gītā und dem gesamten Epos Mahābhārata oder auch mit der ägyptischen Hochkultur. Seit den 1770er Jahren galt nun Indien als die ursprüngliche Heimat der ‚Zigeuner', und etliche sprachwissenschaftliche Abhandlungen (Johann Christian Christoph Rüdiger 1782; August Friedrich Pott 1845) erwiesen die sehr hohe Übereinstimmung der ‚Zigeuner'-Sprache Romanes mit dem alt-indischen Sanskrit. Zuvor hatte Ägypten über Jahrhunderte als Herkunftsland der ‚Zigeuner' gegolten. Die Anerkennung dieser Hochkulturen des Orients, wie sie etwa bei Schlegel erfolgte, (F. Schlegel 1846) trug auch mit zu einer partiellen diskursiven Aufwertung der ‚Zigeuner' bei. Analog zur alten ‚ebräischen Poesie' der Juden, die Herder gewürdigt hatte, galten auch die oralen Überlieferungen der ‚Zigeuner' nun als Äußerungsform jener „neue[n] Quelle von Poesie", die laut Schlegel „[i]m Orient" zu suchen und in die „Entstehung der neuen Mythologie" (F. Schlegel 1846: 204) einzubinden sei. Auf die ‚Zigeuner' bezogen, liegt der Fluchtpunkt dieser inkludierenden Semantiken allerdings weniger im europäischen Osten als in Spanien. Prägend dafür waren zunächst v. a. spanische, englische und französische Texte. Man kann hier von einem westeuropäischen Diskursraum sprechen, in dem nicht Armut und Elend die ‚Zigeuner'-Semantiken bestimmten, sondern die Gegenwärtigkeit eines Gegenübers, das nach lernender Auseinandersetzung, Anerkennung und Liebe verlangt. Dem spanischen Raum gehören Figuren wie Miguel de Cervantes Saavedras *Preciosa* an, aber auch George Bizets *Carmen*, und in Spanien meinte auch der einflussreiche englische Ethnograph und Missionar

George Borrow, der in den 1840er und 50er Jahren umfangreich über die Gitanos publizierte, den Nachklang orientalischer Hochkulturen unter den ,Zigeunern' zu vernehmen. All das wurde vom gebildeten deutschsprachigen Publikum mit Interesse rezipiert.

Binnenliterarische Entwicklungen

Vieles spricht dafür, dass diese Trennung zwischen westlichem und mittel- und osteuropäischem Diskursraum zwar für das Wissen des 19. und beginnenden 20. Jahrhundert gilt, nicht aber für die Literatur und Teile des deutschsprachigen philosophischen Diskurses um 1800; hier wurden vielmehr die verschiedenen Teildiskurse rezipiert und kombiniert. In der Folge entstanden zahlreiche literarische Texte, die quer zu dem oben skizzierten Profil der Diskursräume und der imaginären Landkarten liegen.

Insbesondere die ,Zigeunerinnen' rücken hierbei ins Zentrum der gesellschaftlichen und künstlerischen Umbrüche und haben Anteil an Verschiebungen und Innovationen. Die um 1800 literarisch gestaltete zutreffende Prophezeiung der ,Zigeunerin' ist etwas anderes als die betrügerische, der Arbeitsscheu entspringende Wahrsagerei der ,Ost-Zigeuner', so wie sie in der Wissensproduktion im Diskursraum Mittel- und Osteuropa allgegenwärtig ist, und sie unterscheidet sich auch vom populärliterarischen Exotismus. Literarische Figuren wie Kleists ,Zigeunerin' Elisabeth in *Michael Kohlhaas* oder Bella in Achim von Arnims *Isabella von Ägypten* greifen mit ihrem Handeln nicht nur in persönliches Schicksal ein, sondern auch in das der deutschen Nation.

Die Literatur des Realismus setzt sich präziser mit den Lebensumständen, mit staatlicher Verfolgung und Exklusion der ,Zigeuner' auseinander. Figuren wie Stifters ,Zigeunerin' Juliana in *Der Waldbrunnen* veranschaulichen die Schwierigkeit, in Anbetracht eines zutiefst asymmetrischen Blickregimes und anhaltender Exklusion eine ,eigene Stimme' herauszubilden. Zu Beginn des 20. Jahrhunderts sprengen dann Texte Franz Kafkas – *Ein altes Blatt* oder *Beim Bau der chinesischen Mauer* – in grotesk-karnevalesken Szenen jegliche Reliabilität der Wissensproduktion über die ,wilden Fremden aus dem Osten'.

Insgesamt bildet sich eine dem Literatursystem eigene Sprache der Auseinandersetzung mit den ,internen Fremden' heraus, die in Korrelation mit historischen Entwicklungen gepflegt und modifiziert wird.

Bibliographie

ANONYMUS (1868): *Leben und Treiben der Zigeuner. Im Norden des Kaukasus. 2. Teil*, in: *Globus. Ilustrirte Zeitschrift für Länder- und Völkerkunde mit besonderer Berücksichtigung der Anthropologie und Ethnologie*, hg. v. Karl Andree. 14. Bd. Braunschweig, S. 129–139.

HERDER, J. G. (1965): *Ideen zur Philosophie der Geschichte der Menschheit*, Berlin [zuerst 1791].

SAID, E. W. (1979): *Orientalism*, New York.

SCHLEGEL, F. (1846): *Grundzüge der gothischen Baukunst; auf einer Reise durch die Niederlande, Rheingegenden, die Schweiz, und einen Theil von Frankreich. In dem Jahre 1804 bis 1805*, in: DERS.: *Friedrich Schlegel's sämmtliche Werke. Zweite Original-Ausgabe*, 5. Bd., Wien, S. 171–230.

UERLINGS, H. / PATRUT, I.-K. (2007): *Fremde Arme – arme Fremde. 'Zigeuner' in Literaturen Mittel- und Osteuropas. Einleitung*, in: PATRUT, I.-K. / GUȚU, G. / UERLINGS, H. (Hg.): Fremde Arme – arme Fremde. 'Zigeuner' in Literaturen Mittel- und Osteuropas. Frankfurt am Main, S. 9–36.

UERLINGS, H. (2007): *Stigma 'Zigeuner'. Formen der Stigmatisierung der 'Zigeuner' im deutschsprachigen Raum*, in: UERLINGS, H. / PATRUT, I. K. / SASS, M. (Hg.): Europa und seine 'Zigeuner'. Literatur- und kulturgeschichtliche Studien, Sibiu/Hermannstadt, S. 84–117.

HERBERT UERLINGS (Deutschland, Trier)

„Wie die Juden"?
Roma-Mahnmal, Schuldabwehrantiziganismus
und kollektives Gedächtnis

Das politische Selbstverständnis der Bundesrepublik beruht zu einem wesentlichen Teil auf dem proklamierten Bruch mit der nationalsozialistischen
Vergangenheit. Dem entspricht eine seit den 1990er Jahren stark ausdifferen-
zierte Gedenkkultur, zu der auch das geplante „Denkmal für die im Nationalsozialismus ermordeten Sinti und Roma" gehört. Dessen zentraler Text ist
das Gedicht *Auschwitz* des Rom-Dichters Santino Spinelli (* 1964):

Auschwitz

Eingefallenes Gesicht
erloschene Augen
kalte Lippen
Stille
ein zerrissenes Herz
ohne Atem
ohne Worte
keine Tränen[1]

Das Gedicht soll auf dem Rand des kleinen Sees zu lesen sein, der den Mittelpunkt des Denkmals bildet. Der Text zeichnet das Porträt eines sog.
‚Muselmanns' und kann damit jedes Auschwitz-Opfer meinen. Das berührt
den Dreh- und Angelpunkt des Denkmalstreits, aber auch des Selbstverständ-
nisses des Zentralrats der Sinti und Roma und der Debatte um den Völkermord, die Frage nach der Vergleichbarkeit von Porrajmos und Shoah. Mit der
Wahl dieses Gedichtes hat sich die These von der Parallelität des Völkermords an den Juden und an den als ‚Zigeunern' Stigmatisierten durchgesetzt.
Dem entspricht die begleitende *Chronologie* des Völkermords, die mit den
Worten des damaligen Bundespräsidenten Roman Herzog aus dem Jahre

---

1   Presse- und Informationsamt der Bundesregierung. Pressemitteilung Nr. 496 vom
     20.12.2007   (http://www.bundesregierung.de/nn_23690/Content/DE/Archiv16/
     Pressemitteilungen/BPA/2007/12/2007-12-20-bkm-denkmal-fuer-die-ermordeten-
     sinti-und-roma.html [10.08.2008]).

1997 endet, der „Völkermord" an den „Sinti und Roma" sei „aus dem gleichen Motiv des Rassenwahns, mit dem gleichen Vorsatz und dem gleichen Willen zur planmäßigen und endgültigen Vernichtung durchgeführt worden wie der an den Juden".[2] Bezug und Gleichsetzung werden auch dadurch hergestellt, dass der Denkmalsentwurf von Dani Karavan stammt und, zumal wenn die Säule in der Mitte des Sees hochfährt, zentrale Elemente seines Denkmals für Walter Benjamin in Port Bou wiederholt.

Diese Gleichsetzung von Porrajmos und Shoah findet ihre Berechtigung darin, dass es sich in beiden Fällen um einen Völkermord aus rassistischen Motiven gehandelt hat. Ohne den beharrlichen Hinweis auf diese Parallele wäre die Anerkennung des Genozids an den europäischen Sinti und Roma nicht durchsetzbar gewesen. Die Gleichsetzung ist dennoch problematisch. Sie ist Ausdruck eines opfer- bzw. erinnerungspolitischen Dilemmas, dessen Kehrseite ist, dass der ganz andere Verlauf und die anders geartete Begründung für die Verfolgung unterschlagen wird. Nicht thematisiert wird vor allem der Dreh- und Angelpunkt der jahrhundertelangen Verfolgung, das Stigma der Asozialität. ‚Asozialität', ein Syndrom aus Arbeitsscheu, Unterschichtszugehörigkeit, sittlicher Verwahrlosung, Kriminalität und Gewalttätigkeit, machte auch in der NS-Rasseforschung das Wesen der ‚Zigeuner-Rasse' aus und war Grundlage der Verfolgung: ‚Zigeuner' galten als ‚geborene Asoziale'.[3]

Dieser erinnerungspolitisch heikelste Teil des ‚Zigeuner'-Stigmas wird durch die Gleichsetzung von Juden und ‚Zigeunern', Shoah und Porrajmos verdeckt. Ausgeblendet wird damit der Teil der NS-Geschichte, der bis heute fortwirkt und dem man durch die Nicht-Thematisierung vielleicht einen Bärendienst erweist. Die Nicht-Thematisierung ist geeignet, sowohl das Trauma der Überlebenden zu konservieren wie das Fortwirken des Stigmas bei staatlichen Organen und Öffentlichkeit.

Die erinnerungspolitische Konstellation der Gleichsetzung der Opfer ist auch das zentrale Muster der belletristischen Literatur zum Holocaust an den Sinti und Roma – dort aber z. T. mit gegenteiligem Effekt.[4] Ein jüngeres Beispiel dafür ist Richard Wagners 2007 erschienener Roman *Das reiche Mädchen*. Das Buch ist als Porträt einer Generation angelegt, und zwar der um 1960 geborenen sogenannten ‚Nach-Achtundsechziger', die nach Meinung Wagners in der Bundesrepublik die Meinungsführerschaft inne haben. Diese Generation wird im Roman verkörpert durch die Protagonistin Bille

---

2 *Chronologie des Völkermordes an den Sinti und Roma* (http://www1.uni-hamburg.de/rz3a035//chron.html [24.07.2010].

3 Zur Konstruktion ‚zigeunerischer Asozialität' vgl. H. Uerlings (2011).

4 Die Repräsentation von Roma ist Thema eines vom Verf. geleiteten Projekts innerhalb des Trierer SFB 600 „Fremdheit und Armut"; vgl. dazu die in der Bibliographie genannten Veröffentlichungen.

Sundermann – den ‚Gutmenschen' schlechthin. Der Roman erzählt, in enger Anlehnung an das Leben der Roma-Ethnologin und Bürgerrechtsaktivistin Kathrin Reemtsma, davon, wie Bille Sundermann, das ‚reiche Mädchen', Dejan Ferari, einem serbischen Rom und Bürgerkriegsflüchtling, Asyl verschafft, mit ihm eine Ehe eingeht und ein Kind in die Welt setzt – und am Ende von ihm ermordet wird.[5]

Das nationale ‚Gutmenschentum' ist in der Logik des Romans eine Folge von ‚Auschwitz' und lässt die Deutschen zu Opfern der Nachfahren früherer Opfer werden. Zu Tätern werden dabei nolens volens vor allem Zuwanderer, die dem Kulturschock nicht gewachsen sind. Dejan Ferari, der geborene osteuropäische Underdog, hat in Berlin keine Chance. Deshalb bleibt ihm am Ende nur eine Art ‚Ehrenmord' an derjenigen, deren ‚Wiedergutmachungswille' seine Identität bedroht. Hinter diesem Bild des ‚Balkan-Barbaren' steht im Roman der mit fundamentalistischen Zügen ausgestattete Andere; bezeichnenderweise werden die Quartiere der Exjugoslawen in Berlin von den nachrückenden Türken besetzt.

Der Roman und Wagners kulturkritische Essays sind Teil eines mit Martin Walsers Friedenspreisrede literarisch salonfähig gewordenen Schuldabwehrdiskurses. Neu scheint auf den ersten Blick zu sein, dass bei Wagner ein ‚Zigeuner' an der Stelle des ‚Juden' steht. Dafür gibt es jedoch ein Vorbild, und zwar ebenfalls bei Walser, in dem Film *Armer Nanosh*, einem erstmals 1989 ausgestrahlten ‚Tatort'-Beitrag, dessen Drehbuch von Martin Walser und Asta Scheib stammt.[6] Die Ausstrahlung wurde trotz des Protestes des Zentralrats Deutscher Sinti und Roma bis 2006 noch achtmal wiederholt. In diesem Film begeht der Prokurist eines Kaufhauses, dessen Chef ein knapp dem Genozid entkommener Rom, Valentin Sander, ist, einen Mord aus Schuldgefühl und tötet sich am Ende selbst. Er büßt damit letztlich für seinen im Krieg schuldig gewordenen Vater. Auch diesem Film liegt die Vorstellung zugrunde, die Deutschen seien Opfer der NS-Opfer, und zwar auch und gerade dann, wenn sie erneut zu Tätern werden. Roma gelten auch hier nicht als legitimer Bestandteil einer deutschen Nation. An Valentin Sander ist alles falsch: Name, Sprache, gesellschaftlicher Stand, Selbstbeherrschung, Deutschtum – am Ende bekennt er sich dazu, nicht ‚Valentin', sondern ‚Nanosh' zu sein, ein Sinto, dessen kulturelle Grenzüberschreitung mehrere Menschen ins Verderben gestürzt hat. Hinter der Maske des assimilierten ‚Zigeuners' kommt dabei der Rom als ‚geborener Asozialer' zum Vorschein: Er ist gekennzeichnet durch mangelnde Selbstkontrolle, Unaufrichtigkeit,

---

5   Zur Interpretation des Romans vgl. ausführlicher H. Uerlings (2010).

6   Vgl. außerdem die Buchvorlage A. Scheib / M. Walser (1989). Die ‚Zigeuner'–Figur wurde bislang vor allem im Kontext des Antisemitismus, d. h. als verkappter Jude gedeutet; vgl. G. Margalit (2002) und M. L. Lorenz (2005: 345–352).

leichte Reizbarkeit, Triebhaftigkeit, Arbeitsscheu bzw. ökonomischen Unverstand, hohe Gewaltbereitschaft, bedingungslose Loyalität gegenüber der eigenen Sippe und ihrer Abschließung gegenüber der Mehrheitsgesellschaft – kurzum ‚Gemeinschaftsfremdheit'.

Anders als bei Walser vertritt der ‚Zigeuner' bei Wagner sowohl den Juden wie den osteuropäischen Migranten. Aber auch das fügt sich in einen größeren Rahmen ein: Juden, ‚Zigeuner' und Türken waren schon immer – als Orientalen – die wichtigsten ‚Anderen' bei der Selbsterfindung einer deutschen Nation. Das ist der koloniale Kern des hier untersuchten Zusammenhangs.

Bei Wagners Roman und dem Drehbuch von Walser und Scheib handelt es sich also um einen Fall von Schuldabwehrantiziganismus. In beiden Fällen sind Parallelen und Bezüge zum Schuldabwehrantisemitismus vorhanden, der ‚zigane' Strang hat aber ein eigenständiges Gewicht. In beiden Fällen wird eine letztlich fundamentale Differenz zwischen Roma und Deutschen unterstellt, damit wird nicht nur die offizielle Politik von Zentralrat und Bundesregierung – Anerkennung als nationale, autochthone Minderheit – unterlaufen, sondern auch die Erinnerungskultur konterkariert, insofern die Behauptung der Nicht-Zugehörigkeit mit der Asozialität begründet, der Kern der NS-Verfolgung also bestätigt wird.

Eine Gedenkpolitik, die sich mit diesem Kern des Antiziganismus nicht auseinandersetzt, greift zu kurz. Auch im Falle des Mahnmals wäre es sinnvoll gewesen, die Überschneidung von rassischem und sozialem Rassismus im Stigma der ‚geborenen Asozialen' mit zu thematisieren. Ein Gedenken für „als ‚Asoziale' stigmatisierte" Roma würde zudem auf einen weiteren blinden Fleck der bundesdeutschen Erinnerungspolitik verweisen, denn ein Mahnmal für die im NS als ‚Asoziale' Verfolgten gibt es nicht.

Die gedenkpolitische und die literarische Repräsentation von Roma ist also durch eine Parallelisierung von Roma und Juden geprägt, die das Spezifikum der Roma-Verfolgung, die Stigmatisierung als ‚geborene Asoziale', im einen Fall ausblendet und im anderen ausschlachtet, ersteres um den Preis des Fortwirkens von Trauma und Stigma, letzteres im Interesse einer Schuldabwehr, die Antiziganismus und Antisemitismus verbindet.

Bibliographie

LORENZ, M. L. (2005): *„Auschwitz drängt uns auf einen Fleck".* Judendarstellung und Auschwitzdiskurs bei Martin Walser, Stuttgart, Weimar.

MARGALIT, G. (2002): *On Ethic Essence and the Notion of German Victimization. Martin Walser and Asta Scheibs 'Armer Nanosh' and the Jew within the Gypsy,* In: German Politics and Society. The Center for European Studies, Harvard University, 20, H. 3, S. 15–39.

PATRUT, I.-K. / GUTU, G. / UERLINGS, H. (Hg.) (2007): *Fremde Arme – arme Fremde. ,Zigeuner' in Literaturen Mittel- und Osteuropas,* Frankfurt am Main, et al.

SCHEIB, A. / WALSER, M. (1989): *Armer Nanosh,* München.

UERLINGS, H. (2010): *Opfer von Auschwitz? Richard Wagners problematischer Zeitroman Das reiche Mädchen.* In: ,Zigeuner'/Roma. Transcarpathica Sonderband 9/2010, S. 14–46.

UERLINGS, H. (2011): *Zigeuner als ,Asoziale'? Zur visuellen Evidenz eines Stigmas,* In: UERLINGS, H. / TRAUTH, N. / CLEMENS, L. (Hg.): Armut – Perspektiven in Kunst und Gesellschaft, Darmstadt 2011, S. 249–258.

UERLINGS, H. / PATRUT, I.-K. (Hg.) (2008): *,Zigeuner' und Nation. Repräsentation – Inklusion – Exklusion,* Frankfurt am Main, et al.

WAGNER, R. (2007): *Das reiche Mädchen,* Berlin.

HANSJÖRG BAY (Deutschland, Erfurt)

Against Classification.
Kafka, das Konzept der ‚kleinen Literatur'
und die Schreibweisen der Migration

Die in den letzten beiden Jahrzehnten entstandenen Texte, in denen Autorinnen und Autoren nicht oder nicht nur deutscher Herkunft die Auseinandersetzung mit Phänomenen der Migration mit der Hervorbringung neuer, transkultureller Schreibweisen verbinden, haben einen bemerkenswerten Reflex ausgelöst: Noch bevor man sich eingehender mit ihnen befasste, begann schon die Diskussion um ihre Klassifizierung, und obwohl schnell deutlich wurde, dass ihnen die für die Konstitution eines Genres notwendige Übereinstimmung fehlt, hält der bedenkenlose Gebrauch klassifikatorischer Begriffe wie ‚Migranten-' oder ‚Migrationsliteratur' bis heute an. Vor diesem Hintergrund gewinnen Konzepte ihre Relevanz, die das Verhältnis der neu entstandenen Texte zur sonstigen deutschsprachigen Literatur in den Blick rücken, ohne die Provokation, die sie für ein bestimmtes Verständnis dieser Literatur offenbar darstellen, durch die Zuordnung zu einer eigenen, mit einer Art Sonderstatus verbundenen Kategorie abzufangen.

Das prominenteste dieser Konzepte ist zweifellos dasjenige der minoritären oder ‚kleinen Literatur', das Gilles Deleuze und Félix Guattari 1975 in *Kafka. Pour une littérature mineure* entwickelt haben.[1] Bezogen auf Kafka bietet dieses Buch eine merkwürdige Mischung aus tiefgreifenden Einsichten und offenkundigen Fehllektüren, die in ihrer Gewaltsamkeit bisweilen schwer nachzuvollziehen sind. Das gilt auch für jenes Kapitel, das poetologische Äußerungen Kafkas mit seiner soziokulturellen Situation als Prager Jude und der Spezifik seines Schreibens in Verbindung bringt, um das Konzept der ‚kleinen Literatur' zu entwickeln. Es soll hier durch Konfrontation mit den entsprechenden Ausführungen Kafkas[2] auf seine Tragfähigkeit für die Auseinandersetzung mit den neuen transkulturellen Tendenzen in der deutschsprachigen Literatur hin befragt werden.

Deleuze und Guattari übernehmen den Begriff der ‚kleinen Literatur', der in der französischen Übersetzung als ‚littérature mineure' eine etwas

---

1   G. Deleuze / F. Guattari 1976. Nachweise zu diesem Text mit der Sigle D/G.
2   Soweit nicht anders angegeben, zitiere ich Kafka nach der Kritischen Ausgabe
     (F. Kafka 1982ff. = KKA).

andere Färbung annimmt als im Deutschen, aus einem Tagebucheintrag Kafkas vom 25. Dezember 1911.[3] Was Kafka hier über die Besonderheiten ‚kleiner Literaturen' notiert, bezieht sich nicht auf seine eigene Situation und die deutsch-jüdische Literatur Prager Autoren, sondern auf die „gegenwärtige jüdische[ ] Litteratur in Warschau" und die „gegenwärtige[ ] tschechische[ ] Litteratur" (KKAT 312). Aufgrund der „Enge des Raumes" (KKAT 321), aber auch aufgrund des Mangels an überragenden, alles beherrschenden Talenten werde, so Kafka, Literatur in einer „kleinen Nation" in ganz anderem Maß zu einer „Angelegenheit des Volkes" (KKAT 312) als in einer großen; sie fungiere mehr als Medium der nationalen Selbstverständigung und gehe eine engere „Verbindung mit der Politik" (KKAT 322) ein. Auf diese Aussagen beziehen sich Deleuze und Guattari, um den vom Individuellen sich lösenden, politischen und kollektiven Charakter einer ‚kleinen Literatur' zu betonen (vgl. D/G 24f.). Während Kafka den Begriff jedoch für die Literatur kleiner Sprachgruppen verwendet, um die Bedingungen seines eigenen Schreibens kontrastierend zu reflektieren, beziehen sie ihn auf seine eigenen Texte und begreifen eine ‚kleine' Literatur als Literatur einer Minderheit, die sich einer ‚großen', weit verbreiteten und etablierten Sprache bedient (D/G 24).

Um die Merkmale einer solchen Literatur zu entwickeln, rekurrieren Deleuze und Guattari auf zwei weitere Texte Kafkas, auf seinen Vortrag über ‚Jargon' vom Februar 1912 und den Brief an Max Brod vom Juni 1921. Der Vortrag steht in großer zeitlicher Nähe, aber auch in einem kontextuellen Zusammenhang zu den zitierten Tagebucheinträgen. Gegenstand ist hier die (ost-)jiddische Sprache, an der Kafka die Aspekte der Fremdheit und permanenten Bewegung hervorhebt: „[Der Jargon] besteht nur aus Fremdwörtern. Diese ruhen aber nicht in ihm, sondern behalten die Eile und Lebhaftigkeit, mit der sie genommen wurden. Völkerwanderungen durchlaufen den Jargon […]." (KKAN I 189) Wichtig ist aber auch das besondere Verhältnis zum Deutschen, das das Jiddische charakterisiere, weil es zum größten Teil aus ihm hervorgegangen sei. Dass es deshalb zwar in alle anderen Sprachen übersetzt, nicht aber ins Deutsche „zurückgeführt" (KKAN I 192) werden kann, sagt nichts anderes, als dass ihm die Bewegung der Abweichung, durch die es aus dem Deutschen hervorgegangen ist, eingeschrieben bleibt – dass es also, anders als die aus sich heraus zu begreifenden ‚kleinen Literaturen', durch die ‚enteignende' Beziehung zu dieser majoritären Sprache bestimmt ist.

Es liegt auf der Hand, dass diese Überlegungen Kafkas für Teile der sogenannten ‚Migrationsliteratur' unmittelbar einschlägig sind. Das gilt etwa

---

3   Vgl. neben dem Eintrag vom 25. Dezember auch die Fortsetzung vom Folgetag und das nochmals einen Tag später entstandene „Schema zur Charakteristik kleiner Litteraturen" (KKAT, S. 312ff., 321f. und 326).

für die Erzählungen und Romane Emine Sevgi Özdamars (1990; 2006), deren
‚Schreiben mit Akzent' die Fremdheit, von der in ihren Texten die Rede ist,
in deren sprachliche Gestalt hineinträgt. Es gilt offensichtlicher noch für jene
Kanak Sprak, die Feridun Zaimoğlu (1995; 1998) in seinen frühen Büchern
entwickelt hat und für die das negierende, verfremdende Verhältnis zum
Deutschen so zentral ist, dass die Texte nicht in die Normsprache ‚zurückgeführt' werden können, ohne zu „etwas Wesenlose[m]" (KKAN I 192) zu
werden. Und es gilt schließlich, um ein über das unmittelbar Sprachliche
hinausgehendes Beispiel hinzuzufügen, für die transformative Poetik Yoko
Tawadas (2000; 2004), wenn sie Ovids *Metamorphosen* oder die Filme mit
Catherine Deneuve zum Gegenstand einer Verwandlung macht, die sie aus
ihrer Verankerung in einer kulturellen Tradition heraus- und mit sich „fort-
reißt" (vgl. D/G 37).

Deleuze und Guattari hoben das im strengen Sinn minoritäre Moment,
das in Kafkas Ausführungen zum ‚Jargon' zur Geltung kommt, nicht besonders hervor, konstatieren jedoch zutreffend, Kafka begreife das Jiddische als
„eine nomadische Deterritorialisierungsbewegung, die das Deutsche verarbeitet" (D/G 36). Dabei liegen sie sicher richtig, wenn sie einen Zusammenhang zu Kafkas eigenem Schreiben herstellen, mit dem er den vom Jiddi-
schen gewiesenen Weg auf ganz eigene Weise beschreite. Den Zusammenhang zur ‚kleinen Literatur' stellen sie allerdings her, ohne sich dabei auf
Kafkas eigene Überlegungen berufen zu können.

Fast ein Jahrzehnt nach den Überlegungen zur ‚kleinen Literatur' und
zum ‚Jargon' bezieht sich Kafka in seinem Brief an Max Brod vom Juni 1921
tatsächlich auf die assimilierten Juden in Mitteleuropa und auf die „deutsch-
jüdische[ ] Literatur" (Kafka 1958: 336). Die Antwort auf die Frage, warum
es die Juden „so unwiderstehlich" zur deutschen Literatur hinziehe, ohne dass
diese doch dadurch „an Mannigfaltigkeit" gewonnen habe, sieht er im „Verhältnis der jungen Juden zu ihrem Judentum", in der „schrecklichen inneren
Lage dieser Generationen":

> „Weg vom Judentum, meist mit unklarer Zustimmung der Väter (diese Unklar-
> heit war das Empörende), wollten die meisten, die deutsch zu schreiben anfingen,
> sie wollten es, aber mit den Hinterbeinchen klebten sie noch am Judentum des
> Vaters und mit den Vorderbeinchen fanden sie keinen neuen Boden. Die Ver-
> zweiflung darüber war ihre Inspiration." (Kafka 1958: 337)

Dass diese Inspiration nicht wirklich produktiv geworden sei, hängt für Kafka mit der minoritären Situation der Juden zusammen, die es gleichermaßen
unmöglich mache, *nicht* zu schreiben, *deutsch* zu schreiben und *anders als
deutsch* zu schreiben – fast könne man, so Kafka, „eine vierte Unmöglichkeit
hinzufügen, die Unmöglichkeit zu schreiben". Das Ergebnis sei „eine von

allen Seiten unmögliche Literatur, eine Zigeunerliteratur, die das deutsche
Kind aus der Wiege gestohlen und in großer Eile irgendwie zugerichtet hatte
[…]." (Kafka 1958: 337f.)

Deleuze und Guattari beziehen sich auf diesen Brief, um die deterritorialisierte Lage der Prager Juden und den deterritorialisierten Charakter des
‚Pragerdeutsch' zu konstatieren, das sich einer ‚kleinen' Gebrauchsweise
daher regelrecht angeboten habe (vgl. D/G 24f.). Aber sie benutzen ihn auch,
um den Begriff der ‚kleinen Literatur' entgegen seiner Verwendung bei Kafka auf dessen eigenen politischen, gesellschaftlichen und kulturellen Kontext
zu beziehen, ihn unter ‚minoritäre' Vorzeichen zu stellen und ihn mit der
deterritorialisierenden Schreibweise zu verknüpfen, auf die sie dann erst
später anhand von Kafkas literarischen Texte und eben der Rede über das
Jiddische genauer eingehen. Bezeichnenderweise bringen sie diese Rede erst
ins Spiel, nachdem sie dem Konzept der ‚kleinen Literatur' eine entscheidende Wendung gegeben haben. Sie besteht darin, den Begriff vom Prager
Kontext zu lösen und ihn dabei von einer literatursoziologischen in eine literarästhetische und von einer deskriptiven in eine normative Kategorie zu
verwandeln:

> „Das also sind die drei charakteristischen Merkmale einer kleinen Literatur: De
> territorialisierung der Sprache, Koppelung des Individuellen ans unmittelbar Poli
> tische, kollektive Aussageverkettung. So gefaßt, qualifiziert das Adjektiv ‚klein'
> nicht mehr bloß bestimmte Sonderliteraturen, sondern die revolutionären Bedin
> gungen *jeder* Literatur, die sich innerhalb einer sogenannten ‚großen' (oder etab
> lierten) Literatur befindet. Auch wer das Unglück hat, in einem Land mit großer
> Literatur geboren zu sein, muß in seiner Sprache schreiben wie ein tschechischer
> Jude im Deutschen […]." (D/G 27)

Was eben noch die Bedingungen der literarischen Produktion einer gesellschaftlichen Minorität kennzeichnen sollte, wird nun zu den Merkmalen einer
Schreibweise, der sich prinzipiell jeder bedienen kann – und zu einem poetologischen Imperativ. Was eben noch ein „Problem der Minderheiten" zu sein
schien, dem diese nicht auszuweichen vermögen, wird in einer voluntaristischen Kehre zu „unser aller Problem": „Wie wird man in der eigenen Sprache Nomade, Fremder, Zigeuner?" (D/G 28f.) Kafka, dessen Vortrag über
‚Jargon' nun als eine Art protopoetologische Reflexion einer solchen „kleinen (nicht etablierten) Schreibweise" (D/G 27) fungiert, steht für dieses
‚Klein-Werden' Modell, weil er im Gegensatz zu seinen Prager Kollegen
erkannt habe, dass man der Deterritorialisierung am besten begegne, indem
man auf alle Reterritorialisierungsversuche verzichte und sie durch einen
„rein intensiven" (D/G 28) Sprachgebrauch weiter vorantreibe.

Überblickt man den Gang ihrer Argumentation, so bewegen sich Deleuze
und Guattari von einer *literatursoziologischen* Kategorie, die sie unter Rekurs

auf Kafkas Tagebucheinträge und den Brief an Brod entwickeln, zu einer *literarästhetischen* Kategorie, die sie anhand seiner literarischen Texte entfalten, durch den Rekurs auf die Rede über ‚Jargon' absichern und schließlich – und hier berufen sie sich aus guten Gründen nicht mehr auf Kafka – zur poetologischen Norm jeder in ihrem Sinn „revolutionär[en]" (D/G 37) Literatur erheben. Im hier diskutierten Kontext scheint diese Verschiebung durchaus plausibel. Denn nicht nur trifft die literarästhetische Kategorie ein wichtiges Moment von Kafkas Schreiben, sie bietet auch eine produktive Perspektive für die Auseinandersetzung mit dem polymorphen Phänomen der sogenannten ‚Migrationsliteratur'. Auch wenn man der konkreten Ausgestaltung durch Deleuze und Guattari nicht im Detail folgen möchte und die Erhebung zur literarischen Norm ablehnt, ist hier mit dem Konzept einer minoritären Schreibweise doch zumindest eine Richtung angegeben, in die weiter zu fragen sich lohnt.

Das Problem jedoch ist, dass Deleuze und Guattari den eingeschlagenen Weg nicht konsequent zu Ende gehen und am literatursoziologisch orientierten Begriff der ‚kleinen Literatur' ebenso festhalten wie an deren unmittelbar politischem und kollektivem Charakter, der doch zumindest in Kafkas Darstellung viel zu sehr ein Zirkulations- und Rezeptionsphänomen ist, als dass er sich voluntaristisch herstellen ließe. Dieses Problem verschärft sich bei der Übertragung des Begriffs auf die aktuelle ‚Migrationsliteratur', insofern hier schon in soziologischer Perspektive keine einheitliche Gruppe auszumachen ist, von der diese Literatur getragen würde. Von der Kohärenz, die in Kafkas Augen eine ‚kleine Literatur' auszeichnet und die in Gestalt der ‚kollektiven Aussageverkettung' auch dem Begriff der ‚littérature mineure' eingeschrieben bleibt, kann hier gerade nicht die Rede sein. Warum dann aber, anstatt durch einen klassifikatorischen Begriffsgebrauch hinter Deleuze und Guattari zurückzufallen, nicht gleich das Konzept einer ‚kleinen' oder minoritären *Literatur* durch dasjenige einer minoritären *Schreibweise* ersetzen? Anstatt um der raschen Zuordnung willen den Blick auf die Texte zu verstellen, würde es eine solche, literarästhetisch orientierte Kategorie immerhin erlauben, diejenigen Momente der Texte ins Auge zu fassen, die sie als literarisches – und politisches – Phänomen relevant erscheinen lassen. Zu fragen wäre dann nicht mehr nach den Merkmalen und Grenzen einer ‚kleinen' oder wie auch immer benannten *Literatur* im Sinn eines literarischen Korpus, sondern nach den verschiedenen *Verfahren*, durch die Texte ‚klein' zu werden vermögen, und nach den konkreten Bewegungen, in denen sie dies tun. Der literarischen Auseinandersetzung mit Phänomenen der Migration, die in den letzten beiden Jahrzehnten die deutschsprachige Literatur verändert hat, würde das zweifellos gerechter als alle Versuche der Klassifikation. Denn die Herausforderung, um die es hier geht, ist nicht eine in sich kohärente ‚andere Literatur', die Herausforderung sind andere Schreibweisen, die in ihrer Vielgestaltigkeit konstituieren, was man unter Rekurs auf Kafka als ‚Jargon' der Migration bezeichnen könnte.

Bibliographie

DELEUZE, G. / GUATTARI, F. (1976): *Kafka. Für eine kleine Literatur*, Frankfurt (franz. EA Paris 1975) [= D/G].

KAFKA, F. (1958): *Gesammelte Werke, hg. von M. Brod, Bd. 7: Briefe 1902–1924*, Frankfurt/M.

KAFKA, F. (1982): *Schriften. Tagebücher. Briefe. Kritische Ausgabe*, hg. von J. Born, G. Neumann, M. Pasley u. J. Schillemeit unter Beratung von N. Glatzer u. a., Frankfurt/M. 1982ff. (= KKA).

– (1993): *Nachgelassene Schriften und Fragmente I*, hg. von M. Pasley, Frankfurt/M. (= KKAN I).

– (1990): *Tagebücher*, hg. von H.-G. Koch, M. Müller u. M. Pasley, Frankfurt/M. (= KKAT).

ÖZDAMAR, E. S. (1990): *Mutterzunge. Erzählungen*, Berlin.

– (2006): *Sonne auf halbem Weg. Die Berlin-Istanbul-Trilogie*, Köln.

TAWADA, Y. (2000): *Opium für Ovid. Ein Kopfkissenbuch für 22 Frauen*, Tübingen.

– (2004): *Das nackte Auge*, Tübingen.

ZAIMOĞLU, F. (1995): *Kanak Sprak. 24 Mißtöne vom Rande der Gesellschaft*, Hamburg.

– (1998): *Koppstoff. Kanaka Sprak vom Rande der Gesellschaft*, Hamburg.

KHALID LAZAARE (Marokko, Fes)

Der kolonialistische Diskurs
in der deutschen Reiseliteratur
des 19. und beginnenden 20. Jahrhunderts

Man merkt in Marokko eine gewisse „Germanophilie", die nicht nur mit der Vorliebe der Marokkaner für deutsche Marken (Mercedes, Siemens, Bosch...) zu tun hat, sondern auch mit der fest verbreiteten Annahme, dass Deutschland nie Marokko kolonisiert hat.

Deutschland hat tatsächlich nie Marokko territorial kolonialisiert, aber seine Präsenz im Lande ist inzwischen doch bewiesene Tatsache. Diese war sehr spürbar, besonders im Bereich der Wirtschaft. In diesem Zusammenhang wurde Hermann Wilberg im Auftrag des Auswärtigen Amtes nach Marokko geschickt, um Vorteile für Warburg & Co im Bereich der Erzgewinnung zu erlangen. Schon im Jahre 1875 ersetzte Berlin von Gülich, der seit 1873 in Tanger keinen großen Erfolg erreicht hat, durch Theodor Weber, der große Erfahrung in Syrien gesammelt hat. L. Maurice (1916: 4) spricht von dem Beginn des deutschen politischen und ökonomischen Eindringens in Marokko.

Dass die offiziellen politischen Kontakte zwischen Marokko und Deutschland erst ab 16. April 1887 zu datieren sind, P. Guillen (1967: 23), bedeutet auf keinen Fall, dass vorher Marokko keine Beziehungen zu Deutschland pflegte. Schon im 17. Jahrhundert hatte Marokko – zwar schüchterne – wirtschaftliche Beziehungen mit der Hansastadt Bremen geknüpft: Mehrere Marokkaner wurden nach Berlin 1889 geschickt, um den Sultan bei der Investitur von Wilhelm II. zu vertreten; diese Delegation wurde von dem Kaid der Region Chaouia, Ben Rachid, geleitet. Von Tattenbach ist es gelungen, den Sultan Hassan I. zu überzeugen, dass es vorteilhaft für Marokko sein wird, ein Handelsabkommen mit Deutschland zu schließen. Dieses lang erstrebte Ziel wurde 1890 endlich erreicht. Getrübt wurde die Freundschaft zwischen Hassan I. und Wilhelm II. durch die Ermordung von zwei deutschen Kaufleuten: Franz Neumann im November 1894 und Rockstroh im April 1895. Im intrigenreichen Klima der Zeit bleibt die Frage legitim „Wer hat die beiden Deutschen ermordet? Waren es Marokkaner oder Agenten der anderen rivalisierenden Mächte, die in der Neigung Marokkos zu Deutschland eine Gefahr für ihre Interessen sahen?

Mit dem Tod von Hassan I. geriet die Beziehung zwischen Marokko und Deutschland in eine Krise. Die Thronbesteigung des jungen vierzehnjährigen Mulay Abdelaziz löste Unruhen und Revolten im Lande aus, diese veranlassten von Tattenbach zu reagieren, indem er dem Auswärtigen Amt schrieb:

Wir müssen uns beeilen und schnell bewegen, um den Vorsprung zu ergreifen, dass Deutschland selbst mit hohem und hartem Ton bei der Aufteilung sprechen kann[1].

Anfang des 20. Jahrhunderts ahnte Deutschland, dass seine wirtschaftlichen Vorteile in Marokko in Gefahr waren, besonders aufgrund der Nähe Frankreichs zu England durch die „Entente cordiale" vom 8. April 1904; die schnelle Reaktion war der Besuch Wilhelms II. in Tanger am 31. März 1905.

Seit der Eroberung Algeriens durch Frankreich 1830 begann sich Deutschland für Marokko zu interessieren, aber in anderer Art als Frankreich: Deutschland studierte, forschte und plante für eine einflussreiche und dauerhafte Anwesenheit in Marokko. Das Zitat des Staatsmanns Arthur Zimmermann zeigt diese Intention deutlich:

Agadir (...) bildet den Zugang zum Sus, dem an Erzen reichsten und landwirtschaftlich wertvollsten Teil Südmarokkos (...). Wir legen Hand auf dieses Gebiet, um es zu behalten (...). Nach außen erklären wir, dass es sich nur um die Sicherung unserer Reichsangehörigen handelt. Etwaige Verhandlungen werden wir nur mit Frankreich führen, ein internationales Forum aber unbedingt zurückweisen (Gutsche 1988: 2)

Um eine wirksame Strategie zu entwickeln, schickte Deutschland mehrere Reisende nach Marokko. Die unten erwähnten Berichtstitel weisen auf Inhalte und besonders auf die Absichten hin:

*Theobald Fischer:	„Die Küstenländer Nordafrikas in ihren Beziehungen ihrer Bedeutung für Europa" Deutsche Revue 1882, S. 280–301
*Karl von Fritsch:	„Über die geologischen Verhältnisse von Marokko" Zeitschrift für die Gesamte Naturwissenschaft, 1881
*Joachim Graf von Pfeil:	„Warum brauchen wir Marokko?" Flugschriften des Alldeutschen Verbandes, 1894, Heft 18

---

1   G. Ayach: Etudes dans l'Histoire du Maroc, in: Bericht der Offiziere, Kommandanten der Militärdelegation in Fes, 1.8.1895, Archiv des Kriegsministeriums in Vansien, Frankreich S. 283 zitiert in: Abdellatif Ben Abdelhanine: Deutschmarokkanische Beziehungen 1873–1914, 1998, S. 122.

Studien wie die von Quedenfeldt „ Aberglaube und halbreligiöse Bruderschaften bei den Marokkanern" (1886) zeigen doch, dass Marokko im Zentrum der deutschen Interessen stand, weshalb auch ethnologische Studien
gefördert wurden.

Fast alle deutschsprachigen Marokkoreisenden des 19. Jahrhunderts ver-
traten einen kolonialistischen Diskurs. Das an mehreren Stellen wiederholte
Bedauern von Augustin zeigt es deutlich:

> *Wie schade, dass diese schöne Küste, welche so herrliche Anblicke darbietet, ein*
> *Eigenthum der tiefsten Barbarei ist! Was für ein angenehmer Aufenthalt wäre*
> *sie, wenn sie von einem kultivirten Volke bewohnt würde!* (Augustin 1838: 20).

Das Bedauern und der Wunsch, dass Marokko der Barbarei entfliehen und
kolonisiert werden möge, ist eine Art Obsession bei Augustin gewesen:

> *Wie ist es da möglich, dass das Volk auch nur den geringsten Grad einer Cultur*
> *erreiche! – Und so wird es fortgehen, und dieses schöne, fruchtbare Land, wo*
> *jedes Fleckchen Erde ergiebig ist – wo die Speicher drei Male des Jahres ohne*
> *besondere Mühe gefüllt werden könnten – wird ewig unbenützt, ein Raub thieri-*
> *scher Rohheit bleiben, bis ein fremdes, auf einer höhern Stufe der Bildung ste-*
> *hendes Volk, die Lage der Dinge für die Menschheit wohlthätig ändert. – Freilich*
> *würde es ein hartes Stück Arbeit sein, die wilden Horden der Mauren und Ber-*
> *bern zu bändigen oder über die Gebirge weiter ins Innere des Landes zu treiben;*
> *allein die Vortheile sind so groß, dass sie auch die angestrengtesten Bemühungen*
> *gewiss reichlich ersetzen würden. – (*Augustin 1838: 82)

Der Vergleich mit der eigenen Kultur bleibt ein relevantes Motiv der Imagologie, und so vergleichen die Reisenden die eigene christliche Kultur mit der
islamisch geprägten Lebensweise der Marokkaner. Der Islam wird als Grund
der Stagnation und der Barbarei wahrgenommen; Oskar Lenz schließt damit
seinen Bericht, als ob er dieser Aussage den Überzeugungsgrad eines Fazits
verleihen möchte:

> *Wie heute die Verhältnisse liegen, ist Islam identisch mit Stillstand und Barbarei,*
> *während die christlichen Mächte Cultur und Fortschritt repräsentiren.* (O. Lenz
> 1884: 430).

Im selben Register und mit derselben Strategie, d. h. als Schluss des Berichts,
erwähnen wir die Stellungnahme Horowitz' dem Islam gegenüber:

> *Im Alterthum war es die Süd- und Ostküste des Mittelmeeres, die die Cultur nach*
> *der Nordküste brachte. Die Cultur hat Früchte getragen, das heutige Europa ist*
> *daraus hervorgegangen, während der Islam an der Süd- und Ostküste die Cultur*

vernichtete. Nun ist die Zeit des Gegenzuges herangekommen. Möge die Nord-küste jetzt den Liebesdienst vergelten! Europa hat die Mission, Asien und Afrika zu civilisiren, möge es seine Mission erfüllen! (Horowitz 1887: 215)

Da Horowitz eine offizielle Stelle (Generalkonsul in Tanger) hatte, verstand er sicherlich unter Europa Deutschland und er kann als Sprachrohr des deutschen Staates damals betrachtet werden.

Die Kluft zwischen der Rezeption der Dinge durch die Reisenden und durch die Marokkaner war, nach Baeumen, ein genügender Grund, um diese wilden Barbaren zu erobern (Baeumen:184)

Gerhard Rohlfs bildet keine Ausnahme in diesem Repertoire, obwohl Selwa Idrissi Moujib in ihrem Artikel „Les voyageurs allemands/germano-phones au Maroc de 1830 à 1930 entre aventures, impérialisme et exotisme"[2] anderer Meinung ist. Schon im Jahre 1877 plädierte Rohlfs für eine deutsche Anwesenheit in Nordafrika und vertrat die Idee, dass Deutschland wirtschaftliche Kolonien haben sollte. Im Jahre 1882 verlangte Rohlfs ganz vehement, dass Marokko im Rahmen eines Kolonisationsprogramms kultiviert und zivilisiert sein sollte. Auf Seite 418 seines 1873 veröffentlichten Reiseberichts zitiert Rohlfs Graberg di Hemsö (Vizekonsul im Generalkonsulat von Schweden und Norwegen im Jahre 1819, abgeschoben aus Marokko 1822) zustimmend:

Der Hafen von Agadir ist der schönste der ganzen Küste, und der werthvollste für den Handel mit Innerafrika, namentlich wenn er in Händen einer europä-ischen Macht sich befände, die denselben sehr leicht erwerben und davon immer mehr Vortheile würde ziehen können.

Rohlfs, ein Spion mit Söldnercharakter bot seine Dienste auch anderen Nationen an und sein Brief an den spanischen Botschafter verrät seine kolonialistisch geprägte Stellungnahme:

„Tanger, le 23 avril 1862
M. l'Ambassadeur,
Venu l'année passée ici, j'avais l'intention d'entrer au service du gouverneur du Maroc, mais m'étant convaincu de l'impossibilité d'accorder mes idées avec le régime qui domine cet empire, je n'ai fait qu'observer l'état du pays pour trouver des moyens d'arracher cette belle terre à un gouvernement brutal et despotique, à un peuple incapable d'être civilisé (...) Moi, je me flatte d'avoir beaucoup d'ascendant sur lui (Mouly Abdeslam, K. L.) et si le gouvernement Espaniol veut bien accepter mes services, je crois lui pouvoir être utile.

2   Hammam, Mohammed (Hrsg.): Al Rihla entre l'Orient et l'Occident: Akten des Koloquiums, Serie Nr. 110, Casablanca, 2003, S. 133–147.

Je suis le seul Européen ici qui circule librement, dans l'intérieur du pays, et en qualité de l'ami de lui (çaab es sidi) je m'introduis partout. Si le gouvernement croit que je puisse lui être utile, je mettrai entièrement mes faibles connaissances à son service et je me conformerai aux instructions qui me seraient données.

J'ai l'honneur de m'appeler, Monsieur l'Ambassadeur, votre très humble et dévoué serviteur: Rohlfs Frédéric Gérard de Brême, ville hanséatique en Allemagne nommé ici Mustapha Memsani (Sani?) (chez Si-el-Absolom à Ouezan). (Miège 1962: 65–67)

Nicht nur Rohlfs wünschte, dass fremde Länder Marokko kolonisieren, sondern auch Kreuter äußerte diesen Wunsch:

Marokko, ein unvergleichbares afrikanisches Land, das hoffentlich ein tag, das schönste Kleinod der kolonialistischen Krone Frankreichs wird. (A. Kreuter 1911: 74)

Viele schrieben Marokko im 19. Jahrhundert Frankreich zu, weil es schon seit 1830 in Algerien verwurzelt war. Auch der schweizerische Maler Buchser neigte zu dieser Alternative, um das Land zu zivilisieren und das Volk von der Tyrannei des Herrschers zu befreien:

Hoffentlich werden die Franzosen nächstens in diesem Lande ihre Fahne erblicken lassen und dem Unfug und der Willkür dieser verfluchten achtzigjährigen Hyäne von Mulay Abd er-Rachmane und seinen Höllenhunden von Paschas, Blutigeln von Chalifas und Mkhasneys ein Ende machen, dann diesen kräftigen schöngewachsenen Volke oder vielmehr mit einer gerechten Regierung und einen gewissen Grad von Zivilisation klare Ideen und Begriffe über Recht und Unrecht beibringen werden...[3].

Kreuter hat den Süden Marokkos studiert, und allein die Vorteile dieses Gebiets legitimieren, seiner Ansicht nach, die Kolonisierung des Landes:

Diese Möglichkeiten (der bedeutende Hafen und die Fruchtbarkeit des Hinterlandes, K. L.) bietet Agadir in Verbindung mit der Interessensphäre Agadir, Azemur, Tafilet. Diese Zone zusammenhängend und nur diese Zone als Mindestgebiet lässt sich wirtschaftlich nutzbringend verwerten und entspricht unseren deutschen Interessen in Marokko. (Kreuter 1911: 76)

„Kolonien haben" war auch Synonym der Stärke und des Nationalstolzes. Carl Peters, einer der vehementesten Verteidiger der Kolonialpolitik äußerte sich ganz deutlich in diesem Sinne:

---

3   Buchser, Frank: Ritt ins dunkle Marokko, in: Selwa Idrissi Moujib, ebd.

*Für uns war das deutsche das kriegsstärkste Volk der Erde. Und wenn wir dann
auf die Landkarten sahen und fanden, dass von allen europäischen Staaten dieses
mächtige Land fast allein ohne jeden Kolonialbesitz war, oder wenn wir ins Ausland kamen und fanden, dass der Deutsche der Mindestgeachtete unter den Völkern Europas war, dass selbst Holländer, Dänen, Norweger mit Verachtung auf
uns heruntersahen, dann musste tiefe Beschämung unser Herz erfüllen und in der
Reaktion sich auch bei uns der Nationalstolz emporbäumen*[4]

Die am 6. Dezember 1897 von Bernhard von Bülow, Staatsekretär im Auswärtigen Amt und ab 1900 Reichskanzler und preußischer Ministerpräsident,
gehaltene Rede zeigt, dass Deutschland doch Kolonien wie ein Recht verlangte:

*(...) wir wollen niemand in den Schatten stellen, aber wir verlangen auch unse-
ren Platz an der Sonne.*[5]

Dieser Beitrag soll im Sinne einer bejahenden Antwort auf die rhetorische
Frage von Christine De Gemeaux: „Deutschland als Kolonialreich?"[6] verstanden werden.

Bibliographie

AUGUSTIN, F. F. VON (1838): *Erinnerungen aus Marokko, gesammelt auf
einer Reise im Jahre 1830*, Wien.
BUCHSER, F. (1937): *Ritt ins dunkle Marokko. Tagebuch seiner ersten
Marokkoreise 1858*, Aarau und Leipzig.
CLASS, H. (1911): *West-Marokko deutsch!*, München.
CONRING, A. VON (1884): *Marroco, das Land und die Leute*, Berlin.
DIERCKS, G. (1894): *Marokko. Materialien zur Kenntnis und Beurteilung
des Scherifenreiches und der Marokko-Frage*, Berlin.

---

4   Peters, Carls: Warum ich Kolonien gegründet habe, in: Lesebuch zur deutschen
    Geschichte, Bd. III, 1984, S. 51
5   Bülow, Bernhard von: Deutschlandsplatz an der Sonne, in: Lesebuch zur deut-
    schen Geschichte, Bd. III, 1984, S. 63f.
6   Gemeaux, Christine De: Empires et colonies. L'Allemagne, du Saint-Empire au
    deuil postcolonial. 2010, S. 9.
    *„Deutschland als Kolonialreich? Es wird zu oft übersehen, aber vom Ende des
    19. bis zum Anfang des 20. Jahrhunderts bildete sich für kurze Zeit ein bedeuten-
    des deutsches Kolonialreich"*

FISCHER, T. (1900): *Reiseeindrücke aus Marokko*, in: *Deutsche Rundschau*, Bd. CIII, April-Mai-Juni.

FRITSCH, F. K. von (1877–79): *Reisebilder aus Marocco.*

GEMEAUX, C. DE (2010): *Empires et colonies. L'Allemagne du Saint-Empire au deuil Postcolonial*, Clermont-Ferrand & Limoges.

GUTSCHE, W. (1988): *Panthersprung nach Agadir*, in: *Illustrierte historische Hefte* Nr. 48, Berlin.

HOROWITZ, V. J. (1887): *Marokko. Das Wesentlichste und Interessanteste über Land und Leute*, Leipzig.

LENZ, O. (1884): *Timbuktu: Reise durch Marokko, die Sahara und den Sudan... in den Jahren 1870 und 1880*, Bd. I. Leipzig.

QUEDENTFELDT, M. (1886): *Aberglaube und halbreligiöse Bruderschaften bei den Marokkanern*, in: *Zeitschrift für Ethnologie*, Berlin.

ROHLFS, G. (1873): *Mein erster Aufenthalt in Marokko und Reise südlich vom Atlas durch die Oasen Draa und Tafilet*, Bremen.

ULRICH BOSS (Schweiz, Bern)

Ein ‚Spektakel des Anderen‘.
Der ‚kleine Neger‘ Soliman in Robert Musils
Der Mann ohne Eigenschaften

Einen der ganz wenigen Filme, die für den fleißigen Kinogänger Robert Musil anregend genug waren, um sich darüber ein paar Notizen zu machen, war ein von ihm und natürlich nicht nur von ihm so genannter „Negerfilm" (1976: 898). Dessen Titel vermerkte er zwar nicht, aber es muss sich um *The Green Pastures* von 1936 handeln (vgl. auch K. Corino 2003: 1058, 1766, Anm. 4). In dieser ersten Hollywoodproduktion seit 1929, die ausschließlich mit dunkelhäutigen Schauspielern besetzt wurde, versuchte der weiße Regisseur Marc Connelly, eine Art *black version* der Bibel in Szene zu setzen. In der Rahmenhandlung des Films eröffnet der schwarze Geistliche Mr. Deshee im Sonntagsschulunterricht einer US-amerikanischen *black community* seinen Schülern, dass sie sich heute zum ersten Mal mit dem „Good Book itself" beschäftigten und direkt aus der Genesis lesen würden (M. Connelly 1979: 62). Aber schon bald wechselt er zurück zu einer vergnüglich-oralen, im entsprechenden Sozio- oder Ethnolekt gehaltenen Form des Geschichtenerzählens. Er veranschaulicht die biblischen Prätexte – wie es in einer Einblendung im Vorspann heißt – so, wie „[t]housands of Negroes in the Deep South" sich Gott und den Himmel vorstellten: „in terms of people and things they know in their everyday life" (M. Connelly 1979: 191). In den folgenden Sequenzen aus dem Alten Testament werden die biblischen Charaktere in ein Repertoire von Typen überführt, die im Hollywood der zwanziger und dreißiger Jahre populär waren und auf die schwarze Figuren in aller Regel beschränkt blieben.

Musil interessierte an *The Green Pastures*, dass „sich Gott selbst" darin „erschießen" lasse: „Das zeigt eigentlich deutlich einen Kern des Erlösertod-Mythos. Der Gott, der unbeschadet seiner auch nachher fortdauernden Macht erschossen wird" (1976: 898). Geschuldet ist just dieses in den *Tagebüchern* so seltene inhaltliche Interesse an einem Film damit einer Fehlinterpretation. Denn „erschossen" wird in *The Green Pastures* nicht „Gott selbst", sondern ein Prophet im babylonischen Exil, der dem Film-Gott freilich nicht ganz unähnlich sieht. Insofern ist Musils Verwechslung durchaus bezeichnend für die weitgehende Vermenschlichung, die der schwarze Gott erfährt. Die Irritationen, die ein dunkelhäutiger Gott beim Kinopublikum der dreißiger Jahre hätte auslösen können, werden nämlich antizipiert und dadurch gedämpft, dass er aufdringlich anthropomorphisiert wird. „De Lawd", wie er beinahe durchgängig genannt wird, erweist sich als eine Art improvisierender *Negro preacher* (vgl. J. Weisenfeld 2007: 75, 88), als eine leicht naive und etwas hinterwäldlerische Figur, die bei einem Besuch auf der Erde als „Country Boy" verspottet wird (M. Connelly 1979: 96f., 107) und von der es nicht unvorstellbar ist, dass sie tatsächlich umgebracht werden könnte.

Aus dieser gezielten Konfrontation des Hohen und Erhabenen mit dem Niedrigen und Alltäglichen, der Bibel mit den illiteraten und kindhaften Vorstellungen, die sich *black Americans* über sie vorgeblich machen, und der ‚alttestamentlichen' Figuren mit einer Anhäufung schablonenhafter ‚Toms', ‚Coons' und ‚Mammies' resultiert der burleske Grundton des Films. Der Himmel etwa wird als eine Plantagen-Idylle imaginiert, in der es gratis Zehn-Cent-Zigarren gibt und unterwürfig-servile, aber frohmütige Arbeiter fortlaufend Spirituals anstimmen. Die Erde allerdings, die Gott mehr zufällig während eines *fish-fry*-Picknicks erschafft, bleibt ein Terrain, das er, „de Lawd", sich nie ganz aneignen kann. Anders als der rural gezeichnete Himmel wird sie nicht von unterwürfigen Domestiken bevölkert, sondern mehrheitlich von einem anderen Typus, über den das zeitgenössische Mainstream-Kino ethnische Differenz ins Bild setzte: vom Typus der possenhaften und nichtsnutzigen ‚Coons', jener „unreliable, crazy, lazy, subhuman creatures good for nothing more than eating watermelons, stealing chickens, shooting crap, or butchering the English language" (D. Bogle 1989: 8).

Als ein solcher fast schon musterbeispielhafter *coon jester* oder *coon servant* aus der Typologie der Hollywood-Filme nun kann auch der „kleine[] Diener Soliman"[1] (220) im *Mann ohne Eigenschaften* begriffen werden. Der fortwährend mit Somatonymen bezeichnete „schwarze[] Mohrenknabe[]" (1488) partizipiert augenscheinlich an den Repräsentationspraktiken, die zur Entstehungszeit des *Mann ohne Eigenschaften* das Kino dominierten. Wirkungsästhetisch ist der „komische[]", „zappelige Kleine" (221) wie die Grundform des ‚Coons' darauf angelegt, über sein Aussehen, seine outrierten Bewegungen und seine Ungeschicklichkeit einen humoristischen Effekt zu erzielen. Er hat mit seinen weiß glänzenden Augen, blendend weißen Zähnen und breiten Lippen im „schwarze[n] Boxball" (546) seines Gesichts jene stereotypen physiognomischen Merkmale, auf die bereits die ungemein erfolgreichen ‚Negerfiguren' in Werbungen und Cartoons oft geradezu reduziert und die auch an schwarzen Filmfiguren gewöhnlich, durch Schminke oder die entsprechende Lichttechnik, hervorgehoben wurden. So, wie die prototypischen ‚Coon'-Darsteller dazu gebracht wurden, kontinuierlich ihre

---

1 Zitiert wird, wenn nicht anders angegeben, nach R. Musil 1987.

Augen zu rollen und weit aufzureißen, um den Kontrast zwischen ihrer Augapfel- und Hautfarbe plakativ zu betonen, so ‚kugelt' auch Soliman mehrfach „das Weiße" seiner „Augen heraus[]", wenn er etwa in der Küche „ungeschickte[s] Theater" spielt (337), um sich zur Kammerzofe Rachel davonzumachen. So, wie die gängigen Codes vorsahen, dass schwarze Filmfiguren mit breitem Grinsen ihre weißen Zähne zur Schau stellten, muss Rachel, wenn Soliman ihr „hinter Vorhängen, Schreibtisch, Schränken und Betten" auflauert, des Weiteren entdecken, dass „sich irgendwo das Halbdunkel zu einem schwarzen Gesicht verdichtet[], aus dem zwei weiße Zahnreihen aufleucht[]en" (338). Und so, wie in diese Ikonographie – vor allem, solange die Figuren noch von weißen Schauspielern gespielt wurden – regelmäßig eine karikatureske Hervorhebung der Lippen gehörte, warten auf Rachel „überall" „die dicken […] Lippen des Mohrenkönigssohns", der immerzu versucht, die „breiten Stempelkissen seines Mundes auf ihre Lippen zu drücken" (497f.).

Diese slapstickartigen Nachstellungen Solimans sind – das hat die Musil-Forschung vielfach festgestellt – parallel zur Liebesgeschichte seines ‚Herrn', des „hohe[n] Liebende[n]" Arnheim gestaltet (501). Sie sind dem „komödiantische[n] Traditionsmuster" verpflichtet, die „Passion der Noblen" auf der Stufe der Diener ‚standesgemäß' zu variieren (E. Heftrich 1986: 104). Aber die Simultanaffäre zwischen Soliman und Rachel hat eben nicht nur klassenspezifische, sondern auch ethnische Implikationen. Die Beziehung zwischen der „statuenhafte[n]", „marmorne[n]", „weiße[n]" (167, 202, 261, 618) Diotima und dem jüdisch-preußischen Großindustriellen Arnheim wird auf der Dienerebene auf das einfach gestrickte Verhältnis einer ostjüdischen Kammerzofe mit einem „Mohrenknabe[n]" heruntergebrochen. Übersetzt Connellys *The Green Pastures* den hohen Stoff der Hebräischen Bibel in eine vermeintlich illiterate ‚schwarze' Volks-Theologie, lässt sich im *Mann ohne Eigenschaften* eine homologe Struktur ausmachen. Die Avancen des „Berggipfel[s]" (182) Arnheim bei der „Seelenriesin" (95) Diotima werden durch Soliman auf eine Art parodistisch wiederholt, die sich von den Imaginationsklischees nicht trennen lässt, wie sie an den markierten Sonderfall seiner schwarzen Hautfarbe gebunden waren. Ähnlich wie sich die ‚Toms', ‚Coons' und ‚Mammies' in *The Green Pastures* zu einem „Spektakel des ‚Anderen'" vereinigen (S. Hall 2004), fungiert auch Arnheims Page im europäisch-bürgerlichen Kontext des Romans als possierliches Exotikum. Der trotz seiner fast siebzehn Jahre mit stehendem Epitheton „kleine Neger" (181), „kleine Affe" (497) oder „kleine[] stumme[] Halbwilde[]" (549) „rudert[]" beispielsweise „mit übertriebenen Bewegungen" „durch das Halbdunkel" der Tuzzischen Wohnung „wie durch Blätterdickicht". Er jagt „mit phantastischen Sprüngen auf Rachels Spur durch das fremde Haus" (337), um sie „wie ein Tier in den Arm" zu beißen (340), „aus einem Versteck hervor plötzlich ins Bein" zu kneifen (497) oder mit seinen „Kinderküsse[n]" einzudecken (499). Usw.

Mit dem Hinweis auf die ‚Quelle', die Musil überhaupt erst veranlasste, seine Dienerfigur in einen ‚Mohrenknaben' umzuwandeln, lässt sich dieses ‚Cooning' nicht erklären. Denn Wilhelm A. Bauer erzählt in seiner 1922 erschienenen Biographie die Lebensgeschichte des ‚hochfürstlichen Mohren' Angelo Soliman aus dem Wien des achtzehnten Jahrhunderts grosso modo als eine Geschichte der bürgerlichen Integration und Emanzipation. Der Wiener ‚Hofmohr' soll „nach allen Zeugnissen" für seine „weitgehende[] und tiefe[] Bildung" bekannt gewesen (W. A. Bauer 1922: 34) und vom Fürsten von Liechtenstein vermutlich sogar zum Erzieher eines seiner Kinder ernannt worden sein. Musils Soliman hingegen erhält zwar eigens einen Privatlehrer und lernt an nichts Geringerem als „am Handwörterbuch der Geisteswissenschaften buchstabieren". Ganz anders aber als sein vermeintliches ‚Vorbild' hat er sich bei „alledem fürchterlich gelangweilt und" eigentlich „nichts so sehr geliebt wie die Aufgaben eines Kammerdieners, an denen er gleichfalls teilhaben durfte" (221).

In seinem Aufsatzfragment *Der deutsche Mensch als Symptom*, das man in gewissem Sinn zu den Vorarbeiten zum *Mann ohne Eigenschaften* rechnen kann, schrieb Musil in den frühen zwanziger Jahren, er „glaube nicht an den Unterschied des Deutschen vom Neger" (1983: 1364). Entstehungsgeschichtlich indessen bewirkte genau dieser Unterschied, dass Musil seine Konzeption der Dienerfigur regelrecht invertierte. Bevor er Bauers Soliman-Biographie kannte, figurierte in den Romanentwürfen noch ein „kathol[ischer]" „Meßnerssohn" als Page, für den sein ‚Herr' nicht etwa einen Privatlehrer eingestellt hätte. Im Gegenteil sollte die Arnheim-Figur „eigentlich unerhört indolent grausam" gegen ihren Diener sein und ihn ausdrücklich „gar nichts lernen" lassen (1976, Bd. 2: 1095f.). Aber nicht nur die Unfähigkeit zu Entwicklung und Bildung trat textgenetisch erst dann zum Merkmalssatz des Pagen, als Musil dessen ethnische Zugehörigkeit neu bestimmte. Auch ein weiteres der erst sehr sparsam skizzierten Figurenmerkmale wechselte nun auf Soliman über, das in enger Beziehung zum Stereotyp des unzuverlässigen ‚Coons' steht. In den ersten Notizen ist es nämlich noch das von allem Anfang an jüdische Dienstmädchen, das aus „Leidenschaft" stiehlt und versucht, den in den „Grundsätzen der Ehrlichkeit erzogen[en]" Groom seinerseits dazu zu verleiten (2009: Nachlass, Mappe I/6/42). Im autorisierten Romantext von 1930 aber wehrt sich nun Rachel gegen die Dieberein Solimans (vgl. 339), der Arnheim zwar keine ‚chickens', aber schon „frühzeitig" u. a. Zigaretten entwendet (222), die bei seinem ‚Herrn' anders als in Connellys *black heaven* offenbar nur auf diesem nicht ganz statthaften Weg gratis zu bekommen sind.

Bibliographie

BAUER, W. A. (1922): *Angelo Soliman, der hochfürstliche Mohr. Ein exotisches Kapitel Alt-Wien*, Wien (Nachdruck Berlin 1993).

BOGLE, D. (1989): *Toms, Coons, Mulattoes, Mammies, and Bucks. An Interpretive History of Blacks in American Films.* New Expanded Edition, New York.

CONNELLY, M. (1979): *The Green Pastures* [Filmskript], hg. von Thomas Cripps, Madison.

CORINO, K. (2003): *Robert Musil. Eine Biographie*, Reinbek b. Hamburg.

HALL, S. (2004): *Das Spektakel des ,Anderen'*, in: ders.: *Ideologie. Identität. Repräsentation*. Ausgewählte Schriften, Bd. 4, Hamburg, S. 108–166.

HEFTRICH, E. (1986): *Musil. Eine Einführung*, München und Zürich.

MUSIL, R. (1976): *Tagebücher*, hg. von Adolf Frisé, Reinbek b. Hamburg.

– (1983): *Der deutsche Mensch als Symptom*, in: ders.: *Essays und Reden. Kritik*, hg. von Adolf Frisé, Reinbek b. Hamburg, S. 1353–1400.

– (1987): *Der Mann ohne Eigenschaften*, hg. von Adolf Frisé, Reinbek b. Hamburg.

– (2009): *Klagenfurter Ausgabe. Kommentierte digitale Edition sämtlicher Werke, Briefe und nachgelassener Schriften*, hg. von Walter Fanta, Klaus Amann und Karl Corino, Klagenfurt.

WEISENFELD, J. (2007): *Hollywood by the Name. African American Religion in American Film 1929–1949*, Berkeley.

MELANIE ROHNER (Schweiz, Bern)

Der „Narkose der Zivilisation" entzogen.
Zur Repräsentation Mittelamerikas
in Max Frischs *Homo faber*

1956 äußerte sich Max Frisch in einem Brief an Peter Suhrkamp folgendermaßen zur Funktion Mexikos im *Homo faber*:

> *Mexiko [...] spielt (wenn auch nicht als Mexiko, sondern als Guatemala) [...]*
> *eine entscheidende Rolle: als Gegenwelt; die Indios als Atechniker, die unterent-*
> *wickelten Völker als dämonische Bedrohung, daß wir der „condition humaine"*
> *nicht gewachsen sind, wenn wir uns nicht in die Narkose der Zivilisation flüchten*
> *können* (zit. in J. Schütt 1998: 154).

Der „Narkose der Zivilisation" entzogen wird Faber in Guatemala dementsprechend mit seiner Körperlichkeit oder – in Anlehnung an den existentialistischen Jargon – eben mit seiner „condition humaine" konfrontiert. Diese Konfrontation kündigt sich das erste Mal doch noch in Mexiko selbst, in der mexikanischen Wüste von Tamaulipas an, in der man „[l]angsam [...] Bärte" (31)[1] bekommt und Faber zunehmend Mühe hat, den eigenen Körper seinem ansonsten rigiden Ordnungswillen zu unterwerfen.

Die mittelamerikanische „Gegenwelt" wird von Faber als krankheitserregender, unhygienischer Ort geschildert. Herbert warnt er beispielsweise eindringlich vor Fischvergiftungen. Und um sich nicht „wie ein Kranker" vorzukommen, wäscht er sich „von morgens bis abends" (38). Gekoppelt ist dieser Hygiene- an einen Geschlechterdiskurs. Mittelamerika erhält demnach weibliche Züge, wird zu einer geschlechtsspezifisch aufgeladenen Landschaft: Der Sand erinnert Faber an „Lippenstiftrot" (18) und der Name des Gebirgszugs „Sierra Madre Oriental" ist offenbar so sinnig und suggestiv, dass Faber ihn nicht weniger als drei Mal nennt (18, 19, 24). Als das weiblich ,Andere' wird Mittelamerika überdies zur Projektionsfläche für Verdrängtes und gibt ein Bild sowohl des mütterlichen Ursprungs als auch des Unheimlichen und des Todes ab. Das schlägt sich insbesondere in der Darstellung des Dschungels in aller Deutlichkeit nieder, der topisch zu einem gleichermaßen

---

1   Zitiert wird, wenn nicht anders angegeben, nach: M. Frisch 1998: Bd. 4.

schöpferischen und zerstörerischen Naturchaos wird: „[E]s stinkt nach Fruchtbarkeit, nach blühender Verwesung" (51).

Zu dieser ungezügelt wachsenden Landschaft scheinen auch die mexikanischen und guatemaltekischen Indigenen, ein explizit „weibisches Volk" (38), wesensmäßig dazuzugehören. Sie sind ebenso mit der Vorstellung von überbordender libidinöser Energie verknüpft wie die sie umgebende Landschaft, der Urwald. Die „Mädchen" hier, wie Faber gleich zweimal feststellt, kommen „nicht aus dem Gebären heraus" (167). Ihre stets weitere Körper erzeugenden Leiber entsprechen damit gerade nicht dem Konzept der Geschlossenheit, das nach Michail Bachtin den modernen Körper konstituiert (M. Bachtin 1987: 359); und damit selbstredend auch nicht Fabers Körper- und Menschenbild. Die „Indios" erscheinen ihm „wie Pilze" (38), stellen für ihn das natürlich Chaotische, das Vegetative dar, das er fürchtet und gegen das er ankämpft: „Ich fühle mich nicht wohl, wenn unrasiert […]. Ich habe dann das Gefühl, ich werde etwas wie eine Pflanze" (27).

Dem Tropenklima ausgesetzt droht freilich auch sein Körper mit der Umgebung eine regelrecht organische Einheit zu bilden. Im Dschungel beschreibt er sich und Marcel als „schmierig wie Neugeborene" (69). Die Absperrung des Körpers gegen die Außenwelt gelingt Faber hier nicht mehr und er verliert mit seiner „Willenskraft, Kontrollfähigkeit und Energie" (P. Langlo 2000: 183) lauter Eigenschaften, die im westlichen Repräsentationssystem gängigerweise männlicher *whiteness* zugeschrieben werden (vgl. R. Dyer 1997: 30–34). Auch der anfangs noch äußerst redselige Deutsche Herbert, der zunächst voller Tatendrang von der „Zukunft der deutschen Zigarre" (15, 38) sprach, vegetiert bei Fabers zweitem Besuch in Guatemala nur noch dahin. „Nada" ist zu seinem Lieblingswort avanciert und er ist offenbar nur noch zum „[B]lödeln" zu gebrauchen (168f.): „Herbert war verändert, man sah es auf den ersten Blick, Herbert mit einem Bart, aber auch sonst – sein Mißtrauen" (166); „Herbert wie ein Indio!" (168) Er scheint, wie es Faber von Joachim vermutet, der übrigens ebenfalls *mit* „Bart" starb (84), das „Klima nicht ausgehalten" (55) zu haben, was Faber offenkundig als eine Art tropische Krankheit deutet, wenn er bei seinem Besuch vermerkt: „Ich ließ mich nicht anstecken und arbeitete" (169).

Ob Faber sich indessen wirklich „nicht anstecken" lässt, ist zumindest disputabel, da der Dschungelaufenthalt auch für ihn weitreichende Folgen hat. Er trägt das Bild des unhygienischen, pathogenen Dschungels gleichsam in sich selbst fort. Während der gesamten Erzählzeit wuchert ein Krebs in ihm, der oft als Folgekrankheit des Lebensstils in der industrialisierten Welt wahrgenommen und verstanden und so als Rache der Natur an einer „verderbten, technokratischen Welt" gedeutet wurde (S. Sontag 2005: 61). Nicht von ungefähr kongruieren demnach Redensarten über Krebs mit Beschreibungen einer außer Rand und Band geratenen Vegetation, sind an den Krebs

Bilder von unkontrollierbarem, energiegeladenem und chaotischem Wachstum geknüpft (vgl. S. Sontag 2005: 15, 17), die mit der Darstellung des Urwalds im *Homo faber* korrespondieren. In dieser Deutung der Krebserkrankung als Sanktionsmittel der Natur gehen pathologischer und säkularmoralischer Diskurs gewissermaßen eine Allianz ein (vgl. T. Anz 1987: 24f.). Und diese Allianz wird im *Homo faber* durch den mythologischen Subtext der Eumeniden noch akzentuiert, die ihrerseits die Strafwürdigkeit Fabers versinnbildlichen.

Genau dieselbe Konstellation, eine Engführung von pathologisch-moralischem und mythologischem Diskurs, findet sich auch in einem für den *Homo faber* wichtigen Vortext. Ivy, eine Familie Piper und die Eumeniden sind nämlich nicht nur zentrale Figuren im *Homo faber*, sondern gehören bereits zum Personal von T. S. Eliots 1939 erschienenem „Schauspiel" *The Family Reunion*. Erst 1949 wurde es unter dem Titel *Der Familientag* in einer von Rudolf Schröder und Peter Suhrkamp besorgten Übersetzung auf Deutsch veröffentlicht. Im *Familientag* wird Harry Piper als moderner Orest von Rachegeistern verfolgt, weil er glaubt, seine Frau ermordet zu haben. Da seine Familienangehörigen die Eumeniden im Gegensatz zu ihm nicht sehen können, versucht er ihnen deren Präsenz als eine Art Gewissenskrankheit verständlich zu machen, die er mit einer Krebserkrankung vergleicht: „Es geht ein gut Teil tiefer / Als bis ans Gewissen [...]; es ist nichts als Krebs, / Der dein Ich auffrisst" (T. S. Eliot 1949: 28). Obendrein will Harry diese Krankheit beziehungsweise die Eumeniden zum ersten Mal „[i]m Java-Sund, in der Sunda-See, / In der giftig-süßen tropischen Nacht" gespürt haben (T. S. Eliot 1949: 22). Dient die Krebserkrankung im *Familientag* folglich als Metapher für die Rachegeister, die Harry verfolgen, obgleich seine Schuld unsicher ist, verhält es sich im *Homo faber* umgekehrt: Walter Faber, dessen Schuld am Tod seiner Tochter ebenso unklar bleibt wie die Harrys an seiner Frau, erkrankt tatsächlich an Krebs, dessen Bedeutung hier durch die Eumeniden interpretierbar wird. In beiden Texten indes steht der Krebs in einer eigentümlichen Verbindung mit den Tropen.

Die Krebserkrankung verweist Faber geradeso wie der guatemaltekische Dschungel auf seine „condition humaine", wenn er es aufgrund seiner Magenschmerzen immer weniger schafft, seinen Körper zu beherrschen. Er kann beispielsweise in Venezuela seiner Arbeit nicht mehr nachgehen und verliert auf Kuba auch seine Potenz. Und wie die Tropen bedingt auch der Krebs einen Verlust von *whiteness*: „Ich bin immer hager gewesen, aber nicht so wie jetzt; nicht wie der alte Indio in Palenque, der uns die feuchte Grabkammer zeigte" (170). Diese Veränderung Fabers geht nicht nur mit einer Verkindlichung einher, die in der Forschung auch als „Regression in die ödipale Phase" (A. Lubich 1990: 57) bezeichnet worden ist, sondern auch mit einer ihrerseits rückschrittlichen Form der ‚Enttechnisierung'. Denn Faber entledigt sich kurz vor seinem Tod sämtlicher technischer Geräte und Utensilien, auf die er vormals nie verzichtet hätte: seiner Uhr, seiner Filme, seiner Schreibmaschine. Er wird damit ostentativ jenen Indigenen angeglichen, die er zuvor selbst als „kindisch" (38) bezeichnet hat und deren Minderkompetenz in der Beherrschung der Natur er mit seiner „technische[n] Hilfe für unterentwickelte Völker" (10) beruflich auszugleichen hatte. Die Verortung der „Indios" auf einer innerhalb der ‚Teleologie der Zivilisation' tieferen Stufe wird noch akzentuiert durch Fabers Markierung des „Farnkraut[s]" in ihrer Heimat als „vorsintflutliches" und der Regenfälle als „sintflutartige" (24, 36, 69, 168, 176). Mittelamerika wird damit gewissermaßen dem Entwicklungsstand ‚alttestamentlicher' Gesellschaften zugeordnet – in einem Typoskript des *Homo faber* sollte es sogar noch „eine[r] Gegend für Dinosaurier" gleichen.[2] Dass Faber sich jenem „alte[n] Indio in Palenque" annähert, wird mithin zu einem Symptom seines Rückfalls auf einen primitiveren Stand der Menschheits- und Kulturgeschichte. Seinen sozusagen krönenden und gezielten Ausdruck findet dieser Rückschritt im Inzest, dessen Verbot bekanntlich spätestens seit Freuds *Totem und Tabu* als schlechthin kulturstiftend gilt. Auch Fabers inzestuöse Beziehung zu seiner Tochter also kann als Indiz seiner Regression zu einem „Indio"-ähnlichen Menschen verstanden werden, die auf einer symbolischen Ebene sein Sterben ohnehin überhaupt erst ermöglicht. Denn die Gegenüberstellung von Zivilisation und bedrohender Natur, vom „west and the rest" (Stuart Hall), *whiteness* und *nonwhiteness* wird im *Homo faber* so rigide durchgehalten, dass ein natürlicher Tod für weiße Männer gar nicht mehr in Frage zu kommen scheint. Nicht nur Faber, sondern eben auch Herbert und ansatzweise sogar Joachim werden ethnisiert, sobald sie mit dem Tod in Kontakt kommen. Indem der *Homo faber* so und nicht nur so tradierten kolonialistischen Repräsentationsmustern verhaftet bleibt, verschleppt der Text selber die Kritik am imperialistischen weißen Techniker, die Frisch mit seinem Roman intendiert haben mag.

Bibliographie

ANZ, T. (1987): *Aids, Krebs, Schizophrenie. Krankheit und Moral in der Gegenwartsliteratur*, in: MOSER, M. (Hg.): Krankheitsbilder – Lebenszeichen. Akten des III. Kolloquiums der Gesellschaft für Philosophische Praxis, Wien, S. 19–42.

2   FRISCH, M.: Typoskript des *Homo faber* vom 20. August 1957 (Max Frisch-Archiv der Eidgenössischen Technischen Hochschule, Zürich).

BACHTIN, M. (1987): *Rabelais und seine Welt. Volkskultur als Gegenkultur*, Frankfurt/M.

DYER, R. (1997): *White*, London et al.

ELIOT, T. S. (1949): *Der Familientag*, Berlin.

FRISCH, M. (1998*): Gesammelte Werke in zeitlicher Folge*, Frankfurt/M.

LANGLO, P. (2000): *Verführung und Verstrickung. Bilder des Tropenwalds in deutschsprachiger Exil- und Nachkriegsliteratur*, in: FLITNER, M. (Hg.): Der deutsche Tropenwald. Bilder, Mythen, Politik, Frankfurt/M. et al., S. 174–194.

LUBICH, F. (1990): *Max Frisch.* Stiller, Homo faber und Mein Name sei Gantenbein, München.

SCHÜTT, J. (^{2}1998) (Hg.): *Max Frisch. Jetzt ist Sehenszeit. Briefe, Notate, Dokumente, 1943–1963*, Frankfurt/M.

SONTAG, S. (^{2}2005): *Krankheit als Metapher. Aids und seine Metaphern*, Frankfurt/M.

JOHANNES GÖRBERT (Deutschland, Berlin)

Im Kreuzfeuer der Kritik.
Elias Canettis *Die Stimmen von Marrakesch* als Prüfstein für (post-)kolonialistische Grundfragen

Einleitung: Canetti in Marrakesch – und die Folgen

Im Jahre 1954 bricht Elias Canetti zur ersten und einzigen Reise auf, die ihn in seiner Vita über die Grenzen Europas hinausführen wird. Als Anlass für den Ausflug dient ihm eine mehr oder weniger zufällige Einladung: Sein Freund Aymer Maxwell, ein britischer Adliger und Patron von Canettis schriftstellerischer Arbeit, beteiligt sich an der Herstellung eines Films mit dem Titel *Another Sky* in Marokko, als Schauplatz wählt das Team die Stadt Marrakesch. Canetti selbst hält sich von den Dreharbeiten demonstrativ fern, ja bezeichnet das Projekt in einer Notiz im Nachlass sogar abschätzig als die *Herstellung des ekelhaftesten Film-Machwerks* (zitiert nach Hanuschek 2005: 530). Anstatt den Produktionsprozess zu begleiten, streift Canetti während der drei Wochen seines Aufenthalts meist ohne Begleitung quer durch die Stadt. Der Plan einer literarischen Aufarbeitung seiner Reiseerlebnisse gelangt erst mit einiger Verzögerung zur Reife: Erst nach der Rückkehr nach London bringt Canetti erste Notizen aufs Papier, erst nach zwei Jahren erscheinen erste kurze Kapitel in Zeitschriften, die umfassender angelegte Reiseerzählung *Die Stimmen von Marrakesch. Aufzeichnungen nach einer Reise* veröffentlicht der Hanser-Verlag erst 1968, mehr als ein Jahrzehnt nach dem Aufenthalt am Fuße des Hohen Atlas. Der schmale Band von wenig mehr als einhundert Seiten trägt Canetti rasch das Lob der Literaturkritik und den Zuspruch eines breiten Lesepublikums ein. Hatte er zuvor Schwierigkeiten, als Romancier der *Blendung* und als Theoretiker von *Masse und Macht* wahrgenommen zu werden, so konnte er sich anschließend als Autobiograph über mangelnde Aufmerksamkeit nicht beklagen: Mit der Literarisierung seines eigenen Werdegangs erzielt er große Erfolge, gekrönt durch die Verleihung des Nobelpreises für Literatur im Jahre 1981.

Die Literaturwissenschaft hingegen hat die vierzehn Kapitel des Reiseberichts aus Marokko sehr viel zwiespältiger beurteilt. Besonders seit Mitte der 1990er Jahre tauchen Positionen auf, die kontroverser kaum sein können. Dabei beginnt die philologische Rezeption des Textes mit einem breiten

Konsens. Im Schulterschluss mit den wohlwollenden Rezensenten des Feuilletons geht es der älteren Forschung in der Hauptsache darum, die Reiseerzählung innerhalb des Gesamtwerks zu situieren, in den häufigsten Fällen am Leitfaden der Zentralbegriffe „Masse, Macht, Tod und Verwandlung", die immer wieder als Lebensthemen Canettis identifiziert werden. In solcher Manier verfahren etwa die Canetti-Monographien von Dagmar Barnouw (1979), Edgar Piel (1984) und Friederike Eigler (1988). In neueren Publikationen ändert sich die Art und Weise der Argumentation grundlegend. Mit der zunehmenden Rezeption von Saids *Orientalism* (1978) und der gesteigerten Prominenz postkolonialer Ansätze in der Germanistik betrachtet der Großteil der neueren Lektüren *Die Stimmen von Marrakesch* als Textzeugen einer Reise, die Canetti in ein Land unter französischer Fremdherrschaft kurz vor der Erlangung seiner staatlichen Souveränität unternimmt. Zwar eint die Interpreten der gemeinsame Fokus auf die Beschreibung einer Kolonialstadt und ihrer Bewohner durch den Autor; in ihrer Beurteilung der schriftstellerischen Leistung entfernen sich die Beiträge jedoch sehr weit voneinander. Das Spektrum reicht von schärfster Kritik bis zur rückhaltlosen Eloge auf *Die Stimmen von Marrakesch*. Dazu einige Belege aus der Sekundärliteratur:

> *Die Stimmen von Marrakesch is a classic clash between East und West, a serious example of a clash of civilizations* (Murphy 2004: 171).

> *Canetti's journey is an exploration of the dignity of difference that neither appropriates nor colonizes the other in Orientalist terms* (Fuchs 2000: 201).

> *Canettis Blick ist (post)kolonialistisch, rassistisch, frauenfeindlich; er pathologisiert das Fremde und richtet es sich mit eurozentristischer Perspektive zu. Canetti begeht damit einen Verrat an der eigenen multikulturellen Herkunft [...] indem er seine eigene europäische bildungsbürgerliche Sozialisation auf ein orientalisches Land projiziert* (Fetz 2005: 81).

> *Les Voix de Marrakech n'est pas une oeuvre militante. C'est le produit d'une attitude mentale qu'on pourrait appeler ‚contrapuntique', selon le terme employé par Saïd [...]. Le polyperspectivisme, qui est chez Canetti une position de principe autant qu'une donnée biographique, le conduit à remettre en question les idées reçues et à envisager la possibilité d'autres mondes, d'autres logiques* (Meyer 2009: 256).

> *Orientalism is practised with great concentration in Die Stimmen von Marrakesch. [...] Parts of his [Canetti's] texts constitute a culturally discriminatory expression of symbolic ethnicity which can be read as confirming racist stereotypes held by readers. The texts even raise these stereotypes to a level of high culture where civilised people might otherwise find them unacceptable* (Ferguson 1997: 568/594).

[W]enn Canetti in Marrakesch Stereotypen vorfindet (und damit natürlich wiederum etabliert), so muß dies nicht zwangsläufig als Ausdruck eines rassistisch-eurozentristischen Bewußtseins gesehen werden, das sich das unterlegene Fremde machtgierig einverleiben will. Vielmehr spiegelt sich in Canettis Beobachtungen eine ganz allgemein-menschliche Verhaltensweise, wenn er versucht, aus dem unkodierten Fremden Muster zu gewinnen, das Unbekannte in Bekanntes aufzulösen und zu ordnen (Hornik 2007: 117).

Eine solch heftige Debatte, deren Argumente gegensätzlicher kaum sein könnten, lädt dazu ein, anhand von Canettis Text exemplarisch über einige Forschungsprämissen postkolonialer Ansätze nachzudenken. Mir geht es im Folgenden allerdings nicht darum, den referierten Standpunkten eine weitere Apologie oder Denunziation des Reiseschriftstellers Canetti und seiner marokkanischen Erzählungen hinzuzufügen. Stattdessen nehme ich eine vermittelnde Perspektive ein und versuche, einige grundlegende Ambivalenzen der Fremd- und Kolonialdarstellung in den *Stimmen von Marrakesch* herauszuarbeiten, an denen sich die Kontroversen überhaupt erst entzünden konnten. Narratologisch konzentriere ich mich angesichts der gebotenen Kürze allein auf die zentrale Ebene der Figurendarstellung.

Grenzgänge eines Erzählers

Als nichtfiktionale, autobiographische Reiseliteratur unterliegen die vierzehn Kapitel der Gattungskonvention des Authentizitätsgebots, zu der sich der Erzähler an verschiedenen Stellen in ein Verhältnis setzt. Zum einen akzentuiert er affirmativ seine Bemühungen um größtmögliche Nähe zur Reiserealität. Im Klappentext der Erstausgabe schreibt Canetti dazu:

Es handelt sich bei mir bei solchen Niederschriften nicht darum, neue Figuren zu erfinden wie in einem Roman, wo die ‚Wirklichkeit‘ nur als Vorwand zu Gebilden ganz anderer Art dient, wo es um eine neue, ihren eigenen Gesetzen gehorchende Welt geht. Die Aufzeichnungen halten sich ans Erlebte, sie suchen es nicht zu verändern und bestehen auf seinem besonderen Sinn (Canetti 1968: Unpaginiert).

Zum anderen beansprucht er konventionskritisch gewisse künstlerische Freiräume in der literarischen Ausgestaltung seiner Marrakesch-Erinnerungen. Dies zeigt sich bereits im Titel: Das darin enthaltene „nach" legt Gewicht nicht allein auf die zeitliche, sondern zusätzlich auf die diskursive Distanz von Reisetext zum Reisegeschehen. Zudem relativiert Canetti die eigene Deutungskompetenz über die in Marrakesch gesammelten Fremdheitserfahrungen. Mit dem besonderen Augenmerk auf die „Stimmen" (zuerst im Titel geplant waren sogar die „Laute") stellt er seine mangelhaften Sprachkenntnisse in Rechnung: Als Unkundiger des Arabischen und der Berbersprachen verfügt er in den meisten Fällen nur auf einer subsemantischen Ebene über einen der wichtigsten Zugangskanäle zu den Kulturen des Maghreb. Außerdem räumt er fortlaufend ein, welche weiten Bereiche des Alltagslebens in Marrakesch ihm als Außenseiter hermetisch verschlossen bleiben. Schließlich behauptet der Ich-Erzähler auch, sich im Vorfeld überhaupt nicht über das Reiseziel informiert zu haben, was weiteres Nicht-Wissen nach sich zieht. Am deutlichsten schränkt Canetti den Erkenntnisradius seiner Reiseerzählung wohl zu Beginn des dritten Kapitels ein:

> *Ich versuche, etwas zu berichten, und sobald ich verstumme, merke ich, daß ich noch gar nichts gesagt habe. Eine wunderbar leuchtende, schwerflüssige Substanz bleibt in mir zurück und spottet der Worte. Ist es die Sprache, die ich dort nicht verstand, und die sich nun allmählich in mir übersetzen muß? Da waren Ereignisse, Bilder, Laute, deren Sinn erst in einem entsteht; die durch Worte weder aufgenommen noch beschnitten wurden; die jenseits von Worten, tiefer und mehrdeutiger sind als diese* (Canetti 2002: 29).[1]

Unsagbarkeits- und Bescheidenheitstopoi solcher Art bleiben keine Einzelfälle, sondern durchziehen leitmotivisch den gesamten Text.

Angesichts des demonstrativen Gestus' der Sprach- und Kulturenunkenntnis des Protagonisten rückt auch die koloniale Problematik des nordafrikanischen Landes *explizit* nur sehr sporadisch in den Blickpunkt des Erzählens. Für die Thematisierung von *Franzosen, die dort die Herren sind, und zwar Herren im Augenblick, bevor man sie verjagt* muss der Leser schon zu einem Paratext in einem der Aufzeichnungsbände von Canetti (1993: 198) greifen; innerhalb der *Stimmen von Marrakesch* selber behandelt der Ich-Erzähler nur an einer einzigen Stelle die historische Umbruchphase nach dem massiven Erstarken von Unabhängigkeitsbewegungen in der fünfziger Jahren, die das Königreich Marokko nur zwei Jahre nach Canettis Besuch in die staatliche Souveränität führt. Dabei wird der Erzähler nahezu zum Augenzeugen eines separatistisch motivierten terroristischen Anschlags auf den frankophilen Sultan und seinen Verbündeten, den Pascha von Marrakesch. Das Attentat geschieht in einer Moschee, vor der sich der Protagonist kurz zuvor aufhält, jedoch lediglich *durch Zufall* (98) und mit *wenig Lust, die Ankunft des Sultans abzuwarten* (99). Auf weitere Erörterungen zu den Machtkämpfen innerhalb der marokkanischen Gesellschaft, auf ihr spannungsreiches Verhältnis zu den französischen Kolonialherren sowie auf eine aktualisierende Einordnung angesichts der vierzehnjährigen Distanz zu den

---

1   Nachfolgend unter Angabe der Seitenzahlen im laufenden Text zitiert.

Ereignissen verzichtet Canetti. Durch diese politische Indifferenz hält der Text nur sehr wenige Hinweise auf transitorische politische Prozesse vom Kolonialismus zum Postkolonialismus bereit.

Doch die Kritik an den *Stimmen von Marrakesch* setzt gar nicht an dieser Stelle an. Stattdessen werfen die Adepten von Saids Thesen Canetti eine *implizite* Einschreibung in den orientalistischen Diskurs vor, die im Wesentlichen auf drei Eckpfeilern beruht: Erstens auf einer eurozentristischen Perspektive, die Marrakesch von der Warte kultureller Arroganz und Überlegenheit aus betrachtet, sowie damit verbunden zweitens auf einen apodiktischen Sprachstil, der das Fremde verkürzt, vereindeutigt und verzerrt und schließlich auf einem inferioren Figurenpersonal, das die islamische Welt als ein Panorama etwa von deformierten Bettlern, sich prostituierenden Kindern und Erwachsenen, despotischen Esel- und Kameltreibern und ihren gepeinigten Kreaturen beschreibt (vgl. Kabbani 1993: 206). All diese Einwände verbindet, dass sie in ihrer Einseitigkeit zu kurz greifen. Natürlich reist Canetti als Europäer nach Marrakesch, und selbstverständlich betrachtet sein Erzähler den Maghreb nicht als *tabula rasa*, sondern mithilfe von kulturellen Präfigurationen. Zudem hat die Canetti-Forschung häufig genug das gesteigerte Selbst-, ja Sendungsbewusstsein des Autors konstatiert. Trotzdem bleibt Karoline Hornik zuzustimmen, wenn sie bereits die Voraussetzungen dieser Forderung nach Unvoreingenommenheit und Vorurteilsfreiheit problematisiert:

> *[N]icht nur, daß eine vollständige Loslösung von der eigenen Sozialisation kaum möglich ist, so kann auch ein in letzter Konsequenz vollzogener Abschied an die hieraus geprägten Wahrnehmungsmuster als Abschied von der Wahrnehmung schlechthin betrachtet werden* (Hornik 2007: 116).

Darum ist nicht die Verwendung des Stereotyps als solche, sondern seine spezifische Funktion im Erzählkontext entscheidend. Auch die sprachliche Verfasstheit des Reiseberichts leistet ohne Zweifel der Kritik Vorschub. Wie wiederum Horniks Studien sowie Angelika Redders (1996: 333–347) linguistische Recherchen ergeben haben, zeichnet sich Canettis Diktion unter anderem durch eine nur spärliche sozio-kulturelle Situierung der Kapitel, vage Orts- und Zeitangaben, eine Häufung unpersönlicher Partikel sowie durch die paradoxe Verbindung einer konkreten Erzählweise mit abstrakten Erzählinhalten aus. Der Selbstbeschränkung des Texts auf die Wiedergabe von subjektivem Erleben arbeitet eine solche Wortwahl gerade entgegen: Sie lässt Objektivitätsansprüche vermuten, wo die Erzählerfigur Standards der *political correctness* gar nicht erst anvisiert. Somit eröffnet sich ein weiteres Spannungsfeld zwischen der skeptischen Zurücknahme der eigenen schriftstellerischen Reichweite und der selbstgewissen sprachlichen Ausführung.

Stereotype mit Widerhaken

All diese Ambiguitäten eines Erzählers, der authentisch sein will und sich doch ästhetische Extravaganzen zugesteht, der vorgibt, sich nicht auszukennen und doch seinen Darstellungen durch den Stil seiner Reiseminiaturen Allgemeincharakter verleiht, der sich nicht besonders für die Politik des französischen Protektorats interessiert und den doch während seiner Schilderungen über Marrakesch auf Schritt und Tritt Phänomene des Kolonialismus begleiten, der als Europäer schreibt und sich doch dezidiert von seinen Landsleuten abwendet, kulminieren in seinen Begegnungen mit den anderen Figuren im Reisebericht. Um sie als den dritten Hauptbereich der Kontroverse soll es abschließend etwas ausführlicher gehen. Ich wähle exemplarisch die Personengruppe der marokkanischen Frauen, die sich über Oppositionen wie Nationalität, Sozialisation, Geschlecht, Alter, Religion und Physiognomie am deutlichsten von der Instanz des Erzählers unterscheiden und dadurch ein besonders heikles relationales Wechselspiel von narrativer Identität und Alterität in Gang setzen. Außerdem entfällt im Reisebericht auf die Rede über Frauen das wohl dichteste Geflecht stereotyper Motive aus dem Reservoir europäischer Vorstellungen über den Orient. Zwei offensichtliche Beispiele: Als der Reisende auf ein Dach in Marrakesch steigt, hofft er, von dort aus *Frauen [zu] sehen wie im Märchen* (47), als er eine Angehörige einer jüdischen Familie kennenlernt, erinnert diese ihn an *orientalische Frauen, wie sie Delacroix gemalt hat* (101). Daraus zeigt sich bereits, dass weibliche Figuren in zweierlei Form ins Blickfeld der Reisekapitel treten: Am häufigsten in typisierten Gestalten auf Märkten, Straßen und Privathäusern, in Einzelfällen auch in individualisierenden Porträts, am ausführlichsten in dem Kapiteln *Die Frau am Gitter* und *Die Familie Dahan*.

Den meisten Auseinandersetzungen mit dem Femininen im Text liegt ein wiederkehrendes, klischeehaftes Grundmuster zugrunde: Betont wird zunächst die Unzugänglichkeit der Frauen, sei es durch ihre Verschleierung und ihre unförmige Kleidung, ihr Schweigen oder durch gesellschaftliche Restriktionen. *[A]ls unförmige Säcke bewegen sie sich auf den Gassen weiter*, beklagt sich der Erzähler, *man erkennt, man ahnt nichts, man ist es bald überdrüssig, sich Mühe zu geben und sich zu einer Vorstellung von ihnen anzuhalten. Man verzichtet auf Frauen. Aber man verzichtet nicht gern* (51). In einem zweiten Schritt ergeht sich der Protagonist, so wie unzählige Reiseschreiber vor und nach ihm, in Andeutungen einer leidenschaftlichen Sexualität, die angeblich hinter den schwer zu durchdringenden Barrieren des Weiblichen liegen soll. Den Äußerungen einer unverschleierten Frau, die er hinter einem vergitterten Fenster erblickt, unterstellt er sogleich, dass sie *Koseworte* an ihn seien:

Sie hielt den Kopf leicht geneigt und ich fühlte, daß sie zu mir sprach. Ihre Stimme hob sich nie, sie blieb gleichmäßig leise; es war so viel Zärtlichkeit darin, als hielte sie meinen Kopf in den Armen. [...] ich hatte nie Koseworte in dieser Sprache gehört, aber ich fühlte, daß sie es waren (49).

Ähnliche Begehrlichkeiten wecken zwei Frauen der Familie Dahan, die der Erzähler kurz kennenlernt. In beiden Fällen stellt sich der Protagonist sofort in Gedanken in Konkurrenzverhältnisse zu deren Ehemännern: *Meine Neugier für sie kam der ihren für mich gleich [...]. Ich hoffte, daß sie mich in Gedanken mit ihrem Hochzeiter verglich* (84) bzw. *Die junge Frau roch sauber wie ihre Wäsche. Ich versuchte mir ihren Mann vorzustellen und beneidete ihn* (102). Es folgt aber in allen drei Passagen die Desavouierung des eigenen Voyeurismus. Nach den beiden Vergleichen bezeichnet er sich selbst als *beschämt* (103) und retrospektiv *von einer ganz absurden Hoffnung erfüllt* (84); im Abschnitt über die Frau am Fenster stellt sich im Gespräch mit herbeigeeilten Kindern heraus, dass es sich offensichtlich um eine Geisteskranke handelt (*malade dans sa tête*, 56).

Erotische Konnotationen bestimmen auch *Die Brotwahl*, das kürzeste Kapitel des Buches. Wiederum entziehen sich die Frauen weitgehend den Beobachtungen des Ich-Erzählers, *das Gesicht so sehr verschleiert, daß man nur die Augen sah* (122). Sodann erfolgt eine Reihe von Parallelisierungen der Brote, der Verkäuferinnen und der Käufer mit Formen der Sinnlichkeit. Als polyvalenten Leitbegriff setzt der Reiseschreiber „Laib", ein Wort, das sich nur graphematisch, nicht jedoch phonetisch von „Leib" unterscheidet. Damit einhergehend sind die weiblichen wie die männlichen Körper unablässig in Bewegung:

Denn von Zeit zu Zeit nahm jede einen Laib Brot mit der Rechten auf, warf ihn leicht in die Höhe, fing ihn wieder auf, schwankte ein wenig mit der Hand, als ob sie ihn wöge, tätschelte ihn ein paarmal, daß man es hörte, und legte ihn nach diesen Liebkosungen wieder auf die übrigen Brote zurück. [...] Es war etwas Nacktes und Lockendes in diesen Broten, die tätigen Hände der Frauen [...] teilten es ihnen mit. [...] Männer gingen daran vorbei, mit kühnen Blicken, und wenn einer an etwas Gefallen fand, blieb er stehen und nahm einen Laib in seine Rechte entgegen [...]. Der Mann griff mit der Linken unter seinen Überwurf und holte eine ganz kleine Münze hervor, kaum sichtbar neben der großen Form des Brotes und warf sie der Frau hin. Dann verschwand der Laib unter seinem Überwurf – es war nicht mehr zu merken, wo er war –, und der Mann ging (124).

In Schilderungen wie diesen vermögen selbst ausgewiesene Kritiker Canettis keine ungebrochene Fortschreibung des orientalistischen Diskurses zu erkennen. Narjes Kalatehbali (2005: 47) zum Beispiel bemerkt zu dieser Textpassage, dass *die erotischen Vorstellungen des Autors nicht auf der Ebene der orientalisierenden Vorlagen fixiert bleiben und diese in mancher Hinsicht überschreiten*, Bernhard Fetz (2005: 88) geht noch einen Schritt weiter: *[D]er Diskurs des Exotischen wird durchkreuzt und verdrängt von einem rein literarischen Diskurs, der nicht auf Herrschaft aus ist, sondern auf Austausch.* In der Aufladung von verhüllten Frauengestalten mit unterschwelliger Sinnlichkeit verbleibt Canettis Schilderung zwar ganz klar auf dem Terrain gängiger Topoi der Orientliteratur. Dennoch reicht das Reflexionsniveau seines Reiseberichts zumindest soweit, um diese keineswegs ausgesparten Klischeebilder zwar nicht zu konterkarieren, wohl aber um sie so zuzuspitzen, dass von einer platten Aktualisierung keine Rede mehr sein kann.

Fazit

Vieles bliebe noch zum Text anzuführen: Zu den Kontrastierungen in Canettis Darstellungen einheimischer und ausländischer Frauenfiguren, zu den verschiedenen Modi der Fremderfahrung in den übrigen Reisekapiteln, zur Suche des Ich-Erzählers nach seiner jüdischen Identität im breiten Mittelteil der *Stimmen von Marrakesch*, zu Canettis historischer Teilhabe an Poetologien des Vitalismus und Intuitionismus innerhalb der literarischen Moderne, zu Reminiszenzen mythischen Denkens in der Erzählung, zur Hybridität des reisenden Subjekts und der bereisten Kultur sowie zu Canettis archaisierendem, anti-experimentellem Sprachkonzept – Aspekte, denen ich an anderer Stelle ausführlicher nachgegangen bin (vgl. Görbert: 2009). Für den Diskussionszusammenhang einer an kolonialen und postkolonialen Reiseberichten interessierten germanistischen Kulturwissenschaft sollte indes klargeworden sein, dass sich Canettis *Die Stimmen von Marrakesch* weder als gänzlich „ideologiefreie" noch als ausschließlich „ideologieverdächtige" schriftstellerische Zugänge zum nordafrikanischen Kulturraum bewerten lassen – wie es die Forschung in einer aufgeregten Debatte mal in die eine, mal in die andere Richtung vorgeschlagen hat. Vielmehr wird in Konturen sichtbar, wie spannungsgeladen deutschsprachige Literatur mit dem Sujet der arabischen Welt umzugehen vermag: Mithilfe eines Ich-Erzählers, dessen Herangehensweise an die Fremdheit einer französischen Kolonie Mitte der 1950er Jahre geprägt ist von Fluktuationen zwischen Konventionalität und Originalität in der Wahl der Motive und der Gattung, zwischen Nähe und Distanz sowohl zur Ausgangs- als auch zur Zielkultur sowie zwischen Selbstgewissheit und Zweifel in der sprachlichen Modellierung seiner subjektiven marokkanischen Reiseerfahrungen.

Bibliographie

BARNOUW, D. (1979): *Elias Canetti*, Stuttgart.

CANETTI, E. (1968): *Die Stimmen von Marrakesch. Aufzeichnungen nach einer Reise*, München et. al.

CANETTI, E. (1993): *Werke*, 10 Bde, Bd. IV: *Aufzeichnungen 1942–1985. Die Provinz des Menschen. Das Geheimherz der Uhr*, München et. al.

CANETTI, E. (2002): *Die Stimmen von Marrakesch. Aufzeichnungen nach einer Reise. Mit Photographien von Kurt-Michael Westermann*, München et. al.

EIGLER, F. (1988): *Das autobiographische Werk von Elias Canetti: Verwandlung, Identität, Machtausübung*, Tübingen.

FERGUSON, S. (1997): *Elias Canetti and Multiculturalism*, in: *Poetica 29*, S. 532–595.

FETZ, B. (2005): *Dialektik der Ethnographie: Die Stimmen von Marrakesch*, in: BARTSCH K. / MELZER G. (Hg.) Elias Canetti, Graz, S. 79–93.

FUCHS, A. (2000): *The Dignity of Difference: Self and Other in Elias Canetti's Voices of Marrakesh*, in: DARBY D. (Hg.) Critical Essays on Elias Canetti, New York, S. 201–212.

GÖRBERT, J. (2009): *Poetik und Kulturdiagnostik. Zu Elias Canettis „Die Stimmen von Marrakesch"*, St. Ingbert.

HANUSCHEK, S. (2005): *Elias Canetti, Biographie*, München et. al.

HORNIK, K. (2007): *„Vielleicht war er gar nicht dort…". Elias Canettis Die Stimmen von Marrakesch als das „Andere" seiner Autobiographie*, in: HANUSCHEK S. (Hg.) Der Zukunftsfette, Neue Beiträge zum Werk Elias Canettis, Dresden et. al., S. 113–136.

KABBANI, R. (1993): *Mythos Morgenland. Wie Vorurteile und Klischees unser Bild vom Orient bis heute prägen*, München.

KALATEHBALI, N. K. (2005): *Das Fremde in der Literatur: Postkoloniale Fremdheitskonstruktionen in Werken von Elias Canetti, Günter Grass und Josef Winkler*, Münster.

MEYER, C. (2009): *Subvertir les codes du voyage en Orient, Stratégies d'écriture dans „Les voix de Marrakech" de Canetti*, in: LACHENY M. / LAPLÉNIE J.-F. (Hg.) „Au nom de Goethe!" Hommage à Gerald Stieg, Paris, S. 245–256.

MURPHY, H. (2004): *„Gute Reisende sind herzlos": Canetti in Marrakesch*, in: LORENZ D. C. G. (Hg.) A Companion to the Works of Elias Canetti, Rochester, NY et. al., S. 157–173.

PIEL, E. (1984): *Elias Canetti*, München.

REDDER, A. (1996): *Elias Canetti: Fremdes und Vertrautes sehen*, in: GISPER D. (Hg.) Das nahe Fremde und das entfremdete Eigene im Dialog zwischen den Kulturen, Festschrift für Nabil Kassem, Kairo, S. 333–347.

SAID, E. W. (1978): *Orientalism, Western Conceptions of the Orient*, London et. al.

EVA-MARIA SIEGEL (Deutschland, Köln)

Kontaktzonen 1–3.
Transkulturalität im Werk von Hubert Fichte

Die Faszination des Werkes von Hubert Fichte in der Literaturforschung hält an. Mein Beitrag möchte einen neuen Akzent hinzufügen: An Fichtes Œuvre werde ich das Konzept der Transkulturalität „einmal wie eine Brille erproben" (W. Welsch 2001: 284), um aufzuzeigen, in welcher Weise es einem Kulturbegriff entspringt, der das interkulturelle Feld *auch* kritisch wahrnimmt, um damit Abgrenzungen zu durchschreiten, die neu und anders formiert werden.

Unter „Transkulturalität" verstehe ich dabei eine spezifische Auflösung der „Eigen-Fremd-Differenz". Fichtes intensive Bemühungen um die Problematik des Anderen insistieren mit literarischen Mitteln auf der Bewusstwerdung des Sachverhalts, dass in den „Innenverhältnissen einer Kultur [...] heute ähnlich viele Fremdheiten wie in ihrem Außenverhältnis zu anderen" (Ebd.: 267) existieren. Mein Versuch der Begriffsschärfung knüpft damit an die Frage nach der Prägung jenseits nationaler Identitäten an. Fichte als Vertreter einer 68er Autorengeneration scheint eine Art Vorreiterrolle gespielt zu haben für Veränderungen, die auf subjektiver Ebene seither vor sich gegangen sind. Insofern ist er vielleicht wirklich der „einzige [...] weltläufige, mondäne deutschsprachige Schriftsteller der Nachkriegszeit"[1] – ein Postkolonialist *avant la lettre* (H.-J. Heinrichs 2005: 12; M. Peschke 2005).

Diese Vorüberlegung legt nahe, postkoloniales Denken vollziehe nachholend einen zum Teil anarchischen literarischen Prozess, um ihn auf der Ebene der Theoriebildung zu systematisieren (D. Simo 1993; H. Böhme/ N. Tilling (Hg.) 1995: 16; D. Simo 1998). Wenn dem so ist, dann widerspricht das globale „Verflechtungsdenken", die unteilbare Verantwortung für die Welt, die Fichtes Werk auszeichnet, weder dem Traditionsbezug seiner

---

1 Interview mit Hermann Peter Piewitt, Typoskript, Kölner Universitäts- und Stadtbibliothek, Anhang der Korrespondenz zu Michael Fisch: *Hubert Fichte – Explosion der Forschung. Bibliographie zu Leben und Werk von Hubert Fichte unter Berücksichtigung des Werkes von Leonore Mau*, Bielefeld 2006; vgl. auch Ders: *Verwörterung der Welt. Über die Bedeutung des Reisens für Leben und Werk von Hubert Fichte. Orte – Zeiten – Begriffe*, Aachen 2000. Zum Zeitpunkt der Einsicht 2008 war der Bestand noch nicht katalogisiert.

Essays auf den europäischen Horizont der Antike – noch steht seine spezifische „Affinität zur Anerkennung von Heterogenität" (W. Welsch 1993: 825) der lokalen Verwurzelung seines Schreibens in seiner Heimatstadt Hamburg entgegen. Ob im Zuge dessen allerdings eine Charakterisierung als „literarisches Kunstwerk" (H. Uerlings 1997: 252) angemessen erscheint, sei dahingestellt. Demgegenüber möchte ich die Vielfalt jener Kontaktzonen betonen, die entsteht, wenn Autor und Werk sich nicht auf das Maß einer einzigen Wahrheit zurechtstutzen lassen.

Kontaktzone 1:
Sozialisation & Glaubenssystem.
Das Durchschreiten von Milieus

Biographisch sind Fichtes Stationen rasch benannt: 1935 in Perleberg/Westprignitz geboren, nach dem Krieg Statist an den Hamburger Bühnen, nach einer Schauspiellehre Landwirtschaftslehre im Dittmarschen, dazwischen Aufenthalte in Frankreich, als Hirt, als Praktikant, schließlich freier Schriftsteller und Journalist in Hamburg, 1986 unerwartet verstorben. Seit den 70er Jahren unternahm er zahlreiche Reisen nach Südamerika, West- und Ostafrika, Mittelamerika, Haiti, Trinidad. Zum Frühwerk gerechnet werden *Das Waisenhaus* (1965), *Die Palette* (1968) und *Versuch über die Pubertät* (1974). Durchschritten werden hier Milieus. Unternommen wird der Versuch, den Kulturbegriff im Hinblick auf die Gestaltung von Familienbeziehungen zu formulieren und das Beziehungsgeflecht von einer Peripherie her zu erfassen.

So presst der Roman *Das Waisenhaus* von 1965 alle Erinnerungen seiner kindlichen Erzählerfigur in jene wenige Sekunden zusammen, die der Protagonist „abseits von den anderen auf dem Balkon" (H. Fichte 1965: 7) verbringt. In diesem Kontext ist auf die Struktur des *Déjà vu* verwiesen worden, in der wie in einem Kosmos Wahrnehmungen, Ängste und Listen vor den Augen des Lesers entfaltet werden (M. Weinberg 1993: 68). Ausgehend von der Vogelperspektive gleitet das Geschehen hin zu den Stationen der Vergangenheit, deren Erzählraum ein Jahr umfasst. Der Roman zeigt sich geprägt von Körperbildern (vgl. H. Fichte 1965: 8). Zusammengebracht werden Ereignisse des großen Weltgeschehens im Bewusstsein eines achtjährigen Kindes. Aufgehoben wird die lineare Zeit, überstrahlt von der Intensität des Augenblicks. Kunstvoll durchmessen wird hier die Distanz zu einem Gott, der sich in der Buntheit von Heiligenbildchen zu erkennen gibt, Bombenhagel, Grausamkeit, Todesängste aber zulässt. Durchschritten wird das

Verhältnis der christlichen Religionen zueinander. Die Rolle des Außen-
seiters prägt den Blick auf die Figuren im Roman. Aus dieser Perspektive
wird der Nationalsozialismus als ideologisches Konstrukt demontiert. Zugleich aber geht es um die Arbeit *an*, *in* und *mit* der Sprache. Ihr alltäglicher
Gebrauch zeigt sich von Schlagwörtern durchgeistert, in denen die Erzähl-
figur eine diffuse Bedrohung ausmacht. ‚Lebensunwertes Material' etwa ist
so ein Wort oder ‚Jude', aber auch ‚der Evangelische' oder ‚der Bastard'. Der
Terror der Zuschreibungen knüpft sich an eine Semiotik, mit deren Hilfe das
kindliche Bewusstsein sich die Welt zusammensetzt, vermittels Buchstaben,
Wörtern und Sätzen (Ebd.: 184). Dabei wird das literarische Sensorium bis
an die Grenze zur Dissoziation vorangetrieben. Während der Sinn der Worte
buchstäblich zerfällt, gehen die einzelnen Schriftzeichen nicht von einer
grammatikalisch verstandenen Struktur aus, sondern binden sich durch Klang-
gassoziationen aneinander. Um dem Wunsch nach Selbstauslöschung am
Rande des „gar nichts" (Ebd.: 189) zu entkommen, muss sich der Protagonist
im Bewusstsein *und* schließlich körperlich „von dem Gott im Waisenhaus"
(Ebd.: 194; dazu E.-M. Siegel 2010: 188f.) entfernen.

Insbesondere der *Versuch über die Pubertät* knüpft an die Erzählkonstel-
lation in *Das Waisenhaus* an. Allerdings wird die Kennzeichnung der juveni-
len Entwicklungsphase zur Umschreibung für eine keineswegs gewaltfreie
Einübung in eine Realität der Erwachsenen, die körperliche und psychische
Vorgänge mystifiziert. Der Pariser *Monde* nannte diesen Roman bei seiner
Erstveröffentlichung ‚das ehrlichste Buch der deutschen Literatur'. An den
Grenzlinien der Angst erscheint die Fremde zunächst als Tortur. Sie ist ge-
kennzeichnet durch Kontingenz. Die Gleichnisfigur der Glaubenskonfigura-
tion als eine Konstellation der Macht bringt Fichte später auf das, was er eine
„schlagende Verbindung" nennt: „ödipales Klima" und „Sprachzwang" (H.
Fichte 1976: 17 u. 19). So wie die frühen Romane mit Hilfe von Gesprächen,
Erzählfragmenten und Bewusstseinsausschnitten Realitäten ineinander
schachteln, gehört die Schichtung kultureller Segmentierungen fortan zum
Repertoire des Fichteschen Werkes.

Kontaktzone 2:
Mehrstimmigkeit & Wissenschaftskritik.
Das Durchqueren der Diskurse

Dass Fichtes *Geschichte der Empfindlichkeit* sich im Fortgang der Vielfalt
der Weltreligionen am Beispiel der afroamerikanischen Religionen zuwendet,
hat demnach eine Vorgeschichte. Eine Mehrstimmigkeit zählt zu seinen be-

vorzugten Erzählformen, die es als Verfahren darauf anlegt, „die (grundsätzlich beschränkte) Reichweite unseres Fremdverstehens in Rechnung zu stellen, aber auch bewusst auszudehnen." (R. Heinritz 2003: 51) Freilich schließt Fichtes Durchschreiten differenter kultureller Raumordnungen die Auseinandersetzung mit deren Diskursordnungen ein. Auf diese Weise trägt es zur Entschematisierung von Wahrnehmung bei. Zur Einzigartigkeit seiner Werke gehört, dass die Erzählfiguren sich unermüdlich am Selbstverständlichen reiben, fasziniert von der Kraft einer Gegenkultur, die sich spiegelt in der Komplexität und Vielstimmigkeit der afroamerikanischen Mischreligionen. In zwei Schüben erfolgte sein Vortasten: im Vorstoß, die Wissenschaft vom Anderen um poetische Kategorien zu erweitern und im Entwurf einer Traditionslinie der Wahrnehmung von Alterität.

Ersteres ist in komprimierter Form seinen *Ketzerischen Bemerkungen für eine neue Wissenschaft vom Menschen* zu entnehmen. 1976 als Vortragsskript für die Frankfurter Frobenius-Gesellschaft konzipiert, umreißt der Text in neun Thesen die Vorstellung eines poetischen Ausdrucks von Antinomien. Der Grad an Polemik ist extrem hoch. Maliziös empfiehlt der Verfasser den Ethnologen eine erkenntnistheoretische Reduzierung auf „den Universitätsbetrieb und die wissenschaftliche Tagung". „Entmündigung" wirf er ihnen vor – und dass sie es zugelassen haben, die „Grundlagen ihrer wissenschaftlichen Ausdrucksweise […] durch die Informationstheorie kodifiziert"[2] zu sehen. Gerne läse er, schreibt Fichte und hat es in seinem Zorn wohl auch so gesprochen,

> *„an den Schaustücken der Sammlungen, wie sie erworben wurden, ob geraubt, ob bei einer Strafexpedition einkassiert, ob zu betrügerischem Preis erhandelt, ob von Geistlichen unter dem Vorwand der Teufelei beschlagnahmt und dann im heimischen Museum von Geistlichen als Prachtstück ausgestellt."*[3]

Produktiv gewendet, zielt Fichtes Philippika gegen das etablierte Fach auf ein ‚poetisches Freilegen' religiöser Mythen und Riten.[4] Bemerkenswert ist, welche Formen dabei Präferenz zugeschrieben wird. Benannt werden das „Fragment", die „Collage", die „moderne Litanei", das „Interview" und „das Feature" als „ästhetische Möglichkeiten".[5]

2　Zitiert nach: Staats- und Universitätsbibliothek Hamburg Carl von Ossietzky, Nachlass von Hubert Fichte [SUB Hamburg, NHF], Sonderdruck, Konvolut 1: 9,13, S. 361. Der Text ist danach mehrfach publiziert worden, enthält in dieser Form jedoch einige Anmerkungen.

3　Ebd., S. 362.

4　Ebd., S. 364.

5　Ebd.

Fichtes Programm richtet sich jedoch zweifach aus: auf eine Poetisierung des Wissenschaftsdiskurses ebenso wie auf eine Empirie sprachlicher Ausdrucksformen. Bereits die Aufzählung der Genres in den *Ketzerischen Bemerkungen* zeigt an, wie stark Fichtes literarischer Synkretismus auf einer Kopplung des „journalistischen Verfahrens" mit dem „poetischen" (H. Fichte 1987: 383) beruht. Auch hier ist Wissenschaftskritik am Werke. So bezieht sich Fichte in seinem Essay *Mein Freund Herodot* explizit auf die Debatte um die Wurzeln der griechischen Antike, wie sie später in *Die schwarze Athene* zusammengefasst worden ist (M. Bernal 1987/1992). Es geht um die Zurückweisung jenes ‚arischen Modells', das auf der Vorannahme einer indoeuropäischen Sprachfamilie beruht und auf dieser Basis die Einbettung des Griechischen als eines originären Mitglieds dieser Familie vorgenommen hat. Was Fichte an Herodot fasziniert, ist aber noch ein anderes: Es ist die Bewegung durch einen „eigenen, ziemlich säkularisierten Kosmos", aus dem heraus die Feststellung erfolgt, „wie abhängig die Welt von Mystifikationen ist". Aus „Forschungseifer" schlüpfe der Schreiber „in die Argumentationen der Magier hinein und plötzlich bemerkt er, wie die Versuchsanordnung über ihm zuschnappt." (H. Fichte 1987: 383) Die „ganze Welt" als „Buch", angesiedelt „zwischen Magie und Naturalismus" (Ebd.: 385), eine Welt, deren „Textmassen" synkopisch gegliedert sind –"außereuropäisch, asianistisch, jazzartig" – um dem „Problem der Abbildung zeitlich parallel laufender Ereignisse in einem diachron gerichteten Medium" (Ebd.: 389) gerecht zu werden. Das macht „Avantgarde" aus, postkoloniale „Aufklärung" (Ebd.: 401).

Kontaktzone 3:
Transkulturalität & Empathie.
Spiegelungen

Dieses Konzept geht in der „Empathie" (B. Seidensticker/M. Vöhler (Hg.) 2002: IIIf.) nicht auf. Vielmehr geht es um eine Gleichzeitigkeit, in der sich kulturelle Phänomene gegenseitig spiegeln – so wie „die traditionelle Psychiatrie der Togolesen" (H. Fichte 1987: 392) eben erst in Verbindung mit der antiken Mythenbeschreibung transparent wird. Wo es um Wahrnehmung des Anderen geht, ist vom „Springen über Kontinente und über Kontinente des Psychischen"[6] die Rede, das eine produktive Begegnung unterschiedlicher

---

6 SUB Hamburg, NHF, Konv. 33: 17, Gespräch Gisela Lerch/Claus-Ulrich Bielefeld mit Hubert Fichte, Typoskript. Manfred Weinberg: ‚Plaudertasche' und

Kulturkreise ermöglicht. Daraus entsteht keine Aufhebung von Grenzen. Ethnischen Fundierungen wird aber durch eine Pluralisierung von Identitäten entgegengearbeitet. Fichtes Globalkultur ist independent, nicht uniform.

Dieser Entwurf einer Exterritorialisierung ermöglicht eine neue Fokussierung des eigenen kulturellen Gefüges, ein Vorhaben, das er mit seiner Reise- und Lebensgefährtin, der Fotografin Leonore Mau, teilt. Mit dem punktuellen Aufzeichnungsverfahren des Bildes sieht sich der Schriftsteller offenbar in einer Konkurrenzsituation. Dass er sich aus ihr nicht eben als Sieger hervorgehen sieht, lässt sich seinen Interviews entnehmen. Dort beschreibt er seine Selbstimagination einer anderen Hautfarbe, aber auch seine Arbeitsweise der ‚Datensicherung‘ (dazu C. Ortlieb 2008). Und er geht auf seine Rolle im bundesrepublikanischen Literaturgefüge ein, als „eine Art Reporter at the large [...] für Entwicklungsfragen, für Politik der Dritten Welt" (G. Lindemann 1987: 308; G. Lindemann 1989: 155), wobei er den Bemühungen, den Herausforderungen durch das globale Elend zu begegnen, eher kritisch gegenübertritt.

Auf welche Weise nun Fichte die Möglichkeit umsetzt, Differenzen und Analogien der *structures mentales* am konkreten Material der Sprache zu verankern, soll abschließend kurz erläutert werden, an Hand einiger neu publizierter Texte aus *Psyche. Annäherungen an die Geisteskranken in Afrika* (L. Mau/H. Fichte 2005). Das literarische Projekt sucht das Empirische nicht in einer vermuteten „Eigenschaft der Dinge selbst" auf, in einem vorausgesetzten „objektiven Faktum" (Ebd.: 45). Vielmehr erweist es sich in eine Bezugsordnung des Realen versetzt. Es unterliegt somit einer Schichtung der Wahrnehmung. Zum Einfluss der Dinge, die Macht über das Eigene gewinnen, „weil ich sie selbst einmal war", zu den „Buchstaben der Psyche", die sich aus dem Zufalls-Orakel der „Stäbe" ergeben, die „auf den Boden geworfen werden" (Ebd.: 9), zählen demnach Vorstellungen von Gegenständlichkeit selbst. Sie erweisen sich geprägt von der Grundfigur des Mythos: der Legitimation durch Erzählung. Es ist die zeremonielle Narration, die Dinge zu einem Fetisch macht. Der Eingangstext über den Besuch des Zaubermarktes am Rande von Lomé rückt diese Übertragungsleistung dezidiert in den Vordergrund. Er nimmt in Form eines Langgedichts auf die Frage nach jenen Meistererzählungen Bezug, die sich selbst als Gegenstand der Verehrung ausgeben (Vgl. H. Böhme 2006: 401). Generell weisen die Texte, die mit der Genrebezeichnung *Glossen* versehen sind – Fichte kennzeichnet sie als „tagebuchartige Zwischenbände" (G. Lindemann 1987: 313) – eine dialogische Struktur auf, aus Mischformen gebundener und ungebundener Rede zusammengesetzt. Fragment und Feature überwiegen (vgl. D. Simo 1993:

‚archaischer Neckermann‘. Hubert Fichte und sein Freund Herodot, in: Seidensticker/Vöhler (Hg.), bringt das S. 66 auf den Nenner der „Bikontinentalität".

119). Der Fokus der Gespräche liegt auf Begegnungen mit Kranken, Psychia-
tern und Pflegern. Fasziniert vom so anderen Umgang mit Normalität und
Anormalität knüpft der Band an die Bewegung der Anti-Psychiatrie an
(D. Simo 1998: 210) – wobei für den „Anti-Freud" (H. Böhme 1992: 263)
Fichte die Voraussetzung gilt, dass Lomé „nicht animistischer" sein kann „als
Schrobenhausen" (H. Fichte 1990: 171), der Ort des Waisenhauses. Erkundet
wird die „Poetik der Psychiatrie" (Ebd.: 80). Das macht die Abwesenheit der
klassischen Psychoanalyse in Afrika zum Testfall des Universalismus einer
Kulturtheorie europäischen Ursprungs. Intensiv umkreisen Fichtes Interview-
fragen Kerndifferenzen zum modernen Verständnis von Individuum und
Subjekt, von Person und Rolle. Was über die kulturelle Differenz hinaus-
treibt, ist die Verbindung von Heilung, Magie und Entrückung, die Verwandtschaft von Traum, Poesie und Irrsinn. „In Europa", heißt es,

> *„hat man die Möglichkeit verloren, für Augenblicke verrückt zu sein. Die großen*
> *Volksfeste sind eine Notwendigkeit. Der Karneval zum Beispiel. Für das Gleich-*
> *gewicht des Menschen ist es notwendig, daß er gelegentlich verrückt wird. Hier*
> *erfüllen die Trancen, die Einweihungsriten diese Funktion. Es ist die Verbindung*
> *mit dem Transzendentalen, mit dem Jenseits. Es hat keine Bedeutung, ob dies nur*
> *als Vorstellung existiert oder real."* (Ebd.)

Sicherlich kennt die Fichtesche *écriture* „keine auf ein Ziel zulaufenden narrativen Sequenzen" (C. Karpenstein-Eßbach 2004: 717). Kennzeichnend ist
vielmehr das Durchlaufen von Beobachtungssequenzen. Visueller wie akusti-
scher Wahrnehmungsakt spiegeln sich in einer Textkonstitution, die dem
„magischen" Weltbild – das „ebenso unerbittlich funktioniert" (H. Fichte
1990: 166) wie das naturwissenschaftlich geprägte – selbst als Poeisis nahe-
kommen will. Das rückt den Schreibakt in die Nähe der Konzentration im
rituellen Akt und in der Trance. „Mein Voodoo ist das Schreiben", heißt es in
einem Gespräch während der Arbeit an *Psyche*.[7] Fichtes Suche gilt jenen
alten Modellformen, aus denen die Poetik sich ebenso entwickelt hat wie die
Traumdeutung oder der Vogelflug. Diese poetische Transgression verweist
auf die Durchlässigkeit kultureller Grenzen und damit auf eine transkulturelle
Binnenverfassung, die das gegenseitig Inkommensurable der Erfahrung in
den Blick nimmt. Woran sie sich abarbeitet, ist nur an der Oberfläche widersprüchlich: Poetische Stringenz.

---

7   SUB Hamburg, NHF, Konv. 33: 17, Gespräch Gisela Lerch/Claus-Ulrich Bielefeld mit Hubert Fichte, Typoskript.

Bibliographie

AFRIKA. *Stolz und Vorurteile (2009), Sonderheft der Edition „Le Monde Diplomatique"* 5

ANTOR, H. / MERKL, M. / STIERDORFER; K. / VOLKMANN, L. (Hg.) (2010): *From Interculturalism to Transculturalism. Mediating Encounters in Cosmopolitan Contexts,* Heidelberg.

BERNAL, M. (1992): *Schwarze Athene. Die afroamerikanischen Wurzeln der griechischen Antike. Wie das klassische Griechenland ‚erfunden' wurde,* München/Leipzig. [*Black Athena. The Afroasiatic Roots of Classical Civilization,* Vol. 1: The Fabrication of Ancient Greece 1785–1985, London 1987, Free Association Books].

BÖHME, H. (1992): *Die anthropologische und autobiographische Dimension der Frage und des Fraglichen im Werk Hubert Fichtes,* in: BARK-HOFF, J. / SAGARRA, E. (Hg.): Anthropologie und Literatur um 1800, München.

BÖHME, H. / TILLING, N. (Hg.) (1995): *Medium und Maske. Die Literatur Hubert Fichtes zwischen den Kulturen,* Stuttgart 1995.

BÖHME, H. (2006): *Fetischismus und Kultur. Eine andere Theorie der Moderne,* Reinbek b. H.

HEINRICHS, H.-J.: *Postkolonialist avant la lettre.* […], In: *Frankfurter Rundschau,* 16.03.2005.

FICHTE, H. (1965): *Das Waisenhaus,* Reinbek b. H.

FICHTE, H. (1976): *Mein Lesebuch,* Frankfurt a. M.

FICHTE, H. (1987): *Mein Freund Herodot,* in: FICHTE, H.: *Die Geschichte der Empfindlichkeit.* Paralipomena 1, hg. von Torsten Teichert, Frankfurt a. M.

FICHTE, H. (1990): *Psyche.* Glossen, Frankfurt a. M. *(Die Geschichte der Empfindlichkeit;* Bd. 20).

FISCH, M. (2000): *Verwörterung der Welt. Über die Bedeutung des Reisens für Leben und Werk von Hubert Fichte. Orte – Zeiten – Begriffe,* Aachen 2000.

FISCH, M. (2006): *Hubert Fichte – Explosion der Forschung. Bibliographie zu Leben und Werk von Hubert Fichte unter Berücksichtigung des Werkes von Leonore Mau,* Bielefeld.

HEINRITZ, R. (2003): *„Mehrstimmigkeit" als transkulturelle Erzählform? Zu Reiseberichten Alexander von Humboldts und Hubert Fichtes,* in: *Zeitschrift für Germanistik,* N. F. XIII 1, S. 41–52.

KARPENSTEIN-ESSBACH, C. (2005): *Kulturtopographie in der Erfahrung von Massentourismus und erzwungener Migration: Zur Literatur Hubert Fichtes,* in: BÖHME, H. (Hg.): Topographien der Literatur. Deutsche Literatur im transnationalen Kontext. DFG-Symposion 2004. Stuttgart/ Weimar.

LINDEMANN, G. (1987): *In Grazie das Mörderische verwandeln. Ein Gespräch mit Hubert Fichte*, In: *Sprache im technischen Zeitalter* 104, S. 308–318.

LINDEMANN, G. (1989): *Editorische Notiz zu Hubert Fichte: Forschungsbericht.* Frankfurt a. M. (*Die Geschichte der Empfindlichkeit*, Bd. XV).

MAU, L./ FICHTE, H. (2005): *Psyche. Annäherung an die Geisteskranken in Afrika*, hg. von Ronald Kay. Frankfurt/M.

ORTLIEB, C. (2008): *Die wilde Ordnung des Schreibens. Hubert Fichtes Pläne und Zettel*, in: HOFFMANN, C. (Hg.): Daten sichern. Schreiben und Zeichnen als Verfahren der Aufzeichnung, Zürich/Berlin.

PESCHKE, M.: *Der Uneingeordnete*, in: *Jüdische Allgemeine*, 17.03.2005.

SIEGEL, E.-M. (2010): *Gewalt in der Moderne. Kulturwahrnehmung, Narration, Identität*, Marburg.

SIMO, D. (1993): *Interkulturalität und ästhetische Erfahrung. Untersuchungen zum Werk von Hubert Fichte*, Stuttgart/Weimar.

SIMO, D. (1998): *Die Suche nach einer postkolonialen Sprache. Hubert Fichte: Psyche*, in: LÜTZELER, P. M. (Hg.): Schriftsteller und Dritte Welt. Studien zum postkolonialen Blick, Tübingen.

SEIDENSTICKER, B. / VÖHLER, M. (Hg.) (2002): *Mythen in nachmythischer Zeit*, Berlin/New York.

UERLINGS, H. (1997): *Poetiken der Interkulturalität. Haiti bei Kleist, Seghers, Müller, Buch und Fichte*, Tübingen.

WEINBERG, M. (1993): *Akut. Geschichte. Struktur. Hubert Fichtes Suche nach der verlorenen Sprache einer poetischen Welterfahrung*, Bielefeld.

WEINGART, B. (2002): *Ansteckende Wörter. Repräsentationen von AIDS*, Frankfurt a. M.

WELSCH, W. (1993): *Für eine Kultur des blinden Flecks*, in: *Sinn und Form. Beiträge zur Literatur*, 45/ 5, S. 817–853.

WELSCH, W. (2001): *Auf dem Weg zu transkulturellen Gesellschaften*, in: *Paragrana* 10/ 2, S. 254–284.

Ⲭ

ANDREA BANDHAUER (Australien, Sydney)

(Post-)koloniale Perspektiven in
Yoko Tawadas *Schwager in Bordeaux*

Yoko Tawadas Roman *Schwager in Bordeaux* (2008) führt die Erzählerin, die japanische Studentin Yuna, auf eine Sprachreise von Hamburg nach Bordeaux. In Tawadas Texten werden Reisen zu Sprachreisen und Sprachabenteuern, in denen die Konfrontation und das Erfahren und Erlernen einer neuen Sprache den narrativen Prozess trägt und lenkt. Reisen ist also bei Tawada ein vieldimensionaler Prozess des Sich-Öffnens für verschiedene Übersetzungssysteme; das beinhaltet auch das Spiel mit der Identität, die sich ständigen Metamorphosen, also dem ‚Fremdsein' aussetzt.

In *Schwager in Bordeaux* scheint die Sprachreise zu scheitern; die Erzählerin findet keinen Zugang zum Französischen. Die Spannung zwischen den beiden Frauen, die sich unter Anderem an Renées hegemonialem Selbstverständnis als Vertreterin der französischen Kultur auflädt, führt bei Yuna zu einer Identitätskrise, zur Destabilisierung ihres Subjektstatus, der schwere Selbstzweifel auslöst. Der zeitweilige Selbstverlust bewirkt bei Yuna eine grundlegende Krise, die sich auch als Sprachkrise manifestiert.

Ich lese diesen Text, dessen Vielschichtigkeit hier aufgrund der gebotenen Kürze nur zum Teil Rechnung getragen werden kann, hier als einen Beziehungsroman, in dem das Begehren entlang traditioneller Kultur- und Gender-Hegemonien verhandelt wird. Insofern, als sich diese Beziehung vor allem vor der Folie solcher Machtansprüche abspielt, lässt sich der Text auch als postkoloniale Kritik am Imperialismus lesen. Als nicht-westliches Subjekt wird Yuna von Renée im Sinne Chakrabartys lediglich aus der Perspektive eines Mangels, einer Abwesenheit oder Unvollständigkeit betrachtet (Chakrabarty (2002): 286f.). Der Text führt die Beziehungskonstellation der beiden Frauen also im Blick auf die Diskurse des Eurozentrismus, des Universalismus, der Differenz und des „Othering" (Chakravorty Spivak (1985): 128–151) vor. Dass Yuna als Japanerin kein koloniales Subjekt im engeren Sinne ist, schließt eine solche Sichtweise nicht aus, denn Renée produziert mittels ihres kolonialen Blicks auf die Japanerin Yuna deren Anderssein zur westlichen Geistesgeschichte. Yuna wird als das definiert, was sie nicht ist.

Yuna lernt Renée im Zuge einer Kulturveranstaltung in Hamburg kennen, wo diese einen Vortrag über Racine hält. Unwillkürlich angezogen von

der älteren Frau, ergreift Yuna die Initiative und stellt sich Renée vor. Das
erste Gespräch mit Renée wird jedoch durch eine Täuschung begründet: Sie
gibt sich als zukünftige Schauspielerin aus, die plant, Racine im Stil des ja-
panischen No-Theaters zu inszenieren. Das Interesse an Racine wird von
Yuna jedoch vorgetäuscht, und Täuschungen dieser Art geben den weiteren
Verlauf dieser konfliktreichen und geheimnisvollen Beziehung vor, die durch
Yunas körperliches Begehren noch verkompliziert wird. Trotzdem Yunas
‚Trick' Renée vordergründig in die Irre führt, kann man die Öffnung gegen-
über der Französin als Prozess der Anerkennung im Sinne von Bhabhas
Beschreibung des Zusammentreffens von Marlow mit dem Kogolesen in
Conrads *The Heart of Darkness* (1902) verstehen. Yuna versucht, eine dialo-
gische Nähe aufzubauen, betritt also Bhabhas „dritten Raum" als Ort, wo ein
Dialog möglich wird. (Bhabha (2008): xiif.)

Von diesem Moment an ist die Beziehung von Yuna zu Renée von einer
verwirrenden Kombination aus Faszination und Irritation gekennzeichnet. An
einem Weihnachtsabend übernachtet Yuna aufgrund eines Schneetreibens bei
Renée. Im Bett erzählen sich die beiden Frauen Geschichten, die von Beziehungen, Sex und Gewalt handeln. Trotzdem entsteht keinerlei Kommunikation, vielmehr erscheint das Gespräch als ein Schlagabtausch um die Machtposition, hat also lediglich stellvertretende Bedeutung. Als Yuna trotz Renées
Versuchen, zu schlafen, ihr mit einer ins Ohr „gepusteten" Frage körperlich
nahe rückt, reagiert Renée mit Gewalt, indem sie diese mit dem Kopfkissen
beinahe erstickt. Das Begehren Yunas ist für Renée bedrohlich, gerade auch
deshalb, weil Yuna sich als ‚Fremde' noch dazu einer Einordnung in traditionelle Geschlechterrollen verweigert.

Renées Abgrenzungsmanöver funktionieren, indem sie sich als Stellver-
treterin der Aufklärung, des französischen Kolonialismus und Rationalismus
darstellt. Wie ein Abwehrschild hält Renée Yuna die Errungenschaften der
französischen Aufklärung entgegen. Yuna wird von ihr als „regressiv" be-
schimpft und mit der Bemerkung: „Wer will sich denn schon in die Zeit vor
der Renaissance zurückversetzen." (Tawada (2008: 28) verortet Renée Yuna
als Japanerin in einer voraufklärerischen Zeit und bestätigt so ihre Immunität
gegenüber Yunas Kritik. Yuna reagiert irritiert und erinnert sich an Botti-
cellis Bild „Primavera", das in ihren Schulbüchern neben dem japanischen
Zeichen für Renaissance abgebildet war. Indem sie auf die Diskrepanz zwischen der „heiteren" Darstellung der weiblichen Körper, und den „erschre-
ckend depressiv[en]" (Tawada (2008): 28) Gesichtern der Frauen hinweist,
interpretiert sie dieses Bild als Repräsentation der dualistischen Körper-Geist
Spaltung der westlichen Geistesgeschichte. Insofern lehnt Yuna Renées
Interpretation des Bildes als Darstellung der Befreiung der menschlichen
Sinnlichkeit ab, und bezeichnet es als Abbildung des „Ursprung[es] der Depression." (Tawada (2008): 29). Yuna setzt Renées Versuchen, in der Bezie-

hung die Oberhand zu behalten also durchaus etwas entgegen und hält der älteren Frau, Vertreterin westlich-bürgerlicher Moral- und Machtvorstellungen, einen Spiegel vor.

Um den Kampf gegen den Selbstverlust vor der Präsenz Renées geht es im weiteren Verlauf des Romans. Yuna beschließt, nach Bordeaux zu fahren, um Französisch zu lernen. Die Art und Weise, wie sie diesen Wunsch als ‚Hungrig-Sein' beschreibt („Yuna war hungrig, wollte wieder an einer neuen Sprache knabbern. " (Tawada (2008): 10) drückt Yunas Begehren als körperliches Grundbedürfnis aus. Wenn Yuna sagt, dass sie nach einer neuen Sprache hungert, dann meint sie Renée, deren Muttersprache sie sich sozusagen einverleiben will. Auch hier wird Renées ambivalente Rolle als Repräsentantin kolonialistischer Gesten und des Mütterlichen sichtbar. Die Grammatik, die Yuna in einem Gespräch als Hindernis beim Erlernen des Französischen beschreibt, wird von Renée als Werkzeug eines neuen Kolonialismus bezeichnet. Sie meint, es gebe heutzutage weder Kolonien noch Sklaven, dafür gebe es Menschen ohne Grammatik. (Tawada (2008): 63) Renée ist es aber auch, die Yuna vor ihrer Abreise nach Frankreich ein deutsch-französisches Wörterbuch schenkt und ihr für das Erlernen der Sprache folgenden Rat gibt: „Du musst, wenn du immer weiterlernen willst, weich bleiben, weich wie ein Baby. (…) Hast du den Mut dazu?" (Tawada (2008: 188f.) Als „kompromisslose Aufklärerin und eine rationale Kritikerin der Aufklärung" (Tawada (2008): 162) erscheint Renée mit dieser Aufforderung als Kippfigur des Kolonialismus. Während sie Yuna aufgrund ihrer fehlenden Ehrfurcht vor der Grammatik als Regelstruktur europäischer Sprachen als jemanden bezeichnet, der gegenüber den Kolonisatoren in eine schwache Subjektposition gerät, erwartet sie gleichzeitig kindliches Vertrauen, also das Sich-Öffnen für den Zustand der Instabilität, der dann die Erneuerung, hier „das Erlernen der Sprache" möglich machen soll.

Die abrupte Beendigung des Kontaktes zu Yuna, sobald diese sich im Haus von Renées Schwager in Bordeaux befindet, traumatisiert diese schwer. Auf die Frage Yunas, ob sie auch nach Bordeaux kommen wolle, legt Renée den Hörer auf, und unterbricht die Verbindung; sie ‚entbindet' sich also Yunas.

Hier beginnt nun der letzte Teil des Romans: Yuna geht in ein Schwimmbad. Das Hallenbad als Ort der Schwelle zwischen räumlicher Begrenzung und Verflüssigung gehört zum Arsenal von Tawadas Motivik. Yuna betritt einen Raum, der Erinnerungen an ihre Kindheit auslöst. Die Rituale des Zahlens, Sich-Umkleidens, und Ins-Wasser-Gehens sind ihr vertraut und gleichzeitig unheimlich. Die Umkleidekabine – als Sicherheitscode tippt Yuna ihr Geburtsdatum ein – wird zum Ort der Transformation vom bekleideten zum fast nackten Zustand, als liminaler Ort an der Schwelle zum Wasser, dem flüssigen Ort, der bei Tawada Auflösung und Erneuerung symbolisiert. Verstärkt erscheint die Auflösungsthematik hier durch die beigefügten japanischen Ideogramme in der Bedeutung „Schaum", sowie „Meer". Im Wasser verliert Yuna die Kontrolle und durch die Ent-grenzung scheint sich eine Schleuse zum Trauma zu öffnen. So erinnert sie im Wasser eine traumatische Nahtod-Erfahrung aus ihrer Kindheit. Als kleines Mädchen wird sie von Klassenkameraden unter Wasser gezogen und verliert das Bewusstsein. In einem rückläufigen Geburtsvorgang, („[Sie] flog (…) durch ihre eigene Geburt hindurch in eine kochende Dunkelheit"), kommt sie an einen Ort wo „alles wieder neu anfangen" kann (Tawada (2008): 192).

Ab diesem Moment der Erinnerung an die Todesgefahr gleichen die Ereignisse bis zum Ende des Romans einem surrealistischen Albtraum. Das Wasser um Yuna färbt sich rot, eine junge Frau, der das Blut über die Beine rinnt, steigt aus dem Becken, geht zu Yunas Liege und stiehlt ihr Wörterbuch. Yuna, die den Vorgang beobachtet, kämpft, wie es heißt, „gegen das Wasser" (Tawada (2008): 193) das sie zu verschlingen droht. Nachdem es ihr gelingt, an den Beckenrand zu gelangen, verfolgt Yuna das Mädchen, das mit ihrem Wörterbuch davonrennt. Mit Mühe – sie hat sich am Fuß verletzt – gelangt sie zurück zur Umkleidekabine, die hier als Schwelle beschrieben wird, wo sich Yunas Schicksal entscheidet. Sie hat den Code vergessen und so keinen Zugang zur Kabine, als die Diebin des Wörterbuchs erscheint, Yuna „sanft zur Seite" (Tawada (2008): 204) schiebt und blitzschnell Yunas Geburtsdatum eintippt. Das Sich-Öffnen der Türe bildet auch das Ende des Romans.

Wiederholt diese Geburtsszene im Schwimmbad also ironisch jenen Begriff der Wiedergeburt, der „Renaissance", mit dem Renée Yuna als „Mangelwesen" degradiert, weil sie als Japanerin diese ‚Initiation' des aufgeklärten Europas noch nicht durchgemacht hat? Bevor Yuna sich an die Verfolgungsjagd macht, muss sie mitansehen, wie die Diebin langsam und spöttisch in ihrem Wörterbuch blättert. Sie scheint Yuna provozieren zu wollen, indem sie sich über deren Fixiertheit auf das Wörterbuch lustig macht. Renées ‚Erziehungsprojekt', Yuna durch das ‚Nachholen' ‚Renaissance', dieser laut Renée französischen Errungenschaft, zu einem rationalen Menschen zu machen, scheint hier parodistisch als Mimikry einer Wiedergeburt vorgeführt und lächerlich gemacht zu werden.[1] Insofern könnte man diese Wiedergeburt als Parodie im postmodernen Sinne (Hutcheon (2002): 89f.) als eine Möglichkeit der Abgrenzung und der Selbst-Versicherung lesen.

---

1 Mimikry ist ein Verfahren, das in Tawadas Texten immer wieder auszumachen ist. (Siehe hier auch: Breger (1999): 176–206).

Bibliographie

a) Bücher

HUTCHEON, L. (2002): *The Politics of Postmodernism.* (2nd edition) London, New York.
TAWADA, Y. (2008) *Schwager in Bordeaux,* Tübingen.

b) Zeitschriftenartikel

BREGER, C. (1999): *Mimikry als Grenzverwirrung. Parodistische Posen bei Yoko Tawada.* In: BENTHIEN, C. / KRÜGER-FÜRHOFF, I. (Hg.): *Über Grenzen. Limitation und Transgression in Literatur und Ästhetik,* Stuttgart, S. 176–206.

c) Artikel in Sammelbänden:

BHABHA, HOMI K. (2008): *In the Cave of Making: Thoughts on Third Space.* In: IKAS, K., WAGNER, G. (Hg.): Communication in the Third Space, New York, S. ix–xiv.
CHAKRABARTY, D. (2002): *Europa provinzialisieren. Postkolonialität und die Kritik der Geschichte.* In: CONRAD, S., RANDERIA, S. (Hg.): Jenseits des Eurozentrismus. Postkoloniale Perspektiven in den Geschichts- und Kulturwissenschaften. Frankfurt a. M., S. 283–312.

GABRIELA SCHERER (Deutschland, Heidelberg)

Wort:denkmälern nachforschen –
Dem „Engel der Geschichte" in ausgewählten Gedichten
José F. A. Olivers auf der Spur

2007 ist in der Edition Suhrkamp in Frankfurt a. M. ein Essayband erschienen mit dem Titel *Mein andalusisches Schwarzwalddorf.* Die auf Landkarten Spaniens und Deutschlands auszumachenden Regionen „Andalusien" und „Schwarzwald" sind in der Wortkombination „mein andalusisches Schwarzwalddorf" in einen imaginären dritten Ort gegossen, den es realiter nicht gibt, der aber mit dem Pronomen „mein" als „Beheimatung" dessen bezeichnet wird, der von diesem imaginären Dorf aus spricht.

Hier also sollte ich geboren werden und zwischensprachlich – oder so ähnlich – erzogen werden. Sprich kulturmehrfach heranwachsen (andalusisch/alemannisch, spanisch/deutsch) und meine geheimen Schlupfwinkel bis dato beibehalten: in Hausach. [...] ‚Mein andalusisches Schwarzwalddorf' nenne ich diesen Ort. Nicht aus Übermut oder Koketterie, eher eins mit mir im Widerspruch. [...] Die einen nennen diese Notkunft ‚Wahlheimat', die anderen vermuten Zerrissenheit auf diesem Weg. Ich hingegen fühle mich einfach nur behaust und uferkämmend in diesem grünen Meer, das nach Wald und Dämmerfeuchte riecht. Nach Luft, die luftschmeckt, und nach Gedanken, die Gefühle münden; die zur Besinnung kommend, weiterreisen und ein MEHR sich ergründen, an Identitäten. Beileibe nicht Verlust. (Oliver 2007: 9–11)

Der dies schreibt, ist nicht vorrangig Essayist, sondern hauptberuflich Poet. Seine Sprachkunst schöpft er aus dem Wiesen- und Waldmeer des Schwarzwalds und aus dem mediterranen Meer Südspaniens, d. h. aus verschiedenen Landschaften und Kulturräumen, die er als Aktivposten sprachproduktiv nutzt. Das andalusische Spanisch und die daran geknüpften historischen, kulturellen und sozialen Diskurse hat er sich im Elternhaus angeeignet, den alemannischen Dialekt und die alemannische Kultur (z. B. das Fasnachtsbrauchtum) bei den deutschen Nachbarn im selben Wohnhaus im Stockwerk darunter, die hochdeutsche Sprache und Kultur vormittags und die standardspanische Sprache und Kultur nachmittags in verschiedenen Bildungsinstitutionen vor Ort (vgl. van Rynefeld 2008). Es handelt sich um José Francisco Agüera Oliver, der 1961 in Hausach im Schwarzwald geboren ist. Seine

Eltern haben der Franco-Diktatur und der Armut des spanischen Südens ein Jahr vor seiner Geburt den Rücken gedreht und fassten mit den ersten sog. „Gastarbeitern" in den Wirtschaftswunderjahren Süddeutschlands Fuß.

Olivers Gedichtbände sind anfangs im Verlag Das Arabische Buch in Berlin erschienen; der erste mit dem Titel *Auf-Bruch* von 1987 wurde herausgegeben von Rafik Schami. Damit war Oliver zunächst dem damaligen Zeitgeist entsprechend „korrekt" verortet in der exotischen Ecke des Kulturbetriebs. José F. A. Oliver wird gemeinhin den sog. „Migrantenautoren" der zweiten Generation zugeordnet. Seit 2000 publiziert Oliver beim Suhrkamp Verlag in Frankfurt a. M. Der Wechsel vom Verlag Das Arabische Buch hin zum Suhrkamp Verlag ist ein Zeichen dafür, dass Oliver zur Jahrtausendwende hin der Sprung aus der peripheren Exotenecke ins Zentrum des Kulturbetriebs gelungen ist.

Die Zwischenüberschriften seines 2000 bei Suhrkamp erschienenen Gedichtbands *fernlautmetz* zeigen ihn als Wortschöpfer, der auch typographische Möglichkeiten der Sinnkonstruktion auslotet: *denk mal zeit* und am *denkufer auf:hören* sind die beiden ersten Gedichtgruppen überschrieben, die im Zentrum der hier angestellten Betrachtungen stehen. Ihr Denk- und Bildraum ist durch die jüngere Geschichte Europas gegeben. Exemplarisches namentliches Erinnern gilt darin dem spanischen Dichter Federico García Lorca und dem deutsch-jüdischen Intellektuellen Walter Benjamin.

Betrachten wir zunächst das Gedicht *Federico García Lorca, 16.– 19. August 36* etwas näher (Oliver 2000: 45f.). Dieses Gedicht ist Repräsentation in zweifachem Sinne: Zum einen vergegenwärtigt es Vergangenes (stellt also mimetisch abbildend Historie dar), zum anderen steht es exemplarisch für all das, was nicht dem Vergessen anheim gegeben werden darf (steht also stellvertretend symbolisch als beispielhafte Vorstellung in einer imperativisch grundierten Erinnerungskultur). Die Verdichtung, welche aus dem Meißeln an Worten entsteht, findet im Titel des Gedichtbands passend Ausdruck: Wie der Steinmetz Steinblöcke zu Skulpturen und Grabsteinen, so bearbeitet der „fernlautmetz" Oliver Worte und Diskurse – auch solche aus der Ferne – zu Kunstwerken und Denkmälern.

Federico García Lorca wurde, so die verbreitete Annahme, am 19. August 36, zu Beginn des spanischen Bürgerkriegs, von spanischen Nationalisten im Süden Spaniens ermordet und vermutlich in einem Massengrab in Alfacar verscharrt. Gründe für seine Ermordung waren, so wiederum die verbreitete Annahme, neben seinen sozialkritischen Schriften auch seine Homosexualität. Olivers Worte „zwei schwulenschüsse / es war eine art nach-mord vonnöten" (ebd., Z. 5–7), die den Symbolgehalt einer Ermordung durch Schüsse in den Hintern transportieren, sowie die Verse „sie wollten keine schwulen mehr und huren, geschweige einen dichterweichling" (ebd.,

Z. 26f.) und der Hinweis auf „das grauen von Alfacar" (ebd., Z. 14) ordnen sich im Diskurs über den andalusischen Dichter Lorca ein.

Dass Andalusien aber auch ein „Ort der persönlichen Spurensicherung" (Sturm-Trigonakis 1998: 391) des Lyrikers Oliver ist, dafür finden sich im Essayband *Mein andalusisches Schwarzwalddorf* (2007) explizite Hinweise aus der Feder Olivers selbst (vgl. Oliver 2007: 48f.). Die faschistische Falange Española unter General Franco, der Olivers Großvater väterlicherseits angehört hat, ist das Verbindungsglied zwischen der eigenen traumatischen Familiengeschichte (mit Elternmord und Bruderzwist in der Generation der Großeltern) und der Verdichtung von Lorcas Lebenslauf.

„dem wittrigen vergessen eingedenk" (Oliver 2000: 23, Z.15): So lautet die letzte Zeile des Gedichts *renovierter engel nach Paul Klee*, das die Erinnerung an einen anderen Dichternamen weckt, der nur wenige Jahre nach Lorca, 1940 an der spanischen Grenze, im französischen Grenzort Portbou, ausgelöscht wurde – dies nun von den deutschen Faschisten, ob durch Herzversagen (vgl. ebd., Z.10: „das herz auf der treppe") oder in den Selbstmord getrieben, ist ungeklärt. Im Gedicht *denk mal zeit* wird er namentlich genannt: „Und du weißt die NAMEN zum bei spiel Walter Benjamin" (Oliver 2000: 13, Z.9f.).

Benjamin, auf dessen Geschichtsphilosophie in Olivers Gedicht *renovierter engel nach Paul Klee* angespielt wird, steht für eine kollektive Erinnerungsspur in dem Kulturkreis, in dem Oliver aufgewachsen ist und lebt; Lorca steht für eine vergleichbare kollektive Erinnerungsspur im Sprach- und Kulturkreis seiner Eltern und konturiert seine Herkunft. Die Art, wie der spanische ebenso wie der deutsche Gedächtnisraum präsentiert wird, indiziert Befremdliches. Die typographisch ungewöhnlich gesetzten Wortbruchstücke sowie das Hermetisch-Trümmerhafte des Geschriebenen zwingen dazu, sich für das Ausloten des Sinnangebots aller Fragmente dieser Wortdenkmäler Zeit zu nehmen. Lorcas und Benjamins Namen stehen beide exemplarisch – also stellvertretend – für Trümmerhaufen in der europäischen Geschichte, die uns in Olivers Gedichten in Bruchstücken vor Augen und zu Gehör gebracht werden. Die fragmentarischen Wortdenkmäler aber repräsentieren die Trümmer zugleich auch, zeigen das Zerbrochene also auch abbildend vor und fordern zum Zusammenfügen auf.

Paschen (2003) benennt sprachliche Pluralität der Intertexte und Sprachwechsel im Gedichtverlauf als Kennzeichen von Olivers poetischem Programm. Ergänzt werden muss: Auch die kulturelle Pluralität der Intertexte und ein transkulturelles Gedächtnis ist Programm und ästhetische Praxis dieses Dichters. Was die hermetische sprachliche Verdichtung – mitsamt ihren intersprachlichen Neologismen und typographischen Besonderheiten – zeitigt, ist außerdem eine Erinnerungskultur, welche die sprachlich-kulturell gesetzten Hierarchien ins Wanken sowie kulturspezifische Sehwinkel und transkulturelle Verbindungslinien ins Bewusstsein bringt. Derjenige Rezipient von Olivers Gedichten nämlich, der sich in nur einem der vielen darin hermetisch verdichteten Sprach- und Kulturräumen sicher bewegt, entpuppt sich schnell als der um Welten weniger Gewandte als der mehrsprachige „Gastarbeitersohn aus dem Schwarzwald".

Selbst ein gebildeter deutscher Standardsprecher ist der sprachlichen und interkulturellen Kompetenz dieses „fernlautmetz" unterlegen. Fehlt dem „ungehobelten Schwarzwälder" und dem aus Andalusien zugereisten Arbeiter das akademische Wissen zu Walter Benjamin, so muss der gebildete deutsche Standardsprecher angesichts eines Gedichts wie *Federico García Lorca, 16.–19. August 36* die spanischen Wörter ebenso wie die historischen und literarischen Anspielungen erst in Lexika nachschlagen, bevor er auf der Spurensuche in Olivers Gedichten zu sinnvollen interpretatorischen Verknüpfungen gelangt.

Ähnliches gilt auch für den Klangteppich des Musikstücks mit dem Titel *andelamania, südsüdnord*, der die CD *fernlautmetz* (1999) eröffnet. Der aus der andalusischen Perspektive Südspaniens als Norden Europas betrachtete alemannische Sprach- und Kulturraum Süddeutschlands ist über Melodie und Wortfetzen des Liedes *I Muetters Stübele* in den Flamencoklängen nur für denjenigen identifizierbar, dem der deutsche Kulturraum nicht allein über die standarddeutsche Hochsprache zugänglich ist. Der Standardsprecher hört im Unterschied zum Dialektsprecher das alemannische Kinderlied weder heraus, noch versteht er, dass die Worte, die er nicht versteht, nicht nur spanische Worte sind. Tonträger ebenso wie Gedichtband *fernlautmetz* konfrontieren Leser und Hörer mit Geweben, die aus Erinnerungsspuren der verschiedenen Sprach- und Kulturräume geknüpft sind, die sich exakt im „andalusischen Schwarzwalddorf" kreuzen.

Bibliographie

OLIVER, J. F. A. (2007): *Mein andalusisches Schwarzwalddorf. Essays.* Frankfurt a. M.
OLIVER, J. F. A. (2000): *fernlautmetz. Gedichte.* Frankfurt a. M.
OLIVER, J. F. A. / PANTALÉON DE, N. (1999): *fernlautmetz* [Tonträger]. Lyrik und Gesang (Oliver), Flamencogitarre (Pantaléon).
OLIVER, J. F. A. (1987): *Auf-Bruch. Lyrik.* Berlin.
PASCHEN, H. (2003): *Mehrsprachigkeit und Sprachwechsel als Kunstmittel in der Lyrik von José F. A. Oliver,* in: ERFURT, J. u. a. (Hg.): Mehr-

sprachigkeit und Migration. Ressourcen sozialer Identifikation. Frankfurt a. M., S. 119–132.

RYNEVELD VAN, H. (2008): *Im Gespräch mit José F. A. Oliver – „viel stimmig und meersprachig"*. Hausach, Februar 2005, in: *Acta Germanica. German Studies in Africa. Jahrbuch des Germanistenverbandes im südlichen Afrika*. Bd. 36, S. 119–140.

STURM-TRIGONAKIS, E. (1998): *Formen der Alterität in der neuen deutschen Dichtung. José F. A. Oliver und Durs Grünbein*, in: *Wirkendes Wort*. Jg.48. H. 3/98, S. 376–407.

Sektion (5)

Die deutschsprachige Kultur und Lateinamerika

Betreut und bearbeitet
von
Willi Bolle

Einleitung

Als Einführung in die Thematik dieser Sektion gibt Willi Bolle (São Paulo) einen Einblick in die Konstruktion des Bildes von Lateinamerika bei Alexander von Humboldt. Methodologisch ist besonders relevant, wie dieser die lokalen Besonderheiten mit weltumspannenden Vergleichen zu bestimmen versucht, wie er das Zusammenwirken von physischer Geographie und Formen der Kultur darstellt, und wie die verschiedenen einzelwissenschaftlichen Erkenntnisse zu einem allgemein interessierenden Reisebericht integriert werden, der auch eine Reihe von Anregungen für die Literatur- und Kulturwissenschaft enthält. – Im Anschluss daran werden in zehn Beiträgen vier spezielle Themenkreise behandelt:

1) Die deutsche Einwanderung in Brasilien im 19. und 20. Jahrhundert. – In dem Kommentar von Gerson R. Neumann (Porto Alegre, Brasilien) zu Friedrich Gerstäckers Bericht über eine deutsche Siedlung in Brasilien (1862) werden Verfahren der Erzählperspektive analysiert und es wird die Frage aufgeworfen, wer für die Einwanderung geeignet ist und wer nicht. – Isabel Hernández (Madrid) widmet sich einer Geschichte von Einwanderern aus demselben Zeitraum, aber aus der Perspektive des 20. Jahrhunderts: Eveline Haslers Roman „Ibicaba. Das Paradies in den Köpfen" (1985). Im Kontrast zu Stefan Zweigs stark von utopischen Elementen geprägten Essay „Brasilien. Ein Land der Zukunft" (1941) wird bei Hasler die Vorstellung von einem verheißenen Land durch die Konfrontation mit den wirklichen Arbeits- und Lebensverhältnissen entmythologisiert.

2) Deutschsprachige Literatur in Argentinien im 20. Jahrhundert. – Lila Bujaldón de Esteves (Mendoza, Argentinien) informiert über den Forschungsstand betreffs der Literatur von deutschen Exilanten in Lateinamerika. Als aktuelle Tendenz lässt sich ein Übergang von der „Exil"- und „Emigrationsforschung" zur „Migrations"- und „Akkulturationsforschung" beobachten. – In Argentinien war, wie Claudia Garnica de Bertona (Mendoza) darlegt, die bedeutendste Schaffensperiode der auslandsdeutschen Literatur die Zeit zwischen 1933 und 1945. In den Texten sind vor allem die wechselseitigen Perspektiven relevant: während sich in der Darstellung Argentiniens ein Übergang von einem stark fiktionalen zu einem realistischeren Bild beobachten lässt, ist das Deutschlandbild durch eine problematische Beziehung zur Heimat gekennzeichnet.

- In der Studie von Adriana Massa (Córdoba) über den argentinischen
Schriftsteller Marcos Denevi geht es um Einflüsse der deutschsprachigen
Literatur. Seine Erzählungen, insbesondere *Falsificaciones* (1966) stehen
in einer von Jorge Luis Borges gepflegten Tradition: Texte bekannter
Autoren werden von ihm in verwandelter Form neu geschrieben: u. a.
Goethes *Faust,* Nietzsches *Zarathustra* und Erzählungen von Kafka.

3) Austauschbewegungen: konkrete Poesie, Hörspiel und Leben zwischen
Diktaturen. – Rainer Guldin (Lugano, Schweiz) hat ein signifikantes
Moment des Kontaktes zwischen den Vertretern der konkreten Poesie in
São Paulo und der Stuttgarter Schule um Max Bense ausgewählt: den
Versuch einer Übersetzung von Haroldo de Campos' *Galáxias* durch
Vilém Flusser (1966). Das Ergebnis beinhaltet sowohl Kritiken an den
Verfahren von De Campos als auch einen kreativen Umgang mit dem
Original und eröffnet neue Einblicke in das Denkuniversum beider Auto-
ren. – Marlene Holzhausen (Salvador, Brasilien) stellt die Arbeit einer
Gruppe von Dozenten ihrer Universität vor, die sich seit 2008 der Übersetzung und akustischen Inzenierung des Hörspiels *Berlin Alexanderplatz*
(1930), einer Adaptierung von Alfred Döblins Großstadtroman (1929),
widmet. Diese Gruppenarbeit mit der Mediengattung des Hörspiels darf
als eine exemplarische Initiative zur Verbreitung der deutschen Literatur
betrachtet werden. – In der Untersuchung von Graciela Wamba Gaviña
(La Plata, Argentinien) über die auf der Achse Berlin-Buenos Aires zwischen 1976 und 2009 entstandene argentinische und deutsche Literatur
geht es vor allem um die unter den Diktaturen in beiden Ländern gemachten Erfahrungen, wobei die Lebenswege von Opfern wie von Tätern
teils realistisch, teils imaginär oder fiktiv durch beide Städte führen.

4) Zwei Aspekte der Auslandsgermanistik: DaF im Literaturunterricht und
die kognitive Funktion der Literatur. – Was kann eine Literaturwissenschaft DaF leisten, was die reine Literaturwissenschaft nicht leisten
kann? Dies ist die Leitfrage der Untersuchung von Claudia Dornbusch
(São Paulo), die sich mit ästhetischen und kulturellen Aspekten wie Literarizität, Sprachspielen und dem Verhältnis von Distanz und Nähe befasst und dies konkret an Texten der Autorin Yoko Tawada (2006, 2007,
2008), die sowohl auf Deutsch als auch auf Japanisch schreibt, erläutert.
– Juliana P. Perez (São Paulo) versucht, anhand von neuen Studien wie
auch im Rückgriff auf die Antike, die kognitive Funktion der Literatur zu
bestimmen. Wenn es ein spezifisches literarisches Wissen gibt, dann ist
sein Unterschied zu anderen Wissensarten zu definieren. Sie weist darauf
hin, dass in den literarischen Archiven textgenetische Spuren vorhanden
sind, die es ermöglichen, einen Erkenntnisprozess zu rekonstruieren.

Willi Bolle

WILLI BOLLE (Brasilien, São Paulo)

Alexander von Humboldt und Lateinamerika[1]

Alexander von Humboldt (1769–1859), den man als den Christoph Columbus des wissenschaftlichen Zeitalters bezeichnet hat, war einer der bedeutendsten Reisenden und Forscher aller Zeiten. Der größte Teil seiner Schriften befasst sich mit der Wiederentdeckung und der genauen Beschreibung Lateinamerikas um 1800, d. h. in den Jahren unmittelbar vor der Unabhängigkeit der dortigen Kolonien vom spanischen Mutterland. Aufgrund ihrer multidisziplinären Konzeption sowie ihrer globalen und interkulturellen Perspektive sind sie theoretisch und methodologisch von paradigmatischer Bedeutung.

Die Relevanz von Humboldts Werk für das Selbstverständnis verschiedener Länder Lateinamerikas – besonders Venezuela, Cuba, Kolumbien, Ecuador, Peru und Mexiko – ist sehr hoch, wie die Texte von hispanoamerikanischen Intellektuellen und Schriftstellern wie Simón Bolívar, Domingo Faustino Sarmiento, Alejo Carpentier, Gabriel García Márquez und Eduardo Galeano es bezeugen. Es gibt auch einige Belege für die Rezeption bei brasilianischen Autoren, speziell Euclides da Cunha und Mário de Andrade. In bezug auf Brasilien ist jedoch daran zu erinnern, dass Humboldt, als er im Juni 1800 am Zusammentreffen des Río Negro mit dem Río Casiquiare angekommen war, nicht in das Land einreisen durfte. Seine Forschungen zur Verbindung des Flußsystems des Río Orinoco mit dem des Amazonas konnten deshalb auf brasilianischer Seite nicht von ihm fortgesetzt werden, was für die Wissenschaft äußerst wünschenswert gewesen wäre. Umso wichtiger ist es deshalb darauf hinzuarbeiten, die Ideen und Methoden Alexander von Humboldts im heutigen Brasilien besser bekannt zu machen.[2]

1 Der vorliegende Text ist eines der Ergebnisse eines vom DAAD und vom CNPq (Brasilien) geförderten Forschungsaufenthalts (Mai bis Juli 2010) an der FU Berlin, wo ich im Dialog mit Oliver Lubrich, einem der bedeutendsten Erforscher und Herausgeber der Schriften Humboldts, dessen Werk näher kennenlernen konnte. Dafür danke ich beiden Institutionen und meinem Berliner Kollegen.
2 Ergänzend zu meinem Berliner Forschungsaufenthalt im 1. Semester 2010 haben Oliver Lubrich und ich im 2. Semester 2010 (August bis Oktober) an der Universidade de São Paulo ein Post-Graduierten-Seminar mit dem Thema „Alexander von Humboldt und Amerika" durchgeführt.

Von Humboldts allgemeinen theoretischen Voraussetzungen sollen hier drei besonders hervorgehoben werden: 1) seine Methode, die lokalen Befunde stets in ihrer Einbindung in globale Phänomene zu verstehen zu versuchen; 2) sein ausgeprägtes Interesse für die Zusammenhänge zwischen der Erforschung der Natur und den Zeugnissen der Kulturgeschichte; 3) seine Kommunikation mit Naturwissenschaftlern und Humanwissenschaftlern sowie mit dem allgemein interessierten Publikum. Für die Form seines Schreibens ist ein Zusammenspiel der verschiedenen Diskurse kennzeichnend: von der Geophysik und Biologie über die Archäologie und Anthropologie bis zu Betrachtungen über Wirtschaft, Gesellschaft und Politik.

Wie konstruiert Humboldt das Bild Lateinamerikas? Von seinen Darstellungen der verschiedenen Länder, angefangen mit der *Relation historique du voyage aux régions équinoxiales du Nouveau Continent* (3 Bände, Paris, 1814–1825),[3] ist die von Venezuela besonders relevant. Dieses Land stellt nämlich – mit Ausnahme lediglich der Andengebiete – ein Mikro-Modell, eine Synthese von ganz Südamerika dar. Von den vier geographischen Hauptlandschaften des Kontinents sind drei vertreten: eine Metropole (Caracas) in der Küstenregion (vgl. Rio de Janeiro, Buenos Aires, São Paulo sowie Lima), die Savannen (*campos* bzw. *llanos*) im Landesinneren (vgl. den Sertão und die Pampa) und der Regenwald (Orinoco, Río Negro, Casiquiare), d. h. vor allem: Amazonien. Mit der schon genannten Einschränkung, dass Humboldt das Kernland des Amazonas nicht betreten durfte, entwirft er im Rahmen des Möglichen ein Bild der Region. Seine Reise führte ihn den Río Orinoco flussaufwärts bis zum Nebenfluss Atabapo, von dort über eine Landenge bis zum Río Negro, dann zurück auf dem Río Casiquiare bis wiederum zum Orinoco, und schließlich flussabwärts in die Nähe des Deltas. Eine der besonderen Leistungen Humboldts bestand darin, durch die Fahrt auf dem Casiquiare als erster europäischer Forschungsreisender „das Mesopotamien zwischen dem Orinoco und dem Amazonas" erschlossen zu haben. Es handelt sich in doppelter Hinsicht um einen symbolischen Raum: er verbindet das brasilianische mit dem hispanoamerikanischen Südamerika zu einem „Panamazonien", und er verkörpert auch das Verbindende im Denken Alexander von Humboldts. Die Verknüpfung von Natur- und Kultur-Phänomenen erscheint explizit im Titel des Werkes *Vues des Cordillères et monumens des peuples indigènes de l'Amérique* (1810–1813).[4] Hier wird das

---

3　Für diese Arbeit wurde der von Hanno BECK herausgegebene Nachdruck der *Relation historique* benutzt: Stuttgart, Brockhaus-Verlag, 1970.

4　Die hier konsultierte Ausgabe der *Vues des Cordillères* ist der von Charles MINGUET herausgegebene Nachdruck: Nanterre, Éditions Erasme, 1989. Alle im folgenden angeführten Übersetzungen aus der *Relation historique* und aus den *Vues des Cordillères* sind von mir.

Bild Südamerikas mit einer Darstellung der Anden-Region vervollständigt und dabei ganz Mittelamerika, einschließlich Mexikos, mit einbezogen:[5]

In der *Relation historique* gibt es verschiedene methodologische Ansätze, das Zusammenwirken von physischer Geographie und Formen der Kultur darzustellen. Ganz offensichtlich ist das Zusammenspiel von Qualität des Bodens, Klima und Vegetation im Fall der Land-Wirtschaft bzw. Agri-Kultur, mit Produkten wie Mais, Kakao, Tabak u. a. Ein anderer Aspekt des kulturellen Bezugs zur Natur ist die Förderung und Verwendung bestimmter Mineralien. Von zentraler Bedeutung ist dabei für die Geschichte der Conquista und der Kolonisation Lateinamerikas die Suche nach Gold, verbunden mit dem Mythos von El Dorado und allen Grausamkeiten seitens der „zivilisierten" Europäer. Ein dritte Form bei Humboldt, von naturwissenschaftlichen zu kulturwissenschaftlichen Themen zu gelangen, sind Einblendungen, die sich aus den Umständen der Feldforschung und des Reiseverlaufs ergaben und in dieser spontanen Form in die Komposition des Reiseberichts eingearbeitet wurden. So z. B. sahen sich Humboldt und sein Begleiter Bonpland bei ihren meteorologischen Beobachtungen an der venezolanischen Küste unmittelbar mit dem Phänomen der Sklaverei konfrontiert; und bei einer Rast auf dem Weg nach Caracas wurden sie Zeugen eines Gesprächs der Maultiertreiber über das seinerzeit brisanteste politische Thema: die Unabhängigkeitsbewegung.

Eine methodologische Besonderheit bei Humboldt besteht darin, dass er die Verknüpfung von Natur und Kultur auch im Wissen der Indigenen darstellt. In *Vues des Cordillères*, einem Band mit 69 kommentierten Farbtafeln, beschäftigt er sich eingehend mit der Hieroglyphen-Schrift der mexikanischen, speziell der aztekischen Kultur. Von einem „göttlichen Buch" ist die Rede, das die Kosmogonie, mit den vier Grund-Elementen, und die Migrationen der Völker sowie einige ihrer Rituale zum Gegenstand hat. Auf der Grundlage astronomischer Beobachtungen wurde eine Zeitrechnung in Form eines Kalenders und daran anschließend auch eine Geschichtsschreibung eingerichtet. Kultur und Kulturgeschichte wurde von den Völkern der mexikanischen Hochebene als Auseinandersetzung mit der „wilden" Natur konzipiert: mit Erdrutschen, dem zerstörenden Feuer der Vulkane, mit Stürmen und Überschwemmungen. Die mythologischen Zeugnisse des Muysca-Volkes auf der kolumbianischen Hochebene bei Bogotá berichten von dem Gott Bochica, der die Menschen lehrte, in Form der Agri-Kultur mit und von der Natur zu leben. Bisweilen taucht als Mutter der Menschengattung auch eine weibliche göttliche Schlange auf (Cihuacohuatl), eine Figur, die bei den

---

5   Als fünfter der in Humboldts Schriften über Amerika dargestellten Räume ist noch die Karibik zu erwähnen, die zusammen mit dem „Politischen Versuch über die Insel Cuba" den Gegenstand von Band III der *Relation historique* bildet.

Indigenen Amerikas das Prinzip des Lebens (also nicht das Dämonische, wie in der christlichen Überlieferung) repräsentiert. Aus den Zentren der Agri-Kultur entstanden die Städte, und deren Komplexität führte auf den Hochebenen der Kordilleren – ähnlich wie in Mesopotamien – zur Erfindung von Zeichensystemen: Kategorien des Rechnens und der Schrift. Eine ausführliche Beschreibung ist bei Humboldt dem mexikanischen Kalender gewidmet. Mit der Kombination von Zeitrechnung und Schrift erfanden die Völker Mexikos ihre Geschichtsschreibung, die mit der Gründung ihrer Hauptstadt in einer mythischen Zeit einsetzt und sich bis zu den Migrationen der verschiedenen Ethnien – Olmeken, Tolteken und Azteken – fortsetzt. Einbezogen in die Historiographie sind auch die Sitten und Gebräuche und mithin die Alltagsgeschichte. Die ikonographischen Darstellungen zeigen u. a. Figuren von Kriegern und Priestern, die Opferung von Gefangenen, Bestrafungen von Ehebrechern, Rituale der Kindererziehung und Gesten der Arbeit, wie eine Frau beim Spinnen der Baumwolle. Ausgehend von den „großen" Monumenten der Pyramiden und dem „göttlichen Buch" führt Alexander von Humboldts Kommentar den Leser auf diese Weise bis zu den Details der nicht spektakulären, aber ebenso signifikanten Alltagskultur.

Im Anschluss an Humboldts ausführliche Schilderung der vorkolumbianischen „Hochkulturen" bzw. Schriftkulturen in den *Vues des Cordillères* ist nun zu fragen: Wie werden von ihm im Vergleich dazu die Kulturen des Amazonas-Tieflands dargestellt? Drei Aspekte verdienen hier eine besondere Betrachtung.

Erstens, Humboldts schematische Gegenüberstellung von den Gebirgen der tropischen Zone als „Zentren der Zivilisation" und andererseits dem amazonischen Tiefland als Ort „isolierter" und „barbarischer Horden". Dem Autor der *Relation historique* zufolge haben die Völker des tropischen Amerikas selber eine vergleichbare Unterscheidung zwischen den für die Kultur geeigneten Hochebenen und dem dafür wenig geeigneten Tiefland getroffen. Diese Ansicht Humboldts wird allerdings widerlegt von den Beobachtungen, die Gaspar de Carvajal, der Chronist der Expedition von Francisco de Orellana im Jahr 1542 am mittleren und unteren Lauf des Amazonas auf einer Strecke von etwa 2.500 km gemacht hat: die Ufer waren außerordentlich dicht bevölkert, mit Siedlungen, die sich bis zu 12 km Länge hinzogen.[6] Carvajals demographische Befunde sind von neueren Forschungen (2002) bestätigt worden, denen zufolge die Region vor dem Kontakt mit den Europäern eine

---

6   Siehe dazu W. BOLLE, „Die erste Durchquerung Amazoniens (Francisco de Orellana, 1541–1542)", in: BOLLE, W., VEJMELKA, M., CASTRO, E., *Amazonien – Weltregion und Welttheater*, Berlin: trafo-Wissenschaftsverlag, 2010, S. 21–61, hier: S. 49f.

Bevölkerung von etwa 15 Millionen Menschen hatte.[7] Humboldts negative Sicht der Bewohner der Hyläa als „verrohte und der Kultur ferne Völker" und seine wiederholte Gegenüberstellung „Zivilisierte vs. Wilde" sind bestimmten Denkschemata der Aufklärung verpflichtet. Allerdings werden seine strengen Beurteilungen durch zwei weitere Überlegungen relativiert.

An manchen Stellen seines Werkes reflektiert Humboldt ausdrücklich über den Gebrauch des Wortes „barbarisch" (als Gegensatz zu „zivilisiert"). Als er in den *Vues des Cordillères* die Straßen und Bauten der Inkas beschreibt, spricht er von einem „Volk, das wir nicht das Recht haben, barbarisch zu nennen". Während seiner Reise durch die Llanos und auf dem Orinoco bringen die Beobachtungen über Zustände einer Sklavenhalter-Gesellschaft ihn dazu, den Begriff der „Barbaren" auch auf die europäischen Kolonialherren anzuwenden. Er sieht und hört Begebenheiten wie diese: Indianer werden von Geschäftsleuten „wie Packtiere" an Reisende verliehen; ein Großgrundbesitzer bestraft eine schwarze Arbeiterin, indem er sie an sein Pferd bindet und zu Tode schleift; die von den Missionaren so genannte „Eroberung der Seelen" (conquista de las almas) führte dazu, dass Soldaten in die Territorien der Indigenen eindrangen, um zu zerstören, zu töten und Sklaven zu erbeuten. Dazu die zynische Bemerkung eines Missionars: „Die Indianer hören auf die Stimme des Evangeliums, wenn sie das Echo des Schießpulvers vernehmen". Das Fazit einer solchen Behandlung der Indigenen war die weitgehende Entvölkerung der Ufer des Orinoco. Humboldts Darstellung der fremden Kultur schlägt um in eine Erkenntnis der eigenen europäischen Kultur als Barbarei. Angesichts des „erschreckenden Bildes der Eroberung von Amerika", „in jenen Zeiten der Unterdrückung und der Untaten, die man als die Zeit des Ruhmes von Spanien bezeichnet hat", sieht er sich veranlasst, die Geschichte neu zu schreiben.

Ein dritter Aspekt von Humboldts Darstellung der Kultur der indigenen Völker Amerikas ist seine besondere Wertschätzung der Sprache. „Die Sprachen sind die ältesten historischen Denkmäler der Völker", schreibt er, und damit sind sie für ihn das wichtigste Dokument jeder Kultur. Mit dieser Leitidee lässt sich auch die oben geschilderte, wenig fruchtbare Dichotomie zwischen den „zivilisierten" Völkern der Kordilleren, Asiens und Europas, die über eine Schriftkultur verfügen, und den „wilden, barbarischen Horden" des Amazonas-Tieflands, deren Kultur mündlicher Art ist, aufheben. Um die Bedeutung der Sprache als Kultur-Dokument zu veranschaulichen, berichtet Humboldt von einem Indianerstamm am Orinoco, der schon ausgestorben war, als er dort ankam; man zeigte ihm jedoch einen Papagei, der als Einziger noch die Sprache jenes Stammes sprach. Diese exemplarische Geschichte

---

7 Siehe Candace SLATER, *Entangled Edens. Visions of the Amazon*, Berkeley/Los Angeles/London: University of California Press, 2002, S. 10 u. 226f., Anm. 19.

wurde von Mário de Andrade in seinem Roman *Macunaíma* (1928) wieder aufgenommen, mit einer entscheidenden kompositorischen Funktion. Der Erzähler berichtet von der Geschichte „unseres Stammes", „um sie vor dem Vergessen zu bewahren".

All diese Qualitäten der Schriften Alexander von Humboldts, die in diesem Rahmen nur eben skizziert werden konnten, enthalten Möglichkeiten, seine methodologischen Ansätze – ergänzend zu seiner bei lateinamerikanischen Schriftstellern und Intellektuellen bereits bestehenden Resonanz – auch in der Literatur- und Kulturwissenschaft Lateinamerikas fruchtbar einzusetzen.

GERSON ROBERTO NEUMANN (Brasilien, Porto Alegre)

„Die Colonie. Brasilianisches Lebensbild".
Friedrich Gerstäckers literarische Beziehungen zu Brasilien als Autor nicht-abenteuerlicher Literatur.[*]

Der Autor Friedrich Wilhelm Christian Gerstäcker wird am 10. Mai 1816 in Hamburg geboren und stirbt 1872 in Braunschweig. Seine Eltern waren beide Künstler. Sein Vater war ein bekannter Operntenor und seine Mutter eine Opernsängerin. Als Kind ist Friedrich Gerstäcker andauernd mit den Eltern unterwegs. Früh liest er die Bücher, die ihn fürs Leben als Reisender, Auswanderer, Abenteuerlustiger und Abenteuerromanschriftsteller prägen. Das berichtet er selbst als alter Mann in den *Kleine[n] Erzählungen und Nachgelassene[n] Schriften*:

> *Was mich so in die Welt hinausgetrieben? – Will ich aufrichtig sein, so war der, der den ersten Anstoß dazu gab, ein alter Bekannter von uns Allen, und zwar niemand anders als Robinson Crusoe. Mit meinem achten Jahr schon fasste ich den Entschluß, ebenfalls eine unbewohnte Insel aufzusuchen.* (Gerstäcker, 1879: 1)[1]

Sicherlich gehören zudem zu seinen Lektüren bekannte Autoren wie Cooper, Defoe oder Sealsfield.

Kurz danach unternimmt er im März 1837, als Auswanderer, seine erste Überseereise in die Vereinigten Staaten, wo er seinen Lebensunterhalt u. a. als Koch, Holzfäller, Silberschmied, Matrose, Schokoladenhersteller und Hotelier verdient. Er gibt sein Ziel als deutscher Einwanderer in den USA auf und unternimmt verschiedene abenteuerliche Reisen. In seinen Wanderungen von der Grenze Kanadas bis nach Texas lernt er Land und Leute gründlich kennen.

Im Jahr 1860 tritt er seine dritte Reise an, mit einem besonderen Ziel: Gerstäcker will deutsche Kolonien in Südamerika besuchen und die Auswan-

---

[*] Die vorliegende Arbeit ist Teil meiner Promotionsforschung. Hier wurde ein Autor untersucht, der wegen seiner literarischen Produktion zum deutschen Einwanderungskontext in Brasilien eine wichtige Rolle spielt. Siehe NEUMANN, Gerson R. *„Brasilien ist nicht weit von hier!"* 2005.

1   GERSTÄCKER, F. Kleine *Erzählungen und Nachgelassene Schriften*. S. 1.

derungsmöglichkeiten nach dort untersuchen. Zangerl schreibt, dass Gerstäcker außerdem, u. a. abklären soll, „welche Güter sich lohnend nach Europa ausführen lassen" (Zangerl, 1999: 17). Während seiner Reise bekommt er gute Möglichkeiten, über die Zukunft der deutschen Auswanderung in Südamerika zu sprechen. Eine davon in Rio de Janeiro, wo er den Kaiser Dom Pedro trifft und im Saale der Kaiserliche Militärakademie eine Vorlesung über die Deutschen im Ausland – in Brasilien, aber auch in ganz Südamerika – hält. 1861 kehrt er zurück nach Deutschland und veröffentlicht den Roman *Die Colonie. Brasilianisches Lebensbild* (1862) im Verlag Costenoble, dem innerhalb der vorliegenden Seiten eine besondere Aufmerksamkeit zuteil wird.

Die Colonie. Brasilianisches Lebensbild lautet der Titel von Gerstäckers Roman, in dem er das „Lebensbild" einer deutschen Siedlung in Brasilien darstellt. Da aber der Roman als Gattung nur den Blick auf individuelle Figuren zulässt, erzählt der Autor parallel zwei Liebesgeschichten (Können und Elise sowie Graf von Rottack und Helene), sowie das Leben individueller Figuren, wie das vom Direktor Sarno, von Günter von Schwartzau oder von der Gräfin Baulen, die in der Kolonie eine wichtige Rolle spielen. Zeitlich ist die Erzählung in einer interessanten Form aufgeteilt, in dem der Autor immer wieder zurück in die Vergangenheit geht, um Daten über einzelne Figuren zu sammeln und sie dann dem Leser mitteilt. Die Geschichte umfasst einen kurzen zeitlichen Ausschnitt, so dass sie auf nur wenige Jahre konzentriert ist. So wird dann eine bis zum Ende spannende Erzählung aufgebaut. Rhythmisch ist Gerstäckers Roman in einem konstanten Fluss aufgebaut. Am Ende erreichen die Schlussfolgerungen den Leser aber doch etwas überraschend.

Nach Arno Zangerl, wenn eine Figur der Geschichte in ihrer Innerlichkeit bei Gerstäcker beschrieben werden soll, dann wird dies „generell vom allwissenden auktorialen Erzähler gesteuert." (Zangerl, 1999: 103)

Und eine weitere interessante Bemerkung zu Gerstäckers Prosa macht der gleiche Literaturwissenschaftler:

> *Es ist ein Hauptmerkmal von Gerstäckers Prosa (fiktiver und nicht-fiktiver Art), dass darin nicht nur nackte Handlungen bzw. Geschichten durchgespielt werden – beinahe so wesentlich wie das „reine" Geschehen ist die riesige Menge an Zusatzinformation, welche die Texte immer und überall komplettiert. Solche ergänzenden Anmerkungen machen stets deutlich, mit welch beachtlichem Allgemeinwissen und mit welcher Bildung die auktorialen Erzählfiguren ausgestattet sind und wie gut sie sich selbst in scheinbar unwesentlichen Dingen auskennen.*
> (Zangerl, 1999: 191)

Zangerls Text zufolge kann man also Friedrich Gerstäcker nicht als einfachen Berichtschreiber definieren und seine Romane und Erzählungen ebenfalls nicht als einfache Wiederherstellung einer fremden Realität klassifizieren.

Gerstäcker ist ein minuziöser Darsteller der von ihm besuchten Kontexte, die er mit beachtlichem Allgemeinwissen und mit Bildung zu reproduzieren weiß. Im Fall des hier analysierten Romans baut er eine Geschichte auf, in der er verschiedene bekannte Elemente des brasilianischen Kontextes zusammensetzt, um die Realität der Kolonie Santa Clara mimetisch wiederzugeben.

Die Colonie. Brasilianisches Lebensbild wird näher durch die Perspektive eines Neuankömmlings in Santa Clara, Bernard Könnern, erzählt. Mit der Ankunft von Könnern und von Günther von Schwarztau in der Kolonie beginnt der Bericht eines allwissenden Erzählers. Und dieser Erzähler ist eng mit Könnern verbunden, denn er ist derjenige, „der sich in Amerika so lange herumgetrieben hat – der Maler" (Gerstäcker, 1939: 18). Er ist nach Brasilien gekommen, „um die Verhältnisse des Landes, über die er die verschiedensten und widersprechensten Gerüchte gehört habe" (Gerstäcker, 1939: 24), einmal persönlich kennen zu lernen und Eindrücke für seine Mappe zu sammeln. Hier verrät Friedrich Gerstäcker also seine Identität mit der Figur Könnerns, denn er selbst verbrachte eine lange Zeit in den USA, wo er reichlich Material für seine zukünftige literarische Produktion gesammelt hat. Nach einer Zeit in Deutschland begibt sich Gerstäcker auf die Reise nach Brasilien, denn über das Land möchte er mehr wissen.

Der Erzähler in der Geschichte ist ein Begleiter Könnerns, der als ein Ich nach Norman Friedmans Modell als allwissender Erzähler (*editorial omniscience*) charakterisiert wird: der Erzähler begleitet das Geschehen in der Kolonie, meist der Figur Könnerns nahe, er kann jedoch auch aus der Peripherie oder ganz nahe erzählen, charakteristisch ist aber, dass er das Leben, die Menschen, die Struktur, also insgesamt das Wesen der Kolonie Santa Clara in bezug auf den Einwanderungskontext kommentiert.

Laut Friedman erscheint der allwissende Erzähler „von einer gottgleichen Stellung jenseits von Zeit und Raum, aus der Mitte, von der Peripherie her oder von vorne. Nichts kann den Autor davon abhalten, irgendeine dieser Perspektiven einzunehmen, oder, sooft er möchte, von einer zur anderen zu wechseln" (Friedman, 1975: 157). Der Erzähler meldet sich einige Male durch die Ich-Form im Text, meistens wenn es um die zeitliche Darlegung in der Geschichte geht, wie im folgenden Beispiel: „*Wir* müssen jetzt wieder auf die Erlebnisse des vorigen Tages zurückspringen, und zwar zu dem Augenblick, wo Könnern und von Schwartzau in Begleitung Helenes den Meierschen Garten verließen" (Gerstäcker, 1939: 282. Hervorhebung vom Autor).

Der Leser begleitet meistens Könnerns Schritte, oft wird er jedoch auch in die Wohnungen oder zu anderen Bewohnern der Kolonie Santa Clara gebracht oder zu einer Beschreibung der brasilianischen Landschaft eingeladen. Der Roman wird aber zum größten Teil durch Dialoge aufgebaut und die Funktion des Erzählers ist die einführende Lenkung in die Dialogsituation. Er vertieft sich nicht in eine internen Analyse der Figuren, sondern gibt eine oberflächliche – d. h. eine nicht vertiefte – Darstellung derselben, wie im folgenden Beispiel: „Die Frau sah ihm [Bur] ängstlich zu, sagte aber kein Wort; sie wusste recht gut, dass sie ihn in diesem Zustand nicht reizen durfte" (Gerstäcker, 1939: 299).

Friedman zufolge ist das Wesensmerkmal der auktorialen Erzählsituation folgendes: „Einlassung und allgemeine Betrachtung des Autors über Leben, Sitten und Moral, die mit der [...] Geschichte in direktem Zusammenhang stehen können, es aber nicht brauchen" (Friedman, 1975: 157). Genau das ist in Gerstäckers Roman zur deutschen Auswanderung nach Brasilien zu bemerken. Im Ich des Autors ist eine wichtige Figur des Romans zu sehen, denn seine Teilnahme im Roman ist deutlich zu spüren; gleichzeitig gibt es aber auch einen Erzähler, der die Geschichte nach seinem Interesse erzählt, das ist die Figur Können. In dieser Figur verbergen sich also die Stimme des Autors aber auch Können als eigene Figur.

Der Roman wird in 34 Kapiteln unterteilt, den *Schluss* eingerechnet. Die Titel sind sehr klar und passend benannt, denn meistens geben sie schon eine genaue Übersicht des Inhalts an. So lauten die Titel des ersten Kapitels „Die Kolonie Santa Clara" und gleich danach „Der Direktor." Direkt bezogene personelle Titel werden vierzehn Mal vom Autor benutzt, wie z. B.: „Elise", „Bur und Comp.", Herr von Pulteleben." Die Hälfte der Kapitel beziehen sich also auf einige Figuren der Geschichte, worum es hier eigentlich geht: wer passt zur Einwanderung? Oder, wer ist für die Einwanderung geeignet und wer nicht?

Die Auswanderung, wie die armen Bauern und Handwerker sie erleben, wird im Roman gar nicht näher beschrieben. Es geht vielmehr um politische, soziale und religiöse Probleme im Zusammenhang mit der Auswanderung, die vom Autor angesprochen werden. Der wahre Bauer bekommt nur in Familie Köhler, eine deutsch-brasilianische Familie – also in Brasilien geborene Nachkommen deutscher Einwanderer –, die ein schönes Stück Land vor der Kolonie Santa Clara bearbeitet, eine kurze Betrachtung im Roman.

In Santa Clara lebt eine große Gruppe deutscher ausgewanderter Aristokraten, die nach der 48er Revolution Deutschland verlassen mussten und ein utopisches Leben versuchen, wo eigentlich nur Bauern hingehören. Darüber äußert der Direktor sich folgendermaßen zu Können: „in meiner Siedlung bin ich mit einer Klasse von Menschen geplagt, die fast alle das Jahr 1848 von Deutschland herübergescheut hat und jetzt auf Gottes Welt nicht wissen, was sie mit sich anfangen sollen." Diese Menschen passen also nach Gerstäckers Meinung nicht in eine Kolonie im Innern Brasiliens.

Die meisten der anderen Figuren (Können, von Schwartzau, Graf Rottack), die zu den „Guten" im Roman zählen, passen aber ebenfalls zu der Aristokratengruppe. Diese verlassen am Ende Brasilien und kehren zurück nach Deutschland, wo dieser Roman eine Fortführung im neuen deutschen Kontext unter dem Titel *Eine Mutter* bekommt. Am Ende der Geschichte schließt sich Rottacks doch Helenes an, indem er ihr seine Liebe erklärt. Das Ehepaar kehrt zusammen mit Könnern und Elise zurück nach Deutschland. Im Roman *Eine Mutter* werden sie Helenes wahre Mutter suchen, denn sie wurde geheim als Kind der falschen Gräfin Baulen nach Brasilien gebracht, während sie in Wirklichkeit ein uneheliches Kind einer adligen Dame ist.

Einzelne Erzählungen spielen sich in der Kolonie Santa Clara ab, die aber alle irgendwie eine Verbindung zueinander haben, so wie die Figuren im Roman. Die sogenannten einzelnen Erzählungen werden aber nicht in einer Art *Verkettung* (Serienerzählung) vom Autor erzählt. Sie werden in einer dritten Art der Verbindung, laut Todorov *Alternanze* genannt: „diese besteht darin, zwei [oder mehr] Geschichten gleichzeitig zu erzählen, indem mal die eine, mal die andere unterbrochen wird, um bei der nächsten Unterbrechung wiederaufgenommen zu werden" (Todorov, 1975: 350).

Außer den schon erwähnten in der Geschichte sich bildenden Liebespaaren, sollen hier kurz zwei einzelne Figuren kommentiert werden:

Direktor Sarno ist eine besondere Figur im Roman, denn um ihn dreht sich alles in Santa Clara. Er wird oft Könnern begleiten und wird ihm wichtige Informationen über die deutsche Einwanderung in Brasilien geben. Er wird die schlechten deutschen Einwanderer sowie die Aristokratie heftig kritisieren. Er steht auf der Seite der Bauern. So wie die meisten anderen Personen im Roman bekommt der Direktor keine psychologisch vertiefte Beschreibung, und der Leser wird außer der anfänglichen physischen Beschreibung wenig über ihn erfahren. Der Direktor ist „ein schlanker, aber stattlicher Mann, ebenfalls mit einem militärischen Anstrich, starkem, etwas rötlichem Bart und vollem, lockigem Haar" (Gerstäcker, 1939: 17).

Wichtig jedenfalls ist auch die Figur des Delegado („Eine Magistratsperson, die Polizeigewalt in den Kolonien hat")[2], denn er ist der einzige Brasilianer in Santa Clara, der zur Rede kommt, der aber zu den Bösen gehört. Sein Haus passt nicht zur deutsch geprägten Landschaft Santa Claras, denn

> *es war ein kleines, niedriges Gebäude, von Stein aufgeführt, mit offenen Türen und Fenstern, durch die man in ein paar anscheinend leere Räume hineinsah – es hingen wenigstens keine Gardinen vor den Fenstern, wie sie die ärmlichste deutsche Wohnung zeigt, und die Wände sahen leer und kahl aus. Einzelne Möbel verrieten aber doch, dass dieses Haus nicht verlassen sei, und auf einer Kommode sah Könnern im Vorbeireiten auch ein paar vergoldete Porzellanvasen und auch einige andere derartige Spielereien stehen* (Gerstäcker, 1939: 70).

---

2   Gerstäcker gibt diese Erläuterung in Form einer Fußnote auf der angegebenen Seite.

Bezüglich des Zusammenlebens der Einwanderer und des Delegados, war es den deutschen Einwanderern besonders ärgerlich, als der Delegado mit der Frau des Schumachers verschwunden ist und sie in der Hauptstadt des Bundeslandes geheiratet hat, denn das zeigt den falschen Charakter der brasilianischen Magistratperson. Er ist eine sehr elegante Figur, aber auch böse, ein Mensch, der die Moral und die Sitten der Deutschen nicht respektiert. Nachdem er mit der Frau verschwunden ist, kommt er nie wieder zurück nach Santa Clara.

Auf eine interessante Weise also hat der Autor diese Verbindungen zwischen den Figuren mit Spannung aufzubauen verstanden. Der Leser erlebt viele spannende Stellen in der Geschichte, nach denen es dann wieder etwas Zeit zum Aufatmen gibt, um dann die Geschichte weiter zu verfolgen. Am Ende treffen alle Erzählungen zusammen und es bildet sich ein *Happy End*, in dem die guten Figuren über die bösen die Gewinner sind. Am Ende konzentriert der Autor sich deutlich auf die Ereignisse, die sich auf die Hauptfiguren beziehen, damit sie ein geschlossenes Ende bekommen können. Es ist ein relativ langer Roman mit vielen Personen und einige parallelen Erzählungen, die der Autor dem Leser in einer interessanten Form mitzuteilen weiß.

Bibliographie

FRIEDMAN, N. (1975): *Erzählperspektive im Roman: die Entwicklung eines kritischen Konzeptes.* In: RITTER, A. (Hg.) Landschaft und Raum in der Erzählkunst. Darmstadt, S. 141–176.

GERSTÄCKER, F. (1861): *Die Deutschen im Ausland. Vorlesung gehalten von Freidrich Gerstäcker im Saale der Kaiserlichen Militär-Academie zu Rio de Janeiro, den 21. September 1861.* Rio de Janeiro: Druck und Herausgabe von Lorenz Winter, 1861.

GERSTÄCKER, F. (1879): *Kleine Erzählungen und Nachgelassene Schriften.* Jena: Costenoble, Bd. 1.

GERSTÄCKER, F. (1939): *Die Colonie. Brasilianisches Lebensbild.* 3 Bde. Jena: Costenoble.

NEUMANN, G. R. (2005): *„Brasilien ist nicht weit von hier!" Die Thematik der deutschen Auswanderung nach Brasilien in der deutschen Literatur im 19. Jahrhundert (1800–1871).* Frankfurt am Main/Berlin: Peter Lang. (Europäische Hochschulschriften. Reihe 1 Deutsche Sprache und Literatur. Bd. 1909).

TODOROV, T. (1975): *Die Kategorien der literarischen Erzählung.* In: RITTER, A. (Hg.) Landschaft und Raum in der Erzählkunst. Darmstadt 1975, S. 347–369.

ZANGERL, A. (1999): *Friedrich Gerstäcker (1816–1872). Romane und Erzählungen – Struktur und Gehalt.* In: TAROT, Rolf (Hg.) Narratio. Arbeiten zur Geschichte und Theorie der Erzählkunst. Bern: Peter Lang, Bd. 15, 1999.

ISABEL HERNÁNDEZ (Spanien, Madrid)

Brasilien als Utopie.
Zu Eveline Haslers Roman
Ibicaba. Das Paradies in den Köpfen (1985) *

Stefan Zweigs berühmter Essay *Brasilien. Ein Land der Zukunft* wurde 1941 veröffentlicht. Seine Beschreibungen waren bis in die letzten Jahrzehnte des 20. Jhs. hinein nicht nur das Ergebnis der utopischen Sicht auf Amerika, die die Europäer seit der Entdeckung des Kontinents hatten, sondern auch der Unterschiede zwischen der Wirklichkeit des alten zerstörten Europa und einem neuen und nicht eroberten Stück Erde. Auf dieser Weise trug dieser Essay in Europa dazu bei, die Vorstellung von Brasilien als Land der Verheißung zu fördern. Interessanterweise hatte diese Vision des verheißenen Landes viel gemeinsam mit den Beschreibungen, die Thomas Morus in seinem bekannten Werk von 1516,[1] *Utopia,* über die so genannte Insel der Utopie vorlegte. Die Tatsache, dass dieses Werk zu der Zeit veröffentlicht wurde, als die Europäer anfingen, Nachrichten von der Entdeckung des amerikanischen Kontinents zu erhalten, ist durchaus wichtig, denn bereits seit diesem Zeitpunkt brachte man die Vorstellung eines idealen Staates, so wie Morus ihn beschrieb, mit dem bis dahin unbekannten Land in Verbindung. Je mehr man nun über Amerika sprach, je mehr man den Exotismus der unbekannten und fernen Welt mit dem alten und bekannten Europa verglich, desto stärker wurden die Spekulationen über diese neue paradiesische Welt, in der man in Frieden leben konnte. Allmählich sahen viele Menschen Amerika als ein von Gott begünstigtes Land. Deshalb ist es nicht erstaunlich, dass im Laufe des

* Die vorliegende Arbeit beruht auf einem 2007 im *Boletín de Literatura Comparada* unter dem Titel „Utopía vs. Realidad: Brasil como escenario soñado y como escenario real en dos novelas de Eveline Hasler y Nélida Piñón" veröffentlichten Beitrag.

1 Die Lage, die Moro in seinem Werk beschreibt, erinnert an die Vorstellung, die die Hauptfiguren in Haslers Roman von Brasilien haben: ein verlorener Seefahrer kommt auf einer Insel der Neuen Welt an, Utopia, wo eine glückliche Gesellschaft lebt, die von einer liberalen Regierung regiert wird, dessen Führer vom Volke gewählt werden, und wo alle von dem durch die gemeinsame Arbeit erlangten Reichtum profitieren. Es gibt also Frieden unter den Menschen und somit keine Armee.

18., 19. und 20. Jhs. sowohl religiöse Gemeinschaften wie auch jegliche Art von Menschen sich auf der Suche nach einem Paradies, in dem sie ihre Träume verwirklichen[2] konnten, entschlossen, ins gelobte Land zu reisen und dabei glaubten, dass man in Amerika bessere Grundlagen für seine Existenz finden konnte.

Die Vorstellungskraft der Europäer wurde durch die Nachrichten aus Brasilien besonders angeregt. In den Beschreibungen dieses riesigen Landes, das noch nicht kolonisiert war, konkretisierte sich für sie neben der Hoffnung auf eine neue Welt mit einer gerechteren Grundlage auch jene auf schnellen Ruhm und Reichtum. In dem Maße, in dem solche Ideen über die Weite, den Reichtum und die Vielfalt der brasilianischen Welt sich der europäischen Wirklichkeit entgegensetzten, überquerten Erzählungen den Atlantik, in denen das amerikanische Land als für den Durchschnittsmenschen beinahe paradiesisch wirkender Ort der Träume beschrieben wurde. Und auf dieser Weise begaben sich ganze Generationen von Europäern auf die andere Seite des Ozeans und schufen damit eine höchst interessante Thematik für die westliche Literatur.[3]

Es gab drei Elemente, die für Zweig eine große Rolle gespielt haben sollen: 1. die unglaubliche Größe des Landes, die für die Mehrheit der Europäer durchaus ungewöhnlich war. 2. Die Tatsache, dass Brasilien diese Größe nicht durch Kriege erreicht hatte, sondern durch Abkommen, wodurch sich

---

2   Über die Tradition, die den amerikanischen Kontinent als Land der Verheißung versteht, sowohl im religiösen, als auch im sozialen Sinne, siehe BOERNER, P. (1985): „Utopia in der Neuen Welt: Von europäischen Träumen zum American Dream", In: VOSSKAMP, W. (Hg.), *Utopieforschung. Interdisziplinäre Studien zur neuzeitlichen Utopie*, Stuttgart: Suhrkamp, S. 358–374.

3   Zweig versteht das Phänomen der europäischen Auswanderung nach Brasilien als einen der zentralen Faktoren für die Bildung der neuen brasilianischen Nation: „Diese Immigration von vier bis fünf Millionen Weißen in den letzten fünfzig Jahren hat einen ungeheuren Energieeinschuß für Brasilien bedeutet und gleichzeitig einen gewaltigen kulturellen und ethnologischen Gewinn gebracht. [...] Der Italiener, der Deutsche, der Slawe, der Japaner bringt aus seiner Heimat einerseits eine völlig ungebrochene Arbeitskraft und Arbeitswilligkeit, anderseits Forderung eines höheren Lebensstandards mit. Er kann lesen und schreiben, er ist technisch geschult, er arbeitet in rascheren Rhythmus als die Generation, die durch Sklavenarbeit verwöhnt und vielfach durch das Klima in ihrem Leistungsvermögen geschwächt ist. [...] Der Einschuß von vier oder fünf Millionen Europäern um die Jahrhundertwende stellt einen der größten Glücksfälle in der Geschichte Brasiliens [...]." (ZWEIG, St. (1941): *Brasilien. Ein Land der Zukunft*, Frankfurt: Insel 1997, S. 125f.). Jedoch ignoriert der Autor die harten Lebensverhältnisse, denen die Mehrheit von ihnen nach ihrer Ankunft gegenübertrat, denn er bleibt bei seiner idealisierten Vision von Brasilien als Paradigma vom Lande der Zukunft.

diese Nation als eine friedliche auszeichnete. 3. Im Gegensatz zu Europa gab es in Brasilien keine Rassenprobleme. Trotz all der Vorteile jedoch, die der Autor in Brasilien zu sehen glaubt, deutet der Untertitel seines Essays („ein Land der Zukunft") auf eine Realität hinter dieser paradiesischen Vision des Landes. Eine Realität, die Zweig möglicherweise nicht als solche wahrnahm: die einer in der Gegenwart nicht vorhandenen Nation, d. h., eine Utopie.[4]

Die Utopie als solche war mehrfach ein wichtiger Bezugspunkt in der Prosaliteratur der schweizerischen Autorin Eveline Hasler (geb. 1933).[5] Vor allem in ihrem historischen Roman *Ibicaba. Das Paradies in den Köpfen* (1985), der auf einer wahrheitsgetreuen Darstellung der Emigration einer großen Anzahl schweizerischer Siedler aus dem Kanton Graubünden nach São Paulo basiert, entwickelt sich die Utopie für die Bauern und Händler unter ihrem Anführer, dem Schullehrer Thomas Davatz, zu einem starken Drang, nach Brasilien auszuwandern. Sie alle träumen davon, dort bessere Lebensverhältnisse zu finden als jene, die ihre Heimat ihnen bieten konnte. Die Schweiz war verarmt, sowohl aufgrund einer landwirtschaftlichen Krise, als auch aufgrund starker Probleme im Textilsektor, die durch die Konkurrenzprodukte aus den englischen Industriebetrieben verursacht waren. Aus diesen Gründen sahen die Bergbauern sich gezwungen, ihren Besitz zu verkaufen und bessere Lebensverhältnisse auf der anderen Seite des Atlantiks zu suchen:

Eine neue Gesellschaft mußte entstehen. In Brasilien würden sie einen Ort finden, wo der Mensch Mensch sein konnte. (Hasler, 1991: 43)[6]

Die Politik der kantonalen Behörden hatte zweifellos einen großen Beitrag zu dieser Vorstellung über Brasilien geleistet. Die Emigration wurde in der Schweiz von mehreren Seiten unterstützt. Einerseits übernahmen die dortigen

---

4 In ihrer Doktorarbeit hebt Izabela M. Furtado Kestler nach einer genauen Analyse hervor, dass Zweig in diesem Werk ein nur in seiner Phantasie vorhandenes Land beschreibt, ein Paradies, das in der Wirklichkeit keinen Platz findet. Jedoch scheint diese Tatsache nicht so wichtig für den Autor zu sein. Vgl. FURTADO KESTLER, I. M. (1992): *Die Exilliteratur und das Exil der deutschsprachigen Schriftsteller und Publizisten in Brasilien*, Frankfurt: Peter Lang, S. 179.

5 Martina Dória unterscheidet zwischen vier verschiedenen Utopiearten in Haslers Roman: der utopische Sozialismus, von Davatz vertreten; die romantische Sicht der Utopie, von Barbara Simmen vertreten; die kindliche Utopie aus der Sicht von Davatz' Tochter, Margarete; und die Gruppenutopie. Vgl. DÓRIA, M. (2002): „Auswanderung und Utopie in Eveline Haslers *Ibicaba. Das Paradies in den Köpfen*", *Cadernos do Cieg*, 4, S. 43–53, hier 47f.

6 Alle Zitate nach HASLER, E. (1985): *Ibicaba. Das Paradies in den Köpfen*, München: dtv [10]2001.

Behörden einen Teil der Kosten, denn dies war erheblich günstiger, als eine lange Zeit für eine ganze verarmte Bevölkerung sorgen zu müssen.[7] Andererseits spielten die Berichte, die in einigen Zeitungen wie das *Neue schweizerische Auswanderungsblatt* oder *Der Kolonist. Organ für schweizerische Auswanderung* veröffentlicht wurden, ebenfalls eine wichtige Rolle, denn frühere Auswanderer beschrieben die Vorteile der Neuen Welt, die angesichts der verzweifelten Lage im alten Kontinent durchaus glaubwürdig erschienen. Nicht nur die zum großen Teil verfälschten veröffentlichten Texte (Briefe, Berichte, u. ä.), sondern auch die Abbildung des Titelblattes der Zeitungen trugen zum Traum vom verheißenen Landes bei, in dem man anscheinend problemlos leben konnte. Aufgrund dessen war all dies ein Traum für diese Menschen, „die Fahrt aus dem Elend in die Utopie" (Hasler, 2001: 45). Unter Zuhilfenahme des historischen Materials wie auch des Berichts, den Thomas Davatz (1815–1888) nach seiner Rückkehr in die Schweiz im Auftrag mehrerer Kantone erstattet hatte, schildert Eveline Hasler den Traum der Utopie einer Gruppe von 265 Emigranten, die 1855 von Hamburg aus in die Kaffee-Plantage von Ibicaba[8] reisten (auf Tupi, „Erde", *ibi*, „fruchtbar", *caba*"). Damals war diese Plantage Eigentum des Senators Vergueiro, eines angeblichen Verehrers der schweizerischen Demokratie (Hasler, 2001: 30). Da das Abkommen von Aberdeen 1831 die Einfuhr von Sklaven untersagte, litt Brasilien damals unter mangelnden Arbeitskräften. Nur die massive Ankunft

---

7   Béatrice Ziegler macht den Leser auf die Tatsache aufmerksam, dass Brasilien nach dem auffallenden Scheitern des ersten kollektiven Emigrationsversuches (die Gründung der Ansiedlung Nova Friburgo) einen sehr schlechten Ruf hatte. Siehe ZIEGLER, B. (2000): „Das Finden von Vertrautheit in der Fremde. Als schweizerischer Commis in Pernambuco, Brasilien, 1888–1891", In: FAES, U. / ZIEGLER, B. (Hg.): *Das Eigene und das Fremde*. Festschrift für Urs Bitterli, Zürich: NZZ, S. 145–179, hier 147f.

8   Das im Jahre 1817 gegründete Landgut befindet sich in Cordeiropolis (São Paulo) und gehört in vielerlei Hinsicht zu den Pionieren, was die Entwicklung der Region und des Landes angeht. Beispiel dafür ist unter anderem eine Kaffee-Plantage in der Provinz Limeira (1828), von der die Einwanderung von Privatpersonen finanziell gefördert wurde, damit diese in dem sogenannten „Parceria-System" arbeiteten. Im Jahre 1846 kamen 107 schweizerische und deutsche Siedlerfamilien, um im diesem System zu arbeiten. Dabei wurden die Erträge zwischen dem Besitzer und den Siedlern gleich aufgeteilt. Die Einwanderer verpflichteten sich dazu eine bestimmte Anzahl Kaffee-Plantagen zu übernehmen und bekamen dafür einen Anteil aus dem Verkauf der Kaffeebohnen. Ihnen war es auch gestattet anzubauen, was sie zum Leben benötigten, solange sie auch die entsprechenden Erträge mit dem Landesbesitzer teilten. Nach dem Verfall des „Parceria-Systems", kurz nach der von Davatz angeführten Revolte (Revolta dos Parceiros), investierte das Landgut in den Sklaveneinkauf und wurde zu dem größten Kaffeehersteller Brasiliens.

arbeitswilliger Europäer konnte eine Lösung für dieses Problem sein. Die große Migrationswelle aus der Schweiz in die Landgüter der Region wurde von verschiedenen Faktoren angeregt: von zahlreichen Versprechen in Bezug auf Wohlstand, aber auch auf eine Befreiung von Schulden. Rudolf Blumer, ein früherer Einwanderer, beschrieb die Lage in einem am 22. Dezember 1853 in Ibicaba geschriebenen Brief so:

> *Was die Zeit anbetrifft, so ist es bei Euch Winter und bei uns Frühling, denn wir haben gerade um Weihnachten angepflanzt. Ich habe so viel Land als die ganze Gigergasse und kann dreimal unter dem Kaffee Bohnen pflanzen. Ich habe ungefähr 2200 Kaffeebäume, 4 Ziegen, 30 Hühner und einen schönen Jagdhund und jetzt kaufe ich auch noch eine Kuh. Bei uns lebt man besser als bei Euch der beste Bauer... Wir haben alle Tage Fleisch, Speck, Kraut und Reissuppe zu Mittag und Morgens trinkt man Kaffee mit Zuckerhonig und Bananen, ebenso am Abend wieder, Branntwein trinkt man wie Wasser, denn er ist wohlfeil. Es ist Alles hier gut, wir können Geld holen, so viel wir brauchen...* (Hasler, 2001: 45).

Der historischen Figur Thomas Davatz[9] stellt die Autorin die Figur Anna Barbara Simmen gegenüber. In Haslers Roman sind beide Figuren mit einem reichen fiktiven Leben versehen, so dass die von ihr verwendete Dokumentation – im Text kursiv geschrieben – zu Literatur wird. Der Roman ist in drei verschiedene Teile aufgeteilt, die der geistigen Verarbeitung der Wirklichkeit und der allmählichen Ausblendung der Utopie entsprechen: die Ausreise aus der Schweiz, die Vorstellung vom Paradies und die Enttäuschung bei der Ankunft in dem angeblich gelobten Land. Durch zahlreiche *flash-backs* und innere Monologe erfährt der Leser, aus welchen Gründen die Hauptfiguren sich entschlossen haben auszuwandern und wird dabei Zeuge der Bitterkeit dieser negativen Erfahrungen. Indem die Autorin jedoch eine weibliche und eine männliche Hauptfigur verwendet, schafft sie zwei gegensätzlichen Visionen der zukünftigen Ereignisse: die des Mannes, der sich weigert, die Wirklichkeit zu akzeptieren, und die der Frau, die jeden Tag neue Hoffnungen findet und somit erreicht, dass ihre Utopien die Strenge der Wirklichkeit überwinden, ohne dabei ihre Traumwelt aufzugeben. Die Alltagsschwierigkeiten bekämpft sie mit positiven Bestrebungen, die zum Leitfaden all ihrer Handlungen werden und ihr dabei helfen, in dieser beklemmenden Not zu überleben. Denn nach der qualvollen Seereise, bei der alle nicht nur Zeugen von Krankheiten, sondern traurigerweise auch des Todes werden, erweist sich das angekündigte Paradies, wie bereits der Romantitel ankündigt, als

---

9 Über den politischen Widerhall, den der von Thomas Davatz verfasste Bericht fand, siehe DEWULF, J. (2002): „Rütli-Schwur in Brasilien. Zu Thomas Davatz *Die Kolonisten in der Provinz St. Paulo in Brasilien* (1858)", *Cadernos do Cieg*, 4, S. 55–68.

bloß in den Vorstellungen der Einwanderer bestehend. Es handelt sich nur um einen Nicht-Ort, in Griechisch *u-topos*, d. h., eine Utopie, so wie Pfarrer Seifert, ein Gegner der Auswanderung, ihnen bereits vor der Abreise erklärt hatte:

> *„Ihr rennt einer Utopie nach, Davatz", hatte Pfarrer Seifert, ein Gegner der Auswanderung, noch im Februar aus dem Toggenburg geschrieben und den Psalm 37.3 zitiert: „Hoffe auf den Herrn und thue Gutes; bleibe im Lande und nähre dich redlich."*
>
> *Davatz hatte in der Bibliothek in Chur im Wörterbuch nachgeschlagen: Utopie kam vom griechischen U-topos, das hieß Nicht-Ort.* (Hasler, 2001: 23)

Der Roman kann auf zwei verschiedenen Ebenen gelesen werden: Zunächst kann man ihn als historischen Roman über die Hoffnungen und Enttäuschungen einer Utopie lesen, die sich nirgendwo verwirklicht hat. In diesem Sinne zeigt sich der Roman als sehr anschaulich und spannend. Der Leser hat die Möglichkeit einen unbekannten Teil schweizerischer Geschichte kennenzulernen, die von Hunger und Armut gekennzeichnet ist. Auf der anderen Seite handelt es sich auch um einen Roman mit psychologischem Hintergrund, so dass er zu einem existenziellen Vorbild davon wird, wie man in Extremsituationen überleben kann.

Angesichts des von Davatz erstatteten Berichtes ist eine Tatsache offensichtlich, nämlich jene, dass die Hoffnungen vieler Europäer in dem „Land der Zukunft" enttäuscht wurden, entweder durch den Druck der äußeren Umstände oder durch die Unfähigkeit, den Schwierigkeiten der neuen Lage entgegenzutreten. Dennoch hielt sich der Traum von der Neuen Welt mit einer ungewöhnlichen Stärke im Laufe des 19. und fast bis zum Ende des 20. Jahrhunderts. Die ursprünglichen Träume jener Menschen, die sich Brasilien als das gelobte Land, als den Himmel auf Erden, ausgemalt hatten, blieben immer erhalten, denn die Großartigkeit des Landes gab ihnen die Hoffnung auf eine Zukunft, die sich früher oder später verwirklichen ließ, selbst wenn dies erst für die Generation der Kinder gelten sollte. Haslers Standpunkt trägt zu einer Vision der Realität bei, die trotz der distanzierenden Perspektive die Vorstellung der brasilianischen Utopie deutlich interpretiert. In diesem Sinne hat sie mit ihrem Roman dazu beigetragen, Raum für die literarische Gestaltung der brasilianischen Identität zu schaffen, die im konkreten Zusammenhang mit der ständigen Emigration steht, die dieses Land im Laufe der Jahrhunderte erfahren hat. Darüber hinaus hat sie auch einen wichtigen Beitrag zur Entmythologisierung der utopischen Vorstellung von Zweig geleistet, sowohl auf der kulturellen wie auch auf der politischen und sozialen Ebene.[10] Damit wirft sie einen neuen, klaren und überzeugenden Blick auf die brasilianische Realität, indem sie all die ethnischen und kulturellen Bestandteile der modernen Identität Brasiliens hervorhebt, ohne dabei auf eine kritische und rundweg negative Vision einiger wichtige Ereignisse in der Geschichte eines der Länder zu verzichten, die zu diesem Aufbauprozess beitrugen: die Schweiz.

10 Einige der damaligen Kritiker behaupteten, Zweig habe den Essay im Auftrag des DIP (Departamento de Informação e Propaganda) geschrieben, und dass er, in diesem Sinne, zum Vasallen des damaligen Präsidenten, Getulio Vargas, geworden sei. Anders konnte man sich eine solche Liebeserklärung an ein Land mit einer Unmenge politischer und sozialer Probleme nicht erklären. Ingrid Schwamborn ist Recht zu geben, wenn sie erklärt: „eine derartige Anschuldigung kann jedoch nur jemand äußern, der Stefans Zweigs Werk nicht ausreichend kennt und nicht die gesamte Korrespondenz mit seinem Verleger Abrahão Koogan eingesehen hat". SCHWAMBORN, I. (Hg.) (1999): *Die letzte Partie. Stefan Zweigs Leben und Werk in Brasilien (1932–1942)*, Bielefeld: Aisthesis, S. 67–104. Die Liebe Zweigs für Brasilien war Liebe auf den ersten Blick, und genau dies spiegelte sich auch in seinem Werk wider, denn damals hatte er noch nicht lange genug in Brasilien gelebt, um es richtig zu kennen. Jedenfalls war sein Kontakt zur brasilianischen Realität nicht eng genug, um all ihre Probleme wahrnehmen zu können.

LILA BUJALDON (Argentinien, Mendoza)

Die Erforschung des deutschen Exils in Lateinamerika: Neue Erkenntnisse.
Der Fall Deutsch-Jüdischer Schriftsteller in Argentinien

In diesem Referat soll die Exilforschung in Lateinamerika, und besonders in Argentinien, der letzten zehn Jahren untersucht werden. Da das Thema sehr weitläufig ist, möchte ich auf eine erschöpfende Untersuchung verzichten, um statt dessen einige Reflexionen über die Entwicklung der Exilforschung in der Region zu liefern, und diese parallel zu den internationalen Tendenzen zu setzen.

Ausgangspunkt für diese Untersuchung ist die Dimension des deutschen Exils in der Region: in Argentinien, mit der Einreise von über 40.000 deutschsprachigen Menschen (1933–1945), ein Phänomen, das sich in Brasilien, Chile, Uruguay, Mexiko und den restlichen lateinamerikanischen Ländern vollzogen hat. In der Geschichte der deutschen Emigration nach Südamerika bedeutet diese ein wichtiges Kapitel.

Die Kongresse der ALEG

Um die Präsenz des Themas in der Region aufzuzeigen, habe ich als erstes die letzten Kongresse der „Asociación Latinoamericana de Estudios Germanísticos" (ALEG) ausgesucht[1]. Im vergangenen Jahrzehnt fanden vier Kongresse in vier lateinamerikanischen Ländern statt: der X. Aleg Kongress in Venezuela, der XI. in Brasilien, der XII. in Kuba und der XIII. in Argentinien. Zeugnisse davon sind ein Band des Venezolanischen Kongresses (R. Koroschetz 2002), drei des Brasilianischen (W. Bolle 2005) und eine digitale CD-ROM des Kongresses in Kuba (Aleg 2006). Die Vorträge des letzten Kongresses befinden sich in Bearbeitung.

---

1 ALEG: Vereinigung, die seit 1965 Germanisten versammelt, die an den lateinamerikanischen Universitäten arbeiten.

Beim X. Kongress in Caracas (2000) befasste man sich kaum mit dem Thema Exil. Nur der Plenarvortrag von Nicolás Dornheim (Dornheim 2002: 17) schloss bezeichnenderweise das deutsche Exil ein, in dem er sich auf die Rolle der Exilanten von 1933, die diese in der Geschichte der lateinamerikanischen Germanistik spielten, bezog. Diese Rolle habe einen wichtigen Beitrag zur „época axial"[2] zur Einführung des Fachs im Subkontinent zwischen 1932 und 1949 bedeutet. Die Einbeziehung der Exilgermanisten in der Entwicklung der lateinamerikanischen Germanistik sollte die Lücke füllen, die in den 90iger Jahren die deutschen Untersuchungen bezüglich des Themas Exil und Germanistik in der Region zeigten (W. Schmitz 1994; G. Stern 1998).

In Havanna (2006) wurde, verglichen mit den anderen Kongressen, mit 9 Beiträgen die größte Anzahl vorgestellt, die sich mit der Thematik des Exils befassten, und zwar innerhalb der Sektion „Postkolonialer Diskurs und Literatur der Migration", die sich besonders mit der letzten „erzwungenen Emigration unter dem Nationalsozialismus und dem Schreiben im Exil" beschäftigte. Bei diesen Beiträgen handelte es sich um unterschiedliche Exilbereiche: Mexiko, Brasilien, Kuba, Argentinien. Sie behandelten Fallstudien, wie das Leben von Otto Maria Carpeaux in Brasilien. Andere Beiträge konzentrierten ihr Interesse auf die sozial-historischen Aspekte, wie z. B. die Haltung der Zeitungen in Lateinamerika während des Nationalsozialismus.

Der XI. Kongress in San Pablo (2003), wo einer der Tagungsorte Petropolis war, die Stadt, in der 1942 Stefan Zweig sein Leben beendete, bot auf dem Gebiet der Exilforschung verschiedene Beiträge über den österreichischen Autor in Brasilien an. Außerdem trug die Podiumdiskussion „Stefan Zweig und Lateinamerika" dazu bei, den politischen Kontext des Scheiterns von Zweig auf brasilianischem Boden zu erklären.

In Córdoba (Argentinien), wo 2009 der XIII. Kongress der ALEG statt fand, gab es keinen Plenarvortrag zum Thema Exil. Bei den über 150 Vorträgen gab es nur 5, die sich mit verschiedenen Fallstudien von Schriftstellern des Exils befassten. In der Sektion „Übersetzung" behandelte man die Zweisprachigkeit von Ernesto Schopflocher, einem exilierten Schriftsteller, der noch heute in Buenos Aires lebt. Auch wurden die Nachlässe von Erwin Palm und Hilde Domin, die in Santo Domingo strandeten, vorgestellt. Diese Nachlässe sind unerforscht im Deutschen Literaturarchiv in Marbach.

---

2   Auf deutsch: „Entscheidender Zeitabschnitt".

Und was geschieht innerhalb der Internationalen Vereinigung für Germanistik?

Im vergangenen Jahrzehnt fanden innerhalb der IVG zwei Weltkongresse statt. Während des Kongresses in Wien (2000) waren alle Blicke auf den Beginn des dritten Jahrtausends gerichtet. In den zwölf Bänden der Vorträge gibt es keine einzige Sektion, die sich mit dem Exil oder der Emigration befasste, also sehr ähnlich wie in dem bereits erwähnten Kongress in Caracas (2000).

Sicherlich war die Jahrtausendwende von Bedeutung. Aber wir können das Fehlen der Exilthematik auch mit dem Verblassen einer Exilforschung begründen, die in den 70iger Jahren Furore machte, und damals eine Literatur in deutscher Sprache zurück zu gewinnen versuchte, die außerhalb Deutschlands von 1933 bis 1945 geschrieben worden war. Auf der anderen Seite fragten sich die Kritiker, ob man sich bereits vor einem überholten Studienobjekt befand, das in den vergangenen Jahrzehnten erschöpfend behandelt worden war. Im sozialen Kontext, der einen „allgemeinen politisch-kulturellen Stimmungswandel" (Spies 1996: 11) einläutete, erschien die Exilliteratur als ein abgeschlossenes Kapitel. Die Skepsis gegenüber der Zukunft der Exilforschung widerlegten einige Experten in der Gewissheit, dass es noch wichtige Aspekte zu entdecken gab, und dass die Stagnation eine Folge der bisher benutzten Methoden war. Sie begannen damit, eine „Emigrationsforschung" in eine „Akkulturationsforschung" zu verwandeln. In dieser standen die Phänomene der Aneignung der fremden Kultur oder auch die Betrachtung der mehr oder weniger gelungenen Integration in einer fremden Gesellschaft im Mittelpunkt. Auf der anderen Seite war es notwendig, sich mit den Ergebnissen des kulturellen Transfers auseinander zu setzen, den die exilierten Deutschen in die Gastländer einbrachten, und auf systematische Weise das Thema der Remigration zur Sprache zu bringen. Daneben wurde das „unbearbeitete Feld" der jüdischen Identität behandelt, das – bedingt durch das Schicksal der Naziverfolgungen – sich in ein Modell für den Entwurf einer modernen Identität verwandelte.

Der IVG-Kongress in Paris (2005) nahm in der Sektion „Migrations-, Emigrations-, Remigrationskulturen" diese neuen Aspekte der Exilforschung auf. In dem erhaltenen Corpus von Texten über das Exil wurden hier Probleme untersucht, die die Identität und deren Verlust, die Erinnerung und den Kulturtransfer behandelten, so als ob es sich beim Exil von 1933 mehr um einen Fall von Migration handelte, in dem das zentrale Thema die Frage nach der Akkulturation wäre (F. Trapp 2007).

Beim heutigen Kongress der IVG (Warschau 2010) wird allein in der Sektion über „ Die deutschsprachige Kultur und Lateinamerika" ausdrücklich die Zeit des Exils während des Nationalsozialismus erwähnt, und somit als eine historische Instanz der Präsenz der deutschsprachigen Kultur in der Region betrachtet.

Die Kolloquien über berühmte Exilschriftsteller und die Regionaltagungen sind weitere Instanzen in der Entwicklung der Exilforschung in Lateinamerika.

Wie wir es am Beispiel Zweigs in Brasilien beobachten können, waren die Nachforschungen noch nicht ausgeschöpft. Wie es der Kongress der Aleg 2003 zeigt, wurden an Hand von brasilianischen und deutschen Beiträgen unerforschte Aspekte seines Exils entdeckt. Ähnlich war es bei Paul Zech: bei einem veranstalteten Kolloquium[3] war der zentrale Punkt die Auswirkung der deutschen Emigration (1933–1945) in Argentinien. Wie wichtig die Rolle Zechs als Auslöser für diese Nachforschungen war, konnte man an den vorgestellten Beiträgen über das Theater, die Musik, die Politik und die Kunst bei den Emigranten in Buenos Aires erfahren. Aus diesem Grund stimmen die Arbeiten des Kolloquiums über Zech völlig mit den neuen Tendenzen der Exilforschung überein, und zwar dem Suchen nach Netzwerken aller Art, die uns ein fremdes Vermächtnis für deren heimische Kultur hinterlassen. Auch stellte man ein interdisziplinäres Interesse am Thema fest.

Wenn wir die Zeitschrift *Anuario Argentino de Germanistas*[4] betrachten, so sehen wir, dass im eben vergangenen Jahrzehnt dieses Thema praktisch nicht existierte. Eine Ausnahme bildet der III. Band, der die Vorträge der XIV. Nationalen Tagung publizierte. Dort wird des hundertjährigen Todestages Heines und des 50. Todestages von Brecht unter dem Motto „Immer das Exil..." (AAG 2007) gedacht. Die Tagung hinterließ einen bedeutenden Beitrag von Artikeln, die den erwähnten Autoren, sowie Zech und Joseph Roth gewidmet waren, der Schweiz als vorübergehender Heimat für exilierte Schriftsteller, sowie den Problemen der Akkulturation der deutsch-jüdischen Emigration in Argentinien (Saint Sauveur-Henn 2007).

---

3 Es handelt sich von *Entre dos culturas. La vida y obra de Paul Zech, poeta alemán exiliado en la Argentina (1881–1946). Coloquio sobre la emigración alemana en la Argentina (1933–1934)*. Biblioteca Nacional, Buenos Aires, 19.–20. April 2010.

4 Die Zeitschrift *Anuario Argentino de Germanistas (AAG)* wird ab 2005 jährlich von der Vereinigung der argentinischen Germanisten herausgegeben. Sie befasst sich hauptsächlich mit der lokalen Forschung der Disziplin.

„Janusköpfiger" Status der Exilforschung am Río de la Plata

Zu Beginn lagen die Aufgaben der Exilforschung hauptsächlich in der Dokumentation unerschlossener Quellen, sowie darin, zum ersten Mal Texte zu
publizieren und Biographien zu erschließen. Dies war im XX. Jahrhundert
abgeschlossen, wie man u. a. an den Beispielen von Handbüchern sehen
kann, die die Emigration von 1933–1945 behandelten, den Bio-Biblio-
graphien, Veröffentlichungen von Symposien und Kolloquien, dem Fortbestand einer regelmäßig erscheinenden Publikation über die Exilforschung[5].
Diese Forschungen deckten zahlreiche intra- und extraeuropäische Gebiete
ab, wo die Emigranten strandeten.

Auf der anderen Seite werfen die Texte über das Exil neue Fragen und
Perspektiven auf: sie befassen sich mit der Identitätsfrage, der kulturellen
Vermittlung und der Aufklärung von sozialen Netzen, welche es ermöglichen, die Migrationen in neue Gastländer zu erfassen. Wir wissen, dass diese
aktuellen Fragen der Völkerwanderung auch heute für Europa nach dem Fall
der Berliner Mauer gelten.

Was die Exilforschung in Argentinien und anderen Nachbarländern betrifft, so können wir von einer janusköpfigen Situation ausgehen. Wir stellen
die Existenz zweier Strategien fest, die wir kurz als heuristische und hermeneutische charakterisieren können: erstere ist noch der Suche nach Nachläs-
sen, Texten und Zeugnissen für die „oral history" gewidmet; diese repräsentierte den Standard des XX. Jahrhunderts und gehörte unmittelbar zu den
Geschehnissen des Exils von 1933. Deutlich wird diese heuristische Strategie
bei der aktuellen Durchsicht des kompletten Nachlasses von Hans D. Silber
(1903–1969), der 1937 nach Argentinien ausgewandert war und in Uruguay
verstarb[6], sowie am Leben und Werk vom österreichischen Fritz Kalmar
(1911–2009), der sein Exil in Bolivien und Uruguay verbrachte, wo er in
Montevideo starb. Noch immer erscheinen Texte und Biographien, die in die
Zurückgewinnung der ersten Etappe der Exilforschung passen, erkennbar
auch am Fall des Lebens eines Herausgebers des *Argentinischen Tageblatts*,
Max W. Finkelstein (K. Schirp 2002) oder am Leben des Wiener Arztes
Ludwig Popper, der Exil in Bolivien fand (L. Popper 2005).

Zugleich führen diese neue Erkenntnisse dazu, dass sie unter einer hermeneutischen Fragestellung gelesen werden, also an Hand von Anleitungen
und Zielen, die die Exilforschung zu Beginn des XXI. Jahrhunderts im Rah-

---

5   Siehe *Jahrbuch für Exilforschung*. Hg. Claus Dieter Krohn y Lutz Winckler (seit
     1983).
6   Siehe Bujaldón de Esteves, L. „Hans D. Silber (1903–1969) y su obra literaria en
     el Río de la Plata". In: *Anuario Argentino de Germanistas*, Anejo II „La
     emigración alemana en la Argentina (1933–1945). Su impacto cultural, 2010,
     221–235.

men der „Migrationsforschung" festgelegt hat: das heißt, dass man sich nun hauptsächlich mit den Verhältnissen der Emigranten untereinander, der Emigranten mit dem Land, das sie aufgenommen hat und der Beziehung der Bewohner des Gastlandes mit den Emigranten beschäftigt (P. zur Mühlen 2009: 74). Beispiele wie Kalmar und Silber zeigen uns wiederum Lücken auf, die noch bezüglich bestimmter Exilantenschicksale in einem, bisher nicht als Gastland beschriebenen Land wie Uruguay bestehen[7].

Am Beispiel von Silber können wir an Hand seiner unveröffentlichten Werke aus seinem Nachlass bestätigen, dass nach dem Verlust der deutschen Identität in der NS-Zeit, ein Identitätsprozess hin zu den idealen des Zionismus möglich wurde. Außerdem gab es Hinweise auf soziale Netze, die es ihm erlaubten, sich mit dieser neuen Identität besser auseinander zu setzen, sowie auf Kontakte zu exilierten Musikern und Dramaturgen, z. B. Wilhelm Grätzer und Paul W. Jacob, mit denen er Verbindung aufnahm, um seine artistischen Ziele zu erreichen. Sein Aufenthalt im Exil, wo er sich 1960 endgültig in Uruguay angesiedelt hatte, und sein Besuch in Deutschland und in Israel lenken die Aufmerksamkeit auf die Frage der Remigration der deutschen Juden, einem noch nicht abgeschlossenen Kapitel der Exilforschung.

Die Lektüre seiner späten Essays, die für die „Die deutsche Stunde" im Radio von Montevideo gedacht waren, zeigen eine persönliche Lösung für den Verlust der deutsch-jüdischen kulturellen Symbiose auf: in dieser Radiosendung konnte er durch eine bewusste Auswahl von deutschen, deutschjüdischen und jüdischen Schriftstellern, für einen gemeinsam aktiven Humanismus eintreten.

Bibliographie

AAG. *Anuario Argentino de Germanística* (2007), ROHLAND, R. / VEDDA, M. (Hg.) III. 357 S.

ALEG (Hg.) (2006): *Akten des XII. ALEG-Kongresses. Deutsch in Lateinamerika. Ausbildung. Forschung. Berufsbezug.* Havanna und Leipzig 2006. CD-Rom Version.

BOLLE, W. / GALLE, H. (Hg.) (2005): *Blickwechsel. XI. ALEG-Kongress 2003,* Sao Paulo. 3 Bände.

---

7 In der Zwischenzeit habe ich Kenntnis auf die Arbeit Sonja Wegners: „Deutschsprachiges Exil in Uruguay 1933–1945", im Rahmen der Magisterprüfung im Hauptfach Geschichte der Universität Gesamthochschule Essen, 1994 genommen.

DORNHEIM, N. J. (2002): *„¿Quién fue Oloardo Hassey? Fundamentos para una historia de la germanística latinoamericana"*, in: KORO-SCHETZ DE MARAGNO, R. (Hg.) (2002): Brückenschlag. Lengua y cultura alemanas: un puente entre dos continentes. Actas X Congreso Latinoamericano de Estudios Germanísticos, Caracas, S. 17–46.

FACAL SANTIAGO, S. (2003): *„Emigrantes y exiliados judíos en Uruguay"*, in: *Historia Actual OnLine*, 2, 45–57. http://historia-actual.org/ Publicaciones/index.php/haol/article/view/19.

KOROSCHETZ DE MARAGNO, R. (Hg.) (2002): *Brückenschlag. Lengua y cultura alemanas: un puente entre dos continentes.* Actas X Congreso Latinoamericano de Estudios Germanísticos, Caracas.

POPPER, L. E. (Hg) (2005): *Ludwig Popper: Bolivien für Gringos. Exil-Tagebuch eines Wiener Arztes.* Oberwar.

SAINT SAUVER-HENN, A. (2003): *„Exil als Förderung der Satire? Am Beispiel des Bolivienemigranten Fritz Kalmar"*, in: BENAY, J. / PFABIGAN, A. / SAINT-SAUVEUR-HENN, A. (Hg): Österreichische Satire (1933–2000). Bern, 2003, 92–126.

SAINT SAUVER-HENN, A. (2007): *„América Latina ¿Una nueva patria para exiliados de habla alemana?"*, In: *Anuario Argentino de Germanistas*, B.3, S. 17–32.

SCHIRP, K. (2001): „Die Presse als Brücke zwischen Heimat und Exil. Das *Semanario Israelita* in Buenos Aires", in: *Jahrbuch für Exilforschung*, B. 19, S. 168–186.

SCHIRP. K. (2002): *Jude, Gringo, Deutscher: das abenteuerliche Leben Werner Max Finkelstein.* Berlin.

SCHMITZ, W. (1994): *¿Modernisierung oder Überfremdung? Zur Wirkung deutscher Exilanten in der Germanistik der Aufnahmeländer.* Stuttgart, S. VII–XIX.

SPIES, B. (1996): *„Exilliteratur- ein abgeschlossenes Kapitel? Überlegungen zu Stand und Perspektiven der literaturwissenschaftlichen Exilforschung"*, In: *Jahrbuch für Exilforschung*, B. 14, S. 11–30.

STERN, G. (1998): *Literarische Kultur im Exil, Literature and Culture in Exile.* Gesammelte Beiträge zur Exilforschung (1989–1997) Dresden, S. 24–38.

TRAPP, F. (2007): *„Von der Exilliteratur zur Migrantenliteratur – Veränderungen im Erscheinungsbild einer literarischen Periode"*, in: VALENTIN, J.-M. (Hg.) Migrations-, Emigrations- und Remigrationskulturen. Akten des XI. Internationalen Germanistenkongresses. Paris 2005, Jahrbuch für Internationale Germanistik, B. 82, Bern, S. 13–17.

VON ZUR MÜHLEN, P. (2009): *„Entwurzelung und Fremdheitserlebnis im Exilland Bolivien"*, In: *Jahrbuch Exilforschung*, B. 27, S. 74–85.

CLAUDIA GARNICA DE BERTONA
(Argentinien, Mendoza)

Auslandsdeutsche Literatur in Argentinien: Die Periode 1933–1945

Ab der Mitte des XIX. Jahrhunderts verließ eine große Zahl von Deutsch-sprechenden Europa in verschiedene Himmelsrichtungen, unter anderem nach Argentinien. Diese Umsiedlung setzte sich bis ca. 1945 fort. Anne Saint Sauveur-Henn (1994: 414) hat die verschiedenen Formen der deutschen Auswanderung nach Argentinien genau untersucht und unterscheidet drei Etappen:

1. Phase (1810–1860): Siedler, Händler, Handwerker und Soldaten kommen nach Argentinien, wobei die deutsche Sprache das (einzige) Binde-glied zu sein scheint, das diese Gemeinschaft eint. Aus dieser Periode gibt es praktisch keine literarischen Dokumente.
2. Phase (1870–1933): Man findet hier Auswanderer insbesondere aus der oberen Mittelschicht. Der Erste Weltkrieg und die Wirtschaftskrisen vom 1923 und 1929 prägen diese Periode. Ungefähr ab 1870 werden erste li-terarische Texte veröffentlicht, die von Journalisten, Reisenden und Auswandern geschrieben werden.
3. Phase (1933–1945): In dieser Zeit treffen vor allem jüdische Flüchtlinge ein. Es kommen aber auch politische Gegner des Nationalsozialismus, die zahlenmäßig nicht signifikant, aber politisch doch sehr aktiv waren, was schnell eine Unterschied zu den früher angekommenen Emigranten schuf. Die Einwanderung dieser Flüchtlinge war fast ausnahmslos städti-scher Natur.

Die ersten scheuen Anfänge der auslandsdeutschen Literatur in Argentinien findet man ab 1870, und sie erreicht ihren Höhepunkt in der Zeit zwischen 1933 und 1945, als die steigende Zahl und die höhere Bildung der Immigran-ten die Bedingungen für die literarische Entwicklung begünstigen. Es gab zwar schon eine Tradition der deutschsprachigen Literatur in Argentinien, mit eigenen Verlagen und Leserkreis, aber abgesehen von der Qualität und Quantität der Veröffentlichungen, besteht ein bezeichnender Unterschied darin, dass die Autoren nun nicht mehr darauf abzielen, von einem europäischen deutschsprechenden Publikum gelesen zu werden, sondern von in Argentinien lebenden Deutschen.

Da es bis jetzt keine umfassende Forschung über die auslandsdeutsche Literatur in Argentinien gibt, verwende ich als Quellen die Teilstudien von Nicolás Dornheim (1996), Lila Bujaldón (2003) und Arnold Spitta (1986– 1987) sowie die Werke, die um diese Zeit veröffentlicht wurden, und ebenso die regelmäßig veröffentlichten Zeitschriften *Lasso, Phoenix, Südamerika* und das *Jahrbuch des deutschen Volksbundes für Argentinien*, aber nicht das *Argentinische Tageblatt,* da dieses aufgrund seines Umfangs und seiner Bedeutung einer eigenen wissenschaftlichen Untersuchung bedürfte.

Die Schriftsteller, die man dieser Periode zuordnet, haben mindestens die Hälfte ihrer bekannten Werke zwischen 1933 und 1945 in Argentinien veröffentlicht. Man findet sowohl Immigranten, die vor 1933 nach Argentinien kamen, sowie Exilanten, die nach Kriegsende in großer Zahl nach Europa zurückkehrten oder wieder andere, die bis zu ihrem Tod in Argentinien blieben.

Die Exilierten

Diese Gruppe wurde zweifelsfrei schon genau erforscht. Ich werde mich aber auf andere Exilanten beziehen, die bis heute nur wenig erforscht wurden, wie zum Beispiel:

–   Adolf Borstendörfer (Prag, 1893 – Buenos Aires, 1957). Er emigrierte 1938 nach Paraguay und 1943 nach Argentinien und übersetzte das nationale Epos, den *Martín Fierro,* von José Hernández, den Cosmopolita im Jahr 1945 veröffentlichte. Borstendörfer schrieb auch zwei Romane, die die Fiktion mit den geschichtlichen Ereignissen im Europa der dreissiger Jahre mischen: *Graf Ciano* (1944) und *Die letzten Tage von Wien* (1944).
–   Doris Dauber (Würzburg, 1897 – Leipzig, 1953) ist eine weitere bemerkenswerte Schriftstellerin. Vor der Emigration war sie schon Journalistin und Schriftstellerin. Ihre Erfahrungen im Exil verarbeitete sie in *Eine Nacht im Leben* (1945), das gegenüber anderen Exilwerken neuartig ist, und zwar aufgrund ihrer Schreibtechnik, denn die Erzählerin erzählt ihre Geschichte vom Krankenbett aus, und zwar in der ersten Person, aber im Präsens.
–   Ein anderer wenig bekannter Exil-Schriftsteller ist Heinrich Eberhardt, (Bad Ems, 1903). Er kam um 1935, vor dem Krieg, nach Argentinien. Seine Spuren verlieren sich ca. 1966, als er in Córdoba wohnte. Er

schrieb Gedichte, Kurzprosa und einen Roman, *Kampf mit dem Schicksal* (1944). Er hat eine solide Handlung, überzeugt durch eine ausgezeichnete Beherrschung der erzählerischen Techniken und ist reich an imagologische Anspiegelungen in beiden Richtungen, da einer der Protagonisten eine Argentinierin heiratet und sich damit nicht nur in deutschen Kreisen bewegt, sondern mit Einheimischen in Kontakt tritt.

–   Hans Jahn (Braunschweig, 1911). Da er politisch links stand, musste er emigrieren. Zuerst nach Spanien, dann nach Paris, Paraguay und Buenos Aires, wo er für das *Argentinische Tageblatt* und *Das andere Deutschland* schrieb. Zusammen mit Karl Kost war er Herausgeber von *Herz an der Rampe. Ausgewählte Chansons, Songs und Dichtungen ähnlicher Art* (1944), worin Texte deutschsprachiger Autoren, die in Argentinien lebten und arbeiteten, veröffentlicht wurden, aber auch von deutschen Schriftsteller. Im Jahr 1941 veröffentlichte er *Babs und die Sieben. Eine lustige Geschichte für Kinder von 12 bis 80 Jahren.*

–   Johann Luzian (Hamburg, 1903) ist, ohne Zweifel, eine der herausragenden Persönlichkeiten der auslandsdeutschen Literatur in Argentinien. Er kam 1936 als Exilant nach Argentinien, weil er die Ideologie des Nationalsozialismus nicht teilte, und wurde schnell ein bekannter Schriftsteller. Er lebte von 1940 an in Chascomús (Buenos Aires), wo er sehr aktiv und bekannt war. Ein besonderes Merkmal dieses Autors, der ein wichtiger Vermittler der deutschen Kultur in Argentinien war, ist, dass er sowohl auf Spanisch wie auf Deutsch schrieb.

–   Livia Neumann-Skékely (Budapest, 1912) ist eine wenig erforschte Schriftstellerin aus der Gruppe der Exilautoren. Sie war vor der Emigration Schrifstellerin und Journalistin in Wien, emigrierte im Jahr 1938 und arbeitete für das *Argentinische Tageblatt* und die *Jüdische Wochenschau*. Sie verdient Anerkennung für ihren Roman *Puerto Nuevo/Neuer Hafen* (1943). Ihr anderes Werk *Hab Mut zum Glück!* (1952) hat keine literarischen Absichten und gehört eher in die Kategorie der Ratgeber. Im Jahr 1945 wurde unter dem Pseudonym S. E. Kelly, das sowohl von ihr als auch von ihrem Mann Josef Székely benutzt wurde, *Der Meisterspion* (1945) veröffentlicht. Der Stil dieses Werkes unterscheidet sich so stark vom vorgenannten Werk, dass man fast davon ausgehen kann, dass es nicht von ihr sondern von ihrem Mann geschrieben wurde. Ihre Spuren verlieren sich um 1967, als sie noch in Buenos Aires lebte und Österreich um finanzielle Hilfe bat.

Die Emigrierten

In dieser Gruppe verdient Otto Czierski (Strassburg, 1903) einen wichtigen Platz einzunehmen: Er emigrierte 1930 nach Brasilien und 1937 nach Argentinien. 1952 kehrte er nach Deutschland zurück. Ein wesentlicher Teil seines Werkes wurde in Buenos Aires im eigenen Verlag veröffentlicht, und ein weiterer Teil im Verlag Neue Ufer oder in Deutschland. Bemerkenswert bei ihm ist, dass er – obwohl er kein Exulant war – bei der Wahl und der Behandlung der Themen sich diesen annähert: die Heimat zum Beispiel wird immer sehnsvoll dargestellt, als ob er nicht zurückkehren könnte. Diese Haltung ist jedoch ziemlich mehrdeutig, da er nach seiner Rückkehr nach Deutschland *Argentinien, Land der Zukunft* veröffentlicht, worin er seinem Heimweh nach Argentinien Ausdruck gibt und ein idealisiertes Bild des Landes wiedergibt. Von seinen südamerikanischen Erfahrungen geprägt ist auch der Roman *Gewissen ohne Exil*. Dieselben Themen erscheinen wieder in *Kleines Schicksal* (1944), und mit geringerer Intensität in *Das Gesicht der Wolke*. Diese Werke sind leider nicht datiert, so auch *Frucht der Fremde*, das eine deutlich geringere literarische Qualität aufweist.

Von Margit Hilleprandts liegen wenige biographische Daten vor. Man weiß nur, dass sie um 1952 in Córdoba wohnte, und die Frau von Wilhelm Lütge war, dem Herausgeber des *Jahrbuchs*. Sie schrieb für Zeitschriften wie das *Jahrbuch*, und *Südamerika,*. Sie veröffentlichte auch Gedichte im Sammelband *Vom andern Ufer* (1941) und auch eine Gedichtsammlung namens *Gedichte* (1942), mit Texten von sehr unterschiedlicher Qualität. In einigen der Gedichte bewundert sie ganz offen Adolf Hitler.

Über Karl Hillekamps weiß man wenig: sein historischer Roman *Tod in Paraguay* erschien im Jahr 1945 und er schrieb auch eine Reihe von Artikeln, die in den wichtigsten deutschsprachigen Publikationen in Argentinien erschienen. Hillekamps hatte an der philosophischen und naturwissenschaftlichen Fakultät der Universität Münster promoviert und veröffentlichte auch in Deutschland und in Zeitschriften wie *Lasso,* das *Jahrbuch* (1936–1940) und in *Südamerika* (1950–1952), hauptsächlich Reiseberichte und Kurzgeschichten. Er veröffentlichte auch einen Roman, *Dorf in den Bergen,* von dem ich aber leider noch kein Exemplar ausfindig machen konnte.

Johannes Reinhold Franze (Kleinröhrsdorf, 1889 – Italien, 1968). Von 1920 bis ca. 1945 arbeitete er als Lehrer an verschiedenen deutschsprachigen Schulen in Argentinien und hielt Vorträge bei der deutsch-argentinischen Kulturgemeinschaft. Basierend auf seinem aufmerksamen und respektvollen Blick auf die neuen Realitäten entsteht *Nördliche Tropen – südlicher Schnee. Schönheit und Seele südamerikanischer Landschaft* (1942). Auch in seinem nächsten Werk *Artemis. Tagebuch eines Archäologe* (1949), bestimmt das Motiv der Reise die Struktur. Aus dem Jahr 1952 stammt das Werk *Wo die*

Ströme aufwärts fließen. Kanal, Strom- und Inselfahrten im Paraná-Delta, das eine kürzere Reise erzählt. Doch Franze war nicht nur Schriftsteller, sondern auch Musikwissenschaftler, Übersetzer und Literaturkritiker. Max Tepp (Hamburg, 1891 – Buenos Aires, 1975) ist zweifellos eine der herausragenden Persönlichkeiten der Migrantenliteratur. Er arbeitete als Lehrer und Direktor an mehreren deutschen Schulen in verschiedenen Provinzen Argentiniens und war der Herausgeber der Reihe „Die Umwelt des Auslandsdeutschen in Südamerika" und Mitherausgeber der Zeitschrift *Phoenix.* Er war aber auch Erzähler, Essayist und Übersetzer. Darüber hinaus schrieb er auch historische, pädagogische und naturwissenschaftliche Werke, wie z. B. *Blumen und Bäume am Nahuel Huapi* (1936), das auch ins Spanische übersetzt wurde. Sein Ziel war es, dass die Deutschsprechenden Kinder in Argentinien genügend Material über Argentinien auf Deutsch zu lesen hatten, und aus diesem Wunsch heraus entstanden die meisten seiner Werke. So veröffentlichte er *Unter Ceibos und Weiden* (1935), *Hans Katteker* (1936), usw. Ein Teil seiner Werke wurde auch auf Spanisch veröffentlicht, wie z. B. *Tanahuén. La indiecita del Nahuel Huapi* (1941), auf Deutsch *Die Indianerkinder in der Löwenhöhle* y *Árboles y arbustos cordilleranos* (1936), die spanische Version von *Blumen und Bäume am Nahuel Huapi* (1936).

Schlussfolgerungen

1. Bezüglich der dargestellten Wirklichkeit findet man bei den Autoren dieser Periode eine größere Verpflichtung gegenüber der sie umgebenden Welt: Argentinien wird nicht nur als ein mögliches Emigrationsziel dargestellt, sondern ist Schauplatz der Fiktionen, die das Exil und die Lebensbedingungen der Emigranten wiedergeben und problematisieren. Von der Imagologie her verändert sich das Bild von Argentinien als „das Land wo Honig und Milch fließen" zu einem realistischeren und vielschichtigeren Bild hin.

2. Im Hinblick auf die Kultur des Herkunftslandes unterscheidet sich die Lage des Schriftstellers dieser Zeit wesentlich von den vorhergehenden, denn er musste die Heimat verlassen, um sein Leben zu retten, und die Unmöglichkeit, in die Heimat zurückzukehren solange sich die Umstände sich dort nicht ändern, verursacht eine problematische Beziehung zur Heimat, hauptsächlich Hassliebe.

3. Ausgehend vom Gesichtspunkt der Kultur des Ziellandes, polarisiert sich die Wertschätzung, was hauptsächlich mit den Lebensbedingungen der Autoren zu tun hat.

4. Die Leserschaft besteht in dieser Periode nicht mehr aus dem Deutschen in der Heimat, sondern beschränkt sich auf den Deutsch-Argentinier, da die Chancen in Deutschland zu veröffentlichen aufgrund des Nationalsozialismus gegen Null tendierten.

Von 1933 bis 1945 war die bedeutendste Schaffensperiode der auslanddeutschen Literatur in Argentinien. In der darauf folgenden wird wesentlich weniger veröffentlicht und die deutschsprachigen Schriftsteller schreiben nach und nach auch auf Spanisch. Andere Schriftsteller sterben, kehren nach Deutschland zurück oder schreiben nicht mehr.

Bibliographie

BORSTENDÖRFER, A.(1945). *Graf Ciano*. Buenos Aires: Cosmopolita.

BORSTENDÖRFER, A. (1945). *Die letzten Tage von Wien*. Buenos Aires: Nueva Austria.

BUJALDÓN, L. (2003): *„Exil und Germanistik in Argentinien"*. In: *Akten des X. Internationalen Germanistenkongresses Wien 2000. Zeitwende – Die Germanistik auf dem Weg vom 20. ins 21. Jahrhundert*. Band 11. Bern: Peter Lang, S. 285–290.

CZIERSKI, O. (ohne Datum): *Argentinien. Land der Zukunft*. Frankfurt am Main: Verlag Inter-Tur.

–   (ohne Datum): *Gewissen ohne Exil*. Darmstadt: Progress Verlag.

–   (1944): *Kleines Schicksal. Novellen*. Buenos Aires: Otto Mickein.

–   (ohne Datum): *Das Gesicht der Wolke. Prosa*. Neunburg v.W: Verlagsbuchhandlung Hans Hoffmann.

–   (ohne Datum): *Frucht der Fremde*. Buenos Aires: Neue Ufer.

DAUBER, D (1945): *Eine Nacht im Leben. Roman*. Buenos Aires: Cosmopolita.

DORNHEIM, N. (1996): *„Die deutschsprachige Literatur in Spanisch-Amerika. Wege der kulturellen Begegnung im Auswahl"*. In: KOHUT, K. / SIEBENMANN, G.: Deutsche in Lateinamerika – Lateinamerika in Deutschland. Frankfurt am Main: Verwuert; S. 139–156.

–   (1986–1987): *„Johann/Juan Luzian-Biografía literaria de un exiliado alemán en la Argentina"*. In: *Boletín de Literatura Comparada*. XI–XII, 1986–1987. Mendoza: Facultad de Filosofía y Letras; 81–106.

EBERHARDT, H. (1944): *Kampf mit dem Schicksal*. Buenos Aires: Librería Goethe.

FRANZE, J. (1942): *Nördliche Tropen-Südlicher Schnee. Schönheit und Seele südamerikanischer Landschaft.* Buenos Aires: Goethe Buchhandlung.

– (1949): *Artemis. Tagebuch eines Archäologen.* Buenos Aires: Foerster.

– (1952): *Wo die Ströme aufwärts fließen. Kanal, Strom- und Inselfahrten im Paraná-Delta.* Buenos Aires: Foerster.

HILLEKAMPS, K. (1945): *Tod in Paraguay.* Buenos Aires: El Lazo.

HILLEPRANDT, M. (1942): *Gedichte.* Buenos Aires, Mercur.

JAHN, H./KOST, K. (1944): *Herz an der Rampe. Ausgewählte Chansons, Songs und Dichtungen ähnlicher Art.* Buenos Aires: Cosmopolita.

JAHN, H. (1941): *Babs und die Sieben. Eine lustige Geschichte für Kinder von 12 bis 80 Jahren.* Buenos Aires: Cosmopolita.

KELLY, S. E. (1945): *Der Meisterspion.* Buenos Aires: Cosmopolita.

NEUMANN, L. (1943): *Puerto Nuevo/Neuer Hafen.* Buenos Aires: Neuer Hafen.

– (1952): *Hab Mut zum Glück!* Buenos Aires: Cosmopolita.

SAINT SAUVEUR-HENN, A. (1994): „Zur Struktur deutscher Einwanderung in Argentinien (1870–1945)". In: BECKER, F. et al. (1994): *Iberische Welten. Festschrift zum 65. Geburtstag von Günter Kahle.* Köln/Weimar/Wien: Böhlau. (PP)

SAINT SAUVEUR-HENN, A. (2002): *„Exotische Zuflucht? Buenos Aires, eine unbekannte und vielseitige Exilmetropole (1933–1945)".* In: KROHN, C. et al. Exilforschung. Ein internacionales Jahrbuch. Band 20: Metropolen des Exils. München: text+kritik. (PP)

SPITTA, A. (1986–1987) *„Exilio en Buenos Aires 1933–1946. La imagen de la ciudad en la obra de Paul Zech".* In: *Boletín de Literatura Comparada.* XI–XII, S. 11–22.

TEPP, M. (1936): *Blumen und Bäume am Nahuel Huapi.* Buenos Aires: Del Umbral Argentino.

– (1935): *Unter Ceibos und Weiden.* Buenos Aires: Die Umwelt.

– (1936): *Hans Katteker.* Buenos Aires: Die Umwelt.

– (1941): *Tanahuén. La indiecita del Nahuel Huapi.* Buenos Aires: Editorial del Umbral Argentino.

– (ohne Datum): *Die Indianerkinder in der Löwenhöhle.* Buenos Aires: Die Umwelt.

– (1936) *Bäume und Blumen am Nahuel Huapi.* Buenos Aires: Die Umwelt.

– (1936) *Árboles y arbustos cordilleranos.* Adaptación de G. W Buenos Aires: Del Umbral.

ADRIANA MASSA (Argentinien, Córdoba)

Die Präsenz der deutschen Kultur in
der argentinischen Literatur der Mitte des XX. Jhs.:
Das Werk von Marco Denevi

Der argentinischen Schriftsteller Marco Denevi gehört zur sogen. 55er Generation, obwohl er nicht der realistischen für diese Gruppe typischen Tendenz angehört. Bekannt wird er mit seinem Kriminalroman *Rosaura a las diez* (1955), der den Kraft-Preis erhielt und zu einem großen literarischen Erfolg wurde. 1961 wurde ihm für seine Novelle *Ceremonia secreta* der Preis Life in Spanisch zugesprochen. Als Erzähler hat er mit großem Erfolg die Gattung der Mikro-Erzählung gepflegt.

1966 veröffentlicht Denevi einen Band mit Erzählungen unter dem Titel *Falsificaciones* (Fälschungen). Es handelt sich um eine Sammlung von Mikro-Erzählungen, denen neben anderen Merkmalen gemeinsam ist, dass ihre Protagonisten historische Persönlichkeiten (wie Napoleon, Elisabeth I, Nero), mythische (wie Polyphem, Perseus, Antigone), biblische (wie Judas, Lazarus, Adam und Eva) oder literarische (wie Shylock, Melibea, Dulcinea, Don Juan, Faust) sind und in Verbindung stehen mit – verwandelten und neu geschriebenen – Texten von bekannten Autoren wie Homer, Cervantes, Kafka, Shakespeare, Vergilius, Nietzsche u. a. Es sind Erzählungen, die – wie der Titel besagt – mittels verschiedenster intertextueller Praktiken neue Versionen von bekannten Ereignissen und Traditionen liefern. Das literarische Spiel der Fälschungen oder absichtlichen Täuschungen ist in der Literatur nicht neu. Die Erzählungen von Denevi fügen sich so ein in eine literarischen Tradition, den Leser zu täuschen, wie sie in Argentinien meisterhaft scharfsinnig Jorge Luis Borges gepflegt hat. In diesem Sinne verwendet Denevi eine ähnliche Technik wie Borges, und er selbst bekennt, dass seine *Falsificaciones* einen „borgeanischen" Einfluss haben. Auch stehen sie in Verbindung mit den Kurzgeschichten von Kafka.

Wie Javier de Navascués zeigt, findet sich der Begriff der Literatur als Palimpsest bereits in *Rosaura a las diez*, dessen Protagonist ein Maler ist, der zum Malen von Portraits zu dem Trick greift, über an die Wand projizierte Fotografien zu malen (de Navascués 1999a: 1056). Somit findet sich bereits in seinem ersten Roman die Intertextualität als ästhetisches Prinzip seiner

Literatur entwickelt. Denevi selbst bezieht sich auf die Entstehung seiner
Neuschreibungen in einem Interview mit Mempo Giardinelli:

> *„Es passiert mir häufig, dass ich mich beim Lesen unterbreche, weil ich an eine
> andere mögliche Version dessen zu denken beginne, was ich lese [...] und wie in
> einem Palimpsest decke ich einen anderen Text darüber".* (Denevi 1998: 81–82).

Die Grundlage dieses Vorgehens des „Fälschens von Texten" findet er in den
Worten von Nietzsche in *Menschliches, Allzumenschliches*:

> *„Wenn das selbe Motiv nicht hundertfältig durch verschiedene Meister behandelt
> wird, lernt das Publicum nicht über das Interesse des Stoffes hinauskommen;
> aber zuletzt wird es selbst die Nuancen, die zarten, neuen Erfindungen in der Be-
> handlung dieses Motives fassen und geniessen, wenn es also das Motiv längst aus
> zahlreichen Bearbeitungen kennt und dabei keinen Reiz der Neuheit, der Span-
> nung mehr empfindet"* (Nietzsche 1998: # 167; Denevi 1998: 10).

Denevis Biograph nennt unter den von ihm erwähnten zahlreichen Lektüren
ausländischer Schriftsteller nur zwei deutschsprachige Autoren: Franz Werfel
und Hermann Hesse (Delaney 2006: 69; 94). Dennoch sprechen seine Erzählungen für ein erheblich breiteres Spektrum: „Die erste Erzählung von
Kafka? Ein Richter", „Die Tragödie des Dr. Faust", „Der Ursprung des La-
chens nach Nietzsche", „Menschliches, Allzumenschliches", „So spricht der
neue Zaratustra", „Tod in Venedig", „Verwandlung" sind einige der Titel, die
eine klare Verbindung mit Werken der deutschen Literatur erlauben.[1]

Wie bereits angedeutet wurde, kann die Mini-Fiktion Denevis in Zusammenhang gebracht werden mit den kurzen Erzählungen Kafkas, in denen
der tschechische Autor sich anderen Überlieferungen zuwendet und Neu-
interpretationen von mythologischen, literarischen und biblischen Stoffen
vornimmt. Kafkas Werk kreist um die aphoristische Komposition, die
Spielintention, die Präsenz des Phantastischen, den verblüffenden Ausgang
und die Unmöglichkeit, zu einer absoluten Wahrheit zu gelangen. Bei Kafka
ragt vielleicht die Neigung zur Parabel hervor, die sich bei Denevi nicht findet. Anderseits ist daran zu erinnern, dass „das Jahrzehnt der Fünfziger des
20. Jahrhunderts einen Höhepunkt im Prozess der Verbreitung Kafkas" in
Argentinien bildet (Caeiro 2003: 161).

---

1 Andere beziehen sich auf die Musik wie „Eine kleine Nachtmusik" (im deutschen
   Original) oder solche, die auf Gestalten aus Wagner-Opern verweisen. Mit der
   bildenden Kunst in Verbindung steht die Erzählung „Ein Hund in Dürers Stich:
   ‚Ritter, Tod und Teufel'.

Nicht nur in der Form nähert er sich der Kurzerzählung Kafkas an, sondern auch verschiedene seiner „Fälschungen" zeigen den tschechischen Schriftsteller als ursprüngliches Modell.

In der ersten Ausgabe der *Falsificaciones* findet sich eine kurze Erzählung, die sich direkt auf Kafka bezieht. Der eigentlichen Erzählung geht eine Anmerkung voran, welche die Frage „Die erste Erzählung Kafkas?" beantwortet. Darin wird der fiktive Umstand behauptet, dass die Geschichte mit dem Titel „Ein Richter" auf Deutsch veröffentlicht wurde, und zwar im Dezember 1896 in der tschechischen, von den apokryphen Otto Gaus und Andrea Brezina geleiteten Zeitschrift „Der Wanderer". Nur die Initiale K. identifiziert den Autor der Erzählung. Denevi hebt hervor, dass er auf Grund dieses Buchstabens, „der später der Name der Protagonisten von *Der Prozess* und *Das Schloss* sein wird" und auf Grund „der Atmosphäre der Geschichte" (Denevi 1966: 13) auf den Gedanken kam, die Erzählung könnte von Kafka im Alter von 15 Jahren geschrieben worden sein. Diese detaillierte Information trachtet die Wahrscheinlichkeit der fiktiven Entdeckung eines Textes des tschechischen Autors zu vermitteln. Die Geringschätzung der eigenen Autorschaft unterstreicht den Charakter der parodistischen Konstruktion der Geschichte, der es erlaubt, hinter der aktuellen Erzählung einen Modelltext zu erkennen.

Denevis Erzählung ist in der ersten Person geschrieben aus der Gegenwartsperspektive des Protagonisten, der berichtet, wie er dazu kam, sich in einen Richter zu verwandeln und sein eigenes Urteil zu unterschreiben. Eines Tages wurde er als Zeuge vorgeladen und betrat zum ersten Mal den Justizpalast. In keinem Moment wird nach dem Grund für die Vorladung gefragt, noch wird eine Erklärung dafür gegeben. Die Erzählung bleibt bei der Wahrnehmung stehen, welche die Person von dem Justizgebäude hat: ein Labyrinth mit einer Unmenge von Türen, allesamt gleich, und kalten und dunklen Gängen, Männer mit Aktentaschen, die hin und her rennen und in einer verschlüsselten Sprache mit eindeutigem Bezug zur juristischen Fachsprache sprechen. Der Protagonist ist verwirrt und desorientiert, er weiß nicht, wohin sich zu wenden, und auf seine Fragen erhält er als Antwort bloß Worte wie „in situ, a quo, ut retro" (Denevi 1966: 13). Nach sechs Tagen des Wartens und reiner Langeweile hilft er einem jungen Mann von einem Gericht und beginnt auf diese Weise Teil der Justizstruktur zu werden: ein Jahr darauf wir er vom einfachen Gehilfen zum Sekretär des Richters ernannt, „eines fetten Mannes, kurzsichtig und so bleich, dass das Gesicht allein in der Dunkelheit zu sehen war" (Denevi 1966: 14). Als der Richter stirbt oder verschwindet – er erfährt es nicht – nimmt der Protagonist nicht nur seine Stelle ein, sondern nimmt allmählich auch sein Aussehen und seine Lebensmerkmale an: er wird dick und kurzsichtig, bekommt das gleiche Essen vorgesetzt und sieht seine Familie nicht wieder. Obschon er jetzt „Ansehen und Kultur" gewon-

nen hat, bleibt er –ebenso wie sein Vorgänger – Tag und Nacht im Justiz
palast eingeschlossen. Als ihm ein Strafurteil über einen renitenten Zeugen
zur Unterschrift vorgelegt wird, scheint ihm der Name des Verurteilten sein
eigener zu sein, da er jedoch der Richter ist, unterschreibt er.

Wie in der vorangehenden Anmerkung bezüglich der Fälschung des
Kafka zugeschriebenen Textes angedeutet, ging es darum, die kafkaeske
„Atmosphäre" wiederzuerschaffen mittels bestimmter, dem Universum des
tschechischen Autors eigener Komponenten. Das Gerichtsmilieu mit seinem
labyrinthischen Raum und seiner für den Protagonisten unverständlichen
juristischen Fachsprache verweist direkt auf den *Prozess*, obwohl auch Reminiszenzen an das *Schloss* zu finden sind, da sich die Kritik an der anonymen Macht der Bürokratie in beiden Werken findet. Der Zeuge-Richter bleibt
– ebenso wie Joseph K. – gefangen im Netz eines absurden und irrationalen
Gerichtsapparats.

Der unbestimmte Artikel „ein" des Titels und die Entwicklung der Erzählung verweisen auf eine anonyme, unpersönliche Autorität, welche das
Gesetz verwaltet. Diese ist auch streng und starrköpfig insofern, als die
Pflichterfüllung den Richter dazu bringt, sein eigenes Urteil zu unterschreiben zu der Anklage, nicht als Zeuge erschienen zu sein. In dieser Tatsache ist
ein Nachklang des Gedankens erkennbar, der gegen Ende K. durch den Kopf
geht: „K. wußte jetzt genau, daß es seine Pflicht gewesen wäre, das Messer
[...] selbst zu fassen und sich einzubohren". (Kafka 1925: 400). Die Reichweite der Urteile in beiden Erzählungen ist dennoch bedeutsam: während der
Zeuge zur Zahlung einer Geldstrafe verurteilt wird und nicht mehr als Zeuge
fungieren darf, wird K. hingerichtet. Denevi konfrontiert das Absurde der
Situation mit der Wahrnehmung der Normalität auf seiten des Protagonisten,
das Absurde empfindet der Leser. Joseph K. seinerseits erleidet angstvoll die
rätselhafte Situation, in der er sich befindet. Denevi führt ferner den Verlust
der Identität ein, den der Protagonist bei der Übernahme der gleichen Identität wie sein Vorgänger erfährt, beim Zum-Anderen-werden und er nähert sich
damit dem Gedanken von Borges, dass „ein Mensch alle Menschen ist".

Beiden Autoren gemeinsam ist das Thema der Einsamkeit. Bei dem argentinischen Autor elliptisch eingeführt – das Eingeschlossensein, das Fehlen
des Kontakts mit der Außenwelt, die Sehnsucht nach der Familie – wird es
bei Kafka ausführlich entwickelt, was zweifellos mit der Zugehörigkeit zu
unterschiedlichen Gattungen zu tun hat. Ebenfalls stimmen beide Autoren
beim Thema der Erwartung überein, das bei Kafka in der Parabel „Vor dem
Gesetz" größere Dimension erlangt. Denevi betont das humoristische Element der Erzählung, das zu dem wird, was Cristina Piña als „eine leuchtende
und lächelnde Melancholie" bezeichnet hat (Piña 2004: 9), während sich der
Humor bei Kafka mit einem tragischeren Zeichen offenbart. Bei der Frage
nach dem Sinn und der Bedeutung des menschlichen Lebens ist eine gemein-

same Fragestellung zu erkennen, obwohl Denevis Erzählung die Öffnung hin zum Religiösen fehlt, die das Werk Kafkas charakterisiert.

Ebenfalls zum Thema Kafka gehört die Mikro-Erzählung mit dem Titel „El hado de papel", deren Protagonist „Herr Kafka" ist oder „K., wie er zur Abkürzung genannt wird" (Denevi 2007: 93). Wie der Titel anzeigt, schreibt dieser sehr kurze Text eine neue Version, deren Thema der Kampf gegen die Bürokratie ist, unter der die Figur K. leidet, hier mit der Person Kafkas identifiziert. Mit dem ersten Satz der Erzählung „Schrecklich die Angst des Herrn Kafka!" (Denevi 2007: 93) ist die innere Angst der Figur zu bemerken. Wenngleich die Formalitäten, die er zu erledigen hat, nicht näher beschrieben werden, wird doch die Tatsache hervorgehoben, dass sie derart endlos und kompliziert sind, dass Herr Kafka endlich beschließt, auf ihre Fortsetzung zu verzichten aus Furcht davor, „dass ein Vergessen dazwischenkommen könnte, ein Fehler, eine Ablenkung, irgendein Versehen, irgendeine Störung, einschließlich irgendein böser Wille oder Feindseligkeit oder Neid von seiten so vieler Personen, von denen sein Geschick abhängt" (Denevi 2007: 93). Doch die Formalität der Verzichtleistung ist ebenso kompliziert wie die ursprüngliche, und alles beginnt von vorn, und Herr Kafka befürchtet aufs neue, dass etwas dazwischenkommen könnte, und so geht es endlos weiter. Das Schicksal der Figur hängt so vom unheilvollen bürokratischen Geschehen ab und nicht von ihr selbst mit klarer Infragestellung der individuellen Freiheit. Es handelt sich ferner um das Kafka'sche Thema der Angst vor dem Unendlichen, vor der unbegrenzten Wiederholung des Gleichen.

Der Titel der Mikro-Erzählung „Schweigen der Sirenen" (Denevi 2007: 54) bezieht sich auf die gleichlautende kurze Erzählung Kafkas, in der dieser eine Episode aus der *Odyssee* aufgreift, um das zentrale Motiv zu entwickeln, dass das Machtvollste nicht der Gesang der Sirenen ist sondern ihr Schweigen. In Denevis Erzählung erscheint die Gestalt des Odysseus nicht, sondern die Rede ist nur von den „Männern, die sich die Ohren verstopft hatten, um sie nicht singen zu hören" (Denevi 2007: 54). Während Kafka auf der Schlauheit des Ulysses und seiner Kriegslist beharrt, kehrt Denevi die Anekdote um, da es die Sirenen sind, welche, indem sie ihre List bekanntmachen, zu schweigen beschließen. Der letzte Kommentar des Erzählers, „sie ließen sie ziehen inmitten eines Schweigens, das die übelste der Beleidigungen war" (Denevi 2007: 54) scheint angeregt durch die Möglichkeit, die Kafka aufzeigt, dass nämlich die Sirenen „glaubten, diesem Gegner könne nur noch das Schweigen beikommen" (Kafka 1931: 40). Auf diese Weise liefert Denevi eine Version einer bekannten Episode aus der altgriechischen Literatur, doch in dieser Übung des Neuschreibens ist in dem entwickelten Motiv die Intertextualität von Kafkas Paraphrase erkennbar.

Für Denevi erkennt der Mensch die Welt der Realität auf zwei verschiedene Arten: durch persönliche, häufig trügerische Erfahrungen oder durch fremde Entdeckungen. Die Literatur ist die fremde Entdeckung, und über sie gelangt man zu einem besseren Verständnis der Menschheit. Er bemerkt, dass „die Kenntnis, welche die Literatur davon vermittelt, was die Welt ist, und von den Möglichkeiten des Menschen ist unendlich" (García 2000). Seine Fälschungen sind somit eine Art, die Welt und den Menschen durch die fremden Entdeckungen kennenzulernen und seine eigene Sicht der Wirklichkeit zu zeigen. Wie Navascués behauptet, stellt das Palimpsest bei Denevi die Bestätigung des Autors dar und seine Art, Originalität zu gewinnen. Das Neuschreiben von fremden Werken impliziert eine erneute Lektüre der Werke der Tradition, eine Lektüre, die für Denevi die originalen Texte korrigiert und perfektioniert.

Bibliographie

CAEIRO, O. (2003): *Kafka y sus consecuencias*, Córdoba.

DELANEY, J. J. (2006): *Marco Denevi y la sacra ceremonia de la escritura. Una biografía literaria*, Buenos Aires.

DENEVI, M. (2004): *Cuentos selectos*, selección y prólogo de Cristina Piña, Buenos Aires.

DENEVI, M. (1998): *Cuentos escogidos*, Buenos Aires.

DENEVI, M. (1966): *Falsificaciones*, Buenos Aires.

DENEVI, M. (2007): *Falsificaciones*, Buenos Aires.

DE NAVASCUÉS, J. (1999a): *Marco Denevi: el palimpsesto como afirmación del autor*, in: *Anales de Literatura Hispanoamericana*, Nr. 28, S. 1055–1065.

DE NAVASCUÉS, J. (1999b): *Marco Denevi: de la escritura a la representación*, in: *Cuadernos hispanoamericanos*, Nr. 586. S. 103–110.

GARCÍA, K. (2000): *Entrevista a Marco Denevi*, in: *Lea* Nr. 5, Buenos Aires.

KAFKA, F. (1925): *Der Prozess*, Berlin.

KAFKA, F (1931): *Das Schweigen der Sirenen*, in: KAFKA, F.: Beim Bau der chinesichen Mauer, Berlin, S. 39–41.

NIETZSCHE, F. (1998): *Menschliches, Allzumenschliches*, Berlin.

PIÑA, C. (2004): *Prólogo*, in: DENEVI, M.: Cuentos selectos, Buenos Aires, S. 7–17.

RAINER GULDIN (Lugano, Schweiz)

Zwischen São Paulo und Stuttgart:
Zu den mehrsprachigen Austauschbewegungen innerhalb der konkreten Poesie Deutschlands und Brasiliens

In meinem Beitrag möchte ich ein signifikantes Moment des langjährigen regen Kontaktes zwischen der Noigandres-Gruppe um Haroldo de Campos und Décio Pignatari und der Stuttgarter-Schule um Max Bense und Reinhard Döhl herausgreifen und näher untersuchen. In diesem vielschichtigen mehrsprachigen Umfeld fanden nicht nur zahlreiche Reisen zwischen Südamerika und Europa statt, es wurden auch immer wieder Texte ausgetauscht und hin und her übersetzt.

Innerhalb dieses spezifischen Kontextes nun siedelt sich ein Übersetzungsversuch des tschechisch-brasilianischen Philosophen und Kommunikationstheoretikers Vilém Flussers an, der zwei Fragmente von Haroldo de Campos' *Galáxias* vom Portugiesischen ins Deutsche übertrug. Die Übersetzung wurde im März 1966 von Max Bense und Elisabeth Walther als Text 25 der Reihe *rot* in Stuttgart mit einem kurzen Vorwort von de Campos publiziert.

In der Autobiographie *Bodenlos* hat Flusser seinem Übersetzungsversuch einen längeren Essay gewidmet. Im poetischen Werk von Haroldo de Campos, so Flusser, geht es vor allem um die aus seiner Sicht ungelöste Dialektik von Absicht und Einfall, welche von der Spannung zwischen politischem Engagement und künstlerischem Schaffen durchkreuzt wird. Als De Campos

„von Max Bense aufgefordert wurde, einen Teil seiner Milchstraßen in der in Stuttgart erscheinenden Schriftenreihe rot zu veröffentlichen, bat er einen, zwei Abschnitte dieser Arbeit ins Deutsche zu übersetzen. [...] Die Milchstraßen sind Variationen einiger weniger Themen, die von dazu besonders ausgewählten Wörtern [...] vorgegeben sind. Diese Wörter werden auf drei Ebenen variiert: Als Töne werden sie auf verschiedene Weisen zum Klingen gebracht, als sichtbare Gestalten werden sie durch Buchstabenverschiebung verwandelt, und als Bedeutungseinheiten werden sie in verschiedene Nebenbedeutungen umgewandelt. So entsteht grammatikalisch unstrukturierter Diskurs, ein ununterbrochener Strom von Wörtern verschiedener Sprachen und Neologismen [...]. Das als Thema vorgeschlagene Wort ruft auf allen drei Ebenen einen spontanen Strom von Variationen hervor, der in unvorhersehbare Richtungen rollt und dessen Intensität

unkontrollierbar zu werden droht. Statt sich diesem Strom zu ergeben, greift Campos absichtlich in ihn ein, um ihm die Richtung seiner politischen Überzeugung zu geben und ihn dann weiterzustoßen. Das Resultat ist ein Unbehagen beim Leser. [...] Beim Versuch, zwei der Kreisdiskurse der Milchstraßen zu übersetzen, trat diese negative Dialektik peinlich zu Tage. Man nahm ein deutsches Äquivalent für eins der von Campos gewählten portugiesischen Themawörter, und es entstand spontan ein Strom von Variationen. So gewaltig war der Strom, daß sofort klar wurde, daß man ihn stutzen müßte. Dabei stellte man fest, daß ,Stutzen' nicht Richtung geben oder stoßen, sondern bremsen bedeutet. [...] Es handelte sich also gerade nicht darum, den Strom absichtlich zu behandeln. Dabei aber treten die Stellen hervor, an denen Campos in den Strom eingreift. Das Resultat war das Gegenteil dessen, was Campos beabsichtigt hatte. Die ideologische Botschaft wirkte gekünstelt und klang darum erlogen. [...] Dadurch aber wurde die eigene Spontaneität während der Übersetzung beeinflußt." (FLUSSER 1992: 151ff.)

Drei Momente scheinen also bei De Campos' assoziativem Vorgehen eine Rolle zu spielen: die Tonvariation, die anagrammatische Buchstabenverschiebung und die Entwicklung von Nebenbedeutungen. Diese drei Momente wären, zusammen mit den von Flusser festgehaltenen Übersetzungsproblemen – d. h. den durch die Übersetzung sichtbar gewordenen Eingriffen des Autors – beim Textvergleich der portugiesischen und deutschen Fassung in Betracht zu ziehen. Aber davon mehr später.

Text 25 der edition rot enthält insgesamt vier ins Deutsche übersetze Texte aus Haroldo de Campos' *Galáxias*, zwei von Anatol Rosenfeld und zwei von Vilém Flusser. Flusser übersetzte den dritten und den vierten Text. Im Nachwort zur ersten Gesamtausgabe des Textes hält Haroldo de Campos dazu fest:

„fragmentos das galáxias foram traduzidos (prefiro dizer 'transcriados') em alemão, francês, espanhol e inglês, quase sempre com a revisão ou a assistência do autor." (DE CAMPOS 2004)

De Campos muss also Flussers Übersetzung zumindest begutachtet, wenn nicht redigiert haben. Wichtig ist hier auch De Campos' Begriff der *transcriação*, der Neuschöpfung eines Gedichtes aus der phonetischen, morphologischen und semantischen Verfasstheit der Zielsprache.

Das dritte Fragment aus *Galáxias* ist der Reise, dem Meer, dem Buch und ihrer Beziehung gewidmet und in diesem Sinne auch eine Reflexion über den Status des Textes selbst. Die Mehrsprachigkeit ist zwar nicht explizit thematisiert, ist aber implizit in der Beschreibung des vielgestaltigen Meeres angelegt.

In diesem Zusammenhang sind die Bemerkungen Alfons Knauths besonders aufschlussreich. Dieser erwähnt in seinem Essay *poethik polyglott*, der den Versuch unternimmt, eine Typologie mehrsprachiger Texte zu erarbeiten, das nautische Modell. „Das Meer", schreibt er dort,

> *„ist sozusagen die syntagmatische Achse des Babel-Paradigmas. Es trennt die Sprachen und verbindet sie [...]. Genetisch gesehen ist das Meer dem mythischen Turmbau von Babel vorgelagert: es bewirkte bzw. verstärkte die Vielsprachigkeit. [...] so entstand [...] aus ihm die inner- und außersprachliche Polyglossie [...] Das Meer stellt einerseits einen realen Kontakt zwischen den verschiedenen Sprachen her, andererseits bildet es ein metaphorisches Analogiemuster für die Sprachen: sein vielstimmiges Rauschen dient dem Ausdruck der Vielsprachigkeit [...], seine ständige Bewegtheit dem Ausdruck des Ineinanderfließens der Sprachen oder der Mischsprachigkeit."* (KNAUTH 1991: 61ff.)

De Campos hat fünf anderssprachige Passagen eingebaut, welche die Vorstellung der Mannigfaltigkeit vielfach variieren und zugleich ein dichtes mehrschichtiges intertextuelles Beziehungsnetz weben. Insgesamt werden vier Sprachen – Englisch, Griechisch, Lateinisch, Französisch – sowie sechs, zusätzlich noch miteinander verbundene, Autoren und ein Komponist aufgerufen: Shakespeare, Homer, Ovid, Mallarmé, Pound, Joyce und Pierre Boulez. In *Galáxias* ist die Mehrsprachigkeit immer auch ein eminent intertextuelles Phänomen. Alle Zitate betonen das unabgeschlossen Offene, vielfach Gefaltete und stets Changierende, Grundattribute des Meeres, aber auch des mehrsprachigen Buches. Die fremdsprachigen Zitate stehen nicht bloß nebeneinander oder verhalten sich als Fremdkörper innerhalb des dominanten Sprachuniversums, sondern unterhalten miteinander und mit dem portugiesischen Text eine Reihe von komplexen beweglichen Beziehungen, welche klare linguistische Abgrenzungen in Frage stellen. Damit wird einmal mehr das Inhaltliche im Formellen aufgehoben. De Campos' Beschreibung des Meeres ist zugleich eine metaphorische Darstellung des Verhältnisses der einzelnen Sprachen zueinander.

In seiner Übersetzung hat Vilém Flusser die äußere Form des Fragmentes weitgehend respektiert: Es fehlt jegliche Interpunktion, der ganze Text ist durchgehend kleingeschrieben – was auf Deutsch allerdings einen ganz anderen Eindruck vermittelt als auf Portugiesisch – und die fremdsprachigen Zitate durchgehend im Original gelassen. Er hat jedoch – aus nicht weiter einsehbaren Gründen – die Zeilenlänge drastisch gekürzt und dadurch die Gesamtlänge des Textes mehr als verdoppelt. Das Hauptproblem beim portugiesischen Text sind sicher die äußerst zahlreichen Alliterationen, Assonanzen und Binnenreime, für die Flusser zum Teil originelle Lösungen gefunden hat. In der Regel hat er dabei die Bedeutung des portugiesischen Originals oder wenigstens Teile davon dem Klang geopfert. Bezugnehmend auf seine schon erwähnten Bemerkungen zu De Campos' Schreibverfahren ließe sich sagen, dass Flusser hauptsächlich die erste und zweite Variationsebene beachtet hat – die Töne und die Buchstaben – während die Bedeutungseinheiten eher in den Hintergrund getreten sind.

Bestimmte Worte oder Wortgruppen wurden weggelassen, andere leicht abgewandelt oder neu hinzugefügt. So verdeutlicht Flusser am Anfang des Fragmentes das Bild des Pfluges, der nunmehr einen Meeresacker durchtrennt, und nennt gegen Ende den Ozean auch eine „garstige gargantuasee", damit einen weiteren, thematisch durchaus passenden intertextuellen Bezug zum Werk Rabelais' einführend. Flusser schafft neue Binnenreime und entdeckt Homophonien, die in den meisten Fällen nur die deutsche Sprache zu produzieren vermag – zum Beispiel die auf die Vielfältigkeit der See hinweisende, thematisch relevante Verbindung von ‚mehr' und ‚Meer', der im portugiesischen das Paar ‚mas' und ‚mar' entspricht, welches de Campos mehrfach einsetzt. Er kreiert Neologismen, um längere Passagen zu verdichten; so spricht er beispielsweise von der „raubtiergepelzten" See. An gewissen Stellen haben sich Ungenauigkeiten eingeschlichen und wären texttreuere Lösungen durchaus möglich gewesen. Auffallend ist, dass sich von der Mitte der Übersetzung an eine deutlich größere Freiheit dem Original gegenüber bemerkbar macht, die sich im weiteren Verlauf noch zusätzlich steigert. Flusser vermehrt seine Eingriffe und findet immer mehr zu Lösungen, die, obwohl in sich stimmig, teilweise weit vom Original wegführen, vor allem, was die Bedeutung angeht. Der erwähnte Umschwung findet interessanterweise kurz nachdem De Campos das neue Thema des Buches einführt, das heißt absichtlich in den Assoziationsfluss eingreift, statt. Diese forcierte Freiheit in der Übersetzungshaltung könnte auf mehr oder weniger bewusste Art mit Flussers erwähnter Kritik an De Campos' Verfahren zusammenhängen.

Flussers kreativer Umgang mit dem Original steht keineswegs im Widerspruch zu De Campos' Übersetzungstheorie, ganz im Gegenteil. In einem Essay zur Übersetzung als Formen der Kreation und Kritik (DE CAMPOS 1992) unterscheidet dieser drei unterschiedliche Arten der Information. Die dokumentarische und semantische Information können relativ einfach in andere Kodes oder Sprachen übertragen werden. Die ästhetische Information hingegen sperrt sich aufgrund ihrer Fragilität gegen einen solchen Transferprozess. Hier hängen Inhalt und Form aufs engste zusammen und können letztlich nicht auseinander dividiert werden. Poesie kann nur auf die Art und Weise kodifiziert werden, in der sie vom Autor ursprünglich mitgeteilt worden ist. Anders gesagt: ästhetische Kodifikation ist immer mit ihrer originären Kodifikation identisch. Wegen der fundamentalen Unübersetzbarkeit von ästhetischer Information kann diese nur durch die Erschaffung isomorpher poetischer Gebilde in fremde Sprachen übertragen werden. Auf diese Art und Weise wird die ästhetische Information der beiden Texte zwar verschieden sein, diese aber zum gleichen isomorphen System gehören. De Campos benützt zur Beschreibung dieses Prozesses eine Metapher: die Übersetzung erschafft eine zweifache delikate kristalline Struktur, die in ihrer Fragilität an die darin enthaltene ästhetische Information gemahnt. Die beiden Texte werden sprachlich unterschiedlich sein, aber sich als isomorphe Körper innerhalb desselben Systems kristallisieren. Jede Übersetzung eines poetischen Textes ist damit eine Neuerschaffung oder eine parallele Kreation.

Diese Übersetzungskonzeption kommt Flussers eigener Vorstellung entgegen. Obwohl er sonst keine anderen poetischen Texte übersetzt hat, geht er davon aus, dass jede Form der Übersetzung – auch die essayistischer und philosophischer Texte – eine Neuerschaffung zur Folge hat, welche weitere Facetten des im ersten Text Angedachten zur Entfaltung bringt. Liest man Flussers Übersetzung in dieser Optik, so eröffnen sich einem durch das gewandelte sprachliche Material und die in der deutschen Sprache angelegten Möglichkeiten, aber auch festgelegten Grenzen, neue spannende Einblicke in de Campos' und Flussers Denkuniversum.

Der transatlantische Weg von São Paulo nach Stuttgart und zurück ermöglicht somit vieldimensionale Einsichten in den Prozess des Schreibens und Übersetzens poetischer Gebilde, in den Status mehrsprachiger Texte und die Funktionsweise intertextueller und interkultureller Beziehungen.

Bibliographie

DE CAMPOS, HAROLDO (2004): *Galáxias*, São Paulo.

DE CAMPOS, HAROLDO (1992): *'Da tradução como criação e como crítica'*, in: *Metalinguagem e Outras Metas: Ensaios de Teoria e Crítica Leterária*, São Paulo, S. 31–48.

DE CAMPOS, HAROLDO (1966): *versuchsbuch galaxien*, Stuttgart.

FLUSSER VILÉM (1992): *Bodenlos. Eine philosophische Autobiographie*, Düsseldorf und Bensheim.

KNAUTH ALPHONS H. (1991): *poethik polyglott*, in: *Dichtungsring* 20, S. 42–80.

MARLENE HOLZHAUSEN (Brasilien, Salvador)

Radio und Literatur.
Die Geschichte vom Franz Biberkopf

In einem Zeitalter, in dem die visuellen Medien überwiegend herrschen, sich
Gedanken über das Radio und seine Möglichkeiten zu machen, bedeutet
Bilder voller Erinnerungen ins Spiel zu bringen, da der Rundfunk uns im
Alltag des letzten Jahrhunderts fast auf Schritt und Tritt begleitet hat, und alle
bedeutenden Ereignisse registrierte und verbreitete.

„Es war und ist Stoff für medienhistorisches Interesse", behauptet Horst
Ohde (2001: 10) und beschreibt es detaillierterweise aus zwei Szenen alter
Dokumentarfilme. Die erste findet an einem strahlenden Sommertag im Jahre
1930 statt. Im Freien, gegen den Himmel, Funkturm und flatternde Fahnen
im Hintergrund, die Kamera ist auf Albert Einstein gerichtet. Der berühmte
Physiker und Nobelpreisträger spricht zur *Eröffnung der Berliner Funkaus-
stellung*:

> *Wenn Ihr denn Rundfunk hört, so denkt daran, wie die Menschen in den Besitz
> dieses wunderbaren Werkzeuges der Mitteilung gekommen sind. (...) Denkt auch
> daran, dass die Techniker es sind, die erst die wahre Demokratie möglich ma-
> chen, denn sie erleichtern nicht nur des Menschen Tragewerk, sondern machen
> auch die Werke der feinsten Denker und Künstler, (...) der Gesamtheit zugäng-
> lich (...).Was speziell den Rundfunk anbelangt, hat er eine einzigartige Funktion
> zu erfüllen im Sinne der Völkerversöhnung. (...) Der Rundfunk zeigt sie einander
> in lebendigster Form und in der Hauptsache von der liebenswürdigsten Seite. Er
> wird so dazu beitragen, das Gefühl gegenseitiger Fremdheit auszutilgen, das so
> leicht in Misstrauen und Feindseligkeit umschlägt ...*[1]

Die zweite Szene ist die Rede Charles Chaplin in dem Film *Der große Dikta-
tor*, von 1940, wo der jüdische Frisör, in der Uniform des Diktators, vor dem
Mikrofon steht und zu den Massen spricht. „Die Kamera folgt gleichsam der
Rede vom Mikro fort und schwenkt über eine weite Landschaft mit arbeiten-
den Menschen, die innehalten und den Worten lauschen, die da aus dem
Äther von weither zu ihnen kommt". (H. Ohde 2001: 11)

---

[1] Zitiert nach Gerhard Hay (Hg.), Vorwort. In: *Literatur und Rundfunk 1923–1933.*
Hildesheim: Gerstenberg 1975. S. XI.

Obwohl man der Idylle Chaplins und auch dem naiven Optimismus eines Albert Einstein heute mit einigem Pessimismus begegnen würde, ist der Rundfunk in Deutschland ohne Zweifel „der Siegeszug eines technischen Massenmediums" (H. Ohde, 2001: 12). Offiziell beginnt diese Geschichte am 29. Oktober 1923, als die erste Sendung eines Unterhaltungs-Rundfunks ausgestrahlt wurde. Im Spiegel einer Programmgeschichte

> *sind es Hör-Bilder aus der Weimarer Republik, Propagandareden aus dem Dritten Reich, das sind Sondermeldungen aus dem Zweiten Weltkrieg und die Suchmeldungen aus dem Nachkriegsradio. Es ist auch die Geschichte zweier Nachkriegsstaaten auf deutschem Boden, ausgetragen als kleiner Wellenkrieg zwischen Ost und West* (Ohde, 2001: 12)

Der Rundfunk beschränkt sich in Deutschland aber nicht nur auf historische Fakten, sondern macht auch für die Literatur Platz und ermöglicht die Entstehung einer ganz spezifischen literarischen Gattung: das Hörspiel. Dieser literarische Text, der in einem Radio-Studio aufgenommen und durch Wellen verbreitet werden soll, ist die erste Kunstart, die im und fürs Radio entsteht.

Die Wirkungskraft des Hörspiels besteht gerade darin, mittels Stimmen, Geräuschen oder auch der totalen Stille, Ideen von Zeit, Aktion und Raum zu gewinnen um den Hörern eine Geschichte zu erzählen. In Wirklichkeit, das was im Hörspiel fasziniert, liegt an deren Mangel: es gibt keine Bilder, es gibt keine Bühne, kein Szenarium, keine Kleidungen, Körper, Mimik oder Gesten – und es muss die Illusion von alldem schaffen. Der Mangel wandelt sich in Reichtum um, dem Reichtum der Phantasie. Erwin Wickert nennt diese Effekte die innere Bühne, das Kino im Kopf und das subjektive Theater vom Hörer (H. Scheffner 1980: 125). Gerade aus dem Mangel des Mediums, dem Fehlen des vom Auge aufgenommenen Bildes und der Beschränkung auf das Ohr entsteht ein Überschuss an Imagination. Für Wickert ist das Hörspiel das Medium, das dem Menschen assoziativer Denkart am nahesten steht. Darin liegt wahrscheinlich der Grund seiner Popularität. In Deutschland heute immer noch.

Am Anfang wurden die Hörspiele *live* in den Radiostudios gelesen. Viele Schauspieler zogen sogar zur Lektüre des Stückes zugehörige Kleidungen an. Erst später wurden diese Hörspiellektüren auf Tonbänder aufgenommen und das erste exclusiv fürs Radio geschriebene Hörspiel in Deutschland war das Stück *Senderspielgroteske* von Hans Flesch. Es wurde am 24. Oktober 1924 gesendet und zeigte schon die Wirkungskraft der neuen Gattung.

Da Hörspiele in Brasilien wenig bekannt sind, haben im Jahr 2007 ein Dozent der Fakultät für Theater, Medien und Kommunikation der Universidade Federal da Bahia (UFBa), Salvador, eine Englisch-Professorin und ich eine Forschungsgruppe gebildet, an der auch Studentinnen und Studenten teilnehmen. Das Hauptziel ist die Übersetzung und Verbreitung von literarischen Texten (Hörspiele und auch Erzählungen) aus der deutschen und englischen Literatur. Diese übersetzten Texte sollen dann als Audio-Bücher aufgenommen, im Radio verbreitet und vom Verlag der Universität veröffentlicht werden.

Mit diesem Projekt verfolgen wir ein kulturelles und ein soziales Ziel in der Hoffnung, das Interesse für dieses in Brasilien sehr wenig bekannte und nützliche (literarische) Medium zu erwecken, um auch weiteren Gesellschaftsschichten und speziellen Gruppen wie z. B. Sehgeschädigten Zugang zu literarischen Texten zu ermöglichen.

Von den bekanntesten Hörspielen der ersten Jahre des Radios wählte ich für unsere erste Phase der Forschung *Die Geschichte vom Franz Biberkopf,* von Alfred Döblin aus. Das Stück wurde 1930 veröffentlicht und ist eine Adaption vom Roman *Berlin Alexanderplatz,* den Döblin 1929 publizierte.

Im Roman geht es um eine typisch urbanische Geschichte. Sie handelt von den Lebenserfahrungen der Hauptfigur – Franz Biberkopf –, einem entlassener Sträfling. Sein Vergehen war die Tötung seiner eigenen Frau im Affekt und nach seiner Entlassung versucht er nun ein „dezentes" Leben zu führen. Es entstehen daraus fast zwangsläufig Enttäuschungen und Schwierigkeiten bei der Verfolgung dieses Zieles. Biberkopf wird als ein violenter aber gleichzeitig großzügiger und stupider Mann von einem fast unveränderbaren Charakter dargestellt. Die Bosheit seiner Feinde steigert sich immer mehr bis er aus einem Auto in höherer Geschwindigkeit herausgeworfen wird und einen Arm verliert. Die Ermordung der Mieze, mit der er eine Liebesgeschichte durchzieht, durch seine Gegenspieler ist der Höhepunkt dieser Schicksalsschläge, welche ihn in einen fast wahnsinnigen Zustand versetzen. Langsam kommt er zwar aus diesem Zustand heraus, aber er fühlt sich als Opfer eines tragischen Schicksals.

Einer der wichtigsten Rekurse, den Döblin im Roman benutzte – die Technik der Montage – hat er auch im Hörspiel aufbewahrt. Im Roman kann man diese Technik – z. B. die Einbeziehung von Werbetexten, von Zeitungsnachrichtenfetzen, von Wetterberichten, von Bus- und Zugabfahrten, von Verkehrsschildern und von literarischen und biblischen Zitaten – verfolgen. Im Hörspiel wird diese Technik vorwiegend bei den gleichzeitigen Stimmen der Menschen auf den Märkten und in den Bars der Stadt Berlin, an den Stimmen der Zeitungsverkäufer mit den Stimmen der anderen Strassenverkäufer vermischt, so dass diese Dimension der Stadt dem Hörer nähergebracht wird.

Die Übersetzung dieses Hörspiels wurde unter meiner Betreuung von einer Germanistikstudentin durchgeführt (Leila Schulz), die an der Forschungsgruppe teilnahm. Für die Studentin waren die größten Übersetzungs-Schwierigkeiten die Gaunersprache und der Berliner Dialekt der 20er Jahre des Stückes. Nachdem die Übersetzung fertig war, haben wir es der Gruppe, die für die Aufnahme zuständig war, weitergegeben. Während des 2. Semesters 2009, samstags, unter der Leitung vom Prof. Gideon Rosa, las eine Studentengruppe der Theaterschule der Universität das Hörspiel. Es fanden insgesamt 16 Treffen statt, an denen ich auch teilnahm um die eine oder andere nötige Veränderung im Text anzuregen.

Die grösste Schwierigkeit dieser Phase war ohne Zweifel die grosse Zahl von Spielfiguren im Hörspiel[2], da wir eine grosse Studenten-Gruppe der Theater Schule der UFBa zusammensetzen mussten, die ohne irgendeine Art finanzieller Hilfe sich für das Projekt interessierte und spontan und sehr aktiv an der Aufnahme teilnahm.

Von all den Studenten, die zu uns kamen, waren am Ende dreizehn Studenten[3], die die Haupt und Nebenrollen des Hörspiels übernahmen, so dass jeder mehr als eine Rolle spielen musste. Das hat von den Studenten eine grössere Flexibilität an das Modulieren der Stimmen erfordert, d. h. sie mussten sich viel mehr anstrengen als wenn sie nur eine Rolle gespielt hätten.

Die endgültige Edition wird zur Zeit noch erarbeitet, und wir hoffen dass bis Ende September dieses Semesters das Stück auf Portugiesisch ganz fertig sein wird.[4]

---

2   Die erste Sendung des Hörspiels in Deutschland fand im September 1930 statt und bestand aus 29 Schauspielern. Zwölf Hauptrollen: Franz Biberkopf, Mieze, Reinhold, Meck, Lüders, Herbert, Eva, Pums, Cilly, Klempnerkarl, Toni und der Tod; 17 Nebenrollen: Sprecher, Hiob, Lina, Wirt, Frau, Stimmen (und ihre Varianten: erste/zweite Stimme, Flüsterstimme, Frauenstimme, verschiedene/viele Stimmen, Gespräch, Einer, Erster, Zweiter, Publikum, Sprechchor), der Junge (der Hoppegartner, Zweiter), Kellner, Arzt, Schwester, Zeitungsausrufer, Wachtmeister, Richter, Sekretär, Erster Beamter, Zweiter Beamter. Aber die Liste endet nicht hier. Im Döblins Text wird auch die Prosopopöie benutzt und er personifizierte den Wind, die Bäume, das erste/zweite Auto.

3   Die Studentinnen und Studenten der Theaterschule der UFBa, die die Hauptrollen des Hörspiels übernahmen waren: Elmir Matheus, Luísa Proserpio, Moema Vinhático, Juma Almeida, Bruna Scavuzzi, Lucas Lacerda, Fabíola Júlia, Márcia Lima und der Schauspieler Ciro Sales. Die Aufnahme wurde vom Tontechniker André Tiganah durchgeführt.

4   In der Sektion „Die deutschsprachige Kultur und Lateinamerika" des IVG-Kongresses wurden 3 Minuten der auf brasilianisch übersetzten Aufnahme des Hörspiels *Die Geschichte vom Franz Biberkopf* vorgespielt.

Bibliographie

ARNHEIM, R. (2004): *Rundfunk als Hörkunst,* München und Wien.

BRÄUTIGAM, T. (2005): *Hörspiel-Lexikon,* Konstanz.

DÖBLIN, A. (1986): *Die Geschichte vom Franz Biberkopf,* Stuttgart.

FISCHER, E. K. (1964): *Das Hörspiel. Form und Funktion,* Stuttgart.

OHDE, H. (2001): Radio Days. Statt einer Einleitung, in: STUHLMANN A. (Hg.) *Radio-Kultur und Hör-Kultur. Zwischen Avantgarde und Popularkunst 1923–2001,* Würzburg, S. 10–18.

SCHEFFNER, H. (1980): Para uma teoria da peça radiofônica, in: SPERBER, G. B. (Hg.): *Introdução à peça radiofônica,* São Paulo.

GRACIELA WAMBA (Argentinien, La Plata)

Berlin – Buenos Aires in der argentinischen und in der deutschen Literatur.
Die nur anscheinende Linearität Buenos Aires – Berlin

In ihrer Arbeit *„Buenos Aires el exilio europeo"* (*Buenos Aires, das europäische Exil*) behauptet Beatriz Sarlo, dass *„der Vergleich von Buenos Aires mit Paris (der andererseits keinem Franzosen einfiel et pour cause) ein Ausdruck des Wunsches ist"* und *„aus dem politischen und kulturellen Voluntarismus der Elites hervorging, die die moderne Stadt ab 1880 planten"* (B. Sarlo 2007: 31). Übertragen wir diese Überlegung auf den Vergleich zwischen Buenos Aires und Berlin, so würden wir von einem unbewussten Vergleich zweier Orte reden, die als Zentrum des Bösen, des Dunklen und des Verbotenen fungieren, des Tango und der Militärs einerseits, und der Nazioffiziere, Spione, Vertreter einer komplexen Kultur wie der deutschen andererseits, Musik und Literatur unter dem Verdacht, sich mit dem Verbrechen gegen die Menschlichkeit, mit der Gewalt und mit dem Tod zu verschwören.

In der Analyse werden wir zwei relevante Aspekte dieser Problematik hervorheben:

a) Der Deutsche als der Andere, der Fremde, oder die deutsche Kultur als – kontrastierend – der eigenen entgegengesetzt.
b) Der Argentinier als Ausländer in seiner eigenen Umgebung oder der „Porteño", der Einwohner der Hafenstadt Buenos Aires, als Beispiel einer veworrenen und konfliktiven Identität.

Arbeitsschwerpunkte

1. Das Zeugnis der zu Anfang des Jahrhunderts eingewanderten Frauen:. Beispiel: das Zeugnis deutscher Frauen, die zu Anfang des Jahrhunderts ankamen oder der Deutsche als Einwanderer in der Stadt und auf dem Land.
Brunswig de Bamberg, María (1995): *Allá en la Patagonia*.
Ayala, Nora (1996): *Mis dos abuelas. 100 años de historias*.

2. Der Argentinier oder, genauer gesagt, der „Porteño" als Phänomen un-
serer Migrationskultur
Vlady Kociancich (1982): *La Octava Maravilla*.
Abel Posse (1980): *Los demonios ocultos*.
Abelardo Castillo (1999): *El Evangelio según Van Hutten*.

Vlady Kociancich, „La Octava Maravilla"

Die Erzählung in der ersten Person führt uns von Anfang an in die Meinungen der argentinischen Figur, Alberto Paradella, ein, der sowohl eine Reise
nach Berlin als auch eine Reise zu sich selbst unternehmen muss. Es geht
sowohl um die Berlinreise und um die Erarbeitung eines Filmtextes als auch
um eine Reise zu sich selbst, die in der Wiedereroberung der Kindheitsumge-
bung durch die Erlebnisse in Berlin besteht. Bedeutender noch ist die historische Perspektive beider Länder, die der Autor wählt: Argentinien in den
siebziger Jahren mit einer einzigen Anspielung auf die Präsenz der Polizei
auf den Straßen, die Personalausweise kontrolliert; Deutschland mit der Berliner Mauer, als Synthese der Realität zweier politisch entgegengesetzter
Staaten, die jedoch kulturell ähnlich sind.

Trotzdem gibt es eine Reihe Figuren, die zum Raum der Stadt Buenos
Aires gehören, denn man erkennt in ihnen Verhaltensweisen, die der Idee
einer „argentinisch-porteño" Kultur entsprechen. Die Identität der Einwohner
der Stadt Buenos Aires, die genaue geographische Beschreibung und die
zeitlich-räumlichen Angaben zeigen ein typisches Symptom der argentinischen Kultur: das *pars pro toto*. Argentinien ist emblematisch Buenos Aires
und der Raum am Rio de la Plata, sowohl was Gewohnheiten als auch
Sprachformen und gesellschaftliche Strukturen anbelangt.

Der in Argentinien untergeschlüpfte Deutsche

Berücksichtigen wir einerseits die Figur des Deutschen als der Andere in der
argentinischen Literatur sowie das Vorhandensein der Achse Berlin/Buenos
Aires, so müssen wir jedoch andererseits noch eine weitere Untersuchungs-
perspektive miteinbeziehen, und zwar die Zeit des Nationalsozialismus und
– in einigen Fällen – seine Beziehung zum Peronismus. Dazu werden kon-

trastiv Beschreibungen der Großstadt in deutschen und spanischsprachigen Literaturwerken untersucht.

Abel Posse (1980): *Los demonios ocultos.*
Abel Posse (1989): *El viajero de Agartha.*
Juan Manuel de Prada (2007): *El séptimo velo* (Spanien).
Marcos Aguinis (1997) *La matriz del infierno.*
Luis Gusman (1998) *Hotel Edén.*
Abelardo Castillo (1999) *El Evangelio según Van Hutten.*
Juan Terranova (2009) *Lejos de Berlín.*
Gisela Heidenreich (2009): *Sieben Jahre Ewigkeit* (Deutschland).

Romane über den Nazismus in Argentinien

Seit Mitte der siebziger Jahre nähert sich die argentinische Literatur auf eine neue Weise der Realität, und zwar referenzartig und symbolisch: es entstehen eine Reihe Kriminalgeschichten, historische Romane, in denen die Motive der Suche, der Krankheit, der Gewalt, des Exils und der Holocaust-Erfahrung einen Parallelismus zwischen den *Juden unter den Nazis* und den *Argentiniern unter der Militärdiktatur* aufzeigen. Im argentinischen Imaginarium bilden sowohl der Unterdrückungsmechanismus, der sie in Andere, in Feinde der Gesellschaft (der *interne Feind* bei Lugones) verwandelt, als auch das Zwangsexil und die Ausrottung einen einzigen Prozess.

   Das Thema des Nazismus als Inbegriff des Bösen hat bereits im *Deutschen Requiem* von Borges (1945) einen Vorläufer, aber in der Zeit der Diktatur (1976–1983) mischen sich beide Phänomene, der Diskurs der Unterdrückung mit Begriffen, die die Opfer beider geschichtlicher Prozesse gleichstellen (Konzentrationslager, Völkermord, Holocaust, Endlösung, usw.) Diese Begriffe finden auch in fiktionalen Werken Anwendung.

   Der argentinische narrative Diskurs greift auf das zurück, was im Imaginarium bereits vorhanden ist, und zwar auf die Idee des jüdischen Holocausts und, ist die Geschichte des Nationalsozialismus Metapher, so ist der deutsche Raum der Spiegel geschlossener Räume und erstickender Situationen, der Spiegel des unterdrückenden Schweigens sowie des höchsten Beispieles von Gewalt.

Manuel Puig (1976): *El beso de la mujer araña.*
Abel Posse (1980): *Los demonios ocultos.*
Abel Posse (1989): *El viajero de Agartha.*

Ricardo Piglia (1980): *Respiración artificial*.
Marcos Aguinis (1997): *La matriz del infierno*.
Abelardo Castillo (1999): *El Evangelio según Van Hutten*.
Luís Gusman (1998): *Hotel Edén*.
Wolfram Fleischhauer (2001): *Drei Minuten mit der Wirklichkeit*.
Jose Pablo Feinmann (2005): *La sombra de Heidegger*.
Ariel Magnus (2006): *La Abuela*.
Washington Cucurto (2006): *El curandero del amor*.
Patricia Sagastizábal (2009): *La colección del Führer*.
Juan Terranova (2009): *Lejos de Berlín*.
Edgardo Cozarinsky (2009): *Lejos de dónde*.

Über Argentinier in Berlin

Vlady Kociancich (1982): *La octava maravilla*.
Osvaldo Bayer (2001): *Rainer y Minou*.
Wolfram Fleischhauer (2001): *Drei Minuten mit der Wirklichkeit* (Deutschland).
Ariel Magnus (2006): *La Abuela*.
Washington Cucurto (2006): *El curandero del amor*.
Patricio Pron (2009): *El comienzo de la primavera*.
Maria Cecilia Barbetta (2009): *Aenderungsschneiderei „Los Milagros"* (Deutschland).

Osvaldo Bayer veröffentlicht 2001 seinen Roman *Rainer y Minou. Una realidad literaria* (O. Bayer 2001). Die Romanfiguren sind Kinder von deutschen und jüdischen Einwanderern, die in Argentinien ansässig sind, die gleiche Geographie Berlin-Buenos Aires und die gleiche dunkle Vergangenheit teilen. Er bezieht sich auf die Ankunft und auf das Untertauchen führender Nazis während Perons Regierung, auf die Lage der Juden während dieser Zeit sowie auf die Argentinier im Exil oder auf diejenigen, die in das Ursprungsland ihrer Eltern auswandern.

Ariel Magnus fiktionalisiert in seinem Buch *La Abuela* (A. Magnus 2006) ein Interview, das er selbst mit seiner Großmutter in seiner Eigenschaft als argentinischer, in Berlin lebender Enkel führt. In der Figur der Großmutter konzentriert er das Bild einer deutschsprachigen Einwandererin jüdischer Herkunft, die als Folge des Holocausts eine sehr bittere Vorstellung von Argentiniern und Deutschen hat. Magnus hat einen scharfsinnigen Stil, der von köstlichen Ironien über den Status eines Argentiniers in Berlin durchwachsen ist.

Ariel Magnus wählt in *Muñecas* (2008) eine argentinische Hauptfigur, einen verstockten Einzelgänger, der nach Deutschland flieht, um den Anderen zu entkommen; dort lernt er eine Frau kennen, die wirklich allein ist, ohne es gewünscht zu haben und die sich in Deutschland noch fremder fühlt als er selbst. *Muñecas* spiegelt viele der Eindrücke wider, die der Autor in Deutschland erfuhr und der Titel des Buches stammt von einem Artikel, den er über in Deutschland zuerst im Dritten Reich hergestellte Sexpuppen schrieb.

Von einer anderen Perspektive aus stehen wir vor dem von Sarlo (B. Sarlo 2007) diagnostizierten Phänomen, dass der neue argentinische Roman die ethnographische Gegenwart und nicht die Geschichte wiedergibt.

> *Die Auslegungen der Vergangenheit werden durch ethnographische Darstellungen der Gegenwart ersetzt". Und unter den Autoren, die sie zitiert, befindet sich Cucurto: „was er macht, ist klassischer: die Hyperbel der Volkssprache. Die Übertreibung bricht die ethnographische Illusion. Cucurto schreibt wie jemand, der „nicht schreiben kann" (was es eigentlich nicht gibt) für gebildete Leser, die ihn lesen, weil seine Bücher den neu gekommenen Autor zeigen, der eine faszinierende und exotisch lebendige Sprache und Fantasien an den Tag legt. ...* (B. Sarlo 2007: 478)

In *El curandero del amor* (W. Cucurto: 2006) fiktionalisiert der Autor einen Berlinaufenthalt (er ist öfters in Akademie Schloss Solitude in Stuttgart gewesen). Im Kapitel *El ejército neonazi del amor* (Das neonazistische Heer der Liebe), in dem Cucurto gegen Hitler und für seine Liebesideale sowie für die Ideale der Befreiung von jeglicher politischer oder ideologischer Belastung kämpft, kontrastiert er grotesk die gesamte Palette Lateinamerikaner und Afrikaner, die ein Verhalten eines Vorführtiers aufweisen mit der Blondheit soldatenartiger Wesen, die für die Ausrottung kämpfen.

Katrin Dorn orientiert in *Milonga* (2005) ihren Roman auf die Achse Berlin/Buenos Aires, aber ebenfalls auf die Vergangenheit der DDR und auf die argentinische Jugend in der Nachdiktaturzeit. Erwähnt wird auch die Wirtschaftskrise 2001–2002 und das als „corralito" (Einfrieren sämtlicher Bankguthaben) bekannte Phänomen, das Chaos auf den Straßen Buenos Aires und die Einführung des Euro in Berlin. In ihrem Roman beschreibt sie nicht nur deutsche Juden in Argentinien, sondern auch argentinische Tangotänzer in Berlín. In diesem Sinne ähnelt die Darstellung der von Fleischhauer im erwähnten Roman.

Ein Fall fast hegelianischer Synthese ist Maria Cecilia Barbetta (2008) mit ihrem Roman *Aenderungsschneiderei „Los Milagros"*, Barbetta schreibt – in ihrer Eigenschaft als in Berlin ansässige Argentinierin – auf Deutsch und in Berlin einen Roman über Buenos Aires, dessen Figuren typische Porteños sind, und in dem Bricolage-Elemente vorkommen, die der argentinischen Realität entstammen. Änliches zu sagen wäre zum Roman von Tununa Mercado 2004 „*Yo nunca te prometi la eternidad*", in dem sie als argentinische Autorin im Exil eine wahre Geschichte von Deutschen im Exil in Paris erzählt, die dann nach Spanien, Jerusalem und Mexiko gehen.

Über Deutsche in Buenos Aires

Abel Posse (1980): *Los demonios ocultos*.
Wolfram Fleischhauer (2001): *Drei Minuten mit der Wirklichkeit*.
Ariel Magnus (2006): *La Abuela*.
Juan Terranova (2009): *Lejos de Berlín*.
Osvaldo Bayer (2001): *Rainer y Minou. Una realidad literaria*.
Patricia Sagastizábal (2009): *La colección del Führer*.
Edgardo Cozarinsky (2009): *Lejos de dónde*.

Wolfram Fleischhauer, *Drei Minuten mit der Wirklichkeit*, (W. Fleischhauer 2001) erzählt eine Geheimnisstory, in der eine deutsche klassische Tänzerin aus Berlin dort einen argentinischen Tangotänzer kennen lernt. Auf ihrer Suche begibt sie sich schließlich nach Argentinien und in Buenos Aires stellt sich heraus, dass sowohl die Eltern des Argentiniers, die in die argentinische Militärdiktatur involviert waren, als auch der Vater der Deutschen, der einst Mitglied der Staatssicherheit der DDR gewesen war, sich bereits kannten, wobei die Beziehung sogar von einem möglichen Inzest zwischen Halbgeschwistern bedroht ist. Der Roman ist interessant als Rückbezug von der deutschen Erzählung auf die besuchte Achse Berlin/Buenos Aires, und zwar nicht mehr wegen historischer Lebensumstände der Figuren, die dies notwendigerweise so bewirken, sondern als literarischer Kniff, der sozusagen freiwillig vom Autor gewählt wird.

Juan Terranova veröffentlicht seinen Kriminalroman *Lejos de Berlín* im Jahr 2009 (J. Terranova 2009). Darin situiert er mit dem historischen Hintergrund der Stadt Buenos Aires im Jahr 1946 eine deutsche Figur, Bruno Ritter, einen Nazi-Spitzel, der sich hinter der Identität eines Schweizer Photographen versteckt hält, der angeblich zeitweilig aufgrund des Kriegsendes Buenos Aires nicht verlassen darf und auf Antrag einer Österreicherin, Witwe eines unter unklaren Umständen ermordeten Unternehmers zum Detektiven wird. Im Laufe seiner Forschung gelangt er zur Gewissheit, dass Perón Naziverbrechern die Landesgrenzen öffnen wird, und zwar im Einvernehmen mit einheimischen Kriminellen, die bereits schmutzige Geschäfte mit dem deutschen Verbrechertum hatten. Terranova spart nicht an vergleichenden Kommentaren zwischen Buenos Aires im Jahr 1946 und Berlin, besonders hebt er den erstaunten Blick der Fremden auf die Stadt hervor, die sie unfreiwillig beherbergt, die abwertende Haltung gegenüber den Argentiniern, die bevorzugte Behandlung als Soldat des Nationalsozialismus, die rassische Diskriminierung und die bekannte Verachtung des eingeborenen Argentiniers seitens bestimmter verfremdender bürgerlicher Mittelschichten, die alles Argentinische geringschätzen.

Im gleichen Jahr schreibt ein anderer argentinischer Autor, Edgardo Cozarinsky, unter fast gleichem Titel *Lejos de dónde*, ein Buch, in dem er dieselbe Zeitspanne beschreibt, und dessen Hauptfigur eine deutsche Frau brauner Vergangenheit ist, die in einem Vorort von Buenos Aires untergeschlüpft ist, wo sie einen Mestizen grosszieht, der Produkt einer Verwaltigung ist. Der Sohn reist dann in der Gegenwart nach Deutschland, um dort diesen Teil der Geschichte wieder zu finden.

In *La sombra de Heidegger* schreibt José Pablo Feinmann, 2008, genauso wie in den bereits erwähnten Werken, eine fragmentierte Erzählung: den Bericht des deutschen Vaters, Philosophieprofessor in Freiburg, Schüler von Heidegger, und ebenfalls Bewunderer des Nationalsozialismus, an seinen in Argentinien aufgewachsenen Sohn und dann den Versuch seines Sohnes, Heidegger zu besuchen, um den Selbstmord seines Vaters in Buenos Aires aufzuklären: nochmals wird in der Erzählung eine Doppelachse dazu benutzt, gekreuzte Schicksale und unglückliche Lebensgeschichten zu erklären.

Der Gebrauch des historischen Rahmens des deutschen Nazismus in Argentinien muss ebenfalls als bloßes postmodernes Szenarium in Betracht gezogen werden, in dem eine Erzählung einen vermeintlichen Zug der Authentizität oder der Historizität ohne jegliche Denunziationsabsicht findet. Dieses Phänomen sieht man bei jüngeren Autoren in Werken, die seltsamerweise einander ähnlich sind, was den Bezug auf die Deutschen und den Nazismus anbelangt (Pron, Cozarisnky, Sagastizábal,Terranova, Cucurto). In diesen Werken ist das ethnographische Element zu finden, das Sarlo bereits früher erwähnte: es gibt keine Ideologie, keine Denunziation mehr, sondern nur Literatur und den Genuss des Fiktionalen.

Bibliographie

AGUINIS M. (1997): *La matriz del infierno*, Buenos Aires.
AYALA, N. (1996): *Mis dos abuelas. 100 años de historias*, Buenos Aires.

BARBETTA, M. C. (2008): *Änderungsschneiderei Los Milagros*, Frankfurt a.M

BAYER, O. (2007): *Rainer y Minou*, Buenos Aires.

BRUNSWIG DE BAMBERG, M. (1995): *Allá en la Patagonia*, Buenos Aires

CASTILLO, A. (1999): *El Evangelio según Van Hutten*, Buenos Aires

COZARINSKI, E. (2009): *Lejos de dónde*, Buenos Aires.

CUCURTO, W. (2006): *El curandero del amor*, Buenos Aires

DORN, K.(2005): *Milonga*, München.

DORN, K. (2005): *„Meine Bücher. Romane und Erzählungen von Katrin Dorn"*, unter: http://www.katrindorn.de/cms/buecher.php [27.12.2010]

FEINMANN, J. P. (2008): *La sombra de Heidegger*, Buenos Aires.

Fleischhauer, W.(2001): *Drei Minuten mit der Wirklichkeit*, München.

GUSMÁN, L. (1998): *Hotel Edén*, Buenos Aires.

HEIDENREICH,G.(2009): *Sieben Jahre Ewigkeit, Das geheime Leben meiner Mutter,*München.

KOCIANCICH, V. (1982): *La Octava Maravilla*, Madrid.

MAGNUS, ARIEL (2006): *La abuela*, Buenos Aires.

MERCADO, T. (2008): *Yo nunca te prometí la eternidad*, Buenos Aires.

NEUMAN, A. (2009): *El viajero del siglo*, Buenos Aires.

PIGLIA, R. (1980): *Respiración artificial*, Buenos Aires.

POSSE, ABEL (1980): *Los demonios ocultos,* Buenos Aires.

POSSE, ABEL (1989): *El viajero de Agartha* Buenos Aires.

PRADA, J. M. DE (2007): *El séptimo velo*, Buenos Aires

PRON, P. (2009): *El comienzo de la primavera*, Buenos Aires.

PUIG, M. (1976): *El beso de la mujer araña*, Buenos Aires.

SAGASTIZÁBAL, P. (2009): *La colección del Führer*, Buenos Aires.

SARLO, B. (2007): *Buenos Aires el exilio de Europa,* In: *Escritos sobre literatura argentina*, Buenos Aires, S. 30–45.

SENKMAN, L. / SOSNOWSKI, S. (2009): *Fascismo y nazismo en las letras argentinas*, Buenos Aires.

STADLER, A. (2000): *Feuerland,* Frankfurt.

TERRANOVA, J. (2009): *Lejos de Berlín*, Buenos Aires.

CLAUDIA DORNBUSCH (Brasilien, São Paulo)

Wieviel DaF braucht der Mensch?
Zur Arbeit mit Literatur in der Fremdsprachengermanistik

Jeder Germanist, der außerhalb des deutschsprachigen Raums als Dozent an einer Uni arbeitet, ist ständig mit Problemen des Fremdsprachenlernens konfrontiert. Und der Dozent, der sich spezifisch der deutschsprachien Literatur im Umgang mit Fremdsprachenstudenten widmet und die Texte mit ihnen in der Sprache liest, in der sie verfasst wurden weiß, was es bedeutet, literaturtheoretische, ästhetische, sprachliche und kulturelle Aspekte auf eine Weise zu verbinden, die den Studenten sowohl ästhetische wie auch symbolische, kulturelle und linguistische Kompetenz vermitteln sollen. Was leistet Literatur in diesem Kontext?

Um diesen und anderen Fragen nachzugehen, trafen sich im September 2010 am Herder-Institut viele Partneruniversitäten jenes Instituts, die Germanistik als Studienfach anbieten (so z. B. Kiev, Kairo, Stellenbosch, Guadalajara, Salamanca, São Paulo, u. a.), um den Stellenwert einer Literaturwissenschaft im Bereich Deutsch als Fremdsprache als legitimes akademisches Fach zu diskutieren, Ziele für die Zusammenarbeit zu setzen, gemeinsame Arbeitsgruppen und Forschungsprojekte zu starten. Was kann eine Literaturwissenschaft DaF leisten, was die reine Literaturwissenschaft nicht leisten kann?

Es stellte sich dabei heraus, dass erstens geklärt werden muss, welche Texte überhaupt in die Kategorie Literatur fallen und inwiefern anhand dieser Texte Zentralbegriffe wie *Literarizität, ästhetische Dimension* und *metaphorische und symbolische Ebene* als sprachliche Ausdrucksmöglichkeit bearbeitet werden können, was gleichzeitig auch die hermeneutische Komponente kultureller Kommunikation beinhaltet. Es kann hier nicht im Detail auf die dortigen Diskussionen eingegangen werden, die im September 2013 auf dem nächsten Treffen an der Universidade de São Paulo fortgeführt werden.

Der sprachliche Aspekt, insbesondere die Bearbeitung ästhetischer Ausdrucksmöglichkeiten durch kulturelle ästhetische Erfahrungen, nehmen hierbei privilegierte Stellung ein. Denn Literatur lebt ja von Sprache, wie wir schon bei Herder nachlesen können:

Die Litteratur wuchs in der Sprache,
und die Sprache in der Litteratur;
unglücklich ist die Hand, die beide zerreißen,
trüglich das Auge, das eins ohne das andere sehen will.
[Herder *apud* Dobstadt 2009: 21]

Michael Dobstadt plädiert in seinem Text *Literarizität als Basiskategorie für die Arbeit mit Literatur in DaF-Kontexten. Zugleich ein Vorschlag zur Neu-profilierung des Arbeitsbereichs Literatur im Fach Deutsch als Fremd-sprache* [2009] für die Literarizität als Zentrum der ästhetischen Arbeit mit Literatur in fremdspachlichen Kontexten, zumal Textualität und kulturelle Bedeutungen eng verbunden sind. Hier wird die poetische Funktion von Sprache ebenso herausgearbeitet wie rhetorische Elemente und kreative Sprachanwendung, wie man an folgendem Auszug sieht:

Es ist eine frühromantische, dann vom Poststrukturalismus wieder aufgegriffene Idee, dass Sprache im Kern literarisch funktioniert, weil – in Umkehrung dessen, was man geläufigerweise annimmt – die poetische Funktion der Sprache ihre – verdrängte – Grundfunktion ist (vgl. Franck 1984b: 601; Bossinade 2000: XII) [Dobstadt 2009: 28]

Nicht nur die oben erwähnten Aspekte spielen bei der ästhetischen Arbeit mit Literatur in Fremdsprachenkontexten eine Rolle, sondern auch eine philoso-phische Komponente, die mit Raum- und Zeiterfahrung einhergehen und sich sprachlich in Texten niederschlagen, nicht zuletzt durch die skurrile Situation eines fremdsprachlichen Lesers, der sich in einer hermeneutischen Erfahrung befindet, die selbst zum Gegenstand seiner ästhetischen Wahrnehmung wird, in einer Art Zwischenraum, der sich von Bekanntem fortbewegt und auf Neues hinsteuert. Philosophisch kann man dies meines Erachtens aufgrund folgender Betrachtungen des Philosophen Bernhard Waldenfels grundieren:

*Nur wer nicht ganz und gar hier ist, kann zugleich dort sein. Wie aber ist das, was hier ist, dort? Eine erste Möglichkeit, Abwesendes anwesend sein zu lassen, besteht darin, die Abwesenheit durch eine **stellvertretende Anwesenheit** zu über-winden. Die semiotische Lösung, die hier ins Spiel kommt, begenet uns bei Au-gustinus. In seiner Zeitabhandlung versucht er der Herabminderung von Ver-gangenheit und Zukunft zu einem **Nicht-mehr** und **Noch-nicht** entgegenzuwirken und den Absturz ins Nichts aufzufangen, indem er zu Ersatzzeichen seine Zuflucht nimmt. Während nachträgliche Spuren Vergangenes und Zukünftiges in eine dreifache Gegenwart, die als **praesens de praeteritis, praesens de praesentibus** und **praesens de futuris** bestimmt wird (Conf. XI, 20, 26). Die Zeitlichkeit der Phänomene ist nur zu retten, wenn man eine leibhaftige Abwesenheit zugesteht und berücksichtigt, dass jede Nähe bereits von Ferne unterhöhlt ist.* [Waldenfels 1997: 197]

Die Ersatzzeichen, verstanden als ästhetische Produkte, die hier als Zuflucht in semiotischer Hervorhebung charakterisiert werden, laufen in einem Zwischenraum zusammen, der Vergangenes berücksichtigt, aber noch auf dem Weg ist, in einem *Noch-nicht*, der die Situation selbst der ästhetischen und kulturellen Erfahrung bestimmt. Um diese Situation zu illustrieren, möchte ich gerne auch zwei kurze Textbeispiele geben, in denen ich meine, dass eine vorgetäuschte sprachliche Einfachheit – eben ein stilistisches Element – eine tiefere individuelle und philosophische Erfahrung verdeckt. Ich beziehe mich auf die in Japan geborene Autorin Yoko Tawada, die sowohl auf Deutsch als auch auf Japanisch schreibt, was an sich schon eine ideale Ausgangsbasis ist für die oben erwähnten Prozesse:

An der Spree
Ich bin in Europa, ich weiss nicht, wo ich bin. Eines ist sicher: der nahe Osten ist
von hier aus ganz nah. Der Ort, von dem aus der nahe Osten ganz nah ist, heisst
Europa. Als ich noch im fernen Osten lebte, war der nahe Osten ganz fern.
[Tawada 2007: 11]

Durch die Sprachspiele, die Fremdorte relativieren, ist hier ebenfalls deutlich, dass Distanz und Nähe nicht verabsolutiert werden, sondern sich überlagern und ein Spiel zwischen Innen, Außen, nah und fern ermöglichen. Außerdem bietet sich die sprachliche Ebene durch den spielerisch-ironischen Umgang mit nah und fern für ästhetische Diskussionen an und umkreist andeutungshaft den kulturellen Standort des Erzählers zwischen Welten, also die Verortung an einem Ort des *Dazwischen*, des *Noch-nicht*.

Ein weiteres Beispiel von Tawada geht selbst von Spracherfahrungen aus, die die Dimension des Sprachlichen und Linguistischen weit überschreiten:

MUSIK DER BUCH-STABEN
In meinem Postkasten liegt eine Sendung aus Frankreich. Ich öffne sie und finde
darin ein Gedicht von Véronique Vassiliou. Ich habe nie Französisch gelernt, in
sofern ist es nicht verwunderlich, dass ich den Text nicht verstehe. Dennoch
scheint es mir seltsam zu sein, dass ich gar nichts verstehe. Dabei kenne ich doch
alle Buchstaben, die im Text vorkommen. Ich kann zum Beispiel auch nicht Chi
nesisch, aber wenn ich das Zeichen für „Mensch" sehe, weiß ich wenigstens,
dass dort ein Mensch steht. Und wie sieht ein Mensch in einem französischen
Satz aus?
Ich erkenne sofort den Buchstaben „d" und verstehe trotzdem nichts. Er bil
det genau die Hälfte eines Wortes, aber ich kann nicht einmal ein Viertel der Be
deutung verstehen. Ist es möglich, dass ich von einem Buchstaben, den ich kenne,
gar keine Information bekomme?

Eine Sprache, die man nicht gelernt hat, ist eine durchsichtige Wand. Man kann bis in die Ferne hindurchschauen weil einem keine Bedeutung im Weg steht. Jedes Wort ist unendlich offen, es kann alles bedeuten. [32/33]

Fragen, die hier aufgeworfen werden können und poetologisch auf der Hand liegen wären beispielsweise: Wie situiert sich der Mensch in einer ästhetischen Konstruktion? Inwiefern ist dieses narrative Bild mit meinem Menschenbild abzustimmen, das mir einigermaßen bekannt ist? Sind Menschen Zeichen? Ist Menschliches durch Sprache fassbar? Was leistet Sprache hier? Ist sie Hindernis oder hat sie die Funktion des alt bekannten Zauberwortes? Handelt es sich nicht um ein Gedicht, um poetische Sprache? Bedeutungen und Bedeutungssuche stehen nur im Wege. Kann ich nicht lediglich ihre Musikalität und ihren Zauber auf mich einwirken lassen, um durch die durchsichtige Wand der Fremdsprache zu sehen?

Ergänzend sei hier erwähnt, dass Tawada Autorin verschiedener Essays zu Literatur, Poetik, Spiel in der Literatur u. a. ist, als Germanistin, die sich eingehend mit Sprache und Literatur beschäftigt und ausserdem im Zusammenspiel mit den Medien, insbesondere dem Film, literarisch produziert, so z. B. in *Das nackte Auge*. Durch ihre Verbindung zur Filmwelt faszinierten ihre Texte auch den Regisseur Wim Wenders, der in dem Klappentext von Tawadas Werk *Talisman* sich folgendermaßen äußert:

Auf dieser ganzen abenteuerlichen Reise erfährt man soviel über ,uns', über ,sich', dass man dabei fast übersieht, dass man am Ende plötzlich mehr über Japan weiss, als man je dort, ,vor Ort', gesehen und gelernt hat. Und erst hier an dieser Schnittstelle, tut sich auf, was es mit diesem Buch auf sich hat. Es spielt nicht in Rothenburg ob der Tauber, in Hamburg oder in Tokyo. Es handelt nicht von ,Europa' versus ,Asien' oder umgekehrt. Es ist ein Buch aus dem Niemandsland, da, wo kein Wort und kein Name und kein Zeichen mehr etwas bedeuten, sondern wo alles in Frage gestellt ist und wo nur das Empfinden, das Erfahren, das Sprechen selbst zählen. [in: Tawada 2007]

Wieder werden die Begriffe *vor Ort, Schnittstelle*, und *Zeichen* erwähnt. Wieder sind wir bei der Sprache angelangt, die dieses *Dazwischen* poetisch und poetologisch umschreibt. Es geht also um die volle Ästhetisierung von Erfahrungen und um die Analyse und Diskussion dieser Ästhetisierung. Diese Pseudo-Naivität des ersten Blickes – die ja oft diejenige fremdsprachiger Leser ist – ist folglich Ausgangsbasis für eine Hermeneutik der Fremdliteratur, also der deutschsprachigen Literatur als Fremdliteratur, in der die Zeitlichkeit von Vergangenheit, Gegenwart und Zukunft sich im Jetzt der ästhetischen Erfahrung „vor Ort" ausspielen.

Nun sind wir wieder bei unserer Ausgangsfrage angelangt, die umformuliert lauten könnte: Zu welchem Ende braucht der Mensch DaF? Dies wäre gleichzusetzen mit der Frage: zu welchem Ende braucht der Mensch Sprache? Hier meine ich verdeutlicht zu haben, dass die Sprache durch ihre durchsichtige Wand der Fremderfahrung neue Welten eröffnet, sowohl in der eigenen als in der Fremdsprache. DaF ist also der Wegweiser zur eigenen Sprache. Das Fremde der Sprache liegt ja in dem Zauberwort, in der Musik der Buchstaben.

Bibliographie

DOBSTADT, M. (2009*).: Literarizität als Basiskategorie für die Arbeit mit Literatur in DaF-Kontexten. Zugleich ein Vorschlag zur Neuprofilierung des Arbeitsbereichs Literatur im Fach Deutsch als Fremdsprache.* In: Herder-Institut (Hg.) *Deutsch als Fremdsprache. Zeitschrift zur Theorie und Praxis des Deutschunterrichts für Ausländer.* Heft 1. München, Berlin. 21–30

KRAMSCH, C. (2006). *From Communicative Competence to Symbolic Competence.* In: *Modern Language Journal* 90, 249–252.

TAWADA, Y. (2007): *Sprachpolizei und Spielpolyglotte.* Tübingen.

– (2008) *Talisman.* Tübingen.

– (2006b) *Überseezungen. Literarische Essays.* Tübingen.

WALDENFELS, B. (1997): *Topographie des Fremden. Studien zur Phänomenologie des Fremden I.* Frankfurt am Main.

JULIANA P. PEREZ (Brasilien, São Paulo)

Kognitive Funktion der Literatur, literarische Archive und „Auslandsgermanistik"

Unter den verschiedenen Funktionen, die der (in diesem Fall deutschsprachigen) Literatur beigemessen werden, verdient ihre kognitive Funktion gerade unter „ausländischen" Forschern besondere Aufmerksamkeit und ist nicht nur in literarischen Archiven, dort jedoch sehr erfolgversprechend zu erforschen. Versteht man also die Literatur als eine besondere Form der Erkenntnis (Vgl. A. Gellhaus 1995) – sowohl aus der Sicht der Produktion als auch der Rezeption –, dann kann man anhand von textgenetischen und archivarischen Daten einen Prozess der Erfassung von Wirklichkeit beobachten, der in den Phasen der Konzept- oder Textentstehung dokumentiert wird (A. Gellhaus 2008: 147). Die Forschung in literarischen Archiven in Deutschland könnte in dieser Hinsicht der sogenannten „Auslandsgermanistik"[1] neue Impulse verleihen.

Wissen aus der Dichtung, Wissen über Dichtung

2008 schrieb Tilmann Köppe in seiner Studie *zur kognitiven Signifikanz fiktionaler literarischer Werke*:

> *Fiktionale literarische Werke sind ernst zu nehmende Quellen theoretischen und praktischen Wissens. Ihr Erkenntnispotenzial hat seinen Platz im Funktionsspektrum der Literatur. [...] Theoretisches Wissen zu erwerben bedeutet, Überzeugungen auszubilden, die wahr sind und für deren Wahrheit man gute Gründe beibringen kann. Der Erwerb praktischen Wissens ist Sache der Ausbildung wertender Einstellungen angesichts von Handlungsoptionen, die man im Rahmen*

---

1 Der schon mehrmals in Frage gestellte Ausdruck „Auslandsgermanistik" wird hier nur verwendet, weil die Diskussion darüber jetzt den Rahmen eines wichtigen Jahrbuchs erreicht, das eng mit der Arbeit des Deutschen Literaturarchivs zusammenhängt. (Vgl. M. Lepper 2008)

praktischer Überlegungen auf ihre Angemessenheit überprüft. (T. Köppe 2008: 236)

So interessant das Buch Köppes als Zeichen eines neuen Umgangs der Literaturwissenschaft mit dem Thema „Literatur und Erkenntnis" sein mag, unterscheiden sich die vorliegenden Reflexionen von seiner Studie in grundlegenden Punkten. Hier wird im Gegensatz zu Köppe Erkenntnis mit Wissen *nicht* gleichgegesetzt. Köppe versucht, das „Erkenntnispotenzial" von literarischen Texten von „beschreibbaren" Elementen her zu untersuchen. Nach dieser Auffassung ließe sich ein „epistemisches Proprium der Literatur" nicht ohne große Missverständnisse erklären. Was man „hinreichend gut explizieren" könne, seien beide erwähnten Wissensbegriffe und „ihr Zusammenhang mit basalen mentalen Begriffen". Je nach der Rezeptionkompetenz des Lesers wären literarische Texte also „Quellen theoretischen und praktischen Wissens" (T. Köppe 2008: 236). Literarische Texte werden hier indessen in einem ersten Moment nicht als „Quelle" der Erkenntnis verstanden, sondern als wahrnehmbares Resultat – als Dokument – eines Erkenntnisprozesses.

Indem Köppe Faktoren analysiert, die zum Phänomen der Rezeption gehören, verzichtet er bewusst auf eine Untersuchung dessen, worauf das Erkenntnispotenzial von literarischen Texten eigentlich beruht. Zu Recht weist Köppe auf die Schwierigkeit hin, über das Verhältnis zwischen Dichtung und Erkenntnis zu reflektieren: Wenn es ein „Proprium" des literarischen Wissens gibt, dann ist sein Unterschied von anderen Wissensarten zu definieren.

Die Diskussion über das Verhältnis zwischen *Poesie und Wissen* (Vgl. H. Schlaffer 1990) hat aber tiefere Wurzeln. Seit der Antike wird darüber reflektiert, ob und was für Erkenntnis die Poesie ihrer Zuhörerschaft bringen könnte.[2] In Heinz Schlaffers Studie wird darauf verwiesen, dass der Anfang der Debatte eigentlich noch vor Platon liegt: Als der Rhapsode und der Philosoph im *Ion* miteinander konfrontiert werden, repräsentieren sie zwei gegensätzliche Auffassungen von Wissen, die nicht in jenem Moment begründet wurden, sondern sich bereits im Laufe der griechischen Geschichte etabliert hatten und nun kritisch zur Sprache kamen. Seitdem hätten sich *mythos* und *logos* als Modalitäten des Wissens definitiv getrennt. „Poetisches Wissen war nämlich fragwürdig geworden, seitdem sich ein selbständiges Wissen außerhalb der Poesie gebildet hatte." (H. Schlaffer 1990: 13) Seit dieser Trennung gebe es in der ganzen historischen Entwicklung der westlichen Literatur nicht

---

2   „The dispute [Platon X Aristoteles] has reverberated down in to the modern period, and a large part of the contemporary debate is still concerned with the classical form of the question. This can dubbed the epistemic question: *can art give its audience knowledge?*" (B. Gaut 2003: 436).

weiter die Möglichkeit, ein „Wissen *aus* der Poesie" zu erwerben, sondern nur ein „Wissen *über* die Poesie" zu bilden. (Ebd.)

Den Grund dafür sieht Schlaffer im Gegensatz zwischen Enthusiasmus und rationalem Denken und in ihrer historischen Entwicklung:

> *Die platonische Verneinung der Poesie, ihrer Produktivkraft, des Enthusiamus, wie ihres Stoffs, des Mythos, hält die Poesie dennoch als das Verneinte präsent. Wirkungslos war Platons Verbot der Kunst, wirkungsvoll aber die Begründung des Verbots. Da die kulturelle Überlieferung und die aktuelle Produktion von Kunst und Poesie fortdauern, erhalten sie aus dem Gegensatz zur Disziplin rationalen Denkens sogar eine neue bis in die Gegenwart immer wieder erneuerte Bedeutung, die Bedeutung nämlich, den Gegensatz zum rationalen Denken zu repräsentieren. Doch erst in der philosophischen Ästhetik der Neuzeit dient diese negative Bestimmung der Kunst zu ihrer positiven Bestimmung.* (H. Schlaffer 1990: 24–25)

Verschiedene Forscher haben jedoch bemerkt, dass Platons Verdacht gegen die Poesie nicht so sehr in der epistemischen Frage von Wahrheit bzw. Lüge der Dichtung besteht, sondern in deren ethischen Folgen. Platon spricht den Dichtern die Autorität im Bezug auf die *paideia* ab, nicht weil sie „lügen", sondern weil sie den Ursprung des eigenen Wissens nicht kennen und deswegen ihre Wirkung nicht kontrollieren können. (Vgl. Villela-Petit 2003: 59–61 und R. Gazzola 2007)

Ohne Zweifel hob aber die Rezeption von Platons Schrift den Gegensatz zwischen *logos* und *mythos* hervor; im Laufe der Zeit verstärkte sich die Auffassung, dass der *mythos* einer *cognitio inferior* und der *logos* der *cognitio superior* entsprechen würde. Auch wenn diese Unterscheidung schon in Frage gestellt wurde und wichtige Autoren versucht haben, den *logos* als „defizitär" zu charakterisieren,[3] scheint die „Skepsis der episteme dem Enthusiamus gegenüber" (H. Schlaffer 1990: 24) wohl weiter zu bestehen.

---

3   „Die spezifische Qualität der poetischen Erkenntnis sollte nicht von Formen begrifflicher Verstehensprozesse in den Wissenschaften abgeleitet werden, wenn man der Eigenart des Poetischen nachfragt. Geschieht dies, wird die poetische Metapher gegenüber dem wissenschaftlichen Begriff gern als weniger klar und deutlich gekennzeichnet. Ein solches Ableitungsverhältnis der dichterischen cognitio inferior aus der wissenschaftlichen (theologischen, philosophischen, positivwissenschaftlichen) cognitio superior ist allerdings tief in der abendländischen Tradition verwurzelt und seit dem 18. Jahrhundert in der philosophischen Ästhetik institutionalisiert. Die Vorstellung vor der ‚enthusiastischen' Produktionsweise des Dichters hatte erheblich dazu beigetragen, den Erkenntniswert der Dichtung als inferiore, noch nicht begrifflich-klare Weise des Erkennens zu definieren: eine Weltordnung, deren Wirksamkeit seit der Unterscheidung von Mythos und Logos bis heute in Philosophie und Literaturwissenschaft nachweisbar

Wer Dichtung als Form der Erkenntnis verstehen möchte, sieht sich also auch mit dem Problem konfrontiert, wie Heinz Schlaffer von einem rationalistischen Paradigma auszugehen. Sobald man dieses Paradigma in Frage stellt, steht man im „Verdacht, die Zeiten des Aberglaubens restituieren zu wollen" (A. Gellhaus 1995: 354), oder man wird gleich als Anhänger der dekonstruktivistischen Theorien abgestempelt. Stattdessen würde es sich nicht darum handeln, philosophische oder literaturwissenschaftliche Begriffe zu destruieren, sondern ihre Bedeutung neu zu reflektieren.

Literatur als Form der Erkenntnis

Rigide Ablehnung der herkömmlichen Begriffen und heftige Polemiken zwischen Theoretikern scheinen jedoch überwunden zu sein. Eine Überschätzung des Autorbegriffs wäre heute so unangemessen wie seine Dissoziation in einem anonymen Netz von Texten; die Vorstellung einer Wirklichkeit, die absolut unabhängig von unseren sprachlichen Konstrukten existiert, wäre genau so unzutreffend wie Daten der Wirklichkeit der Sprache absolut unterzuordnen. Die kognitive Dimension der Literatur in dieser Hinsicht zu betonen bedeutet auch, nicht *einen* ihrer unterschiedlichen Faktoren für absolut zu halten, sondern die *Spannung* zwischen ihnen zu beobachten.

Eine weitere Bemerkung ist vielleicht noch nötig: Als Paul Ricoeur in den 70er und 80er Jahren den epistemologischen Status des Mythos zurückgewinnen wollte, war es nötig, die Wirklichkeit von einem totalisierenden Anspruch der Objektivität zu „retten", also von ihrer Reduktion auf das Empirische durch die Wiederentdeckung ihrer metaphorischen-diskursiven Dimension. Man befindet sich heute in der umgekehrten Situation: Die Wirklichkeit wird nicht mehr als „extra-linguistisch" verstanden, sondern als „intralinguistisch" – was eine Erforschung von „Erkenntnis" vermittels der Literatur fast unmöglich machen würde: Akzeptiert man diese theoretische Position, dann wäre man wieder mit Schlaffer einverstanden: Es gäbe nur ein Wissen *über* Literatur, jedoch keines *aus* ihr. Stellt man sich aber vor, dass

> *[...] in der Dichtung ein jeweils geschichtlich bestimmtes Gesehenhaben der Welt und Wissen von ihr Sprache wird und sich Gehör verschafft, daß es der*

ist. Umgekehrt hat auch der Versuch, den Begriff aus der poetischen Metapher abzuleiten, eine lange Tradition [...]. Aus dieser Perspektive erscheint stets der Begriff gegenüber der poetischen Metapher als defizitär, der Prozeß der begrifflichen Verengung des Sprachgebrauchs als zunehmender Verlust an Welthaltigkeit und ursprünglicher Erfahrung." (A. Gellhaus 1995: 17)

Dichtung um ein Erkennen geht, welches man mit einer Formulierung aus Karl Wilhelm Ferdinand Solgers Vorlesung über Ästhetik (1819) ‚schaffendes Erkennen' nennen könnte", (A. Gellhaus 1995: 16)

dann würde man der Literatur die Funktion zugestehen, „die jeweils historisch geltenden Paradigmen in Frage zu stellen" (ebd.: 18). Das würde bedeuten, dass die von der Literatur ermöglichte „Erkenntnis" nicht generell, sondern nur spezifisch zu beobachten und zu verstehen ist: Sie hängt davon ab, was in einem bestimmten geschichtlichen Moment in Frage gestellt wird – nicht nur auf thematischer Ebene, sondern vor allem im epistemischen Sinne.

Spuren von Erkenntnisprozessen

Trifft das zu, dann könnten Manuskripte, Typoskripte, Briefe, weitere persönliche oder historische Dokumente, Tagebücher oder die persönliche Bibliothek eines Schriftstellers als Spuren von Erkenntnisprozessen angesehen werden. Natürlich ist ein literarisches Archiv wegen der Vielfalt der dort bewahrenen Unterlagen weiterhin eine unvergleichliche Quelle von *Wissen,* die gerade für ausländische Kultur- und Literaturwissenschaftler besonders interessant ist (Vgl. S. Brenner-Wilczek u. a. 2006), weil wir solchen archivarischen Quellen mit einer differenzierten Fragestellung begegnen können.

Betrachtet man aber Nachlässe und Manuskripte nicht nur als „Quelle" von Wissen, sondern als *Spuren,* dann würde die Forschung in literarischen Archiven der Rekonstruktion eines Erkenntnisprozesses dienen, der schon in den vortextuellen Elementen von Manuskripten registriert wird, sich in aller Art von Entwürfen und Notizen zerstreut, bis zu dem Moment, wo dieser Prozess in einer literarischen Form fixiert wird (A. Gellhaus 2008: 121–137). Kühner formuliert könnte man behaupten, dass der literarische Text jedem Leser die Möglichkeit der Erkenntnis öffnet, weil er an sich schon einmal ein Akt der Erkenntnis war, deren Resultat auf dem Papier teilweise dokumentiert bleibt.

Das setzt aber die Auffassung voraus, dass Literatur von Anfang an in tiefer Zusammenhang zur Wirklichkeit steht und dass der Erkenntnisprozess, der von den ersten Notizen bis zu einem literarischen Text führt, denselben Ausgangspunkt hat wie alle andere Erkenntnisarten: Die Begegnung zwischen dem menschlichen Bewusstsein und der Wirklichkeit.

Die Forschung in literarischen Archiven kann also für die sogenannte „Auslandsgermanistik" sehr produktiv sein, nicht nur weil sich unter den Materialien sicherlich Dokumente finden ließen, die die konkreten Beziehungen zwischen den verschiedenen Ländern erhellen könnten, sondern weil die Erforschung von Erkenntnisprozessen über die Länder hinausgeht und uns nicht durch unsere nationale Zugehörigkeit, sondern durch unser Menschsein verbindet.

Bibliographie

BRENNER-WILCZEK, S. u. a. (2006): *Einführung in die moderne Archivarbeit*, Darmstadt.

KÖPPE, T. (2008): *Literatur und Erkenntnis. Studien zur kognitiven Signifikanz fiktionaler literarischer Werke*, Paderborn.

LEPPER, M. (2008): *„Welche Auslandsgermanistik? Einladung zu einer Diskussion"*, in: *Jahrbuch der deutschen Schillergesellschaft*, Göttingen, S. 13–17.

GAUT, B. (2003): *Art and Knowledge*, in: LEVINSON, J. The Oxford Handbook of Aesthetics, Oxford, S. 436–450.

GAZZOLA, R. (2007): *Platão e a cidade justa: poetas ilusionistas e potências da alma*, in: *Kriterion*, n. 116, S. 399–415.

GELLHAUS, A. (1995): *Enthusiamos und Kalkül. Reflexionen über den Ursprung der Dichtung*, München.

GELLHAUS, A. (2008): *Schreibengehen. Literatur und Fotographie en passant*, Köln/Wien.

SCHLAFFER, H. (1990): *Poesie und Wissen. Die Entstehung des ästhetischen Bewußtseins und der philologischen Erkenntnis*. Frankfurt a. M.

VILLELA-PETIT, M. (2003): *Platão e a poesia na República*, in: *Kriterion*, N. 107, S. 51–71.

Sektion (57)

Indien im Spiegel der deutschen Literatur

Betreut und bearbeitet
von
Balasundaram Subramanian, Ursula Kocher
und Pornsan Watanangura

Einleitung

Kaum ein anderes Land hat die deutsche literarische Imagination seit dem 18. Jahrhundert so nachhaltig beschäftigt wie Indien. Herders kunsttheoretische Erschließung der indischen Lebenswelt, Goethes dichterische Bearbeitung indischer Themen und Motive, die romantische Verherrlichung des indischen Geisteslebens als positives Gegenstück zum aufgeklärten Europa, die neo-romantische Indienschwärmerei um die Wende zum 20. Jahrhundert, die kritische Betrachtung des indischen Soziallebens in den Reisebeschreibungen der letzten Jahrzehnte – das alles sind Beispiele für die große Bandbreite der Begegnungen mit der indischen Kultur.

Die widersprüchlichen Indienbilder, die in der Auseinandersetzung mit Indien entstanden sind, lassen sich in der Regel ganz pauschal auf zwei entgegengesetzte Positionen reduzieren. Indien wird entweder als Inbegriff der höchsten Kulturstufe verherrlicht oder als ein rückständiges, aufklärungsbedürftiges Land entmythologisiert. Von Goethe bis Grass, von den Schlegels bis Stefan Zweig lassen sich die Spuren dieses ambivalenten Indienbildes, das vor allem auf der Dichotomie zwischen Ost und West fußt, verfolgen. Ferner entsteht in jüngster Zeit im Zuge der Globalisierungswelle der paradoxe Topos eines demokratischen, pluralistischen Indien, das zugleich eine geschlossene Gesellschaftsstruktur aufweist.

Die Arbeit in der Sektion sollte im Wesentlichen zwei Fragen nachgehen: Welche unterschiedlichen Zuschreibungen von deutscher Seite sind in unterschiedlichen Zeitphasen festzustellen und wie werden sie präsentiert? In welcher Relation stehen die diversen, thematisch vielfältigen Indienbilder zu einem von der Eigenkultur geprägten Selbstverstehen? Diese Fragen haben sich akzentuiert, zumal dieses Sonderkapitel in der deutschen Literaturgeschichte in den letzten Jahrzehnten – vor allem im Zeichen des Postmodernismus – zusehends von diversen diskursorientierten Ansätzen gleichsam vereinnahmt worden ist. Das moderne, von der vernunftgeleiteten Aufklärung angeregte Geschichtsbewusstsein hat zweifelsohne die wesenszentrale, kulturprägende Aufgabe der Politik aus ihrer Kardinalstellung in der Gesellschaft verdrängt. Infolgedessen sind mehrere unterschiedliche, gleichwertige gesellschaftliche Diskurse entstanden wie beispielsweise die Debatten um Themen wie die Menschenrechte, die verschiedenen Biologismen und Psychologismen, die unterschiedlich strukturierten Arbeitsbedingungen, das dialektische Wechselspiel wirtschaftlicher Kräfte sowie Sexualität, Feminismus, Geschlechterfragen, Kolonialismus, Postkolonialismus, Globalisierung usf. Eine eindeutige Antwort auf die Frage, ob sich diese Diskurse auf Kulturen übertragen ließen, welchen der heutige, egalitäre Kulturbegriff durchaus fremd war, ist bis heute ausgeblieben. Ferner entziehen sich deutsch-indische Kulturkontakte dem Rahmen gängiger akademischer Diskurse wie Kolonialismus oder Postkolonialismus.

Der anfängliche Respons auf das Einladungsschreiben dieser Sektion war überwältigend: etwa fünfundzwanzig Referate ließen die berechtigte Hoffnung aufkommen auf ein großartiges Panorama über die Repräsentation Indiens in der deutschen Literatur vom 18. Jahrhundert bis auf den heutigen Tag. Doch zwischen freudiger Erwartung und künftiger Erfüllung liegt der lange Weg nach Warschau zum XII. Quinquennium der IVG. Auf Schritt und Tritt lauern auf den nichts ahnenden Akademiker unerwartete Lasten und dringende dienstliche Verpflichtungen. Und so wurde die Liste der Absager viel länger als die Liste der Teilnehmer; im Schleier der Maja verhüllt liegen mehrere viel versprechende Beiträge. Von den hier abgehaltenen Referaten fehlen aus verschiedenen Gründen die Beiträge von Anil Bhatti (Neu Delhi), Frau Grazia Pulvirenti und Frau Renate Gambino (Catania), Frau Swati Acharya (Pune), Frau Anushka Gokhale (Freiburg) und Mathew John Kokkat (Hyderabad). Im allerletzten Augenblick sagten Kollegen Christian Sinn (St. Gallen) und Manfred Durzak (Paderborn) ab und trugen damit wohl oder übel zum raschen Ablauf der Sektionsveranstaltung bei. Trotz der mehrfachen Unterrepräsentierung hofft die Sektionsleitung, dass der kurze Umfang dieser Publikation den Blick auf das ganze Spektrum dieser gewichtigen Thematik ausweitet und verschärft.

Balasundaram Subramanian, Ursula Kocher, Pornsan Watanangura

VLADIMIR A. AVETISJAN (Russland, Ischewsk)

Goethes Rezeption von „Shakuntala"
und die Weltliteraturkonzeption des Dichters

Der Aufsatz wurde unter Benutzung der Materialien geschrieben, die der Verfasser während seiner Forschungsaufenthalte in Deutschland in den Jahren 2006–2010 aufgearbeitet hat. Sie wurden von Herrn Prof. Dr.h.c. Reinhold Würth, dem Vorsitzenden des Stiftungsaufsichtsrats der Würth-Gruppe, großzügig unterstützt. Ihm gegenüber fühlt sich der Verfasser zum aufrichtigen Dank verpflichtet.

Einleitend kurz über Goethes Konzeption der Weltliteratur. Vom Standpunkt der heutigen Komparatistik aus ist sie als eine universale Theorie der internationalen geistigen Kommunikation zu definieren, deren Kern die Idee des Allgemein-Menschlichen bildet.[1]

Am 31. Januar 1827 sagt Goethe zu Eckermann:

Ich sehe mich ... gerne bei fremden Nationen um und rate jedem, es auch seinerseits zu tun. Nationalliteratur will jetzt nicht viel sagen, die Epoche der Weltliteratur ist an der Zeit, und jeder muss jetzt dazu wirken, diese Epoche zu beschleunigen.[2]

So sieht sich Goethe gerne bei der indischen Nation um, lässt sich von ihren Mythen und Legenden inspirieren, und so entstehen solche großen Dichtungen, wie die Ballade „Der Gott und die Bajadere" und die „Paria"-Trilogie.

Das krasseste Beispiel für Goethes Aufnahme der indischen Literatur im Zusammenhang mit der Weltliteraturkonzeption liefert die nahezu über 40 Jahre sich erstreckende Auseinandersetzung des Dichters mit der „Sakontala", dem berühmtesten Werk von Kalidasa (absichtlich schreibe ich hier den Titel des Stückes so, wie er zu Goethes Lebzeiten geschrieben wurde).

Goethe lernte das Drama im Sommer 1791 in Georg Forsters Übersetzung kennen, der die englische Übersetzung von William Jones als Vorlage diente, welche Goethe im gleichen Jahr auch durcharbeitete. Das Stück hat auf ihn einen unauslöschlichen Eindruck gemacht. Im Überschwung der Gefühle verfasst er ein merkwürdiges Gedicht:

---

1 Grundlegend: F. Strich (1957).
2 J. P. Eckermann (1956: 198).

Will ich die Blumen des frühen, die Früchte des späteren Jahres,
Will ich, was reizt und entzückt, will ich, was sättigt und nährt,
Will ich den Himmel, die Erde mit einem Namen begreifen, –
Nenn' ich, Sakontala, dich und so ist alles gesagt.[3]

Eine absolute Universalität des Dramas – so lässt sich der Sinn des ihm gewidmeten Gedichtes ausdrücken.

Die „Noten und Abhandlungen" zum „Divan" enthalten ein programmatisches Kapitel, „Übersetzungen" betitelt. Ist der „Divan" ein Meilenstein im Wege der Bildung von Goethes Weltliteraturkonzeption zu nennen, so macht seine in jenem Kapitel, aber nicht nur hier dargelegte Übersetzungstheorie einen integralen Teil dieser Konzeption aus. Eben das Übersetzen und die Übersetzungen betrachtet der Dichter als wirksamstes Mittel zur Förderung der Weltliteratur.

Im Kapitel kennzeichnet Goethe verschiedene – nämlich drei – Arten der Übersetzung und geht in diesem Zusammenhang auf die Forstersche schlicht prosaische Übersetzung der „Sakontala" ein. Goethe betont:

Nun aber wäre es an der Zeit, uns davon eine Übersetzung der dritten Art zu geben, die den verschiedenen Dialekten, rhythmischen, metrischen und prosaischen Sprachweisen des Originals entspräche und uns dieses Gedicht in seiner ganzen Eigentümlichkeit aufs neue erfreulich und einheimisch machte.[4]

Und er fährt fort:

Da nun in Paris eine Handschrift dieses ewigen Werkes befindlich, so könnte ein dort hausender Deutscher sich um uns ein unsterblich Verdienst durch solche Arbeit erwerben.[5]

Es war aber nicht ein Deutscher, sondern ein Franzose, der „das ewige Werk" so übersetzte, wie Goethe es übersetzt sehen wollte. 1830 erscheint in Paris eine Ausgabe des Dramas, die der französische Orientalist Antoine Léonard de Chézy besorgte.[6] Als Motto hatte er auf das Titelblatt Goethes „Sakontala"-Gedicht gesetzt. Ein Exemplar sandte der Übersetzter an Goethe.

Weltliterarisch ausgerichtet ist Goethes Dankesbrief an de Chézy vom 9. Oktober 1830:

3   J. W. von Goethe (1981: 1: 206).
4   Goethe (1887–1919: I: 7: 238).
5   Ebenda, S. 239.
6   A. L. de Chézy (1830).

... ich darf aussprechen ... welch ein ganz vorzügliches Geschenk Sie mir durch die Übersetzung der „Sakontala" verliehen haben. Das erste Mal, als ich dieses unergründliche Werk gewahr wurde, erregte es in mir einen solchen Enthusiasmus, zog mich dergestalt an, dass ich es studieren nicht unterließ, ja sogar zu dem unmöglichen Unternehmen mich getrieben fühlte, es, wenn auch nur einigermaßen, der deutschen Bühne anzueignen.[7]

Einen Versuch solcher Art wagte Wilhelm Gerhard, als er 1820 seine für die Bühne metrisch bearbeitete Übersetzung der „Sakontala" herausgab. 1828 sandte Gerhard an Goethe die Übersetzungen der serbischen Volks- und Heldenlieder, die Goethe, der sich viel mit dem serbischen Epos beschäftigte, in seiner Zeitschrift „Über Kunst und Altertum", diesem wahren Organ der Weltliteratur, wohlwollend besprach.[8] So, um mit dem Dichter zusammenzusagen, „sehr bewegt und wundersam wirkt freilich die Weltliteratur gegeneinander"[9].

Er fährt im Brief fort:

Ich begreife erst jetzt den überschwenglichen Eindruck, den dieses Werk auf mich gewann. Hier erscheint uns der Dichter in seiner höchsten Funktion, als Repräsentant des natürlichsten Zustandes, der feinsten Lebensweise, des reinsten sittlichen Bestrebens, der würdigsten Majestät und der ernstesten Gottesbetrachtung.[10]

Goethe spricht in Superlativen und zwar im direkten Sinne des Wortes! Verherrlichte er in „Sakontala"-Gedicht das Drama als alles umfassendes Werk und in diesem Sinne als Ideal einer Dichtung, so stellt er hier dessen Schöpfer als Ideal eines Dichters dar.

Ferner schreibt Goethe:

Dies alles wird uns nun erst recht eingänglich durch die anmutige, in so hohem Grade gebildete französische Sprache und es ist uns im Augenblick zumute, als wenn wir alles Heitere, Schöne, Kräftige, was wir jemals in diesem Idiom vernommen, nochmals anklingend empfänden.[11]

Warum spielte gerade die französische Übersetzung des Dramas solch eine Rolle in Goethes Erlebnis desselben?[12]

---

7   Goethe-Briefe (1924: 8: 355–356).
8   Goethe (1960–1978: 18: 630).
9   Brief an Karl Friedrich Graf von Reinhard vom 18. Juni 1829. WA (IV: 45: 295).
10 Siehe Anmerkung 7, S. 356.
11 Ebenda.
12 Goethe, der das Werk in drei Übersetzungen las, hätte es in noch einer Übersetzung lesen können: Anfang der 90-er Jahre wurde die „Sakontala" ins Italieni-

Es handelt sich um den Status der französischen Sprache in der „Epoche der Weltliteratur". Gerade das Französische schien Goethe eine für diese Epoche besonders geeignete Sprache zu sein und zwar in mancherlei Hinsicht. In der französischen Übersetzung – darauf kommt es an – entfalten die Dichtungen ihre weltliterarischen Potenzen am vollkommensten. Eigentlich sollte Goethe die französische Übersetzung der „Sakontala" zur dritten, höchsten und letzten Art der Übersetzung gerechnet haben; solche Übersetzungen sind dem Original identisch. Die Übersetzungen des Dramas von Jones und Forster kennzeichnete der Dichter als die der ersten Art, sie „macht uns in unsrem eigenen Sinne mit dem Auslande bekannt".[13]

Im Prinzip begrüßte Goethe jede Übersetzung, zu welcher Art sie auch gehörte, als Faktum der Weltliteratur. Manches weist aber darauf hin, dass gerade die Übersetzungen der dritten Art für ihn am meisten weltliterarisch ausgerichtet waren.

Nicht nur die französische, sondern auch die deutsche Sprache schien Goethe für den weltliterarischen Verkehr geeignet zu sein.

Anlockung für Fremde, Deutsch zu lernen; nicht allein der Verdienste unsrer eignen Literatur (wegen), sondern dass die deutsche Sprache immer mehr Vermittlerin werden wird, dass alle Literaturen sich vereinigen. Und so können wir sie ohne Dünkel empfehlen... Man mißgönnet der französischen Sprache nicht ihre Konversations – und diplomatische Allgemeinheit, in dem oben angedeuteten Sinne muß die deutsche sich nach und nach zur Weltsprache erheben.[14]

Hier haben wir nicht mit einem Traum, sondern mit einer Prognose zu tun, die auch heute aktuell bleibt.

In jedem „Faust"-Kommentar ist zu lesen, dass das „Vorspiel auf dem Theater" durch das „Sakontala"-Vorspiel angeregt worden war. Möglicherweise – dieses Problem kann hier nur angedeutet werden – spiegelten sich die aus der „Sakontala" aufgenommenen Motive auch im zweiten Teil des „Faust" wider, vor allem im 3. Akt, der 1827 unter dem Titel „Helena. Klassisch-romantische Phantasmagorie. Zwischenspiel zu Faust" veröffentlicht wurde.[15] Gegebenenfalls interessiert uns die „Helena"-Dichtung in einer anderen Hinsicht. Mit ihr wollte Goethe zur Schlichtung jenes in verschiede-

---

sche übertragen, in jene Sprache, die er von Kindheit an beherrschte. Kaum wäre aber das Stück in der italienischen Übersetzung dem Dichter so eingänglich geworden, wie es ihm in der französischen Übersetzung eingänglich geworden war. Selbst wenn er die italienische Fassung zu der Zeit kennengelernt hätte, als er sich mit der französischen Übersetzung der „Sakontala" beschäftigte.

13 WA (I:7:236).
14 Goethe: Bd. 15, Teil 31, 1922, S. 288.
15 R. Beer: 1973, S. 61–68.

nen Literaturen entbrannten Konfliktes zwischen den Klassikern und Roman-
tikern beitragen, der ihm als Hindernis im Wege der Bildung der „Epoche der
Weltliteratur" erscheinen sollte.[16] Denn diese Epoche dachte sich Goethe als
Zeitperiode, in der das Allgemein-Menschliche vor- und obwalten würde.
Dazu trug die „Sakontala", die durch die Übersetzungen in vielen Sprachen
zum wirksamen Element der Weltliteraturepoche wurde, in gebührender
Weise bei.

Bibliographie

AVETISJAN V. A. (2008): Puškin, *Ševyrëv und Goethes „Helena"-
Zwischenspiel*, in: BOHNENKAMP A. / MARTÍNEZ M. (Hg.) Geistiger
Handelsverkehr. Komparatistische Aspekte der Goethezeit. Für Hendrik
Birus zum 16. April 2008, Göttingen, S. 13–35.

BEER R. (1973): *„Faust" und „Shakuntala"*, in: *Wissenschaftliche Zeitschrift der Martin-Luther-Universität Halle-Wittenberg. Gesellschaftliche und sprachwissenschaftliche Reihe*, № 5, S. 61–68.

CHÉZY A. L. de (1830): *Calidasa. La reconnaissance de Sacountala*, Paris.

ECKERMANN J. P. (1956): *Gespräche mit Goethe in den letzten Jahren
seines Lebens*, Berlin/Weimar.

GOETHE J. W. (1960–1978): *Berliner Ausgabe. In 22 Bd.*, Berlin.

GOETHE J. W. (1981): *Werke. Hamburger Ausgabe. In 14 Bd.*, München.

GOETHE J. W. (1887–1919): *Werke. hrsg. im Auftrage der Großherzogin
Sophie von Sachsen. In 143 Bd. Abt. I–IV*, Weimar [=WA].

GOETHE J. W. (1922): *Sämtliche Werke in vier Hauptbänden und einer
Folge von Ergänzungsbänden*. FRIEDRICH TH. (Hg.), Leipzig.

STEIN Ph. (Hg.) (1924): *Goethe-Briefe, in 8 Bd.*, Berlin.

STRICH F. (1957): *Goethe und die Weltliteratur*. 2. Auflage, Bern.

---

16   Avetisjan: 2008, S. 13–35.

MICHAEL MAYER (Deutschland, Bayreuth)

Graf Hermann von Keyserling
– Eine indische Bewusstseinslage in
europäischer Sprache (1919)

Das Reisetagebuch eines Philosophen

Der Philosoph Graf Hermann Keyserling begibt sich 1912 auf eine Weltreise, die in seinem Werk *Das Reisetagebuch eines Philosophen* eine literarische Umsetzung findet.[1] Für Keyserlings Denken ist eine scharfe Trennung von Wissenschaft und Metaphysik charakteristisch, die dahin führt, die theoretische Ausarbeitung philosophischer Fragestellungen zu verwerfen. Demnach kann Metaphysik für Keyserling einzig als Kunst umgesetzt werden, weil sich der Verweischarakter von Begriffen nur in künstlerischen Arbeiten deutlich zeigt (Gahlings 1992: 8). Für dieses philosophische Programm gilt das *Reisetagebuch* in seiner Form und Gattung als exemplarisch (Gahlings 1992: 64ff; Tarvas: 2007 415).[2] Ein großer Teil des Tagebuchs befasst sich mit Indien, wobei sich Keyserling hauptsächlich auf die Diversität der religiösen Weltbilder konzentriert. Den besonderen Reiz an Indien bringt Keyserling in folgendem Zitat zum Ausdruck:

Was mich bei allen beeindruckt, ist das Dasein einer Bewusstseinslage, die das Auffassen von Wirklichkeiten ermöglicht, welche den durchschnittlichen West-länder nicht berühren. [...] (H. Keyserling 1923: 96)

Diese Passage ist für Keyserling wie auch für die Indienbegeisterung seiner Zeit pradigmatisch. Zum einen ist es Keyserlings individuelles Reiseziel, in Indien zu einem metaphysischen Zustand zu gelangen, der in Europa zu Beginn des 20. Jahrhunderts nicht mehr möglich zu sein scheint, da die Metaphysik bereits seit dem 19. Jahrhundert ihre Bedeutung zu großen Teilen eingebüßt hat. Zum anderen liegt mit der europäischen Auffassung indischer

---

1   Gahlings erschließt umfassend die Biographie und das Werk von Hermann von Keyserling. Einen neueren Beitrag zur Forschung leistet auch der Band von Schwidtal und Undusk.

2   Gahlings beschäftigt sich intensiv mit der Gattung und dem Aufbau des Buches, während Tarvas speziell auf die Tagebuchform bei Keyserling eingeht.

Religion eine Anschauung vor, durch die die westliche Trennung von Physik und Metaphysik, sprich von Welt und Transzendenz ihre Gültigkeit verliert. Die Immanenz der indischen Religion übt auf die Europäer seit der Goethe-zeit eine faszinierende Wirkung aus (M. Kämpchen 2007: 29, 31).[3]

Von der traditionellen und zeitgenössischen Reiseliteratur hebt sich Key-serlings *Reisetagebuch* insbesondere durch sein spezielles Wahrnehmungs-schema der indischen Kultur ab, denn als zentral für Keyserlings Konzept erweist sich die Instrumentalisierung der Figur des Proteus, einem antiken Meergott, der sich in alle Lebewesen hineinversetzen kann. Diese mythologi-sche Figur dient Keyserling als Wahrnehmungsmodell für das „Wesen" der anderen Kultur. Das Ich in Keyserlings *Reisetagebuch* möchte also nicht mit der Identität des Europäers reisen, sondern – wie Proteus – die jeweilige fremdkulturelle Identität annehmen. Dieser Beitrag wird im Folgenden das proteische Wahrnehmungsprogramm im sprachlichen Verhältnis zur „indi-schen Bewusstseinslage" untersuchen und geht davon aus, dass Keyserlings Text zwar noch eurozentristisch geprägt ist, aber diesen Eurozentrismus durch die Reflexion europäischer Begrifflichkeiten selbst unterläuft und sich an diesem abarbeitet.

Vorgebliche Verschmelzung

Ich gedenke des überschwänglichen Reichtums an Göttern, die das indische Pan-theon zusammensetzen, der unübersehbar vielfältigen Vorschriften des tantri-schen Rituals; der Überzahl an Worten, Begriffen und Vorstellungen, mit denen das Inderdenken operiert: das sind freilich Wucherungserscheinungen und in-sofern vegetativ, aber eine so fruchtbare Imagination steckt hinter ihnen, und sie selbst sind so lebendig, so bewegt, dass man an Tierleiber zum Vergleiche denkt, nicht an noch so wildwuchernde Gewächse. Mir ist beim Anblick der indischen Formenwelt, als hätte die Phantasie des Fleisches sie erschaffen[...] (H. Keyser-ling 1923: 107)

Mit der „Wucherung" ist in dieser Passage ein zentraler Aspekt für Keyser-lings Reise eingebunden, denn er sucht gerade vegetative Wucherungen, die

---

3   Die Faszination an Indien beginnt im 18. Jahrhundert und findet mit Herder und Goethe sogleich auch prominente Vertreter. Herders Bestimmung Indiens als „Goldenes Zeitalter kindlicher Menschheit" lieferte zugleich den Romantikern ihre poetische Indienvorstellung. Kämpchen sieht weitere „Indienwellen" in Deutschland zu Anfang des 20 Jahrhunderts und nach dem Zweiten Weltkrieg gegeben.

unbewusst ablaufen und somit als metaphysischer Ausdruck der Wesenhaftigkeit der Welt gelesen werden können. Indien wird von Keyserling als Land des metaphysisch Wesenhaften begriffen, das in Europa nicht mehr erkennbar ist. Damit liegt eine Argumentation vor, die dem Europäer Indien als wesenhaftes Land literarisch vor Augen führt. Die in Europa sanktionierte Triebhaftigkeit bekommt in Indien eine religiöse Dimension zugeordnet, denn Triebhaftigkeit und Körperlichkeit erweisen sich als geistige Momente. Durch diese Erkenntnis kann die für Keyserlings unliebsame Trennung von Körper und Geist aufgehoben werden. Keyserling fährt mit seinem Programm fort, indem er angibt, eine indische „Bewußtseinslage" erreicht zu haben:

Ich verweile in der Bewußtseinslage, von welcher her die Schlacht von Kurukshetra, in der die Götter den Menschen sichtbar beistanden, gleich wirklich erscheint wie die von Sedan. Ist die Welt, die sich nun vor mir aufrollt, nicht wesenhafter als die des Forschers? Ist sie nicht in einem viel höheren Sinne wirklich? Unaufhaltsam nehmen die Lehren der indischen Weisheit von meinem kaum mehr befremdeten Geist besitzt. (H. Keyserling 1923: 118f.).

Dieses „Bewußtseinslage" wird durch die proteische Fähigkeit des Hineinversetzens und des Annehmens in das Fremde ermöglicht. Dieser Vorgang verdeutlicht zudem die Keyserlingsche Differenzierung von Wissenschaft und Metaphysik, indem das metaphysische Moment eine „wirklichere Welt" – eben das Wesenhafte – als die der Wissenschaft aufzuzeigen vermag.

An verschiedenen Aussagen wie die „Inder" oder das „Indische", die eine sprachliche Distanz zur indischen Kultur erkennen lassen, ist das Pendeln des Ichs zwischen einer Innen- und einer Außenperspektive auf Indien abzulesen. In diesem Kontext ergibt sich allerdings ein grundlegendes Problem des *Reisetagebuches*:

[...] allen Asiaten, und unter diesen an erster Stelle den Chinesen, fehlt es auffallend an der Fähigkeit des Mitgefühls. Schon Buddhas „Mitleid" war nicht Mitgefühl in unserem Sinne; es enthielt keinen Ansporn zum Helfen; kein heutiger Inder, soweit er nicht westlichen Geistes ist, scheint jene Phantasie des Herzens zu besitzen, die ein untätiges Mitansehen fremden Leidens zur Qual macht; und kein Chinese vor allem ist im christlichen Sinne sympathiefähig. (H. Keyserling 1923: 445)

Der Text ergeht sich in kulturellen Zuschreibungen, die auf einem vorhandenen Wissen über Indien fußen. Indem Keyserling den Indern die Fähigkeit zum Mitleid abspricht, liefert er eine pejorative Stigmatisierung indischer Verhaltensweisen aus europäischer Perspektive. Somit ist hier von einem Eurozentrismus zu sprechen (B. Waldenfels 1997: S. 135). Dass Asiaten nicht die Befähigung zum Mitleid besitzen, zeigt sich als zeitgenössisches Phänomen in der literarischen Umgebung des *Reisetagebuchs* (M. Mayer 2010: 229f.). Die Texte geben Mitleid als europäische Eigenschaft aus, die den Indern abgesprochen werden muss. Proteus erweist sich dadurch als eurozentrische Wahrnehmungsmaske, denn die Proteus-Figur basiert bereits auf einer europäischen Vorstellung aus der griechischen Antike (U. Gahlings 1992: 43, 60). Damit liegt ein europäischer Wahrnehmungsrahmen zugrunde, weil von der philosophischen Prämisse ausgegangen wird, dass in metaphysischer Hinsicht alle Kulturen nur Realisationen eines Ur-Sinns sind. Der heraus gestellte Eurozentrismus verdeutlicht, dass nicht Proteus sich von der fremden Kultur assimilieren lässt, sondern dass das Proteus-Ich die konstruierte Fremdkultur Indien vereinnahmt.

Der sprachliche Umgang mit Indien

Als reisender Philosoph reflektiert Keyserling permanent seine eigenen Begrifflichkeiten gegenüber den fremden Kulturen. Dabei überprüft Keyserling die Möglichkeit seiner eigenen Sprache zur Beschreibung indischer Weltanschauungen. Diese sprachphilosophische Dimension installiert Keyserling bereits im Vorwort, denn dort heißt es:

> *Ich will in Breiten hinaus, wo selbst mein Leben ganz anders werden muss, um zu bestehen, wo das Verständnis eine radikale Änderung der Begriffsmittel verlangt, wo ich möglichst viel von dem vergessen muß, was ich ehedem wußte und war.* (H. Keyserling 1923: 7)

> *Dabei sollte ich es längst schon verlernt haben, die europäischen Allgemeinbegriffe Nation, Rasse, Volk usw. auf Indien anzuwenden. [...]* (H. Keyserling 1923: 215)

Der im Abschnitt zuvor aufgezeigte Rückfall in den Eurozentrismus wird also durch eine permanente Reflexion europäisch-rationaler Begriffe aufgefangen. *Das Reisetagebuch eines Philosophen* nimmt dadurch im exotistischen Diskurs seiner Zeit eine besondere Position ein. Der Text verhandelt die Bedingung der Möglichkeit über das jeweils kulturell Fremde in einer europäischen Sprache, hier konkret in der deutschen Sprache, zu sprechen. Keyserling erkennt die Gefahr der eigenen Begriffskategorien in Bezug auf Indien sehr genau, was sich konkret in die Frage fassen lässt: Wie kann Proteus über Indien mit seinen eigenen kulturellen Begriffen sprechen, ohne das kulturell Spezifische an Indien zu löschen (B. Waldenfels 1997: 50). Die

Modelle des Umgangs mit dem Fremden von Keyserling und Waldenfels ähneln sich in diesem Punkt, denn wird Indien in die eigenen Begrifflichkeiten gefasst, wird die Fremdheit gelöscht, die in Indien nach Keyserling gerade in der begrifflich kaum fassbaren Vielheit und Diversität besteht. Um Indien zu beschreiben, ist es für Keyserling notwendig, seine eigenen Begriffe anzupassen oder als unpassend fallen zu lassen. Der Text führt das Proteus-Schema, das er konstruiert, demnach selbst wieder ad absurdum, weil Proteus auf eurozentristischen Prämissen beruht, deren Begrifflichkeiten selbst im Fokus stehen.

Mit diesen Reflektionen stellt sich das Reisetagebuch in den Kontext exotistischer Texte zu Beginn des 20. Jahrhunderts, die literarisch stets den literarischen Umgang mit dem Fremden überprüfen und sich nicht mehr in der Produktion von Sehnsuchtsbildern von europafernen Orten erschöpfen.[4] Es geht dem Tagebuch also nicht um die literarische Darstellung und Stilisierung Indiens, sondern um eine Annährung, die bereit ist, ihre eigenen logozentrischen Begrifflichkeiten aufzugeben und zu einem der Fremdkultur angepassten Sprechen zu gelangen. Im Bereich exotistischer Texte zu Beginn des 20. Jahrhunderts stellt Keyserlings *Reisetagebuch eines Philosophen* also ein innovatives Werk dar, indem es speziell die eigene Sprache fokussiert.

Bibliographie

a) Bücher

GAHLINGS, U. (1992): *Sinn und Ursprun: Untersuchungen zum philosophischen Weg Hermann Graf Keyserlings*, St. Augustin.

KEYSERLING, H. (1923): *Das Reisetagebuch eines Philosophen*, 2 Bde, Darmstadt.

MAYER, M. (2010): *„Tropen gibt es nicht." Dekonstruktionen des Exotismus*, Bielefeld.

WALDENFELS, B.(1997): *Topographie des Fremden*, Frankfurt a. M.

---

4   In meiner Dissertation findet sich dieser Sachverhalt an einem breiten Textkorpus dargestellt (Mayer 2010).

b) Sammelbände

KÄMPCHEN, M. (2007): *Hermann von Keyserling und Indien*, In: SCHWIDTAL, M. / UNDUSK, J. (Hg.): Baltisches Welterlebnis: Die kulturgeschichtliche Bedeutung von Alexander, Eduard und Hermann Graf Keyserling, Heidelberg, S. 379–390.

TARVAS, M. (2007): *Keyserlings Tagebücher*, In: SCHWIDTAL, M. / UNDUSK, J. (Hg.): Baltisches Welterlebnis: Die kulturgeschichtliche Bedeutung von Alexander, Eduard und Hermann Graf Keyserling, Heidelberg, S. 415–424.

URSULA KOCHER (Deutschland, Wuppertal)

Indien in der deutschsprachigen Literatur der Gegenwart – eine Bestandsaufnahme

Indien ist *in*, und das weltweit. Wirtschaftlich werden dem Land glänzende Zukunftsaussichten bescheinigt, indische Filme erobern die Kinos, der neuerliche Hang zur Spiritualität kurbelt den Indientourismus verstärkt an. Die Zahl der literarischen Texte zu Indien steigt ebenso an, auch in Deutschland. Allerdings muss festgehalten werden, dass die Anzahl der Autorinnen und Autoren, die im akademischen Bereich gemeinhin eine Rolle spielen und sich mit Indien auseinandersetzen, recht gering ist. Während für den Zeitraum 1900 bis 1933 vielleicht nicht unbedingt zahlreiche, aber doch einige Romane und Erzählungen Indien zum Gegenstand haben, die als ästhetisch anspruchsvoll Anerkennung finden, gehören zum Kanon deutschsprachiger Indientexte nach 1960, die regelmäßig Beachtung finden, meiner Zählung nach lediglich acht: Hubert Fichtes *Wolli Indienfahrer* (1978), Günter Grass' *Zunge zeigen* (1988) und *Der Butt* (1977), Ilija Trojanows *Der Weltensammler* (2006), Martin Mosebachs *Das Beben* (2006), Josef Winklers Veröffentlichungen *Domra* (1996) und *Roppongi* (2007) sowie vielleicht noch der wenig beachtete Roman Thorsten Beckers mit dem Titel *Die Besänftigung* von 2003. Von mehr als von diesen genannten Texten ist im Allgemeinen nicht die Rede.[1] Dem widerspricht die Präsenz Indiens in der Alltagskultur. Eine Suche beim Internetversandhandel Amazon bringt unter der Rubrik ‚Bücher' derzeit mehr als 27.000 Treffer, wobei Helge Timmerbergs *Shiva Moon* bereits seit längerem die Trefferliste anführt. Der Zugang zu Indien, so könnte man festhalten, findet in der deutschsprachigen Literatur der Gegenwart nicht oder zumindest nicht vorrangig über literarische Veröffentlichungen statt, die von Akademikern, Intellektuellen oder Literaturkritikern als hochstehende Literatur eingeschätzt werden. Die breite Indienbeschäftigung basiert auf anderen Quellen.

Zwei literarische Gattungen erfreuen sich seit einigen Jahren wieder bzw. immer noch großer Beliebtheit und beide kümmern sich gleichermaßen um Indien: Reise- und Abenteuerroman sowie Reisebericht. Sie scheinen Ausdruck globaler Mobilität zu sein und Indien gehört elementar bei dieser Be-

---

1 Ausnahmen sind hier vereinzelte Beiträge zu Felicitas Hoppe, Ulrike Draesner oder Ingeborg Drewitz.

handlung von Globalisierung dazu. So veröffentlichte Helge Timmerberg nach seinen speziell auf Indien beschränkten Reiseberichten 2008 ein Buch mit dem augenfälligen Titel *In 80 Tagen um die Welt*. In ihm überprüft er sozusagen die Erlebnisse der Protagonisten von Jules Verne im 21. Jahrhundert am eigenen Leib. Die Reiseroute: Berlin, München, Venedig, Triest, Piräus, Kreta, Athen, Kairo, Bombay, Goa, Bangkok, Pattaya, Hongkong, Shanghai, Tokio, Mexiko, Kuba, Dublin, Berlin. Ausgangspunkt dieses Experiments sind allerdings nicht nur die obligatorische Wette, sondern auch eine Flucht vor Bindung. Timmerberg verlässt kurz vor seinem 55. Geburtstag Berlin und eine Frau, um sich in ein aberwitziges Unternehmen zu stürzen, das wiederum darin begründet ist, dass er inzwischen fast alles gesehen und unternommen hat. Ihm sind Unbeschwertheit und Illusion abhanden gekommen. Der moderne Globetrotter hat die traditionell und kulturell vermittelten Imaginationen verloren, weil er weiß, dass sie der ihm auf vielfältige Weise bekanntgewordenen Realität nicht standhalten und weil er sie schnell und unproblematisch jederzeit überprüfen kann. Reisen 2008 hat eben nichts mehr mit dem Reisen in Jules Vernes Roman zu tun.

In Timmerbergs Reiseberichten sind Imaginationen und Klischees in erster Linie Beschreibungsinstrumente und Vorlagen für Witz und Sarkasmus. So weiß er beispielsweise als professioneller Betrachter des Anderen und Fremden sehr wohl, dass alle Menschen unterschiedlich sind und man kein Individuum einer Berufsgruppe zum Typus erklären darf, in einem Fall nimmt er sich dieses Recht aber doch heraus:

> *„Ich will nicht typologisieren. DEN griechischen Taxifahrer gibt es nicht. Aber es gibt DEN Taxifahrer von Athen. Ich kenne ihn."* (H. Timmerberg 2008: 53)

Timmerbergs Reisebericht führt vor, dass eine Flucht vor dem eigenen Selbst nicht gelingen kann. Er nimmt seine Liebe stets überallhin mit. Er zeigt weiterhin, dass diese Flucht schon gar nicht dann gelingen kann, wenn die Fremde keine Fremde mehr ist, weil sie dem Reisenden irgendwie immer schon bekannt ist – sei es durch literarische Texte, Medienberichte oder Erzählungen. Ägypten, Griechenland und Russland sind überall, vor allem aber in Berlin:

> *„Man muß die Stadtgrenzen nicht verlassen, um Buddhist, Hinduist, Sufi oder Schamane zu werden. [...] Ja, es gibt Kakerlakenrennen in Berlin. Auch Kamelrennen. Auch Red-Carpet-Rennen. Man muß nicht mehr nach St. Petersburg, Dubai oder Hollywood, um das zu sehen. Der Karneval der Kulturen feiert in Berlin die besten Partys der Welt."* (H. Timmerberg 2008: 284f.)

Indien aber ist ein Sonderfall. Nicht nur für und bei Timmerberg, sondern für den gesamten deutschsprachigen Bereich. Auch wenn überall sonst sich die Erkenntnis durchgesetzt hat, dass man seine Probleme in einer globalisierten Welt nicht loswerden kann, indem man den Ort des Problems verlässt, und dass man überall immer selbst Migrant ist – mit Indien ist das alles immer ein wenig anders. Für Timmerberg, und nicht nur für ihn, ist Indien stets ein besonderer Ort – so besonders, dass er früher dachte, die deutsche Reinkarnation eines indischen Yogi zu sein. Der spirituelle Zugang ist ihm aber, so beschreibt er 2008, inzwischen abhanden gekommen. Dieser Verlust der Spiritualität hat den permanent Reisenden erst heimatlos werden lassen, denn er leidet seitdem an der Unfähigkeit, sich zu entscheiden. Aber auch auf dieses Problem findet er die Lösung in Indien. Was mit ihm los ist, sagt ihm ein Guru, den er auf Empfehlung einer Zufallsbekanntschaft in Bombay aufsucht.

> *„Er sagt, das Schönste, was er in allen Religionen gefunden habe und was in allen Religionen gleich sei, ist folgender Satz, und weil Ramesh keine Zähne mehr hat, sehr undeutlich spricht und ich schwerhörig bin, verstehe ich den Satz nicht und frage dreimal nach, und als ich ihn auch beim dritten Mal nicht verstehe, ruft irgend jemand, der hinter mir sitzt, so laut wie er kann: ,DEIN WILLE GE-SCHEHE!'"* (H. Timmerberg 2008: 124)

Timmerbergs Entscheidung, dies zu seiner letzten Reise zu machen, wäre nicht möglich gewesen, ohne die Begegnung mit diesem 92jährigen Inder. Der Reisende begreift, warum so viel, wie er schreibt, in seinem Leben schiefgelaufen sei. Er trifft nun Entscheidungen mit Gelassenheit. Indien macht etwas mit einem, Indien verwandelt. Auch wenn man seine Probleme mit nach Indien nimmt, Indien ist das Land, in dem sie sich lösen lassen, eben indem man nicht sie, sondern seine eigene Haltung zu ihnen und damit sich selbst verändert.

Gemacht hat diese Erfahrung auch Hans Koch, ein Schweizer Musiker, der sich sechs Monate in Varanasi aufgehalten hat und von dem Autor Michael Stauffer den Auftrag erhalten hat, seine Erfahrungen regelmäßig in Emails zu übermitteln. Stauffer griff einzelne Passagen aus diesen Berichten heraus und machte daraus nicht etwa ein Buch, sondern ein Hörstück. Indien und die Schweiz werden über Geräusche, Musik und Sprache überblendet. Aus Hans, dem Saxofonisten und Klarinettisten, wird im Laufe von sechs Monaten Hinduhans, der sich ein Harmonium kauft und ansonsten allmählich den Bezug zur Zeit verliert sowie zum Kind regrediert. Nicht dass er kindisch würde, er gewöhnt sich an, die Eindrücke aufzunehmen wie Musik – nicht über den Verstand und durch vorheriges Filtern aufgrund überkommener Wissensbestandteile, sondern unmittelbar:

„Immer mit der Schweiz zu vergleichen, das mache ich nicht mehr; ich bin einfach hier und akzeptiere, was geschieht. Auch sind meine Ohren nicht so beschaffen, dass ich sie verschliessen könnte; also höre ich einfach zu. " (Staufer/Koch: 2010)

Als seine Tasche gestohlen wird, regt er sich nicht etwa über diesen Verlust auf, sondern nimmt murrend zur Kenntnis, wie umständlich es ist, den Diebstahl bei der Polizei zu melden. Als er für eine Schweizer Freundin einen Sari kaufen soll, verbringt er Stunden in dem Laden „mal schläft der Verkäufer, mal schlafe ich", ohne am Ende seinen Wunsch überhaupt vorgebracht zu haben. Tee getrunken und gut gegessen hat er allerdings. Die Beobachtungen, die er macht, gehören zu den typisch europäischen des 20. und 21. Jahrhunderts. Der Verkehr, der Lärm, Stromausfall, das Betelkauen, Leichenverbrennung, Reinkarnation, Müll, Kobras, der unvermeidbare Traum und die mindestens ebenso unvermeidbare Kuh. Natürlich kehrt Hinduhans in die Schweiz zurück. Wie sehr er sich durch Indien verändert hat erfahren wir nicht. Das Hörstück hat keine Einleitung und keinen Schluss, es fängt einfach an und hört unvermittelt auf. Am Ende steht der Besuch von Hinduhans' Frau in Indien unmittelbar bevor.

„Ich freue mich, dass mich meine Frau bald besucht. Dann werde ich wohl nicht mehr Fahrrad fahren. Wir werden viel zu Fuß unterwegs sein – und mit der Rikscha. Ich werde versuchen, mit meiner Frau einfach ein bisschen zusammen zu sein – und wir werden versuchen, uns wiederzufinden. Ich war jetzt doch länger weg. " (Staufer/Koch: 2010)

Er war weg, aber sie kommt in seine Welt. Wie eine erneute Annäherung in dieser Umgebung verläuft, wäre interessant zu erfahren.

Das Reisen und das Kennenlernen anderer Kulturen, das zeigen beide Beispiele sehr deutlich, gehört zu unserer modernen Welt. Indien jedoch sperrt sich, das signalisieren die besprochenen Fälle ebenso, gegen einen einfachen westlichen Zugriff in Eile und mit dem Kopf. Dies gilt sogar dann, wenn die oder der Reisende die Veränderungen in der indischen Welt sehr genau zur Kenntnis nimmt. In Anna Katharina Fröhlichs 2010 erschienenen Roman *Kream Korner* ist das sich ändernde Indien zwar Thema, aber kaum Realität – vor allem nicht für die Ich-Erzählerin, die selbst an einem Sehnsuchtsort, in der Provence, lebt, sich aber dennoch nach der ,orientalischen Welt' sehnt. „Die eigenen vier Wände" bieten nicht genügend „Stoff zum Träumen", ihre „provinzielle[] Seele" hatte es nötig, „vom Orient zu schwärmen". Fröhlich (2010: 99f.) Dieses Indien, von dem sie schwärmt, ist jedoch das zeitlose, reiche, farbgesättigte und entsprechend in ihrer Darstellung mit Adjektiven überhäufte Indien. Es ist der Ort, der dem beständig Reisenden das Gefühl vermittelt am Ziel zu sein (vgl. Fröhlich (2010: 19)), ein Ort, der sich letztlich allen Veränderungsversuchen durch Passivität widersetzen wird. Indien ändert sich aus der Sicht der deutschsprachigen Literatur nicht in seinem Kern, es verändert die Gäste, dem Kolonialismus und Postkolonialismus zum Trotz.

Bibliographie

FRÖHLICH, A. K. (2010): *Kream Korner*, Berlin.

STAUFFER, M. / KOCH, H. (2010): *Hinduhans, gelesen von JÄGGI U.*, Basel.

TIMMERBERG, H. (2008): *In 80 Tagen um die Welt*, Berlin.

MONIKA SHAFI (Usa, Newark)

„Am Besten, sie halten sich von allem Fremden fern!"
Alterität in Ilija Trojanows Roman *Der Weltensammler*

„Am Besten, Sie halten sich von allem Fremden fern!" (Trojanow 2006: 25) ist der Ratschlag, der dem jungen, britischen Kolonialoffizier Richard Burton bei seiner Ankunft in Bombay in Ilija Trojanows preisgekröntem Roman *Der Weltensammler* (2006) erteilt wird, und den er zeit seines Lebens *nicht* befolgen wird. *Der Weltensammler* verfolgt auf über 500 Seiten die ungewöhnliche Karriere Sir Richard Francis Burtons, der sprachbegabt und wissenshungrig dem britischen Empire diente, doch der kolonialen Ideologie skeptisch gegenüberstand. Anhand wechselnder Erzähler zeichnet Trojanow Burton als ambivalenten Repräsentanten imperialer Macht, dessen Aufenthalte in Britisch-Indien, Arabien und Ostafrika er in Anlehnung an Abenteuer- und historische Romane beschreibt. Zugleich enthält der Roman eine differenzierte und komplexe Auseinandersetzung mit Subjektivität und Alterität unter Bedingungen imperialer Macht, die ich in diesem Aufsatz kurz nachzeichnen werde. Im Zentrum dieser Identitätskonstruktion stehen Sprache, Religion, Körperlichkeit und Sexualität und die diese Bereiche übergreifende Frage, ob originäre kulturelle Prägungen entscheidend zu verändern oder gar abzulegen sind (vgl. Holdenried 2009).

Der Roman umfasst die Jahre 1842 bis 1859, konzentriert sich also ausschließlich auf Burtons Karriere als Entdecker; seine Jugend, Heirat oder seine verschiedenen Aufenthalte als Konsul kommen nicht zur Sprache. Diese Abwesenheit von Geburt und prägenden Jugendjahren ist auffällig, gelten sie doch als grundlegend für Persönlichkeitsbildung und Entwicklung. Stattdessen fungiert Britisch-Indien als Geburtsszene des 21jährigen Burtons, da er hier jene Interessen und Fähigkeiten entwickelt, die ihn definieren werden: seine stupende Sprachbegabung, sein obsessives Interesse an der kulturellen Vielfalt des indischen Subkontinents und vor allem seine Selbstschöpfung als Autor und Entdecker.

Trojanow folgt strukturell Burtons Lebenschronologie, und er betont das Geheimnis, das als eines der zentralen Paradigmen biographischer Fiktion gilt. Zudem verweisen sowohl der Roman als auch der Begleitband *Nomade auf vier Kontinenten: Auf den Spuren von Sir Richard Francis Burton* (2007), in welchem Trojanow seine umfangreichen Recherchen beschreibt, auf ein biographisches Grundproblem, nämlich die An- oder Abwesenheit von Dokumenten, da diese weitgehend Kenntnis und Interpretation eines vergangenen Lebens bestimmen (vgl. Ellis 2000: 122). Bezeichnenderweise beginnt das erste „Letzte Verwandlungen" betitelte Kapitel mit Burtons Tod in Triest und dem berüchtigten Autodafé seiner Manuskripte und Tagebücher durch seine Ehefrau Isabelle, thematisiert also gleich zu Anfang Zensur und Zerstörung, Themen, die zentral mit Burtons Werk verbunden sind.

Das umfangreiche erste Kapitel „Britisch-Indien: Die Geschichte des Schreibers des Herrn" besteht aus 66 kurzen Unterkapiteln, die um Naukaram, Burtons fiktivem Diener angelegt sind. Wie auch in den anderen Kapiteln verbindet Trojanow mündliche und schriftliche Überlieferungen und demonstriert so den schwierigen Prozess biographischen Schreibens mit den Fallstricken unzuverlässiger Informanten und Dokumenten sowie ständig zu befriedigenden Lesererwartungen. Zugleich überliefert Trojanow so Fakten von Burtons Aufenthalt aus der Perspektive eines Einheimischen. Aber kann dieser Zugang eine nicht-hegemoniale Darstellung Burtons liefern und imperiale Rassen- und Machtdiskurse aufdecken? Das ist der epistemologische Lackmustest dieses Kapitels, auch im Bild der Trommel wiedergegeben, die Burton bei seiner Ankunft hörte:

> *„Bom-Bom-Bay-Bay*
> *Bom-Bom-Bai-Bai*
> *Mum-Mum-Bai-Bai*
> *Bom-Bom-By-Bay*
>
> *Grob und grell, wie es sich für einen Rhythmus gehört, der seit Jahrhunderten schlägt: Europa andererseits, Indien einerseits. Es ist eigentlich einfach, für jeden, der hören kann."* (Trojanow 2006: 22).

Der Roman enthält einerseits eine explizite und umfassende Kritik an der englischen Kolonialherrschaft. Trojanow lässt beispielsweise den kommandierenden General Napier den eigentlichen Grund ihrer Anwesenheit aussprechen: „Wozu dient unsere Verwaltung in Britisch-Indien? ... Seien wir ehrlich. Sie dient nur dem Zweck, das Rauben und Plündern zu erleichtern" (Trojanow 2006: 130). Ähnlich vernichtend ist Burtons Kritik an dem selbstherrlichen Gebaren der Offiziere und ihrem von Trägheit und Langeweile bestimmten Gesellschaftsleben. Doch weder Burton noch Napier stellen die britische Vorherrschaft in Frage. Dem Frevel kolonialer Macht, der in zahlreichen Szenen aufgegriffen wird, steht jedoch Naukaram, als ambivalente Dienerfigur gegenüber. Naukaram präsentiert sich als vorbildlicher Diener, aufmerksam, gewissenhaft und loyal bis zur Selbstaufgabe. Ständig um das Wohl seines Herrn bemüht, hält er soziale Grenzen strikt ein und würde beispielsweise nie am gleichen Tisch mit Burton essen. Diese Selbstdarstellung ergibt sich natürlich aus seinem Wunsch nach einem neuen Arbeitgeber, doch sein Respekt für Burton ist genuin und er bewundert dessen radikale Unabhängigkeit: „Er stand innerhalb seiner eigenen Gesetze" (Trojanow 2006: 202). Doch diese positiven Emotionen, wie Treue oder Fürsorge, werden innerhalb eines kolonialen Systems produziert, dessen Illegitimität Naukaram ahnt. Dennoch führt er Burton in einheimische Bordelle, sucht ihm eine indische Geliebte aus und ist hochbesorgt, ob sie Burton sexuell zufrieden stellt. D. h. Naukarams Handeln stützt die britische Herrschaft und ihre Rassenideologie, welche ihn in der Rolle des Subaltern festschreibt.

Obwohl Trojanow Burton keine umfassende narrative Kontrolle über seinen Lebensbericht gewährt, tritt er dennoch als heroische, wenn auch problematische Figur in Erscheinung, bewundert von denen, die ihm untergeben sind: „Alles war möglich, wenn er etwas tat" (Trojanow 2006: 202) verkündet Naukaram. Dieser indische Erzähler, umfangen von der Aura Burtons, ist daher kaum in der Lage dem Sog Burtons Widerstand leisten und die Herr-Diener Konstellation, bekannt aus zahlreichen Abenteuergeschichten, verstärkt zudem jene Machtkonstellationen, die sie vorgibt durch explizit kritische Bemerkungen zu entlarven.

Burtons Verwandlungen kristallisieren ebenfalls diese Differenzproblematik. Laut Naukaram verstand Burton seine Maskeraden als wirkliche Verwandlungen, doch der Lehrer Upanitsche verweist Burton auf seinen grundlegenden Erkenntnisfehler: „Du kannst dich verkleiden, soviel wie du willst, du wirst nie erfahren, wie es ist, einer von uns zu sein. Du kannst jederzeit deine Verkleidung ablegen ... Wir aber sind in unserer Haut gefangen. Fasten ist nicht dasselbe wie hungern" (Trojanow 2006: 212). Das Privileg der Wahl und der Kontrolle unterscheidet Burton also von den Einheimischen und der Rollentausch, ob als Spiel oder Verwandlung gesehen, unterstreicht letztendlich nur seine Machtposition. Zudem ist dem Hindu Naukaram, befangen in religiös-kulturellen Antagonismen, die muslimische Maskerade seines Herrn ein konstantes Ärgernis, so dass britische Toleranz mit einheimischer Engstirnigkeit, Wissen mit Ignoranz kontrastiert, und die Überlegenheit des englischen Vorgesetzten gegenüber dem indischem Untergebenen weiterhin zementiert wird. Problematisch ist auch Burtons Beziehung zur fiktiven Kundalini, die anhand der Stationen Verführung, Leidenschaft, Geheimnisse, Verrat und verfrühter Tod als tragische Liebesgeschichte dargestellt wird. Durch diese narrative Konstellation rückt aber die imperiale sexuelle Ökonomie, welche das Paar ja erst zusammenführt, in den Hintergrund und wird von dem romantischen Modus überschattet. Sexualität war jedoch, wie Ann Stoler gezeigt hat, „foundational to the material terms in which colonial projects were carried out" (Stoler 2002: 14).[1] Ob Sex oder Rollentausch, nur die Kolonialherren besitzen das Privileg der Wahl.

Gleichzeitig porträtiert Trojanow Burton als einen Offizier, der sich in Interessen, Gewohnheiten und Einstellungen sowie in seiner Loyalität und moralischen Verantwortung gegenüber Einheimischen grundlegend von den anderen Militärs unterscheidet. Diese Haltung stand zeitlebens einer erfolgreichen militärischen oder diplomatischen Karriere im Wege, und in *Nomade auf vier Kontinenten* lobt Trojanow Burtons Nonkonformität sowie seine Fähigkeit im Leben wie im Werk Widersprüche ertragen zu können. Der Burton Biograph Kennedy argumentierte, dass Burton erkannt habe, dass „difference itself was a neutral epistemological device, a polarity that contained no inherent meaning" (Kennedy 2005: 9). Genau diese Einsicht beeinflusste Burtons ambivalente Haltung gegenüber dem britischen Imperium und machte ihn Kennedy zufolge zu einer solch „profoundly modern figure" (Kennedy 2005: 70). Auch Edward Said charakterisierte Burton als einen exzentrischen, individualistischen Orientalisten, im Widerspruch zwischen imperialer Loyalität und Autoritätsverweigerung lebend, doch genau dieser Druck, „the *manner* of that coexistence, between two antagonistic roles for himself, that is of interest" (Said 1978: 195).

Das Indienkapitel des Romans zeichnet diese ungelösten Widersprüche in Burton nach, ohne sie auf einen eindeutigen Nenner bringen zu wollen. Zugleich verweist Trojanow aber auch auf Möglichkeiten diskursiver Veränderung, die darin bestehen würde, dualistische Beziehungen durch multiple, gleichwertige Verbindungen zu ersetzen. Burtons Lehrer Upanitsche reflektiert über die Hermeneutik von Fremdheit und Freundschaft und belehrt Burton, dass „jeder Gedanke, der entzweit, ein Verstoß gegen die höchste Ordnung ist. Deswegen gilt es schon als Gewalt, wenn wir uns als Fremde ansehen, wenn wir uns als andere betrachten" (Trojanow 2006: 185). Gleichzeitig aber warnte er Burton bei seiner Ankunft, dass er nun „Feindesland" (Trojanow 2006: 22) betrete, d. h. er benennt die Illegitimat der Kolonialherrschaft. Am wichtigsten ist daher die Botschaft seines Trommelschlags, die sich an alle richtet: „Europa andererseits, Indien einerseits. Es ist eigentlich einfach, für jeden, der hören kann" (Trojanow 2006: 22).

---

1   Vgl. auch Ballhatchet: 1980.

Bibliographie

BALLHATCHET, K. (1980): *Race, Sex and Class under the Raj: Imperial Attitudes and Policies and their Critics 1793–1905*, New York.

HOLDENRIED, M. (2009): *Entdeckungsreisen ohne Entdecker: Zur literarischen Rekonstruktion eines Fantasmas: Richard Burton*, In: HAMANN C. / HONOLD A. (Hg.): Ins Fremde schreiben: Gegenwartsliteratur auf den Spuren historischer und fantastischer Entdeckungsreisen, Göttingen, S. 301–312.

KENNEDY, D. (2005): *The Highly Civilized Man: Richard Burton and the Victorian World*, Boston.

SAID, E. (1994): *Orientalism*, New York.

STOLER, A. (2002): *Carnal Knowledge and Imperial Power; Race and the Intimate in Colonial Rule*, Berkeley.

TROJANOW, I. (2007): *Nomade auf vier Kontinenten: Auf den Spuren von Sir Richard Francis Burton*, München.

TROJANOW, I. (2006): *Der Weltensammler*, München.

SHASWATI MAZUMDAR (Indien, Delhi)

Der Indische Aufstand von 1857.
Zur deutschsprachigen Rezeption

Der von der Wissenschaft bisher nicht wahrgenommene indische Aufstand
von 1857 kann eine mindestens 100 Jahre andauernde europäische Rezeption
aufweisen. Hier wird nur skizzenhaft auf die unmittelbare deutsche Rezeption
eingegangen und einige Gedanken zu ihrer Funktion im Rahmen des deutschen Indiendiskurses aufgestellt.

Am 10. Mai 1857 meuterten indische Soldaten (Sepoys) in Meerut. Am
11. Mai erreichten sie Delhi. In wenigen Wochen erweiterte sich der Aufstand auf andere Städte und Teile der Zivilbevölkerung. Die meisten Zentren
des Aufstands wurden bis Ende 1857 niedergeschlagen, aber die Kämpfe
dauerten noch bis 1859. Die Nachrichten aus Indien kamen mit mindestens
sechswöchiger Verspätung in Europa an, fanden aber über die neuangelegten
Telegraphenlinien schnell ihren Weg zu allen wichtigen Städten. Der Aufstand wurde in der Tat zu einem Medienereignis; er erschien in allen Sparten,
in der täglichen politischen Bericherstattung, im Leitartikel, und im Feuille-
ton, und fand Eingang in alle Formen der damaligen Medien, in politische
Tageszeitungen, literarische und wissenschaftliche Fachzeitschriften, Illus-
trierten, Witzblätter, und Familienblätter. Dies legte den Grundstein für weitere Schriften über den Aufstand und für die langandauernde populärliterari-
sche Faszination des Stoffes.

Schon 1857 erschien das Werk *Sendschreiben an Lord W. über den
Militair-Aufstand in Indien* von Leopold von Orlich. Orlich war preußischer
Offizier, der 1842 im Dienst der britischen Armee nach Indien reiste und
gewissermaßen als Autorität in Sachen Indien galt. In dem Werk wird in der
Form eines privaten Briefs eine Art Appell an die höheren Kreisen der englischen Gesellschaft gerichtet. Orlich spricht sich hauptsächlich für Reformen
der Regierung und der Armee aus, bemängelt dabei auch die religiösen Zustände in Indien, insbesondere die fehlende Tatkraft der Engländer bei der
Verbreitung des Christentums. An diesen Gedanken schließt er den Hinweis
auf die besondere Bedrohung durch die indischen Mohamedaner: „In Indien
ist durchschnittlich der zwölfte Einwohner ein Muselmann."[1] Diese Musel-
männer seien noch fanatischer als die Hindus und im Vergleich zu ihren

1 L. Orlich 1857: S. 18

Glaubensgenossen in der Türkei und Arabien „ein entartetes Geschlecht".
Was Orlich hier erst andeutet, drückt er 1859 in dem Werk *Indien und seine
Regierung* mit fester Überzeugung aus, „daß dieses merkwürdige Ereigniß, in
Folge einer weit verbreiteten mohamedanischen Verzweigung zum Ausbruch
gekommen ist."[2]

Das *Sendschreiben* plädiert für das Zusammenwirken der Engländer und
Deutschen, da „die englische und deutsche Nation die Pfeiler sind, auf denen
die Civilisation und das Christenthum sicher fortschreitend aufgebauet werden soll."[3] Dieser Schlußgedanke wird in der Vorrede des späteren Werks
nochmals betont.

Ein zweites Werk, *Die Engländer in Delhi: Eine weltgeschichtliche Betrachtung* von dem Theologen, Journalisten und Schriftsteller Paulus Cassell,
erschien auch im gleichen Jahr. Auch hier wird der „Muhamedanismus" als
Anstifter des Aufstands gewittert und das christliche Europa dem „fanatischen" Islam entgegengesetzt. Aber die Verwandtschaft der germanischen
Völker, die auch als indo-germanische Sprachverwandtschaft hervorgehoben
wird, fungiert als Subtext bei der Bewunderung von Englands Herrschaft in
Indien und dem offenen Appell zur Unterstützung des Kampfes gegen die
aufständischen Inder. Einen besonderen Wert legt Cassell auf die sprachver-
gleichende Wissenschaft in Deutschland, die von den Gefahren erregt sein
soll, „mit denen die europäische Kultur in Indien bedroht scheint", da sie
auch „mit erobert und Beute heimgebracht aus dem grossen Feldzuge"[4]. In
dieser geistigen Beute sieht Cassell die spezifische deutsche Errungenschaft
im Kolonialprojekt.

Zwischen 1858 und 1859 erschienen auch zwei Romane über den Aufstand: *Der Aufstand in Ostindien*, der anonym erschien, und *Nena Sahib oder
die Empörung in Indien* von Sir John Retcliffe, Pseudonym des höchst erfolgreichen Autors Hermann Goedsche. Dabei entstanden zwei etwas unterschiedliche Modelle für die Literarisierung des Aufstands.

Der Aufstand in Ostindien erklärt sich als „Historisch-romantisches Gemälde aus der Gegenwart". Der Roman erzählt von mehreren englischen und
indischen Figuren, die in Feindschaft gegeneinander geraten oder Liebesver-
hältnisse miteinander anknüpfen. Der Schwerpunkt liegt auf romantische
Verwicklungen, die sich in der abenteuerlichen Atmosphäre des Aufstands
über die feindlichen und kulturellen Grenzen hinweg entwickeln. Zwischen
den fiktiven Teilen werden immer wieder längere Passagen über den Gang
der kriegerischen Unternehmungen eingeschoben. Die Hauptfigur ist ein
englischer Offizier und der Blick auf die Ereignisse ist ein englischer, der mit

2   L. Orlich 1859: S. 471
3   L. Orlich 1857: S. 18
4   P. Cassel 1857: S. 18

einem europäischen gleichgesetzt wird. Der Europäer unterliegt wiederholt den Verlockungen des Orients – hauptsächlich in der Form einer indischen Frau, die bösen Zielen nachgeht. Er wird dadurch von seinen militärischen und moralischen Pflichten immer wieder abgebracht, findet aber schließlich den Weg zurück zu seiner wahren Liebe und kämpft mutig mit bei den letzten großen Gefechten zur Niederschlagung des Aufstands.

Im Unterschied dazu entwickelt sich in *Nena Sahib*, der sich als „Historisch-politischer Roman aus der Gegenwart" auszeichnet, eine eigenständige deutsche Sicht der Ereignisse in Indien. Der deutsche Protagonist sympathisiert anfangs mit dem Aufstand und geht nach Indien um den Aufstand und den internationalen Kampf gegen die globale Tyrannei Englands zu unterstützen. Erst durch die in Indien erlebten Grausamkeiten der Inder gelangt er zur Überzeugung, dass die Inder zur Befreiung von der Fremdherrschaft noch nicht die notwendige zivilisatorische Stufe erreicht hätten. Der Roman ist „weltgeschichtlich" konzipiert und die deutsche Figur zeichnet sich im Vergleich zu den verhassten Engländern durch ein größere Achtung der indischen Kultur aus. Während Orlich und Cassell eine für Deutschland mitwirkende Rolle am Kolonialprojekt vorschlagen, kommt Deutschland bei Retcliffe als Rivale Englands vor.

In beiden Romanen werden orientalistische Bilder herangezogen und als allegorische Motive eingebaut. Bedrohliche Landschaften mit wilden Tigern und giftigen Schlangen, mörderische Sekten, prächtige Paläste, reiche Maharadschas, reizende Bayadere, Witwenverbrennungen u. s. f. bilden ein gleichzeitig anziehendes aber lebensgefährliches Bild, das als Gegenbild zur wohlgeordneten Zivilisation Europas fungiert.

Auch die Darstellung extremer Grausamkeit ist ein gemeinsames Merkmal. Dabei spielen weibliche Figuren, als Opfer und als Täter, eine besondere Rolle. Als Täter sind sie fast ausschließlich indische Frauen, die von unkontrollierbarer Rachesucht besessen zu unmenschlichen Taten getrieben werden; hier wird das Bild der barbarischen Inderin mit einem patriarchalischen Frauenbild verknüpft. Als Opfer erscheinen indische und europäische Frauen, aber das Motiv der Vergewaltigung weißer europäischer Frauen durch dunkelhäutige indische Männer erhält eine besondere Funktion. Dieses Motiv ist in den vielen englischen Mutiny-Romanen bekannt. Bemerkenswert ist jedoch, dass Bilder interrassischer Vergewaltigung erst mit dem Aufstand auftauchen, sie sind nicht Ausdruck eines verdrängten Rassismus sondern Teil des Versuchs, die durch den Aufstand ausgelöste Krise der Kolonialherrschaft diskursiv zu bewältigen.[5] Bemerkenswert ist auch, dass beide deutsche Romane vor dem ersten englischen Mutiny-Roman erschienen.

---

5   J. Sharpe 1993: S. 2

Beide Romane weisen auch gewisse Elemente des Bildungsromans auf. Die Hauptfiguren verlassen Europa, reisen nach Indien mit bestimmten Vorstellungen von dieser fremden aber verlockenden Welt, und machen dort allerlei Erfahrungen durch, die gewisse Änderungen ihrer Vorstellungen zur Folge haben. Dabei werden Motive des exotischen Indienbilds mit den Ereignissen des Aufstands verknüpft. Dies ermöglicht das Erleben von Grenzsituationen, von liminalen Zuständen – wie der Kulturanthropologe Victor Turner sie bezeichnet –, in denen die Figuren weder hier noch da, weder das Selbst noch das Andere sind, die aber letztendlich zur Erkenntnis der Zivilisationsuntauglichkeit der Inder und zur Rückkehr in den Schoß der europäischen Zivilisation führen.

Als der Aufstand ausbrach und die Aussicht auf seine schnelle Unterdrückung täglich geringer wurde, entstand ein Fragezeichen über das bisher herrschende Indienbild als Wiege der menschlichen Zivilisation und von dem passiven Inder, der die zivilisierende Kraft der englischen Herrschaft widerstandslos duldete oder sogar darin einwilligte. Der Indiendiskurs musste modifiziert werden, damit man die gewaltsame Auflehnung gegen die Kolonialherrschaft erklären konnte. Vor dieser Herausforderung standen vor allem die zeitgenössischen Autoren, deren Texte hier besprochen wurden. Diese Autoren mussten auf Motive des existierenden Indiendiskurses zugreifen und sie mit den Nachrichten über die Ereignisse in Indien verbinden. Daraus entstanden das Bild des barbarischen und grausamen Inders, des besonders fanatischen Mohamedaners und die Idee einer islamischen Verschwörung gegen das christliche Europa. Der Anreiz des alten orientalistischen Indienbilds wurde vor allem in den populärliterarischen Bearbeitungen als imaginierte Erlebnisse von kulturellen Grenzsituationen aufgehoben, die zur Rückkehr nach Europa führen. Bei dem Versuch, eine eigenständige deutsche Sicht der Ereignisse zu entwickeln, war wohl Retcliffe sehr erfolgreich, denn im Zeitalter nationalistischer und imperialistischer Bestrebungen konnte Deutschland nur als Rivale Englands auftreten. Auch mit der Figur des deutschen Protagonisten hatte er einen Glücksgriff gemacht, der von fast allen nachfolgenden literarischen Bearbeitungen nachgeahmt wurde. Diese Figur personifizierte den Anspruch auf eine wissenschaftliche und kulturelle Überlegenheit und damit eine bessere koloniale Kompetenz.[6]

Einzelne kritische Stimmen gegen den Kolonialismus gab es u. a. bei den Vertretern der noch jungen Arbeiterbewegung (wie Marx und Engels) und bei Fontane, der zur Zeit des Aufstands als Londoner Korrespondent der konservativen „Kreuzzeitung" tätig war; solche Stimmen waren aber in der Zeit nicht maßgebend.

---

6   Vgl. A. Bhatti 2005: S. 55

Bibliographie

ANONYM (1858/59): *Der Aufstand in Ostindien,* Bd. 1 & 2, Hamburg.

BHATTI, A. (2003): *Kulturelle Viefalt und Homogenisierung,* in: FEICHTINGER, J. et. al. (Hg.): Habsburg postcolonial, Innsbruck, S. 55–68.

CASSEL, P. (1857): *Die Engländer in Delhi,* Erfurt.

ORLICH, L. von (1857): *Sendschreiben an Lord W. über den Militär-Aufstand in Indien,* Leipzig.

ORLICH, L. von (1859): *Indien und seine Regierung,* Bd. 1, Leipzig.

RETCLIFFE, SIR J. (1858/59): *Nene Sahib oder die Empörung in Indien,* Berlin.

SHARPE, J. (1993): *Allegories of Empire,* Minneapolis.

ANNAKUTTY V. K. FINDEIS (Indien, Mumbai)

Rezeption der indischen Kultur in den Tagebüchern der Schweizerin Alice Boner

Vorbemerkung

Der Beitrag reflektiert einen Teil eines Forschungsprojekts, das ich seit ein paar Jahren aufgenommen habe. Dabei widme ich mich vor allem der Indienrezeption im Werk von Alice Boner. Es geht in besonderer Weise um ihre Wahrnehmung der indischen Kultur und Kunst bzw. um die brisanten Indienwahrnehmungsperspektiven.

In meinen Ausführungen werde ich mehr auf die „Indienwahrnehmung" Alice Boners als solche konzentrieren und auf einige, meiner Meinung nach, wichtige Aspekte den Akzent legen. Obwohl die kreativen Umsetzungen von Boners Indienerlebnis in künstlerischer Gestaltung von großer Bedeutung sind, kann ich hier nur darauf hinweisen. Ihre Bilder brauchen spezielle Aufmerksamkeit und genaue Untersuchungen aus ästhetischer Perspektive. Mein Beitrag kann nur als eine bescheidene Einführung zu Alice Boners Indienwahrnehmung im Allgemeinen dienen.

Biographische Skizze

Alice Boner ist 1889 von schweizerischen Eltern in Legrano in Italien geboren. Vom 1907–1911 studierte sie Kunst und Skulptur in Brüssel, München und Basel. 1926 (am 7. April) sah sie einen Tanz des indischen Tanzmaestro Uday Shankar in Zürich. Diese Begegnung mit Shankar in Zürich und später in Paris war eine schicksalhafte Offenbarung für sie. Sie markierte eine Wende in ihrem Leben. Sie war inspiriert, mit ihm nach Indien zu reisen. Nach der Rückkehr und der Zusammenarbeit mit Shankar für eine Weile trennten sich ihre Wege. Alice bleibt fasziniert von Indien, 1935 siedelt sie nach Indien. Sie mietet ein Haus am Assi Ghat, am Ufer des Ganges in Banaras. Hier sollte sie ihre Heimat für den Rest ihres Lebens in Indien gefunden haben. Fast 42 Jahre bewohnte sie dieses Haus mit Blick auf den Ghat und den

Ganges. Heute ist dieser Ort als Alice Boner Institut bekannt. Von da aus
unternahm sie Forschungsreisen durch Indien, zeichnete und malte, und am
Ende entdeckte sie ein wichtiges Manuskript, das relevant war für die Prinzipien der Tempelarchitektur. Die Ergebnisse erschienen in Buchform. Für
diese wichtige Arbeit wurde sie 1974 von der indischen Regierung mit der
höchsten Würde, Padmabhushan, ausgezeichnet. 1978 kehrte sie wegen eines
Oberschenkelbruchs in die Schweiz zurück. Es war ihr nicht mehr vergönnt,
noch einmal Indien wiederzusehen. Sie starb 1981 in Zürich.

Mit Blick auf die Entwicklung der Indienerfahrung und die Ausprägung
der Indienwahrnehmung seien noch einige Details ihrer ersten Indienreise mit
Uday Shankar angefügt: Mit Uday Shankar reist sie am 9. Januar 1930 per
Schiff nach Indien. Am 26. Januar 1930 landen sie in Bombay, besuchen die
buddhistischen Klosterruinen bei den Karli Höhlen und den Höhlenkomplex
auf der Insel Elefanta mit den bemerkenswerten hinduistischen („herrlichen")
Skulpturen (A. Boner 1984: 13). Anschließend reisen sie quer durch Indien.
Diese erste Reise endet am 20. August in Kalkutta. Nach der Rückkehr nach
Europa arbeiteten sie, Uday Shankar und Alice, noch eine Weile zusammen.
Doch dann gingen sie auseinander: Uday nach Westen und Alice nach Osten.
Trotz der Trennung bezeichnet A. Boner diese Begegnung und die gemein-
same Zeit als wichtig. Über ihren Zugang zu Indien schreibt sie später:

> *Ich habe einen ersten Eindruck von Indien durch Form bekommen, durch Kunst,*
> *durch Havells Bücher, durch Uday Shankars Tanz, der wie ein lebendiger Quell*
> *indischer Skulptur war.* (A. Boner 1993: 55)

Der interkulturelle Kontext

Indien unterstand zu dieser Zeit noch der britischen Kolonialregierung. Als
Teil des britischen Empires ist Indien auch in den 2. Welt-Krieg hineingezo-
gen worden. Der Unabhängigkeitskampf war in Indien aber bereits im vollen
Schwung. Politisch ist diese Situation für Alice Boner heikel. Dennoch entscheidet sie sich, in Indien zu bleiben.

Alice Boner empfindet und notiert im Tagebuch diese interkulturelle
Spannung in ihrer Suche nach dem eigenen Sinn:

> *... So schwebe ich zwischen zwei Welten. Der angestammten bin ich entwachsen*
> *durch die umfassendere Erfahrung des indischen Wesens und Denkens. Diesem*
> *bin ich aber nur teilweise einverleibt, weil mein eingeborener Individualismus,*
> *das Auf mich selbst Zurückgeworfen sein keinen Schritt weiter gehen kann ohne*
> *den Konsens des gesamten Menschen.* (A. Boner 1993: 85f.)

Sie glaubt in Indien das Wesentliche gefunden zu haben, wie ihre Tagebucheintragung am 1. Januar 1945 in Banaras zeigt:

Here in India inspite of all the poverty and perversion that fundamental stuff remains from which a living art can emerge. I often wish ... to squeeze out that wonderful essence which every aspect of Indian life contains. For myself, I feel it has just started loosening my shackles and allows me to see perspectives of untrammeled creation. (A. Boner 1993: 116)

Postmoderne Kritiker der „Essenz-Philosophie" mögen darüber streiten. Aber Alice scheint aufgrund ihrer persönlichen Indienerfahrung davon überzeugt zu sein. Daher auch ihr Interesse am metaphysischen und mythologischen Indien bzw. am Klassischen. Denn sie ist auch von der europäisch-klassischen Kultur geformt und geprägt.

Mythos-Logos-Einheit-Erfahrung in Indien?

Eine Mischung von Realität und Märchen empfindet Boner in der indischen Art des Erzählens.

Wenn Inder erzählen, ist es immer wunderbar unberührt von Maß und Logik. Maß und Logik haben keine einschränkende Wirkung. Alles muss Farbe haben. Realitätssinn und Folgerichtigkeit existieren nicht. Bildhaft wird alles erklärt, und in einer Bilderfolge reihen sich die Ereignisse einer Erzählung aneinander. Auch Raum und Zeit existieren auf andere Weise. Alles wickelt sich in der Phantasie ab. Das Leben wird zum Märchen und das Märchen zur Realität. (Boner 1984: 47)

Die Einheit von Mythos und Logos empfindet Boner in vielen anderen Aspekten der Darstellung und Erfahrung der indischen Wirklichkeit.

Boners Auffassung von Geschichte im Kontext der Begegnung mit Indien bzw. ihr Verständnis bzw. Unterscheidung zwischen Mythologie und Geschichte ist interessant. Sie scheint Geschichte mit Mythologie zu identifizieren. Geschichte, historisch verstanden, ist für Boner zu sehr von der Politik geleitet, Mythologie dagegen offenbare *das innere Wesen des Menschen* (Boner 1993: 180). Boner ist an Metaphysik, Mythologie und klassischer Kunst in Indien interessiert. Daher zeigt sich auch ihre Faszination für die indische Tempelarchitektur und Skulptur. *Der Tempel ist,* so Alice Boner, *eine gemeißelte Enzyklopädie der religiösen und metaphysischen Lehren* (A. Boner 1994: 165). Von hier aus lassen sich ihre lange Beschäftigung und

meditative Forschung der Skulpturen und Architektur von Ellora und Kona-
rak und der sonstigen Tempel und Höhlen verstehen.

Angezogen von dem Mythischen, so scheint mir, war Boner sehr von den
Kathakali-Formen, Gestiken, Masken und Erzählweisen begeistert und trug
zur Wiederbelebung dieser sterbenden Kunst zusammen mit dem Malayalam
Dichter Vallathol bei. Sie bleibt eine Zeit lang an der Malabarküste, studiert
und zeichnet Kathakali Gestalten und Gestiken. Über diese Aufenthalte und
die Erfahrungen, die sehr wichtig für ihre weiteren Indien-Entdeckungen
sind, schreibt sie im Tagebuch *Indien, mein Indien*:

> *Ich bin jetzt so hineingewachsen in die zeitlose Existenz. ... in die Natur, die Ru-*
> *he, die Zutraulichkeit dieser Menschen, dass auch meine Nerven sich gelockert*
> *haben und im gleichmäßigen ewigen Rhythmus dieses Landes schwingen. Es ist*
> *mir dabei unsagbar wohl. Ich habe alle krampfhaften Ansprüche des Geistes auf-*
> *gegeben. Leise taste ich mich in mich selbst zurück... Es ist ein gutes und echtes*
> *Gefühl, sich nach und nach innerlich ganz zu lösen, alles Störende abzulegen und*
> *sich selber zu finden.* (Boner 1984: 149)

Sie vergleicht diese Erfahrung mit dem westlich europäischen Leben des
Treibens und der Hektik:

> *... unsere Grenzen nicht kennend, geht unser Gleichgewicht zugrunde und damit*
> *unsere Kultur. Hier in Indien, wo scheinbar Stillstand eingetreten ist, liegen viel-*
> *leicht schlafend Kraftreserven für die Zukunft, vorausgesetzt, dass die Menschen*
> *nicht in unser Fahrwasser geraten.* (Boner 1984: 15).

Einen anderen wichtigen Beitrag Boners finde ich in der Korrektur des von
dem Philosophen Arthur Schopenhauer (1788–1860) angeregten Indienbild.
Im 19. und noch im 20. Jahrhundert glaubte man im Westen durch Schopenhauers Rezeption der indischen Philosophie, dass die indische Weltanschauung pessimistisch sei. In ihren eigenen Worten heißt es:

> *Europeans generally think that the Indian doctrine of detachment, renunciation*
> *and disentanglement from the world is a doctrine of pessimism and negation of*
> *all activity and enjoyment. Yet the truth of it is diametrically opposite.* (Boner
> 1993: 119)

Boner unterscheidet zwischen zwei Typen von Aktivitäten in diesem Kontext: *These are the inner and the outer activities. When the one grows, the*
other diminishes. (Boner 1993: 119). Die erstere (innere) Aktivität versteht
sie als orientalische Art und die zweite als westliche. Sie glaubt, dass die
erstere Art dem Menschen zum inneren Wachstum hilft. Durch die zweite

kann man oft sich selbst verlieren. Sie versucht ebenso das Konzept der Freude (enjoyment} ostwestlich zu klären.

Ähnlich der Vernetztheit der Stimme und Klänge in einem Konzert ist es mit dem Spiel des Lebens, meint sie:

> *When you see the whole of life and of the universe as a display, as a moving, evolving and passing show, how much more pregnant are all the episodes and details to watch, than when one is engulfed in the stream and unable to lift one's head above the waves. It is enjoyment on a higher plane, on the artist's plane, which this philosophy teaches, the enjoyment where every event becomes a symbol full of meaning ... It is, as I understand it, an enjoyment infinitely more intense, more conscious and more exalting. I don't see it as pessimism, but rather an optimism ... As a matter of fact, it is neither of them, but it just gives the standpoint from where one can see what makes it worthwhile.* (Boner 1993: 119f.)

Im *asceticism* der Orientalen sieht Boner *a higher kind of joy* (Boner 1993: 120). Diese Überlegungen und die Interpretation der indischen Philosophie setzen, wie Boner selbst zugibt, die Annahme einer Absoluten Wirklichkeit und ein symbolisches Verstehen des Universums voraus.[1] Boner ist ehrlich bemüht, mit Blick auf Indien die Dichotomie transzendierend, in einer holistischen Perspektive zu sehen. Dass ihr dieses gelingt, lässt sich in ihren Bildern erkennen.

Boner fühlt den Rhythmus des Lebens in Indien und sagt begeistert: Was mich hier vor allem packt, ist der Rhythmus des Lebens, der sich in der Erscheinung, der Bewegung, der Geste, der Farbe offenbart (Boner 1993: 77). Boners Verständnis der Tradition und der Moderne in ostwestlicher Perspektive verdient Beachtung: In Indien besteht nach Boner eine Kontinuität zwischen Tradition und Moderne, während im Westen ein Bruch geschehen ist.

Information über die Gesellschaft

Boner hat nicht nur das alte klassische Indien, sondern auch das gegenwärtige Indien wahrgenommen. Sie hat wichtige Persönlichkeiten der Zeit, wie den Dichter Rabindranath Tagore, den Maler Abanindranath Tagore, den Musiker und Komponisten Debendranath Tagore (alle drei Pioniere der indischen

---

1   Boners Verständnis des Symbolischen und die symbolische Annäherung an die Wirklichkeit sind von Jung und auch von dem Indologen Heinrich Zimmer beeinflusst (um nur einige zu erwähnen, die sie angeregt haben).

Moderne), die Dichterin Sarojini Naidu usw. kennengelernt und hat mit ihnen interagiert. Mit Tagore führte sie Briefverkehr. Boner wurde mit Uday Shankar während der ersten Reise nach Shantiniketan eingeladen und besichtigte die Tagore-Familie und Tagores Schule dort. Sie wurden im Gästehaus untergebracht, das früher Tagores Haus war. Tagore wohnte zu der Zeit in einem kleineren Bungalow nahebei. Alice Boner schreibt über ihr Zimmer im Gästehaus Shantiniketans wie folgt: *Ich hatte die Ehre, das Schlafzimmer des Dichters angewiesen zu bekommen.* Der weitere Satz des Vergleichs ist für uns Germanisten vielleicht von Interesse (Außerdem feiern wir ja 150 Jahre Tagore in 2011): *Es ist aber noch schlichter als Goethes Schlafzimmer in Weimar!* (Boner 1984: 134). Boner beschreibt ausführlich die Tagore-Häuser, das Treffen und Gespräch mit Mitglieder der Tagore-Familie.

Einige der weiteren Bemerkungen über die Tagore-Familie geben einen Einblick in die soziale Situation der damaligen Zeit. Im Kontext eines Treffens und Gesprächs mit Debendranath Tagore, *dem genialen Musiker, leider ist er dem Alkohol ergeben* (Boner 1984: 135), schreibt Boner:

Diese Liebhaberei soll auch anderen der Familie eigen sein. Sie haben ihren Rang als Brahmanen verloren, weil einer der Vorfahren eine Einladung zu Mohammedanern angenommen hatte, doch ohne dort eine Speise zu berühren. Der Priester aber sagte, das bloße Riechen derselben sei schon ein halbes Essen und dadurch sei er seines Brahmanentums verlustig gegangen. Jetzt gehört die Familie der Brahmo Samaj Gemeinde an, die keine Kastenunterschiede kennt und keine Heiratsvorschriften. Die Frauen haben mehr Freiheit und erhalten eine englische Erziehung. (Boner 1984: 135)

In Shantiniketan hat Boner auch die bekannte österreichische Kunsthistorikerin Stella Kramrisch (1896–1993) getroffen. Mit ihr blieb sie auch später in enger Verbindung. Die Multikulturalität der Metropole Kalkutta fasziniert sie: In Kalkutta

... könnte man vergleichende Völkerkunde studieren ... Nicht nur sieht man alle indischen Nationen und Kostüme, auch Leute von Burma, Nepal, Bhutan, Tibet und eine Menge Chinesen, die drei eigene Theater haben, dann viele Engländer. (Boner 1993: 107)

Zum Schluss sei noch kurz auf die künstlerisch schöpferische Gestaltung von Alice Boners Indienwahrnehmung in ihrem Ölgemälde hingewiesen. Im Zentrum steht das kosmische Triptychon.[2] Dieses stellt die Zusammenfas-

---

2 Siehe dazu meinen Beitrag in: Manfred Durzak (Hrsg.) (im Druck): *Bilder Indiens in der deutschen Literatur*. Mäander. Beiträge zur deutschen Literatur. Band 10, Frankfurt, S. 201ff.

sung und die Erfüllung ihres Lebens dar. Es besteht aus drei Bildern, die eine Einheit bilden sollen: Srishti (Schöpfung), Sthithi (Sein) und Pralay (Dissolution) – oder wie Boner die Bilder betitelt: Prakriti (Schöpfung), Viswarupa (die kosmische Form, d. i. Vishnu) und Kali (die Zerstörung).

Diese drei sind, so kann man sagen, die drei Momente der Wirklichkeit. Sie gehören zusammen. Sein, Werden und Erlösung. Das Widersprüchliche wird auf diese Weise aufgehoben und transzendiert. Boner will ein ganzheitliches Indienbild damit andeuten. Das kosmische Triptychon bleibt als Zeugnis ihrer Indienwahrnehmung auf vielen Ebenen, in ihrer metaphysischen und gesellschaftlich-kulturellen und interkulturellen Perspektiven gesehen.

Zusammenfassend lässt sich feststellen: Alice Boners Indienrezeption steht im Kontext des Orientalismus-Diskurses, der von der Romantik angeregt wurde. Für Boner ist auch Indien ein Topos des Selbstfindens, wie bei vielen anderen Schriftstellern (z. B. auch G. Grass). Jedoch gelingt es Boner, meiner Meinung nach, die dichotomische Struktur des Orientalismus-Diskurses durch ihre reife holistische und integrale Perspektive der mythologischen Einheit zu überwinden. Das Triptychon ist ein Zeugnis dafür.[3]

Bibliographie

BONER, A. (1993): *Diaries India 1934–1967*, Hg. von Georgette Boner, Luitgard Soni, Jayandra Soni, Delhi.

BONER, A. (1984): *Indien, mein Indien. Tagebuch einer Reise*, Hg. von Georgette Boner und Hedwig David, Zürich/Stuttgart.

BONER, A. (1994): *Ansprache zur Eröffnung einer Ausstellung ‚Miniature indiene' in der Fondatione Cini, Venedig 1960*, In: *Sammlung Alice Boner*, Hg. von Georgette Boner, Eberhard Fischer, B. N. Goswamy, Museum Rietberg, Zürich. S. 165–167.

---

3   Boners Bilder befinden sich im Bharat Kalabhavan, Banaras Hindu University, Banaras/Varanasi. Die Dauerausstellung ist für Besucher geöffnet.

Jyoti Sabharwal (Indien, Delhi)

Binäre Kulturperspektive:
Die Indientexte von Willy Haas

In den deutschsprachigen Diskursen gilt Indien als Quelle geistig-literarischer Inspiration, als geographisches Ziel reisender Autoren, abenteuerlicher Expeditionen, oder missionarischer Bemühungen.[1] Von der Romantik bis zum Ende des 20. Jahrhunderts wird Indien in der Literatur nie als Exilort dargestellt. Jedoch gab es unter den 500,000 Menschen unterschiedlichster Glaubensrichtungen und politischer Affinitäten, die von Land zu Land flohen, um den Hitlerfaschismus zu entkommen,[2] rund 3000 europäische Juden, die Indien zu ihrer Exilheimat machten.[3] Unter denen befand sich Willy Haas, der Essayist, Publizist, Drehbuchautor, Film und Literaturkritiker der Berliner Weimarer Jahre, der 1925 bis 1932 die auflagenreichste Literaturzeitschrift, *Die Literarische Welt* herausgab, in der prominente Literaten der Zeit publizierten.[4]

Die literarische Konstruktion der Exilheimat ist seiner Autobiographie, *Die Literarische Welt, Erinnerungen* und seinen Essays[5] zu entnehmen, die in deutschen Zeitschriften und in den englischsprachigen indischen Zeitschriften erschienen.

Die vorliegende Auseinandersetzung mit Haas' Indientexten geht davon aus, dass die Exilsituation, die in den Schriften der Exilanten von höchster Bewunderung bis radikaler Ablehnung reichen und gleichzeitig – Zerrbilder,

---

1   Walter Leifer: Indien und die Deutschen: 500 Jahre Begegnung und Partnerschaft. Tübingen/Basel 1969. S. 11–34.

2   Horst Möller: Exodus der Kultur; Schriftsteller, Wissenschaftler und Künstler in der Emigration nach 1933. München 1984. S. 38–40.

3   Johannes H. Voigt: Die Emigration von Juden aus Mitteleuropa nach Indien während der Verfolgung durch das NS-Regime. In: Wechselwirkungen. Jahrbuch der Universität Stuttgart, Stuttgart 1991. S. 83–95.

4   Vgl. Willy Haas (Hg.): Zeitgemässes aus der Literarischen Welt, 1925–32. Stuttgart 1963.

5   Die Texte sind: Die Indische Zeitordnung. In: „The Wind and the Rain" (Hg.) N. Braybrooke, London (Sommer) 1948. Indische Probleme. In: „Die Neue Rundschau", Bermann-Fischer Verlag, Stockholm (Juli) 1946. Sowie Hindu Widows. In: „The Aryan Path", (Hg.) S. Wadia. Bombay1941.

Schreckbilder und Idealbilder erzeugen,[6] von den Affinitäten des Exilanten zum Exilort, determiniert sind. Im Falle Haas' waren diese beeinflusst von seiner Indologielehre, Verehrung von Gandhis passiven Zivilwiderstand, und von Rudyard Kiplings *Kim.* Seine biographischen Voraussetzungen und die Stellung von dem Exilland innerhalb des Orients unter Verwaltung des Britischen Kolonialapparats[7] verursachten aber auch entgegengesetzte Affinitäten. Als Verfolgter vom Nationalsozialismus stand er einerseits solidarisch zu den Briten, die in Europa den Faschismus bekämpften, andererseits verstand er sich als liberaler Humanist, der die Ziele der indischen Freiheitsbewegung unterstützte.[8] Dadurch entwickelte Haas seine komparatistische Herangehensweise, mit der er ein gegenwärtiges Indienbild konstruierte: Großstadtbilder von Bombay mit dem Nebeneinander der Erscheinungen der Moderne und der Antike Indiens, Bilder der Fremde, der indischen Freiheitsbewegung, die bengalische Mißernte und die darauf folgende Hungersnot, von unterschiedlicher Kasten und Religionsgruppen, wie auch das Alltagsmilieu werden kommentiert und kontextualisiert. Insbesondere bezieht sich diese Herangehensweise von Haas auf den Bombayer Filmen der *Bhavnani Studios* der 40er Jahre, bei deren Gestaltung er als Drehbuchautor mitwirkte. Die vor Ort gewonnene Wahrnehmung der kulturell unterschiedlichen Filmästhetiken zweier Kulturen und seine Auseinandersetzung mit den klassischen und Volkstraditionen der darstellenden Künste Indiens, um den ästhetischen Sensibilitäten des indischen Publikums anzusprechen, sind präsent als Topoi in der Autobiographie und machen sie zum wahrhaften Zeitdokument von Indien der Gegenwart.[9]

Die Kenntnisnahme dieser Texte erfolgte in der Forschung jedoch mit Neuentwicklungen in den neunziger Jahren im Fachbereich Exilliteratur.[10] Im Zuge der Nachkriegszeit, wurde überwiegend der amerikanische oder europäische Exilort für die deutsche oder österreichische Schriftstellerprominenz erforscht.[11] In den neunziger Jahren wuchs das Interesse an Exilerlebnissen außerhalb des europäischen Auslands, vornehmlich in Asien.[12]

---

6 Christoph Ekyman: Zwischen Zerrbild, Schreckbild und Idealbild: Die Auseinandersetzung mit dem Asylland im Exilschrifttum. In: Helmut Pfanner (Hg.): Kulturelle Wechselbeziehungen im Exil. Exile across Cultures. Bonn 1986, S. 13–15.

7 Edward Said: Culture and Imperialism. London 1993, S. 1–72 und S. 230–251.

8 Willy Haas: Die Literarische Welt. Erinnerungen, München 1957, S. 263–264

9 Ebd. S. 201–268.

10 Anil Bhatti / Johannes H. Voigt (Hg.): Jewish Exile in India 1933–1945. New Delhi 1999.

11 Dieser Tatbestand der deutschsprachigen Exilforschung der Nachkriegszeit wird von Hans-Albert Walter im Bezug zu Auswanderung und Flucht von den Natio-

In diesem Zusammenhang ist eine kurze Darstellung von Haas' Werdegang nötig, um die komplexen Überschneidungen von Ethnizität, Nationalität und Kulturidentität in seinen Abhandlungen zu kontextualisieren.

Als Willy Haas am 7. Juni 1891 in Prag als Sohn des Advokaten Gustav Haas und seiner Frau Bertha in Prag geboren wurde,[13] gehörte Prag zur Österreichisch-Ungarischen Monarchie. Der Zerfall der Donau-Monarchie machte Prag zur Hauptstadt Tschechiens, wo die jüdischen Bürger von den Tschechen als Deutsche betrachtet wurden, aber für die Deutschen aufgrund ihrer Ethnizität nicht deutsch genug waren.[14]

Wie seine jüdische Zeitgenossen in Prag, wurde er als ‚Kulturdeutscher' erzogen. Im ersten Weltkrieg kämpfte er als österreichisch-ungarischer Offizier und machte danach Berlin zu seiner Wahlheimat. 1933 musste er Berlin verlassen, um wieder nach Prag zurückzukehren. Der nochmalige Einmarsch der deutschen Truppen erzwang eine weitere Flucht, diesmal nach Indien. 1947 kehrte er zurück nach Deutschland, wirkte als Feuilletonist unter dem Pseudonym ‚Caliban' bei der Tageszeitung *Die Welt* in Hamburg, wo er bis zu seinem Tod 1973 arbeitete.[15]

In seinen Essays wurden Themen kultureller Besonderheiten verhandelt, wie die Frage der Witwenverbrennung, die Zeitvorstellung, die Arbeitsethik, die Großfamilie, der Mythos und die Kunst.[16] Als Beispiel gilt die dialogische Abhandlung des Problems der Witwenverbrennung in „Aryanpath" (Juni 1941) von Dr. Radhakamal Mukerjee und Vilem Haas (die tschechische Version seines Namens). Haas verknüpft die Mythen indischer Hindu-Witwen mit den europäischen Erscheinungen dieses Phänomens in den Mythologien des Matriarchats:

Es ist wohl bekannt, dass im antiken Indien die Fähigkeit des Wahrsagens den Witwen zugeschrieben wurde, wie den Sibyllen. Auch heutzutage, im populären Aberglauben, verfügt die Witwe über eine Art magischer Kraft, die Unglück bringen soll. [...] Von sämtlichen Statistiken über Hexenverbrennung in Europa

---

nalsozialisten nach Palästina, Afrika, China und Lateinamerika angesprochen. In: Deutsche Exilliteratur: 1933–1950. Stuttgart, 1984. S. 263–293.

12 Als Folge davon erschienen: Georg Armbürster, Michael Kohlstruck und Sonja Mühlberger Exil Shanghai. Judisches Leben in der Emigration, 1938–1947. Teetz 2000.
Astrid Freyeisen: Shanghai und die Politik des Dritten Reiches. Würzburg 2000.

13 Rolf Italiaander: Rede zum fünfundsiebzigsten Geburtstag. In: Karin Sandfort-Osterwald: Willy Haas. Hamburg1969 (Hamburger Bibliographien Bd. 8), S. 5–22.

14 Willy Haas: Die Literarische Welt. Erinnerungen. München 1957, S. 10.

15 Entnommen von einem unbetitelten Lebenslauf im Nachlass.

16 Siehe Anmerkung 5.

ist zu entnehmen, dass die meisten unter ihnen, die in Europa verbrannt wurden, Witwen waren.[17]

Eine hegemoniale Problematisierung des Phänomens aus der *White Man's Burden*-Sichtweise, die im kolonialen Indien den Prozess der sozialen Reformen seitens der britischen Kolonialherrschaft hervorrief[18], wird durch gegenseitigen Perspektivenwechsel vermieden. Jedoch ist die Darstellung sozio-historischer Vorgänge in seinen Abhandlungen beeinflusst von der europäischen Indologie-Tradition. Dementsprechend repräsentierte die Antike seiner Exilheimat, das wahre Indien und blieb Referenzrahmen für seine Annäherung an das gegenwärtige Indien.[19]

Er war aber durch seine Tätigkeit als Drehbuchautor beteiligt an drei sehr erfolgreichen Filmen des Bombayer Tonfilms der 1940er Jahre: *Jhoothi Sharm (The naked Truth)*, eine Adaption von Henrik Ibsens Drama Gespenster, *Prem Nager*, eine indische Dorflegende, und *Kanchan* in dem Leela Chitnis als Hauptdarstellerin aufgetreten ist. *Asir of Asirgarh*, ein Drehbuch über die Geschichte eines tapferen Dorfjungen, der einer Prophezeiung folgt[20], dass Hass sich von den theoretischen Grundsätzen seiner Erfahrung als Drehbuchautor des Films der Weimarer Sachlichkeit, auf die Maßstäbe der Filmästhetik seiner Exilheimat umorientierte.

Nach Georg Lukács' Auffassung ist der Film als Gattung viel stärker von Erfindungen rein technischer Natur beeinflusst, als jede andere ältere Kunstform.[21] Aber der Film ist auch eine kompositionelle Kunstform, in der die Technologie mit darstellenden Künsten, Literatur, Theater unter anderen zusammenwirkt, um das Kulturprodukt zu erzeugen. Demzufolge vollzogen sich Haas' Drehbucharbeiten in Berlin auf der Ebene eines reinen Medientransfers, wobei ein Filmszenario zum visuellen Filmtext umgewandelt wurde.[22] Seine Drehbucharbeiten in Indien waren dagegen den Bedingungen eines kulturellen Transfers unterstellt, und an den kulturellen Codes des indischen Films gebunden, um die Zuschauererwartungen zu erfüllen.

---

17 Zit. nach Willy Haas: Hindu Widows. In: „Aryan Path" Bd. 7, Nr. 6. (1941), S. 396–405. [Meine Übersetzung].
18 Eric Stokes (1989), S. 47–80 und S. 140–233 und Panikkar (1998), S. 1–7.
19 Diese Aspekte der europäischen Indologie werden behandelt in Romilla Thapar: Early India. From The Origins to A. D.1300. New Delhi 2002, S. 1–37.
20 Diese Fakten sind entnommen von Jewish Exile in India, Bhatti/Voigt (S. 114); Ein grosser Regisseur der Literatur. Von Ungern-Sternberg (S. 180–191).
21 Georg Lukács in seinem Vorwort zu Guido Aristarcos in: Marx, das Kino und die Kritik des Films. München 1981, S. 7–10.
22 Katharina Bildhauer: Was war: Die gängigen Drehbuchmodelle. In: Beatrice Otterbach (Hg.): Drehbuch reloaded: Erzählen im Kino des 21. Jahrhunderts. Konstanz 2007, S. 23–24.

Der erste indische Tonfilm *Alam Ara*, wurde 1931, nur 35 Jahre nach der Projizierung vom Cinematograph der Brüder Lumiere gedreht. Der indische Film konnte mit den Entwicklungen im Westen Schritt halten, aber die Sprache des Films zeugte in Bezug auf Representation und Form eine einheimische Idiomatik,[23] die in den indischen Theater-Traditionen verwurzelt war. Raghunath Raina stellt einen wichtigen Aspekt der Grundunterschiede beider Filmästhetiken folgendermaßen dar:

> *Das Kino sollte eine Form der Unterhaltung sein, die „allen gemeinsam ist", die Sprache, Gesang, Tanz und Mimenspiel enthält, reich an vielfältigen Gefühlen ist und in welcher alle Konflikte eine harmonische Auflösung, ohne die Niederlage oder den Tod des Helden erfahren. Dies steht in direktem Widerspruch zur Kinotradition des Westens, die in Aristoteles Poetik und dem griechischen Drama verwurzelt ist. In der griechischen Tragödie ist der Held dem Untergang geweiht; im Hindudrama triumphiert er über alte Widrigkeiten. Dort steht die Natur im scharfen Kontrast zum menschlichen Elend; hier reflektiert oder unterstreicht sie mitfühlend die menschlichen Empfindungen."*[24]

Die Orientierung auf diese Maßstäbe brachte den Filmen für die er Drehbücher schrieb großen Erfolg, aber mit dem Bankrott von *Bhavnani Studios* endete Haas' Laufbahn als Drehbuchautor. Den Prozess der Entwicklungen der indischen Filmindustrie erlebte er nicht nur mit, sondern erarbeitete durch einen binären Blickwinkel die Schnittstellen der beiden ästhetischen Modelle der modernsten aller Kunstformen des 20. Jahrhunderts. Diese Wahrnehmungsperspektive und deren Literarisierung führten zur Überwindung einer hegemonialen Darstellungsweise und machten seine Texte zu wahrhaften Zeitdokumenten von Indien der 1940er Jahre.

Bibliographie

ARISTARCOS, G. (1981): *Marx: Das Kino und die Kritik des Films*, München.

ARMBÜRSTER, G. et al. (Hg.) (2000): *Exil Shanghai: 1938–1947. Jüdisches Leben in der Emigration*, Teetz.

BHATTI, A. / VOIGT, J. H. (Hg.) (1999): *Jewish Exile in India 1933–1945*, New Delhi.

23 Yves Thoraval: The Cinemas of India. Delhi, 2000. S. 18–20.
24 Zit. nach Raghunath Raina: Geschichte des indischen Kinos. In: C. Dasgupta / W. Kobe (Hg.): Kino in Indien. Freiburg, 1986. S. 29–31.

DASGUPTA, C. / KOBE, W. (Hg.) (1986): *Kino in Indien,* Freiburg.

FREYEISEN, A. (2000): *Shanghai und die Politik des Dritten Reiches,* Würzburg.

HAAS, W. (1941): *Hindu Widows,* In: ders.: *Aryan Path* Bd. 7, Nr. 6., Bombay.

HAAS, W. (1948): *The Indian Time Table .The Background to its Art and Thought,* in: ders.: *The Wind And The Rain* Bd. 5 London.

HAAS, W. (1957): *Die literarische Welt. Erinnerungen,* München.

ITALIAANDER, R. (1969): *Rede zum fünfundsiebzigsten Geburtstag,* in: *Sandfort-Osterwald K.: Willy Haas. Hamburger Bibliographien* Bd. 8, Hamburg.

LEIFER, W. (1969): *Indien und die Deutschen: 500 Jahre Begegnung und Partnerschaft,* Tübingen/Basel.

MÖLLER, H. (1984): *Exodus der Kultur. Schriftsteller, Wissenschaftler und Künstler in der Emigration nach 1933,* München.

OTTERBACH, B. (Hg.) (2007): *Drehbuch Reloaded; Erzählen im Kino des 21. Jhs.,* Konstanz.

PANIKKAR, K. N. (1998): *Culture, Ideology, Hegemony: Intellectuals and Social Consciousness in Colonial India,* New Delhi.

SAID, E. (1993): *Culture and Imperialism,* London.

STOKES, E. (1989): *The English Utilitarians and India,* New Delhi.

THAPAR, R. (2002*): Early India; From the origins to A. D. 1300,* New Delhi.

THORAVAL, Y. (2000): *The Cinemas of India,* Delhi.

UNGERN-STERNBERG, C. von (2007): *Willy Haas 1891–1973. „Ein großer Regisseur der Literatur",* München.

VOIGT, J. H. (1991): *Die Emigration von Juden aus Mitteleuropa nach Indien während der Verfolgung durch das NS–Regime,* In: *Wechselwirkungen. Jahrbuch,* Universität Stuttgart.

WALTER, H. A. (1984): *Deutsche Exilliteratur: 1933–1950,* Stuttgart.

RAJENDRA DENGLE (Indien, Neu Delhi)

Könnte ein Buddha heute etwas wirken?
Zur Möglichkeit einer gegenwärtig indischen Rezeption
von Mauthners Buddha-Text

Fritz Mauthner starb am 29. Juni 1923. Der Grabstein trägt die Inschrift: *Vom Menschsein erlöst*.[1]

Mauthners 1881 im Berliner Tageblatt erschienener erster Fortsetzungsroman *Der neue Ahasver* endet im Tod des Protagonisten, Heinrich Wolff und seiner Verlobten. *„Heilige Sonne, die Du uns einen letzten Blick noch gönnest, ein Festtag ist es heute für Dich. Zwei Sonnenkinder kehren zu Dir zurück, aufzugehen in Deiner heiligen Glut und in seliger Einheit ewig zu lächeln über die jammervolle Erde"*, murmelt der Schneider Oswald Fränkel am Ende des Romans.[2]

Seiner letzten Dichtung (Jahrgang 1912) gibt Mauthner, der selbst ‚Buddha vom Bodensee' genannt wurde, den Titel: *Der letzte Tod des Gautama Buddha.*

„Wir sind umgeben von einer Welt absterbender Ideale", so die österreichische Essayistin Marie Herzfeld, und es bleibe nur *„das Gefühl des Fertigseins, des Zu-Ende-Gehens – Fin-de-siècle-Stimmung"*.[3] Oscar Wilde lasse seinen Dorian Gray einmal sogar sagen, *„Ich wollte, es wäre fin du globe"*.[4]

Mauthners Position zu der Endzeitstimmung sieht allerdings anders aus:

Jedenfalls spottete bereits 1891 der Sprachkritiker Fritz Mauthner über die Konjunktur dieses Begriffes, aber auch über die allerorten beschworene Epochenmüdigkeit selbst. Ihm war gerade an einer Überwindung der „Übergangsepoche" gelegen, um „das letzte Jahrzehnt in ruhiger Arbeit mit der Ausstattung des zwanzigsten Jahrhunderts ausfüllen" zu können.[5]

1   Kühn J. 1975: 277.
2   Mauthner F. 2001: 371.
3   Asholt W. 1993: 417.
4   Ebd.
5   Ebd. Hier wird zitiert aus Fritz Mauthners Text, *Fin de siecle und kein Ende* aus dem *Magazin für Literatur* 60 (1891) Nr. 1, S. 13–15.

Mauthners Beschäftigung mit Buddha ist eben in diesem Versuch vorortet, die sog. Übergangsepoche zu überwinden und wird zu einem unabdingbaren Teil seines größeren Projekts der Sprachkritik, der Geschichte des Atheismus im Abendlande und der Gottlosen Mystik.

Im Laufe der 25 Seiten, die Ganeshan in seinem 1975 erschienenen Buch *Das Indienbild deutscher Dichter um 1900* Mauthners Buddha-Text widmet, lehnt er die Art und Weise ab, in der Mauthner mit *einer Gestalt* aus der indischen Gedankenwelt umgeht, bringt jedoch Mauthners Sprachphilosophie als Reaktion auf eine Krise der europäischen Moderne, die sich in dem Buddha Text einen literarischen Ausdruck findet, selbst wenig Interesse entgegen.[6]

Er zitiert zwar aus der zeitgeössisch kritischen Rezeption Mauthners, setzt sich jedoch selbst damit nicht kritisch auseinander, denn diese bestätigt offensichtlich seine eigene Meinung: Bei der Lektüre des Buddha-Textes werde der Eindruck erweckt,

> *es handle sich hier um eine streng auf die buddhistischen Quellen basierende Geschichte über die letzte Phase des Lebens Buddhas; hier würden auch manche buddhistischen Begriffe erläutert – jedoch aus eigener Sicht. Er differenziert nicht genug zwischen den Begriffen, die **direkt von Buddha stammen**, und denen, die die europäische Wissenschaft in Form einer Buddhismus(sekundär-)literatur der Öffentlichkeit beschert hat. **Mauthner greift einfach alles auf, was für seine Darstellung nützlich zu sein scheint.**[7]*

Ganeshans These also lautet:

> *Mauthners Buddharoman ist als eines der Ergebnisse der buddhistischen Einflüsse auf den deutschen Geist nicht wegzudenken, jedoch ist die tatsache, daß deutsche Werke mit den buddhistischen Motiven doch eine Zeitmode darstellen, läßt, wenn nicht den künstlerischen Wert, dann die Vermittlungsfunktion solcher Arbeiten in Frage stellen. Mauthner ist ein gutes Beispiel dafür, wie manche deutsche Dichter die indische Geisteswelt, mit der sie sich zwar privat intensiv befaßten, doch **für eigene Zwecke mißbrauchten**, indem sie den Lesern Werke vorlegten, die eine buddhistische Färbung enthielten, aber doch überwiegend die eigenen Gedanken des Dichters. Auf diese Art und Weise wurde der Erhabene, der Gautama Buddha und seine Lehre zweckentfremdet. **Bei solchen Fällen muß man nicht von der Größe des Dichters, sondern von der Größe des indischen Kulturkreises ausgehen, die abendlländischen Denkern Stoffe lieferte, mit deren Hilfe sie ihre eigenen Gedankenwelt positiv aufbauen konnten**[8]*

---

6   V. Ganeshan 1975: 162–187.
7   V. Ganeshan 1975: 173. Hervorgehoben von mir – RD.
8   V. Ganeshan 1975: 187. Hervorgehoben von mir – RD.

Die Probleme mit einer solchen Rezeption von Mauthner um die Mitte der 70er Jahre sind methodologischer Art. Die indische Germanistik scheint mittlerweile ihre Abneigung gegen Theorie – langsam aber sicher – überwinden zu wollen. Man findet heute bei der Beschäftigung mit fremdsprachigen literarischen Texten zunehmend Zeichen eines Diskursbewußtseins und einer Dialogizität, wobei man auf Fragen des Kulturtransfers anders eingehen und auf einer vermeintlich unüberbrückbaren Differenz zwischen dem Eigenen und Fremden nicht mehr beharren will.

Das Feld der Literatur öffnet sich zur Zeit Mauthners mit der historisch notwendigen Überwindung des Realismus bzw. des Naturalismus und mit dem Eintritt in die von Broch formulierte Phase des Erweiterten Naturalismus. Das unrettbare Ich mit seiner inneren Wirklichkeit und seiner Sprache wird für die Sinnstiftung unabdingbar, bringt aber bei der Gewinnung von sicheren Erkenntnissen eigene Probleme mit sich. Das Ich gerät in eine Krise – es muss sich entweder dem herankommenden Antisemitismus fügen, oder sich neu entwerfen lernen.

In der *Gottlosen Mystik*[9] finden wir, wie Mauthner auf der Suche nach möglichen Antworten auf diese Fragen auf den Buddha stößt. Mauthner, den Christian Morgenstern einen *dämonischen Revolutionär* und einen *Zertrümmer von Götzen* nennt, dem *die tollste Zerstörung in Gang komme, die die Geschichte des Geistes bisher erlebt hat*,[10] geht auf seiner Suche nach Freiheit in diese Geschichte wahrhaft dekonstruktiv zurück und entblößt die verschiedenen Lügen, in denen der menschliche Geist nach ihm befangen ist:

Um ganz frei zu werden, frei von den Worten unduldsamen Glaubens, aber auch frei von den Worten einer überheblichen Philosophie, müßte das menschliche Denken endlich hindurch gelangen durch den Sensualismus und Materialismus bis zu der sprachkritischen Einsicht, dass das Denken nichts sei als Sprache, Sprache aber ein ungeeignetes Werkzeug, die Wirklichkeit zu begreifen oder gar die sogenannten letzten Fragen in beruhigender, in befriedigender Weise zu beantworten. (12)

Organisierte Vereinsreligionen sind dann für Mauthner nur *Summenwörter für ein Gemisch von Kulthandlungen, Glaubenssätzen und moralischen Konventionen* (15). „*Nicht das religiöse Gefühl möchte ich von der Erde vertilgen, nur das Wort Religion aus der klaren und harten Sprache verbannen...*", schreibt Mauthner (26).

Mauthner demoliert sowohl den falschen Atheismus, der irgendwo doch *einen feigen Kompromiss mit der Kirche schließe*, und *die Mystik des dum-*

---

9   F. Mauthner (1924). Alle weiteren Zitate nach dieser Ausgabe im laufenden Text mit Seitenangaben in Klammern.

10   Ebd. Ich zitiere hier aus dem Vorwort.

men Kerls, die im *Okkultismus* oder *Spiritualismus* ende. An dieser Stelle in der Gottlosen Mystik entdeckt Mauthner den „Orient" – wiederum tief befangen in einem *Wortaberglauben*, in einer *Stimmung, mit der durch die Jahrhunderte der Begriff Orient zur abendländischen Kultur in Gegensatz gebracht worden ist* (44). Orient ist für Mauthner nicht

> *märchenhafte Barbarei, sondern so gewiß das Christentum Mystizismus ist, so gewiß ist es eine orientalische Weltordnung* (41). ... *Sieht man die Dinge vom Standpunkte der Mystik, so wird man von der Ähnlichkeit zwischen dem gottseligen Christentum und dem gottlosen Buddhismus überrascht* (45).

Diese Ähnlichkeit sei freilich nicht im Sinne Schopenhauers zu verstehen, der diese *lediglich zum festen Bestande der Religionsvergleichung* machte (45). Mauthners Verständnis, das Urchristentum sei mystisch, schafft die Grundlage, auf der sich sein Verständnis von Buddhas Lehren sowie von denen des Vedanta entwickelt und das er folgendermaßen zusammenfasst:

> *Was ist das Individuum? Namarupa, d. i. Name-Form. Aus dem Buddhi, dem Denkwesen, entsteht das Individuum, das Ahamkara, das Ichmachen...Das Haften an der Existenz, das Dürsten nach ihr, ist Samsara, das wieder nichts ist als Bhava, das Werden. Das Ich ist so wenig etwas Bleibendes, etwas Wirkliches neben seinen dürstenden Erscheinungen, als etwa der Wagen etwas Wirkliches ist neben seinen Teilen. Ein Wort ist das Ich wie der Wagen...Das Gegensatzwort zum Samsara ist Nirvana oder (im Pali) Nibbana. Nis (nir) = aus, va = wehen; Nirwaha: das Auslöschen. ‚Die Vernichtung der Leidenschaft, die Vernichtung der Sünde, die Vernichtung der Verblendung (delusion), das o Bruder, ist Nirvana.' Es gibt bei Lebzeiten schon ein Auslöschen des Durstes; nach dem Tode des Individuums aber erst Parnirvana, das völlige Auslöschen.* (46)

Im Laufe seiner Lektüre von Oldenbergs *Buddha – Sein Leben, Seine Lehre, Seine Gemeinde* sowie von den Übersetzungen Karl Eugen Neumanns fühlte Mauthner sich inspiriert, einen literarischen Text zu verfassen, der wie ein Apokryphon der Lebensgeschichte Buddhas – der *Buddhacarita* – gelsesen werden kann.

Fokussiert man sich auf die triadische Beziehung zwischen Buddha, seinem treuen Schüler Ananda und dem Außenseiter in der Gruppe Subhadda, so stellt man zwei grundsätzlich verschiedene Gesprächsmodelle fest. Ananda kann Buddhas Lehre zwar perfekt reproduzieren, aber für Buddha ist diese Form des Gedächtnisses eine Fossilisation seiner Lehre, dass *alles fließt, alles nur vergängliche Erscheinung ist, dass es kein Selbst gibt,* und gleichzeitig Ausdruck Anandas Ambition, sein Erbe zu werden. Der nicht initiierte Subhadda jedoch, von Buddhas Anhängern isoliert und verachtet, versteht die Lehre als Liebe. Und in seinem Verzicht darauf, ein Gott zu werden wie alle vorigen Buddhas, offenbart sich auch Mauthners Buddha die eigentliche Bedeutung seiner Lehre als die allumfassende, alles in sich einschließende Liebe.

In Buddhas Begegnung mit Subhadda und in Subhaddas Liebe für Buddha ist die Möglichkeit des wahren Fortlebens von Buddhas Lehren, ihrer Übersetzung im Sinne Benjamins und der Verwirklichung ihres *Sphota*s im Sinne Bhartrharis gegeben. In der Differenz zwischen Buddhas Lehre der Selbst- bzw. Gottlosigkeit und Subhaddas hinduistischem Glauben liegt die Möglichkeit ihrer gegenseitigen Wiedergeburt und ihres Todes. Subhadda ist Buddhas eigentliches Echo.

Bhartrharis *Sphota* Theorie und Bubers Modell der Ich-Du Begegnung sowie seine Theorie der Drei Welten geben bedeutungsvolle Einsichten in Mauthners ästhetisch-ethische Interpretation von Buddhas Lehre als Aufforderung zur *Maitri* (Freundschaft/Liebe). Ihre Praxis bedeutet, dass die Grenzen zwischen der Um-, Mit- und Eigenwelt flüssiger werden. Nur dann besteht Hoffnung, dass *der Weg der neueren Bildung nicht unbedingt von Humanität über Nationalität zur Bestialität* führt.

Bibliographie

a) Bücher

ASHOLT, W. / FÄHNDERS, W. (Hg.) (1993): *Fin de siècle*, Stuttgart.
COWARD, H. G. (1980): *The Sphota Theory of Language – A Philosophical Analysis*, Delhi, et al.
COWARD, H. G. (Hg.) (1996): *Studies In Indian Thought – Collected Papers of Prof. T. R. V. Murti*, Delhi.
GANESHAN, V. (1975): *Das Indienbild deutscher Dichter um 1900*, Bonn.
HERZBERGER, R. (1986): *Bhartrhari and the Buddhists*, Dordrecht, et. al.
KÜHN, J. (1975): *Gescheiterte Sprachkritik – Fritz Mauthners Leben und Werk*, Berlin/New York.
LEINFELLNER, E. / THUNECKE, J. (Hg.) (2004): *Brückenschlag zwischen den Disziplinen: Fritz Mauthner als Schriftsteller, Kritiker und Kulturtheoretiker*, Wuppertal.
MATILAL, B. K. (1990): *The Word And The World – India's contribution to the Study of Language*, Delhi.
MAUTHNER, F. (1921): *Der letzte Tod des Gautama Buddha*, Stuttgart/ Berlin.
MAUTHNER, F. (1924): *Gottlose Mystik*, Dresden.

MAUTHNER, F. (2001): *Der neue Ahasver – Roman aus Jung-Berlin*, Berlin/Wien.

b) Zeitschriftenartikel

ARENS, K. (1982): *Linguistic Skepticism: Towards a Productive Definition*, in: *Monatshefte*, Vol. 74. No. 2, S. 145–155.

BUBER, M. (1936): *„Der Einzige" und „Der Einzelne" (Über Stirner und Kierkegaard*), in: *Synthese*, Vol. 1. No. 10, S. 300–308.

DEAN-OTTING, M. (1994): *Dialogical Philosophy from Kierkegaard to Buber: A Review Essay*, in: *Modern Judaism*, Vol. 14. No. 1, S. 87–97.

FORMAN-BARZILAI, D. (2003): *Agonism In Faith: Buber's Eternal Thou After The Holocaust*, in: *Modern Judaism*, Vol. 23, No.2. JSTOR: http://www2.selu.edu:2082/journals/modern_judaism/v023/23.2forman-barilai.html

LYON, J. (1971): *Paul Celan and Martin Buber: Poetry as Dialogue*, in: *PMLA*, Vol. 86, No. 1, S. 110–120.

MENDES-FLOHR, P. (1986): *Buber's Reception Among Jews*. In: *Modern Judaism*, Vol. 6, No. 2, S. 111–126.

WILHELM, F. (1961): *The German Response to Indian Culture*. In: *Journal of the American Oriental Society*, Vol. 81. No. 4, 395–405.

c) Internetquellen

SCHMIDT, A: *Dialogisches Denken*: http://buber.de/de/vertrauen_dialog

BERLAGE, A. (1998): *Ernst Mach und Fritz Mauthner*: www.mauthner-gesellschaft.de

ESCHENBACH, W. (1998): *Überwindung der Sprachkrise*: www.mauthner-gesellschaft.de

MacQUEEN, G. (1998): *Changing Master Narratives in Midstream: Barlaam and Josaphat and the Growth of Religious Intolerance in the Buddha Legend's Westward Journey*. In: *Journal of Buddhist Ethics*, an online journal, vol. 5.

PORNSAN WATANANGURA (Thailand, Bangkok)

Die vollendete Liebe in
Das Weib des Vollendeten – Ein Legendendrama von Karl Gjellerup[1]

Einführung

Die Bezeichnung „ein Legendendrama" ist dahin zu verstehen, dass diese Dichtung nicht die Absicht verfolgt, irgendwie ein historisches Gemälde aufzurollen. Die Legende ist freilich fast in allen ihren Bestandteilen meine eigene Erfindung; das Motiv [...] gab mir folgende Stelle in „The life of the Buddha", derived from Tibetan Works, translated by W. W. Rockhill": „Gôpâ, Mrigadjâ, and the 60,000 another women entered the paths, but Yaçôddhâra, blinded by her love for her husband, would not see the truth, but continued to hope that she would be able to bring him back to her arms. A little while later on, however, he converted her", and she also entered the paths." (Karl Gjellerup (1907: NOTE)

Das Weib des Vollendeten, Ein Legendendrama (1907) kreist um das Leben Buddhas. Real sind die Hauptfiguren und zumindest ein Teil der darin enthaltenen Thesen des Buddhismus. Die Geschichte selbst, deren Handlungen mit denen im geschichtlichen Leben Buddhas nicht immer übereinstimmen, ist aber im Wesentlichen frei erfunden. Im Mittelpunkt stehen Prinzessin Yaçôdhârā und ihre leidenschaftliche Liebe zu ihrem Gatten Prinz Siddharta. Im Vorspiel stoßen wir auf die Sorge des Königs Çuddhodana, dass sein Sohn Siddharta, laut der Vorhersage eines Sehers, im Alter von 30 Jahren das Königreich und den Thron verlassen wird. Entweder wird er ein *König aller Könige* und ein *Welteroberer*, oder ein *Weltüberwinder*, ein *allerhöchster Buddha* werden. Das bedeutet nicht nur, dass König Çuddhodana seinen Sohn für immer verliert, sondern auch, dass sein mächtiges Reich der Fürsten Çākya ohne Thronfolger bleiben wird. Yaçodhara hat zunächst aus ihrem Unwissen heraus diese Konsequenz nicht auf sich genommen. Für sie ist es großartig, wenn *ihr* Siddharta Buddha wird, ein *Vollendeter* von dem die

---

1 Chulalongkorn University Centenary Academic Development Project, Forschungsprojekt, Faculty of Arts: *Buddhism in World Literature*.

Götter selbst Erlösung hoffen. Die *mudita*[2] Yaçodharās ist nicht nur als eine sympathische Freude über das Glück der anderen zu verstehen. Diese ist mit *Atta* und *Māyā* gebunden. Erblindet durch ihre Liebe macht Yaçodharā *ihren* Gatten zum eigenen Besitz. Mit Çuddhodana in Furcht verbunden, hat sich Yaçôdhârā dem Geschick unterworfen.

Als Ausgangspunkt für das Weib des Vollendeten steht die ‚Liebe' als Antrieb. Der Liebe einer Frau für ihren ‚Gatten' und der Liebe eines Vaters für seinen ‚Sohn' folgen mehrere Pläne und Versuche, auch der „Hass" des Prinzen Devadatta, den Vetter und Erbfeind Siddhartas. Die Versuche reflektieren sowohl die Liebesbeziehungen als auch die Stationen des inneren Konflikts von Yaçodharā und stellen zugleich den späteren Buddha auf eine harte Probe. Damit ist das, was einen Buddha auszeichnen soll, deutlich zum Ausdruck gebracht.

Der Versuchungsprozess ist vor allem durch *vier* Merkmale charakterisiert: (i) Sinnliches Leben und Liebe als Last; (ii) Eifersucht, Hass, Neid und Rache; (iii) Macht, Magie, Ruhm sowie Reichtum. (iv) die Wandlung Yaçôdhârās. Alle *vier* Merkmale haben am Liebesprozess Yaçôdhârās und am Wandlungsprozess Buddhas ihren Anteil.

Sinnliches Leben und Liebe als Last

Siddharta ist unzufrieden. Auf ein fernes Landgut soll der Prinz mit der Arbeit der Gutsherren vertraut gemacht und abgelenkt werden. Nach seiner Rückkehr will König Çuddhodana zu dessen dreißigsten Geburtstag vor der Frist noch ein Fest mit ununterbrochenen Lustbarkeiten geben lassen. Yaçôdhârā soll dabei mit Hilfe von schlauen Künsten und Reizen eines Weibes ihren Gatten festhalten. Wider Erwarten hat Siddharta aber auf dem Landgut das Leid des Lebens erkannt und gerät tiefer in inneren Konflikt. Der Schönheit seines Weibes und der Bequemlichkeit des Hoflebens ist er nicht unterworfen. Auch ist es Yaçôdhârā nicht gelungen, Siddharta an seine Pflicht als Vater zu erinnern. So verlässt Siddharta letztendlich sein Weib. Doch verspricht er, ihr nach der Suche den Weg zu zeigen, denn Yaçôdhârā kann

---

2   *mudita*, sympathische Freude über das Glück der anderen. Eine der vier Eigenschaften der *Brahmavihāra* oder 'holy abidings; sublime states of mind' (P. A. Payutto 2009: 344).

„dem Suchenden nicht folgen, sondern [...] dem folgen, der gefunden hat"
(Gjellerup 1907: 76).

Das Bild Yaçôdhârâ von einem Buddha ist dem wahren Buddha nicht entsprechend. Die Rückkehr Buddhas zu ihr, um sie aus des Todes Banden zu
befreien, hält Yaçodharā für

„die höchste Steigerung der Lebenswonne des Todes Macht zu brechen", und mit
ihm „so ewig zusammen zu leben" (Gjellerup 1907: 127).

Das war der Held, den sie ersehnt. Yaçôdhârâ will nur bei ihrem Gatten sein,
am liebsten als Buddha, der den Thron bestieg und an ihrer Seite herrscht.
Doch würde Siddharta nicht beides sein können. Yaçodharās Wunsch bezeugt nur ihre Unwissenheit und zeigt, dass sie keine Ahnung hat, was Buddha bedeutet und was Buddha sein sollte.

Siddharta ist der Sinnlichkeit und der Schönheit einer Frau nicht unterworfen. Die Liebe ist für ihn Leiden und Last, die er um sich sah, und nicht
mehren wollte. Sinnlich kann das Leben eines Königs sein, der Mitleid mit
den Nöten, die sein Besitz hervorbringt, nicht empfinden darf, während das
Leben eines Buddhas ein Dasein der Mäßigung ohne Sinnlichkeit, Lustbar-
keit und Luxus ist. Es ist das Leben eines Heiligen ohne sinnliche Liebe,
jedoch voller Barmherzigkeit, Mitgefühl und Mettā[3].

Eifersucht, Hass, Neid und Rache

Yaçôdhârâ soll während des Fests ihren Gatten verführen und mit Devadatta,
dem Nebenbuhler des zukünftigen Buddhas, schön tun, um seine Eifersucht
aufzustacheln. Aus Hass und Neid will Devadatta Yaçôdhârâ für sich gewinnen, teils wegen ihrer Schönheit, teils weil er Siddharta alles wegzunehmen
sucht. Yaçôdhârâ zu haben, bedeutet gleichsam der Zugang zur Macht und
zum Thronfolger. Vorher muss aber König Çuddhodana durch den Todes-
trank aus dem Weg geräumt werden. Mit allen Mitteln wirbt Devadatta um
die Frau, diesmal als Asket, eine Heiligkeit, auch ein Prinz, dem Gautama
Buddha ebenbürtig. Durch das Gebet zu Çiva, bekommt Devadatta die höchste Magiekraft. Seine Rache betrifft nicht allein den Buddha, sondern den

---

3   Unter Mettā ist die Liebenswürdigkeit, Gutes und Gefälligkeit und mehr zu ver-
    stehen, auf Englisch loving-kindness, friendliness, goodwill. Sie gilt als die
    grundlegende und wesentliche Eigenschaft eines Buddhisten. [P. A. Payutto
    (2009): 344].

Unschuldigen Çuddhodana, den er ermorden lässt. Den Buddha selbst plant er auch zu töten. Mit Hilfe der Magie wird Devadatta Eroberer der Himmelsgötter und gewinnt das Vertrauen und den Glauben vieler Schüler Buddhas. Nach dem Plan würde Yaçôdhâra nach ihrer bitteren Enttäuschung aufgrund der Zurückweisung ihres Gatten, sich an ihn, Devadatta, den Eroberer und Held, den Krieger und Heiligen, wenden.

Ein Buddha aber lässt sich nicht von Neid, Hass oder Rache beeinflussen oder verführen. Der Buddha darf nicht auf eine weltliche Liebe eingehen. Seine Liebe für Yaçôdhârā ist rein: Er will sein Weib von der Kette des *sansāra* retten.

Macht, Magie, Ruhm und Reichtum

Bei dem Fest stellt König Çuddhodana seinen Sohn von Neuem auf die Probe: Siddharta wird dann durch seine Eroberung aller Nachbarsreiche König aller Könige. Nun will der König mit seinem Sohn die Herrschaft teilen. In diesem Moment wird der künftige Buddha von den Worten und von der kriegerischen Stimmung so überwältigt, dass er beinah verführt wird. Durch Devadatta wird Siddharta aber an die Grausamkeit der Kriege und die Unsinnigkeit solches Ruhmes und solcher Macht erinnert. Damit ist der Versuch gescheitert. Der Wunsch Devadattas wird erfüllt. Der künftige Buddha aber hat seine Probe bestanden.

Noch muss der Buddha getötet werden. Vorher muss aber sein Weib gewonnen werden. Yaçôdhârā soll von seiner Magiekraft und seiner Überlegenheit dem Buddha gegenüber überzeugt werden. Der Vermählung folgend würden sie besonders als ein Geschlecht von Erdenherrschern gemeinsam zum Vorbild werden. Damit hat Devadatta dem Weib des Vollendeten Wahlmöglichkeiten angeboten. Diese Probe hat Yaçôdhârā aber verloren. Die Çākya-Herrscherin geht zum Buddha, bittet ihn als Thronfolger zu ihr zurück zu kehren, und wird abgelehnt. Auch die Bitten des Sohnes Rāhula und aller Śākyafürsten bleiben erfolglos. Devadatta erreicht sein Ziel erst, nachdem Yaçôdhârā nach bitterer Enttäuschung von dem Gautama abgewiesen worden ist und sich an ihn, Devadatta, den Eroberer und Held, den Krieger und Heiligen, als Belohnung seiner Treue zu ihr, wenden.

Yaçôdhâra will als Königin den König, den Buddha, doch *den* gibt es nicht. Nach ihrem Sinn soll Buddha mit seinem Gesetz, der Lehre des Erhabenen, die Welt beherrschen. Der Buddha verfügt zwar über die Magiegewalt, zeigt diese aber nicht unnötig und willkürlich ohne Grund. Yaçôdhâra und alle Çākya-Herrscher, sogar einige buddhistische Mönche, haben immer noch nicht begriffen, dass das Reich Buddhas nicht von dieser Welt ist.

Die Wandlung Yaçôdharās

Der einzige Wunsch Yaçôdhâras ist das Zusammensein mit ihrem Gatten, am liebsten als großen Weltherrscher neben sich. Dieser Wunsch würde ihr in Erfüllung gehen, sofern ihr Gatte nicht den Weg zur Erlösung betreten würde. Von nun an beginnt ihr innerer Auseinandersetzungsprozess, bei dem die Prinzessin der Çākya gegen ihren Willen und gegen ihre inneren Gefühle auf raffinierte Pläne und Täuschungen ihres Schwiegervaters hereinfallen muss und wird zum Instrument für den Feind ihres Gatten. Ihre irrige Ansicht, ist aber verständlich und erklärlich. Zu der Zeit herrschten viele Glaubensrichtungen in Indien, hauptsächlich der Brahmanismus und der Hinduismus. Und Yaçôdhârā, wie andere Çākyafürsten, beten die Hindugötter an und sind von dieser Weltanschauung geprägt. Lange Jahre hält Yaçôdhârā an ihrer Vorstellung und ihrer Liebe zu ihrem Gatten fest. Siddharta hingegen handelt seinem Vorhaben entsprechend: Ihm ist der Kampf gegen Gier und Wille bewusst, mit der Erlösung als Endziel, sich von allem Leid zu befreien.

Was bringt die Prinzessin der Çākya dazu, den Pfad zu betreten? Zweimal muss sie mit der bitteren Enttäuschung fertig werden, dass sie schließlich den Nebenbuhler ihres Gatten widerwillig akzeptieren muss. Wie Prinz Siddharta vor seinem Mönchtum, hat Yaçôdhârā dreimal die Leiden des menschlichen Lebens im *Tod* erdulden müssen: dem Tod ihres *Schwiegervaters* und dem Tod ihrer *Dienerin* folgt die Nachricht über den *Tod Buddhas*, der angeblich ins Nirwana gegangen sei. Die Trauer über den Verlust war so überwältigend, dass Yaçôdhârā sich entscheidet, ihrem Gemahl im Feuerbad des Sâtì-Ritus in den Tod zu folgen. Jedoch kommt Buddha rechtzeitig. Die Wahrheit über den Mordversuch an Buddha wird entblößt. Devadatta erlebt seine Niederlage in Zorn auf Buddha und nimmt in seiner Bestürzung Zuflucht zum Selbstmord. Durch diesen Tod hat Yaçôdhârā von *Leid* und *Leben* gelernt. Letzlich gibt damit Devadatta Yaçôdhârā frei. Ihr wird der Eintritt in den Tod verwehrt. Für einen Moment scheint Yaçôdhârā der Tod verlockend. Mit dem Blick auf Buddha dünkt ihr das Leben schwer. Buddha aber zeigt, dass das Leben nur durch das Leiden schwer ist. Und nur für denjenigen, der imstande ist, das Leben durch das Leiden in sich töten zu können, wird das Leben leicht. In dem Augenblick wird Yaçôdhârā die Wahrheit des Lebens klar. Der Gautama Buddha hat ihr nun den Tod genommen und sie wollte, dass er ihr auch das Leben nimmt. Der Tod Devadattas war ihres Lebens Spiegelbild. Devadatta starb verzweifelt, weil er das Bekenntnis mit falschen Lippen lautbar machen wollte. „Sie, Yaçôdhârā, lebte in Verzweiflung, weil sie ihre Lippen fest verschloss für die Bekenntnis, das im Herzen tönte" (vgl. Gjellerup 1907).

Mit dieser Erkenntnis nimmt Yaçôdhârā ihre Zuflucht zur heiligen Lehre Buddhas selbst als Nonne. Durch das Weib des Vollendeten war Buddhas

Werk bis dahin nur halb vollendet. Durch sie wird nunmehr auch ihre Liebe vollendet und den Frauen der Weg in den buddhistischen Orden geöffnet.

Die „vollendete Liebe" als Rezeption des Buddhismus und des Indienbildes

Karl Gjellerup schrieb unter dem Einfluss des Buddhismus das Legendendrama ein Jahr nach seinem Legendenroman *Der Pilger Kamanita*. Im Indienbild der beiden Werke finden sich unterschiedliche Nuancen. Im Drama entsprechen vor allem die brahmanistischen Rituale nicht den religiösen Umständen der Zeit. Der Kali-Kult kam erst etwa 1000 Jahre nach der Buddhazeit auf. Neben Çiva werden die anderen zwei wichtigsten Hindugötter, Brahma und Narai, nicht erwähnt.

Im Drama gilt die Liebe Yaçôdhârâs zu ihrem Gatten als Brücke zur Vollendung, zur Weisheit, die die Protagonistin zum wahren Lebenserlebnis und zur Erkenntnis von ‚Dhamma' führt. Die andere Art von Liebe, repräsentiert durch die pure Liebe Buddhas für alle Lebewesen, *Mettā,* ist die Weisheit selbst. Das Theaterstück folgt der Absicht des Dichters, die Läuterung einer Heldin und ihre Beziehungen zu ihrem Gatten und seinem Feind mit Hilfe der buddhistischen Lehre über die Menschennatur und die Drei Wahrheiten, *Trailak,* darzustellen: die Vergänglichkeit und die Unlenkbarkeit (*Anniccatā*), das Leid (*Dukka*) und die Veränderlichkeit der Dinge (*Anattā*). In seiner meisterlichen Dichtkunst verbindet der Autor sie mit einem Kerngedanken der christlichen Lehre, der Liebe.

Bibliographie

BRAHMAGUNABHORN, P. (PAYUTTO, P. A.) (2009): *Dictionary of Buddhism*, Maha Chulalongkorn University, 17. Auflage.

GJELLERUP, K. (1907): *Das Weib des Vollendeten – Ein Legendendrama*, NOTE, Frankfurt a. M.

Róbert Gáfrik (Slowakei, Bratislava)

Der Kampf mit (dem) Gott
in Alfred Döblins Epos Manas

Asien war eine wichtige Inspirationsquelle für Alfred Döblin. Besonders sein
„chinesischer Roman" *Die drei Sprünge des Wang-lun* aus dem Jahr 1915
gewann die Aufmerksamkeit der Literaturkritik. Mit indischer Thematik
befasste sich Döblin zwölf Jahre später im Epos *Manas*. Zu den Quellen
seiner Indienkenntnisse lässt sich nur sehr wenig sagen. Döblin selbst erwähnt sie nirgendwo. Heinz Graber (1967: 102–123) kommt auf Grund Döblins Bemerkungen und Hinweisen sowie damals zugänglichen und populären
indologischen Publikationen zum Schluss, dass sich Döblin bei der Nieder-
schrift des Werkes besonders auf das Buch des bekannten deutschen Indologen Helmuth Glasenapp *Hinduismus* (1922) und auf Emil Schlagintweits
Reisebericht *Indien in Wort und Bild* (1880–1881) gestützt haben könnte.
Graber meint auch, dass er sicher die *Bhagavadgītā* kannte.

Wie Ernst Ribbat (1991: 428) erkannte, Döblins Interesse an Indien unterscheidet sich von dem Interesse seiner meisten Zeitgenossen. Döblin ging
es um keine Europamüdigkeit, um keine Bekehrung zu den östlichen Denk-
formen, um keinen Dialog mit einer fremden Kultur, sondern eher um Ver-
wertung fremdkultureller Mannigfaltigkeit zur Destruktion der gängigen
Normen und Werte. Dass Döblin für die Thematisierung der Ichsuche gerade
einen indischen Held und das indische Milieu wählte, muss man offensichtlich im Zusammenhang mit der zeitgenössischen Darstellung der Einheit von
ātmān (dem individuellen Ich) und *brahman* (dem höchsten Wesen, dem
Absoluten, der Weltseele) als die zentrale Lehre des Hinduismus sehen, von
der er begeistert war. Das zweite große Thema des Epos, das Problem des
Leidens, ist wiederum mit seinem Interesse an Buddhas Lehre verbunden.
Döblin (1964: 343) hielt Buddhas Lehre für die höchste und tiefste. Er war
aber nicht mit seiner Ablehnung der Existenz des Ich einverstanden (ebd. 51).
Buddha lehrte, dass der Körper, Empfindungen, verschiedene seelische Zustände usw. nicht das Ich sind; sie sind nur die Quelle des Leidens. Er bot
aber keine Definition des Ich an.

Das Problem vom allgegenwärtigen Leiden stand auch am Anfang Döblins eigener Ichsuche, wie er ihr Ende der 20er und Anfang der 30er Jahre in
den psychologischen und philosophischen Schriften *Das Ich über der Natur*

(1927) und *Unser Dasein* (1933) Ausdruck gab. Buddha lehrte, dass man das Leiden nicht loswerden kann, solange man sich mit dem Körper, dem Geist usw. identifiziert. Man muss das eigene Ich aufgeben. Das Ziel seiner Lehre ist die Erlösung aus dem Rad der Wiedergeburten. Für Döblin ist es unvorstellbar, dass er sein Ich aufgeben sollte; dass er aufhören sollte, zu existieren. Sein Ziel ist nicht Erlösung (*nirvāṇa*) wie im Buddhismus. Es interessiert ihn sogar nicht, ob das Ich ewig ist. Er will es nur finden. Ähnlich will Manas am Anfang des Epos erloschen werden, als er das Leiden der Welt sieht. Er betet zu Śiva: „*Will weggenommen, vernichtet sein, ausgelöscht, um bei dir zu sein*" (1989: 48). Er findet aber schließlich sein Ich und deshalb konnte Döblin das Epos mit diesen Worten beenden:

Er ist nicht erloschen. Nicht erloschen.
Manas ist nicht erloschen.

Döblin versuchte mit seiner Philosophie den Dualismus zwischen Geist und Seele, Form und Materie zu überwinden. Es gelang ihm mit dem Begriff „beseelte Natur" in den Schriften *Das Ich über der Natur* und *Unser Dasein*. In allem, entweder Organischem oder Unorganischem entdeckte er eine Seele, die sich in den Gestalten der Natur offenbart, in der Funktion und der wechselseitigen Reaktion der Stoffe. Die Seele ist für ihn ein Prinzip, das einen Gegenstand oder einen Mensch ausmacht. Sie gibt ihn das Leben, das Sein, die Bewegung, den Ausdruck. Deshalb lehnt er nicht das Leiden, die Zeitlichkeit, oder den Tod ab. Sie gehören auch zum Sein, wie Glück und Schönheit. Sie gehören zur Art und Weise, auf die sich der Ursinn in Zeit und Raum manifestiert (Weyenbergh-Boussart 1970: 142–145).

Die Formen der indischen Götter, wie zum Beispiel die Form von Gaṇeśa mit dem Elefantenhaupt, oder die des Śiva mit einer Schlange und Schädeln um den Hals, mussten einem in der jüdisch-christlichen Tradition erzogenen Mensch sehr ungewöhnlich erscheinen. Sie lieferten das geeignete Material für Döblins Phantasie, und wie Muschg (1989: 395) bemerkt, auch „*seinen Sinn für grotesken Humor.*" Döblin verband das Reittier des Gottes Gaṇeśa mit seinem Körper und ließ, Gaṇeśa, eine Ratte mit dem Elefantenhaupt entstehen.

Besonders Döblins Darstellung von Schiwa/Śiva scheint nicht einschlägig. Elcio Loureiro Cornelsen (1999: 95) weist darauf hin, dass er als Tyrann geschildert wird. Śiva, den seine Verehrer in Indien als höchsten Gott verehren und dem nicht mal die Vischnuisten den Brahma-Status verweigern (außer der Dvaita-Schule), wird in Döblins Epos (1989: 359–360) auf die gleiche Stufe mit den Menschen gesetzt, weil er auch geboren wurde):

Es lebt, was dich geboren hat!
Schiwa, du bist ein Geschaffener, ein Abkömmling
Wie wir.
Es gibt den Kailas über den Bergen,
Es gibt den Himmel über der Erde.
Es gibt etwas über dir.

Manas' Kampf mit Schiwa stellt den Höhepunkt des Epos dar. Das Argument, dass Schiwa geboren ist und deshalb sich von den anderen Geschöpfen nicht unterscheidet, ist die Schlüsselstelle für das Verständnis des Werkes. Es ist der Grund und die Ursache für Manas' Aufstand gegen Schiwa. Weder Helmuth von Glasenapps *Hinduismus* noch Emil Schlagintweits *Indien in Wort und Bild* bieten eine ausführliche Besprechung von Śivas Herkunft. Glasenapp (1922: 149) beschreibt nur kurz das Problem des Ursprungs der verschiedenen Götter, d. h. dass jeder der Hauptgötter in den Augen der Verehrer eines anderen Gottes als „Abkömmling" geschildert wird. Er weist auch darauf hin, dass die hinduistischen Philosophen die Götter als Wesen sehen, welche die Menschen an Lebensdauer, Macht und Glückseligkeit übertreffen. Sie unterscheiden sich von Menschen nicht essentiell, sondern graduell. Glasenapp (ebd. 153) führt fort:

Sie sind die für den Zusammenklang des Weltgeschehens notwendigen Vorsteher der Naturkräfte und Lebensmächte [...] aber sie sind im letzten Grunde weder die Schöpfer noch die Regierer der natürlichen und der sittlichen Weltordnung. Sie sind selbst nur die Organe einer hinter ihnen wirkenden Kraft, selbst abhängig und deshalb, sobald dies erfaßt wurde, nicht mehr die unbedingten Herren, als welche sie der naive Mensch verehrt.

Das gilt aber nicht für die Hauptgötter wie Viṣṇu und Śiva, die mit dem Brahma, dem Absoluten, dem höchsten Wesen, identifiziert werden. Der hinduistische Gott ist transzendent sowie immanent. Selbst Glasenapp (ebd. 168) bezeichnet diese Auffassung als dem Abendland fremd:

Den Europäer, der gewohnt ist, entweder an einen persönlichen Gott zu glauben, der die Welt von außen regiert, oder, wie Spinoza, Gott in der Natur aufgehen zu lassen, hat es von jeher merkwürdig angemutet, daß die Hindus die gleichzeitige Transzendenz und Immanenz Gottes behaupten. Der Inder sieht darin aber keinen Widerspruch. Er vermag es, Gott das eine Mal als ein mit einem übernatürlichen Leibe angetanes persönliches Wesen vorzustellen, das in unbefleckter Reinheit im Himmel thront und dessen Gnade er durch fromme Verehrung zu erreichen sucht, und dann wieder von einem anderen Standpunkt aus als die Weltsubstanz und die Kraft, die alles innerlich durchwaltet.

Die von Manas initiierte Degradierung Schiwas ist mit dem Aufstand der ganzen Schöpfung noch gesteigert. Schiwa endet schließlich hilflos, bis zum Kinn überhäuft mit Steinen und Wasser, nur um zu begreifen, dass es etwas über ihn gibt. Es soll „das Dritte" (S. 354) oder „die Seele der Seele" (S. 355–6) sein:

Manas, o Manas, Sawitris geliebtes Kind,
Rief die Seele der Seele an, das heimliche verborgene Ich,
Das so verborgen ist wie die Luft den Augen
Und alles trägt wie die Luft die Vögel.

Der Begriff „die Seele der Seele" scheint mit dem Brahman-Begriff verwandt zu sein. Das Wort *ātmātmā*, das eine ähnliche Idee ausdrückt, kommt in den altindischen philosophischen Texten häufig vor. Die einzige sichere Quelle der Indienkenntnisse Döblins, Glasenapps Buch über Hinduismus, verwendet jedoch diesen Begriff nicht. Das Brahman als „die Seele der Seele" bezeichnet die Essenz von allem, das eigene innerste Selbst, die höchste Seele, die Seele der ganzen Schöpfung, aller Lebewesen, von allem Organischen und Anorganischen. Es ist formlos inmitten aller Formen, körperlos inmitten aller Körper, namenlos inmitten aller Namen. Trotzdem ist alles vom Brahman abhängig, alle Formen, alle Namen. Das Brahman ist eins und alldurchdringend. Es durchdringt alle Namen und Formen. Die individuelle Seele (*ātmā*) und die Höchste Seele (*brahma, paramātmā*) sind im Wesentlichen ein und dasselbe. Diese philosophische Sichtweise, wie Glasenapp (1922: 167–168) richtig nach seiner Vorstellung verschiedener hinduistischen Philosophien bemerkt, wird im Hinduismus stets mit der Idee der Immanenz Gottes begleitet. Manas' Kampf mit dem Gott ist deshalb aus der hinduistischen Sicht ein Kampf mit Gott, mit „der Seele der Seele", selbst. Man kann daher den Kampf mit Schiwa auch als Döblins Ablehnung der Vorstellung eines persönlichen Gottes verstehen. Döblin war Atheist bis 1940, wenn er in die Katholische Kirche eintrat. Gott war für ihn bis dahin „*eine gegenstandslos gewordene Vorstellung. Ein unbrauchbares Wort. Höchstens eine Dummheit [...]*" (zitiert nach Cornelsen 1999: 55). Die Vorstellung eines persönlichen Gottes ersetzte er mit seiner eigentümlichen Konzeption der Natur, mit Naturalismus, mit gewissem Pantheismus ohne Gott. Gott war für ihn mit der Idee der Person verbunden (ebd. 306). Die Natur bedeutete für ihn nicht nur die Totalität verschiedener Stoffe, Organismen und Tiere, sondern schließt auch Begriffe ein, die man gewöhnlich als ihre Gegenpole erfasst: Geist, Geschichte, Gesellschaft. Der Mensch und die Natur, das Organische und das Anorganische, waren für Döblin essentiell ein und dasselbe. In allem manifestiert sich die Seele. Das von den einzelnen Seelen gebildete Ganze war für ihn das einzig Wirkliche und Wichtige. Śiva erschien ihn als Verkörperung der schöpferischen und zerstörerischen Kräfte des Universums. Schiwas Herabsetzung am Ende des Epos darf man deshalb verstehen als Döblins Absicht zu zeigen, dass man die zerstörerischen und schöpferischen Kräfte nicht als den Willen eines persönlichen, über der Natur stehenden Gottes auffassen soll, sondern dass sie in der Natur existieren und ihre immanente Kräfte sind (ebd. 95). Schiwa muss gestehen, dass es Kräfte gibt, deren er und alles andere untertan ist. Er verbeugt sich sogar vor Manas. Die Welt entstand nicht aus ihm, wie Manas selbst am Anfang des Epos dachte.

Bibliographie

CORNELSEN, E. L. (1999): *Gott oder Natur? „Metaphysische Unterströmungen" im Werk Alfred Döblins*, Berlin.

DÖBLIN, A. (1989): *Manas. Epische Dichtung*, München.

DÖBLIN, A. (1964): *Unser Dasein*, Olten und Freiburg im Breisgau.

GLASENAPP, H. (1922*): Hinduismus: Religion und Gesellschaft im heutigen Indien*. München.

GRABER, G. (1967): *Alfred Döblins Epos Manas*, Basel.

MUSCHG, W. (1989): *Nachwort des Herausgebers*, In: DÖBLIN, A.: *Manas. Epische Dichtung*, München, S. 382–398.

RIBBAT, E. (1991): *Ein globales Erzählwerk. Alfred Döblins Exotismus*, In: *Begegnung mit dem Fremden: Grenzen – Traditionen – Vergleiche. Akten des VIII. Internationalen Germanisten-Kongresses Tokio*, München, Bd. 7, S. 426–433.

SCHLAGINTWEIT, E. (1880–1881): *Indien in Wort und Bild. Eine Schilderung des indischen Kaiserreiches*, 2 Bände, Leipzig.

WEYENBERGH-BOUSSART, M. (1970): *Alfred Döblin. Seine Religiosität in Persönlichkeit und Werk*, Bonn.

BALASUNDARAM SUBRAMANIAN (Indien, Neu Delhi)

Der „Artischockenboden ist für mich Benares [...]".
Die Vision der Stadt bei Rilke.

Um den Titel dieses Referats zu rechtfertigen bedarf es eines langen Exkurses, zumal Rilke sich nie unmittelbar mit Indien oder mit indischen Themen beschäftigt hat.

Eine beinahe unaufhörliche Rastlosigkeit kennzeichnet das Leben Rainer Maria Rilkes. Die profunde existentielle Unruhe löst zwar den dichterischen Schaffensimpuls aus, aber zugleich lässt sie ihn an keinem Ort Anker werfen. Nirgends scheint er zu Hause zu sein als in der Heimatlosigkeit. Von Skandinavien bis nach Nordafrika, von Spanien bis nach Russland lassen sich die Spuren der dichterischen Odyssee verfolgen. Stationen wie Toledo oder Paris, Luxor oder Karnak, auf diesen weit ausgedehnten Reisen haben einen nachhaltigen Einfluss auf seinen dichterischen Werdegang. Als er in äußerster Sprachnot steckt, als die poetische Ader zu versiegen droht, so liefern ihm oft die Städte und die Landschaften seines Wanderlebens die dichterisch einprägsamen Topoi, die so genannten äußeren Äquivalente für das innerlich tief Empfundene und Erlebte (B. Subramanian 1992: 101). Zudem findet er in der Fremde oft den Nährboden für die eigene Poesie, vor allem für die mystische Sensibilität, welche sein ganzes Schaffen durchzieht und es eindeutig prägt. So findet er zum Beispiel in der tiefen Religiosität der islamischen Welt Nordafrikas oder in der schlichten Frömmigkeit des russischen Volkes eine vitale Lebensform, welche von der weltjenseitigen Quelle gespeist und gestaltet wird (Rilke Br 1980: Nr. 334). Für Rilke ist diese Lebensform in der europäischen Heimat schon längst im Verschwinden begriffen. Daher wird es bei ihm zum poetischen Imperativ, immer wieder die Erinnerung an diese dahinschwindende Lebenswelt wachzurufen. Die entgleiste Eintracht zwischen den Bereichen des Menschlichen, des Natürlichen und des Übernatürlichen wird zum Leitthema seiner Dichtung überhaupt. Auf die einzelnen Ursachen dieser Entgleisung brauchen wir hier nicht näher einzugehen; pauschal darf man sagen, in Rilkes Sicht liegt sie eher am Wesen der Moderne. Bei aller Aufgeschlossenheit für andere Kulturen und Lebensformen verwirft er daher zum Beispiel die amerikanische Lebenswelt: ein amerikanischer Apfel ist kein Apfel, ein amerikanisches Haus ist kein Haus, so sein niederschmetterndes Urteil (Rilke Br 1980: Nr. 410). Die gezielte Kritik gilt weniger der amerikanischen Lebensweise als dem Paradigmenwechsel in der Politik der Moderne. Diese baut ihre Theorien auf dem Naturbild der neuzeitlichen Naturwissenschaft sowie auf dem modernen Geschichtsbewusstsein auf. In der Antike waren Staat und Regierung eher Mittel zum Zweck; der politische Prozess stand im Dienste der Verwirklichung lebenswerter Ziele, welche selbst jedoch außerhalb des Aufgabenbereichs der Politik waren. Im Gegensatz zur herkömmlichen Auffassung des „guten Lebens" als transpolitischen Ursprungs will der moderne Staat sowohl die Bedürfnisse des „guten Lebens" befriedigen als auch dessen Inhalt bestimmen. Schon im *Stundenbuch*, entstanden unter dem Einfluss seiner Reisen nach Russland, wird die Kritik am modernen Stadtwesen, an dem vom Konsumwahn getriebenen, beschleunigten Lebenstempo deutlich hörbar:

> *Die Städte aber wollen nur das Ihre*
> *und reißen alles mit in ihren Lauf.*
> *Wie hohles Holz zerbrechen sie die Tiere*
> *und brauchen viele Völker brennend auf.*
>
> *Und ihre Menschen dienen in Kulturen*
> *und fallen tief aus Gleichgewicht und Maß,*
> *und nennen Fortschritt ihre Schneckenspuren*
> *und fahren rascher, wo sie langsam fuhren,*
> *und fühlen sich und funkeln wie die Huren*
> *und lärmen lauter mit Metall und Glas.*
> (Rilke R. M. 1955–1966: SW I, 362.)

Es ist hier die Rede von der Stadt im Plural. Damit wird impliziert, dass die Städte in ihrer Vervielfachung und Verselbständigung nicht mehr der klassischen Leitidee der Polis verpflichtet sind. Im pausenlosen Kreislauf von Produktion und Konsum entwickeln die modernen Staaten eine unaufhaltsame Eigendynamik, die in ihrem hurtigen Lauf letztendlich die Menschen selbst gnadenlos mitreißt und verschlingt. Ferner ist auch hier die Rede von der Kultur im Plural – ein Terminus, der in der heutigen Zeit annähernd mit dem Polisbegriff gleichgesetzt werden kann. Damit wird angedeutet, dass mit der Wende zur Moderne die Politik ihre Vorrangstellung eingebüßt hat. Die klassische Gesellschafts- und Staatsform fußt auf dem Primat der Politik und schafft die Grundlage für die Entfaltung menschlicher Exzellenz auf kollektiver Ebene. Mit dem Verzicht auf die ordnende, gestaltende, kulturprägende Kraft der von der transpolitischen *visio* gespeisten Politik bzw. mit dem Verlust des im Gesetz verankerten Maßes als regulativen Zentrums diverser gesellschaftlicher Ansprüche und Spannungen verselbständigen sich alle Bestandteile der Kultur und werden einander gleichwertig. Gerade weil die Wohlstandsgesellschaft sich weder auf eine transpolitische Vorstellung vom

Glück noch vom guten Leben beruft, ist der moderne, liberale Staat gezwungen, sämtliche Verhaltensformen sowie Vorstellungen vom Glück zuzulas-
sen, wobei das Gesetz selbst eher zur Verfahrensrationalität herabgestuft
wird. Der Staat erblickt seine Aufgabe in der Vermehrung der materiellen
Vorbedingungen für das Glücksstreben. Das bedeutet, dass selbst die nun
autonom geworden Bestandteile der Kultur letztendlich der Macht der
Marktwirtschaft unterworfen sind.

> *Es ist, als ob ein Trug sie täglich äffte,*
> *sie können gar nicht mehr sie selber sein;*
> *das Geld wächst an, hat alle ihre Kräfte*
> *und ist wie Ostwind groß, und sie sind klein*
> *und ausgeholt und warten, daß der Wein*
> *und alles Gift der Tier- und Menschensäfte*
> *sie reize zu vergänglichem Geschäfte.*
> (Rilke R. M. 1955–1966: SW I, 363.)

Die Parthenogenese des Geldes, die grenzenlose Selbstvermehrung des Geldes – in der Sprache Rilkes „der Geschlechtsteil des Geldes" (X. *Duineser
Elegie*: V. 31) – droht das ganze Spektrum sozialen Lebens zu überrollen.
Der Mensch unterwirft sich freiwillig dem Diktat des Geldes, weil es ihm die
gehaltvolle Fiktion großzügiger Handlungsoptionen, der Willensfreiheit, der
freien Entscheidungsgewalt verspricht; nicht zuletzt schenkt es ihm auch die
egalitäre, demokratische Illusion, Lenker des eigenen Schicksals zu sein,
während er eigentlich gelenkt wird.

Der spannungsreiche, beinahe unversöhnliche Gegensatz zwischen dem
klassischen Verständnis der Zentralität der Politik als Leitträger der Kultur
und dem eher modernen „egalitären" Kulturbegriff (Strauss 1964: 34) spitzt
sich noch bedrohlicher im Roman *Die Aufzeichnungen des Malte Laurids
Brigge* zu. Rilkes Held, der junge dänische Dichter Malte, der in Paris das
Sehen lernen will, verzeichnet im Tagebuch die verheerenden Folgen der
Modernisierung und Industrialisierung und die Entstehung des entfremdeten,
auf sich selbst geworfenen, einsamen Individuums ohne jeglichen gesellschaftlichen Rückhalt. Die dahinsiechende Massenmetropole Paris wird zum
Sinnbild des Paradigmenwechsels menschlichen Lebens.

Es ist wiederum die Stadt Paris, die im Epizentrum der *Duineser Elegien*
steht. Paris versinnbildlicht das moderne Großstadtleben im Zeichen maßlosen Strebens nach Glück und der Befriedigung materieller Bedürfnisse und
zeigt zugleich dessen Grenzen. So erblickt Rilke – um zum Thema meines
Aufsatzes zu gelangen – zum Beispiel in der unbändigen Individualität, frei-
gesetzt mit dem Anbruch der Moderne, die Ursache für die aus den Fugen
geratene Wirklichkeit. Und beim Kriegsausbruch erhofft er sich (in dem
August 1914 entstandenen Gedichtzyklus *Fünf Gesänge*) vom blutigen

Kriegsgott gleichsam mit einem Schlage die Tilgung der Stätte modernen Massenlebens und einen Neubeginn menschlichen Zusammenlebens, in der Tat eine Erneuerung menschlicher Werte.

Rilkes Reaktion auf den Kriegsausbruch mag für heutige Leser schwer verständlich sein – für deutsche Intellektuelle der Zeit war sie alles andere als ungewöhnlich. Natürlich gab es Kriegsbegeisterung aus Nationalismus. Rilke faszinierte jedoch etwas ganz anderes: die Hoffnung auf eine Zeitenwende, auf ein neues Verhältnis der Menschen zueinander, auf eine neue Form von Gemeinschaftlichkeit, wie sie sich in den ersten Kriegstagen zu zeigen schien. Selbst nach Kriegsende lässt diese Hoffnung nicht nach, und verheißungsvoll klingen seine Worte beim Ausbruch politischer Unruhen in München, die er unmittelbar miterlebt. In einem bedeutenden Brief an den Bankier Karl von der Heydt schreibt er:

> *Ich freue mich Ihrer Mahlzeit am Keyserling: Der Artischocken-Boden ist für mich Benares und das Folgende. Hier ist, so rasch die metaphysische Bemächtigung einsetzen mag, doch auch das Überwältigende der sinnlichen Anschauung zu seinem Rechte gekommen. Es ist wohl das Äußerste an Wallfahrt, was man erleben kann, und, ich gestehe, daß der Wunsch, einmal in jenen Pilgerscharen verloren zu sein, mir über dem Lesen recht fühlbar geworden ist.* (Rilke R. M. 1992: Br Nr. 132)

Die Blütenknospen der Artischocke, die sich nach unten zur fleischigen Masse verdicken, gelten schon seit der Antike als kulinarischer Genuss. Bei Rilke wird der Blütenboden Sinnbild für die nach Benares wallfahrenden Pilgerscharen, denen man sich gerne anschließen möchte. In dieser ekstatischen Menschenmenge geht man buchstäblich unter, wird der eigenen Identität verlustig – ein, wenn auch unzulängliches, physisches Analogon der Auflösung der Einzelseele im göttlichen Urgrund allen Seins. Wie Rilke in demselben Brief konstatiert, ist es ein transzendentaler Impuls, der die Menschen nach Wallfahrtsorten zusammentreibt. Der mystische Drang lässt die Menschen im Emporstreben und nicht in der Verflachung gleich werden: „…an jenem heiligen Strom aber entsteht der vollzählige Gott, der alle gleich macht, nicht in der Nivellierung, sondern in der Steigerung seiner eindringlichen Gegenwart". Die Gleichheit jedoch, die die zivile Individuierung erfordert, ist freilich politischer Art. Die Konvergenz der Pflanzenmetapher mit dem bilderreichen Benares erweist sich daher als dienlich, um die Formen menschlicher Gemeinschaftlichkeit, welche je nachdem entweder im mystischen oder im revolutionären Rausch entsteht und unverkennbar auf die wahrhafte Natur der Polis hindeutet, die wie die Höhle Platons sowohl in sich geschlossen wie auch nach außen offen ist. In Rilkes Umdeutung des Gleichnisses vom verlorenen Sohn zum Schluss des *Malte* wird der heimkehrende Sohn am Rande der Gesellschaft platziert, gerade am Schnittpunkt zwischen heimischem Herd und heiß ersehnter Fremde. Dieser Doppelcharakter der Polis findet bei Rilke ihren spiegelbildlichen Ausdruck in der metaphorischen Breite der am Gangesufer liegenden heiligen Stadt Benares.

Bibliographie

RILKE, R. M. (1992): *Briefe zur Politik.* Herausgegeben von Joachim W. Storck, Frankfurt a. M.

RILKE, R. M. (1980): *Briefe.* Herausgegeben vom Rilke-Archiv in Verbindung mit Ruth Sieber-Rilke, besorgt durch Karl Altheim, Frankfurt a. M.

RILKE, R. M. (1955–1966): *Sämtliche Werke.* Herausgegeben vom Rilke-Archiv in Verbindung mit Ruth Sieber-Rilke, besorgt von Ernst Zinn, Bd. 1–6, Wiesbaden und Frankfurt a. M.

STRAUSS, L. (1964): *The City and Man,* Chicago u. London.

SUBRAMANIAN, B. (1992): *Rainer Maria Rilke und die Stadt,* In: STEINER, J. (Hg.): Rainer Maria Rilke und die Schweiz, Zürich.

Sektion (13)

Klimachaos und Naturkatastrophen in der deutschen Literatur – Desaster und deren Deutung

Betreut und bearbeitet
von
Gabriele Dürbeck

Einleitung

Der vorliegende literaturwissenschaftlich fundierte Tagungsband leistet einen Beitrag zum noch jungen Arbeitsgebiet der geistes- und kulturwissenschaftlich orientierten Katastrophenforschung.[1] Im Zentrum stehen Deutungs- und Darstellungsmuster von Naturkatastrophen und deren Funktionen. Der Teilband versammelt 16 ausgewählte und überarbeitete Kurzbeiträge der Sektion „Klimachaos und Naturkatastrophen in der deutschen Literatur – Desaster und deren Deutung" der IVG-Tagung „Vielheit und Einheit der Germanistik weltweit" in Warschau 2010. Er soll dazu dienen, das Arbeitsgebiet für die aktuelle germanistische Forschung zu konturieren und in seiner thematischen Vielfalt vorzustellen. Die Beiträge befassen sich aus unterschiedlichen Sichtweisen mit der kulturellen und moralischen Bewältigung und den ästhetischen Verarbeitungsweisen von Naturkatastrophen. Sie behandeln Texte vom 18. bis zum 21. Jahrhundert, das Gewicht liegt auf der Gegenwartsliteratur.

Die Beiträge im ersten von drei Teilen untersuchen Poetik und Dramatisierung von Katastrophen unter der Perspektive der moralischen Anteilnahme, kulturellen Identitätsbildung und politisch-sozialen Mobilisierung. Geht man zurück in der Geschichte, finden sich schon in der Antike Deutungsfiguren von Katastrophen, die in neueren Diskursen punktuell wiederauftauchen, wie etwa die von Lukrez eingeführte Vorstellung vom ‚Schiffbruch mit Zuschauer'. Die Frage nach der Möglichkeit einer Distanznahme zur Katastrophe liegt dem Beitrag Uwe Japps zugrunde. Er unterscheidet grundsätzlich drei Umgangsweisen: die emotionale Anteilnahme eines involvierten Beobachters, die sachliche Berichterstattung und die ästhetische Verarbeitung. Der ästhetische Blick, welcher Distanz voraussetzt, ermöglicht, so Japp, die Erzeugung von Unmittelbarkeit, rhetorischer Dramatisierung oder Ironisierung, so dass er über Freiheiten verfüge, die dem moralischen Blick nicht zustatten kämen. Mit der Zuschauer-Metaphorik, welche auf die dramaturgischen Wurzeln des Katastrophenbegriffs verweist (D. Groh/M. Kempe/ F. Mauelshagen 2003: 16, F. Walter 2010: 16), befasst sich auch der Beitrag

---

1   Hier seien nur die wichtigsten deutschsprachigen Einzelstudien und Sammelbände des letzten Jahrzehnts angeführt: C. Pfister 2002; D. Groh / M. Kempe / F. Mauelshagen 2003; G. Lauer / T. Unger 2008; F. Walter (2010), dessen Studie sozial- und geistes-/kulturwissenschaftliche Ansätze verbindet, bietet den besten Überblick über die gegenwärtige internationale Katastrophenforschung.

von PETER UTZ, in dem er zeigt, dass in modernen Medien die Zuschauer-position ins Globale erweitert wird. Zugleich verdeutlicht er am Beispiel der Schweizer Literatur eine ‚Katastrophenkultur', in der Naturkatastrophen der gesellschaftlichen Integration und Stiftung von Identität dienen. Allerdings können Naturkatastrophen auch zur gesellschaftlichen Desintegration führen, indem sie die soziale Ordnung bedrohen und deren Belastbarkeit überdehnen. Generell ist der zeitgenössische Umweltdiskurs von emotional wirksamer Dramatisierung, Katastrophismus und Alarmismus bestimmt (G. Garrard 2004: 105; F. Walter 2010: 288). Vor diesem Hintergrund untersucht THOMAS PEKAR die Klimanarrative in der gegenwärtigen Medienberichter-stattung, indem er eine Konzentration auf das globale Narrativ der Zwei-Grad-Grenze zeigt, das nach dem Scheitern des Klimagipfels in Kopenhagen jedoch diversen regionalen Narrativen Platz gemacht habe.

Der zweite Teil der vorliegenden Publikation befasst sich mit der Ambi-valenz von wissenschaftlich-technischer und moralischer Bewältigung von Naturkatastrophen. Schon im 18. Jahrhundert konkurrierten zwei Deutungs-muster von Naturkatastrophen, seien es Sturmfluten, Erdbeben oder Tsuma-nis: Zum einen wurden sie als Strafe Gottes für Sünde, Sittenverfall oder menschliches Fehlverhalten gedeutet. Die straftheologische Deutung wurde bald durch eine physikotheologische flankiert, wonach Naturkatastrophen – wie die das Jahrhundert prägende Sturmflut von 1717 (M. Jakubowski-Tiessen 1992) oder das Erdbeben von Lissabon von 1755 (G. Lauer/T. Unger 2008) – auch als Demonstration der Allmacht Gottes interpretiert wurden. In der Umdeutung des Verderbens als ‚Segen' wurde Naturkatastrophen eine kathartische Funktion zugeschrieben. Zum anderen gab es Naturforscher, die Naturkatastrophen für wissenschaftlich erklärbar hielten, indem sie auf Na-turgesetze Bezug nahmen. Auf Basis des frühneuzeitlichen Wissenschafts-verständnisses etablierte sich eine Naturkonzeption, wonach menschliche Eingriffe in die Natur als durchaus legitim angesehen wurden. Wenn man die Natur auch als wohlorganisierte, vollkommene Maschine betrachtete, so galt doch die Korrektur von unerwünschten Effekten, wie sie sich bei einer Na-turkatastrophe zeigten, nicht nur als gerechtfertigt, sondern sogar als geboten (F. Walter 2010: 114), um absehbares Unheil von den Menschen abzuwenden oder wenigstens abzumildern, z. B. durch technische Maßnahmen wie den Deichbau. So lässt sich mit Blick auf Naturkatastrophen belegen, dass sich in der Frühen Neuzeit ein allmählicher Bewusstseins- und Wertewandel voll-zog, wonach der Mensch der Natur nicht mehr passiv gegenüberstand, son-dern sich durch einen technisch-wissenschaftlichen Umgang mit ihr zu Risi-kosteuerung und Naturgefahrenmanagement ermächtigte (C. Pfister 2002).

Vor diesem Hintergrund untersucht CHRISTOPH WILLMITZER die Dar-stellung von Flutkatastrophen um 1750 in der Dichtung Ewald Christian v. Kleists. Willmitzer weist nach, dass die positive Konnotation des Neubeginns nach der Zerstörung weniger religiös als volksaufklärerisch fundiert gewesen sei, da v. Kleist neben der naturlyrischen Topik auch die Ergebnisse der unter seinen Zeitgenossen erörterten agrarökonomischen Verbesserung der menschlichen Lebensbedingungen im Oderbruch verarbeitet habe. Um die Bewältigung von Flutkatastrophen geht es auch im Beitrag von AKILA AHOULI zu Storms *Schimmelreiter*. Ahouli zufolge lässt sich aus dem Romantext ein Kompromiss von traditionellem Wissen und moderner Bautechnik ablesen, wenn nicht nur die dargestellten Grenzen des mythischen Denkens der Dorfbewohner sowie einer gegen deren Willen durchgesetzten Modernisierung, sondern auch die jeweiligen Vorzüge der beiden Wissenssysteme in den Blick genommen werden. Dies ordnet Ahouli in den größeren Rahmen einer Entwicklungspolitik ein, deren technische Modernisierung nur durch gleichzeitige Integration traditionellen Wissens erfolgsversprechend sei. Der Beitrag CHRISTOPH WEBERs widmet sich einer weiteren Jahrhundertkatastrophe, dem Erdbeben von Sizilien und Kalabrien 1783. An exemplarischen Reiseberichten zweier deutscher Gelehrter zeigt Weber die Spannung zwischen wissenschaftlichen und moralischen Interessen auf: Der sachlich orientierte Blick habe zwar zu einer Entmystifizierung der Natur geführt; durch die Erfahrung der verheerenden Verwüstungen für Mensch und Umwelt seien aber alte Deutungsmuster aus der Antike (erfüllte Natur) und dem Christentum (göttliche Vorsehung) reaktiviert worden.

Demgegenüber geht es in zwei weiteren Beiträgen um eine vitalistische und kontingente Naturvorstellung. SABINE WILKE zeichnet eine Linie im polaren Diskurs von Reinhold Forster bis zu Alfred Döblin, indem sie bei Forster den Horizontverlust als Entheroisierung des Entdeckerprojekts beschreibt und bei Döblin ebenfalls eine Horizontauflösung erkennt, die das in Döblins Roman *Berge, Meere und Giganten* dargestellte Enteisungsprojekt Grönlands begleite. Die Darstellung einer freigesetzten, sich ständig erneuernden, vitalistischen Natur bezeichnet Wilke als ‚Tropikalisierung‘, da in ihr Topoi einer tropischen Natur wiederkehrten. Von einer anderen Perspektive nähert sich THOMAS BORGARD demselben Roman Döblins, den er in eine ‚Wissensgeschichte naturhafter Kontingenz‘ einreiht, die sich mit der Spannung von Vorsorgeprinzip, Risikobewusstsein und beständiger Selbstimmunisierung befasst. In kritischer Funktion setze Döblin mit der Schilderung des Enteisungsprojekts, das ungewollt Naturkatastrophen und damit einhergehend eine umfassende soziale und politische Destabilisierung auslöst, die zeitgenössische Denkfigur einer ‚Heteronomie der Zwecke‘ (W. Wundt) um, wonach die Summe von intentionalen Handlungsverläufen ein irrationales Gesamtergebnis zeitige.

Die Beiträge im dritten Teil stehen unter der Überschrift „Apokalyptische Bilder – Zivilisations- und Technikkritik". Apokalypse kann als die stärkste Leitmetapher in der modernen Umwelt- und Katastrophenliteratur gelten (L. Buell 1995, S. 285; G. Garard 2004: 85–107). Häufig ist sie verbunden mit dem Topos von der Rache Gottes, der um 2000 in der säkularisierten Rede von einer ‚Rache der Natur' (A. Goodbody 2006) erneut dominant auftritt. Die Vorstellung einer sich rächenden, zurückschlagenden und unberechenbaren Natur wird meist in kritischer Weise verwendet, wobei die zu gewinnende Einsicht je nach diskursiven und literarischen Kontexten höchst unterschiedlich ausfallen kann.

Im 18. Jahrhundert war die Darstellung der Apokalypse, die meist an die Offenbarung des Johannes anknüpfte, auf eine kathartische Wirkung mit der Aussicht auf ein innerweltliches Paradies angelegt; der Zerstörung folgte ein Neubeginn. Doch schon um 1800 schoben sich vor die erhoffte Reinigung und Erneuerung Untergangsvisionen mit Bildern des Elends, des Schreckens und der Finsternis. Dabei verselbständigte sich die Faszination am apokalyptischen Bildinventar von Zerstörung globalen Ausmaßes zunehmend, so dass eine christliche Deutung der Katastrophe unterminiert wurde (G. Kaiser 1991: 17). Im 20. Jahrhundert hat die Vorstellung des Jüngsten Gerichts die Offenbarung verdrängt, weshalb Klaus Vondung (1990: 134) von einer „kupierten" Apokalypse spricht, wonach Zerstörung keinen Neuanfang mehr in sich berge. Trotz extremer Katastrophenerfahrungen im 20. Jahrhundert, zwei Weltkriege, Shoah und Hiroshima, lässt sich, so Walter (2010: 291), gleichwohl eine „Fortdauer religiös geprägter Deutungsmuster" belegen, denn Verwissenschaftlichung, Fortschrittsideologie und ‚Entzauberung der Welt' (Max Weber) hätten das spirituelle Bedürfnis nicht gänzlich verdrängen können. Mit dieser Spannung zwischen religiös-moralischen und wissenschaftlichen Deutungen befassen sich auch die folgenden Beiträge, wobei in den untersuchten Texten religiöse bzw. spirituelle Sinnstiftung oft eher als Leerstelle markiert wird. Josef Haslingers Bericht über den Tsunami in Südostasien 2004 etwa reflektiert Zerstörung und Überleben als kontingente Ereignisse, wie KATHARINA GERSTENBERGER ausführt. Umso mehr drängte sich die Frage nach Sinnstiftung auf. Ihre Analyse der persönlichen Erinnerungen Haslingers und dessen Verarbeitung des Traumas kann in einzelnen markanten Formulierungen eine überraschende ‚Rückkehr des Heiligen' nachweisen.

Expliziter wird der Apokalypse-Topos in der fiktiven Gegenwartsliteratur verwendet. In Arno Schmidts Prosa spielen Desasterbilder eine dominante Rolle. Konzentriert auf dessen Frühwerk untersucht ŠTĚPÁN ZBYTOVSKÝ die Kontexte und Funktionen von Schmidts dystopischen Szenarien, die zumeist als Folge von Kriegen oder nuklearen Katastrophen dargestellt würden. Entgegen der bisherigen Forschung ist Zbytovskýs These, dass die teilweise idyllischen und synästhetisch aufgeladenen Bilder von Naturkatastrophen keineswegs auf eine kathartische Wirkung zielten, sondern einen warnenden Appell enthielten, indem in der Darstellung der Versuche und Neuanfänge das Scheitern schon angelegt sei. Ebenfalls eine pessimistische Linie erkennt WOLFGANG REICHMANN in den Untergangsvisionen Hans Magnus Enzensbergers mit Blick auf dessen Gesamtwerk. Er zeigt nicht nur eine dezidierte Verabschiedung der Idylle (die Nachtigallen sind verstummt), sondern stellt auch den Topos einer unberechenbaren Natur heraus, der eine lernunwillige Menschheit gegenübersteht. Vor dem Hintergrund von Kants Deutung von Naturkatastrophen als Anschauungsobjekt zur moralischen Besserung des distanzierten Betrachters zeigt WOLFGANG LÜCKEL an fünf literarischen Texten zwischen 1948 und 1987, dass in den Darstellungen der atomaren Apokalypse, die wie Naturkatastrophen inszeniert seien, jegliches Erhabenheitsgefühl obsolet sei. Denn die dafür erforderliche Distanz zur Natur sei verloren, gleichwohl bestehe aber die Suche nach einer Lehre aus dem Ernstfall fort. Der Beitrag von ANDREA GEIER thematisiert die durch technische Katastrophen ausgelösten ökologischen und sozialen Katastrophen, wie sie in Texten Christa Wolfs und Volker Brauns reflektiert werden. Als ,kulturkritischer Metadiskurs' gebe die Literatur die Gewalt- und Vernichtungsstrukturen zu erkennen, die mit der modernen Zivilisation und Technik einhergingen. Eine Kritik an Naturausbeutung und einem prometheischen Menschenbild formuliert auch Christoph Ransmayrs Roman *Die letzte Welt*, wie DORLE MERCHIERS ausführt. In Bezug zur Apokalypse macht sie deutlich, dass zwar noch ein Zweischritt von Zerstörung und Neuschöpfung dargestellt werde; das Überleben in einer völlig entvölkerten Welt sei jedoch keineswegs positiv, sondern komme einer Strafe gleich.

Die apokalyptische Bildlichkeit, die zwischen Angst vor und Lust an der Zerstörung changiert, kann bis ins Groteske gesteigert werden (K. Vondung 1990: 136f.). ANNA WARAKOMSKAs Beitrag zu den Weltuntergangsvisionen des aus Südtirol stammenden Schriftstellers und Juristen Herbert Rosendorfer verfolgt diese Spur weiter. Warakomska beleuchtet an diversen, mit phantastischen Elementen angereicherten Romanen des Autors eine spielerisch-ironische Variante im Umgang mit Katastrophen, in der eine grundlegende Zivilisationskritik zur Geltung komme. Auch in zeitgenössischen Ökothrillern, welche den deutschen Markt erobert haben, wird in vielfältiger Weise an das Bildinventar der Apokalypse angeschlossen. Am Beispiel von Frank Schätzings Roman *Der Schwarm* untersucht GABRIELE DÜRBECK die Spannung zwischen wissenspopularisierenden Strategien einerseits und genretypischem mythisch-spirituellem Diskurs andererseits, die zur Erklärung der Naturkatastrophen und der Lancierung eines biozentrischen Naturverständnisses eingesetzt werden. Das Nebeneinander einer tragischen und einer komischen Apokalypse im Sinne von O'Leary (1994) unterliegt im Roman einer warnenden, ökokritischen Funktion.

Insgesamt zeigen die Beiträge, dass die Literatur in Bezug auf genuine Naturkatastrophen der Erfahrung menschlicher Ohnmacht Ausdruck verleiht und nach Formen der Bewältigung sucht, die sich in eine Deutungsgeschichte einreihen. Zugleich dient Literatur als „kulturkritischer Metadiskurs", indem sie als „Sensorium und symbolische Bilanzierungsinstanz für kulturelle Fehlentwicklungen" fungiert (H. Zapf 2008: 33). Die in den Beiträgen behandelten ‚Naturkatastrophen' erweisen sich in den meisten Fällen als nicht intendierte Folgen eines prometheischen Naturverständnisses, wobei die gewaltsam-bedrohlichen Strukturen nicht der Natur, sondern dem wissenschaftlich-technischen Zivilisationsprozess innewohnen. Die Katastrophenliteratur übernimmt eine kritische Rolle, indem sie die Entfremdung des Menschen von einer technisch beherrschten Natur darstellt, die Möglichkeit eines Kontrollverlusts über die Technik problematisiert und Natur- als Sozialkatastrophen thematisiert.

Bibliographie

BUELL, L. (1995): *The Environmental Imagination. Thoreau, Nature Writing and the Formation of American Culture*, London.

GOODBODY, A. (2006): *Nature's Revenge. The Ecological Adaptation of Traditional Narratives in Fifty Years of German-Speaking Writing*, in: *Tamkang Review. A Quarterly of Literary and Cultural Studies*, B. 37, S. 1–27.

GROH, D. / KEMPE, M. / MAUELSHAGEN, F. (Hg.) (2003): *Naturkatastrophen: Beiträge zu ihrer Deutung, Wahrnehmung und Darstellung in Text und Bild von der Antike bis ins 20. Jahrhundert*, Tübingen (Literatur und Anthropologie 13).

JAKUBOWSKI-TIESSEN, M. (1992): *Sturmflut 1717. Die Bewältigung einer Naturkatastrophe in der Frühen Neuzeit*, München (Ancien Régime, Aufklärung und Revolution 24).

KAISER, G. R. (Hg.) (1991): *Apokalypsedrohung, Apokalypsegerede, Literatur und Apokalypse. Verstreute Bemerkungen zur Einleitung*, In: KAISER, G. R. (Hg.): *Poesie der Apokalypse*, Würzburg, S. 7–31.

LAUER, G. / UNGER, T. (Hg.) (2008): *Das Erdbeben von Lissabon und der Katastrophendiskurs im 18. Jahrhundert*, Göttingen (Das achtzehnte Jahrhundert, Supplementa 15).

O'LEARY, S. D. (1994): *Arguing the Apocalypse. A Theory of Millennial Rhetoric*, Oxford/London.

PFISTER, C. (2002): *Am Tag danach. Zur Bewältigung von Naturkatastrophen in der Schweiz 1500–2000*, Bern.

VONDUNG, K. (1990): *„Überall stinkt es nach Leichen".* *Über die ästhetische Ambivalenz apokalyptischer Visionen*, In: GENDOLLA, P. / ZELLE, C. (Hg.): Schönheit und Schrecken. Entsetzen, Gewalt und Tod in alten und neuen Medien, Heidelberg (Reihe Siegen 72), S. 129–144.

WALTER, F. (2010): *Katastrophen. Eine Kulturgeschichte vom 16. bis ins 21. Jahrhundert*, aus dem Französischen übers. von D. BUTZSTRIEBEL und T. LEJOLY, Stuttgart [Orig. Paris 2008].

ZAPF, H. (2008): *Kulturökologie und Literatur. Ein transdisziplinäres Paradigma der Literaturwissenschaft*, In: ZAPF, H. (Hg.): Kulturökologie und Literatur. Beiträge zu einem transdisziplinären Paradigma der Literaturwissenschaft, Heidelberg (Anglistische Forschungen 387), S. 15–44.

I

Poetik und Dramatisierung
von Katastrophen

UWE JAPP (Deutschland, Karlsruhe)

Poetik der Katastrophe

Katastrophen

Katastrophen sind Großereignisse mit hohem Zerstörungspotential, die mit einem spezifischen sie betreffenden Nichtwissen korreliert sind. Dass man es nicht vorhergesehen hat und auch nicht hat vorhersehen können – weder den Zeitpunkt noch die Stärke noch die Richtung –, ist gerade eine definitorische Implikation des Begriffs der Katastrophe, da es sich sonst um etwas anderes gehandelt haben würde: einen Unfall, eine Gefährdung, ein Risiko oder dergleichen. Die Katastrophe bricht über die unvorbereiteten Subjekte herein und vernichtet oder beeinträchtigt sie in großer Zahl. Dass es sich um *Groß*ereignisse mit *hohem* Zerstörungspotential handelt, besagt, dass nicht der Untergang von Einzelnen (wie in der Tragödie), sondern von Vielen gemeint ist. In älteren Berichten wurde, um das Ausmaß der Katastrophe zu benennen, die ungefähre Zahl der Toten beziffert (für das Erdbeben von Lissabon sind es ca. 30000). Die neuere Katastrophenforschung verfügt über genauere Techniken, um die Intensität einer Eruption, die Stärke eines Erdbebens oder die Fließgeschwindigkeit des Wassers zu messen. Es bleibt auf der Seite der Subjekte im Hinblick auf das Eklatieren der ‚Umkehr' (vom Guten zum Schlechten) der Eindruck des Inkommensurablen, der Faktizität des Nichtwissens. Das Nichtwissen ist folglich der blinde Fleck in der Beobachtung der Katastrophe.

Das Gesagte bezieht sich auf Vulkanausbrüche, Erdbeben, Überschwemmungen und andere *Natur*katastrophen (wie Hurrikans, Tornados, Taifune u. a.). Zu unterscheiden davon sind solche Desaster, die der Mensch selbst hervorgebracht bzw. ermöglicht hat. Dies ist der Fall mit den Verheerungen des Krieges, Eisenbahnzusammenstößen, Flugzeugabstürzen, Schiffsuntergängen usw. Einige Elemente der oben angeführten Definition treffen auch auf diese Ereignisse zu, mit dem Unterschied, dass es sich in einem bestimmten Sinne um selbstgemachte Katastrophen handelt, so dass hier der Mensch nicht weiter nach einem anderen Urheber des Entsetzlichen zu fragen braucht. Schon der Anteil der Technik belegt die soziale Implikation. Innovation und Industrie sind die Vorraussetzungen des Desasters auf diesem Gebiet. Andererseits ist die Unterscheidung zwischen Natur- und Sozialkatastrophe nicht immer einfach zu ziehen. Schon die Frage, ob die Eruption des

Vulkans an sich ‚katastrophisch' genannt werden darf oder ob nicht die unvernünftige (aber ökonomische) Bebauung in allzu großer Nähe die eigentliche Kollision herbeiführt, regt zu weiteren Fragen in dieser Sache an. Ähnlich lautet Rousseaus Argument im Hinblick auf das Erdbeben von Lissabon, das nicht so vielen Menschen das Leben gekostet hätte, wenn diese nicht zu hohe und zu nahe beieinander stehende Häuser gebaut hätten, wie ja ohnehin ein Erdbeben in der menschenleeren Wüste ohne prägnante Folgen (für den Menschen) bliebe (J.-J. Rousseau 1978). Es ist folglich immer eine gewisse Aufdringlichkeit des Menschen gegenüber der Natur vorauszusetzen, damit er zum Opfer einer Naturkatastrophe werden kann. Das Argument mag etwas überspitzt sein, es schärft aber doch den Sinn für die labile Differenz zwischen Natur- und Sozialkatastrophe.

Zu den ‚uneigentlichen' Sozialkatastrophen sind solche Ereignisse zu rechnen, die zwar allenthalben als ‚Katastrophen' bezeichnet werden – und also das hier interessierende semantische Feld mitkonstituieren –, die aber genau genommen nur eine metaphorische Anwartschaft erheben können. Die zahlreichen Niederlagen und Misslichkeiten des Alltagslebens mögen zwar mehr oder weniger unerfreulich und gelegentlich sogar tragisch sein, um Großereignisse mit hohem Zerstörungspotential, die ihrerseits mit einem spezifischen Nichtwissen korreliert sind, handelt es sich in der Regel gerade nicht. Man sollte daher den Katastrophenbegriff weder zu weit noch zu eng fassen.[1] Uns interessieren im Folgenden Naturkatastrophen im oben definierten Sinn.

Poetik

Allerdings interessieren uns die Naturkatastrophen (im genannten Sinn) nicht als solche, sondern nur – oder überhaupt – nach Maßgabe ihrer poetischen und poetologischen Signifikanz. Katastrophen in der Natur sind erstens ein weites Feld und zweitens Gegenstand hierauf spezialisierter Wissenschaften, die in der Regel wenig Interesse an poetischen oder – allgemeiner – ästhetischen Effekten haben. Genau dies konstituiert die Differenz zu Katastrophen *in der Literatur*, auch wenn es sich dabei um Ereignisse handeln sollte, die vorher *in der Natur* stattgefunden haben. Die Literaturwissenschaft, die hierin einen ihr gemäßen Gegenstand findet, beobachtet gerade eine doppelte ‚Umkehr': vom Guten zum Schlechten der Katastrophe und darauf vom Schlechten der Katastrophe zum Guten der Literatur. Man könnte auch sa-

---

1   Einen extrem weiten Begriff des Desasters exponiert M. Blanchot 1980.

gen: vom Ereignis zur Darstellung des Ereignisses, denn gerade in diesem *Wie* liegt ja die Zuständigkeit der Poetik.

Angesichts realer Katastrophen, über die uns Nachrichten aus verschiedenen Medien informieren, hat es etwas Zynisches, wenn dabei ästhetische Kalküle ins Spiel gebracht werden. Die Betroffenen einer Katastrophe im oben genannten Sinn und Ausmaß haben, so ist zu vermuten, keinen Sinn für Ästhetik. Den haben nur etwaige Beobachter, die sich vor Ort oder aus der Ferne der Rezeption des Ereignisses widmen. Es verhält sich folglich ähnlich wie mit dem Schiffbruch, den ebenfalls der Betroffene, der von den Fluten in die Tiefe gerissen wird, nicht zu genießen vermag, sondern allenfalls der Zuschauer, der mit einer spezifischen Wonne „des anderen mächtige Not vom Lande zu schauen" in der Lage ist.[2] Dies ist die auf Lukrez zurückgehende Konfiguration (dazu H. Blumenberg 1979: 28). Lukrez betont, dass dem Zuschauer nicht das Leid des anderen zur Quelle der Freude werde. Er hebt vielmehr ganz allgemein die Vorteile eines unbetroffenen Standorts hervor. Die Differenz zu den hier beachteten Katastrophen besteht darin, dass sich kaum ein ,sicherer Ort' finden lässt. Erdbeben, Überschwemmungen, Stürme lassen für den Involvierten keinen Raum der Kontemplation. Eine gewisse Ausnahme bilden die Vulkanausbrüche, da die Eruptionen überschaubarer erscheinen, zudem manche Standorte, obwohl naheliegend wie andere, unbehelligt bleiben, wie schon der Vesuvausbruch von 79 n. Chr. zeigt, da hierbei zwar Herculaneum und Pompeji verschüttet wurden, nicht aber Misenum, mit der Folge, dass Plinius der Jüngere dasselbe Ereignis beschreiben konnte, das Plinius dem Älteren (und vielen anderen) den Tod brachte. Derselbe Sachverhalt ist es, der im 18. und 19. Jahrhundert eine Art Vulkantourismus hervorgebracht hat. Die ikonographische Spur dieser Merkwürdigkeit ist dokumentiert in zahlreichen Vesuvdarstellungen, z. B. von Jakob Philipp Hackert, die mit schematischer Regelmäßigkeit im Vordergrund eine pittoreske Situation zeigen, dann einen Blick über die Landschaft (oder die Bucht) und erst im Hintergrund den bedrohlichen, aber eben auch distanzierten feuerspeienden Berg mit seiner charakteristischen Doppelerhebung (siehe J. Ph. Hackert 1994). Einen Höhepunkt dieser Tendenz hat Sir William Hamilton seinen *Campi Phlegraei* beigefügt, indem hier die Eruption des Vesuv vom 9. August 1779 durch zwei Kupferstiche illustriert wird, die nicht nur gänzlich dem oben genannten Schema entsprechen, sondern darüber hinaus noch den ,unbetroffenen Standort' durch anmutig posie-

---

2   T. Lucretius Carus 1973: 85: „Süß, wenn auf hohem Meer die Stürme die Weiten erregen, / ist es, des anderen mächtige Not vom Lande zu schauen" (Svave mari magno turbantibus aequora ventis / e terra magnum alterius spectare laborem).

rende Neapolitanerinnen pointieren (Sir W. Hamilton 1779).[3] Auf literari-
schem Gebiet hat Fontane diesen verharmlosenden Aspekt einer faszinierten
Katastrophenbeobachtung verarbeitet. In *Unwiederbringlich* hält sich ein
Mitglied des dänischen Hofes in Sizilien auf, um einen Ätna-Ausbruch zu
erleben, der allerdings vorläufig ausbleibt.[4] Dieses Ereignis, das genau genommen keines ist, hat Auswirkungen auf das Personal des Romans in
Schleswig-Holstein und Dänemark, indem der eigentliche Protagonist, Graf
Holm, die Stellung des abwesenden Vulkan-Beobachters einzunehmen hat
und so jene desaströse Handlungsfolge in Gang setzt, deren Resultat im Titel
des Romans formuliert ist.

Die Beobachterposition des Baron Steen hat etwas Apartes, nicht zuletzt
deshalb, weil er nichts zu berichten hat. Schon hierin liegt eine spezifische
Komisierung seiner Person. Hinzu kommt, dass der Erzähler im Roman, der
ein Erzähler zweiter Ordnung ist, andeutet, das Interesse des Barons an Vulkanausbrüchen habe mit dem Erlöschen einer persönlichen Eruptivität zu tun.
Die Situation, in deren Vordergrund private und erotische Verhältnisse zirku-
lieren, während man an einem sehr fernen Hintergrund die punktuelle Even-
tualität eines feuerspeienden Berges wahrnimmt, wird also in einem noch
weitergehenden Sinne ironisiert. Das sind Ambivalenzen und Konnotationen,
die sich im Zusammenhang mit faktischen Naturkatastrophen verbieten. Hier
sind vielmehr entweder sachliche Analyse oder emotionale Anteilnahme die
geforderten Reaktionen. Man kann hierin eine katastrophenspezifische Differenz zwischen Ethik und Poetik erblicken. Was ethisch abgelehnt wird, ist
poetisch erlaubt.

Kommunikation

Wie werden Katastrophen kommuniziert? Entsprechend der oben genannten
Alternative von sachlicher Analyse und emotionaler Anteilnahme ergeben
sich als die hauptsächlichen Formen die teilnehmende Beobachtung und die
professionelle Berichterstattung, die wiederum zur Quelle der Rezeption
anderer werden. Ein teilnehmender Beobachter ist Plinius d. J., der in seinen
berühmten Vesuv-Briefen den Eklat der Katastrophe beschreibt, zugleich

---

3   Zu Plate III heißt es: „View of the eruption of Mount Vesuvius morning August
     the 9th 1779 and of the magnificent column of smoke, which attendet that erup-
     tion [...]."

4   Th. Fontane 1993: 44: „‚Nun hätten wir freilich noch Baron Steen, aber der ist
     gerade in Sizilien und wartet schon seit fünf Wochen auf einen Ätna-Ausbruch.'"

allerdings auf die Probleme einer solchen Beobachtung aufmerksam macht, da seine Mitteilung sich nicht auf Fakten beschränkt, sondern auch um poetische Effekte bemüht ist (G. Plinius Caecilius Secundus 2003: 326–333 (VI; 16) und 336–343 (VI; 20)).[5] Die Bedeutung der professionellen Berichterstattung kann man im Zusammenhang mit dem Erdbeben von Lissabon studieren, denn *de facto* hatte keiner der Teilnehmer an der Diskussion über dieses Großereignis und die mit ihm einhergehende Erschütterung der aufgeklärten Überzeugungen, sei es Kant, Voltaire, Rousseau oder Johann Gottlob Krüger, direkte Kenntnisse von dem Gegenstand, über den sie sich ausließen, sondern waren auf jene Nachrichten verwiesen, die sie den „Zeitungen" entnehmen konnten (J. G. Krüger 1994: 27). Es handelt sich folglich, hermeneutisch gesehen, um Fälle indirekter Rezeption: Deutungen eines zuvor schon Kommunizierten. Dagegen vermag die Literatur es jederzeit, den Anschein der Direktheit zu erwecken. Kleists Erzähler im *Erdbeben in Chili* ist anwesend; er ist, wenn auch nicht tatsächlich, vor Ort.

Neben die teilnehmende Beobachtung und die professionelle Berichterstattung tritt also eine dritte Instanz, eben die literarische Kommunikation, die im Falle der Kleistschen Erdbeben-Erzählung ihre Besonderheit darin hat, dass wir es mit einem auktorialen Erzähler bzw. mit einem Erzähler mit Null-Fokalisierung zu tun haben, der allerdings, egal wie man ihn nennt, nicht sonderlich zuverlässig ist. Entsprechende Differenzen sind dann für die anderen hier zu berücksichtigenden Gattungen nachzutragen.

Bibliographie

BLANCHOT, M. (1980): *L'Écriture du Désastre*, Paris.

BLUMENBERG, H. (1979): *Schiffbruch mit Zuschauer. Paradigma einer Daseinsmetapher*, Frankfurt a. M.

FONTANE, TH. (1993): *Unwiederbringlich*, in: FONTANE, TH.: *Romane und Erzählungen in acht Bänden*, hg. von P. GOLDAMMER et al., B. 6: *Unwiederbringlich. Frau Jenny Treibel*, 4. Aufl., Berlin/Weimar, S. 7–254.

FUHRMANN, M. (2005): *Geschichte der römischen Literatur*, Stuttgart.

---

5 Fuhrmann spricht im Hinblick auf die Briefe des jüngeren Plinius von „reinen Kunstbriefen": „Stil und Komposition, sorgfältig gefeilt und mit Überlegung arrangiert, zeigen gleichermaßen, daß die Stücke von Anfang an haben veröffentlicht werden sollen." (M. Fuhrmann 2005: 474)

HACKERT, J. PH. (1994): ‚*Vesuvansicht*‛, in: SCHULZE, S.: *Goethe und die Kunst*, Stuttgart, S. 408.

HAMILTON, SIR W. (1779): *Supplement to the Campi Phlegraei. Being an account of the great Eruption of Mount Vesuvius in the Month of August 1779*, Naples, Plate II. und III.

KRÜGER, J. G. (1994): *Gedanken von den Ursachen des Erdbebens, nebst einer moralischen Betrachtung (Auswahl)*, in: BREIDERT, W.: *Die Erschütterung der vollkommenen Welt. Die Wirkung des Erdbebens von Lissabon im Spiegel europäischer Zeitgenossen*, Darmstadt, S. 25–50.

LUCRETIUS CARUS, TITUS (1973): *De rerum natura / Welt aus Atomen*, lateinisch/deutsch, übers. und mit einem Nachwort hg. von K. BÜCHNER, Stuttgart.

PLINIUS CAECILIUS SECUNDUS, GAIUS (2003): *Briefe / Epistularum libri decem*, lateinisch/deutsch, übers. und hg. von H. KASTEN, 8. Aufl., Düsseldorf/Zürich.

ROUSSEAU, J.-J. (1978): *Brief an Voltaire*, in: ROUSSEAU, J.-J.: *Schriften*, hg. von H. RITTER, B. 1, München/Wien, S. 313–332.

PETER UTZ (Schweiz, Lausanne)

Aspekte der Katastrophenkultur in
den Literaturen der Schweiz

Die ‚Katastrophe' ist ein Begriff jener Kultur, die sie bedroht. Der moderne Katastrophenbegriff markiert dialektisch die Grenzlinie von Natur und Kultur, an der er entsteht. Historisch verdankt sich diese Grenzziehung der Aufklärung. Sie erfindet nicht nur den modernen Begriff ‚Natur' als das Andere der Zivilisation, sondern bezeichnet mit dem Begriff ‚Katastrophe' auch die möglichen Einbruchstellen der Natur in die Kultur. Der Begriff wird bekanntlich nach dem Erdbeben von Lissabon 1755 allmählich eingeführt, um jene Ereignisse zu bezeichnen, welche die Kultur als existenzbedrohend erfährt. Bezeichnend, dass sie dazu einen Begriff des griechischen Theaters umkodiert: die ‚Katastrophe' ist eine Frage von Interpretation und Darstellung.

Die modernen Gesellschaften behaupten sich in der Bewältigung von Katastrophen nicht nur gegen die Natur, die sie auszugrenzen versuchen. Sie ziehen daraus auch einen Gewinn der Selbstbehauptung und der Identität. Ebenso wie im Krieg gegen äußere Feinde erfährt sich die Nation auch im Kampf gegen die Naturgewalten als eine ‚Schicksalsgemeinschaft', die durch elementare Ereignisse periodisch auf die Probe gestellt wird. Die Herausbildung der europäischen Nationalstaaten läuft nicht nur zeitlich parallel mit der Installierung des modernen Katastrophenbegriffs, sondern sie bezieht aus diesem auch eine identitätsstiftende Kraft. Auf den Trümmern von Erdbeben, Überflutungen oder Erdrutschen hisst man nun die Fahnen, die Staatspräsidenten zeigen sich am Unglücksort, Sammelkampagnen appellieren an die nationale Solidarität – all diese bis heute gültigen Rituale indizieren, dass die moderne Gesellschaft mit jedem katastrophischen Einbruch zwar eine Schlacht gegen die Natur verliert, aber den Willen zur Selbstbehauptung stärkt.

An der Schweiz lässt sich diese Kultivierung der Katastrophe besonders prägnant verfolgen. Denn einmal wird hier mit der Entdeckung und der wirtschaftlichen und touristischen Erschließung der Alpen die Grenzlinie der Zivilisation so weit vorgeschoben, dass sie sich nun durch Hochwasser, Erdrutsche und Lawinen permanent bedroht sieht. Über der Idylle, als welche die Schweiz seit dem 18. Jahrhundert ihre Topographie erfolgreich zu vermarkten beginnt, hängt die Drohung der Katastrophe. Ja, ohne diese Bedrohung wäre sie keine Idylle. Ohne den erhabenen Schrecken könnte die alpine Natur nicht zur ‚Landschaft' kulturalisiert werden. Gleichzeitig werden die Alpen zu einem Abzeichen der kollektiven helvetischen Identität, zu dem man von allen Seiten aufblicken kann. Wie die gemeinsame Geschichte, die man dem modernen Nationalstaat als ihren kollektiven Grund unterlegt, wird auch die katastrophische Bedrohung zu einer Grundkomponente nationaler Integration der sich neu formierenden Schweiz. Die Einübung katastrophischer Solidarität ist umso wichtiger, als die Schweiz – anders als die meisten europäischen Staaten – ihren inneren Zusammenhalt nicht in aufgeheizten Kriegen gegen die Nachbarnationen ausbacken kann. Denn dies wäre für die plurikulturelle Schweiz eine tödliche Bedrohung. Darum muss sie sich aus den großen europäischen Konflikten heraushalten und verfolgt diese nur von der neutralen Zuschauerbank aus. Umso mehr konstituiert sie sich als solidarische ‚Willensnation' und ‚Schicksalsgemeinschaft' rund um jene Alpen, die gleichermaßen die mythisierte ‚Schweizerfreiheit', das touristisches Kapital und die sichtbarsten Naturgefahren bergen. Mit einem Begriff des Klimahistorikers Christian Pfister: Eine eigene, national eingefärbte helvetische ‚Katastrophenkultur' bildet sich aus.

Die Literatur aus der Schweiz trägt zwar mit vielfältigen Untergangsszenarien zu dieser spezifischen Kultivierung der Katastrophe bei; sie ist insofern Teil jener Diskurse, welche die ‚Katastrophe' erst zu einer solchen machen. Dessen wird sie sich jedoch auch bewusst. Diese ästhetische Bearbeitung und literarische Reflexion der Katastrophendiskurse soll im folgenden an drei Aspekten thesenartig aufgezeigt werden:

1.

Die Sprengkraft der Katastrophe, wenn man sie literarisch beim Wort nimmt, lässt auch jene Solidarität zweifelhaft werden, die sie stiften soll. Die Literatur aus der Schweiz zeigt dies bereits im 19. Jahrhundert. So Jeremias Gotthelf mit seiner *Wassernot im Emmental am 13. August 1837*, einem Schwellentext, in dem sich eine archaische, christlich geprägte Katastrophendeutung mit einer modernen, konkreten Sozialanalyse überlagert. Dabei nimmt er bereits die Schattenseiten der Solidaritätsaktion in den Blick. Die Literatur aus der Schweiz kritisiert in eigenen Katastrophenfiktionen aber auch, wie fragil die behauptete Solidarität in ihrem Innersten ist. Dafür stehen exemplarisch die zwei bedeutendsten Katastrophiker der Literatur aus der Schweiz im 20. Jahrhundert: Der Westschweizer Autor Charles Ferdinand Ramuz antwortet auf den Ersten Weltkrieg mit einer ganzen Reihe von Katastrophen-

romanen. Sie stellen alle in unterschiedlicher Weise dar, wie die soziale Ko-
häsion der Gesellschaft in der Katastrophe auseinander bricht. In *Présence de
la mort* (1922) steigen auf Grund einer Klimakatastrophe die Temperaturen,
und im Kampf aller gegen alle beginnt das allgemeine Sterben. Die Atomisie-
rung der Gesellschaft zeigt sich auch in der avantgardistischen Romanstruk-
tur, die sich in 30 Kapitel auflöst – es gibt keine gemeinsame Perspektive
mehr, kaum mehr die des Erzählens. Noch radikaler als Ramuz ist nur Friedrich Dürrenmatt, der seine katastrophischen Visionen im gesamten Werk
variierend immer weitertreibt, bis am Ende seines letzten Romans, *Durch-
einandertal* (1989), das Kurhaus für Milliardäre und Gangster, das die Hotel-
schweiz parodiert, in Flammen aufgeht. Dürrenmatt zeigt damit auf, wie
schwankend der Grund ist, auf dem sich die helvetischen Sicherheiten bauen.

2.

Die Literatur aus der Schweiz spiegelt dieser auch ihre selbst gewählte Rolle
als Zuschauerin bei den großen europäischen Kriegen des 19. und 20. Jahrhunderts zurück. Sie nehmen gerade aus dem Blick des scheinbar unbeteilig-
ten helvetischen Betrachters die Form von ‚Katastrophen‘ an. Denn zur Katastrophe gehört der Zuschauer, der, von ihr verschont, sie als solche definiert.
Hans Blumenberg hat dies als ‚Schiffbruch mit Zuschauer‘ zum universellen
Paradox erklärt. Der gemeinsame Blick auf die Katastrophe konstituiert dabei
die Zuschauer als Gruppe, die sich auf das eine ‚Ereignis‘ ausrichtet – ‚Ereignis‘ bedeutet im Wortsinn ‚das vor Augen Kommende‘. Dieser Blick auf
die Katastrophe gibt ihr jene gesellschaftliche Integrationskraft, die sich bis
heute immer wieder neu beweist. Durch die modernen Medien wird diese
Zuschauerposition bis ins Globale erweitert. Opfer und Zuschauer werden
über Tausende von Kilometern momentan zu einer virtuellen ‚Schicksalsgemeinschaft‘ zusammengeführt, bei der aber Handeln und Zuschauen klar
getrennt sind.

Das kulturelle Modell dafür ist wiederum ein Literarisches: die klassische Tragödie, wie sie sich im 18. Jahrhunderts im bürgerlichen Theater
institutionalisiert. Es trennt Bühne und Zuschauerraum, bindet sie aber über
starke Emotionen aneinander. Aus diesem Kontext stammt der moderne Katastrophenbegriff – die Katastrophe als gigantisches Rührstück, das uns Zuschauer mit seinen Opfern zu einer imaginären großen Familie zusammen-
schweißt.

Die moderne Schweiz konstituiert und definiert sich als Nationalstaat in
besonderem Maße über diese Zuschauerrolle. Ihre Neutralität inmitten euro-

päischer Konflikte und ihr Anspruch, ein ‚Sonderfall' zu sein, lassen sich durch dieses Interpretationsmuster rechtfertigen. Die Literatur aus der Schweiz konstruiert es mit, kann es jedoch auch hinterfragen und sich damit selbst in ihrer Rolle reflektieren.

Jene Idylle, als welche sich die Schweiz im 18. Jahrhunderts zu verkaufen beginnt, wird zum Zuschauerbalkon, von dem aus sie die Weltkatastrophen verfolgt. Salomon Gessners *Idylle* mit dem Titel *Der Sturm* (1772) etwa zeigt zwei Hirten, die vom sicheren Strand aus den Untergang eines Schiffes miterleben. Sie leisten Nothilfe, verurteilen aber auch die Gewinn- und Abenteuersucht, die den gescheiterten Schiffer aufs Meer getrieben habe.

Diese Position wird im 20. Jahrhunderts zur helvetischen Staatsdoktrin. In seiner Rede *Unser Schweizer Standpunkt* weist Carl Spitteler beim Kriegsausbruch 1914 der Schweiz den Standpunkt des stummen, gerührten Theaterzuschauers zu. Nach dem zweiten Weltkrieg wird diese wirkungsmächtige Selbstbestimmung der Schweiz problematisch; Max Frisch bringt sie 1958 in *Biedermann und die Brandstifter* als Chor auf die Bühne. Dieser redet sich auf seine hilflose Zuschauerposition heraus, obwohl er als Feuerwehr die Wendrohre zur Brandbekämpfung in der Hand hält. Auch Dürrenmatt stellt 1956 am Schluss seiner *Alten Dame* kritisch aus, wie sich die Güllener als Doppelchor auf ihre Zuschauerhaltung zurückziehen, um kritischen Nachfragen nach der eigenen Verwicklung in das katastrophische Geschehen zu entgehen. Die jüngere Literatur aus der Schweiz, etwa Thomas Hürlimann mit seinem dramatischen Erstling *Großvater und Halbbruder* (1981), fragt hier noch weiter und lässt die katastrophische Rollenteilung von Handeln und Zuschauen auf der Bühne implodieren.

3.

Zur Katastrophe gehört immer ein universalisierendes Moment, das sie mit der Utopie teilt: Im einzelnen Ereignis geht eine ‚ganze' Welt unter. Entsprechend ist ihr Bildrepertoire der Allegorie verpflichtet, die ihrerseits der Logik des ‚Pars pro totum' folgt. Damit kann sie auch zum Ausdruck jenes doppelten Orts werden, der die Literatur aus der Schweiz charakterisiert, zwischen lokaler Verortung und universellem Anspruch. Frisch und Dürrenmatt gestalten ihre Werke der Nachkriegszeit zu universalisierenden Gleichnissen aus. Das sichert ihnen den Welterfolg. In ihrem Spätwerk jedoch kehren beide auf den lokalen Boden zurück: Frisch verortet die kleine Katastrophe eines Unwettersommers in *Der Mensch erscheint im Holozän* (1979) konkret im Onsernonetal, setzt sie aber auch den gewaltigen Dimensionen der Erdgeschichte aus. Dürrenmatt überwölbt in der *Mondfinsternis* (1981), jener Prosavariante der *Alten Dame*, die er in die *Stoffe* integriert, das tragikomische Hinrichtungsritual im abgelegenen helvetischen Bergtal mit einem astronomischen Ereignis.

So spiegelt die Literatur aus der Schweiz in ihren Katastrophenszenarien die ganze Welt in die Schweiz hinein; sie wird insofern Weltliteratur aus der Schweiz. Literarisch nutzt sie jene transgressive Energie, mit der die Katastrophe alle Grenzen sprengen will, um die Schweiz, die sich in der Idylle eingeigelt hat, zur Welt zu öffnen, mit dem ihr eigenen Bewusstsein, dass es in einem globalen Schiffbruch keinen verschonten Zuschauer, keinen ‚Schweizer Standpunkt' mehr geben kann.

Bibliographie

BLUMENBERG, H. (1979): *Schiffbruch mit Zuschauer, Paradigma einer Daseinsmetapher*. Frankfurt/M.
DÜRRENMATT, F. (1998): *Werkausgabe in 37 Bänden*. Zürich.
FAVIER, R. / GRANET-ABISSET, A.-M. (Hg.) (2005): *Récits et représentations des catastrophes depuis l'Antiquité*. Grenoble.
FRISCH, M. (1976): *Gesammelte Werke in zeitlicher Folge*. Hg. v. H. MAYER. Frankfurt/M.
GESSNER, S. (1972): *Sämtliche Schriften in drei Bänden*. Hg. v. M. BIRCHER. Zürich.
GISLER, M. (2007): *Göttliche Natur? Formationen im Erdbebendiskurs der Schweiz des 18. Jahrhunderts*. Zürich.
GOTTHELF, J. (1911ff.): *Sämtliche Werke in 24 Bänden und 18 Ergänzungsbänden*. Hg. v. R. HUNZIKER u. H. BLÖSCH. Erlenbach, Zürich.
HÜRLIMANN, TH. (1998): *Das Lied der Heimat*. Alle Stücke. Frankfurt/M.
KEMPE, M. / GROH, D. / MAUELSHAGEN, F. (Hg.) (2003): *Naturkatastrophen. Beiträge zu ihrer Deutung, Wahrnehmung und Darstellung in Text und Bild von der Antike bis ins 20. Jahrhundert*. Tübingen.
PFISTER, CH. (Hg.) (2002): *Am Tag danach. Zur Bewältigung von Naturkatastrophen in der Schweiz 1500–2000*. Bern.
PFISTER, CH. / SUMMERMATTER, ST. (Hg.) (2004): *Katastrophen und ihre Bewältigung. Perspektiven und Positionen*. Bern.
RAMUZ, CH.-F. (2005): *Romans*. Hg. v. D. Jacubec. Paris.
SPITTELER, C. (1945ff.): *Gesammelte Werke*. Hg. v. G. BOHNENBLUST, WH. ALTWEGG, R. FAESI. Zürich.

UTZ, P. (2010): *Der Kitt der Katastrophen.* In: BARKHOFF, J. /
HEFFERNAN, V. (Hg.): Schweiz schreiben. Zur Konstruktion und De-
konstruktion des Mythos Schweiz in der Gegenwartsliteratur. Berlin,
S. 65–76.

UTZ, P. (2010a): *Die Katastrophe im Blick. Literarische Betrachtungen zur
Schweiz auf der Zuschauerbank.* In: PELLIN, E. / WEBER, U. (Hg.):
„Wir stehen da, gefesselte Betrachter". Theater und Gesellschaft. Göttin-
gen/Zürich, S. 15–37.

WALTER, F. / FANTINI, B. / DELVAUX, P. (Hg.) (2006): *La culture du
risque (XVI–XXIe siècle).* Genève.

WALTER, F. (2010): *Katastrophen. Eine Kulturgeschichte vom 16. bis ins
21. Jahrhundert.* Stuttgart.

Thomas Pekar (Japan, Tokio)

Narrative des Klimawandels.
Aufstieg und Fall eines katastrophischen Diskurses

Betrachtet man den Klimadiskurs in der deutschen Presse etwa der letzten drei Jahre, dann lassen sich einige erstaunliche Beobachtungen machen, die man ‚Aufstieg und Fall des katastrophischen Klimadiskures' nennen könnte – mit jenem denkwürdigen Wendepunkt des ‚Klimagipfels' in Kopenhagen (vom 07.–18.12.2009), d. h. der UN-Klimakonferenz, die ja bekanntlich spektakulär scheiterte.[1] Im Folgenden will ich einige Bemerkungen zu diesem Aufstieg und Fall des katastrophischen Klimadiskurses aus einer mir als Kultur- und Literaturwissenschaftler vertrauten erzähltheoretischen Perspektive geben, d. h. ich will nach Narrativen dieses Diskurses fragen.

Am 10.06.2010 erschien in der Wochenzeitung *DIE ZEIT* ein Artikel mit dem Titel „Fünf nach Kopenhagen. Noch nie stand es so schlecht um den Klimaschutz wie heute" von Frank Drieschner (F. Drieschner 2010). Dieser Artikel, anläßlich der Bonner UN-Klimakonferenz (vom 31.05.–11.06.2010) geschrieben,[2] erscheint als letzter Nachhall eines Diskurses, der bis zum Klimagipfel in Kopenhagen mächtig anschwoll, dann aber, nach Kopenhagen, plötzlich – bis auf Rinnsale wie diesen Artikel – verstummte. Der pathetische Ton, mit dem Drieschner seinen Artikel eröffnet – „Selbst wenn es wahr sein sollte: Darf man es aussprechen? Darf man der Welt mitteilen, dass sie auf eine Katastrophe zutreibt und den Zeitpunkt zum Umsteuern verpasst hat?" (F. Drieschner 2010) –, steht in einem merkwürdigen Kontrast zu der ja leicht ironischen Artikelüberschrift „Fünf nach Kopenhagen" und steht vor allem im Kontrast zum medialen Bedeutungsverlust, den dieses Thema

---

1 Der Klimagipfel wurde in der Presse dann als ‚Desaster' bezeichnet (vgl. z. B. A. Bojanowski 2009 und C. Gammelin 2009). Es wurde kein weltweit gültiger Klimaschutz-Vertrag geschlossen, der den Ausstoß von Treibhausgasen begrenzt.

2 Die Bonner Konferenz bereitete den Weltklimagipfel in Cancún (Mexiko) vor, der vom 29.11. bis zum 10.12.2010 stattfand. Nach dem Kopenhagener ‚Desaster' endete diese Konferenz besser als erwartet, insoweit sich die Teilnehmerländer auf ein – allerdings vollkommen unverbindliches – „Bekenntnis" einigen konnten, „eine Erderwärmung um mehr als zwei Grad gegenüber vorindustriellem Zeitalter zu begrenzen" (TAGESSCHAU vom 11.12.2010; http://www.tages schau.de/ausland/cancun152.htm <zuletzt am 11.01.2011>).

‚Klimakatastrophe' bereits erlitten hatte, als Drieschner seinen Artikel schrieb. Dieser Artikel beschwört noch einmal das vor Kopenhagen zentrale Narrativ des Klimawandels, nämlich das Katastrophal-Apokalyptische, hier allerdings, im Abgesang, ironisch leicht gebrochen.

Es ist die besondere Qualität narrativer Sätze, die erzähltheoretisch geläufige, etwas banale Einteilung in faktuales und fiktionales Erzählen zu unterlaufen. Wenn ich hier von Zeitungs- und Zeitschriftentexten, Formen der faktualen, ‚nichtdichterischen' Erzählung, spreche, so erheben diese Texte ja den Anspruch, „von realen Vorgängen zu berichten" (M. Martinez/M. Scheffel 2009: 10); demgegenüber wäre dichterische Erzählung ‚fiktiv' – „Repräsentation einer Rede ohne empirischen Objektbezug" (ebd., 14), so die Auskunft der Erzählforschung. Allerdings sind in faktualen Texten oft auch so genannte ‚narrative Sätze' zu finden, wie überhaupt das Narrative nicht auf spezifische Textgattungen zu beschränken ist. Der amerikanische Philosoph Arthur C. Danto hat in Hinsicht auf die Geschichtsschreibung diese ‚narrativen Sätze' beschrieben, die, so wie er sagt, „future-referring predicates" verwenden würden, „which, though applied to present objects, do so only on the assumption that a future event occurs" (A. C. Danto 1985: 349). Eine solche zukunftsbezügliche Aussagekraft, die schon in Begriffen wie etwa ‚Anfang' und ‚Ende' oder ‚Ursache' und ‚Wirkung' steckt, dürfte eigentlich nur derjenige verwenden, der „eine kognitive Position innehat, die dem beschriebenen Ereignis gegenüber zukünftig ist" (M. Martinez/ M. Scheffel 2009: 121) – eine unmögliche Position mithin, die Raum läßt für Prognostiker und ihre wissenschaftsgläubigen Anhänger.

Dass der Klimawandel im deutschsprachigen Diskurs überhaupt in solche narrativen Sätze im Sinne Dantos eingebettet wurde, die ihm damit eine zukünftig-katastrophale Dimension zusprechen, ist, wie ich denke, Ergebnis von ganz bestimmten diskursiven Strategien, die aber grandios gescheitert sind.

Schlüsseltexte in dieser Hinsicht waren m. E. vor allem Zeitungsartikel des einflussreichen Soziologen Ulrich Beck, die er etwa ab 2007 publizierte. Beck wollte zum einen Klimapolitik und Kosmopolitik miteinander verkoppeln, wobei die Zentralthese hier war: „Klimawandel eröffnet unverhofft auch die Chance, die nationalstaatliche Borniertheit der Politik zu überwinden und [...] einen kosmopolitischen Realismus zu entwickeln." (U. Beck 2008b: 5) Zum anderen ging es ihm um die Kommunizierbarkeit dieser ‚kosmopolitischen Realität' bzw. dieses ‚kosmopolitischen Realismus', d. h. um ein Narrativ. Diesen Gedanken entwickelte Beck 2008b, als er sich auf die Suche nach einem ‚politischen oder sozialwissenschaftlichen Narrativ der Klimawandel-Politik' machte:

Ein solches [Narrativ; Anm. T. P.] darf nicht nur technokratische Antworten auf globale Probleme enthalten, sondern muss auch eine Vorstellung davon geben, wie Kräfte zu mobilisieren sind. Es muss Konsens- und Bedeutungsbildung beschreiben; transnationale Netzwerke von Akteueren und Gegenakteueren; [...] die Vision einer neuen institutionellen Architektur (U. Beck 2008a: 1).

Ein diesen komplexen Anforderungen entsprechendes Narrativ gab es zu dieser Zeit schon und wurde jetzt umfassend von Klimaforschern bekannt gemacht; es lautete schlicht und einfach: ‚Maximal zwei Grad'! Oder – in Form eines ‚narrativen Satzes': Wenn es der Menschheit nicht gelingt, die Erdtemperatur bis zum Ende des Jahrhunderts auf maximal zwei Grad Erwärmung (über dem vorindustriellen Niveau) zu begrenzen, dann kommt die Klimakatastrophe. Dieses Zwei-Grad-Limit, welches von der EU, den G8-Staaten und vielen anderen Staaten bis Kopenhagen als Zielmarke politisch anerkannt worden war, sollte durch eine drastische Reduktion der menschlich produzierten Treibhausgase (v. a. Kohlendioxid/CO_2) erreicht werden.

Carlo Jaeger, leitender Mitarbeiter am renommierten Potsdamer Institut für Klimafolgenforschung (PIK), hat die Geschichte dieser Zielmarke von maximal zwei Grad Erwärmung aufgearbeitet – und kommt zu folgendem erstaunlichen Ergebnis:

Das Zwei-Grad Limit ist fast zufällig aufgetaucht, und es entwickelte sich dann eigentümlich widersprüchlich weiter: Politiker haben es wie ein wissenschaftliches Ergebnis behandelt, Wissenschaftler als eine politische Angelegenheit. [...] Zwei Grad wurde zum Wegpunkt einer ‚Katastrophen-Perspektive'. (zit. nach J. Müller-Jung 2009)

Dass dieses so von einem Mitarbeiter des Potsdamer Instituts gesagt wurde, hat eine pikante Note, war doch der Direktor des PIK, Hans Joachim Schellnhuber, derjenige, der, auch als Berater der Bundeskanzlerin, „das Zwei-Grad-Ziel zum Kristallisationspunkt der Klimapolitik gemacht hat" (J. Müller-Jung 2009). Seit dem G8-Gipfel in Heiligendamm 2007 hat sich Angela Merkel diese Zwei-Grad-Obergrenze als politisches Ziel – auch dann als Marschroute für Kopenhagen – zu eigen gemacht (vgl. H.-J. Luhmann 2007);[3] jetzt aber, nach Kopenhagen, ist davon – jedenfalls als verbindliche Zielvorgabe für die Staaten der Welt – nicht mehr die Rede.

Mittlerweile, nachdem nun diese Klimapolitik mit dem Zwei-Grad-Limit gescheitert ist, häufen sich Stimmen, die einerseits dieses Limit als zu hoch

---

3 So spricht z. B. Merkel am 7. Dezember 2009 im ZDF von dem ‚Zwei-Grad-Ziel' für Kopenhagen und davon, dass auch „Einzelverpflichtungen der Länder" notwendig seien, um dieses Ziel zu erreichen; http://www.3sat.de/page/?source=/3satextra/140351/index.html <zuletzt am 11.01.2011>.

ansehen – katastrophale Folgen seien schon bei einem Erwärmungslimit von 1,5 Grad zu erwarten –, andererseits die ‚Fokussierung‘ auf nur ‚einen Parameter‘ kritisieren, ja dieses Limit von zwei Grad Erwärmung als ‚praktisch Unsinn‘ bezeichnen, wie dies gleich drei Direktoren von deutschen Geoinstituten taten (vgl. H. Rademacher/J. Müller-Jung 2009).

Wenn auch Carlo Jaeger die wissenschaftliche Unhaltbarkeit des Zwei-Grad-Ziels bestätigt, so erfüllt für ihn doch diese Marke eine soziopolitische Funktion:

Als idealer ‚Brennpunkt in einem Koordinationsspiel‘, bei dem es darum geht, Dutzende von internationalen Akteuren in einem Netzwerk unterschiedlicher Interessen zusammenzubinden und einen gemeinsamen politischen Nenner zu finden. (zit. nach J. Müller-Jung 2009)

Damit schließt sich der Kreis, denn damit ist genau das gesagt, was – ich habe es oben zitiert – Ulrich Beck in Hinsicht auf ein politisches Narrativ gesagt hatte.

Wolfgang Müller-Funk schreibt in seinem Buch *Die Kultur und ihre Narrative*:

Kulturen sind [...] als Erzählgemeinschaften anzusehen, die sich gerade im Hinblick auf ihr narratives Reservoir unterscheiden. Das gilt für die Mythen traditioneller Gemeinschaften ebenso wie für die modernen großen Erzählungen. (W. Müller-Funk 2008: 14)

Genau dies war in Kopenhagen zu beobachten: Während die europäischen Staaten für den Klimawandel das Narrativ des Katastrophischen gefunden hatten, fokussiert im Zwei-Grad-Narrativ, sahen dies andere Kulturen ganz anders, vor allem China und Indien. Neben ökonomischen und politischen Gründen, die es diesen beiden Ländern unmöglich machten, der europäischen Klimapolitik zuzustimmen, scheint es beispielsweise in China immer noch ein positives Narrativ für Erwärmung zu geben, da in historischen Wärmephasen China von Mongoleneinfällen verschont blieb.

Kopenhagen hat m. E. vor allem gezeigt, dass weltweit gesehen diese ‚narrative Klimapolitik‘ gescheitert ist, ja sie hat vielmehr die schwere Vertrauenskrise, in der die Klimaforschung steckt, mit ausgelöst. Der eine autoritative Entweder-oder-Diskurs (Entweder Zwei-Grad oder Katastrophe) wurde durch Kopenhagen fundamental erschüttert.

Der katastrophische Klimadiskurs ist nach Kopenhagen abgebrochen, versickert; in gewisser Weise ist dadurch eine Leerstelle entstanden, die jedoch kaum auffällig ist, da an die Stelle des Klimadiskurses im medialen Bereich sofort andere Diskurse getreten sind. Dennoch gibt es einen vorerst noch recht leisen ‚neuen‘ Klimadiskurs, jenseits des Katastrophischen und ermöglicht auch wohl erst durch dessen Ende – oder, genauer gesagt, plurale Klimadiskurse, die sich von der einen ‚großen' Katastrophen-Erzählung abgelöst haben. Diese pluralen Klimadiskurse sind nicht mehr global,[4] sondern regional; d. h. an die Stelle der *einen* globalen Katastrophe sind die Beschreibungen verschiedener regionaler Szenarien getreten, da der Klimawandel ganz unterschiedlich wirkt, regional u. U. auch positiv, wenn etwa die Vegetation in Sibirien oder Nordkanada zunimmt. Vor allem aber haben diese neuen Diskurse das Leitnarrativ des alten Diskurses, eben das Katastrophische, durch das der ‚Anpassung' ersetzt: Inbegriff dafür ist der Satz: „Wenn wir den Klimawandel nicht abwenden, müssen wir uns anpassen." (F. v. Borries 2010: 8)

Bibliographie

BECK, U. (2008a): *Kosmopolitische Realitäten*, In: *Frankfurter Rundschau*, Nr. 18 vom 22.01.2008, S. 37. http://www.fr-online.de/in_ausland/kultur_und_medien/feuilleton/?em_cnt=1275345 <zuletzt am 29.01.2008>.

BECK, U. (2008b): *Ungleichheit ohne Grenzen. Wer absteigt und wer aufsteigt im Zeitalter von Globalisierung und Klimawandel*, In: *DIE ZEIT*, Nr. 42 vom 09.10.2008 http://images.zeit.de/text/2008/42/Ungleichheit <zuletzt am 08.07.2010>.

BOJANOWSKI, A. (2009): *Kopenhagen: Warum der Klimagipfel zum Desaster wurde*, In: *stern.de* vom 19.12.2009 http://www.stern.de/wissen/natur/kopenhagen-warum-der-klimagipfel-zum-desaster-wurde-1530584.html <zuletzt am 21.06.2010>.

BORRIES, F. v. (2010): *Klimakapseln. Überlebensbedingungen in der Katastrophe*, Berlin.

DANTO, A. C. (1985): *Narration and knowledge*, New York.

DRIESCHNER, F. (2010): *Fünf nach Kopenhagen. Noch nie stand es so schlecht um den Klimaschutz wie heute*, in: *DIE ZEIT*, Nr. 24, vom 10.06.2010, S. 12.

---

4   Auf globaler Ebene wird lediglich ganz unverbindlich an der 2-Grad-Grenze festgehalten; ein weltweites Klimaabkommen, welches diesen Wert verbindlich festschreiben würde, ist in weite Ferne gerückt: Auch nach Cancún „sehen Experten kaum Chancen für ein baldiges weltweites Klimaabkommen"; http://www.co2-handel.de/article388_15639.html <zuletzt am 11.01.2011>.

GAMMELIN, C. (2009): *Das Desaster von Kopenhagen*, In: *sueddeutsche.de* vom 20.12.2009 http://sueddeutsche.de/politik/klimagipfel-das-desaster-von-kopenhagen-1.71791 <zuletzt am 21.06.2010>.

LUHMANN, H.-J. (2007): *Grenze: Zwei Grad! Wie die Politik sich angesichts der Gefahr aus dem Staub macht, und welche Bücher zum Klimawandel es deshalb zu lesen lohnt*, in: *DIE ZEIT*, Nr. 41 vom 04.10.2007, S. L66. http://www.zeit.de/2007/41/Grenze_Zwei_Grad <zuletzt am 28.09.2009>.

MARTINEZ, M. / SCHEFFEL, M. (2009): *Einführung in die Erzähltheorie*, 8. Aufl., München.

MÜLLER-FUNK, W. (2008): *Die Kultur und ihre Narrative. Eine Einführung*. 2., überarb. und erw. Aufl., Wien.

MÜLLER-JUNG, J. (2009): *Warum sollten maximal zwei Grad die Welt retten?*, In: *FAZ*, Nr. 286 vom 09.12.2009, S. N1. (Einsehbar auch im F.A.Z.-Archiv).

RADEMACHER, H./ MÜLLER-JUNG, J. (2009): *Ein Limit von zwei Grad Erwärmung ist praktisch Unsinn*, In: *FAZ.NET* vom 29.10.2009, http://www.faz.net/f30/common/Suchergebnis.aspx?term=rademacher+ein+limit&allchk=1 <zuletzt am 11.01.2011>.

II

Naturkatastrophen
zwischen wissenschaftlicher und moralischer Bewältigung

CHRISTOPH WILLMITZER (Deutschland, Berlin)

Katastrophen der Aufklärung?
Über „Fluten" im Werk Ewald Christian von Kleists

Die Darstellung und Deutung von Fluten im mittleren 18. Jahrhundert zeichnet eine doppelte Bewegung aus: Zeitgeschichtliche Quellen berichten einerseits von den großen Zerstörungen, welche durch Überflutungen ausgelöst
wurden; andererseits gibt es verschiedenste Überlegungen, wie der Lauf des
Wassers am besten zur Verbesserung der landwirtschaftlichen Situation genutzt werden sollte. In der zeitgenössischen Literatur existiert einerseits noch
der Glaube an die Flut als Machtinstrument eines strafenden Gottes, wobei
aber auch die Deutung laut wird, dass eine Überschwemmung für einen
fruchtbaren Neuanfang stehen kann. Der folgende Beitrag will dabei zunächst
verschiedene kulturhistorische Perspektiven auf Flutkatastrophen zur Zeit der
Frühaufklärung dokumentieren, um dann anhand eines Gedichts Ewald
Christian von Kleists (1715–1759) eine exemplarische literarische Bearbeitung von Naturkatastrophen zur Zeit um 1750 darzustellen.

David Blackbourn schreibt in seiner 2007 ins Deutsche übersetzten Studie *The Conquest of Nature. Water, Landscape and the Making of Modern
Germany* in Bezug auf das mittlere 18. Jahrhundert:

> *Feuersbrünste, Wanderdünen, räuberische Tiere: Sie alle gehörten in den Augen
> der Zeitgenossen zur gefährlichen, unkontrollierten Seite der Natur. Doch der
> mit Abstand gefährlichste Feind war für sie das ungezähmte Wasser. [...] Hoch-
> wasser im Binnenland waren in der Regel weniger tödlich, aber dafür häufig und
> zerstörerisch.* (D. Blackbourn 2007: 62f.)

Besonderes Augenmerk schenkt Blackbourn den Flutkatastrophen in Bran-
denburg, wo Ewald von Kleist ab 1740 bis zu seinem Tod leben sollte:
„Schriftliche Quellen der damaligen Zeit verweisen auf [...] periodische
Hochwasser im Niederen Oderbruch [...]." (D. Blackbourn 2007: 63) Zwi-
schen 1595 und 1737 stand das östliche Brandenburg etwa 16 Mal unter
Wasser, in der Regel im Frühjahr.

In der Regierungszeit Friedrich II., unter dem Kleist als Soldat diente,
galten dabei insbesondere Sümpfe noch als dunkle Orte mit vermodernder
Vegetation und verwesenden Tierkadavern sowie halbamphibischen Bewohnern (vgl. D. Blackbourn 2007: 63f.). Versuche, diese unwirtlichen Sümpfe

zu kultivieren, gingen Jahrhunderte zurück. Friedrich II. selber kannte das Oderbruch bereits aus früher Jugend. „[E]ine rational betriebene Landwirtschaft sprach auch die philosophische, aufgeklärte Seite Friedrichs an [...]." (D. Blackbourn 2007: 44f.) Seine Erfahrungen bei der Inspektion der königlichen Güter und dem Studium der Details der Landwirtschaft bestärkten Friedrich in der Lektüre aufgeklärter Schriften, so dass er ein überzeugter Anhänger der Ideen seiner Zeit zur Verbesserung des Bodens wurde. Während seiner Regierungszeit sollte er eine Fülle von Erlassen insbesondere zum Niederen Oderbruch herausbringen. Den Höhepunkt dieser Bemühungen, die Macht des Wassers einzuschränken, bildete die endgültige Trockenlegung des Oderbruchs 1753, welche eines der grundlegenden Projekte seiner Regierungszeit darstellte (vgl. D. Blackbourn 2007: 45f.). Zerstörerische Folgen von Überschwemmungen wie auch Möglichkeiten, sich die Natur Untertan zu machen, bildeten also ein omnipräsentes Thema in Kleists politisch-gesellschaftlichem Lebensumfeld.

Auch in seinem engsten Freundeskreis gab es eine Person, die sich intensiv mit theoretischen Fragen der Landwirtschaft auseinandergesetzt hat und dabei sogar Überflutungen selbst für eine volksaufklärerische Verbesserung menschlicher Lebensbedingungen zu nutzen versuchte: Hans Caspar Hirzel, der in der Germanistik vor allem als Zürcher Philanthrop und Organisator der von Klopstock besungenen Bootsfahrt auf dem Zürchersee bekannt ist, lernte Kleist 1746 in Potsdam kennen. Hier wurde er intensiver Begleiter der Entstehung der ersten Fassung von Kleists *Frühling* (vgl. E. Ch. v. Kleist 1881: 135). Hirzel war zu diesem Zeitpunkt bereits seit drei Jahren Mitglied der „Wachsenden Gesellschaft" Zürichs, deren Diskussionen und Vorträge ihn 1761 zur Publikation seiner agrartheoretischen Hauptschrift, des *Philosophischen Bauern* (H. C. Hirzel 1761), anregen sollten. Hier wird ein enger Konnex zwischen aufklärerischem Gedankengut und einer praktischen Anwendung in der Landwirtschaft sehr deutlich: „Wir sehen demnach, daß man die Verbesserung der Wirthschaft unseres Landes, von der sittlichen Verbesserung seiner Einwohner anfangen müsse [...]" (H. C. Hirzel 1761: 72), heißt es etwa direkt einleitend in Hirzels Text. In seiner Schrift bilden Überlegungen zur Bewässerung von Feldern einen nicht unwesentlichen Teil seiner Gedanken.

Was die Leitung des Wassers durch die Wiesen anbelangt, so müssen die Haupt= und Neben=Gräblein so eingerichtet seyn, daß das Wasser sich über den größtmöglichen Theil der Wiesen ausbreite [...]. Die Gräblein oder Canäle müssen nicht tief seyn, damit das Wasser leicht überlaufen und sich über die ganze Wiesen ergiessen könne. (H. C. Hirzel 1761: 73)

Hirzel schlägt also explizit künstliche Beflutungen als Methoden einer fort-
schrittlichen Landwirtschaft vor. Seine enge Verbindung mit der Entste-
hungsgeschichte des *Frühlings* sowie seine agrartheoretischen Gedanken
stehen in einem interessanten Spannungsverhältnis zur Lyrik Kleists, aus der
abschließend ein Text interpretiert werden soll.

Das „Gemälde einer großen Überschwemmung" entstand ursprünglich
als Teil der ersten *Frühlings*-Fassung von 1749 (E. Ch. v. Kleist 1749), während dessen Entstehung ab 1746 Johann Caspar Hirzel in täglichem Kontakt
mit Kleist gewesen war. Abermals unter Hirzels Einfluss wurde 1754 eine
neue Auflage des *Frühlings* (E. Ch. V. Kleist 1754) in Zürich publiziert, in
dessen Anhang dann erstmals das *Gemälde* als eigenständiger Text abgedruckt wurde.

Gemälde einer großen Überschwemmung

1	– – – – Schnell glitte[1] von murmelnden Bergen
2	Der Schnee in Haufen herab. Des Winters Gräber, die Flüsse,
3	Worin Felshügel von Eis mit hohlem Getöse sich stießen,
4	Empfingen ihn, blähten sich auf voll ungeduldiger Hoffnung,
5	Durchrissen nagend die Dämme, verschlangen frässig das Ufer,
6	Wald, Feld und Wiese ward Meer. Kaum sahn die Wipfel der Weiden
7	Im Thal draus wankend hervor. Gefleckte Täucher und Enten
8	Verschwanden, schossen herauf und irrten zwischen den Zweigen,
9	Wo sonst vor Schmerzen der Lieb' im Laube die Nachtigall seufzte.
	[...]
17	[...]Der Büsche versammlete Sänger
18	Betrachteten traurig und stumm von dürren Armen der Linden
19	Das vormals glückliche Thal, wo sie den flehenden Jungen
20	Im Dornstrauch Speise vertheilt. Die angekomme Lerche,
21	Sich aufwärts schwingend, beschaute die Wasserwüste von oben
22	Und suchte verlassne Gefilde. Es flossen Scheuren und Wände
23	Und Dächer und Hütten herum. Aus Giebeln und gleitenden Kähnen
24	Versah der trostlose Hirt sich einer Sündfluth, die vormals
25	Die Welt umrollte, daß Gemsen in schlagenden Wogen versanken.

(E. Ch. v. Kleist 1881: 233f.)

Im Text Kleists wird der ambivalente Umgang der Epoche mit dem Phänomen der Katastrophe deutlich: Es konkurrieren Darstellungen der verheerenden Konsequenzen der geschilderten Flutkatastrophe mit Hinweisen auf die
positiven Seiten der Überschwemmung, wobei in Kleists Gedicht beide Deu-
tungsangebote insbesondere mit biblischen Motiven unterfüttert werden.[2]

---

1   In E. Ch. v. Kleist 1754 hieß es hier noch „glitt".
2   Vgl. zum Forschungskontext: C. Zelle 1990.

Sobald der eigentliche Text nach den Auslassungszeichen einsetzt, beginnt Kleist mit einer Beschreibung der Flut (ebd., V. 1–2). In den folgenden Versen knüpft er dabei an die Fruchtbarkeitsmetaphorik an, indem er die Flüsse als weiblich konnotiert beschreibt: Sie „empfingen" den Schnee, „blähten sich [...] voll ungeduldiger Hoffnung" (ebd., V. 4), nachdem sich in ihnen „Felshügel von Eis mit hohlem Getöse sich stießen" (ebd., V. 3). Nach der Vereinigung von Schnee und Flussbett „verschlangen" die übervollen Flüsse „frässig das Ufer" und durchrissen „nagend die Dämme" (ebd., V. 5): Nie wieder wird in diesem Gedicht die zerstörerische Dimension der Flut so deutlich formuliert werden wie in diesem Vers. Auffällig ist nämlich bereits die Auswahl der Tiere, mit der Kleist zunächst die Folgen der Katastrophe beschreibt. Mit den „Täucher[n]" und „Enten" (ebd., V. 7) lässt er ausgerechnet die Lebewesen als erste in das Gedicht treten, welche mit den Folgen einer Überschwemmung am wenigsten zu kämpfen haben – schließlich handelt es sich in beiden Fällen um einheimische Wasservögel. Die Nachtigall als Symbol der Klage und Melancholie (ebd., V. 9) wird von Kleist als weiterer Vogel eingeführt, der am Ort der Flut zwar sein Lied gesungen hat – dies jedoch *bevor* die Katastrophe eingetreten ist: „Wo sonst vor Schmerzen der Lieb' im Laub die Nachtigall seufzte." Hiermit wird im Gedicht der Eindruck erzeugt, dass sich mit der Überflutung der Natur vielleicht auch Einiges zum Guten gewendet haben könnte. Der ursprüngliche Werkzusammenhang des Gedichts als Teil des *Frühlings* liefert hier eine Deutungsmöglichkeit, steht die erste Jahreszeit doch symbolgeschichtlich für eine Zeit des hoffnungsvollen Neubeginns – und gerade in Kleists Heimat Brandenburg standen zu dieser Zeit regelmäßig die Ufer der Oder unter Wasser, wie wir aus Blackbourns Forschungen wissen.

Trotz möglicher positiver Aspekte einer fruchtbaren Überschwemmung steht im Text außer Frage, dass die Flut die Leid tragenden Bewohner der Erde in Irritation und Verzweiflung stürzt. So betrachteten die als „[d]er Büsche versammlete Sänger" bezeichneten weiteren Singvögel „traurig und stumm" (ebd., V. 17f.) die Landschaft und konnten sich in letzter Minute nur auf die „dürren Arme[...]" der Bäume retten (ebd., V. 18). Abermals geht Kleist im Folgenden auf den Zustand der Welt vor dem Einbrechen der Katastrophe ein: Hier fallen die beiden Deutungsmöglichkeiten der Flutkatastrophe dann zusammen. Zum einen wird in den zitierten Versen auf das „vormals glückliche Thal" verwiesen (ebd., V. 19), dessen Verlust die Tiere nachtrauern. Zum anderen wird die Zeit vor der Katastrophe negativ besetzt, indem sie nach der vormals klagenden Nachtigall nun auch noch mit (flehenden Jungen im) Dornstrauch konnotiert wird, welcher schon in der alttestamentarischen Überlieferung mit der Sünde und Strafe sowie dem Verlust des Paradieses gleichgesetzt wird.

Die alles überschwemmenden Wasserfluten scheinen also einerseits für einen hoffnungsvollen Neubeginn und eine egalisierende Neuordnung der alten Ordnung zu stehen, andererseits die Bewohner der Erde in Irritation, wenn nicht Verzweiflung zu stürzen. Kleists positive Assoziationen der Flut mit Fruchtbarkeit und Neubeginn könnten auch durch die Begegnungen und Gespräche mit Hans Caspar Hirzel inspiriert worden sein.

Zwar entscheidet sich im Fortgang des Gedichts die Lerche (ebd. V. 20), die überflutete Szenerie sogleich wieder zu verlassen, in dem apokalyptisch anmutend „Scheuren und Wände / Und Dächer und Hütten herumflossen" (vgl. ebd., V. 22f.). Kleist macht aber in den abschließenden Versen deutlich, dass es sich bei aller Dramatik der Flutkatastrophe nicht um die „Sündflut" handelt (V. 24), womit er die alttestamentarischen Zeiten eines strafenden Gottes für beendet erklärt. Ohnehin ist im Text auffällig, dass – im Gegensatz zur Sintflut Noahs – kein einziges der Tiere ums Leben kommt, im Gegensatz zu den Gemsen, die in der alten Zeit „in schlagenden Wogen versanken" (ebd., V. 25).

In der Deutung der Flutkatastrophe als zumindest ambivalent, aber letztendlich sogar nützlich für das Seelen- und Weltenheil zeichnet sich der Paradigmenwechsel eines Zeitalters ab, in dem Überschwemmungen – ebenso wie die Jahreszeit des Frühling selbst – als positive Effekte einer zyklischen Erneuerung und Reinigung, und nicht mehr als Strafen Gottes, angesehen wurden. Das Nebeneinander des alten und neuen Weltbilds drückt sich dabei auch in der äußeren Form des Gedichts aus, welche häufig in der Versmitte einen neuen Satz beginnen lässt und zudem die verschiedenen Zeitebenen der geschilderten Vorgänge alle in der gleichen Verbform des Präteritums ausdrückt. Kleist ist als Lyriker der Frühaufklärung ein typischer Repräsentant dieser Epoche des Übergangs. Bilder von Flutkatastrophen finden sich fast in sämtlichen seiner größeren Gedichte.

Die ambivalente Gestaltung der Flutbilder in seinen Texten dürfte damit nicht nur rein religiös begründet sein, sondern ihren Ursprung ebenfalls in den Auseinandersetzungen mit den aufgezeigten real- und kulturgeschichtlichen Einflüssen im politischen wie persönlichen Umfeld haben. Bislang sind diese Wechselwirkungen von der Forschung noch kaum in den Blick genommen worden. Sie könnten jedoch helfen, ein bislang vernachlässigtes Feld der literaturwissenschaftlichen Aufklärungs- wie Katastrophenforschung zu bereichern.

Bibliographie

BLACKBOURN, D. (2007): *Die Eroberung der Natur. Eine Geschichte der deutschen Landschaft,* München.

HIRZEL, H. C: (1761): *Die Wirthschaft eines Philosophischen Bauers,* Zürich.

KLEIST, E. CH. (1749): *Der Frühling. Ein Gedicht,* Berlin.

KLEIST, E. CH. (1754): *Der Frühling. Ein Gedicht,* Nebst einem Anhange einiger anderer Gedichte von demselben Verfasser, Zürich.

KLEIST, E. Ch. (1881): *Werke,* hg. und mit Anm. begl. von A. SAUER, Th. 1: *Gedichte. Seneca. Prosaische Schriften,* Berlin.

ZELLE, C. (1990): *Das Erhabene in der deutschen Frühaufklärung. Zum Einfluß der englischen Physikotheologie auf Barthold Heinrich Brockes' Irdisches Vergnügen in Gott,* In: *arcadia* B. 25, S. 225–240.

AKILA AHOULI (Lome, Togo)

Strategien zur Bewältigung von Flutkatastrophen. Traditionelles Wissen und moderne Bautechnik in Theodor Storms *Der Schimmelreiter*

1888 in Berlin erschienen, erzählt Theodor Storms aus zwei Rahmenhandlungen und einer Binnenerzählung bestehende Novelle *Der Schimmelreiter* die Geschichte eines nordfriesischen Deichgrafen, der bei der Realisierung eines modernen Deiches das ganze nordfriesische Volk gegen sich aufbringt. Storm inszeniert in dieser Novelle Strategien zur Bewältigung von Flutkatastrophen. Diese Strategien ergeben sich aus einer spannungsvollen Auseinandersetzung zwischen traditionellem Wissen und moderner Deichbautechnik. In meinem Beitrag möchte ich darauf eingehen, inwiefern ein kompromissfähiger Umgang mit traditionellem und modernem Wissen zur Bewältigung einer Katastrophe beitragen könnte.

Dem traditionellen Wissen, das in Storms Novelle vorkommt, liegt ein magisch-mythisches Denken zugrunde. Als volkstümlich macht ein solches Wissen die Identität der in der Novelle dargestellten Dorfbewohner aus. Die Vertreter des traditionellen Wissens heben sich ab durch ihr Analphabetentum und durch ihre misstrauische Haltung oder gar ihre sture Opposition gegenüber allen Neuerungsplänen. So beharren die nordfriesischen Dorfbewohner eigensinnig auf ihrer alten Tradition des Deichbaus. Diese besteht in der Errichtung eines Deiches mit steilem Profil, zu dessen Befestigung ein Mensch oder ein Tier geopfert werden müsse, denn, „wenn ein Damm dort halten solle, müsse was Lebigs da hineingeworfen und mit verdämmt werden" (Th. Storm 1998: 72). Geprägt vom traditionellen Wissen ist auch der Glaube, in gewissen Ereignissen Vorzeichen von einem bevorstehenden Unheil erkennen zu können. So ist es zum Beispiel bei folgenden außergewöhnlichen unheimlichen Naturphänomenen:

Bald, nachdem Trin' Jans oben bei der Kirche eingegraben war, begann man immer lauter von allerlei Unheil und seltsamen Geschmeiß zu reden, das die Menschen in Nordfriesland erschreckt haben sollte: und sicher war, am Sonntage Lätare war droben von der Turmspitze der goldne Hahn durch einen Wirbelwind herabgeworfen worden; auch das war richtig: im Hochsommer fiel, wie ein Schnee, ein groß Geschmeiß vom Himmel, daß man die Augen davor nicht auftun konnte und es hernach fast handhoch auf den Fennen lag, und hatte niemand je so was gesehen. (Th. Storm 1998: 130)

Weitere Ereignisse erscheinen den Dorfbewohnern noch bedenklicher:

> *„Aber drüben, an der andern Seite, geht's noch schlimmer als bei uns! Nicht bloß Fliegen und Geschmeiß, auch Blut ist wie Regen vom Himmel gefallen; und da am Sonntagmorgen danach der Pastor sein Waschbecken vorgenommen hat, sind fünf Totenköpfe, wie Erbsen groß, darin gewesen, und alle sind gekommen, um das zu sehen; im Monat Augusti sind grausige rotköpfige Raupenwürmer über das Land gezogen und haben Korn und Mehl und Brot, und was sie fanden, weggefressen, und hat kein Feuer sie vertilgen können!"* (Th. Storm 1998: 131)

Für die Dorfbewohner verkünden all diese Vorkommnisse ein bevorstehendes „Unglück über ganz Nordfriesland" (ebd.). Sie gelten insofern als Warnzeichen. Auch zum Zeitpunkt der inneren Rahmenhandlung, die sich etwa hundert Jahre nach der Binnenerzählung abspielt, glauben die Dorfbewohner, aus einer Spukerscheinung des Schimmelreiters Schäden am Deich ablesen zu können.

Allerdings wird der steile, nach dem traditionellen Wissen gebaute Deich in unregelmäßigen Abständen durch Fluten beschädigt und muss deswegen immer wieder ausgebessert werden. Die ständigen Schäden am alten Deich legen die Schwächen des traditionellen Wissens frei. Die Traditionsgegner greifen auf diese Schwächen zurück, um das traditionelle Wissen kompromisslos zu bekämpfen.

Hauke Haien gilt als Traditionsgegner. Modernes rationales Denken liegt seinen Strategien zur Bewältigung von Flutkatastrophen zugrunde, die auf Beobachtung und Experimentieren basieren. Erst auf der Grundlage dieses wissenschaftlichen Verfahrens enthüllt er die Unzulänglichkeiten des alten Deiches (vgl. Th. Storm 1998: 13).

Von seinen Schlussfolgerungen überzeugt, verbringt der junge Hauke sein Leben damit, sich für sein Deichmodell, das heißt für einen Deich mit sanft ansteigendem Profil, einzusetzen. Bei der Durchsetzung seiner Modernisierungspläne verstößt der mathematisch begabte Hauke Haien gegen bestimmte Vorschriften der Tradition: Er wird nicht seines Vaters, sondern ‚seines Weibes wegen' zum Deichgrafen ernannt; er lässt einen Deich mit sanftem Profil bauen und dabei den Priel ohne das erforderliche Opferritual stopfen. Hiermit bricht Hauke Haien nicht nur radikal mit den im Dorf geltenden Traditionen, sondern er greift sie auch an, indem er zum Beispiel die Opferung als „Heidenlehre" (Th. Storm 1998: 107), gar als „Frevel" herabwürdigt (Th. Storm 1998: 106).

So setzt der Deichgraf Hauke Haien seine Neuerungspläne gegen die Meinung der Dorfbewohner und gegen deren Traditionen durch. Seine Absicht ist es, den Dorfbewohnern zu zeigen, dass sein Deich widerstandsfähiger ist als der alte Deich. Deshalb will er seinen Deich um keinen Preis aufgeben, selbst wenn durch diese Aufgabe eine Katastrophe verhindert werden könnte. Hierin kommt die Überheblichkeit des Deichgrafen zum Ausdruck.

Hauke Haiens Neuerungsabsichten werden nicht von der Tradition abgeleitet, sondern sie richten sich gegen die Tradition. Der alte und der neue Deich stehen sozusagen nicht ‚miteinander', sondern ‚nebeneinander', gar ‚gegeneinander' und wirken dabei wie uneinheitliche Elemente. So lässt Hauke Neues mit Altem, Moderne mit Tradition kollidieren. Aus diesem Zusammenprall kommt es zu einer Flutkatastrophe, bei der das ganze Dorf zugrunde geht:

[N]ur ein Arbeiter hatte gleich einem Wegweiser seinen Arm gestreckt; der wies nach der Nordwestecke der beiden Deiche, dort, wo der neue auf den alten stieß. Nur das Tosen des Sturmes und das Rauschen des Wassers war zu hören. Hauke drehte sich im Sattel: was gab das dort? Seine Augen wurden groß: „Herr Gott! Ein Bruch! Ein Bruch im alten Deich!" (Th. Storm 1998: 140)

Die Verbindungsstelle zwischen altem und neuem Deich bildet also für die Flutkatastrophe ein offenes Tor. Dass es zur Katastrophe kommt, kann vor allem als Folge der Hybris des Deichgrafen aufgefasst werden, der seinen Deich auf Kosten des Lebens der Dorfbewohner retten will.

Gegen Ende der Novelle bekennt Hauke Haien seine Schuld an der Flutkatastrophe: „‚Herr Gott, ja ich bekenn es', rief er plötzlich laut in den Sturm hinaus, ‚ich habe meines Amtes schlecht gewartet!'" (Th. Storm 1998: 141). Er scheint sich letzten Endes der von den Dorfbewohnern vertretenen Auffassung von Flutkatastrophen anzuschließen. Die ‚Sturmflut' (vgl. Th. Storm 1998: 124, 137) wird nun bei ihm zu einer „*Sündflut* […], um Tier und Menschen zu verschlingen" (Th. Storm 1998: 142, Hervorhebung von mir, A. A.). Setzte er sich früher jedem Opferritual zur Verfestigung des Deiches entgegen, so hält Hauke Haien am Ende der Novelle seinen Selbstmord für einen Opfertod zur Rettung der Dorfbewohner: „‚Vorwärts!' rief er noch einmal, wie er es so oft zum festen Ritt gerufen hatte: ‚Herr Gott, nimm mich; verschon die andern!'" (Th. Storm 1998: 143)

Es lässt sich aus meinen bisherigen Ausführungen folgern, dass die traditionellen Strategien zur Bewältigung von Flutkatastrophen erhebliche Unzulänglichkeiten aufweisen. Abgelesen werden kann dies an den ständig wiederkehrenden Überflutungen. Die Widerstandsfähigkeit des modernen Deichmodells zeigt sich daran, dass der neue Deich bei der verheerenden Flutkatastrophe unversehrt bleibt. Insofern sollte sich Hauke Haien eher damit beschäftigen, die Schwächen des alten Deiches durch seine reformatorischen Ideen zu beheben, als sich gegen eine traditionelle Deichbautechnik zu richten, in der sich die Dorfbewohner zurechtfinden. „Notwendig", so Klaus Hildebrandt in seiner Interpretation, „wäre es, das Bisherige zu verbessern, also Traditionen mit Fortschritt zu verbinden, und nicht das Neue widerwillig zu schaffen (Masse der Bevölkerung) bzw. zu favorisieren (Deichgraf)." (K. Hildebrandt 1999: 73)

　　Es lässt sich hier mit Recht spekulieren, dass Hauke Haien der Katastrophe hätte vorbeugen können, wenn er auf das „abergläubische Geschwätz" (Th. Storm 1998: 132) der Dorfbewohner gehört hätte, das sich im Nachhinein doch als Vorzeichen einer Flutkatastrophe erweist. Wäre Hauke nicht zu stolz auf seinen modernen Deich gewesen, hätte er sein Dorf retten können. Annette Krech kommt zu derselben Feststellung, wenn sie schreibt:

> *Hauke besitzt zudem stark ausgeprägten Ehrgeiz, grenzend auch an Hybris. [...]*
> *Der Ehrgeiz macht Hauke blind für mögliche Grenzen seiner Macht. Und indem*
> *er infolge seiner Verstandesorientiertheit irrationalen Dingen ihre Existenz ab-*
> *spricht, verschließt er sich der grundlegenden Möglichkeit, sie als Glaubens-*
> *realität in rationales Kalkül einzubeziehen.* (A. Krech 1992: 162)

Damit verhält sich Hauke wie ein Modernisierer, bzw. wie ein Entwicklungshelfer, der in überheblicher Weise seine Entwicklungsstrategien durchsetzt, indem er die örtlichen Traditionen mit den Füßen tritt.

　　Storm zeigt mit seiner Novelle, wie problematisch ein Modernisierungsprozess sei, der die lokale Tradition eines zu entwickelnden Landes rigoros missachtet. Ein wissenschaftlich-technisches Wissen, das traditionelles Wissen nicht berücksichtigt, zerstört nämlich die Harmonie der lokalen Lebensformen. Modernisierungspläne sollten also bisher geltende Traditionen privilegieren, denn nur aus Altem sollte Neues entstehen (vgl. A. Ahouli 2007: 273). Albert Recknagel vertritt diese Modernisierungsoption, wenn er angesichts des Scheiterns der Entwicklungsstrategien, die die Industrieländer in den Ländern der Dritten Welt verfolgen, für das „Primat der Kultur", also für den Vorrang des lokalen Wissens bei jeder Entwicklungspolitik plädiert: „Technische Neuerungen und soziale Projekte", so Recknagel, „sind immer Interventionen in die inneren Angelegenheiten einer Gesellschaft. Entsprechen sie nicht dem historisch gewachsenen Milieu und dem Erfahrungswissen der lokalen Bevölkerung, wirken sie zerstörerisch." (A. Recknagel 2000: 157) Durch eine solche Modernisierungsoption könnten zum Beispiel in ‚Entwicklungsländern' humanitäre Katastrophen überwunden werden, die in Form von Epidemien, Hungersnot, Bürgerkrieg oder Kindersterblichkeit ebenso verheerend sind wie die in der Novelle dargestellte Sturmflutkatastrophe. Winfried Freund findet hierin die Brisanz der Novelle (vgl. W. Freund 1984: 128f.).

Ein geglücktes Beispiel dafür, wie eine die Tradition berücksichtigende Modernisierungsoption verwirklicht werden kann, gibt Theodor Storm allerdings mit der erzähltechnischen Gestaltung seiner Novelle. Es gelingt ihm nämlich, aus einer alten ostfriesischen Sage ein Kunstwerk zu schaffen, das mündlichen (traditionellen) und schriftlichen (modernen) Erzählduktus miteinander vereinbart (vgl. A. Ahouli 2007: 233–274).

Bibliographie

AHOULI, A. (2007): *Oralität in modernen Schriftkulturen. Untersuchungen zu afrikanischen und deutschsprachigen Erzähltexten*, Frankfurt am Main/London.

FONTANE, TH. (1998): *Der Schimmelreiter: Novelle*, Anmerkungen von Hans Wagener, um Anm. erg. Aufl., Stuttgart.

FREUND, W. (1984): *Theodor Storm: Der Schimmelreiter. Glanz und Elend des Bürgers*, mit Abb., Lageplänen und Strukturskizzen, Paderborn u. a.

HILDEBRANDT, K. (1999): *Theodor Storm. Der Schimmelreiter: Interpretation*, 2., überarb. und korr. Aufl., München.

KRECH, A. (1992): *Schauererlebnis und Sinngewinn. Wirkungen des Unheimlichen in fünf Meisternovellen des 19. Jahrhunderts*, Frankfurt am Main et al.

RECKNAGEL, A. (2000): *Von der Entwicklungshilfe zum Dialog der Kulturen*, in: OVERWIEN, B. (Hg.): Lernen und Handeln im globalen Kontext. Beiträge zu Theorie und Praxis internationaler Erziehungswissenschaft. Zur Erinnerung an Wolfgang Karcher, Frankfurt am Main, S. 152–159.

CHRISTOPH WEBER (USA, Denton)

Naturkatastrophen als Faszinosum und moralische Herausforderung: Reaktionen deutschsprachiger Reisender auf das Erdebeben in Sizilien und Kalabrien von 1783

Beginnend in der zweiten Hälfte des 18. Jahrhunderts übten die aktiven Vulkane Vesuv und Ätna eine ungeheure Faszination auf die Reisenden aus. Johann Gottfried Seume (1763–1810), der beide Vulkangipfel erfolgreich bestiegen hatte, fügte in seinen Reisebericht *Spaziergang nach Syrakus im Jahre 1802* ein Gedicht ein, worin er die schreckenserregende Szenerie gigantischer Lavaströme beschrieb, welche die Bucht von Neapel mitsamt den ansässigen Bewohnern versengten. Obwohl er den Wunsch äußerte, ein solches Spektakel zu sehen, fand er sich nicht kaltherzig genug, einer solchen Katastrophe wirklich beizuwohnen (vgl. J. G. Seume 2001: 381ff.). Gemäß neueren geologischen Beobachtungen des Vesuvs antizipierte Seume dennoch einen baldigen kataklysmischen Vulkanausbruch. Die im 18. Jahrhundert ausgegrabenen antiken Städte Pompeji und Herculaneum gaben den Besuchern eindrücklich Zeugnis davon, dass die fruchtbaren und malerischen Provinzen Süditaliens erneut von zerstörerischen Naturkräften verwüstet werden könnten.

Im Folgenden werde ich die Reaktionen von Italienreisenden behandeln, die sich von einem Katastrophenereignis angezogen fühlten, das sich nicht vor langen Zeiten, sondern in der jüngsten Vergangenheit ereignet hatte. Das Hinströmen von Schaulustigen zu Krisenorten konstituiert ein Gesellschaftsphänomen, das wir heutzutage als ‚Katastrophentourismus' betiteln würden (vgl. J. J. Lennon/M. Foley 2000: 1–26). Diesem Verhalten werde ich anhand einschlägiger Reisebeschreibungen nachgehen, die im Zusammenhang mit dem im Jahr 1783 stattgefundenen Erdbeben von Sizilien und Kalabrien entstanden sind. Als eine Serie starker Beben zwischen dem 5. Februar und 28. März 1783 die sizilianische Hafenstadt Messina und 182 kalabrische Ortschaften zerstörten, Verwüstungen, die mehr als 40.000 Menschen in den Tod rissen, erregte dieses Ausnahmeereignis ähnlich wie das Lissabonner Erdbeben von 1755 europaweit große Aufregung. Renommierte Wissenschaftler wie der schottische Vulkanologe Sir William Hamilton (1730–1803) und der französische Geologe Déodat Gratet de Dolomieu (1750–1801) eilten nach Kalabrien, um dort die Auswirkungen der Erderschütterungen zu inspizieren. Hamilton und Dolomieu präsentieren, gekoppelt an die Bemerkungen über das traurige Schicksal der Katastrophenopfer, abgeklärte Untersuchungen über die natürlichen Ursachen der Erdbeben. Im Unterschied zu den ersten Meldungen, die oftmals mit wundersamen und unwahrscheinlichen Begebenheiten gespickt waren, betonten sie den Wahrheitsgehalt ihrer Berichterstattung.

Die wissenschaftlichen Abhandlungen weckten das Interesse der deutschsprachigen Gelehrten Friedrich Christian Carl Heinrich Münter (1761–1830) und Johann Heinrich Bartels (1761–1850). Bartels entschied sich 1786 nach einem nicht abgeschlossenen Theologiestudium an der Universität Göttingen, für mehrere Monate nach Süditalien zu reisen. Ein Jahr später veröffentlichte er seine Reiseerinnerungen in dem dreibändigen Werk *Briefe über Kalabrien und Sizilien*, dessen erster Band ausführlich die geologischen und gesellschaftlichen Umwälzungen in Kalabrien schildert. Sein Freund Friedrich Münter, ein an Archäologie und Naturwissenschaften interessierter Theologe, hielt sich im Jahr 1786 acht Tage in der kalabresischen Provinz auf. Sein Reisebericht *Nachrichten von Neapel und Sizilien: Auf einer Reise in den Jahren 1785–1786* erschien 1790 auf Dänisch und Deutsch in Kopenhagen.

Die Werke beider Autoren gehören dem Genre der gelehrten Reisebeschreibung des 18. Jahrhunderts an (vgl. U. Hentschel 1999: 17–25). Hervorzuheben ist, dass Münter und Bartels die Erderschütterungen keinesfalls als ein Gottesgericht deuten. Vielmehr wird das Desaster als ein gewaltiges Naturspektakel geschildert, das unglaubliche Veränderungen in der Landschaftstopographie und die Gefahr anarchistischer Zustände mit sich brachte. Tableaus und rhetorische Muster, die in traditionell-religiösen Katastrophendarstellungen Ehrfurcht vor dem höchsten Wesen einzuflößen bezweckten, werden dazu verwendet, um verbesserte Kenntnisse der Naturprozesse und eine Anleitung zu einem ethischen Verhalten während Krisenzeiten zu vermitteln. Für ihre Italienreise setzten beide Reisenden klare Zielsetzungen voraus. Münters eigentlicher Reisezweck war nicht naturwissenschaftlicher Natur, sondern lag in der Altertumsforschung und dem Auffinden koptischer Texte (vgl. F. Münter 1790: IV). Die Besichtigung der Verwüstungen in Kalabrien war nicht im Voraus geplant und folgte insofern einer spontan gefällten Absicht. Bartels hingegen machte das Katastrophengebiet zu einem wesentlichen Zielort seiner Reise. Er glaubte, dass die Erdbeben ein Ausmaß von menschlichem Leid bewirkt hatten,

von dem wir uns in den nördlichen Gegenden, wenigstens in unserm Bezirke, keinen Begriff machen können, und das, meiner Meinung nach, wenn auch gleich

nicht in seiner Intension, doch in seiner Extension alle schreklichen Naturbege-
benheiten, die wir kennen, weit hinter sich zurücklässt (J. H. Bartels 1791: 5f.).

Hinsichtlich der schrecklichen Verwüstungen beabsichtigte er, die Gründe zu
untersuchen, „durch die [der Mensch] seinen Mut aufrecht zu erhalten weis"
und die „Tätigkeit der Regierung, in dem was zum Wol der Unglüklichen
geschehen sei und noch geschehe", unparteiisch zu beurteilen (J. H. Bartels
1791: 6).

Im Januar 1786 beendete Münter seine Sizilientour in der Hafenstadt
Messina, die drei Jahre nach dem Erdbeben immer noch in Ruinen stand.
Dort stellte er fest, dass eine Weitereise nach Apulien aufgrund der schnee-
bedeckten Apenninen unmöglich war. Um die Zeit vor der Einschiffung nach
Neapel zu überbrücken, entschied er sich für eine Exkursion in die Erdbeben-
region Kalabriens: „[S]o wollte ich doch wenigstens die durch das Erdbeben
verwüsteten Gegenden besuchen, die alle nicht sehr weit vom Meere entfernt
liegen, und durch die in Calabrien eingeführte Militär=Regierung ganz sicher
zu bereisen waren" (F. Münter 1790: 495). Als Münter die Ruinen von Semi-
nara und Oppido erblickte, wurde sein Gemüt regelrecht übermannt:

Ich sah nichts als schrekliche Bilder des Todes und Verwüstungen; ich hörte
nichts als Erzählungen vom Erdbeben und dessen Würkungen. [...] So traurig die
Betrachtungen über alle das Elend waren, das dieses unglükliche Land in den
lezten Jahren gelitten hat, und so sehr sie auch die Seele zur Melancholie stim-
men musten: so sind doch noch Gegenstände genug da, die Herz und Sinnen wie-
der aufheitern können, so bald die Trümmer der eingefallenen Städte und zu-
sammengestürzten Berge einem nicht gerade in die Augen fallen. Noch jetzt ist
das Land über alle Beschreibung schön. Die Mannigfaltigkeit der Aussichten
über die grosse calabrische Ebne, und den Kranz der hohen Appenninen, die sie
umgeben, bildet eine der schönsten Gegenden in Europa. (F. Münter 1790: 530f.)

Tableaus des Schreckens treffen auf die stilisierte Schilderung der einzigarti-
gen Naturschönheit Süditaliens. Das topische Bild des Paradiesgartens, welches von dem Durchreisenden auf die kalabresische Landschaft projiziert
wird, kann nur innerhalb eines eng umspannten Blickfelds Bestand halten.
Die deprimierende Sicht auf die Erdbebenverwüstungen bedarf der Ausgren-
zung und wird durch die ästhetische Wertschätzung des fruchtbaren und
beständigen Naturhaushalts relativiert. Bezeichnenderweise empfand Münter
die in Kalabrien gewonnenen Eindrücke als den Höhepunkt seiner Italienreise: „Lehrreicher ist mir keine Zeit gewesen, als die acht Tage, die ich in diesem Lande zubrachte, das die Natur mit alle ihrem Reichthum gesegnet und
mit allen ihren Schrecken heimgesucht hat" (F. Münter 1790: 535).
   Bartels' Betrachtungen über die Erdbebenverwüstungen weisen Gemeinsamkeiten mit denjenigen von Münter auf. In den Monaten September und

Oktober 1786 besuchte er eine Mehrzahl von zerstörten Ortschaften und be-
gutachtete die durch die unglaublichen Erdstöße verursachten Landschafts-
veränderungen. Am heftigsten traf ihn der Anblick der zerstörten Handelsstadt Semiara: „[D]ie Trümmer scheinen zwekmäßig von der Natur hinge-
worfen zu sein, um den Fremden die Macht ihrer Zerstörung zu verkünden"
(J. H. Bartels 1791: 355). Bartels brachte jedoch aufgrund der zeitlichen
Unmittelbarkeit des Unglücks nicht die notwendige psycho-physische Distanz auf, um sich dem Reiz mitleidiger Melancholie hinzugeben. Statt
Katharsis oder angenehmes Grauen ergriff ihn eine gänzliche Gefühlsstarre:

Wie ich unter den Ruinen Pompeji's hinwandelte und die Gebeine der Alten aus
der Asche hervorgraben sah, fülte ich tiefes Mitleiden mit dem traurigen Schik-
sale der Einwoner: aber zu so einem Gefül, das Tränen epreßte, ward meine See-
le nicht hinab gestimmt; die Menschen, die dieß Unglük traf waren meine Zeitge-
nossen, das Unglük, was ihnen begegnete wirkte daher, je näher sie mir waren,
desto stärker auf mich, und ich fülte mich selbst, da die Erde noch immer fort im
Innern tobte, einem änlichen Schiksal unterworfen. [...] [A]lles das versezte mich
in eine gewisse Betäubung, so daß ich schweigend und starr durch die Zerstö-
rung hinritt. (J. H. Bartels 1791: 355f.)

Angesichts des unbeschreiblichen Elends rekurriert Bartels ebenfalls auf den
Topos der reichen und erfüllten Natur, welche die Schäden der zyklisch wiederkehrenden Erdbeben zu kompensieren vermag. Folgende Passage beinhaltet ferner die Referenz auf den Einfluss der mildtätigen Vorsehung:

Denken Sie sich, wenn unsre Distrikte durch änliche Erdrevolutionen heimge-
sucht würden, welch ein Elend da entstehen müßte! Bei uns ernärt das Land sei-
ne Einwoner nur, bei genauer, sorgsamer Pflege; hier auch ohne diese [...]. Oft
hab' ich bei Betrachtung dieses glüklichen Landes die Weisheit der Vorsehung
bewundern müssen, daß sie im Schooße der Gegenden, die solche Zerrüttung
nach der Einrichtung des Ganzen erdulden mußten, hinreichenden Segen ver-
schloß, um die Tränen der Einwoner zu troknen. (J. H. Bartels 1791: 341f.)

Die Reisenden orteten die eigentliche Ursache der immer noch andauernden
Misere in der fehlgeleiteten Handlungsweise der abergläubischen und rück-
ständigen Kalabresen und der ineffizienten Katastrophenhilfe der neapolita-
nischen Regierung. Mit der Verurteilung des moralischen Desasters, das sich
nach den Erderschütterungen ereignet, kommt der moraldidaktische Duktus
der Reiseberichte zur Geltung. Während Münters Betrachtungen sich in der
pauschalen Verdammung des kalabresischen Charakters erschöpfen, schlägt
Bartels eine Reihe praktischer Maßnahmen zur Abhilfe der angetroffenen
Missstände vor. Gemäß seiner optimistischen Denkweise ergibt sich aus der
Krise die einzigartige Chance, die inneren Seelenkräfte zu mobilisieren und

durch gemeinnütziges Handeln Kalabrien zu einer erneuten Größe zu verhelfen. Mit seinen *Briefen* erhoffte er sich, einen Beitrag zum gesellschaftlichen und ökonomischen Wandel Kalabriens geleistet zu haben. Jedoch zeigt sich in der fürsorglichen Hinwendung zu den Erdbebenopfern eine paternalistische Haltung, die sich anmaßt, den scheinbar ungebildeten und unaufgeklärten Süditalienern helfen zu müssen.

Abschließend lässt sich nicht behaupten, dass den Reisenden die Betrachtung fremden Leids Vergnügen bereitete. In der unmittelbaren Gegenwart des Elends vermochten sie nicht, die psychologische Distanz aufzubringen, um sich ethisch fragwürdigen Lustgefühlen hinzugeben. Dennoch bestaunten sie, fernab vom menschlichen Drangsal, die wundersam veränderten Landstriche als ein Sinnbild erhabener Kraftäußerungen. Tatsache bleibt, dass die beiden Gelehrten die Krisenregion hauptsächlich aus Neugierde bereist hatten und nicht daran interessiert waren, den Notleidenden direkte Hilfe zu leisten. Die eigentliche Absicht ihrer Berichterstattung bestand in der Belehrung und Unterhaltung der daheim gebliebenen Leserschaft. An diesem Punkt erschließt sich der eigentliche Wert der Reisebeschreibungen. Die sachlich orientierten Betrachtungen über die verheerenden Auswirkungen der Erdbebenkatastrophe können als Zeitdokumente gewertet werden, die zum faktischen bzw. demystifizierten Verständnis zerstörerischer Naturgewalten beigetragen haben (vgl. R. Vermij 2003: 243f.). Trotzdem hat es sich gezeigt, dass die irritierende Konfrontation mit dem Leid der Erdbebenopfer traditionelle Deutungsmuster ins Spiel brachte, anhand derer versucht wurde, das Ausmaß des Desasters sinnfällig zu bewältigen. Mit dem Rekurs auf das metaphysische Konzept der göttlichen Vorsehung und der platonisch-stoischen Vorstellung der erfüllten Natur, die sich dem Zugriff der empirischen Naturwissenschaften entziehen, offenbaren sich Risse in der abgeklärten Manier der Reisenden.

Bibliographie

BARTELS, J. H. (1791): *Briefe über Kalabrien und Sizilien*, T. 1: *Reise von Neapel bis Reggio in Kalabrien*, 2., verb. und verm. Aufl., Göttingen.

HENTSCHEL, U. (1999): *Studien zur Reiseliteratur am Ausgang des 18. Jahrhunderts. Autoren – Formen – Ziele*, Frankfurt a. M. (Studien zur Reiseliteratur- und Imagologieforschung 4).

LENNON, J. J. / FOLEY, M (2000): *Dark Tourism. The Attraction of Death and Disaster*, London/New York.

MÜNTER, F. (1790): *Nachrichten von Neapel und Sicilien, auf einer Reise in den Jahren 1785 und 1786*, Kopenhagen.

SEUME, J. (2001): *Spaziergang nach Syrakus im Jahre 1802*, hg. und mit einem Nachwort vers. von J. DREWS, Frankfurt a. M./Leipzig

VERMIJ, R (2003): *Erschütterung und Bewältigung. Erdbebenkatastrophen in der Frühen Neuzeit*, In: JAKUBOWSKI-TIESSEN, M. / LEHMANN, H. (Hg.): Um Himmels Willen. Religion in Katastrophenzeiten, Göttingen, S. 235–252.

SABINE WILKE (USA, Seattle)

Von Forsters „Blink of the ice" zum eisigen Helden der Moderne: Reflexionen auf eine Verschiebung des polaren Diskurses

In den heutigen Medien weltweit werden wir überschwemmt von Bildern, die die Zeichen der Polabschmelzung und des Phänomens, das allgemein als Klimawechsel bezeichnet wird, drastisch dokumentieren. Die beindruckendsten Fotos zeigen dabei nicht so sehr schmelzende Gletscher selber, sondern traurig in die Kamera blickende Eisbären, die einsam und verloren auf einer abgebrochenen Scholle im Nordmeer treiben auf der verzweifelten Suche nach Festeis, oder – die südliche Variante dieses Szenarios – eine Kolonie von Humboldtpinguinen im antarktischen Meer, die ihre jährliche Pilgerschaft zu ihrer Brutstätte antritt und dabei immer größere Entfernungen und nie gekannte Herausforderungen überwinden muss. Die Helden des zeitgenössischen polaren Diskurses sind von daher nicht so sehr die alles trotzenden Polbezwinger des ausgehenden 19. und frühen 20. Jahrhunderts, die Shackletons, die Robert Falcon Scotts, die Raoul Asmundsens oder die in ihrem Iglu und auf ihrem Kanu der Kälte trotzenden Eskimos, verkörpert in der Figur des Nanook des Nordens, sondern melancholische Figuren, die im Melodrama einer von Klimakatastrophen bedrohten Welt verzweifelt agieren. Die Funktionsweise dieser Bilder beruht, wie ich zeigen möchte, auf einer signifikanten Verschiebung des polaren Diskurses, die ich in diesem Beitrag analysieren möchte.

Reinhold und Georg Forster haben in ihren jeweiligen Reiseberichten und wissenschaftlichen Abhandlungen zur Fauna und Flora der Antarktis, die sie auf Captain Cooks zweiter Reise um die Welt 1776–1778 durchsegelten, den polaren Diskurs des späten 18. Jahrhunderts auf entscheidende Weise geprägt, indem sie von vornherein auf die Ambivalenz ihrer Erfahrungen mit diesem damals unbekannten Teil der Welt hingewiesen haben. Auf der einen Seite hat die majestätische Größe und Schönheit der antarktischen Landschaft mit ihren langsam vorbeigleitenden Eisbergen, den dramatischen Flugrouten der einheimischen Sturmvögel und der unglaublichen Bläue des Eises ihren bleibenden Eindruck hinterlassen. Auf der anderen Seite berichtet Reinhold Forster plastisch, wie er während der Durchführung von wissenschaftlichen

Experimenten mit Eis ausgesetzt auf einem kleinen Beiboot ohne Sicht auf die „Resolution" oder die „Adventure" vollkommen eingenebelt und entsetzlich frierend die Orientierung verliert und unter dem Phänomen, das er „blink of the ice" nennt (siehe R. Forster 1997: 63), leidet, wobei vor lauter weißem Umfeld weit und breit kein Horizont mehr erkennbar ist. Er leidet an dem Effekt des Horizontverlusts, wobei die diffuse Reflexion des Sonnenlichts zu einer derartigen Kontrastverringerung der Landschaft führt, dass sich im Auge des Betrachters der Horizont auflöst. Der europäische Entdecker des 18. Jahrhunderts ist somit, zumindest im antarktischen Eismeer, sehr weit entfernt davon, die Rolle des späteren eisigen Helden der Moderne zu spielen und majestätische Kontrolle über diesen Teil der Erde zu etablieren. Das Eismeer wird als ‚reine Natur' ohne Horizont, also auch ohne Referenzmöglichkeit, erfahren. Diese erschütternde Erfahrung der Unterminierung der Entdeckerperspektive noch bevor sie überhaupt eingenommen werden konnte, spiegelt sich auch in den künstlerischen Abbildungen der Polarregionen im späteren 19. Jahrhundert, beispielsweise in Sir Edwin Landseers Ölgemälde *Man Proposes, God Disposes* (1864), das zwei hungrige Eisbären zeigt, zähnefletschend die Überreste eines gestrandeten Bootes zerreißend, auf der Suche nach Futter (heutzutage undenkbar; der melancholische Eisbär der zeitgenössischen populären Kultur ist fast ein gezähmtes Haustier, dessen Blick menschliche Züge angenommen hat).

Mit der Begeisterung, die die Poleroberungen um die Wende vom 19. zum 20. Jahrhundert begleitet hat, verschiebt sich der polare Diskurs von einem der Ambivalenz zu einem der individuellen (männlichen) Errungenschaft im Kontext einer nationalen Heroik. Die eisigen Helden der Jahrhundertwende schaffen es, die Kältephantasien der Moderne in heroische Geschlechterbilder zu verwandeln. Bettine Menke (2000: 547) hat in einem grundlegenden Beitrag über den modernen Polardiskurs gezeigt, wie die Logik der Polentdeckung die unhintergehbare Sekundarität des Schreibens dramatisiert und wie die Polargebiete, in die poetische Texte immer wieder Expeditionen entsenden, zu metatextuellen Metaphern werden, durch die die Texte von sich sprechen und sich selbst modellieren. Das mag für die Logik und die Ästhetik der modernen Polarexpedition und deren literarische Relektüren zutreffen. Für die Forsters war die Semantisierung der polaren Umwelt im Zustand des Horizontverlusts keine Option. Das Argument Menkes greift zu kurz auch, wenn man es an der Weiterführung und Radikalisierung der Tradition der Moderne misst, nämlich an der Interpretation der Logik und Ästhetik von Bildern der Polabschmelzung heute und den Konsequenzen des Klimawechsels, die den heldischen Diskurs in sein Gegenteil umzukehren scheinen, denn hier wird ja nichts entdeckt, erforscht, vermessen, durchfahren, kartographiert oder sonst wie beherrscht, sondern im Gegenteil: Im zeitgenössischen Diskurs der Polabschmelzung erweist sich das Archiv der rhetorischen Figuren und Bilder des eisigen Helden als vollkommen unbrauchbar, so als entstamme es einer Welt, die schon lange nicht mehr existiert.

Hier möchte ich als eine wichtige Schaltstelle Alfred Döblins literarisches Modell der „Enteisung Grönlands" diskutieren, das weder den eisigen Helden und Polbezwinger der Moderne feiert noch den melancholischen Eisbären oder Pinguin von heute melodramatisch in Szene setzt, sondern die Beziehung von Mensch und Natur und deren gegenseitige Bezwingung literarisch gestaltet. Zwischen der Abstraktion des modernen Polardiskurses der eisigen Helden und des Melodramas der postmodernen Effekte dieses Diskurses existiert eine Möglichkeit der Literarisierung von extremen Klimaveränderungen, die die literarischen Modelle des heroischen Dramas und des Melodramas durch eine Verfahrensweise ergänzt, die episch die Dialektik von Naturschöpfung und Naturbezwingung gestaltet. Döblins *Berge, Meere und Giganten* von 1924 ist ein literarischer Text, der Berge, Meere und Giganten zu Handlungsträgern macht – parallel zum deutschen Bergfilm und dessen Perfektionierung durch Arnold Fanck, etwa in *Berg des Schicksals* (1923) mit Luis Trenker in seiner ersten Hauptrolle, oder in *Der Heilige Berg* (1926) mit Trenker und Leni Riefenstahl als Duo. In Döblins Roman werden Islands Hauptvulkane gesprengt, ihre Energie soll aufgefangen und anderweitig eingesetzt werden; Grönland wird enteist, allerdings nicht folgenlos. Die gesprengte und enteiste Natur gebiert drachenartige Untiere aus der Kreidezeit, die wiederum Europa verwüsten. Volker Klotz hat in seinem Nachwort der Ausgabe von 1977 das Handlungsgeschehen folgendermaßen charakterisiert: In Döblins prosaischem Roman gehe es darum, „wie die Menschen in sich drinnen und um sich herum Natur erleben, und wie sie darauf einwirken – aneignend, ausbeutend, umgestaltend, fördernd, zerstümmelnd. Wie sie in einer selbstbestimmten Geschichte aus Vorwärtssprüngen und Rückfällen hier der Natur erliegen, um sie dort zu besiegen" (V. Klotz 1977: 518). Hier könnte man nun einwenden, dass das doch nichts anderes sei als eine Variante des Vorgangs, den Max Horkheimer und Theodor W. Adorno als ‚Dialektik der Aufklärung' bezeichnen. Aber es geht bei Döblin um mehr als nur um Naturbeherrschung oder die Rettung des Naturschönen vor einer alles ordnenden Warenästhetik. Die Natur selbst wird zum literarischen Handlungsträger parallel zur gestalterischen Funktion der Natur im deutschen Bergfilm. Das Gestein der Berge Islands jenseits der Küstengletscher trinkt gierig die Säfte, die ihm der Schnee eingibt, die Berge werden licht und Inseln reißen auf. In Grönland handeln und empfinden die Ströme:

Die warme tropische Golfstromdrift, die den Ozean hinter sich hatte, sandt ihr Wasser herüber auf Island, umkreiste die Insel, lief an der Südspitze Grönlands vorbei. Vom Norden und Osten schwammen neben ihm, bedeckte ihn, mit Treib-

holz und Eis beladen, der Ostgrönlandstrom; der einzige Labradorstrom kam
vom Westen, vereinigte sich mit ihm.
Und plötzlich wurden sie der Turmalinschiffe, der schwimmenden Fracht
unter sich gewahr. (A. Döblin 1977: 342)

Die Ströme werden der Schiffe gewahr, die durch das Packeis auf Grönland
zufahren wie schwimmende Speicher von Energie: „Es waren keine Schiffe
mehr. Es waren Berge Wiesen. Und die Schiffe klangen. Sie klangen mit
demselben hohen Ton, den die Schleier von sich gegeben hatten, als die
Flugschwader sie von den Feuerseen Islands abzogen" (A. Döblin 1977:
346). Erstaunliche Dinge passieren, Untiere stehen auf, fliegen durch die
Luft, purpurne Tangwiesen werden immer dichter, berghohe Wesen entstehen. Es findet insgesamt eine Bewegung statt, die ich mit dem Begriff
‚Tropikalisierung' beschreiben möchte, das heißt eine rhetorische Figurie-
rung von Natur, die an die Elemente angeblicher Eigenschaften tropischer
Natur erinnert, etwa an eine permanente erotische Bereitschaft und Lust, eine
tropfende und dampfende Zeugungsfähigkeit, an eine satte Lust und Wiedergeburt. Dieser Effekt der Tropikalisierung führt zu einer Arretierung des
Prozesses der Dialektik der Aufklärung und der Beherrschung der Natur
durch den Menschen; die Verwüstung wird komplett, keine Erzeugung von
Wesen findet mehr statt, die Ungeheuer lösen sich von den Felsplatten ab,
aber die überquellenden Tiermassen sind nicht mehr Teil dieser Dialektik.
Nichts entsteht mehr. Döblins Diskurs der Polarabschmelzung radikalisiert
somit den heldischen Polardiskurs der Moderne, ohne ihn in Katastrophismus
aufzulösen. Er nimmt vielmehr Bezug, könnte man argumentieren, auf den
ambivalenten Polardiskurs der Vormoderne, indem von innen der Horizont
aufgelöst wird. Hier wird Natur zwar gesprengt, aber die Sprengung hat einen
parallelen Effekt, nämlich den der Sprengung des Archivs, aus dem der Polardiskurs der Moderne schöpft. Döblins Diskurs der Enteisung und Vulkan-
absprengung greift auf die Erfahrung der Unmöglichkeit der Semantisierung
von Natur im Zustand des Horizontverlusts zurück und denkt dieses Problem
durch die Abstraktion der Moderne hindurch, ohne sich in der Sackgasse der
Katastrophenlogik zu verirren. Das literarische Modell der Vulkanabspren-
gung Islands und der Enteisung Grönlands feiert weder den brillanten Ingeni-
eur als Polbezwinger noch schreibt es melancholische Charakteristika den
herumstreifenden, heimatlosen Untieren zu. Döblin entlässt uns stattdessen
mit zwei widersprüchlichen Gedanken, ohne diese Widersprüchlichkeit aufzulösen. Einmal der Neuanfang, Atlantis: „In großer Ruhe stieg Grönland,
das Erdmassiv, das vom Pol in das Atlantische Meer ragte, auf. Stieg wie ein
Korken auf, der tief in das Wasser gedrückt ist und den der Finger losläßt"
(A. Döblin 1977: 393). Gleichzeitig die Gegenbewegung: „Die Welt um
Grönland, als wollte sie das Feuer löschen, wucherte in die Flammenzone

ein" (A. Döblin 1977: 393). Das Resultat ist eine tropische Insel, „kaum mehr Land, das dalag und Wesen erzeugte" (A Döblin 1977: 398).

Bibliographie

ARNOLD, D. (2006): *The Tropics and the Travelling Gaze: India, Landscape, and Science, 1800–1856*, Reprint, Seattle.

DÖBLIN, A. (1977): *Berge, Meere und Giganten*, Freiburg i. B.

FORSTER, G. (1967): *Reise um die Welt*, hg. und mit einem Nachwort von G. STEINER, Frankfurt a. M.

FORSTER, J. R. (1996): *Observations Made During a Voyage Round the World*, ed. by N. THOMAS et al. with a linguistics appendix by K. H. RENSCH, Honolulu.

HORKHEIMER, M. / ADORNO, T. (1969): *Dialektik der Aufklärung*. Frankfurt a. M.

KLOTZ, V. (1977): *„Nachwort"*, in: DÖBLIN, A.: *Berge, Meere und Giganten*, Freiburg i. B., S. 513–539.

MENKE, B. (2000): *Die Polargebiete der Bibliothek: Über eine metapoetische Metapher*, in: *Deutsche Vierteljahresschrift für Literatur und Geistesgeschichte* 74, S. 545–599.

THOMAS BORGARD (Schweiz, Bern)

Skizze zu einer Wissensgeschichte naturhafter Kontingenz im Ausgang von Döblins *Berge, Meere und Giganten* und der Heterogonie der Zwecke

Der Terminus „Heterogonie der Zwecke" taucht zum ersten Mal auf in den völkerpsychologischen Schriften Wilhelm Wundts (vgl. W. Wundt 1912a: 284ff.; 1912b: 58f.), und er wird an prominenter Stelle auch von dem Historiker Reinhart Koselleck verwendet: in der berühmten Untersuchung *Kritik und Krise. Eine Studie zur Pathogenese der bürgerlichen Welt.*[1] Die Heterogonie der Zwecke besagt, dass das Endresultat die *unbeabsichtigte* Folge eines Aggregats von intentionalen Handlungsverläufen ist. Abstrakt formuliert lautet das Prinzip: Wegen der sich dynamisch verhaltenden Teile des Ganzen ist dieses Ganze nicht als einfache Summe seiner Teile zu bestimmen. Ein typisches Beispiel sind die sogenannten anthropogenen Treibhauseffekte.

Vor dem skizzierten Hintergrund ist eine universalgeschichtliche These zu entwickeln, der eine Leitfunktion zukommen könnte für eine neuartige Art Literaturgeschichtsschreibung. Gegenüber der Vergegenwärtigung möglicher Gefahren und Riskanzen sind menschliche Gesellschaften bemüht, ihre mit der Vorausschau einhergehenden Ängste zu mildern und für ihren *Status quo* Berechenbarkeitsgarantien abzugeben. Der Effekt scheint sich in den hochmobilen und technisierten Gesellschaften des 20. Jahrhundert zu verstärken. Mit der wachsenden Kenntnis einzelner Zusammenhänge scheinen sich hier langfristige Überlegungen zu verflüchtigen (vgl. P. Kondylis 1999: 6f., 46f.). Und die Spannung zwischen diffusem Krisenbewusstsein und Selbstimmunisierung gegenüber Kontingenz führt zu Friktionen: zwischen Identitäts- und Sinnstiftung bzw. Sozialstruktur und sozialer Semantik. Mehr oder weniger elaborierte Konzepte versuchen gleichzeitig, die durch die Tendenz zur kontrafaktischen Stabilisierung (vgl. N. Luhmann 2009: 53f.) entstandene Erkenntnislücke zu füllen. Sie stellen sich in Konkurrenz zu linearen Projektionen und formalen Schließungen. Literatursprachlichen Verfahren kommt in diesem Vorgang eine Schlüsselrolle zu. Denn wenn Nicht-Wissen eine Folge

---

[1] Vgl. R. Koselleck 1973: X: „Die Heterogonie der Zwecke ist [...] eine zeitliche Bestimmung des Politischen, die von keiner Utopie überholt werden kann."

der Heterogonie der Zwecke ist – und mithin Ausdruck zeitlicher Unbe-
stimmtheit, dann entsprechen ihr strukturell die Ironie, die Metapher und
modale Narrationen. Darüber hinaus kommt es zur Problematisierung psy-
chologischer Erzählweisen. Zu nennen wären beispielhaft Alfred Döblins
1924 veröffentlichter Roman *Berge Meere und Giganten*, Hermann Brochs
Schlafwandler-Trilogie und Heimito von Doderers *Die Merowinger oder Die
totale Familie*. Alle drei genannten Autoren arbeiten sich ab an vier schema-
tisch zu identifizierenden Aspekten des inhärent paradoxen Modernisie-
rungsprozesses. Zu nennen sind mit Rosa (2005: 108): (1.) Die soziale Desintegration als paradoxe Kehrseite der Differenzierung; (2.) die Erosion der
Sinnressourcen als paradoxe Kehrseite der Rationalisierung; (3.) Vermassung
als paradoxe Kehrseite der Individualisierung und (4.) die Zerstörung der
Natur als paradoxe Kehrseite ihrer Domestizierung.

Die Überlegungen sind im Folgenden exemplarisch auf Döblins *Berge
Meere und Giganten* zu konzentrieren. In diesem bedeutenden literarischen
Text der Zwischenkriegszeit finden sich Aussagen zu einer Problemlage,
welche die europäisch-amerikanische *Postmoderne* der 1970er bis 1990er
Jahre sozialtheoretisch ausblendet. Die Lage der Dinge deutet Döblin noch
vollkommen anders als Fukuyama: Die systemische Ausdifferenzierung fügt
sich nicht zu einem *Happy End* der Geschichte (vgl. F. Fukuyama 1992);
sondern mit ihr und der Ausweitung technischer Umweltzugriffe erhöht sich
die Gefahr, dass die Handlungssumme ein irrationales Gesamtergebnis zeitigt: „Sie kämpften entsetzt mit der Technik, die über sie hergewachsen war",
heißt es zu Beginn von *Berge Meere und Giganten* (Döblin 2006: 23). Mit
der Zahl der Optionen erhöht sich der Entscheidungsdruck: „Die Besitzer der
Werke [...] entwickelten für Aufsicht, Berechnung eine ungeheure [...] Bürokratie" (Döblin 2006: 22f.). Doch wirkliche Berechenbarkeit ist nur da
gegeben, wo die Zeit tatsächlich und buchstäblich stillsteht: „Aufhören der
Geschichte, Sicherheit der Art Mensch" (Döblin 2006: 78).[2]

Bekanntlich plädierte Döblin in seinem *Berliner Programm* für einen
„steinernen Stil" oder „Kinostil", indem er erklärte: „man erzählt nicht, sondern baut" (Th. Borgard 2008: 145). In der zeitgleich mit *Berge Meere und
Giganten* erscheinenden Erzählung *Die beiden Freundinnen und ihr Giftmord*
lenkt Döblin die Aufmerksamkeit auf das Problem der Inkongruenz von sub-
jektiv gemeintem Sinn und Ereignis: „Es hat sich so ereignet; auch die Akteure glauben es. Aber es hat sich auch nicht so ereignet" (Th. Borgard
2008: 140). An dieser Stelle werden die Verhältnisse zwischen Individu-

---

2   Vgl. Thomas Borgard: *Alfred Döblins literarische Produktion der 1920er Jahre
     im Rahmen des soziologischen Theorie- und Wissenswandels*. In: Jahrbuch für In-
     ternationale Germanistik. Reihe A, Bd. 95 (2008), hg. v. Sabina Becker u. Robert
     Krause, S. 125–148.

alpsychologie und dem Studium kollektiver Verhaltensweisen verunsichert. In einem Brief an Otto Crusius richtet sich Max Weber vor dem Hintergrund der deutschen Niederlage von 1918 gegen „geistige Narkotika jeder Art" und den „Expressionismus". Stattdessen plädiert er für die nüchterne Haltung des Intellektuellen. Er bezeichnet diese mit dem Wort „Sachlichkeit", die in den 1920er Jahren über die engere ästhetische Bedeutung hinaus zum Ausdruck einer Lebenshaltung wird, aber auch zu einem methodischen Prinzip moderner Sozialwissenschaft (vgl. M. Weber 2000: 47).

Was folgt aus diesen Klarstellungen für die literarischen Autoren und ihre nachexpressionistischen poetischen Entwürfe? Will man der Paradoxie der Wirkung gegenüber dem Wollen näherkommen, dann rücken Fragen in den Vordergrund, die sich für Döblins *Berge Meere und Giganten* in vier Punkten zusammenfassen lassen: (1.) Das Problem der Totalität, resultierend aus der Verflechtung von Konstruktion und Destruktion; (2.) die Zurückdrängung der auktorialen Erzählinstanz; (3.) der Bruch mit den linearen bzw. syntagmatischen Spracheigenschaften in Verbindung mit der Aufwertung parataktischer Reihungen; (4.) das Verbot, die durch die Parataxen entstehenden Lücken durch die Psychologisierung des Mythos aufzufüllen, wie dies für den Erzählstil Thomas Manns charakteristisch ist, zu denken ist hier vor allem an die *Joseph*-Romane (vgl. S. Kyora 2007: 267f.). Im Gegensatz zu Mann, der die Parataxe als Mangel empfindet, den er mit seiner Darstellung beheben kann, nützt sich die literarische Darstellungsform in *Berge Meere und Giganten* gewissermaßen selbst ab.[3] Das hypotaktische Gefüge wird aufgelöst und zugleich fällt das epische Darstellungsprinzip ein Verdikt über den Psychologismus. In seinen *Bemerkungen zu Berge Meere und Giganten* schreibt Döblin:

Ich bin ein Feind des Persönlichen. Es ist nichts als Schwindel und Lyrik damit. Zum Epischen taugen Einzelpersonen und ihre sogenannten Schicksale nicht. Hier werden sie Stimmen der Masse, die die eigentliche wie natürliche epische Person ist. (A. Döblin 1963: 352)

Bei dem Text handelt es sich vordergründig um einen utopisch-phantastischen Roman. Um die Wirkung der Heterogonie der Zwecke eindrucksvoll zu darzustellen, benötigt die Darstellung ausgedehnte Raum- und Zeithorizonte. In den Vorskizzen zu seinem Romanprojekt notiert Döblin die Hauptthemen: *Die große Stadt, Aufbau der Industrie, Der Kampf der Natur mit der Technik* und *Die Entfremdung der Menschen von den Naturgewalten* (A. Döblin 2006: 654). Alle Themen werden auf der Metaebene zusammengehalten durch die Anwendung eines chemisch begründeten Gestaltprinzips.

---

3   Vgl. die sehr guten Analysen von E. Kleinschmidt 1992.

Bevorzugte Goethe das Prinzip der Wahlverwandtschaft, so fungiert bei Döblin die sogenannte übersättigte Lösung. Sie findet in der Theorie der sogenannten Kristalloblastese Anwendung. Hier lässt sich zeigen, wie aus einer Lösung, Schmelze oder einem amorphen Festkörper durch Kristallwachstum unter Freigabe von Wärme sowie unter den Bedingungen von Übersättigung ein sich verhärtendes Gefüge entsteht. Der Prozess kann nochmals beschleunigt werden durch Hinzufügung von Impfkristallen, die in der übersättigten Lösung weiterwachsen (vgl. A. Döblin 1986: 391). Das Konzept der ‚übersättigten Lösung' findet in *Berge Meere und Giganten* Anwendung sowohl auf die Natur als auch auf die sozialen Phänomene. Durch den Kunstgriff gelingt es Döblin, ihre sowohl beweglichen als auch plastischen Eigenschaften zu betonen, wie sie sich aus der kulturellen Hybridisierung und ihren paradoxen Effekten ergeben. So lagern sich in der von Migrationsströmen geprägten Welt des Textes um die Städte zivilisationskritisch denkende und agierende Siedlerkommunen; infolge der Gleichzeitigkeit der heterogenen Elemente kommt es bald zu einer Destabilisierung der politischen Machtstrukturen, zu Krieg und Bürgerkrieg. Futuristisch-technische Großprojekte wie die Enteisung Grönlands scheitern grandios, vor allem durch die ungewollt ausgelösten gewaltigen Naturkatastrophen. In Laborexperimenten produziert der im Roman ausgebreitete metamorphotische Ideenkosmos einen monströsen Überschuss an Kontingenz. Es kommt zu einer Passage, in der das leitende chemische Prinzip der ‚übersättigten Lösung' direkt benannt wird:

> *Das waren Köpfe Schädel, deren Kiefer Beine geworden waren, der Rachen ein Darm, die Augenlöcher Münder. Rippen rollten sich als Würmer. Um eine Wirbelsäule strömte zusammen die lebendige Erde, befestigte sich. Es war als wenn ein Adergeflecht nach allen Seiten ausschoß von den Knochenresten, als wären sie Kristalle, Keimpunkte in der übersättigten Lösung.* (A. Döblin 1924: 488)

Die hier parataktisch dargestellte überbordende Riskanz zeigt: Technische Zugriffe erzeugen keine emergente Ordnung, sondern dienen zunächst der Steigerung von Selbsterhaltungs- und Machtsteigerungsbedürfnissen. Diesen ist aber nur eine vorübergehende Festigkeit beschieden, da sie niemals vollständige Kontrolle über die dynamische Entfaltung des nicht-intendierten Sinns erlangen.

Bibliographie

BORGARD, T. (2008): *Alfred Döblins literarische Produktion der 1920er Jahre im Rahmen des soziologischen Theorie- und Wissenswandels*, in: BECKER, S. / KRAUSE, R. (Hg.): Internationales Alfred-Döblin-Kolloquium Emmendingen 2007: ‚Tatsachenphantasie'. Alfred Döblins Poetik des Wissens im Kontext der Moderne, Bern et al. (= Jahrbuch für Internationale Germanistik, Reihe A, B. 95), S. 125–148.

DÖBLIN, A. (1963): *Bemerkungen zu Berge Meere und Giganten*, in: DÖBLIN, A.: Aufsätze zur Literatur, hg. von W. MUSCHG, Olten/Freiburg i. Br., S. 345–356.

DÖBLIN, A. (1986): *Schriften zu Leben und Werk*, hg. von E. KLEINSCHMIDT, Olten.

DÖBLIN, A. (2006): *Berge Meere und Giganten* [1924], hg. von G. SANDER, Neuausg. Düsseldorf.

FUKUYAMA, F. (1992): *The End of History and the Last Man*, New York.

KLEINSCHMIDT, E. (1992): *Gleitende Sprache. Sprachbewußtsein und Poetik in der literarischen Moderne*, München.

KONDYLIS, P. (1999): *Das Politische und der Mensch. Soziale Beziehung, Verstehen, Rationalität*, Aus dem Nachlass hg. von F. Horst, Berlin.

KOSELLECK, R. (1973): *Kritik und Krise. Eine Studie zur Pathogenese der bürgerlichen Welt* [1959]. Frankfurt a. M.

KYORA, S. (2007): *Eine Poetik der Moderne. Zu den Strukturen modernen Erzählens*, Würzburg.

LUHMANN, N. (2009): *Soziologische Aufklärung 1. Aufsätze zur Theorie sozialer Systeme* [1970], 8. Aufl. Wiesbaden.

ROSA, H. (2005): *Beschleunigung. Die Veränderung der Zeitstruktur in der Moderne*, Frankfurt a. M.

WEBER, M. (2000): *Brief an Otto Crusius* (24. Nov. 1918), In: BECKER, S.: *Neue Sachlichkeit*, B. 2: *Quellen und Dokumente*. Köln et al.

WUNDT, W. (1912a): *Ethik. Eine Untersuchung der Tatsachen und Gesetze des sittlichen Lebens* [1886], B. 1: *Die Tatsachen des sittlichen Lebens*, 4. umgearb. Aufl. Stuttgart.

WUNDT, W. (1912b): *Ethik. Eine Untersuchung der Tatsachen und Gesetze des sittlichen Lebens* [1886], B. 2: *Die Entwicklung der sittlichen Weltanschauungen*, 4. umgearb. Aufl. Stuttgart.

III

Apokalyptische Bilder
– Zivilisations- und Technikkritik

KATHARINA GERSTENBERGER (USA, Cincinnati)

Kleinschreibung einer Katastrophe:
Josef Haslingers Tsunami-Bericht

„Katastrophen kennt allein der Mensch, sofern er sie überlebt." Dieser oft zitierte Satz von Max Frisch aus seiner 1979 veröffentlichten Erzählung *Der Mensch erscheint im Holozän* (M. Frisch 1981: 103) verweist darauf, dass Katastrophen erst durch den Beobachter und Überlebenden zu solchen werden. Katastrophen verlangen nach Deutung und Verarbeitung und sind insofern immer auch eine Frage von Kultur. In der neueren Forschungsliteratur werden Verarbeitung und Sinnstiftung vielfach im transkulturellen oder historischen Vergleich untersucht. Ein Ergebnis ist die Feststellung, wie oft religiöse Interpretationsmuster und Sprachbilder auch im zeitgenössischen Katastrophendiskurs aufgerufen werden. Dies zeigt sich zum Beispiel in einem Beitrag des Soziologen Harald Welzer in der Zeitschrift *Literaturen*, die dem Thema ‚Apokalypse Jetzt' gewidmet ist: „Die [...] Apokalypse ist kein Weltenbrand, keine Sintflut, kein Höllenfeuer. Sie ist nicht einmal ein Unfall. Sie ist bloß, was geschieht, einfach so" (H. Welzer 2010: 40). Welzers Beitrag ist nicht nur eine scharfe Kritik an der menschlichen Unfähigkeit, die kommende Klima-Katastrophe aufzuhalten, sondern vor allem am Unvermögen, die Katastrophe überhaupt als solche zu erkennen. Dies führt er zurück auf den Verlust des Religiösen, denn, so Welzer, es gibt kein säkulares Äquivalent für „das Unglück, das Scheitern, das Teuflische" (H. Welzer 2010: 40). Der Annahme einer vollendeten Säkularisierung widerspricht der Schweizer Historiker François Walter in seiner *Kulturgeschichte* der Katastrophe, in welcher er unter anderem das „diffuse Fortbestehen des Heiligen" in der zeitgenössischen Katastrophenverarbeitung nachweist (F. Walter 2010: 204). Walter, dem es als Historiker vor allem darum geht, die Entwicklung von Erklärungs- und Deutungsmustern über längere Zeiträume hinweg zu verstehen, argumentiert damit gegen die oft geäußerte Annahme von einer Entzauberung der modernen Welt und fordert Analysen, die der Vermischung von säkularisierten Reaktionen auf Desaster mit religiös-moralischen Verarbeitungsmustern Rechnung tragen. Beide sind sich darin einig, dass es derzeit zur Bewertung von Umweltgefahren keine Instrumentarien gibt, die weder mit „Apokalypse-Blindheit" geschlagen sind (H. Welzer 2010: 40, Begriff von Günter Anders) noch auf einer „messianischen Zukunftsvision" beruhen

(F. Walter 2010: 285). Beide Ansätze bedienen sich somit einer religiösen Bildlichkeit, die sich im übrigen auch in Max Frischs *Holozän* findet. Frischs Hauptfigur, ein wissenschaftsbesessener Witwer und Opfer eines Schlaganfalls, dessen Hang, die Welt in griffige Formeln zu pressen, Sätzen wie „Katastrophen kennt allein der Mensch" einen trivialen Beigeschmack versetzt, versucht die durch Dauerregen ausgelösten Erdrutsche in seinem Tessiner Tal zu normalisieren, indem er vorgibt, nicht „an Sintflut" zu glauben (M. Frisch 1981: 26). Die ambivalente Bedeutung von Religion in der zeitgenössischen Katastrophenerfahrung wird im Folgenden am Beispiel von Josef Haslingers *phi phi island. Ein Bericht* (2007) gezeigt.

Haslingers Text, in dem der österreichische Autor beschreibt wie er mit seiner Frau und seinen beiden fast erwachsenen Kindern den Tsunami vom 26. Dezember 2004 auf einer thailändischen Insel erlebt und überlebt, ist eine Auseinandersetzung mit dem Konflikt zwischen dem modernen ‚Wissen' von der Sinnlosigkeit von Katastrophen einerseits und der Notwendigkeit diese zu verarbeiten andererseits. Obwohl transzendentale Interpretationen für Haslinger ihre Tragfähigkeit verloren haben, spielt die Frage von Religion in seinem *Bericht* eine bedeutende Rolle.

Für Haslinger, der vor allem durch seine Romane *Opernball* und *Das Vaterspiel* bekannt geworden ist, stellt sich die Frage nach dem Umgang mit der Katastrophe zunächst als psychologisches Problem. Nach seiner Rückkehr nach Wien ist er nicht in der Lage, seiner Arbeit als Schriftsteller nachzugehen. Alle literarischen Figuren, die er zu entwickeln versucht, so scheint es ihm, dienen dem Zweck der Tsunami-Verarbeitung, also „das zu erledigen, was in wirklichkeit ich selbst zu erledigen hatte" (J. Haslinger 2007a: 6). Ausgang und Auslöser für diesen Text, der mit seiner literarischen Sprache und Erzählperspektive über die im Untertitel angegebene Genrebezeichnung ‚Bericht' weit hinaus geht, ist die Selbstdiagnose eines Traumas, das nach Bewältigung verlangt. Haslinger greift damit auf ein freudianisches Deutungsmuster (S. Freud 1970: 10) zurück, wonach traumatische Ereignisse durch ‚Reminiszenzen', Träume oder eben durch literarische Figuren, die sich der Kontrolle des Autors entziehen, ihr Vorhandensein einklagen und den Betroffenen zwingen, sich ihnen zu widmen. Haslinger fügt diesem Ansatz ein Element der neueren Traumaforschung aus der Arbeit mit Holocaustüberlebenden hinzu, wenn er feststellen muss, kein Glück empfinden zu können darüber, dass seine ganze Familie der statistischen Wahrscheinlichkeit zum Trotz überlebt hat (J. Haslinger 2007a: 7). Während Kleists Jeronimo Rugera in *Das Erdbeben in Chili* Gott dankt und weint „vor Lust, daß er sich des lieblichen Lebens [...] noch erfreue" (H. v. Kleist 1980: 122), sind die Tränen, die sich Haslinger in die Augen „drückten" (J. Haslinger 2007a: 7), Ausdruck eines Überlebens, das allein dem Zufall geschuldet ist. Die Erinnerung an die Katastrophe ist „vor allem eine erinnerung an den schrecken" (J. Haslinger 2007a: 8). Haslingers Unfähigkeit zur Freude ist nicht nur eine individuelle Reaktion, sondern auch eine Auseinandersetzung mit dem zeitgenössischen Katastrophendiskurs.

Haslinger beginnt seinen 200-seitigen Bericht mit der Frage, ob er dieses Buch überhaupt schreiben soll. Es geht ihm dabei nicht um die grundsätzliche Darstellbarkeit einer Katastrophe als vielmehr um Zweck und Beschaffenheit eines Textes über eine Katastrophe. Die Entscheidung für den Bericht geht einher mit dem Entschluss, ein Jahr nach der Flut ein zweites Mal auf die thailändische Insel zu fahren, um sich von der Lage dort ein Bild zu machen und um das, was ihm und seiner Familie dort geschehen ist, nachzuvollziehen. Auch dieses Vorgehen erinnert an Freuds Annahme, dass der Ursprung des Traumas erinnert und rekonstruiert werden muss, wenn eine Heilung erzielt werden soll, allerdings mit dem Unterschied, dass der Autor hier als sein eigener Arzt auftritt. Die zweite Reise wird im grammatischen Präsens erzählt, die erste Reise und der Einbruch der Katastrophe in die Urlaubsidylle in der Vergangenheitsform. Die Zeitebenen und die Erzählperspektive wechseln oft von einem Abschnitt zum nächsten, wodurch zum einen ein ‚Vorher-nachher'-Effekt erzielt wird, zum anderen die Desorientierung der Flutopfer und die Grenzen der Rekonstruierbarkeit eines solchen Ereignisses deutlich werden. So wird die Beschreibung der Anreise und des ersten Tages auf phi phi island – Weihnachten – unterbrochen von Darstellungen der Katastrophe. Die Filmaufnahme, die Haslinger zufällig von einem Mann macht, der kurz darauf in der Flut stirbt, wird zum memento mori (J. Haslinger 2007a: 24, 35, 109). Der Kommentar „ich weiß nicht, was mich bewog, dieses bewegungs-los schlafende gesicht so ausführlich zu filmen" (J. Haslinger 2007a: 24) ist Ausdruck einer Vorahnung und eines Grauens, das, anders als im Katastro-phenfilm, nicht durch die Zuschauerperspektive ‚angenehm' gemacht wird.

In einem Interview mit der *Welt* hat Haslinger über sein Tsunami-Buch erklärt, dass er in einem „Wunderglauben" erzogen sei, zu dem er nicht zu-rückkehren wolle (J. Haslinger 2007b). Dennoch ist Religion keineswegs abwesend in seinem Bericht. So „spielt" (J. Haslinger 2007a: 31) beispiels-weise die Familie Haslinger auf phi phi island Weihnachten, indem sie Lieder singt vor einem von zu Hause mitgebrachten künstlichen Baumes. Die Selbstironie, mit der das Weihnachtsritual durchgeführt wird, schafft Distanz von dessen religiöser Bedeutung, aber bestätigt zugleich den säkularen Zweck des Festes, nämlich die Festigung der Familienzusammengehörigkeit. „Im Zeichen der zerstörerischen und traumatisierenden Naturkatastrophe wird sich auch der Mensch der westlichen Moderne dem Bedürfnis nach Religion oder Glaube als einem existentiellen Bedürfnis bewusst", resümiert die Kulturwissenschaftlerin Urte Frömming in ihrer vergleichenden Studie über den kulturellen Umgang mit Vulkanausbrüchen in Indonesien und in Island (U. Frömming 2006: 180). Religiöse Sprache und Bilder spielen in

Haslingers Bericht eine wichtige Rolle, gerade weil die Unfähigkeit, in der Religion eine Erklärung für die Katastrophe zu finden, zum Problem wird. So spricht Haslinger beispielsweise über „das große gericht" (J. Haslinger 2007a: 10), das keinen „gerechtigkeitssinn" hatte, wenn er beschreibt, wie die Überlebenden die Toten zusammentragen. Am Ende der Erzählung berichtet er von einer Marienmedaille, die ihm seine Mutter vor Jahren als Schutzbringer gegeben hat, verrostet aber für den Besitzer sofort erkenntlich unter den im Hoteltresor enthaltenen Gegenständen, die der Familie aus Thailand zurückgeschickt wurden (J. Haslinger 2007a: 200). Die Medaille, die Haslinger erwähnt, um zugleich ihre Wirksamkeit zu verneinen, ist ein Beispiel für das von François Walter konstatierte „diffuse Fortbestehen des Heiligen" (F. Walter 2010: 204), das auch in Haslingers Beschreibung der Katastrophe Ausdruck findet. Der Standort des ehemaligen Hotels, den Haslinger und seine Frau während der zweiten Reise täglich aufsuchen, wird zum „pilgerziel" (J. Haslinger 2007a: 130), also zu einem Ort mit religiöser Bedeutung. Obwohl Haslinger diesen und ähnliche Begriffe mit einer gewissen Ironie benutzt, deutet ihre Verwendung auf das, was Walter unter Verweis auf die Religionssoziologin Danièle Hervieu-Léger als die „Präsenz des Heiligen" beschrieben hat (F. Walter 2010: 209). Das Heilige schließt nach Hervieu-Légers Definition all das ein, was mit Sinnstiftung zu tun hat, auch in Gesellschaften, in denen religiöse Erklärungsmuster ihre Bedeutung verloren haben. Das Bedürfnis, in der Katastrophe einen Sinn zu erkennen, ist ein Hauptanliegen des Textes und die Verwendung religiöser Bilder ein Verweis darauf, dass in diesem Bereich zumindest in der Vergangenheit Sinn angeboten wurde. Auch die moderne Kultur, so Walter, überlässt „auf der Suche nach dem Sinn den spirituellen Referenzen ein weites Feld" (F. Walter 2010: 294).

Die Vorstellung von tropischen Inseln als Paradiese jenseits des zerstörerischen Einflusses von Zivilisation gehört seit dem 19. Jahrhundert zum Kanon eines christlich inspirierten westlichen Denkens. Nicht ganz überraschend heißt ein Foto-Dokumentationsband, in dem Haslinger auch ein Bild von sich selbst entdeckt, *phi phi island – a paradise lost* (J. Haslinger 2007a: 51). Zur Unterstützung des Wiederaufbaus wurden T-Shirts mit der Aufschrift „return to paradise" verkauft (J. Haslinger 2007a: 54). In seiner Darstellung der Flut verkehrt Haslinger das Bild vom Paradies als Alternative zur Zivilisation in sein Gegenteil: „ich wurde aus einem strudel aus schlamm und müll fortgerissen [...] andauernd wurde ich von irgendwelchen trümmern getroffen" (J. Haslinger 2007a: 79). Der Müll, den Haslinger immer wieder erwähnt und der noch ein Jahr später in Haufen auf der Insel liegt, hat auch eine symbolische Bedeutung, die auf den Einfluss des Menschen verweist und seine Zerstörung des Paradieses. Haslingers Bericht bestätigt eine Schlussfolgerung des Historikers Jens Ivo Engels, wonach Naturkatastrophen eine „neue Moralität" erhalten insofern, als der Mensch nun „als Zerstörer und als Gegner seiner selbst" auftritt (J. Engels 2003: 142). „das hotel, dessen erdgeschoss zur gänze verwüstet worden war, hat sein paradiesisches leben wieder aufgenommen" (J. Haslinger 2007a: 16), schreibt Haslinger. Auch hier verschuldet der Mensch das Desaster selbst, indem er aus finanzieller Gier an der falschen Stelle baut – nämlich im Paradies.

Die Katastrophe führt nicht zu einer Rückkehr zur Religion, obwohl Haslinger in einem Interview gesagt hat, er sei sich durch den Tsunami seiner Sterblichkeit bewusster geworden (J. Haslinger 2007b). Die Kleinschreibung des Textes, zu der sich der Autor entschlossen hat aufgrund einer bei der Überflutung erlittenen Handverletzung, ist nicht nur körperlicher, sondern auch ästhetischer Ausdruck des Erlebten. Der moderne Mensch, anders als Kleists Jeronimo, muss mit seiner Unfähigkeit, Gott danken zu können, leben.

Bibliographie

ENGELS, J. I. (2003): *Vom Subjekt zum Objekt. Naturbild und Naturkatastrophen in der Geschichte der Bundesrepublik Deutschland*, In: GROH, D. et al. (Hg.): Naturkatastrophen. Beiträge zu ihrer Deutung, Wahrnehmung und Darstellung in Text und Bild von der Antike bis ins 20. Jahrhundert, Tübingen, S. 119–141.

FREUD, S. (1970): *Studien über Hysterie*, Frankfurt a. M.

FRISCH, M. (1981): *Der Mensch erscheint im Holozän. Eine Erzählung*, Frankfurt a. M.

FRÖMMING, U. U. (2006): *Naturkatastrophen. Kulturelle Deutung und Verarbeitung*, Frankfurt a. M./New York.

HASLINGER, J. (2007a): *Phi Phi Island. Ein Bericht*, Frankfurt a. M.

HASLINGER, J. (2007b): *Wie ich den Tsunami überlebte*, In: *Die Welt*, 13. März, H. 61, Reportagen, S. 10.

KLEIST, H. v. (1980): *Das Erdbeben in Chili*, In: *Sämtliche Erzählungen*, München, S. 120–132.

WELZER, H. (2010): *Uns geht es gut*, In: *Literaturen*, H. 3, S. 35–40.

WALTER, F. (2010): *Katastrophen. Eine Kulturgeschichte vom 16. bis ins 21. Jahrhundert*, aus dem Französischen übers. von D. BUTZ-STRIEBEL und T. LEJOLY, Stuttgart.

ŠTĚPÁN ZBYTOVSKÝ (Tschechien, Praha)

Naturgewalt und Naturkatastrophen
im Frühwerk Arno Schmidts

Seit drei Jahrzehnten wurden Katastrophendarstellungen in Arno Schmidts
Frühwerk als Vorboten der Literatur der nuklearen und ökologischen Apokalypse erkannt und im ökokritischen Kontext kommentiert (H. Gnüg 1982,
J. Drews 1986, P. C. Mayer-Tasch 1987, A. Goodbody 2006). Bevor hier auf
Funktion und Verhältnis von Natur- und Geschichtskatastrophen in Schmidts
früher Prosa eingegangen wird, sei an die augenfälligsten Desasterbilder
erinnert.

Schmidts Debüterzählung *Leviathan oder Die beste der Welten* (1946)
schildert eine scheiternde Flucht vor der Ostfront. Eine bunte Flüchtlings-
gruppe im Bahnwagen wird vom Toben der Front schließlich heimgesucht,
wobei das Kriegsdesaster mit naturalisierender und fast mythisierender Bildlichkeit amalgamiert wird; meist in kaum differenzierbarer Einheit: „einmal
schütterte es, als breche ein Berg zusammen (und Brausen von gurgelnden
Wassern)" (A. Schmidt 1987b: 52). Das rasende Kriegsgeschehen wird im
gesamten Handlungsverlauf von entsprechender Naturdynamik (Schneefall,
Nebel, Kälte) begleitet; auch hierbei ist der semantische ‚Mehrwert' der Na-
turschilderung evident: „Eisiger Nebel wallt auf, schluchthoch. (Hel, die
Wasserhölle.)" (ebd. 53) Besondere Bedeutung hat freilich die diskursiv
eingebrachte kosmologische Spekulation, die des Weiteren noch besprochen
wird.

Für unsere Themenstellung ist ferner die Trilogie *Nobodaddy's Kinder*
relevant. Der der Handlungszeit nach als erster Teil konzipierte Prosatext *Aus
dem Leben eines Fauns* (1953) schildert die Fluchtwege des Beamten Heinrich Düring aus dem verhassten Kleinbürgermilieu während der NS-Zeit. Die
Schlusspassagen bieten eine expressive Darstellung des nächtlichen Luftan-
griffs auf eine nahe Munitionsfabrik, der die ganze Gegend verwüstet und
deutliche apokalyptische Züge gewinnt. Zerstörungsbilder sind hier wiederum mit zahlreichen mythologischen Allusionen ausgestattet, Motive natürlicher Extremereignisse treten noch deutlicher hervor: in der Darstellung der
Naturzerstörung selbst sowie als Metaphern des Bombardements. Alle Mo-
tivbündel zerschmelzen schließlich in eine schauerlich groteske Phantasmagorie der Zerstörung, die selbst personifiziert wird: „Die Nachtze klatschte in

die donnernden Fäuste [...] Feuerkünste spielten überall gottvergessen und Funkenfontänen geyserten." (A. Schmidt 1987a: 380, 382)

Anders als in diesen Texten, in die Naturdesaster als Folge und zugleich als bildlicher Ausdruck der erlebten Kriegskatastrophe Eingang fanden, begegnet man in den Kurzromanen *Schwarze Spiegel* (konzipiert seit 1945, ersch. 1951), *Die Gelehrtenrepublik* (1957) und *KAFF auch Mare Crisium* (1960) der Naturzerstörung als einem Teil von dystopischem Nachspiel nuklearer Katastrophe, die laut Schmidt geradezu unausweichlich war.[1] Bei *Schwarze Spiegel* etwa handelt es sich um Aufzeichnungen eines einsamen Ich-Erzählers, der nach dem weite Teile Europas total vernichtenden ABC-Krieg von 1955 die Gegend von Cordingen durchkreuzt. Die gehört zu den zwar menschenlosen, aber von wuchernder Flora und verwilderten Haustieren beherrschten Landstreifen. Der Protagonist lebt sozusagen exemplarisch eine ‚Naturgeschichte der Zerstörung',[2] er bewandert die dicht bewachsenen Ruinen und begleitet sein Tun mit zivilisationskritischen Tiraden und naturwissenschaftlichen Überlegungen.

Untersucht man literarische Darstellungen von Naturkatastrophen, stellt sich zwangsläufig die Frage nach zugrunde liegenden Naturkonzepten. Schmidts Naturbild wird am ausführlichsten in seinem *Leviathan* formuliert, dessen Protagonist im Streitgespräch mit dem Pastor seinen kosmologischen ‚Gegenmythos' entwickelt. Ausgehend von der Kritik der euklidischen Physik skizziert er das Bild eines vierdimensionalen pulsierenden Universums, das von der Gravitation sowie von ex- und implosiven Naturdesastern als Äußerungen des „ungeheuren Gesamtwillen[s]" zur letztendlichen „Vereinigung aller Atome" beherrscht (A. Schmidt 1987b: 53, 44) und schließlich als ein alles Geistige und Materielle umfassender Dämon Leviathan[3] gezeichnet wird. Schmidt postuliert damit eine kataklysmische und gleichsam physikosatanologische Auffassung von Natur- sowie Menschheitsgeschichte.[4] Sein

---

1   „die Atombomben sind Uns=Allen bereits gebacken" (A. Schmidt 1995b: 112).
2   Zu diesem Terminus W. G. Sebalds vgl. B. Hutchinson 2009: 39ff.
3   Zu den religionsphänomenologischen und wissenschaftshistorischen Bezügen vgl. vgl. R. von Ranke-Graves / R. Patai 1986: 56–65 und H. Thomé 1981: 20–47.
4   Explizite Bezugnahmen auf ‚Leviathan' kommen in der ganzen *Nobodaddy*-Trilogie und sonstigen frühen Texten vor: *Wundertüte* (1948), *Massenbach. Historische Revue* (1949) oder *Fouqué-Buch* (1959). Dieser Naturauffassung entspricht das Darstellungskonzept der *Berechnungen*: „um einer konformen Abbildung unserer Welt" willen „ersetzte ich durch die bessere Näherungsformel vom ‚epischen Wasserstuz': [...] Zerfall als Voraussetzung überlegenen Schauspiels [...]" (A. Schmidt 1995a: 275). Die poetologische Relevanz der Leviathan-Naturkonzeption belegt der

Bild des leviathanischen Universums legt letztlich eine Kombination von zwei Katastrophen-Deutungsmodellen nahe: eine straftheologische Deutung, die zugleich anthropogene Ursachen nicht ausschließt. Der Mensch steht nämlich sowohl auf der Seite des Gegenstands als auch auf der des Subjekts der Universumsdynamik.

Neben Desasterbildern und misanthropischen Hasstiraden fallen beim frühen Schmidt geradezu idyllische Szenen auf, in denen das Verhältnis Mensch–Natur nicht dem leviathanischen Naturbild zu entsprechen scheint. Um nur auf die eklatanten Beispiele von *Aus dem Leben eines Fauns* und *Schwarze Spiegel* hinzuweisen: Ihre Helden richten sich ein Refugium ein – der eine vor und während der Katastrophe, der andere in dystopischem Szenario danach –, ausgestattet mit kuriosen Naturfunden, Büchern, Kunstwerken und Messgeräten, und richten sich zeitweilig eine „herrliche einsame" Existenz ein (A. Schmidt 1987c: 220). Die Natur gewährt ihnen Schutz und Nahrung und wird Objekt seliger wissenschaftlicher und ästhetischer Betrachtung. Wie sind nun solche idyllischen Zustände mit der leviathanischen Weltvorstellung zusammen zu denken?

Der Verquickung von Katastrophe und Neuschöpfung in der klassischen Apokalypse-Figur entspricht Gnügs Lektüre, die das idyllische Moment als Aufruf, „eine freundlichere, gerechtere Welt real zu schaffen" deutet (H. Gnüg 1982: 277). Eine ähnliche Intention verfolgt Goodbody, wenn er „the critical potential of idyll" betont (A. Goodbody 2006: 98). Dies erscheint ergänzungsbedürftig, wenn man beachtet, dass Schmidt keine Hinweise auf mögliche dauerhafte Bewahrung solcher Zustände gibt, sondern umgekehrt ihr Scheitern zeigt – Düring verbrennt sein „Château" und kehrt ins zerstörte Heimatdorf zurück, der Ich-Erzähler der *Schwarzen Spiegel* muss die Idee einer erfüllten Ein- bzw. Zweisamkeit mit der der Natur entlockten Frau – der „Wildkatze" – aufgeben.

Füglich kann man hierbei auf Schopenhauer zurückgreifen, auf den auch Schmidt in *Leviathan* ausdrücklich verweist. Schmidts Schopenhauer-Rezeption wurde bereits eingehend besprochen[5] – doch meist mit Fokus auf dem Vergleich von Schopenhauers Willensbegriff und dem pessimistischen Leviathanmythos. Hier sei auf einen anderen Punkt hingewiesen, der eben die Integration von idyllischen Szenen in die vom „ungeheueren Gesamtwillen" beherrschte Welt ermöglicht. In *Die Welt als Wille und Vorstellung* bespricht Schopenhauer einen der Zentralgedanken seiner Ästhetik: ein „künstlerische[s] Gemüth[]" ist fähig, „uns, wenn auch nur auf Augenblicke, der Subjektivität, dem Sklavendienste des Willens zu entreißen [...]" (A. Schopen-

---

Hinweis, die das Erzähltempo bestimmende Bewegungsdynamik sei „gesetzmäßig festgelegt und geregelt durch die Urexplosion des Leviathan" (ebd. 165).

5   Z. B. K. Podak 1971: 20–24; H. Thomé 1981: 20–35, J. Stenglin 1987: 190–193.

hauer 1977: 253f.). Die Kunst erweist sich als Medium der reinen Erkenntnis und Erlöserin von der Qual des Lebens. Aber immer nur vorübergehend, auf kurze Augenblicke.

Wenn Schmidt in seinen ‚Idyllen' das Ideal des freien Menschen aufstellt, der „sich in einer wild wachsenden Natur [...] behauptet, sie zugleich ästhetisch genießt und seine intellektuelle Phantasie gegen die Faktizität des Bestehenden auslebt" (H. Gnüg 1982: 283), so inszeniert er diese ‚dream come true' eben bewusst als zum Scheitern verurteilte Versuche. Er bietet keine Aussicht auf definitive Aufhebung der Leiden – kein Gegenstück der Schopenhauerschen Mitleidsethik[6] –, sondern Modelle des Überlebens unter den Bedingungen des umgekehrten Verhältnisses von Schöpfung und Destruktion. Die als konstruktives Ergebnis wissenschaftlicher und ästhetischer Reflexion dargebotene Idylle stellt einen Ausnahmezustand dar, eine Nische in der der Endkatastrophe zusteuernden Gesamtökonomie der Natur- und Menschheitsgeschichte. Eine Nische, die weder in ein nachapokalyptisches Afterparadies mündet, noch Vorausdeutung einer künftig siegreichen antileviathanischen Gewalt ist, sondern Ausdruck einer paradoxen Erfüllung im Scheitern, einer temporären Integration von Wunsch und Realität angesichts einer Katastrophe sowie der kataklysmischen Anlage des Universums.[7]

Darstellung eines ‚eigentlichen' Naturdesasters verspricht Schmidts Rundfunktext *Krakatau* (1958). Der Ausbruch des Vulkans von 1883 wird hier zunächst aus der Sicht des Augenzeugen Kommodore Lindemann ausführlich geschildert.[8] Schmidt fasst schließlich zusammen: „Um 10 Uhr 2 Minuten also, am 27. August 1883, erfolgte jene Katastrophe größten Ausmaßes, von der die von Menschen niedergeschriebene Geschichte weiß – das einzige bisher bekannte, *globale* Geschehnis, das der gesamte Erdball verspürte; immer noch das größte; trotz aller unserer Atombombenversuche." (A. Schmidt 1990: 91) Der nachdrücklichen Einbettung in die geschriebene Historie folgen aber Zuschreibungen, die die singuläre Überforderung des Wahrnehmungs- und Darstellungsvermögens belegen: Mannigfaltige Zerstörungsszenen erscheinen „makabrer" als Coleridges *Ancient Mariner* oder Poes *Gordon Pym* und „einzigartig in der Geschichte unseres Planeten, als bräche das Firmament zusammen" (ebd.).

---

6 Zu Schopenhauers Ethik vgl. O. Hallich 1998: 28–41.

7 Für die Lektüre im ökokritischen Kontext ist nicht ohne Bedeutung, dass in diesen Nischen nicht nur der Mensch eine Erhebung aus dem Naturzustand erfährt, sondern auch die Natur (der übrigens auch die Frauenfiguren zuzuzählen sind), die plötzlich ansprechbar, ja responsiv wirkt: „manchmal beschlich mich eine schlacksige Windin und zerwarf mir die Haare, wie ne halbwüchsige fleglige Geliebte" (A. Schmidt 1987c: 203).

8 Zu den authentischen Berichten vgl. T. Simkin / R. S. Fiske 1984: bes. 90ff.

Der zweite Teil erklärt sachlich die Ursachen des Ereignisses. Die Daten-revue samt historisch registrierten geologischen Störungen oder Veränderun-gen der Vegetation auf der Insel suggeriert letztlich seine Vorhersagbarkeit. Schließlich werden die Auswirkungen und Observierungen der Katastrophe von Batavia bis nach Europa und Amerika dargestellt: Finsternis, Aschen-regen und magnetischer Sturm verursachen den „Mangel an Orientierungs-möglichkeiten" im geographischen Raum (ebd. 93) sowie in sinngebender (Kon-)Textualisierung des Erlebten. Im Ganzen sticht das Bestreben Schmidts hervor, die Naturkatastrophe als das erste ‚global' wirkende und vernehmbare Ereignis zu präsentieren.

Schmidt erwähnt auch eher anekdotische Vorfälle, etwa die Deutung der akustischen Folgeerscheinungen als Indizien eines ausgebrochenen Krieges: „In St. Lucia Bay auf Borneo hatten die Eingeborenen gerade einen Missio-nar ermordet; und verließen fluchtartig ihre Dörfer, weil sie dachten, von allen Seiten sammelten sich die verhaßten Weißen zur Vergeltung." (ebd. 93) Nähere Betrachtung zeigt, dass die Kriegsmotivik ‚heimlich' den ganzen Text durchzieht. Etwa die zitierte Bekräftigung, es habe sich um die größte Katastrophe „trotz aller unserer Atombombenversuche" gehandelt. Derartige scheinbar am Rande verstreute Bemerkungen scheinen in Anbetracht der medialen Präsenz der Nuklearwaffentests sowie des deutschen Rüstungsdis-kurses der 1950er ausschlaggebend zu sein. Schmidt konzipiert somit sein historisch-naturkundliches Radiodokument als Warnbild vor der atomaren Vernichtung: „50 Tausende starben; während die Magnetnadeln verzückt tanzten, und die Gestirne erröteten und ergrünten – ein Tag, wohl wert, daß die Menschheit seiner gedenke [...]" (ebd. 97).

Auch dieser Text fokussiert die *ökologischen* Fragestellungen offensicht-lich nicht. Konnte im Laufe der Lektüre der Eindruck entstehen, dass hier Naturkatastrophe als „Initial für technische Innovationen und politische Insti-tutionsbildung" dargeboten wird (Groh/Kempe/Mauelshagen 2003: 13), so handelt es sich primär um einen politisch ausgerichteten Appell. Die global wahrgenommene und nun global zu erinnernde Naturkatastrophe wird hier zum Menetekel der historischen Katastrophe. Vielleicht eben zu einer Mah-nung, dass der verblendete Wettlauf ums künstliche Einholen und Übertref-fen der Naturkatastrophe mit technischen Mitteln die Leviathan-Hypothese auf schauerliche Weise beglaubigen würde.

Bibliographie

DREWS, J. (1986): „*Wer noch leben will, der beeile sich!*" *Weltuntergangsphantasien bei Arno Schmidt (1949–1959)*, in: GRIMM, G. E. / FAULSTICH, W. / KUON, P. (Hg.): Apokalypse. Weltuntergangsvisionen in der Literatur des 20. Jahrhunderts. Frankfurt a. M. (Suhrkamp-Taschenbuch 2067 Materialien), S. 14–34.

GNÜG, H. (1982): *Warnutopie und Idylle in den fünfziger Jahren. Am Beispiel Arno Schmidts*, in: dies. (Hg.): Literarische Utopie-Entwürfe, Frankfurt a. M. (Suhrkamp-Taschenbuch 2012 Materialien), S. 277–290.

GOODBODY, A. (2006): *Postwar Dystopia and Rural Idyll: Arno Schmidt's Early Novels in the Context of Ecocriticism and Cultural Ecology*, in: *Anglia*, B. 124, S. 70–100.

GROH, D. / KEMPE, M. / MAUELSHAGEN, F. (Hg.) (2003): *Naturkatastrophen. Beiträge zu ihrer Deutung, Wahrnehmung und Darstellung in Text und Bild von der Antike bis ins 20. Jahrhundert*, Tübingen (Literatur und Anthropologie 13).

HALLICH, O. (1998): *Mitleid und Moral. Schopenhauers Leidensethik und die moderne Moralphilosophie*. Würzburg (Beiträge zur Philosophie Schopenhauers 2).

HUTCHINSON, B. (2009): W. G. Sebald – Die dialektische Imagination. Berlin/New York (Quellen und Forschungen zur Literatur- und Kulturgeschichte 59 = 293).

MAYER-TASCH, P. C. (1987): *In schwarzen Spiegeln Regenbogen. Die ökologische Krise in Prosa*, in: *Universitas* B. 42/496, Sept. 1987, S. 940–942.

PODAK, K. (1971): *Arno Schmidt. Weltanschauung und Sprache*, in: *Text + Kritik*, B. 20: Arno Schmidt. 2. Aufl., S. 40–49.

RANKE-GRAVES, R. VON / PATAI, R. (1986): *Hebräische Mythologie. Über die Schöpfungsgeschichte und andere Mythen aus dem Alten Testament*, aus dem Engl. übers. von S. HÖFER, Reinbek bei Hamburg (Rowohlts Enzyklopädie 411).

SCHMIDT, A. (1986ff.): *Bargfelder Ausgabe*, hg. von der Arno-Schmidt-Stiftung Bargfeld, Zürich (B. 4,1 und Suppl. Frankfurt a. M.) = BA

SCHMIDT, A. (1987a): *Aus dem Leben eines Fauns*, in: BA 1,1, Red. W. Schlüter, S. 301–390.

SCHMIDT, A. (1987b): *Leviathan oder Die beste der Welten*, in: BA 1,1, Red. W. Schlüter, S. 33–54.

SCHMIDT, A. (1987c): *Schwarze Spiegel*, in: BA 1,1, Red. W. Schlüter, S. 201–260.

SCHMIDT, A. (1990): *Krakatau*, In: BA 2,2, Red. W. Schlüter, S. 87–97.

SCHMIDT, A. (1995a): *Berechnungen*, in: BA 3,3, Red. B. Rauschenbach, S. 101–108.

SCHMIDT, A. (1995b): *Die 10 Kammern des Blaubart*, In: BA 3,4, Red. B. Rauschenbach, S. 108–114.

SCHOPENHAUER, A. (1977): *Zürcher Ausgabe. Werke in zehn Bänden*, B. 2: *Die Welt als Wille und Vorstellung*, B. 1, Teilb. 2, Text nach der histor-krit. Ausg. von A. Hübscher, Red. C. Schmölders et al., Zürich.

SIMKIN, T. / FISKE, R. S. (1984): *Krakatau 1883. The volcanic eruption and its effects*. Washington D.C.

STENGLIN, J. (1987): *Die Verteidigung der maßlosen Vernunft*, in: SCHARDT, M. (Hg.): Arno Schmidt. Das Frühwerk, Bd. 1: Erzählungen. Interpretationen von „Gadir" bis „Kosmas", Aachen, S. 185–201.

THOMÉ, H. (1981): *Natur und Geschichte im Frühwerk Arno Schmidts*. München (Bargfelder Bote, Sonderlieferung 1981).

WOLFGANG REICHMANN (Österreich, Wien/Graz)

„Es dampft, es brodelt, es glüht und gefriert"
Bedrohte Umwelt, ökologische Katastrophen und apokalyptische Untergangsvisionen in den Gedichten Hans Magnus Enzensbergers

In Hans Magnus Enzensbergers Gedicht *Klimamaschine* aus dem 2003 erschienenen Gedichtband *Die Geschichte der Wolken* wird die Erde als „alte Küche" bezeichnet, die – anders als der Titel des Gedichts vermuten lässt – keineswegs wie eine exakt geregelten Abläufen gehorchende Maschine funktioniere: „Es dampft, / es brodelt, es glüht und gefriert" in dieser „Klimaküche" Welt – wie es mit Anklang an Schillers „es wallet und siedet und brauset und zischt" (*Der Taucher*) heißt. Die dafür verantwortliche launige und unermüdliche „stürmische Köchin" bleibt unsichtbar und lässt sich nicht in die Töpfe blicken, sie „wäscht, dünstet und röstet uns, wettert und schäumt". Mensch und Wissenschaft sind diesen Entwicklungen und Ereignissen gegenüber machtlos: „Unberechenbar rührt sie die Welt um / mit ihrem riesigen Löffel" (H. M. Enzensberger 2003b: 128). Figuren wie diese „stürmische Köchin", Personifikationen dieser Art, findet man nicht selten in Enzensbergers Gedichten. Im Abschlussgedicht seiner 1999 erschienen Sammlung *Leichter als Luft* begegnet man einer ebenfalls mit dem Zustand der Erde beschäftigten und diesen beeinflussenden fleißigen Gestalt: „Die Große Göttin", eine Weberin, eine ironisch gebrochene Schicksalsgöttin, die unermüdlich mit der Instandhaltung des desolaten Planeten beschäftigt ist:

Sie flickt und flickt,
über ihr zerbrochenes Stopfei gebeugt,
ein Fadenende zwischen den Lippen.
Tag und Nacht flick sie.
Immer neue Laufmaschen, neue Löcher.

Manchmal nickt sie ein,
nur einen Augenblick,
ein Jahrhundert lang.
Mit einem Ruck wacht sie auf
und flickt und flickt.

Wie klein sie geworden ist,
klein, blind und runzlig!
Mit ihrem Fingerhut tastet sie
nach den Löchern der Welt
und flickt und flickt. (H. M. Enzensberger 1999: 126)

Nicht immer sind Enzensbergers Figuren jedoch der Menschheit gegenüber so verhältnismäßig gutmütig eingestellt. 1980 ist es der bei Hegel entlehnte rächende Geist der Vergänglichkeit (vgl. H. M. Enzensberger 1980: 2), die *Furie des Verschwindens*, die dem Treiben auf der Erde gleichgültig zusieht: „Hoffnung, denkt sie, / unendlich viel Hoffnung, / nur nicht für euch; [...] sie allein bleibt" (H. M. Enzensberger 1980: 86), so Enzensberger im elegischen Titelgedicht unter Verwendung eines Kafka-Zitats (vgl. M. Brod 1966: 71). Sie wird – im Gegensatz zur Menschheit – bleiben nach den unvermeidlich bevorstehenden Katastrophen. Genauso wie über zwanzig Jahre später, in einem weiteren Gedicht, die personifizierte Welt in Gestalt einer grausam gleichgültigen Katze: „Sie hört nicht auf euch, die Welt / mit ihren Katzenaugen. / Sie läßt euch reden, geduldig, / so lang, bis sie zuschlägt / mit ihren Krallen, spielt / noch ein Weilchen mit euch, / vergißt euch, und bleibt." (H. M. Enzensberger 2003b: 117) „Die Natur schlägt zurück!", stellt Enzensberger 1998 in einem Interview auf die Frage hin fest, was die Menschen an Katastrophen so fasziniere:

Wahrscheinlich liegt der heutigen Faszination unbewußt zum Teil auch ein öko-
logisches Denken zugrunde: Der Eisberg, ein unkontrollierbares, zufälliges Ele-
ment der Natur, schickt das vom Menschen geschaffene technische Wunder in
den Abgrund. (H. M. Enzensberger/E. F. Hansen 1998: 239)

Zufällig und unkontrollierbar wie die unberechenbaren Volten der „stürmischen Köchin" aus dem eingangs zitierten Gedicht *Klimamaschine*.

Enzensberger möchte die Natur nicht idyllisieren. Gerade auch auf das „Tückische" und das „Widersprüchliche" komme es ihm an (H. M. Enzensberger/M. Schreiber 2003a: 187). Die Natur könne auch sehr grausam sein. „Die Schönheit der Natur ist oft eine Falltür in den Schrecken. Das Blei verhilft uns zu wunderbaren Gläsern, aber zugleich ist es ein tödliches Gift" (H. M. Enzensberger/M. Schreiber 2003a: 187). Naturlyrik im traditionellen Sinn zu schreiben, liegt Enzensberger fern. Die „Beschaulichkeit, die in der lyrischen Tradition der vergangenen drei Jahrhunderte vorherrscht, will sich nicht mehr einstellen" (H. M. Enzensberger 2004: 73). Im Nachwort der kleinen thematischen Werkauswahl *Natürliche Gedichte* distanziert sich Enzensberger deutlich von einer sich dumm stellenden Naturlyrik, die „hinter den kognitiven Möglichkeiten" des Jahrhunderts zurückbleibe (H. M. Enzensberger 2004: 74). Es sei aber nicht die Natur, die sich verändert habe, sondern der Blick, die Haltung, die Perspektive des Autors: „Der Herr von Eichendorff glaubte lieber an Gott als an das Kapital; er sah in seinen Wäldern keine Zellstoffplantagen, und seiner Kunst saß keine Wissenschaft im Nacken. [...] Die Nachtigallen aus den *Wanderliedern* sind verstummt." (H. M. Enzensberger 2004: 73)

Mit diesem Bild der verstummenden Nachtigallen erinnert Enzensberger an einen seiner frühesten Texte. Das Gedicht *fremder garten* von 1957, das in der Forschung als „eines der ersten ökologischen Gedichte" überhaupt angesehen wird (F. Dietschreit/B. Heinze-Dietschreit 1986: 19), präsentiert eine Todeslandschaft, die wie von einem „alles verhüllende[n] Leichentuch" bedeckt erscheint (R. Grimm 1984: 173) und in der keine Eichendorffschen Nachtigallen mehr zu hören sind: „es ist heiß. das gift kocht in den tomaten. / [...] das schiff speit öl in den hafen / und wendet. ruß, ein fettes rieselndes tuch / deckt den garten. mittag, und keine grille." (H. M. Enzensberger 1957: 35) Wo bei Eichendorff die Vögel dem wandernden Dichter noch ein Ständchen brachten und die Glühwürmchen den Wald illuminierten, sind in Enzensbergers „ökologische[r] Elegie" (R. Grimm 1984: 172) die Tiere verstummt und die lyrische Instanz findet sich, in einem durch anthropogene Eingriffe kontaminierten und bedrohten fremden Garten, der Natur, die sich nicht mehr als idyllischer Zufluchtsort eignet, entfremdet. Es wird kein Zweifel daran gelassen, wer diesen Zustand zu verschulden hat: „erde, auch du bist nicht sicher vor uns / [...] erde, auch du bist nicht mehr gefeit" (H. M. Enzensberger 1960: 69), heißt es in *rache für ein gläsernes herz* aus dem zweiten Gedichtband *landessprache*. In den Gedichten dieser Zeit ist von den Menschen als den „planern der spurlosen tat" die Rede, denen, in Erwartung eines „letzten manöver[s]", die „sprachlosen zeugen" eines von ökologischen Katastrophen und atomarer Bedrohung geprägten apokalyptischen Szenarios gegenübergestellt sind, wie etwa im Gedicht *das ende der eulen*: „ich spreche von euerm nicht, / ich spreche vom ende der eulen. / ich spreche von butt und wal [...] / von den gletschern, / sie werden kalben zu früh" (H. M. Enzensberger 1960: 30). Das Ende der Menschheit, von dem in diesen Zeilen bewusst nicht mehr gesprochen werden soll, rückt gerade durch das betonte Schweigen als mitgedachte unausweichliche Gewissheit in den Vordergrund. „ich spreche nicht mehr von euch, / planern der spurlosen tat, / [...] ich spreche von dem was nicht spricht, / von den sprachlosen zeugen, / von ottern und robben, / von den alten eulen der erde." (H. M. Enzensberger 1960: 31) Auch das zeitgleich erschienene *an alle fernsprechteilnehmer* vermittelt in ganz ähnlichen Motiven eine katastrophische Bedrohungsstimmung, die sich in Form von „etwas, das keine farbe hat, etwas / das nach nichts riecht" unaufhaltsam ausbreitet: Etwas „rinnt, / etwas zähes, davon der salm stirbt, / in die flüsse, und sickert, farblos, / und tötet den butt auf den bänken" (H. M. Enzensberger 1960: 28). Bedrohungen sind das, so Enzensberger, „die sich nicht nur gegen uns, sondern auch gegen Tier und Pflanze richten, [gegen] alles was lebt" (H. M. Enzensberger 1962: 49) – „gegen uns geht es, gegen den seestern / und das getreide" (H. M. Enzensberger 1960: 29), heißt es im Gedicht. 1970, zehn Jahre nach der Erstveröffentlichung der *landessprache*-Gedichte nimmt Enzensberger retrospektiv Stellung und spricht von „ersten Vorahnungen [...] einer ökologischen Katastrophe", deren volles Ausmaß erst heute absehbar geworden sei, und von der „Gesellschaft als planetarische[r] Giftmörderin" (H. M. Enzensberger 1970: 52). Die frühen Texte sind durchdrungen von Angst und einem Katastrophenbewusstsein in Anbetracht insbesondere eigener Kriegserfahrungen – die eine ganze „skeptische" Generation prägen sollten (vgl. W. Reichmann 2010: 58–63) –, angesichts atomarer Bedrohung und Wettrüstung im Kalten Krieg, Wiederbewaffnung, stetiger Kriegsgefahr sowie nicht zuletzt der ökologischen Bedrohung durch zunehmende Umwelt- und Naturzerstörung.

In Anlehnung sowohl an Brechts Gedicht *An die Nachgeborenen* als auch in Anspielung auf eine in Verruf geratene Naturlyrik stellt Enzensberger im Nachwort der *Natürlichen Gedichte* fest: „Heute scheint es, als sei ein Gespräch über Bäume kein Verbrechen mehr" (H. M. Enzensberger 2004: 73). Und an anderer Stelle bemerkt er noch entschiedener: „Heute ist es umgekehrt: fast ein Verbrechen, nicht über Bäume zu sprechen. Wir wissen doch, dass die Biosphäre nicht im besten Zustand ist, insofern ist die Verteidigung der Bäume – der Natur – auch eine Pflicht" (H. M. Enzensberger/M. Schreiber 2003a: 186). Enzensberger reagiert mit dieser Forderung auf die Frage nach der auffallenden thematischen Ausrichtung seiner zu diesem Zeitpunkt jüngsten Veröffentlichungen, die allesamt schon im Titel einen Bezug zum Thema ‚Natur' aufweisen – *Leichter als Luft, Die Geschichte der Wolken* und *Natürliche Gedichte*. Die Natur, so Enzensberger, relativiere jedoch auch die menschliche Gewalt: „die Wolken werden den Menschen um Jahrmillionen überleben" (H. M. Enzensberger/M. Schreiber 2003a: 187). Tröstlich sei das aber nicht unbedingt.

Diese Haltung, dieser Hauch von Trost und Hoffnung (zumindest was die Zukunft der Natur betrifft), ist nicht für alle Schaffensphasen Enzensbergers gleichermaßen gültig. Mehrere Interpreten sehen im Vergleich von Früh- und Spätphase einen „markanten Paradigmenwechsel". Im Frühwerk werde „leidenschaftlich vor der endgültigen Vernichtung von Flora und Fauna durch aggressive Eingriffe in eine vom Verschwinden bedrohte Natur" gewarnt (R. Barbey 2007: 218), während die Lyrik des Spätwerks von der Endlichkeit der Menschheit und einer sich, nach dem prognostizierten Ende der menschlichen Zivilisation, selbst heilenden Natur ausgehe (vgl. R. Barbey 2007: 53; W. Riedel 2009: 132; A.-M. Lohmeier 2010). Diesem Urteil ist zuzustimmen, allzu scharfe Trennlinien können aber dazu führen, dass im

Detail viele thematische und motivische Kontinuitäten in Enzensbergers Werk übergangen und übersehen werden.

Fest steht, dass sich Enzensberger in den frühen, zwischen 1957 und 1964 erschienenen Gedichten im Gegensatz zu den späteren Texten noch nicht ganz sicher ist, was den Fortbestand von Flora und Fauna betrifft, von der Zukunft der Menschheit ganz zu schweigen. Im großen autobiographischen Schlussgedicht seines jüngsten Gedichtbands *Rebus*, einer Art Lebensbilanz des 80-jährigen Lyrikers, kommt dieser Wandel deutlich zum Ausdruck: „Nur manchmal [...] holt die alte Wut / mich ein, hinterrücks. Wie früher hat sie / gewöhnlich recht. Aber merkt sie nicht, / daß es keinen Zweck hat, daß sie stört [...]. Sie weiß doch, / daß alles, was menschenmöglich ist, womöglich nicht reichen wird, um uns zu retten" (H. M. Enzensberger 2009: 107). Der späte Enzensberger blickt der Zukunft pessimistisch aber gelassen entgegen: Seine Klima-Köchin wird weiterkochen, wettern und schäumen, seine „Große Göttin" weiterflicken und die Welt, die zugeschlagen hat mit ihren Krallen, wird uns vergessen – und bleiben.

Bibliographie

BARBEY, R. (2007): *Unheimliche Fortschritte. Natur, Technik und Mechanisierung im Werk von Hans Magnus Enzensberger*, Göttingen.

BROD, M. (1966): *Über Franz Kafka*, Frankfurt a. M.

DIETSCHREIT, F. / HEINZE-DIETSCHREIT, B. (1986): *Hans Magnus Enzensberger*, Stuttgart (SM 223).

ENZENSBERGER, H. M. (1957): *verteidigung der wölfe*, Frankfurt a. M.

ENZENSBERGER, H. M. (1960): *landessprache*, Frankfurt a. M.

ENZENSBERGER, H. M. (1962): *Gedichte. Die Entstehung eines Gedichts*, Nachwort von W. WEBER, Frankfurt a. M. (Edition Suhrkamp 20)

ENZENSBERGER, H. M. (1970): [Kommentar zu *an alle fernsprechteilnehmer*], In: DOMIN, H. (Hg.) Nachkrieg und Unfrieden. Gedichte als Index 1945–1970, mit einem Nachwort von H. DOMIN, Stuttgart (Sammlung Luchterhand 7), S. 51–52.

ENZENSBERGER, H. M. (1980): *Die Furie des Verschwindens. Gedichte*, Frankfurt a. M. (Edition Suhrkamp 1066 = N. F. 66)

ENZENSBERGER, H. M. / HANSEN, E. F. (1998): *„Die Natur schlägt zurück!". Erik Fosnes Hansens Protokoll eines „Titanic"-Fachgesprächs mit H. M. ENZENSBERGER*, in: *Der Spiegel*, H. 13, S. 238f.

ENZENSBERGER, H. M. (1999): *Leichter als Luft. Moralische Gedichte*, Frankfurt a. M.

ENZENSBERGER, H. M. / SCHREIBER, M. (2003a): *Falltüren in den Schrecken. Hans Magnus Enzensberger über Schönheit und Gewalt der Natur, den Zeitgeist und seinen neuen Gedichtband*, in: *Der Spiegel*, H. 12, S. 186f.

ENZENSBERGER, H. M. (2003b): *Die Geschichte der Wolken. 99 Meditationen*, Frankfurt a. M.

ENZENSBERGER, H. M. (2004): *Natürliche Gedichte*, Frankfurt a. M. (Insel-Bücherei 1257).

ENZENSBERGER, H. M. (2009): *Rebus. Gedichte*, Frankfurt a. M.

GRIMM, R. (1984): *Silent Summer*, in: Ders.: *Texturen. Essays und anderes zu Hans Magnus Enzensberger*, New York et al., S. 172f.

HIEBEL, H. H. (1996): *Hans Magnus Enzensberger*, in: STEINECKE, H. (Hg.): Deutsche Dichter des 20. Jahrhunderts, Berlin, S. 785–800.

LOHMEIER, A.-M. (2010): *Natur in Enzensbergers Lyrik*, in: PETERS-DORFF, D. v. (Hg.): Hans Magnus Enzensberger und die Ideengeschichte der Bundesrepublik. Mit einem Essay von Lars Gustafsson, Heidelberg.

REICHMANN, W. (2010): *„Auch das Aussterben will gelernt sein". Tod und Vergänglichkeit bei Hans Magnus Enzensberger*, in: *Text + Kritik*, B. 49: Hans Magnus Enzensberger, 3. Aufl., S. 58–69.

RIEDEL, W. (2009): *Naturwissenschaft und Naturlyrik bei Hans Magnus Enzensberger*, in: *Zeitschrift für Germanistik*, B. 19/1, S. 121–132.

Wolfgang Lückel (USA, Cincinnati/Ohio)

Künstliche Naturkatastrophe:
Die atomare Apokalypse in der deutschen Literatur

[...] drohende Felsen, am Himmel sich auftürmende Donnerwolken, mit Blitzen und Krachen einherziehend, Vulkane in ihrer ganzen zerstörenden Gewalt, Orkane mit ihrer zurückgelassenen Verwüstung, der grenzenlose Ozean, in Empörung gesetzt, ein hoher Wasserfall eines mächtigen Flusses u. dergleichen [...]
(I. Kant 1968: 107)

Diese Beschreibung von Naturkatastrophen klingt für uns heute nicht mehr zeitgemäß. Kein Wunder, denn sie stammt aus Immanuel Kants *Kritik der Urteilskraft* von 1790. Kants Naturverständnis ist ein persönliches, das den einzelnen Menschen involviert, nicht nur auf physikalische Weise durch die Kräfte der Natur, sondern auch durch die moralischen Folgen, die sich durch die Anschauung der Natur ergeben.

Im Kontext seiner „Analytik des Erhabenen" betrachtet Kant die Natur als eine unkontrollierbare „Macht", die eine unmittelbare Bedrohung für Leib und Leben der Menschen darstelle.[1] Vulkane, Gewitter oder Erdbeben – sie alle seien feindliche Elemente, obzwar sie auch „anziehend" sein könnten (vgl. I. Kant 1968: 105–107). Mit dem Begriff der ‚Anziehung' beschreibt Kant die raue Natur als ein Anschauungsobjekt für den aufgeklärten Menschen, der sich daran moralisch schulen soll, um der unmenschlichen Natur menschliche Ethik entgegenzusetzen, indem durch die Konfrontation mit der Natur ein Erhabenheitsgefühl im Betrachter ausgelöst wird. Zu diesem Zweck benutzt Kant eine Sprache, die die Natur emotionalisiert und dramatisiert. ‚Grenzenlos' etwa sind die Ozeane für den modernen Menschen, gewöhnt an Ölkatastrophen und Überfischung, ganz gewiss nicht mehr. Kants Sprache ist jedoch eine ganz legitime, die sich aus dem Schockzustand der Zeit ergibt: Das Erdbeben von Lissabon im Jahre 1755 verletzte die Menschheit nicht nur physisch, es ruinierte ihr moralisches Selbstverständnis. Dass Kant sich 35 Jahre später noch immer daran abarbeitet, zeigt die tiefe Versehrtheit seiner Zeit.

---

1   Die Verletzlichkeit der menschlichen Existenz lässt sich gegen solche Kräfte nur durch beschränkte technische und zivilisatorische Maßnahmen schützen.

Ich behaupte, dass sich das Kantsche Erhabene aus der Naturanschauung unserer Zeit verabschiedet hat: Was können wir denn schon von einem Erdbeben oder einem Tsunami lernen? Vielleicht können wir unsere seismographischen Messgeräte verfeinern, aber gewiss keine moralischen Lehren aus solchen Naturkatastrophen ziehen. Diese Katastrophen ‚passieren', ergeben sich aus Energieverschiebungen auf der Erde, sind durch die Wissenschaft entzaubert und durch die Mediendarstellung dramatisiert worden. Wissenschaft und Medien lassen uns die Natur immer noch beobachten, wenn auch auf ganz andere Weise als Kant sich das vorstellt. Hier geht es um größtmögliche Nähe, entweder in der Präzision wissenschaftlicher Erklärbarkeit oder in der Illusion der medialen Berichterstattung, dass man als Zuschauer ganz dicht dabei sein kann, während Kant unbedingt eine gewissen Distanz zur Natur, einen Sicherheitsabstand gewissermaßen, fordert, ohne den seine moralische Anschauung zwecklos ist.

Die Entdeckungen der Atomphysik aus den 20er und 30er Jahren des letzten Jahrhunderts haben unser Verständnis von Natur so weit verändert, dass wir Kants Thesen auf ihre Realisierbarkeit hin überprüfen müssen: Durch die Prozesse der Atomspaltung haben wir erkannt, was die Welt im Innersten zusammenhält oder auseinanderfallen lässt. Die Atomphysik hat uns gezeigt, dass wir die fundamentale Energie in der Materie hervorlocken können, sei dies durch die Atombombe oder durch die zivile Nutzung der Kernenergie. Wir haben ein neues, ein intimeres Verständnis von Natur gewonnen, das Kants Auffassung von der Natur als Macht entgegensteht. Geht es bei Kants Definition des Erhabenen um eine ästhetische Betrachtungsweise von Naturphänomenen aus der Distanz, die moralische Reaktionen ermöglicht und gleichzeitig auch den begrenzten Einfluss des Menschen anerkennt, wird jetzt durch die Aufgabe dieser sicheren Distanz ein Eindringen in die Materie erreicht, das weniger ästhetisch motiviert ist, sondern zur Machtquelle der Natur vordringen will. Das Erhabene der Naturkatastrophe in Kants Beschreibung wird jetzt im 20. Jahrhundert mit der künstlichen Naturkatastrophe, der atomaren Apokalypse, wiedergeboren, wie Monika Fludernik argumentiert:

> _Das, was Kant als die menschliche Fähigkeit pries, dem Erhabenen zu widerstehen, bringt mit der Atombombe im 20. Jahrhundert einen neuen Typ von Erhabenem hervor, der zu einer Bewunderung der Technik einerseits und zu einer Alterisierung der technischen Errungenschaften andererseits führt; im zweiten Fall wird die Technik zum ‚Anderen'; sie beginnt, sich als unkontrollierbare Naturgewalt zu gebärden._ (M. Fludernik 2003: 245f.)

Ich möchte diesen Gedanken an fünf Texten der deutschen Literatur von 1948 bis in die späten 1980er Jahre, die sich mit fiktiven Szenarien einer atomaren Apokalypse beschäftigen, illustrieren.[2]

In Fred Dengers Radiohörspiel *Bikini* von 1948 geht es um die atomaren Sprengversuche der Amerikaner am Bikini-Atoll. Obwohl es die Menschen sind, die Kontrolle über die Explosionszeitpunkt der Atomwaffen ausüben, brennt sich der in den automatischen Auslöser einprogrammierte Countdown tief in das Bewusstsein der Protagonisten ein: Er ist unaufhaltbar, wie eine mysteriöse Naturgewalt, die sich eigenständig und zielstrebig entfaltet. Dengers Hauptanliegen ist die Wirkung, die dieser Automatismus auf die Charaktere hat: moralische Skrupel, Furcht, Hoffnung aufs Überleben und auf die mögliche moralische Befreiung von der Last des nuklearen Zeitalters. Marianne Kesting hat diese Konzentration auf das Menschliche als „Negativstruktur" bezeichnet, in der „die subjektive Reaktion auf die apokalyptische Bedrohung angezeigt wird, nicht diese selbst" (M. Kesting 1991: 176). Die Naturkatastrophe in Bikini läuft scheinbar nur im Hintergrund ab, dehnt sich jedoch auf dem Wasser, auf dem Land und in der Luft maximal aus: Die gewaltige Druckwelle der Explosion verursacht eine tsunamiartige Wasserkanone, ein Erdbeben auf dem Atoll und einen vulkanartige feurige Eruption am Himmel.

Hans Hellmut Kirsts Roman *Keiner kommt davon* von 1957 geriert sich zunächst als typischer Spionagethriller aus dem Kalten Krieg, in dem die Konflikte zwischen den Supermächten eskalieren. Im Gegensatz zu Kants persönlicher Auseinandersetzung mit der Naturkatastrophe führt Kirsts Text in die totale Depersonalisierung. Der atomare Krieg verschlingt die ganze Weltbevölkerung mit einer Vehemenz, die nur noch durch mathematisches Exponentialwachstum darstellbar ist, aber sich der bildlichen Vorstellungskraft völlig entzieht. Dem Leser wird schwindlig vor Augen, denn er kann den Opfern keine Namen oder Gesichter mehr zuordnen. Das Katastrophenerlebnis wird zum anonymen Abgesang der Welt. Eine anthropomorphe Wüste, die Ekel erzeugt und in ihrer Emotionalität an Kants Naturbeschreibung erinnert, eröffnet sich dem Betrachter:

> *Die Trichter des Todes klafften in Europa, Asien, und Amerika. Sie glichen hervorbrechenden Geschwüren und breiteten sich über die Erde aus wie eine Seuche – mit der Geschwindigkeit des Schalls.* (H. H. Kirst 1961: 636)

In Harald Muellers *Totenfloß* von 1984 wird das Thema der atomaren Katastrophe erstmals mit einem breiten Spektrum ökologischen Bedenkens ange-

---

2 Insgesamt habe ich über 50 Texte gefunden, die sich mit diesem Thema beschäftigen.

sichts globaler Umweltverschmutzung verbunden. Die Protagonisten sind erbgutgeschädigte Mutanten, die sich aus ihrer Misere befreien wollen, indem Sie auf der Suche nach einer sauberen Umwelt den Rhein abwärts fahren. Die manipulierte Natur ist eine konstante Gefahr für die Charaktere auf ihrer Reise nach Norden. Naturanschauung im Kantschen Sinne des Generierens von Erhabenheit durch Ehrfurcht funktioniert hier nicht mehr, da die realen Gefahren jegliche moralische Reflexionen verhindern. Einzig der Versuch, sich dauerhaft vom Naturgeschehen zu isolieren, verspricht Sicherheit. Die Eingriffe in die Natur sind jedoch so tiefgreifend und komplex, dass die Reise sich zur symbolischen Fahrt in den langsamen Tod entwickelt. Die Katastrophenlandschaft, in der sich die hilflosen Protagonisten wie in einem Gefängnis bewegen, ist eine universale und unendliche Macht, der man nicht entrinnen kann.

In Günter Grass' *Die Rättin* von 1986 kommt die menschliche Welt zu ihrem Ende in einer tumultuösen Romanhandlung, die Manfred Durzak als „apokalyptisches Untergangsdesaster" bezeichnet hat: Neben weitreichender Umweltverschmutzung machen schließlich konventionelle Atombomben und Neutronenbomben der Welt den Garaus (M. Durzak 2001: 194). Grass hat sich in der *Rättin* wie auch in zahlreichen Diskussionen zur Aufklärungsdebatte (z. B. in seinen Gesprächen mit Harro Zimmermann) direkt mit Kant auseinandergesetzt. Für Grass ist der unmittelbare Kontakt des Menschen mit der Natur zerstört und kann nur durch technische Mittler aufrecht erhalten werden. Die Aufrechterhaltung der Natur dient jedoch dem Fortbestand der menschlichen Kultur. Versagt das eine, stirbt auch das andere, wie der Roman zeigt. Grass amalgamiert die Katastrophenthematik mit der gleichen Emotionalität, die auch Kants Naturbeschreibungen innewohnt. *Die Rättin* ist kein radikales Abrechnungsbuch mit dem nuklearen Zeitalter, sondern ein wehmütiger Schwanengesang, ein apokalyptisches Klagelied.

Mit Christa Wolfs *Störfall* von 1987 schleicht sich ein Text über ein ziviles Unglück in die von Kriegskatastrophen beherrschte Debatte, das sich dennoch unter Wolfs Einfluss zur großangelegten Naturkatastrophe entwickelt: der Reaktorunfall in Tschernobyl 1986. Wolf beschwört einen Dualismus zwischen der hochentwickelten technischen Zivilisation des 20. Jahrhunderts und der vortechnischen Naturromantik des 19. Jahrhunderts herauf:

Der bösartige Himmel. So setzen sich die Mütter vors Radio und bemühen sich, die neuen Wörter zu lernen. Becquerel. Erläuterungen dazu – von Wissenschaftlern, die, von keiner Ehrfurcht gehemmt, was die Natur im Innersten zusammenhält, nicht nur erkennen, auch verwerten wollen. Halbwertszeit, lernen die Mütter heute. Jod 131. Caesium. [...] Das rieselt nun alles, zusammen mit den Trägern der radioaktiven Substanzen, zum Beispiel Regen, auf uns herab – (C. Wolf 2001: 35).

Die Natursprache der Romantik, die in vielerlei Hinsicht Kants Beschreibung der Natur als gewaltig und unermesslich übernimmt und fortsetzt, tritt hier in einen scharfen Gegensatz zur technischen Moderne. Wolf harmonisiert diesen Konflikt mit literarischen Bildern, um die Katastrophendebatte des 20. Jahrhunderts zu emotionalisieren – eine Strategie, mit der sie das abstrakte Problem des nuklearen Zeitalters dem menschlichen Denken zugänglich machen will.

Kapitulation der Moral im Angesicht der Katastrophe?

Obzwar die nukleare Katastrophe ein von Menschen inszeniertes Ereignis ist, trägt sie starke Züge der klassischen Naturkatastrophe: Erdbeben, Lichtblitze, Donner, Stürme, Regen, absolute Verdunkelung der Atmosphäre unter Ausschluss des Sonnenlichts, anschließendem Kälteeinbruch und natürlich Zerstörung unserer Zivilisation gepaart mit großem menschlichen Leid. In der Literatur ist die globale nukleare Katastrophe nicht nur eine kulturelle Tragödie, sondern auch eine ins Unendliche gesteigerte Maximalversion aller möglichen ‚normalen' Naturkatastrophen – eine Superkatastrophe sozusagen. Es ist schwer zu beurteilen, ob die Autoren der fiktionalen atomaren Apokalypse durch Anhäufen von klassischen Katastrophenszenarien die Gestalt der atomaren Apokalypse als besonders dramatisch herauskehren wollen oder ob ihnen einfach nichts Besseres, nichts Neueres eingefallen ist. Hans Esselborn beschreibt diese Problematik als typisch für das Genre überhaupt:

> *Die Literatur hat allerdings spezifische Probleme, technische Katastrophen vor allem neuerer Art darzustellen. [...] Der Anstoß geht von aktuellen technischen Ereignissen und ihren wirklichen Bedingungen aus. Doch werden diese weitergedacht und weiter fantasiert. Dabei können zwar alte Denkmuster nicht vermieden werden, neue aber werden gesucht.* (H. Esselborn 2007: 213f.)

Darüber hinaus ist allen Texten gemein, dass es am Ende immer auf die Moral ankommt: Etwas muss von der Anschauung der Katastrophe gelernt werden, auch wenn die Autoren oft nicht wissen, was genau das ist. Die atomare Katastrophe in der deutschen Literatur ist daher in vielerlei Hinsicht ein Nachfolger der Kantschen Natur-Katastrophenbeobachtung. Eine ominöse Fremdkontrolle, eine Parzenmacht, nur scheinbar vom Aufklärungsdiskurs durchdrungen, lastet über der atomaren Katastrophe, ganz im Gegensatz zu ihrer scheinbaren Kontrollierbarkeit durch den Menschen. Die Suche nach moralischen Antworten auf das Dilemma ist stets präsent, vor allen bei Autoren der älteren Generation (Grass, Wolf, Denger, Kirst), auch wenn sie von der jüngeren Generation (Mueller) verspottet wird. Die literarischen Texte zeigen eines ganz deutlich im Unterschied zu Kant: Das moderne Katastrophendenken ist absoluter und rigoroser geworden. Es gibt mehr zu verlieren im atomaren Zeitalter, dessen Bedrohungen Gert Ueding als die „Permanenz des Untergangs" bezeichnet hat, die die rationalen Erwartungen der Aufklärung in eine „unendliche Geschichte" des Katastrophischen verkehrt (Ueding 2001: 170).

Während Kant noch über das Erdbeben im idyllischen Königsberg philosophieren kann, so bleibt dem fiktiven letzten Menschen, der in Grass' *Rättin* in einer Raumkapsel um die Erde kreist, nur noch das hilflose Schweigen. Seine Kommunikationsversuche – „Erde, bitte kommen" – bleiben unbeantwortet. Macht es da heutzutage noch Sinn, wie Kant für seine Zeit vorschlug, dieser gewaltigen physikalischen Kraft des atomaren Zeitalters menschliche Moral entgegenzusetzen, oder sollten wir nicht gleich kapitulieren im Angesicht der Katastrophe? Kants Theorie des Erhabenen basiert auf der Möglichkeit, der Natur ohne Angst gegenüberzutreten, dennoch aber ihren Einfluss zu spüren:

> *Man kann aber einen Gegenstand als ‚furchtbar' betrachten, ohne sich vor ihm zu fürchten, wenn wir ihn nämlich so beurteilen, daß wir uns bloß den Fall ‚denken', da wir ihm etwa Widerstand tun wollten, und daß alsdann aller Widerstand bei weitem vergeblich sein würde.* (I. Kant 1968: 106)

Was für Kant noch eine strikte Trennung zwischen Mensch und Natur war, ist nun zu einem komplizierten Diskurs zwischen Mensch, Maschine und Natur geworden, bei dem die Begrenzungslinien vollkommen verwischt sind. Kants Gedankenexperiment, das durch die Anschauung des nicht Menschengemachten (der Natur) versucht, im menschlichen Betrachter das Bewusstsein seiner moralischen Kraft und Bestimmung freizusetzen, funktioniert nicht mehr ohne weiteres, da die Natur nun durch die menschliche Einflussnahme verändert worden ist: Sie mag vielleicht immer noch „furchtbar" im erhabenen Sinne erscheinen, aber sie versetzt uns in Furcht und Schrecken. Wenn man eine Lehre aus den literarischen Texten zur atomaren Katastrophe ziehen kann, so ist es diese: Wir haben die Kantsche Distanz zur Natur verloren.

Bibliographie

DENGER, F. (1948): *Bikini*, München.

DURZAK, M. (2001): *Apokalyptische Szenarien in der deutschen Gegenwartsliteratur. Am Beispiel von Günter Grass'* Die Rättin *und Christa Wolfs* Störfall, in: BULLIVANT, K. / SPIESS, B. (Hg.): Literarisches Krisenbewußtsein. Ein Perzeptions- und Produktionsmuster im 20. Jahrhundert, München, S. 184–194.

ESSELBORN, H. (2007): *Die Atomenergie in der Science Fiction – unerschöpfliche Energiequelle oder implizite Katastrophe?*, in: *Inklings. Jahrbuch für Literatur und Ästhetik*, B. 25, S. 212–239.

FLUDERNIK, M. (2003): *Erhabene Postmoderne? Technologie, Gewalt und Ästhetik zwischen der Atombombe und dem 11. September 2001*, in: ALBER, J. / FLUDERNIK, M. (Hg.): Moderne/Postmoderne, Trier, S. 243–267.

GRASS, G. (1987): *Werkausgabe in zehn Bänden*, hg. von V. NEUHAUS, B. 7: *Die Rättin*, hg. von A. HILLE-SANDVOSS, Darmstadt.

GRASS, G. / ZIMMERMANN, H. (1999): *Vom Abenteuer der Aufklärung – Werkstattgespräche*, Göttingen.

KANT, I. (1968): *Kritik der Urteilskraft*, hg. von K. VORLÄNDER, Hamburg.

KESTING, M. (1991): *Warten auf das Ende. Apokalypse und Endzeit in der Moderne*, in: KAISER, G. R. (Hg.): Poesie der Apokalypse, Würzburg, S. 169–186.

KIRST, H. H. (1961): *Keiner kommt davon. Bericht von den letzten Tagen Europas*. Wien et. al.

MUELLER, H. (1986): *Totenfloß*, in: *Spectaculum*, B. 43, S. 77–126.

UEDING, G. (2001): *Katastrophenliteratur oder Die Lust am Untergang – auf dem Papier*, in: BECKER, H. D. / DOMRES, B. / FINCK, D. VON (Hg.): Katastrophe: Trauma oder Erneuerung?, Tübingen, S. 163–182.

WOLF, C. (2001): *Werke*, hg., komm. und mit einem Nachwort vers. von S. HILZINGER, B. 9: *Störfall. Nachrichten eines Tages, Verblendung. Disput über einen Störfall*, München.

ANDREA GEIER (Deutschland, Trier)

Natürliche und soziale Katastrophen.
Eine Poetologie ökologischer Literatur am Beispiel von Christa Wolfs *Störfall* und Volker Brauns *Bodenloser Satz*

Der plötzliche Ausbruch eines Vulkans oder das allmähliche Abschmelzen von Gletschern im Zuge des Klimawandels[1] sind für den Menschen ‚Natur-Katastrophen'. Unabhängig davon, ob es sich um Naturgewalten handelt oder um ökologische Desaster, die vom Menschen direkt oder indirekt (mit-)verursacht werden, werfen solche Erfahrungen Fragen nach dem Weltverhältnis des Menschen auf. Derartige Krisenerfahrungen werden für die Literatur zum Anlass, über die Bedeutung des Menschen in der Geschichte und über den Zustand der Gesellschaft nachzudenken. Daher richten sich die ideologischen ebenso wie die ästhetischen Verarbeitungslogiken von Katastrophen auf die Verbindung zwischen Natur- und Gesellschaftsordnung. Katastrophenerfahrungen initiieren kritische Wertediskurse, in denen Grundsätzliches zur Debatte steht: Die Entwicklung der Menschheit, die Idee des Fortschritts, das Ideal der Humanität und insbesondere die moderner zivilisatorischer Herrschaft inhärenten Vernichtungspotentiale – aber auch die Verstrickung des Einzelnen in dieses Herrschaftssystem. Politik, Gesellschaft, Religion und Wissenschaft und die aus diesen Diskursen abgeleiteten Deutungsmuster werden einer kritischen Reflexion unterzogen. Die Literatur übernimmt auf diese Weise, wie Hubert Zapf (2008: 33) es genannt hat, die Funktion eines „kulturkritischen Metadiskurs[es]", d. h. sie fungiert „als Sensorium und symbolische Bilanzierungsinstanz für kulturelle Fehlentwicklungen, Erstarrungssymptome und Pathologien".

Dass derartige Problematisierungen lange Traditionen haben, ist Autorinnen und Autoren der 1980er und 1990er Jahre bewusst. Im Zusammenhang mit Konzeptionalisierungen des Natur-Mensch-Verhältnisses, des Nachdenkens über den Geschichtsverlauf und die zivilisatorische Entwicklung verwenden sie Textverfahren, mittels derer natürliche und soziale Ordnung parallelisiert bzw. ineinander abgebildet werden. Dass die Literatur immer schon auf ‚natürliche Katastrophen' blickte, um etwas über den Men-

---

1   Zur ‚Sozialförmigkeit' der Naturkatastrophe am Beispiel des Klimawandels siehe C. Leggewie 2009.

schen zu erfahren, wird in den Texten selbst zum Thema, insofern die ökologischen Fragestellungen zum einen zu Rückblicken auf ähnliche Vorkommnisse in der Vergangenheit und zum anderen zu poetologischen Reflexionen auf die Beschreibbarkeit derartiger Krisenszenarien führen. Die genannten Aspekte skizziere ich im Folgenden an zwei Texten, die unterschiedliche ökologische Desaster thematisieren: den Supergau von Tschernobyl und den Braunkohlebergbau in der DDR.

„Was will der Mensch" (C. Wolf 1994: 50)

Christa Wolfs Erzählung *Störfall* aus dem Jahr 1987 erzählt von *Nachrichten eines Tages*: Es ist der Tag nach dem Supergau von Tschernobyl, an dem der Bruder der Ich-Erzählerin am Gehirn operiert wird; ein Tumor wird entfernt. Beide Ereignisse versetzen die Erzählerin in einen Zustand des Wartens auf gesicherte Nachrichten und Informationen. In einem assoziativen Erzählfluss verknüpfen sich Eindrücke der Gegenwart und individuelle und kollektive Erinnerungen, die ihren Ausgang von beiden Geschehnissen nehmen. Die Erzählerin fragt nach dem weiteren Schicksal ihres Bruders und überlegt, inwieweit sie von Tschernobyl betroffen sein wird: als Leidtragende und als Mitverantwortliche, insofern sie Teil einer Gesellschaft ist, die derartige Katastrophen sehenden Auges in Kauf nimmt. Zwischen Gehirnchirurgie-Präzision – plakativ: das Gehirn als Sitz der Vernunft – und Atombombe situiert die Erzählerin das ambivalente Potential technischen Fortschritts.

Die Erzählerin referiert kritisch-prüfend unterschiedliche Standpunkte in Bezug auf das naturwissenschaftlich-technizistische Denken, etwa dass die sogenannte friedliche Nutzung der Kernenergie erstmals dazu führen könnte, dass sich die Menschheit im Frieden selbst vernichtet (ebd., 55). Doch die Einsicht in die faustische Natur des Menschen mündet nicht in eine pauschale Technik- und Wissenschaftskritik, da ja das Leben des Bruders ebenfalls vom Funktionieren der Technik abhängt. Die Frage „Treiben die Utopien unserer Zeit notwendig Monster heraus?" (ebd., 48), die am unverhohlensten auf eine aktuelle politische Systemkritik zielt, wird im Text beständig überschritten, indem anthropologische Fragen, etwa nach der kulturellen Prägung der eigenen Wahrnehmung, ins Zentrum rücken: „Wahrscheinlich ist es mir nicht einmal möglich, die Fragen zu formulieren, die mich zu radikalen Antworten führen könnten." (ebd., 135f.)

Ausgehend von dieser Beschränkung wird die Literatur als Wissensspeicher auf ihre weitere Brauchbarkeit hin abgeschätzt. Goethes Mailied zitierend (ebd., 58), werden „Bibliotheken von Naturgedichten" auf den Prüfstand gestellt, und auch die weiße Wolke aus Brechts Erinnerung an die Marie A. hat angesichts der nun nur „Wolke" genannten unsichtbaren Gefahr ihre Unschuld verloren (ebd., 81). Die Natur wird hier zu einem andersartigen Erinnerungsraum, unheimlich und provozierend-schön, denn auch der verstrahlt „strahlende Himmel" (ebd., 35) bleibt noch wunderschön blau. Die „kontaminierten" Wörter nötigen die Erzählerin zum Innehalten und zur Kritik des eigenen, nun nicht mehr ‚unschuldigen' Schreibprozesses – „Alles, was ich habe denken und empfinden können, ist über den Rand der Prosa hinausgetreten" (ebd., 147) –, in dem sie „Wort-Ekel" und „Selbst-Ekel" zugeben muss. Trotz dieser sprach- und selbstkritischen Überlegungen führt die Selbstreflexion des Literarischen am Ende zu einer Art Rettung[2] – und zwar gerade dort, wo sich die Literatur einer Beunruhigung stellt. *Heart of Darkness* von Joseph Conrad, der menschliche Abgründe und „den blinden Fleck der Kultur" (ebd., 160) ausleuchtet, wird zum positiven Bezugspunkt, da er das eigene Erschrecken spiegelt und nach den Gründen für soziale Katastrophen fragt. Fragwürdig erscheint daran, dass die Katastrophe so, eingepasst in eine allgemein-menschliche Krisenentwicklung, begreifbar wird, während das Erzählen eigentlich das Moment der Störung privilegiert.

„Was braucht der Mensch" (V. Braun 1990: 31)

Mit kontaminierten Wörtern und einem Schreibprozess, der davon sichtbar affiziert wird, hat es auch Volker Brauns 1988 entstandener und 1990 publizierter Ein-Satz-Prosatext *Bodenloser Satz* zu tun. Er stellt den Braunkohlebergbau als Raubbau, als brutalen Herrschaftsmechanismus und damit als soziale Katastrophe dar. Dass es sich um eine in allen Staaten rücksichtslos agierende Industrie handelt, wird eingangs mit einer grenzüberschreitenden Perspektive, der Erwähnung des Rheins, angedeutet. Im Anschluss daran werden die Geschehnisse konkret situiert: „um zurückzukommen auf mein Land [...]: das ists ... DAS IST ABBRUCHGEBIET, leipziger Raum, BETRETEN FÜR UNBEFUGTE VERBOTEN" (ebd., 13). Der Ich-Erzähler, der im Verlauf des Textes in der Person Karl erkennbar wird, von dieser aber auch wie von einer dritten Person erzählt (siehe z. B. ebd., 19), war als Vermessungsingenieur an

---

2   McPherson (1991: 46) spricht sogar von einem „Utopie-Konzept", das sie allerdings nicht auf die der Literatur in *Störfall* zugeschriebene Funktion bezieht, sondern als absurde Wirkung der grenzüberschreitenden Gefahr deutet.

den Verheerungen, von denen er berichtet, beteiligt.[3] Dieses Changieren lässt sich als Ausdruck eines Rollenkonfliktes lesen: zwischen dem Verbergen der eigenen Verantwortlichkeit und nüchterner Beobachtung eingeschränkter Handlungsmacht. Dieser Konflikt spiegelt sich auch insgesamt in den Thematisierungen des Schreibprozesses.

Eine geschlechtsspezifische Topik – die Beschreibung von Frauenkörpern in singulären sexuellen Begegnungen – bereitet die Erkundung des Landschaftsraumes vor. Dies geschieht nicht als Analogie von ‚Eroberungen', sondern als Kontrast: Den als ekstatisch und vital beschriebenen menschlichen Beziehungen steht eine durchwühlte, gewaltsam in Besitz genommene Landschaft gegenüber, die aufgrund der Überblendung als vergewaltigte assoziiert werden kann. Das zentrale Bildfeld für die Umsiedlungsmaßnahmen und die Zerstörungsarbeit gibt der Krieg ab. Das Streben nach Wohlstand deutet der Erzähler als Ursache eines ‚Krieges', wenn die Zwangsumgesiedelten als Opfer der „Kohlefront" bezeichnet werden (ebd., 27). In der Arbeit der Totengräber, die „Knochen und Knöchelchen" ausheben und umbetten (ebd., 24), werden symbolisch Werte zu Grabe getragen und mit den Kriegstoten zugleich die wahren Ziele und skrupellosen Mentalitäten der eigenen Zeit ans Tageslicht befördert. Am Ende offenbart sich die absolute Sinnlosigkeit dieses Feldzuges, des „Blitzkrieges" gegen Natur und Mensch (ebd., 36): Die Vorräte werden schnell abgebaut sein, es ist nur eine kleine „Atempause" gewonnen, und der Krieg gegen die Bevölkerung und die Erde erweist sich als unnötige Qual.

Was auf den ersten Blick eine bloße Metapher zu sein scheint – der Tagebau als das „letzte Gefecht" (ebd., 25) – wird allerdings im Text historisch konkret aktualisiert. Die Erwähnungen namenloser Toter eines Massengrabes und der Gefangenentransporte der SS sollen offenbar darauf hinweisen, dass mit den Abbauarbeiten auch Geschichtsorte vernichtet werden. Der industrielle Fortschritt und das Wohlstandsversprechen nehmen diesen Raum ein. Der konkret-historische Ort erinnert an Tatenlosigkeit, ja sogar Empathielosigkeit mit den Opfern des Nationalsozialismus. Problematisch daran aber ist, dass im Rahmen dieser Assoziation auch Verbindungen zwischen unvergleichlichen Opfergruppen, die der Umsiedlung und der Massenmorde, evoziert werden.

Um die verursachten Verheerungen zu beschreiben, rekurriert der Erzähler kontrastiv auf die offizielle Propaganda-Sprache, die schon den damals Beteiligten als zynisches Zitat diente: „Auch eine Arbeit mit dem Menschen, frotzelten die Greiferfahrer" (ebd., 23), heißt es etwa bei den Totenumbettungen. Fast grausamer als der Akt der Umsiedlung selbst erscheint die Erwar-

---

3   Wilfried Grauert spricht von einem Erzähler, der alter egos entwerfe (W. Grauert 1992: 120 und 121).

tung, dass sich die Betroffenen damit einverstanden erklären, da die Maß-
nahme dem vielbeschworenen „Fortschritt" diene (ebd., 14f.). Bodenloser
Satz vertextet in diesem Sinne immer wieder die Propaganda von der sozialistischen Aufbauleistung, entlarvt deren Gewaltpotentiale und deckt die
Zumutungen einer Herrschaftsideologie auf,[4] die auch noch Zustimmung zu
der von ihr ausgeübten Gewalt verlangt.

Emphatisch inszeniert der Erzähler alternative Handlungs- und Erfah-
rungsräume: die Liebe und die Literatur. Letztere erscheint als eigenständiger, da anthropomorphisierter Erinnerungsort. Beständige Thematisierungen
des Schreibprozesses halten diesen präsent und lassen ihn, bezeichnet als
‚träumend' (ebd., 18) und ‚sterblich' (ebd., 40), als äußerst fragil erscheinen.
Dem Erzähler gelingt es augenscheinlich, sich über seine Liebesbeziehung zu
‚verwurzeln', einen Ort zeitweise in Besitz zu nehmen und sich und diesen
kurzzeitig der Verwertungsmaschinerie zu entziehen. Dank Karla verkommt
diese Gegenwelt nicht zur kitschigen Idylle, da sie Treffpunkte nahe der
Grube wählt, an der die Maschinen zu hören sind, die den Boden aufreißen,
damit dort unter Tage gearbeitet werden kann (ebd., 17). Während Bodenloser Satz die Katastrophe aufzeichnet, scheint der Erzähler ihr zu entkommen.
Die Liebe ist, wie Karlas Umarmung ‚ohne Grund' am Ende anzeigt, das
ebenso klassisch-kitschige wie ernsthaft-utopische Moment eines Textes, der
sich auf diese Weise aus einer grundlegenden Beunruhigung zu befreien
versucht.

Die Funktion der Literatur

An *Störfall* und *Bodenloser Satz* zeigt sich ein Wechselspiel zwischen Kri-
senverstörung und Krisenbewältigung, das über die Frage nach der Funktion
von Literatur und/oder allgemeiner der Frage nach der Beschreibbarkeit von
Krisen in Szene gesetzt wird. Meine Interpretationsskizze akzentuierte zwei
Aspekte: den Störfall als Sprachkrise, die in intertextuellen Bezügen gewissermaßen ‚gebannt' wird, und das Bildfeld des Krieges als eine der zentralen
Krisenerfahrungen des 20. Jahrhunderts, das für die drastische Veranschau-
lichung eines ökologischen Desasters instrumentalisiert wird.

---

4 „Die dargestellte Art der Kriegsführung der Obrigkeit gegen Menschen und Erde
ist die faschistische Form der Machtausübung, die nur noch bedenkenloses
denken- und gewissenloses Nehmen, Besiegen und Beherrschen heißt" (E. Hunt
1989: 251).

Beide in der DDR entstandenen Texte kritisieren Fortschrittsgläubigkeit in der Zusammenschau gesellschaftspolitischer, technologischer und ökologischer Entwicklungen. Die Kritik ist grundsätzlich zivilisationskritisch und nicht auf systemspezifische Gewaltaspekte begrenzt, auch wenn Bodenloser Satz diese Deutungsperspektive durchaus nahelegt. Ausbeutung, Zerstörung und Krieg erscheinen als Konstanten menschlicher Zivilisation. Bei Braun trägt dies Züge einer pessimistischen Geschichtsphilosophie. Wolf konzentriert sich stärker auf eine evolutionsgeschichtliche Perspektive. Diese Beschäftigung mit Zeit- und Menschheitsfragen spiegelt sich auch in den Mythosprojekten beider Autoren; und es ist kein Zufall, dass die Auseinandersetzung mit dem Mythos und die ökologische Literatur ihre Hochphasen in derselben Zeit, von den 1970er bis Anfang der 1990er Jahre, haben. Die Reinszenierung von Mythen (Braun) wie auch der Versuch einer Mythoskorrektur (Wolf) dienen dazu, grundlegende menschliche und zwischenmenschliche Problemlagen zu gestalten.

Zentrales Anliegen beider Autoren ist es, die der Moderne inhärente Gewalt zu thematisieren. Ein aufklärerischer Diskurs, der die ‚Gewalt' zum ‚Anderen' der modernen Ordnung erklärt, verabsolutiert einen Rationalitäts- und Fortschrittsbegriff, der die alltägliche ‚Gewalt' sozialer Ordnung im Sinne von gewaltsamen Praktiken, Denkmustern und Konventionen nicht zu erfassen vermag. Zudem verkennt er, dass extreme Vernichtungsgewalt in den Strukturen der modernen Zivilisation begründet ist. Beide Texte stehen beispielhaft dafür, wie die Literatur ihr Potential entfaltet, ökologische als soziale Katastrophen zu deuten und an ihnen gesellschaftspolitische Wertedebatten zu führen. Weniger die Tatsache, dass diese Texte Technologie- und Umweltkritik üben, sondern wie sie diese Aspekte im Rahmen von Aushandlungsprozessen zwischen konfligierenden Werten, Einstellungen und Handlungsmustern ästhetisch gestalten, macht sie auch für heutige Lektüren interessant.

Bibliographie

BRAUN, V. (1990): *Bodenloser Satz*. Frankfurt a. M.
WOLF, C. (1994): *Störfall. Nachrichten eines Tages*, 2. Aufl. München.
ELSNER HUNT, I. (1998): *Chaos in der Endphase. Ökoliteratur von Volker Braun und Günter Grass*, in: *Amsterdamer Beiträge zur neueren Germanistik*, B. 43, S. 243–255.

GRAUERT, W. (1992): Eine *Liquidation (nicht nur) der DDR ante mortem*. *Zu Volker Brauns Prosatext* Bodenloser Satz, in: *The Germanic-Review*, B. 67/3, S. 119–25.

MCPHERSON, K. (1991): *Die utopischste aller Utopien – Sprache nach Babel. Eine Interpretation von Christa Wolfs* Störfall, in: *Beiträge zur Sprach- und Literaturwissenschaft*, S. 37–47.

BOTHE, K. (2004): *Der Text als geologische Formation. ‚Archäologisches Schreiben' als poetologisches Programm im Werk Volker Brauns*, in: JUCKER, R. (Hg.): Volker Braun in Perspective, Amsterdam (German monitor 58), S. 1–36.

LEGGEWIE, C. (2009): *In Schönheit untergehen? Der Klimawandel als kulturelle Frage*, in: GIESSMANN, S. (Hg.): Politische Ökologie, Bielefeld, S. 13–27.

STRITZKE, N. (2003): *Störfall der Erinnerung. Identitätskonstruktion über Intertextualität und erzählerische Vermittlung in Christa Wolfs* Störfall. Nachrichten eines Tages, in: ERLL, A. / GYMNICH, M. / NÜNNING, A. (Hg.): Literatur – Erinnerung – Identität. Theoriekonzeptionen und Fallstudien. Trier (ELCH 11), S. 177–193.

ZAPF, H. (2008): *Kulturökologie und Literatur. Ein transdisziplinäres Paradigma der Literaturwissenschaft*, in: ZAPF, H. (Hg.): Kulturökologie und Literatur. Beiträge zu einem transdisziplinären Paradigma der Literaturwissenschaft, Heidelberg (Anglistische Forschungen 387), S. 15–44.

Dorle Merchiers (Frankreich, Montpellier)

Sieg der Natur über die Kultur
in Christoph Ransmayrs Roman *Die Letzte Welt*

Der Roman *Die letzte Welt* (1988) hat wesentlich zum Ruhm seines Autors beigetragen. Die Kernhandlung lässt sich rasch zusammenfassen: Der Römer Cotta versucht, seinen ins Exil verbannten Freund, den Dichter Publius Ovidius Naso, den Verfasser der *Metamorphosen,* in der kleinen Küstenstadt Tomi am Schwarzen Meer zu finden. Diese Suche erweist sich als äußerst schwierig: Cotta findet Naso nicht, nur Spuren seines Werkes. In Tomi aber wandelt sich alles, Menschen werden zu Stein, zu Pflanzen oder zu Tieren, und das ins Extreme fallende Wetter führt zu Kataklysmen, bis schließlich die alles überwuchernde Natur von der Stadt Besitz ergreift.

Im Zentrum dieses Beitrags steht Ransmayrs Absicht, den Sieg der Natur über geschaffenes Menschenwerk ins Bewusstsein zu rücken: Wie zeigt Ransmayr, dass der Zivilisationsprozess allzu oft auf Kosten der Natur vorangetrieben wird, dass der Mensch jederzeit und überall versucht, sich die Natur zu unterwerfen und sie auszubeuten, aber auch dass sich die Natur früher oder später an ihm rächt und am Ende den Sieg erringt? Schließlich soll die Frage aufgeworfen werden, warum Ransmayr auf den Mythos zurückgreift und wie er diesen interpretiert.

Unterwerfung und Ausbeutung der Natur

Nach Ansicht vieler Kritiker beruht Ransmayrs Roman auf der Gegensätzlichkeit von zwei Orten, Rom und Tomi: Rom, dem Zentrum der Macht, dem Reich der Vernunft, und Tomi, der Stadt an der Peripherie, dem Reich des Mythos. In mancher Hinsicht trifft diese Unterscheidung zu, aber sie muss relativiert werden, vor allem in Bezug auf das Verhältnis des Menschen zur Natur, denn sowohl in Rom als auch in Tomi versucht der Mensch, Herr über die Natur zu werden.

Etymologisch bezieht sich der Begriff Kultur auf den landwirtschaftlichen Ackerbau. Der Roman liefert Beispiele für eine solche Zähmung der

Natur: Cotta erinnert sich z. B. gern an die Orangen, die in den Gärten
Italiens wachsen (Ransmayr 2000: 8). In Rom bietet der Garten um Nasos
Villa ein harmonisch gestaltetes Naturgelände, in dem sich der Städter ent-
spannen kann. Im südlichen Tibertal ließ Augustus I. ein Moorgebiet ent-
wässern, um dort ein Stadion errichten zu lassen, in dem 200.000 Menschen
Platz finden können (Ransmayr 2000: 59). Die Entwässerungsarbeiten trugen
dazu bei, krankheitserregende Mücken zu entfernen und somit das Leben der
Menschen zu verbessern, aber der Sieg über eine menschenfeindliche Natur
sollte auch den Kaiser verherrlichen. Sein Nachfolger, Augustus II., ließ
15 Schlachtschiffe der römischen Kriegsflotte vom Meer nach Rom schlei-
fen, um zu zeigen, „daß jeder Träger des Namens Augustus selbst die steinige
Erde zum Meer werden lassen konnte und das Meer zum Spiegel seines Tri-
umphes" (Ransmayr 2000: 206). Die Verwandlung und die Unterwerfung der
Natur dienen nicht mehr dem reinen Lebensunterhalt des Menschen, sondern
zielen nur noch darauf ab, seine Übermacht zu beweisen.

   An der Peripherie des Reiches versucht der Mensch ebenfalls, sich die
Natur zu unterwerfen, wenn auch nicht aus Prestigegründen. Als Cotta in
Tomi landet, fällt ihm der Rost auf, der der Stadt ihre Farbe und ihren Namen
gibt: „die eiserne Stadt". Wenn die Bergwerke Tomis immer noch ein minde-
res Eisen hergeben, sind die Kupferminen der Grubenstadt Limyra schon
lange verlassen. Die Menschen in Tomi denken mit Schrecken an das Schicksal dieser Stadt und ihrer letzten Bewohner, die unter einer Bergflanke begra-
ben wurden:

> *Limyras Knappen hatten über die Jahrhunderte eine Kette von Bergen ausge-*
> *höhlt, auch die letzten Erzgänge erschöpft und die Stollen von ihrer tief im Ge-*
> *birge gelegenen Stadt immer weiter gegen die Küste vorgetrieben, bis das Ge-*
> *stein so taub wurde wie ein Kiesel und Limyra in den Sog des Endes geriet.*
> (Ransmayr 2000: 228)

Der Erzähler betont deutlich die Kausalbeziehung, die zwischen dem Ausbeuten der Bodenschätze und den daraus folgenden Konflikten besteht: „Mit
dem Kupfer verschwand der Wohlstand, mit dem Wohlstand der Friede."
(Ransmayr 2000: 228)
   Der Hinweis auf die Gewinnung von Kupfer in Limyra und von Eisen in
Tomi erinnert an die Kosmogonie Ovids (*Metamorphosen* I, V. 125–150),
wonach das Eherne und vor allem das Eiserne Zeitalter durch Gewalt unter
den Menschen gekennzeichnet waren und zur Sintflut geführt haben. Insofern
kann man das Schicksal der Grubenstadt Limyra als eine Synekdoche deuten,
mit der Ransmayr die Aufmerksamkeit des Lesers auf die Gefährdung der
Erde lenkt. Der Bergbau zerstört die harmonische Übereinstimmung von
Natur und Mensch. Der Mensch verhält sich so, als ob die Bodenschätze

unerschöpflich wären, aber früher oder später rächt sich die Natur an ihm für diese Ausbeutung und zeigt ihre Überlegenheit.

Die Übermacht der Natur

Ransmayrs Roman beschreibt, wie die Natur den von den Menschen beherrschten Raum unaufhaltsam zurückerobert. Dieser Vorgang wird durch einen Klimawandel beschleunigt. Bei seiner Ankunft in Tomi findet Cotta eine Stadt, deren Häuser zum größten Teil unter Kletterpflanzen und Moos verschwinden (Ransmayr 2000: 10). Bald stellt er fest, dass das Haus des Seilers, der ihm ein Zimmer vermietet, täglich mehr verwahrlost:

> *[A]uch im Seilerhaus [waren] die Zeichen der Verwilderung mit jedem Tag deutlicher geworden: Niemand kümmerte sich mehr um Efeu- und Strauchwurzeln, die sich in den Mauerfugen festkrallten und sie im Wachsen zu klaffenden Rissen aufsprengten, um dem organischen Leben einen Weg zu bahnen ins Innere der Steine. [...] Dem Seiler war es gleich. Meter um Meter seines Hauses überließ er der unbeirrbar vorrückenden Natur.* (Ransmayr 2000: 219)

Im Gebirgsort Trachila, wohin sich Naso zurückgezogen hat, hat die Vegetation die Spuren menschlichen Bauens weitgehend verschwinden lassen. Als er sich zum ersten Mal dorthin begibt, muss Cotta gegen eine feindliche Natur kämpfen, die ihren Bereich vor jedem Eindringen eines Fremden zu bewahren versucht:

> *Das Gebirge [...] war in eine fremde Wildnis verwandelt und zwang ihn mit immer neuen Barrieren zu mühseligen Umgehungen, verwickelte ihn in schmerzhafte Kämpfe gegen das Dornengestrüpp und zerschnitt ihm die Hände mit Messern aus gesplittertem Stein.* (Ransmayr 2000: 226)

In Trachila findet Cotta auf Fähnchen und auf Steinmalen Spuren von Nasos Werken. Die Natur bemächtigt sich dieser Spuren mit verschiedenen Strategien: Hunderte, Tausende kleiner Nacktschnecken bedecken die Steinmale mit einem schimmernden Polster (Ransmayr 2000: 48); eine blaue Winde dringt in die Girlande ein, die Cotta aus Stoffresten mit Nasos Texten gebastelt hat:

> *[Die Winde] führte [...] die Locken ihrer Triebe die Wäscheleinen entlang, steckte hier einer zerrissenen Hemdbrust Broschen und Orden aus Trichterblüten an, faßte dort ein Stück Futterseide in einen Kranz aus Blättern und verband und*

verwob die Girlanden allmählich zu einem einzigen Baldachin [...]. (Ransmayr
2000: 271)

Das Verschwinden von Nasos Texten, die die abendländische Literatur so
nachhaltig beeinflusst haben, zeugt paradigmatisch von der Rückverwand-
lung der Kultur in bloße Natur.

Indem sie den Rhythmus der Jahreszeiten und deren Länge verändert, erinnert die Natur den Menschen auch daran, dass sie dessen Lebensbedingungen bestimmen kann. Vom ersten Tag seines Aufenthaltes in Tomi an erlebt
Cotta einen Klimawandel, der sich auf die Tier-, die Pflanzen- und die Stein-
welt auswirkt.

Einem zwei Jahre lang dauernden Winter folgt ein äußerst trockener und
heißer Sommer, so dass die Einwohner einer allgemeinen Lethargie zum
Opfer fallen. Die Gletscher schmelzen. Das Meereswasser erwärmt sich so
sehr, dass die Fische auf dem Strand Zuflucht suchen, bald eingehen und
Schakale und Aasvögel anlocken (Ransmayr 2000: 120). Bis dahin in dieser
Gegend unbekannte Gewächse und Tiere entwickeln und verbreiten sich:
mannshohe Farne, Spinnen von der Größe einer Menschenfaust, deren Netze
so fest sind, dass sie sogar Vögel gefangen halten können (Ransmayr 2000:
200). Einer außergewöhnlichen sommerlichen Hitze folgt ein gewaltiger
Herbstregen mit verheerenden Folgen: Schlammlawinen (Ransmayr 2000:
213), Erdrutsche, die Tiere und Menschen in den Tod reißen (Ransmayr
2000: 222) und die Landschaft unerkennbar machen (Ransmayr 2000: 225).

Der unaufhaltsame Sieg der Natur scheint vor allem in der Gegend an der
Schwarzmeerküste sichtbar zu sein, aber auch in Rom deutet er sich an:
Nasos Haus, früher eine Hochburg des römischen Kulturlebens, verfällt lang-
sam, die Fontänen versiegen, die Spiegel der Teiche verschwinden unter
Piniennadeln und Laub (Ransmayr 2000: 132).

Angeblich wurde der Dichter verbannt, weil er die katastrophale Zukunft
der Menschheit angekündigt habe:

> *[W]er wollte denn ausgerechnet in der größten und herrlichsten Stadt der Welt*
> *an das Ende aller Größe und Herrlichkeit mit jener Leidenschaft erinnert wer-*
> *den, mit der Naso den Untergang vorhergesagt hatte?* (Ransmayr 2000: 162)

Die Vorhersage der Vernichtung der Welt durch eine Sintflut bildet den Mit-
tel- und den Höhepunkt des Romans.

Die Erzählung von der Sintflut

Die Sintflut ist in vielen Kulturen ein mythisches Motiv. In Ovids *Metamorphosen* folgt der Flutbericht der Lycaonsepisode. Um den frevelhaften König zu bestrafen, der ihn auf die Probe zu stellen versuchte, beschloss Jupiter, das eiserne Zeitalter mit einer großen Flut zu beenden, um dann ein neues Menschengeschlecht zu schaffen. Wie geht Ransmayr mit dem Mythos um? Er übernimmt das doppelte Motiv von Zerstörung und Neuschöpfung, aber es handelt sich bei ihm nicht mehr um ein Ereignis aus der fernen Vergangenheit: Es ist „die Geschichte des bevorstehenden Untergangs der Welt [...], eine Offenbarung der Zukunft" (Ransmayr 2000: 162). Der Hinweis auf Götter fehlt: Die hundertjährige Sintflut erscheint als eine immanente Katastrophe. Allmählich verbinden sich Ströme und Seen zu einer einzigen Flut, aus der nur noch gletscherbedeckte Gipfel ragen, aber auch das Eis wird vom Regen zerfressen (Ransmayr 2000: 163). Dieser Vorgang trägt dazu bei, die Sintflut als eine Folge der Klimaerwärmung darzustellen.

Bei Ovid endet die Sintflut, als Jupiter zwei gottesfürchtige Menschen erblickt, die nicht schuldlos sterben dürfen. Auch im Alten Testament überleben zwei Gerechte, Noah und seine Frau, die Flutkatastrophe (*Genesis* 6, 9). In Ransmayrs Roman verdanken Deucalion und Pyrrha ihre Rettung weder ihrer Tugend noch ihrem Verdienst, sondern nur Nasos Wunsch, seine Zuhörerin Echo nicht zu enttäuschen (Ransmayr 2000: 165).

Die Landschaft, die sie entdecken, nachdem sich das Hochwasser zurückgezogen hat, besteht aus Resten der modernen Technik und Wissenschaft wie zum Beispiel von Rost und Salz zerfressene Antennen, Schaufelräder von Turbinen und Peitschenlampen oder aus Resten von Ideologien und Religion wie Fahnenmasten, Kriegsdenkmal und Chorgestühl (Ransmayr 2000: 166). All diese Gegenstände, die von menschlicher Intelligenz und menschlichem Können zeugen, sind nur noch Ruinen, die die Überlebenden mit Schrecken und Verzweiflung erfüllen:

> *Niemand, schrie Echo, könne sich die Verlassenheit zweier Menschen vorstellen, die inmitten der Verwüstung, auf einer die Sonne umkreisenden Schutthalde, erkennen müssen, daß sie die Übriggebliebenen sind, die Letzten, einzige Trauergäste am Grab der Menschheit. Wie sehr, schrie Echo, müßte sich ein Liebespaar wie Deucalion und Pyrrha wohl danach sehnen, ebenso verrenkt oder hingesunken zwischen Kühen, Löwen und Gerümpel zu liegen wie alle Opfer auch. Die Einsamkeit der Überlebenden, schrie Echo, sei gewiß die schlimmste aller Strafen.* (Ransmayr 2000: 166)

Der Ausdruck „die schlimmste aller Strafen" mag den Leser überraschen, denn eine Strafe setzt eine höhere Instanz voraus, die diese Strafe verhängt.

Aber wer betraft Deucalion und Pyrrha? Ihre Bestrafung scheint immanent zu sein.

Ransmayr weist durch die Fiktion auf die Gefährdung der Erde im ausgehenden 20. Jahrhundert hin. Die Gleichgültigkeit, mit der die Einwohner Tomis auf die Folgen des Klimawandels reagieren, spiegelt die Reaktion vieler Zeitgenossen und Staatsmänner wider, die mehr oder weniger sorglos dem Klimakollaps gegenüberstehen, zu dem sie beigetragen haben. Der Rückgriff auf den Mythos verleiht diesem Aufruf einen paradigmatischen Wert und verstärkt die Aussage des Romans.

Fazit

Der Roman *Die letzte Welt* illustriert exemplarisch die Dialektik zwischen Natur und Kultur. Er zeigt, wie der Mensch mit seiner natürlichen Umwelt umgeht: Er will sie sich unterwerfen, gestalten, verändern, sogar ausbeuten. Doch sein Sieg über die Natur ist von begrenzter Dauer. Früher oder später lehnt sich die Natur unaufhaltsam auf: Sie wuchert, sie überwuchert alles, was der Mensch geschaffen hat. Am Ende des Romans ragt plötzlich ein neuer Berg in den Himmel, der Olymp, der mythische Berg schlechthin. Er gilt nicht mehr wie bei Ovid als der Sitz der Götter, die von dort die Menschen besuchen, sondern erhebt sich in einer „menschenleeren" Welt (Ransmayr 2000: 287), wo er den Sieg der Natur über den Menschen symbolisiert. Der Titel des Romans erhält dadurch eine eschatologische Dimension: Er kann nicht nur als geographische Angabe gedeutet werden, im Sinne von Ovids „ultimus orbis" (*Tristia* 1, 1, 127f.), sondern auch als temporale Angabe, als Hinweis auf ein bevorstehendes Ende der Welt.

Bibliographie

RANSMAYR, CH. (2000): *Die letzte Welt*, 10. Aufl., Frankfurt a. M.
ANZ, TH. (1997): *Spiel mit der Überlieferung. Aspekte der Postmoderne in Ransmayrs* Die letzte Welt, in: WITTSTOCK, U. (Hg.): Die Erfindung der Welt. Zum Werk von Christoph Ransmayr, Frankfurt a. M., S. 120–132.

CIEŚLAK, R. (2007): *Mythos und Geschichte im Romanwerk Christoph Ransmayrs*, Frankfurt a. M. et al. (Gießener Arbeiten zur neueren deutschen Literatur und Literaturwissenschaft 27).

GRIMM, F. (2008): *Reise in die Vergangenheit, Reise in die Fantasie? Tendenzen des postmodernen Geschichtsromans*, Frankfurt a. M. et al.

KNOLL, H. (1997): *Untergang und kein Ende: Zur Apokalyptik in Christoph Ransmayrs „Die letzte Welt" und „Morbus Kitahara"*, in: *Literatur für Leser* B. 4, S. 214–223.

MOSEBACH, H. (2003): *Endzeitvisionen im Erzählwerk Christoph Ransmayrs*, München.

PÜTZ, P. (2000): *Wandel und Versteinerung. Christoph Ransmayrs Roman „Die letzte Welt"*, in: ALLKEMPER, A. / EKE, N. O. (Hg.): Literatur und Demokratie. Festschrift für Hartmut Steinecke zum 60. Geburtstag, Berlin, S. 301–312.

SCHIFFERMÜLLER, I. (1990): *Untergang und Metamorphose: Allegorische Bilder in Christoph Ransmayrs Ovid-Roman „Die letzte Welt"*, in: *Quaderni di Lingue e Letterature* B. 15, S. 235–250.

Anna Warakomska (Polen, Warszawa)

Satirisch-Groteske Visionen des Weltunterganges in den Werken von Herbert Rosendorfer

Herbert Rosendorfer gilt als ein begabter Geschichtenerzähler, der sich durch phantastische Logik und einen in der deutschen Literatur seltenen Humor auszeichnet (W. Frühwald 1994: 44; F. Delle Cave 2004: 17). In seinen Werken schildert er aber auch eine vom Tenor des Weltuntergangs bestimmte Kultur, indem er sehr differente Lebensbereiche der modernen Gesellschaft kritisiert. Die Bedrohung der Natur spielt in diesem Zusammenhang oft eine wichtige Rolle. Im vorliegenden Beitrag wird versucht, skizzenhaft eben diese Kritik am Beispiel einiger Romane von Rosendorfer darzustellen. Der Weltuntergang wird daher nicht nur im Sinne einer biblischen Apokalypse verstanden (obwohl solche Bilder in diesem Werk auch präsent sind), sondern breiter – eben als Schieflage der bestehenden Kultur.

Begonnen sei mit der Analyse der Briefe in die chinesische Vergangenheit, eines Bestsellers, in dem die Umweltproblematik von Belang ist. Der Roman erzählt von einem mittelalterlichen Mandarin, Kao-tai, der mit Hilfe einer Zeitmaschine nach München kommt, das Dasein der Einheimischen – der Großnasen – beobachtet und in den Briefen an einen Freund schildert. Man muss nicht hinzufügen, dass diese Perspektive dem Erzähler vieles erleichtert und die Abbildung der Gegenwart in all ihrer Komplexität überhaupt ermöglicht (B. Weder 1991: 10). Die moderne Welt macht auf den Chinesen einen enormen Eindruck; er interessiert sich beinahe für alles: für tägliches Leben, Sitten, Religion, Politik, Kunst, Philosophie und die ‚versäumte' Geschichte. Die Hauptunterschiede, die er zwischen den Kulturen bemerkt, bestehen in Verkümmerung der Umgangsformen, Schmutz und temporalem Chaos; ferner auch in einer für ihn abstrusen Idee des Fortschritts. Er vermutet, die Einheimischen „schreiten" von sich selber „fort", weil es ihnen nicht gefällt, bei sich selber zu sein (H. Rosendorfer 1986: 70). Von besonderem Interesse ist hier die Umweltverschmutzung, die der Chinese traumatisch erlebt und in Bildern eines unabwendbaren Abgrunds schildert:

Die Flüsse sind so rußig, daß es schon kaum noch die Fische gibt. Nur die Groß-
nasen – durch die ihnen schon in die Wiege gelegte Affinität zum Ruß – baden
unbeschadet in den Flüssen. Überall vergraben sie Gift, das sie aus lauter Sucht,

sich irgendwie zu beschäftigen, in ihren Groß-Werkstätten – der Teufel weiß, warum – herstellen (H. Rosendorfer 1986: 108).

Inkriminiert werden dabei sowohl die Nutznießer des Wohlstands wie auch die Regierenden, die zu den besten Freunden bzw. Komplizen der Schmutzerzeuger gehören (vgl. H. Rosendorfer 1986: 106, 142) und „Gesetze erfinden, die es verbieten", Nachrichten, über die Missstände zu verbreiten (H. Rosendorfer 1986: 109). Die Passivität der Politiker will Kao-tai mit radikalen Mitteln beseitigen. Er schlägt das Köpfen der Minister vor:

> „*Es ändert die Welt nicht, aber ein paar Jahre lang sind die Minister weniger korrupt.*" „*Sie reden*", *sagte sein Gesprächspartner, „als kämen Sie aus einer anderen Welt.*" *Ich antwortete nichts* (H. Rosendorfer 1986: 142).

Diese satirischen und erzähltechnisch ironischen Bemerkungen (A. Warakomska 2009: 362) sprengen den seriösen Gehalt eines belangreichen Problems. Eine verwandte Verfahrensweise formt den ganzen Roman. Der Autor banalisiert aber keineswegs den berührten Stoff, er betont vielmehr den Ernst der Lage. Banalisierende Tendenzen verkörpern eher manche seiner Romanfiguren, die als unverbesserlich erscheinen und durch ihre moderne Lebensphilosophie, die grundsätzlich in Oberflächlichkeit, Gier und Selbstsucht besteht, jegliche Katastrophen auf sich ziehen. Kao-tai sieht die Welt als verrottet, verkommen, ihrem unweigerlichen Untergang entgegeneilend. So gibt er uns keine Chance mehr, er glaubt einfach nicht an die Möglichkeit einer Umkehrung aus dem falschen Weg, auf dem sich die Menschheit befindet, und lehnt daher den Vorschlag ab, seine Briefe hier zu publizieren. Wir lesen sie aber trotzdem, was ein Indiz dafür ist, dass der Autor anders als sein Protagonist doch ein Vertrauen auf die heilende Wirkung der Kritik hat.

Auch wenn wir es in den *Briefen* mit keinem realen Weltuntergang zu tun haben, prophezeit der Roman, was kommen kann, wenn die Menschen ihre Einstellung zu sich selbst und ihrer Umwelt nicht ändern. Eine vergleichbare Richtung markiert *Ballmanns Leiden* (H. Rosendorfer 2004a), eine Satire auf die Klientel einer nicht minder seelenlosen Justiz, bei der nicht die reale Welt aller, sondern die imaginierte eines einzelnen untergeht (mehr dazu: D. Engelhardt 1999: 10). In diesem Roman wie auch in den *Briefen* gründen sich die Notlagen auf Zerstörungen in der Umwelt bzw. auf Dissonanzen in zwischenmenschlichen Beziehungen; in anderen Texten, wie etwa *Großes Solo für Anton* oder *Die Goldenen Heiligen*, beruht die Destruktion prinzipiell auf dem technischen Fortschritt.

Bereits im ersten Roman des Autors, *Der Ruinenbaumeister*, wird mehrfach auf das Ende der Welt angespielt. Es kommt hier zu einer atomaren Explosion, nach der die Figuren des Romans Zuflucht in einem vom Titelhelden konstruierten Bunker suchen. In diesem Bunker werden dem namenlosen Protagonisten zahlreiche Geschichten aus den Bereichen ‚Musik‘, ‚Historie‘, ‚Philosophie‘, ‚Religion‘ sowie aus dem Gefühlsleben verschiedener Figuren erzählt.

Die Bilder des Weltuntergangs werden am Anfang des Romans evoziert; angestimmt durch Erinnerung an die Offenbarung des Johannes (vgl. H. Rosendorfer 2004b: 29; Die Bibel 1985: 8.9). Dr. Jacobi – die verkörperte Theorie – erwägt den denkbaren zeitlichen Ablauf des Weltendes und räsoniert über falsche Propheten. Heute seien das die Verehrer der Technik, die seit etwa zweihundert Jahren glauben, alles sei ungefährlich, weil man alles erklären kann. Er nennt das: Verblendung durch Aufklärung (H. Rosendorfer 2004b: 29). Diesen Abschnitt des Romans erfüllen Bilder einer nuklearen Bedrohung. Man spricht von Hiroschima, von modernsten Wunderwaffen, vom Tod als Abfallprodukt der großen Zerstörung. Der Ruinenbaumeister erklärt die technischen Details des Bunkers und Dr. Jacobi durchdenkt die Möglichkeiten des Lebens nach dem Tode.

Aber diese seriösen Gespräche werden zuweilen durch humorvolle Ergänzungen gesprengt. Etwa durch eine Erzählung von einem gewissen Dr. Bianca aus Mailand, der vermittels des spirituellen Kontaktes mit seiner verstorbenen Schwester vom nahenden Weltende informiert wurde. Als Bruder Emman gründet er in den Alpen eine Sekte zur Rettung der Menschen. Man kann ihn also auch als einen ‚falschen Propheten‘ interpretieren. Den Zulauf sichert ihm die Presse, insbesondere ein Bild des auf dem Gletscher aufgetakelten Segelbootes. Über sein geheimes Wissen erfahren wir:

> *Im Laufe der Jahre trat er mit der Crème der verstorbenen Weltliteratur in Verbindung: mit Demosthenes, Lao-tse, Dante und Petrarca, endlich aber mit dem Erzengel Gabriel, der ihm wiederum den Verkehr mit einem nicht näher bezeichneten Himmelwesen namens ‚Logos‘ vermittelte. Die Erdachse werde, so erfuhr Dr. Bianca [...], durch die besagte irrtümliche Atombombenexplosion um fünfundvierzig Grad gedreht, so daß das Meer alles Land überschwemmen werde. Nur die Tibetaner würden – wie auch anders! – weniger durch den schützenden Himalaja als durch ihre notorische mystische Protektion überleben* (H. Rosendorfer 2004b: 33).

Diese Geschichte endet bald harmlos, ihr Inhalt spielt für die Rahmenhandlung keine bedeutende Rolle. Erzähltechnisch fungiert sie aber als Raum einer momentanen Entspannung und Umkehrung der herben Stimmung der früheren Zeilen. Rosendorfer will augenscheinlich seine Leser in diesem Roman nicht abschrecken und eher die brisanten Stoffe aus der Kulturgeschichte vermitteln. Auch der ‚faktische‘ Weltuntergang, der bald folgt, wird nur andeutungsweise skizziert. Ängstigend wirken vielleicht nur die Bilder der zum Bunker eilenden Menschen und die Gewissheit, dass es nicht alle schaffen. Ernst und Komik vermengen sich hier also wie an vielen Stellen seiner Werke.

Etwas anders verfährt Rosendorfer in den *Goldenen Heiligen*, wo die Welt durch Außerirdische bedroht und schließlich zerstört wird. In diesem Roman, insbesondere in seinem zweiten Teil, überwiegen Bilder der Vernichtung und des Verfalls:

> *... der Hammerschlag, den die Goldenen Heiligen uns versetzt hatten, ließ die Welt taumeln. Wir waren ohnedies durch Umweltkatastrophen, die Hungersnöte, Luftverschmutzung, das Ansteigen der Weltmeere angeschlagen: ein Kranker, der sich mühsam auf den Beinen hält. [...] Da kann der Postgiroverkehr nicht mehr funktionieren* (H. Rosendorfer 1992: 148).

Trotz dieser erheiternden Pointe ist die Katastrophe diesmal definitiv, am Ende des Romans erzählt der letzte Mensch auf dem Planeten, Menelik Hichter, von der umfassenden Zerstörung. Aus dem Zitat folgt aber zugleich, dass der ganze Kollaps eigentlich viel früher eingesetzt hat. Das Buch handelt parallel auch von diesem Geschehen. Es werden nämlich die Schwächen und Missgriffe der modernen deutschen Gesellschaft in aller Krassheit dargeboten – vor allem Menschen des so genannten Wassermannzeitalters, die sich nach Erlösung sehnen, aber zu tatsächlich wichtigen Dingen nur ein indifferentes Verhältnis haben und nicht in der Lage sind, den Bedrohungen vorzubeugen. Schon wieder werden hier satirische und ernste Bilder vermischt, so dass sich mit Engelhardt zusammenfassend sagen lässt:

> *Was äußerlich über weite Strecken als Satire des Esoterik-Booms oder als Science-Fiction-Persiflage erscheint, ist im Kern eine Abrechnung mit politischer Unfähigkeit, ökologischer Kurzsicht und der unkontrollierten Bevölkerungsexplosion* (D. Engelhardt 1999: 11).

Über diese Zustände sowie die stets variierenden Lebensformen der bis zur Primitivität verkommenen Menschen berichtet der Ich-Erzähler mit großer Begabung. Sinic spricht in diesem Zusammenhang vom „distanzierten Erzähler" (B. Sinic 2003: 170), der zugleich in der Lage ist, die metaphorische Aufgabe des Romans, der im Untertitel ,*oder Columbus entdeckt Europa*' heißt, hervorzuheben (D. Engelhardt 1999: 11).

Eine vergleichbar trübe Atmosphäre herrscht im Ausgang des Romans *Großes Solo für Anton*, wo der Titelheld die nach einem nächtlichen Vorfall verschwundenen Menschen rematerialisieren will. Sein Versuch wird in grotesken Bildern skizziert: Er schafft skurrile Wesen mit an die Knie angewachsenen Füßen, schlangenartigen Armen; auch blinde ohne Haare mit übergroßen Schädeln, in denen das pulsierende Gehirn zu sehen ist. Ein Hase, auf den Anton seine Gedanken projiziert, macht eine Bilanz dieser Kreation:

Da ist absolut kein Fehler in deine Berechnungen gekommen. Du hattest nur keinen rechten Begriff vom Ergebnis deiner kosmischen Multiplikation (H. Rosendorfer 1981: 335).

Dieser resolute Wink darf doppelt interpretiert werden: als Hinweis auf die menschliche Anmaßung oder als eine verhüllte Klage gegen die misslungene Schöpfung. Die Skepsis erlaubt dem Helden nicht, weiter zu existieren, und er löst sich schließlich auf. Übrig bleibt nur die Erde, die befreit von den Menschen endlich aufatmen kann.

Zum Schluss soll gesagt werden, dass Rosendorfer ein eher pessimistisches Menschenbild hat, jedenfalls belegen dies die oben analysierten Romane. Wiederholt zeichnet er Figuren, die als unreformierbar erscheinen und deshalb nicht in der Lage sind, eine funktionierende Gesellschaft zu bilden. Sie sind hochmütig, egozentrisch, übertrieben wissbegierig, was meistens ins Unheil führt. Aber seine Skepsis ist, meines Erachtens, entweder nicht todernst gemeint oder betrifft nicht alle Menschen – andernfalls müsste er längst aufgehört haben, kritische Bücher zu schreiben, weil der konsequent durchdachte Pessimismus jegliches Engagement, auch das literarische, ausschließt. Der Autor schafft aber immer neue Texte und zeigt zumindest dadurch, dass ihm unsere Angelegenheiten nicht gleichgültig sind. Offensichtlich will er mit beißendem Humor auf die Zeitgenossen – bzw. auf die exklusive Gruppe der doch reformfähigen unter ihnen – Einfluss nehmen. Die Satire und Groteske dienen seiner Gesellschaftskritik und ermöglichen eine Distanz gegenüber eigenen Ansichten zu entwickeln.

Bibliographie

Die Bibel. Nach der Übersetzung Martin Luthers (1985), Stuttgart.
CAVE, F. DELLE (2004): „Schreiben ist für mich Vergnügen". *Herbert Rosendorfer wird siebzig,* in: SONNECK, F. (Hg.): Erlogene Wahrheiten. Festschrift für Herbert Rosendorfer zum 70. Geburtstag, Bozen, S. 16–19.
ENGELHARDT, D. (1999): *Herbert Rosendorfer,* in: *KLG,* B. 8, S. 1–18.
FRÜHWALD, W. (1994): *Die groteske Heiterkeit des Traumes. Zur Einführung in das literarische Werk Herbert Rosendorfers,* in: Literatur in Bayern, Sonderheft: *Herbert Rosendorfer zum 60. Geburtstag,* hg. von D.-R. MOSER, München, S. 40–45.
ROSENDORFER, H. (2004a): *Ballmanns Leiden oder das Lehrbuch für Konkursrecht. Roman,* München.

ROSENDORFER, H. (1986): *Briefe in die chinesische Vergangenheit. Roman*, München.

ROSENDORFER, H. (2004b): *Der Ruinenbaumeister*, München.

ROSENDORFER, H. (1992): *Die Goldenen Heiligen oder Columbus entdeckt Europa*, Köln.

ROSENDORFER, H. (1981): *Großes Solo für Anton. Roman*, Zürich.

SINIC, B. (2003): *Die sozialkritische Funktion des Grotesken. Analysiert anhand der Romane von Vonnegut, Irving, Boyle, Grass, Rosendorfer und Widmer*, Frankfurt a. M. et al.

WARAKOMSKA, A. (2009): *Prawda wyższej instancji. O ironii na przykładzie prozy Herberta Rosendorfera*, Warszawa.

WEDER, B. (1991): *Herbert Rosendorfer*, in: *KLG*, B. 7, S. 1–12.

GABRIELE DÜRBECK (Deutschland, Göttingen)

Apokalypse und Aufklärung:
Frank Schätzings Ökothriller *Der Schwarm*

Im 18. Jahrhundert wurden Naturereignisse mit hohem Zerstörungspotenzial häufig als Apokalypse und Strafe Gottes gedeutet. In der literarischen Repräsentation von Naturkatastrophen und globalem Umweltwandel in der Gegenwart tritt die Vorstellung einer Strafe für Fehlverhalten erneut gehäuft auf, und zwar in der säkularisierten Rede von der ‚Rache der Natur', welche in der Regel einen warnenden Charakter hat (A. Goodbody 2006). Zugleich ist ein wesentlicher Teil der zeitgenössischen Umweltliteratur geprägt von der Leitmetapher der Apokalypse (L. Buell 1995: 285). Während die Offenbarung des Johannes die Apokalypse gemäß der ursprünglichen Wortbedeutung als Enthüllung und Hervorbringung einer neuen vollkommenen Welt nach der Zerstörung darstellt, sei, so Klaus Vondung (1988), nach den großen Katastrophen des 20. Jahrhunderts eine positive Deutung der Apokalypse im Sinne einer Katharsis obsolet. Ihre literarischen Funktionen changieren zwischen Faszination am Untergang und Warnung vor (weiterer) Zerstörung von Natur und Umwelt.

Vor diesem Hintergrund wird Frank Schätzings millionenfach verkaufter Ökothriller *Der Schwarm* in den Blick genommen. Der Beitrag untersucht die Frage, inwiefern die apokalyptische Rhetorik die potentielle Aufklärungs- und Warnfunktion des Romans stützt oder ihr zuwiderläuft. Der Roman stellt eine rapid zunehmende Häufung lokaler Zwischenfälle dar, die sich als Elemente einer globalen Umweltkatastrophe erweisen und das Überleben der Menschheit bedrohen. Die Ökokatastrophe wird auf ein natürliches Agens zurückgeführt, eine mysteriöse Schwarm-Intelligenz im Ozean, die Rache für die anhaltende Verseuchung der Meere nimmt.

,Biosiegel' wissenschaftlich wertvoll vs. antiaufklärerisch:
Zur Rezeption des Schwarms

In der Rezeption des Romans lassen sich im Wesentlichen zwei Richtungen voneinander unterscheiden: Die einen attestieren dem *Schwarm* eine packende, wissenschaftlich gesättigte Erzählung aktueller Umweltprobleme. Die düstere Prognose einer ökologischen Katastrophe vermittle „umfangreiche ökologische Kenntnisse" und sei „leider allzu realistisch".[1] Bei der Verleihung des GEO-Oscars „Stein im Brett" an Schätzing 2007 heißt es in der Begründung, der Roman liefere „naturwissenschaftliche Phänomene der Meeresumwelt in spannender Form".[2] Damit wird offiziell bescheinigt, dass im Roman dargestellte Szenarien wissenschaftliche Fakten transportierten. Die Formel: „Ökologische Botschaft verpackt als Umweltthriller"[3] bringt die Aufklärungsfunktion auf den Punkt.

Diese wird von einer zweiten Rezeptionsrichtung in Abrede gestellt, wobei eine Bewertung der Wissensvermittlung unterbleibt. Kritisiert werden ,vormoderne' Erzählweise und finale Heilserwartung, die das „Ziel aufgeklärten Erzählens verfehlt[en]" und „entmündigend" wirkten (B. Wanning 2008: 357). In der *SZ* ironisiert Robin Detje (2004) den „hymnischen neuen Öko-Pantheismus" als „eindeutig religiös" und stuft den Roman damit als nicht-aufklärerisch ein, obgleich er die erzählerische Spannung lobt.[4]

Wissenspopularisierung

Der Roman verarbeitet unterschiedliche Wissenschaften wie Tiefseeforschung, Geo- und Umweltwissenschaften, Mikrobiologie, Vernetzungstheorien und Verhaltensforschung; aber auch ethnisch spezifiziertes Wissen von Inuit und nordamerikanischen Indianern prägt die Handlung. Dieses Wissen

---

1   http://www.planeterde.de/aktuelles/geo-szene/Schwarm/ <zuletzt 20.02.11>. Die geowissenschaftliche Webseite, die durch BMBF und UNESCO unterstützt wird, stellt eine Reihe nützlicher Links zur Überprüfung der wissenschaftlichen Fakten des Romans bereit.

2   http://www.g-o.de/geounion-aws_koepfe-7418.html bezieht sich auf den Roman sowie auf Schätzings populärwissenschaftlich angelegtes Sachbuch *Nachrichten aus einem unbekannten Universum* (2006).

3   http://www.phantastik-couch.de/frank-schaetzing-der-schwarm.html.

4   In der *TAZ* wird der Antiamerikanismus als zu „simpel gestrickt" kritisiert, wodurch die Glaubwürdigkeit des Romans insgesamt in Zweifel gezogen werde (Rapp 2004).

wird in popularisierter Form präsentiert, wobei – bei einem erfolgreichen Werbefachmann wie Frank Schätzing nicht überraschend – sämtliche Register gezogen werden. Die in der neueren Forschung zur Wissenspopularisierung entwickelten Kriterien (z. B. A. Daum 1998; C. Kretschmann 2003) sind in unterschiedlicher Gewichtung auch im *Schwarm* auffindbar. Sie seien im Folgenden skizziert. Der Roman bietet fachliche Kompetenz auf der Höhe der Zeit; bei der Darstellung des Wissens stehen Verständlichkeit und Anschaulichkeit an erster Stelle; sinnlich Erlebbares wird betont und Komplexität reduziert; auch wird das Wissen an Personen rückgekoppelt, so steht im Roman für jedes dargestellte Wissenschaftsfeld eine Figur; und es werden Bezüge zum Alltag des Publikums hergestellt,[5] etwa wenn nicht-akademische Gesprächssituationen bei einem Café oder einer Taxifahrt die Wissensvermittlung einrahmen, oder wenn auf die im Bewusstsein allgegenwärtige Umweltkrise angespielt wird. „Breitenwirksam" ist bereits die Wahl des Genres (C. Kretschmann 2003: 14), ,escalation sells' könnte man sagen. Auch die wiederholten intermedialen Bezüge zu Hollywoods Action- und Desasterszenarien wie *Krieg der Planeten, The Abyss, Armageddon, Deep Impact* oder *The Independence Day* knüpft an die Rezeptionserfahrung eines breiten Publikums an. Dabei folgt der Roman oft einer filmischen Logik und scheint sogar auf eine potentielle Verfilmung hin geschrieben zu sein.

Auffallend ist, dass Wissen grundsätzlich in Gesprächen und kommentierten Kurzvorträgen, also dialogisch und interaktiv präsentiert wird, ein weiteres Kriterium für Popularisierung (vgl. C. Kretschmann 2003: 9). Im Roman wird der Wissenstransfer in dreifacher Weise dargestellt: a) als Diskurs unter Experten verschiedener Wissensfelder, die sich gegenseitig auf den jeweiligen Stand des fachfremden Wissens bringen, b) als hierarchischer Wissenstransfer, indem ein Experte dem Laienpublikum wissenschaftliche Sachverhalte erklärt, und c) als Prozess wechselseitiger Beeinflussung von Experten sowie Politikern und Geheimdienstmitarbeitern, die in einer *task force* zur Bekämpfung der Angriffe aus dem Meer eingesetzt sind. In der Popularisierung wird das Wissen jedoch nicht lediglich vereinfacht, sondern „transformiert" und „neu konstituiert" (C. Kretschmann 2003: 16).

(Zu a) Im Expertendialog werden, was bei Wissenspopularisierung in der Regel vermieden wird, Fachtermini eingesetzt, diese werden aber durchwegs erklärt. Oft stehen sie allerdings im Kontext einer schnoddrigen, betont nichtwissenschaftlichen Sprache. Diese Laxheit im Umgang der Sprache transformiert die Dignität des dargestellten Wissens. Die Wissenschaftler erscheinen weniger abgehoben, sondern emotional lebendig, wodurch die Differenz zwischen dem Horizont der Experten und des Publikums eingeebnet wird.

---

5   Vgl. den „Idealkatalog" des wirksamen ‚Populärstils' im 19. Jahrhundert gemäß A. Daum (1998: 249–257).

(Zu b) Wie für Wissenspopularisierung charakteristisch, wird auch im Roman das „Wissensgefälle" deutlich markiert (C. Kretschmann 2003: 14), etwa wenn der halbfiktive Professor Gerhard Bohrmann des Kieler Forschungszentrums Geomar einer Schulklasse am Tiefseesimulator den Prozess des Methanhydratabbaus erklärt (F. Schätzing 2005: 129f.) oder wenn sich ein Experte bei der Erklärung der Rolle von Isotopen für die Bildung von Methangas zwischendurch des Verständnisses des Laien versichert; die Antwort: „Sehr gut, setzen" (ebd., 98) betont das vorhandene Wissensgefälle, indem es zugleich ironisiert wird. Die Anknüpfung an real existierende Personen stärkt dabei die avisierte wissenschaftliche Glaubwürdigkeit dargestellter Sachverhalte.

Wenn dabei nicht nur auf den möglichen Nutzen des Methanhydrats als Rohstoff für Energiegewinnung, sondern auch auf die Gefahren von dessen Abbau hingewiesen wird (ebd.: 130), erscheint Wissenschaft nicht als neutral, sondern als zweckgebunden. Wenn zugleich eine technikgestützte Grundlagenforschung gegenüber anwendungsbezogener Forschung und Ressourcenausbeutung favorisiert wird, zeichnet sich die Spur eines „kulturkritischen Metadiskurses" ab, eine gemäß Zapf (2008: 32f.) wichtige „kulturökologische Funktion" von Literatur.

(Zu c) Das Wissen vom mysteriösen Superorganismus im Meer wird zunächst in wechselseitiger Kommunikation erzeugt. Doch im Verlauf der Handlung differenzieren sich zwei konkurrierende Lager innerhalb der *task force* aus: Das eine zielt auf Auslöschung der fremden ‚Intelligenz' und entwickelt eine Geheimwaffe, das andere plädiert für deren Integration. Das genrebedingte Gut-Böse-Schema verschiebt sich, vom Feind im Äußeren, der Tiefsee, zum Feind im Inneren der Menschheit. Dies geht mit der Gegenüberstellung von zwei verschiedenen Mensch-Natur-Verhältnissen einher (vgl. G. Dürbeck/P. H. Feindt 2010): einem *anthropozentrischen*, in dem die Ausbeutung der Natur als gerechtfertigt gilt – es führt am Ende des vierten Teils in die Katastrophe und wird damit negativ bewertet; und einem *biozentrischen*, in dem die mysteriöse ‚Intelligenz' im Meer als Teil des gesamten Ökosystems begriffen wird: „Wir können und müssen die Yrr nicht verstehen. Aber wir müssen dem, was wir nicht verstehen, Platz einräumen" (F. Schätzing 2005: 775). Die im fünften Teil dargestellte Begegnung der Wissenschaftsjournalistin Weaver mit der ‚Schwarm-Königin' trägt ‚ökospiritualistische' Züge (E. Horn 2009: 120).

Die Wissenspopularisierung dient der Erklärung der bedrohlichen Schwarmintelligenz. Eine Lösung wird allerdings erst dadurch erzielt, dass ein positivistischer mit einem holistischen, ethnisch konnotierten Wissensbegriff amalgamiert wird.

Tragische und komische Apokalypse

Die Wissensvermittlung im *Schwarm* ist eingebettet in eine apokalyptische Rhetorik, wobei das Genre „Science Fiction [...] die Entfaltung schrecklicher Katastrophenvorstellungen" begünstigt (G. Lehnert 1991: 297). Dem ersten Teil ist ein Motto aus der Johannes-Offenbarung vorangestellt. Viele kleine Katastrophen – Attacken von Walen gegen den Menschen, verseuchte Hummer in einem französischen Feinschmeckerrestaurant, Würmer, welche die Methanhydratschicht destabilisieren u. v. m. – gipfeln schließlich in der Großkatastrophe, als der Kontinentalschelf vor der norwegischen Küste einstürzt und in der dadurch ausgelösten Flutwelle „Hunderttausende" Nordeuropäer den Tod finden (F. Schätzing 2005: 435). Doch wird über einzelne Opfer, mit einer Ausnahme (ebd.: 422, 513), ebenso wenig berichtet wie über die konkreten Auswirkungen der Katastrophe. An diese Stelle rücken einzelne Begriffe, wie „erzürnter Gott" (ebd.; 397), „Desaster" oder „Mahlstrom" (ebd.: 398). Als leere Versatzstücke können sie dem Geschehen allerdings kaum einen Sinn verleihen. Und wenn es ausdrücklich heißt: „Es war die Apokalypse" (ebd.: 425), bleibt die kathartische Wirkung des verheerenden Tsunamis aus. Trotz mancher Parallele zum Siebenphasenschema der biblischen Apokalypse, in der die Katastrophen (Hagelschauer, Feuer, Donnergrollen, Finsternis, bitteres Wasser, Schiffsuntergänge) mit jeder weiteren Öffnung des Siegels an Intensität zunehmen, beschließt kein erlösendes Weltgericht den Roman. Eher ließe sich in der Darstellung gemäß Klaus Vondung (1990: 134) und Gert Ueding (2001) eine Lust am Apokalyptischen erkennen. Dies gilt nicht nur für den ersten, sondern auch für das Ende des vierten Teils, wo der Flugzeugträger *USS Independence* in einem dramatischen Showdown untergeht. Gleichwohl gibt es Überlebende, wie der nachfolgende fünfte Teil und Epilog bezeugen.

Aufgrund dieser Konstruktion drängt sich die Frage nach einer Bewertung des Schlusses auf. Obwohl am Ende nicht explizit von der Apokalypse die Rede ist, bestimmt das proleptische Motiv vom Untergang der Menschheit die Narration. In seiner Studie zur Milleniumsrhetorik hat Stephen O'Leary gezeigt, dass Darstellungen der Apokalypse entweder tragisch oder komisch eingerahmt seien:

> *Tragedy conceives of evil in terms of guilt; its mechanism of redemption is victimage, its plot moves inexorably toward sacrifice and the 'cult of the kill'. Comedy conceives of evil not as a guilt, but as error; its mechanism of redemption is recognition rather than victimage, and its plot moves not toward sacrifice but to exposure of fallibility.* (S. O'Leary 1994: 68)

Während die tragische Apokalypse das Böse als schuldhafte Verstrickung auffasst, wird bei der komischen von einem Fehler oder Irrtum ausgegangen, der durch Erkenntnis getilgt werden kann. Die Tragödie läuft auf eine Katastrophe hinaus, die komische Apokalypse hingegen ist ‚offen und episodisch' (so G. Garrard 2004: 87). Bezogen auf Schätzings Roman lässt sich der Untergang der USS *Independence* als tragische Apokalypse deuten; Naturausbeutung, Fortschrittsoptimismus, linear-westliches Denken kollabieren. Der Epilog, in dem Samantha Crowes Tagebuch das Ausbleiben der Angriffe aus dem Meer notiert, weist hingegen Merkmale einer komischen Apokalypse auf, da die Möglichkeit einer Erkenntnis benannt wird. Wenn es heißt, dass „die Yrr […] uns die Welt gezeigt" hätten und „nichts mehr [ist], wie es war" (F. Schätzing 2005: 987), lässt sich ableiten, dass die dargestellte ‚Rache' eine warnende Funktion erfüllt, die eine Umkehr aus Einsicht meint. Dafür spricht die recht plakative Botschaft, dass es „erste Anzeichen für ein Umdenken [gibt], welche Rolle wir auf unserem Planeten spielen" (ebd.: 986). In diesem Kontext werden klassische Themen der Ökoliteratur (Luftverschmutzung, Artensterben, Überfischung der Meere u. a.) explizit in die Verantwortung des Menschen gestellt (ebd.: 987). Eine warnende Funktion käme dem Schluss insofern zu, als das Unterbleiben der Angriffe „ausgesetzt" wird (ebd.; 983), um der Menschheit eine zweite Chance einzuräumen. Da bei aller Wissenspopularisierung eine Darstellung der sozialen Auswirkungen der natürlichen und anthropogenen Katastrophen unterbleibt, die apokalyptische Rhetorik die ökologische Problemlage extrem vereinfacht (vgl. G. Garrard 2004: 105) und die Unterwerfung des Menschen unter einen Superorganismus für eine pluralistische Gesellschaft keine attraktive Lösung anbietet, lässt der Roman jedoch offen, worin ein verändertes Denken und Verhalten in der Praxis bestünde – das Genre schlägt zurück.

Bibliographie

BUELL, L. (1995): *The Environmental Imagination. Thoreau, Nature Writing, and the Formation of American Culture*, London.

Das Meer schlägt zurück – Dichtung und Wahrheit in Schätzings Thriller Der Schwarm. http://www.planeterde.de/aktuelles/geo-szene/Schwarm/ <zuletzt 20.02.2011>

DAUM, A. W. (1998): *Wissenschaftspopularisierung im 19. Jahrhundert. Bürgerliche Kultur, naturwissenschaftliche Bildung und die deutsche Öffentlichkeit, 1848–1914*. München.

DETJE, R. (2004): *Die Rache des Killerschleims*, In: *Süddeutsche Zeitung*, Nr. 53, 4. März 2004, S. 16.

DÜRBECK, G. / FEINDT, P. H. (2010): Der Schwarm *und das Netzwerk im multiskalaren Raum: Umweltdiskurse und Naturkonzepte in Schätzings Ökothriller,* in: ERMISCH, M. / KRUSE, U. / STOBBE, U. (Hg.): Ökologische Transformationen und literarischen Repräsentation, Göttingen, S. 213–230

GARRARD, G. (2004): *Ecocriticism.* London/New York. http://www.g-o.de/geounion-aws_koepfe-7418.html <zuletzt 20.02.2011>

GOODBODY, A. (2006): *Nature's Revenge. The Ecological Adaptation of Traditional Narratives in Fifty Years of German-speaking Writing,* in: *Tamkang Review. A Quarterly of Literary and Cultural Studies,* B. 37, S. 1–27.

HORN, E. (2009): *Das Leben ein Schwarm. Emergenz und Evolution in moderner Science Fiction,* in: HORN, E. / GISI, L. M. (Hg.): Schwärme. Kollektive ohne Zentrum. Eine Wissensgeschichte zwischen Leben und Information, Bielefeld (Masse und Medium 7), S. 101–124.

KRETSCHMANN, C. (2003): *Einleitung: Wissenspopularisierung – ein altes, neues Forschungsfeld,* in: KRETSCHMANN, C. (Hg.): Wissenspopularisierung. Konzepte der Wissensverbreitung im Wandel, Berlin (Wissenskultur und gesellschaftlicher Wandel 4), S. 7–21.

LEHNERT, G. (1991): *Endzeitvisionen in der Science Fiction,* In: KAISER, G. R. (Hg.): *Poesie der Apokalypse,* Würzburg, S. 297–312.

O'LEARY, S. D. (1994): *Arguing the Apocalypse. A Theory of Millennial Rhetoric,* Oxford/London. http://www.phantastik-couch.de/frank-schaetzing-der-schwarm.html <zuletzt 20.02.2011>

RAPP, T. (2004): *Das Meer kämpft zurück,* In: *TAZ,* 21. Februar 2004.

SCHÄTZING, F. (2005): *Der Schwarm. Roman,* Frankfurt a. M.

UEDING, G. (2001): *Katastrophenliteratur oder Die Lust am Untergang – auf dem Papier,* in: BECKER, H. D. DOMRES, B. / VON FINCK, D. (Hg.): Katastrophe: Trauma oder Erneuerung?, Tübingen, S. 163–182.

VONDUNG, K. (1988): *Die Apokalypse in Deutschland,* München.

VONDUNG, K. (1990) *„Überall stinkt es nach Leichen". Über die ästhetische Ambivalenz apokalyptischer Visionen,* in: GENDOLLA, P. / ZELLE, C. (Hg.): Schönheit und Schrecken. Entsetzen, Gewalt und Tod in alten und neuen Medien, Heidelberg (Reihe Siegen 72), S. 129–144.

WANNING, B. (2008): *Yrrsinn oder die Auflehnung der Natur: Kulturökologische Betrachtungen zu* Der Schwarm *von Frank Schätzing,* in: ZAPF, H. (Hg.): Kulturökologie und Literatur. Beiträge zu einem interdisziplinären Paradigma der Literaturwissenschaft, Heidelberg, S. 339–357.

ZAPF, H. (2008): *Kulturökologie und Literatur. Ein transdisziplinäres Paradigma der Literaturwissenschaft,* in: ZAPF, H. (Hg.): Kulturökologie und

Literatur. Beiträge zu einem transdisziplinären Paradigma der Literaturwissenschaft, Heidelberg (Anglistische Forschungen 387), S. 15–44.

Sektion (59)

Stadtvorstellungen und -utopien in Literatur und Geschichte

Betreut und bearbeitet
von
Yoshito Takahashi, Ahn Mun-Yeong
und Engelhard Weigl

Einleitung

Schon seit den ersten Städtegründungen der Antike fühlten sich mehr und mehr Menschen von dieser neuen Form eines Gemeinwesens geradezu magisch angezogen. Die Stadt war für sie aber sehr bald nicht nur ihr Lebens- und Arbeitsraum, sondern mit ihr verknüpften sich rasch sowohl positive als auch negative Vorstellungen und Utopien, wie sie dann viel später Walter Benjamin in seinem „Passagen-Werk" ganz konkret und ausführlich analysiert hat.

Die Idee der „idealen Stadt" ist in der europäischen Literatur immer wieder aufgegriffen und ganz unterschiedlich gestaltet worden, wobei die zeitliche Spannweite des Themas von der Darstellung der Insel Atlantis in Platons Dialog „Kritias" über die christliche Vorstellung der „Stadt Gottes" und des „himmlischen Jerusalem", über die Stadt Grippia im mittelalterlichen Spielmannsepos „Herzog Ernst", Tommaso Campanellas „Città del Sole" und Francis Bacons „Nova Atlantis" bis in die Neuzeit hineinreicht, wofür als besonders prägnante Beispiele Johann Gottfried Schnabels „Insel Felsenburg" oder Aldous Huxley's „Island" angeführt werden können.

Es überrascht eigentlich nicht, dass solche Idealvorstellungen auch auf die reale Stadtplanung eingewirkt haben. Die Architekten und Künstler der Renaissance und mit ihnen dann die deutschen Stadtplaner vom 16. Jahrhundert an waren ganz sicherlich davon beeinflusst. In der zweiten Hälfte des 18. Jahrhunderts griffen Justus Möser und Johann Wolfgang Goethe auf solche Traditionen zurück, womit sie die Idee verbanden, dass man im zersplitterten „Deutschen Reich" verschiedene eben dieser Struktur gemäße „Kulturstädte" schaffen könne und müsse, ein Projekt, das Goethe später in Weimar relativ erfolgreich realisieren konnte. Einer solchen eingegrenzten kleineren Kulturstadt gab in der Mitte des 19. Jahrhunderts Wilhelm Riehl in seinem „Wanderbuch" (1869) ebenso den Vorzug wie zu Beginn des 20. Jahrhunderts Heinrich Mann in seinem Roman „Die kleine Stadt" (1909).

Die um die Mitte des 19. Jahrhunderts einsetzende Industrialisierung beschleunigte jedoch die ständig fortschreitende Vergrößerung der Städte, wodurch der Gegensatz zwischen Natur und Industrie sowie Individualität und Massengesellschaft immer deutlicher wurde. Wilhelm Raabes Roman „Die Chronik der Sperlingsgasse" (1857) behandelt als eines der ersten dichterischen Zeugnisse dieses Thema. In einer kleiner Berliner Straße, die in einem schroffen Gegensatz zur Massengesellschaft steht, existierte seinerzeit eine glückliche und idyllische Welt voller menschlichen Wärme, die aber der alles verschlingenden Dynamik der Industrialisierung nicht standhalten konnte und ihr zum Opfer fiel.

Raabes aus heutiger Sicht eher sentimentale Trauer verwandelte sich im ausgehenden 19. Jahrhundert zu einem schmerzlichen „Schrei", wie er im gleichnamigen Gemälde von Edvard Munch (1893) zu sehen ist. Nicht nur Munch, sondern auch ganz verschiedene deutsche Maler des Expressionismus wie E. L. Kirchner, Max Beckmann, O. Dix oder G. Grosz beklagten in ihrer Malerei und Zeichnungen die tief sitzende Angst und Hilfslosigkeit der modernen menschlichen Existenz. In einem unbetitelten Gemälde (1920) von Grosz steht eine Person ohne Gesicht und ohne Hände vor Hochhäusern und Fabriken. Das ist ein ebenso neuer wie erschreckender Ausdruck des Verlustes der Individualität in der modernen Stadt. Solche düsteren und beängstigenden Bilder und Deutungen der Stadt fanden sich dann auch in nicht wenigen Dichtungen und Filmen der Zeit, wie in Alfred Kubins Roman „Die andere Seite", Upton Sinclairs „Dschungel", Alfred Döblins „Berlin Alexanderplatz" oder Fritz Langs „Metropolis". Nicht zu vergessen sind die Romane und Erzählungen Franz Kafkas, in denen die Ausweg- und Orientierungslosigkeit des Menschen in der Stadt symbolisch in den Vordergrund tritt.

Diese dystopischen Stadtbilder verbanden sich bei anderen deutschen Dichtern mit den apokalyptischen Vorstellungen und Motiven des Weltendes. Ohne diesen Hintergrund aber müssen sich wiederum Rainer Maria Rilkes „Stunden-Buch" (1905) und Thomas Manns „Doktor Faustus" (1947) zwangsläufig unserem näheren Verständnis entziehen.

Grosz zeigte in seinem Werk immer wieder anschaulich die Anonymität des Menschen in der modernen Stadt. Aber nicht nur die Menschen, die dort „hausen", sondern die riesigen modernen Städte selbst mit ihren Wolkenkratzern sind gesichtslos und anonym. Die von den Hochbauten dominierten Stadtlandschaften sind in Chicago, im Bezirk Shinjuku in Tokyo, im Bezirk Defence in Paris oder in Shanghai einander mehr oder weniger gleich. Unter dem Einfluss von Franz Kafka, F. Scott Fitzgerald u. a. räumte Haruki Murakami, ein auch in Deutschland gerne und viel gelesener japanischer Dichter, diesen anonymen Stadtbildern in seinem Roman „Hard-Boiled Wonderland und das Ende der Welt" eine zentrale Position ein. Deutlich aus alledem wird, dass Großstädte wie diese, um einen Begriff Walter Benjamins aufzugreifen, über keinerlei „Aura" mehr verfügen, und dahingestellt sei, ob heutzutage überhaupt noch jemand mit ihnen den Begriff „Heimat" zu verbinden vermag.

Yoshito Takahashi, Ahn, Mun-Yeong, Engelhard Weigl

ENGELHARD WEIGL (Australien, Adelaide)

Literatur als Stadtereignis.
Die Kontroverse um den „Patrioten" in Hamburg 1724

Mit der Anrede: „An alle meine Mit-Bürger in und ausser Hamburg / in Städten / Flecken und Dörffern" wendet sich am Mittwoch, den 5. Januar 1724
ein anonymer Verfasser in einer schmalen Schrift an das Hamburger Publikum. „Ich bin ein Mensch ..."[1] mit diesem ersten programmatischen Satz
seiner fiktiven Biographie setzt in Hamburg mit einem Paukenschlag Aufklärung als Stadtereignis ein. Das „ich" des anonymen Verfassers wird für einen
kurzen aber wichtigen Zeitraum zum Zentrum einer sich in Deutschland erst
bildenden bürgerlichen Öffentlichkeit. Diese neue Öffentlichkeit ist in den
20er Jahren des 18. Jahrhunderts noch auf den städtischen Raum beschränkt.
1721 erscheint die erste Moralische Wochenschrift in Zürich, dann 1724 in
Hamburg und 1725 in Leipzig. So wird die Stadt zum Experimentierfeld
einer schmalen Elite, die den geschlossenen Diskussionskreis der Tisch- und
Sprachgesellschaften verläßt und zur „Selbstverständigung derer, die sich zur
Mündigkeit berufen fühlen"[2] auch die Kaffeehäuser, die Börse und die bürgerliche Wohnstube einbezieht. Hamburg nimmt jedoch in der Reihe der
ersten deutschen Städte, die die englische Aufklärung nachzuahmen versuchen, eine Sonderstellung ein, denn die starke Opposition gegen die neue
wöchentlich erscheinende Schrift, macht Aufklärung zum Diskussionsgegen-
stand nicht nur in der bürgerlichen Wohnstube, sondern auch auf der Straße.
Die fiktive Gestalt des „Patrioten" gewinnt dabei eine Realität, die sich in
Schrift und Gegenschrift weiter entfaltet und in seinen konkreten Formen
eine oft groteske Gestalt annimmt. In seinem 152. Stück vom 28. November
1726 sammelt der Patriot, nachdem er die Auseinandersetzung mit seinen
Gegner wohl überstanden hat, in einer Liste die „Ehren-Titel", die ihm zu-
gedacht waren: „Der Patriot ist ein tummer Kerl; ein Animal brutum; ein
Fanaticus; ein Schwärm-Geist ... ein armer Tropf; ein Braten-Wender; ein
Lügner; ein Simplizissimus; ... ein Phantast, dessen Piecen magere Hasen-
Schriften und mit überhäuften Sottises angefüllt; ... eine Ehr-geitzige Bestie;
ein Aufschneider; ein Ignorant; ein Harlequin; ... ein Viel-Anheber und Viel-

1   Der Patriot. Hrsg. von Wolfgang Martens. Band 1. Berlin 1969, S. 1.
2   Jürgen Habermas: Strukturwandel der Öffentlichkeit: Untersuchungen zu einer
    Kategorie der bürgerlichen Gesellschaft. Neuwied und Berlin 1962, S. 55.

Probierer, aus dessen halb-verfaultem Esel- und Pferde-Gerippe die garstigen
Aaß-Fliegen oder Schmeiß-Mücken der Viel-Versucherey hervor kriechen;
... ein unbesonnener, rasender Hottentotte; ein Teufel, dessen Anschläge ein
Fluch und Pestilentz sind, ... ein vom höllischen Fieber unsinniger
Pasquillant ..."³

Scharf und präzis setzt sich der fiktive Verfasser, ohne Eigennamen, nur
mit dem Eigenschaftsnamen „der Patriot" ausgestattet und ohne Ort, mit
jedem Satz in seiner Selbstpräsentation von seiner traditionellen Herkunfts-
welt ab. Das Ideal, das er dabei entwirft, um sich als Sittenrichter der Stadt zu
legitimieren, wird für die traditionellen Institutionen zur Provoation: „Ich bin
ein Mensch, der zwar in Ober-Sachsen gebohren, und in Hamburg erzogen,
worden: der aber die ganze Welt, als sein Vaterland, ja als eine eintzige Stadt,
und sich selbst als einen Verwandten oder Mit-Bürger jedes anderen Menschen, ansieht. Es hindert mich weder Stand, noch Geschlecht, noch Alter,
daß ich nicht jedermann für meines gleichen, und ohne den geringsten Unterschied, für einen Freund, halte."⁴ Seine demonstrative Weltläufigkeit wird
durch seine zwanzigjährige Reise durch alle Weltteile noch unterstrichen, die
ihn zusammen mit einer breiten philosophischen Ausbildung jeder Bindung
an lokale Traditionen enthebt. Lektüre und Selbsterkenntnis durch Introspek-
tion haben ihn dazu verholfen, „gegen alle Gewohnheit, Vorurtheile und
Leidenschaften" gewappnet zu sein. Die Entwurzelung vom Herkunftsland
entspricht seine soziale Ungebundenheit. Die überkommene Ständegesell-
schaft wird von ihm ideell außer Kraft gesetzt, weil „weder Stand, noch Geschlecht, noch Alter" für ihn ein Hindernis darstellt, jeden Menschen, „ohne
des geringsten Unterschieds" für seinesgleichen und für einen Freund zu
halten. Unverheiratet und unbekannt in einer „angenehmen Stille" lebend,
sichert Landbesitz und durch Erbschaft erworbener Reichtum seine Unab-
hängikeit und damit den interessenlosen Blick auf die Hamburger Gesellschaft. Keine extreme Gemütsbewegung vermag die Objektivität seines Urteils zu gefährden. „Ich fürchte nichts, ich betrübe mich nicht unmäßig, ich
schweiffe nicht aus in meiner Freude, ich zürne nicht, ich beneide niemand,
und kurtz, mein eintziges Bemühen, ja meine ganze Leidenschaft ist, mit
Vergnügen zu sehen, daß es jedermann wohl gehe." Sympathie und Mitleid
für seine Mitmenschen motivieren die Gesellschaftskritik des Patrioten, die
eher den „Ausschweifungen der Reichen" als den „kleinen Thorheiten des
Pöbels"⁵ gilt. Die Anonymität des Patrioten in dieser großen Stadt ist so vollkommen, daß er sich gleichsam wie mit einer Tarnkappe durch die Straßen
bewegen und seine Beobachtungen unbemerkt anstellen kann. Gesteigert

3 Der Patriot. Hrsg. von Wolfgang Martens Berlin 1970, Bd. III, S. 385.
4 Der Patriot, Bd. 1, Berlin 1969, S. 1.
5 Der Patriot, Bd. 1, Berlin 1969, S. 1–4.

wird die Möglichkeit der Beobachtung seiner Mitbürger noch durch ein fin-
giertes umfangreiches Korrespondentennetz von freiwilligen und bezahlten
Kundschaftern, so daß er von sich behaupten kann, daß er „um alle Geheimnisse dieser Stadt weiß", daß er seine Mitbürger besser kenne als sie sich
selbst.[6] Die Legitimation seines Urteils über den kritischen Zustand der Stadt
wächst sich zu einer deutlichen Drohung gegenüber seinen Mitbürgern aus,
sie sehen sich plötzlich von einer neuen unbekannten Instanz einer totalen
Kontrolle unterworfen, die damit droht, die eingewurzelten Irrtümer, Miß-
bräuche und üblen „Gewohnheiten" öffentlich bekannt zu machen, sie in
ihrer „lächerlichen oder gefährlichen Wirkung vor Augen"[7] zu stellen. Der
Patriot beruft sich bei seinem neuen, von keiner vertrauten Institution ge-
stützten Aufsichtsamtes auf die Einrichtung des römischen Censors, der über
die Sitten und das häusliche Betragen seiner Mitbürger zu wachen hatte. Für
die Zeitgenossen wurde das erste Heft des „Patrioten", mit dem sich ein neuer Zeitschriftentypus auf dem Kontinent etablierte, zum Anlaß erheblicher
Unruhe. Die satirischen Übertreibungen in der Biographie des Patrioten,
werden nicht als spielerische Distanzierung vom moralischen Richteramt
gelesen, sondern werden ernst genommen und steigern so die Aggression
gegen den anmaßenden Eindringling, der seine Identität nicht preisgibt.

Die Opposition gegen den „Patrioten" setzt schnell und hitzig ein. Erschien die erste Ausgabe des „Patrioten" am 5. Januar 1724, die zweite am
13. Januar, so antworten darauf bereits eine Woche später Mitte Januar die
ersten Pamphlete gegen den Patrioten und Ende Januar die ersten Flugschriften, die für den Patrioten Partei einnahmen. Ihren Höhepunkt erreichte die
Auseinandersetzung im Februar und März. Fast alle Flugschriften scheinen in
Hamburg oder in Altona herausgekommen zu sein.[8] Die Auseinandersetzung
findet jedoch nicht nur in Flugschriften statt. Verzichtet der Patriot selbst
konsequent, auf die Angriffe direkt zu reagieren, so übernimmt die französische Übersetzung des Patrioten in ihren Vorworten diese Rolle. Gehen einige
Flugschriften systematisch vor, sodaß sie sich die Themen der einzelnen
Hefte nach der Reihe der Erscheinungsweise vornehmen. So in: „Sehr gelinde REFEXIONS, über den So genannten Patrioten / und dessen Num. 1. 2. 3.
Anno 1724." Dem dann auch ein weiteres Heft „Sehr gelinde REFEXIONS,
über den So genannten PATRIOTEN und dessen Num. 4. 5. Anno 1724."
folgen sollte. Die folgende Nummer, die sich mit dem Patrioten Nummer 6
und 7 auseinandersetzt, bezieht auch die französische Übersetzung des Patrioten in ihre Kritik mit ein. Den systematischen Angriffen, setzen die Ver-

---

6   Der Patriot, Bd. 1, S. 5.

7   Der Patriot, Bd. 1, S. 7.

8   Vgl. Wofgang Martens: Literatur und Frömmigkeit in der Zeit der frühen Aufklä-
    rung. Tübingen 1989, S. 241.

teidiger der neuen Wochenschrift einen Katechismus entgegen, der in Frage und Antwort den Inhalt der einzelnen Artikel genau erklärt. „Der Patrioten-Katechismus / oder: Der durch Frag und Antwort erklärte, und aus der unvergleichlichen Sitten-Lehre des rechtschaffenen Biblischen Patrioten Sirachs bewährte Hamburgische Patriot / über dessen IIX. ersten Stücke. Hamburg 1724." Als Zweck dieses Katechismus gibt der Verfasser nicht nur an, dabei zu helfen, die Schwierigkeiten bei der Lektüre wie die „obengesetzte Lateinische Sprüche oder Sätze" zu beheben, sondern auch das Vorurteil zu bekämpfen, „der Patriot bringe etwas Neues auf die Bahn, und sey nicht Schrifft-mäßig."[9]

Im Zentrum der Angriffe gegen den Patrioten steht nicht seine Gesellschaftskritik, sondern seine fiktive Biographie, wie sie in der ersten Ausgabe entworfen wurde. So fragt der Katechismus: „Was wird von der Person des Patrioten gemeldet?" und antwortet: „1. Seine Geburt. 2. Vaterland. 3. Erziehung. 4. Studieren. 5. Wissenschaften. 6. Reisen. 7. ruhige Zufriedenheit. 8. emsiges Bemühen jederman zu dienen. ..." Dem folgt die nächste Frage: „Sollte sich dieses wohl in der That also verhalten?" Und er antwortet: „Verhält es sich also; so hat er zeigen wollen / er sey vollkommen geschickt zu seinem Vorhaben: Wo aber nicht; so hat er damit eine Beschreibung geben wollen / wie ein jeder rechtschaffener Patriot / so wohl der Arme als Reiche / billig beschaffen seyn solle."[10] Der Hinweis auf die Funktion des Lebenslaufes, der das Ideal eines objektiven Sittenlehrers aus der Perspektive der Aufklärung entwirft, blieb bei den Kritikern ungehört. Der Gegendiskurs, der sich „An alle ehrliche und mit ihrem Vaterlande wohlmeynende Mit-Bürger in Hamburg" wendet, setzt auf Personalisierung und nutzt die Unbeholfenheit des Publikums mit der fiktive Biographie des Patrioten, um die Fragwürdigkeit dieser neuen Autorität herauszustellen. So heißt es: „In der Beschreibung seiner Person gibt er vom Anfang keine favorable Opinion von sich: Er nennet sich einen Ober-Sachsen; solcher Herren ihre hitzige Köpfe aber haben Hamburg schon öfter in viel Unruhe versetzt. Was er weiter erwehnet, daß die ganze Welt sein Vaterland sey, und jeder Mensch sein Mit-Bürger, solches siehet mehr einem Phantasten als einem klugen Menschen ähnlich, ... Ferner schreibt er, daß er von vernünftigen und gesunden Eltern gebohren sey, und setzet nicht dazu, daß dieselben so wohl Christen gewesen, als auch er im Christenthum auferzogen worden; uns solte man deßwegen wohl auf die Gedancken kommen, daß dieselben vielleicht Atheisten oder Juden ge-

---

9 Der Patrioten-Katechismus / oder der durch Frag und Antwort erklärte, und aus der unvergleichlichen Sitten-Lehre des rechtschaffenen Biblischen Patrioten Sirachs bewährte Hamburgische Patriot, über dessen IIX. ersten Stücke. Hamburg 1724, S. 2.

10 Ebda. S. 4.

wesen, auch unser Patriot in ihrem Glauben erzogen worden: oder indem daß er ihren Stand und Religion nicht gemeldet, er solches mit Fleiß verschweiget, weil sie etwan wegen einiger groben Verbrechen Ober-Sachsen quitiren müssen. Was soll man nun von einem solchen Menschen halten, dem die Principia Religionis Christenianä nicht einmahl beygebracht worden? Solte der wohl andere können auf den Tugend-Weg bringen?"[11] Der Polemik ist kein Hinweis zu schwach, um den Patrioten anzuschwärzen. Zwanzig Jahre nach dem Versuch von Thomasius, die öffentliche Sprache zu zivilisieren, wird dem Patrioten ohne den geringsten Anhaltspunkt nicht nur Atheismus und Spinozismus vorgeworfen, sondern er wird auch bezichtigt, ein Anhänger des Papstes zu sein. Vorwürfe, die zu Beginn des 18. Jahrhunderts noch die Todesstrafe auf sich ziehen konnten. So heißt es bereits im Titel einer Flugschrift: „Patriota Papizans, Oder: Der nach dem Pabstthum gräßlich stinkende Patriot / Aus dessen 3ten und 4ten Stück Erwiesen von Hanß Beißan. Freystadt, den 5. Febr. 1724." Ausgangspunkt für diese heftigen Vorwürfe ist der Vorschlag des Patrioten, eine Hochschule für Frauen zu gründen. Die religiös gefärbte Polemik gegen den Patrioten wird fortgesetzt, wenn es in einer anderen Flugschrift heißt: „Der Vom Pharisäischen Gifft und Pestilentz Unsinnige Patriot Welcher auf einen solchen Grund, Der der Teufel selbsten ist / Heucheley säet / und so entdeckt Von Joh. Wilhelm Abbe. 1724."

Der theologische Grund, der sich wie ein Abgrund zwischen der lutherischen Orthodoxie, die Hamburg beherrscht und dem Patrioten auftut und ihn zu einem Phantasten, einem Schwärmer, einem „mutwilligen Betrieger und folglich ein Schelm" oder Pharisäer macht, der glaubt, besser als die anderen zu sein, ist sein Glauben an die moralische Autonomie des Menschen. Die Differenz zur lutherischen Orthodoxie, die davon ausgeht, daß der Mensch nicht aus eigener Kraft zum Guten fähig ist, bestimmt den Hintergrund der Auseinandersetzung. Bereits die erste Flugschrift gegen den Patrioten „Des Reformirten Hamburgischen Patrioten erstes Stück", die Mitte Januar 1724 herauskam, formuliert den Ausgangspunkt der Orthodoxie: „Erstlich ist gedachte Schrifft wider GOtt und sein geoffenbahrtes Wort / weil der Autor denen Wirckung Gottes / bey der Menschlichen Seelen zum Guten derogieret / und der Seele einige selbst eigne Wirckungen zum Guten / für sich und eigene Kräfte / auch nach dem Fall zuschreibet. Denn so setzet er in dem ersten Stück seines Patrioten: Er danke Gott / daß er ihm eine Seele gegeben / die mehr NB. nach eigenem Triebe / als durch anderer Anleitung / sich führen lasse. Wie sehr der Autor GOttes Wirckungen zu nahe trete / soll aus

11 Der entlarvte Patriot, oder: Der aus einem PATRIOTEN in einen PASQUI NUM verwandelte Ober-Sachse. A. 1724. S. 2f.

Nachfolgendem erhellen. ...“[12] Über vollkommene Freiheit verfügte der Mensch so der Verfasser nur im Paradise. „Soll unsere Seele Gutes thun / so muß GOtt sie erleuchten / und den verfinsterten Verstand und Willen zum Guten lencken / leiten und führen.“[13]

Die gelehrt-theologische Argumentation, die den ausgestreuten „Saamen derer Fanaticorum oder Schwärm-Geister“[14] unschädlich zu machen versucht, und die eher nur einer dünnen Schicht der Gebildeten zugänglich war, wird ergänzt durch handgreiflichere Vorwürfe. So wird die abenteuerliche Biographie des Patrioten, der alle Weltteile gesehen und von seinem Aufenthalt bei den Hottentotten und Kannibalen berichtet, zum Vorwurf einer maßlosen Aufschneiderei und Prahlerei genutzt. Die Schwierigkeiten des Publikums im Umgang mit fikiver Autorschaft, Ironie und der deutschen Sprache werden von der Opposition genutzt, um immer wieder erneut seine Autorität zu untergraben, ihn der Lächerlichkeit preiszugeben. „Seine Aufschneiderei hat ihn“ so wird behauptet, „bei allen Verständigen stinkend gemacht.“[15]

Der Verkauf der Flugschriften erfolgte nicht durch den Buchhändler, sondern durch ambulate Händler, die ihre potentielle Kundschaft auf Märkten, vor der Kirche und im Wirtshaus aufsuchten. In einer Flugschrift wird diese Praxis anschaulich in einem Gespräch zwischen einem Fuhrmann und einem Kauffmann beschrieben. „Mein Herr / gestern war ich in Hamburg an der Börse / da war ein Lerm / da wollten die Leute eine Schrifft von einem Buben haben / und konnte er sich nicht retten so drangen die Leute auf ihn / ... Kaufmann: Ja ich will euch sagen was das bedeutet; Es ist neulich eine Schrifft heraus gekommen / der Autor nennet sich Patriot / diese Schrifft ist vieler Orten öffentlich zu kauff / dagegen haben nun einige andere geschrieben / und zwar in harten terminis / und diese Schrifften sind nicht öffentlich zu kauff / sondern es gehen offt Jungen damit auf der Strassen herum und verkauffen selbe / da sind viele neubegierig / selbe zu haben.“[16] Die leseunkundige Zuhörerschaft wurde durch Ausrufen oder Absingen auf die Flugschriften aufmerksam gemacht. Spuren dieser Praxis findet sich auf den Titelblättern der Flugschriften, die eingängig und drastisch den Inhalt in Reime formen: „Ich nenne mich den Patriott, Sind aber nichts als Hohn und Spott.“[17]

12 Des Reformirten Hamburgischen Patrioten Erstes Stück. Tit. Ich nenne mich den Patriot / Sind aber nichts als Hohn und Spott. S. 17.
13 Ebda.
14 Ebda.
15 Sehr gelinde Reflexions, Über den So genannten PATRIOTEN, Und dessen Num. 4. 5. Anno 1724, S. 2.
16 Reisendes Gespräch Zwischen Einem Kauffmann und Fuhrmann / Welche nach Wien fahren / Gehalten unterwegs über den neulich in Hamburg herausgegebenen PATRIOTEN, ... Gedruckt in Liebes- und Friedens-Burg 1724.
17 Des Reformirten Hamburgischen Patrioten Erstes Stück Hamburg 1724, S. 3.

„Nunmehr bin ich der Patriott / Ein Lügner der bey nichts wird roth."[18] Oder „PATRIOT Liegt im Koth: VIVAT ihr Gnaden / Rode Tüffeln (Pantoffeln) und kene Waden" „Verstellter PATRIOT! dein Zucker ist bekanndt, / Darin ein zarter Gifft und liefert deine Hand."[19]

Nach den überraschend heftigen und so rasch einsetzenden Angriffen auf die ersten Ausgaben des Patrioten hing sein Überleben davon ab, ob es ihm gelang, die neue Zielsetzung verständlich zu machen, sich indirekt gegen die Angriffe zu verteidigen. Die Gattungsgesetze der Moralischen Wochenschriften setzten den formalen Rahmen der Schreib- und Erscheinungsweise fest, doch innerhalb dieses Rahmens mußte, wie es im Vorwort zur Buchausgabe hieß, „der schwachen Einfalt geholfen, und der gehässigen Bosheit alle Gelegenheit zur Mißdeutung aufs möglichste abgeschnitten werden."[20] Nachdem die Empörung über das dritte Heft über Erziehungsfragen, das in einem Vorschlag zu einer Töchterakademie gipfelte, einen Höhepunkt erreichte, entschloß sich das Herausgeberteam zu einer klärenden und beschwichtigenden Stellungnahme. Innerhalb der tradierten Öffentlichkeit war für das neue Reformprogramm kein Raum. Die vorsichtige Kritik am Verhalten der Hamburger wurde als Bruch der Friedenspflicht der Bürger angesehen, die nichts als „Erbitterung unter den Einwohnern, eine Verachtung der Obrigkeit, Geringschätzung der Religion, Verkleinerung der Rechtschaffenen, und Erhebung deren Schmeichler und falschen Leute, und endlich stifftet solches lauter Unruhe und Verderben in einem Statu an."[21] Eine Artikulationsmöglichkeit gab es für die Moralischen Wochenschriften zu diesem Zeitraum in Hamburg nur durch einen Kompromiß mit der Kirche. Dieser Kompromiß folgt dem Vorschlag von Christian Thomasius, wie er ihn bereits in seiner „Philosophia aulica" (1688) entwickelte. Philosophie gewinnt ihre Autonomie durch einen Verzicht und definiert ihren Bereich als auf die zeitliche Glückseligkeit beschränkt, weil die ewige außerhalb der Kompetenz der Vernunft liegt. Jede Vermengung beider Erkenntnisprinzipien wird von Thomasius nachhaltig bekämpft. Der „Patriot" verteidigt seine Position zunächst gegen das „Gemurmel"[22] von der Straße durch eine defensive Haltung gegenüber den traditionellen Ordnungsmächten. Ein Patriot wird nun definiert als jemand, „der seinen GOtt recht erkennet, das Predigt-Amt ehret, Wahrheit und Ordnung liebet, die Obrigkeit fürchtet, und dem gemeinen Wesen redlich zu dienen befliessen ist, …" Doch dann wird im Anschluß an Thomasius ein Zuständigkeitsbereich für die Vernunft reklamiert, der wieder

18 Des Reform Hamburgischen Patrioten Zweites Stück 1724, S. 4.
19 Der entlarvte PATRIOT,1724. S. 3.
20 Der Patriot, Bd. IV, S. 22.
21 Der entlarvte Patriot, … Anno 1724, S. 2.
22 Der Patriot, Bd. 1, S. 26.

genügend Raum schafft für die Fortsetzung der Kritik des Gemeinwesens: „Tausend Dinge kommen vor, wodurch zwar nicht unmittelbar die Seele, wohl aber die Gesundheit, der Wohlstand, und das Vermögen Anstoß leidet. Auch diese brauchen ihre eigene Cur, und ist ihnen oft durch ein blosses Auslachen abgeholfen worden. ... Inzwischen hat die Republik nicht nur fromme, sondern zugleich kluger und gescheidter Bürger vonnöten."[23]

Durch die Weigerung der Hamburger Obrigkeit, den Patrioten zu verbieten, entsteht im städtischen Raum der Freien Reichsstadt eine frühe Form der bürgerlichen Öffentlichkeit, in der der Gegner gezwungen wird, durch die Mobilisierung der öffentlichen Meinung das Handeln des Staates in seinem Sinne zu beeinflussen. Die Mobilisierung bezieht in ihrem Rückgriff auf barocke Rhetorik, die auch vor drastischen Bildern nicht zurückschreckt auch Teile der Unterschicht mit ein. Druck, Vertrieb und Lektüre der Zeitschriften bleiben zuerst beschränkt auf den lokalen Raum der Hamburger Stadtgrenzen. Sichtbar wird dabei ein Publikum, das in der traditionellen Form des Katechismus noch schrittweise Erläuterungen für die neue Gattungsform bedarf, oder Übersetzungshilfen für die lateinischen Zitate oder für die deutsche Sprache, die der deutschen Oberschicht ins Französische übersetzt werden mußte. Die ersten Schritte der neuen deutschen Literatur finden in einem engen städtischen Raum statt, um sich von dort auf andere norddeutsche, protestantische Städte auszuweiten.

---

23 Der Patriot, Bd. 1, S. 27.

HILTRUD GNÜG (Deutschland, Bonn)

Johann Gottfried Schnabels
christlich patriarchalische Stadt- und Staatsutopie.
Die Insel Felsenburg (1731–1743)
– ein grünes Aussteigermodell

Der deutsche Autor Johann Gottfried Schnabel hebt sich in seinem Roman
„Die Insel Felsenburg" (zwischen 1731 und 1743 erschienen) von den utopischen Entwürfen seiner britischen Zeitgenossen, eines Swift oder Defoe entschieden ab.[1] Seine Insel, ein agrarisch geprägtes Gemeinwesen mit patriarchalischer Sozialstruktur, erscheint – anders als Robinsons Insel – nicht als
Exil, sondern als Asyl[2], ist Ausdruck europäischen Zivilisationsüberdrusses;
er verbindet Robinsonade und Utopie. Wie Thomas Morus´ Insel Utopia, die
gut geschützt gegen Eindringlinge, nicht „ohne einen Lotsen" zu erreichen
ist, ist auch die Insel Felsenburg gegen mißliebige Besucher abgeschirmt.[3]
Diverse Schilderhäusgen" (128) sind strategisch sinnvoll auf den Felsen der
Inselküste verteilt. „Nächst diesen eine ordentliche Zugbrücke nach der ver-

---

1   Textgrundlage ist die Reclam Ausgabe: Johann Gottfried Schnabel: Insel Felsen-
     burg. Mit Ludwig Tiecks Vorrede zur Ausgabe von 1828. Hrsg. Von Volker
     Meid und Ingeborg Springer-Strand. Stuttgart/Ditzingen 2006.
2   Darauf weist schon Fritz Brüggemann hin. Vgl.: Fritz Brüggemann: Utopie und
     Robinsonade. Untersuchungen zu Schnabels Insel Felsenburg (1731–1743).
     Weimar 1914. Rolf Allerdissen akzentuiert dagegen den Fluchtgedanken. Rolf
     Allerdissen: Die Reise als Flucht. Zu Schnabels Insel Felsenburg und Thümmels
     Reise in die mittäglichen Provinzen von Frankreich. Bern/Frankfurt a. M. 1975.
     Auch Jürgen Fohrman betrachtet den Roman im Kontext der Gattung Robinso-
     nade: Jürgen Fohrman: Abenteuer und Bürgertum. Zur Geschichte der deutschen
     Robinsonaden im 18. Jahrhundert. Stuttgart 1981.
3   Thomas Morus: Utopia. Bertragen von Gerhard Ritter. Mit einem Nachwort von
     Eberhard Jäckel. Stuttgart: Recklam. 1979. S. 60. Ludwig Stockinger betrachtet
     Schnabels Werk im gattungsgeschichtlichen Kontext. Ludwig Stockinger: Ficta
     Respublica. Gattungsgeschichtliche Untersuchungen zur utopischen Erzählung in
     der deutschen Literatur des frühen 18. Jahrhunderts. Tübingen 1981.
     Auch Wilhelm Voßkamp fokussiert den Aspekt der Utopie: „Ein irdisches Para-
     dies". Johann Gottfried Schnabels Insel Felsenburg. In: Literarische Utopien von
     Thomas Morus bis zur Gegenwart. Hrsg. Von Klaus Berghahn und Hans Ulrich
     Seeber. Königstein i. T. 1983. S. 95–104.

borgenen Treppe zu, von welcher man herab nach der Sand- Banck und See
steigen konnte" (128) Doch während Morus' Utopia vierundfünfzig Städte
zählte, „alle weiträumig und prächtig, in Sprache, Sitten und Einrichtungen
und Gesetzen vollständig übereinstimmend" (61), bestimmt die Insel Felsenburg durch ihre natürliche Anlage mit ihren unterschiedlichen reizvollen
Landschaften das Anwesen der neun Nachkommen des Altvaters Albertus
Julius und dessen Residenz, die Alberts-Burg (373). Es herrscht das Prinzip
der Vielfalt der Anwesen. Eine „Allee von den ansehnlichsten und frucht-
barsten Bäumen, die recht nach der Schnur gesetzt waren" (98), führt zu
einem „ziemlich hoch erhabenen Hügel", „worauf des Alberti Schloß stund."
(100) Von diesem „von festen Steinen erbaueten Hauß" ließ sich „bey nahe
das gantze innere Theil der Insul übersehen".[4] Der Urenkel preist die „an-
nehmliche, nützliche und künstliche Anlegung" des großen Gartens, der sich
in vier gleich große Flächen teilt, „in dem ersten quartier nach Osten zu,
waren, die auserlesensten Fruchtbaren Bäume, von mehr als hundert Sorten,
das 2te quartier gegen Süden, hegte vielerley schöne Weinstöcke, welche
theils rothe, grüne, blaue, weisse und anders gefärbte extraordinair grosse
Trauben und Beeren trugen. Das 3te quartier nach Norden zu, zeigte unzeh-
lige Blumen-gewächsen, und in dem 4ten quartiere, dessen Ecke auf Westen
stieß, waren die allernützlichsten und delicatesten Küchenkräuter und Wurzeln zu finden." (101f.) Die Beschreibung läßt schon den Ästhet und Freund
lukullischer Genüsse erahnen. So heißt es von dem Begrüßungsmahl: „Wir
wurden zwar nicht Fürstlich, doch in der That auch nicht schlecht traktiret,
weil nebst den recht schmackhafften Gerichten, die in Fleisch, Fischen, ge-
bratenen Vögeln, und einem raren Zugemüse bestunden, die delikatesten
Weine, so auf dieser Insel gewachsen waren, aufgetragen wurden." (101)
Dass der Erzähler das Mahl „nicht Fürstlich" nennt, soll die Vorstellung von
fürstlicher/aristokratischer Völlerei abweisen, dagegen wird hier immer wieder der Geist bürgerlicher christlicher Tugenden beschworen.[5] Ganz im Sinne
der utopischen Tradition eines Thomas Morus kommt auch sein Modell ohne
Geldverkehr aus, ist christlich kommunistisch angelegt. Dennoch verfügen
die Felsenburger über reiche Gold-, Geld-, Silber- und Edelstein-Reserven,
die aber für das Leben auf der Insel ohne Bedeutung sind!

Schnabel hat einen der Nachkommen einen „Grundris" (99) der Insel
Felsenburg zeichnen lassen, der die verschiedenen Wälder, Alleen, Seen, die
Gebiete der verschiedenen Clans präsentiert. Aus diesem geht schon hervor,

---

4 Rosemarie Haas analysiert das Landschaftskonzept des Werks: Rosemarie Haas:
  Die Landschaft auf der Insel Felsenburg. In: Zeitschrift für deutsches Altertum
  91 (1961/62). S. 63–84.
5 Jan Knopf untersucht den Roman im Hinblick auf seine bürgerlichen Aspekte.
  Jan Knopf: Frühzeit des Bürgers. Erfahrene und verleugnete Realität in den Romanen Wickrams, Grimmelshausens, Schnabels. Stuttgart 1978.

dass nicht Gleichmaß und Symmetrie, sondern im Sinne der reichen Natur Mannigfaltigkeit das Felsenburger Gemeinwesen prägt. Wenn Thomas Morus den Grundriss der Stadt Amaurotum, zugleich „Senatssitz", als fast quadratisch" beschreibt und er sodann die Gleichheit aller Städte betont – „Wer eine Stadt kennt, kennt sie alle" (64) –„ verdeutlicht der Grundriss bei Schnabel dagegen schon die Vielfalt. Immer wieder betonen die Felsenburger die Schönheit der Insel, preisen sie als „das schönste Lustrevier der Welt" (97)! Zwar verweist auch Morus auf die Schönheit der Gärten, die zu den Häusern gehören, doch das bleibt bloßes Statement ohne Ausführung. Dagegen geht er detailliert im Sinne des humanistischen Bildungsideals auf Sozialordnung, Sittenlehre, „Unterricht und Wissenschaft" (90ff.) ein. Die Utopier lassen sich von dem Humanisten Petrus Ägidius alle damals wichtigen philosophischen Schriften, griechische und römische Werke der Literatur und der Geschichte mitbringen, u. a. Plato, Aristoteles, Homer, Aristophanes und viele andere. Schnabel dagegen läßt in sein Inselparadies nebst dem Prediger Schmelzer nur eine reiche Zahl an Bibeln einführen, die bei den Besuchen der neun Familien verteilt werden. Und so mangelt es auch nicht an „Ordentlichen Gottesdiensten und Catechismus-Examen, die auch mal „über vier Stunden währen" können (105). Nach Ankunft neuer aus Europa stammender Bürger, die nach ihren beruflichen Qualifikation und natürlich ihrer moralischen Integrität ausgewählt wurden, wird sogleich der Plan zum Bau einer Kirche gefasst, Der Urvater bestimmt den Ort ‚und er legt den Grundstein für den Altar.

Wie häufig im Roman des 18. Jahrhunderts führt Schnabel auch einen Herausgeber ein, Gisander, der das Manuskript von einem unbekannten Reisegefährten erbt, als dieser bei einem Überfall auf die Postkutsche ums Leben kommt. Diese Rahmengeschichte verweist schon auf die Mißstände im alten Europa. Das Manuskript selbst enthält Berichte des Eberhard Julius von der Insel Felsenburg, die Lebensgeschichte seines Urgroßonkels, Albertus Julius, der sich bei einem Schiffbruch auf die Insel retten kann und hier schließlich mit Concordia, der Witwe des Freundes van Leuven – nach vielerlei Gefühlswirre – eine neue Heimat findet. Der Autor dieser dezidiert protestantisch geprägten Utopie spart nicht mit erbaulichen Mahnungen und frommen Gebeten, dennoch unterscheidet sich sein Gesellschaftsmodell sehr von den britischen Inselentwürfen mit ihrem puritanischen, zweckrationalen Geist.

Schnabels Insel Felsenburg stellt weniger einen Staat mit Regierung und Amtsträgern als einen großen Familienclan dar, den der Schiffbrüchige Albertus Julius mit seiner Gefährtin Concordia durch zahlreichen Nachwuchs begründet. Außer der ersten Tochter des verstorbenen van Leuven gebiert sie noch acht weitere Kinder, die später zusammen mit ihren Gatten die 9. Julischen Familien begründen. Dass der erste Schwiegersohn „aus eigenen Antriebe und hertzlicher Liebe gegen uns, seinen eigenen Geschlechts Nahmen

zurück setzte, und sich gleich am ersten Hochzeit-Tage Robert Julius nenne-
te" (268), zeigt die Bedeutung des Patriarchen.

Doch obwohl Schnabel das Leben der Felsenburger detailliert darstellt,
ihre Wohnkultur, ihre christlich familialen Verhältnisse, gelingt es ihm nicht,
eine alternative staatliche Verfassung seiner Inselgemeinschaft zu entwerfen.
Sie bleibt mehr eine private Familien-Idylle, die auf freundlichem, verwandt-
schaftlichen Consensus beruht. Sinnigerweise leisten Affen als „Hausgesin-
de" die anfallende Schwerarbeit, die dem Lebenskonzept der Felsenburger
widerstrebt. Grundsätzliche politische Meinungsverschiedenheiten, die de-
mokratisch durch eine Verfassung, durch einen Abstimmungsmodus geregelt
würden, sieht seine patriarchalische Familienkommune nicht vor. Insofern
gibt es auf diesem Inselstaat auch keinen Regierungssitz, einen Senat wie bei
Morus oder ein Gericht, sondern nur die familiälen Verbände.

Ganz im Sinne des Genre betont Albertus das glückliche Leben aller auf
der Insel, von denen keines sich nach dem fernen Europa sehnt: Nur eine
Sorge weckt in ihm den Wunsch nach Schiffen, die zu der Insel-Idylle fän-
den: eine christlich legitime Fortpflanzung der Kinder.

Allein saget mir um GOTTES willen, warum sollen wir uns nicht nun-
mehro, da unsere Kinder ihre Mannbaren Jahre zu erreichen beginnen, nach
andern Menschen umsehen, glaubet ihr etwa, GOTT werde sogleich 4. Männer und 5. Weiber vom Himmel herab fallen lassen, um unsere Kinder mit
selbigen zu begatten? Oder wollet ihr, daß dieselben, so bald der natürliche
Trieb die Vernunft und Frömmigkeit übermeistert, Blut-Schande begehen,
und einander selbst heyrathen sollen. Da sey GOTT vor!" (258f.)

Nach gewisser Zeit stellen sich endlich andere Schiffbrüchige als pas-
sende Gatten für die Kinder ein, ein solides reparierbares Schiff erlaubt es
schließlich, die fehlenden Partner durch eine eigens auf Partnersuche gerichtete Schiffsexpedition herbeizuholen.

Schnabels fromme Felsenburger, die aus allen Teilen des verderbten Europas kommen und auf der paradiesischen Insel im sozialistischen Patriarchat
des Altvater ihre Heimstatt finden, schließen Heiraten nach Insel-Raison,
führen ein gottesfürchtiges Eheleben, in dem Sex und Erotik keine wesentliche Rolle spielen. Erotische Anziehung wird bewusst hintangestellt, wenn
es die optimale Nachwuchsplanung erfordert.

Doch auch in Schnabels protestantischem Gesellschaftsentwurf fehlt es
letztlich nicht an pikanten Aventiuren, diese spielen sich jedoch nicht im
frommen Inselparadies ab, sondern in der verderbten Welt im Europa des
ausgehenden 17. und beginnenden 18. Jahrhunderts. Während die Felsenburger gegen das ‚vergiftete Lasterkonfekt' der Wollust völlig immun sind,
für das Schnabels Kavalier Elbenstein, der Protagonist aus dem Romans „Der
im Irrgarten der Liebe herumtaumelnde Kavalier" eine besondere Schwäche

zeigte, begegneten auch ihnen in der alten Welt immer wieder die Abgründe sinnlicher Leidenschaft.

Die Bewohner der Insel sind gleichsam „Aussteiger", die fern der sündigen Zivilisation ein neues gottgefälliges Leben in Frieden und moralischer Gesundheit suchen. Interessant ist der Wechsel der Erzählperspektive. Ihre Lebensgeschichten unterbrechen die Beschreibung der Felsenburger Verhältnisse, und sie alle, die aus Holland, Deutschland oder England kommen, aus soliden protestantischen Familien, haben dort unter der Bosheit, Habgier und Niedertracht der Landsleute gelitten. Davon hebt sich die schändliche Vita des katholischen! französischen Kapitäns, der Concordias Mann ermordete, ab.

Schnabel kritisiert in den Lebensberichten der einzelnen Inselbewohner europäische Verhältnisse im Zeichen der Habgier und Bosheit, seine positive Inselutopie entwirft ein detailliert ausgemaltes Gegenbild, repräsentiert eine idyllische Familienkommune, die sich in ihrer ‚alternativen' Lebensform gegen die Außenwelt abschirmt. Eine reiche natürliche Vegetation bietet die besten Voraussetzungen einer sich bestens entwickelnden landwirtschaftlichen Kultur; alle notwendigen Handwerke sind auf der Insel vertreten. Anders als etwa in Platons spartanischem Ordnungsstaat in der „Politeia", der nur wenige Berufe zuließ, sind auf der Insel Felsenburg eine Fülle von Handwerken und Berufen vertreten. So befinden sich unter den Neuankömmlingen auf der Insel, die der Capitain Leonhard Wolffgang bei seiner Expedition in der alten Welt auswählte, neben dem Prediger Gottlieb Schmeltzer auch ein „Literatus, der sich meistens auf die Matematique legte", „ein erfahrner Chirurgus", „ein Uhrmacher und sonst sehr künstlicher Arbeiter, in Metall und anderer Arbeit", „ein Posamentirer", „ein Papiermacher", „ein Drechsler", „ein Kleinschmied, aber dabey sehr künstlicher Eisenarbeiter", „ein Tuchmacher", „ein Müller", „ein Tischler", „ein Büttner", ein „Töpffer-Geselle" und Eberhard Julius, der Enkel des Altvater Albertus (94f.). Die verschiedenen Kunsthandwerke unter den Berufen deuten schon an, dass die Felsenburger nicht asketischen Sinnes sind, sie zeigen sich im Gegenteil aufgeschlossen für diverse Kunstfertigkeiten, die über die reine Nützlichkeit hinausgehen. Auch wenn sie keineswegs „als eitele Bauch- und Mammons-Diener zu erkennen waren" (330f.), so wissen sie doch eine gewisse Bequemlichkeit zu schätzen.

Später, als sich die neun Familienclans gebildet haben, erweitern sie noch ein weiteres Mal ihre „alten Wohnungen, baueten noch etliche neue, versperreten alle Zugänge" zu ihrer Insel, und „setzen die Hauß-Wirthschafften in immer besseren Stand". (368) Dazu gehört auch der anfangs beschriebene prächtige Garten! Amias, ein besonderer Freund des Altvaters, zeigte „seine gröste Freude, daß diejenigen Blumen und andere Gewächse zu ihrer Zeit so schön zum Vorschein kamen, zu welchen er die Saamen, Zwiebeln und Kernen von den Holländern erbettelt und mitgebracht hatte" (368). Überhaupt zeigen die Felsenburger einen ästhetischen Sinn für die Schönheiten der Natur (95). Mit dem ästhetischen Blick auf die Natur verbindet sich ein Gefühl für die schön gestaltete Kulturlandschaft, so bewundert Eberhard eine Allee von Bäumen, die „oben ein rechtes Europäisches Kirchen-Gewölbe formirten, und an statt der schönsten Sommer-Laube dieneten" (100).

Nacheinander besucht der Urenkel zusammen mit Albertus, dem Pfarrer und dem Kapitän die Orte der einzelnen Familienmitglieder, Albertusraum, Davidsraum, Jakobsraum usw. Der erste „lag gleich unter der Alberts-Burg nach Norden zu, gerade zwischen den zweyen gepflanzten Alleen, und bestund aus 21. Feuerstätten, wohlgebauten Scheunen, Ställen und Gärten, doch hatten die guten Leute außer einer wunderbaren Art von Böcken, Ziegen und Zahmgemachten Hirschen, weiter kein ander Vieh. Wir trafen daselbst alles in der schönsten Haußhaltungs-Ordnung an" (107). In Jakobsraum, der kleinsten „Pflantz-Stadt" waren die Bewohner beschäftigt, „die Gärten, Saat, Felder, und sonderlich die vortefflichen Weinstöcke (…) wol zu warten." Hier findet sich auch ein „Gebürge" mit „verschiedenen Arten von Steinen", „welche sehr reichhaltig von Kupffer und Silber-Ertz zu seyn schienen" (171) Auch hier überrascht der Sinn für einen gewissen Luxus. In Davidsraum treffen sie die Schuster bei der Arbeit, „welche vor die anderen Insulaner gemeine Schue von den Häuten der Meer-Thiere, und dann auch Staatsschuhe von Hirsch und Rehleder machten, und dieselben gegen andere Sachen, die ihnen zu weit entlegen schienen, vertauschten." (128) Auch hier fällt die Vielfalt der Schuhproduktion auf, die nicht wie bei Thomas Morus dem Prinzip der bloßen Zweckmäßigkeit folgt. Die Utopier – so Morus – tragen bei der Arbeit einen einfachen Anzug aus Leder oder Fellen, der bis zu sieben Jahre aushält. Wenn sie ausgehen, ziehen sie ein Oberkleid darüber (…), dessen Farbe ist im ganzen Inselreich dieselbe, und zwar die Naturfarbe des Stoffes. So kommen sie nicht nur mit viel weniger Wolltuchen als irgendwo sonst üblich, sondern das Tuch ist auch viel billiger. (74) Nicht Askese im Sinne der Selbstkasteiung, sondern der Genügsamkeit, die den Körper gesund hält, bestimmt Morus' Haltung. Dagegen ist der Protestant Schnabel offenkundig gegenüber sinnlichen Genüssen und einem gewissen Luxus aufgeschlossen. So behilft sich die Gesellschaft in Johannisraum," da zumalen niemand weiter etwas zu speisen verlangete, „mit etlichen Schaalen Coffeé, nebst einer Pfeiffe Toback!" (208) Auch ein Glas köstlichen „Canari-Sects" (91) wissen sie zu schätzen.

Schnabels Utopie unterscheidet sich darin erheblich von Swifts Pferde-Republik oder Defoes Robinson-Insel, deren Bewohner ganz einem puritanischen Nützlichkeitsdenken verpflichtet sind und die keinerlei Sinn für ästhetische oder auch lukullische Vergnügen bekunden. Der Kapitän Wolffgang hatte nicht nur einige Hundert Bibeln in seinem Gepäck, sondern er ließ „in einer bequemen Kammer einen vollkommenen Krahm, so wohl von allerhand nützlichen Sachen, als Kindereyen und Spielwerck auslegen, weil er selbiges unter die Einwohner der Insul vom Grösten biß zum Kleinesten auszutheilen willens war" (ebd.). Das heißt, er trägt dem Schönheitssinn wie dem Spieltrieb – der Kinder und der Erwachsenen – Rechnung!

Andererseits bringt er zwar neben reichlich Bibeln, Gebetbüchern auch andere, sowohl geistliche als weltliche höchst nützliche Bücher auf die Insel (108), doch wir erfahren nicht, um welche „weltlichen" Bücher es sich dabei handelt, wie die Bildungs- und Erziehungsideale der Felsenburger konkret aussehen. Was Genealogie, Wohnkultur und agrar-ökonomische Entwicklung betrifft, da erweisen sich die Felsenburger als genaue Chronisten, doch wie sich denn im Einzelnen die Erziehung und Ausbildung ihrer Kinder und Kindeskinder vollziehen, das wird völlig ausgespart. Nirgendwo ist – wie etwa zuvor bei Rabelais – von einem kritischen Gegenmodell zu einer möglicherweise theorielastigen Ausbildung im fernen Europa die Rede! Der Nachwuchs der Felsenburger entwickelt sich – quasi natürlich – zu guten, verständigen und geschickten Menschen. Kunst, Literatur, Musik, Philosophie scheinen im Leben der Felsenburger keine Rolle zu spielen. Immer wieder verweist der Erzähler auf den fortschreitenden Bau der Kirche, auf blühende Gärten, Flüsschen, schöne Alleen, aber nirgendwo ist von Schulen oder Ausbildungsstätten die Rede. Die Einwanderer haben ihre Lehr- und Gesellenzeit in Europa vollendet, aber wie vermitteln sie ihr Wissen und Können den Kindern? Hier zeigt sich doch ein Defizit des sympathischen Aussteigermodells. Bibel und Gesangbuch allein können nicht lebenstüchtige und gebildete Bürger hervorbringen.

Schnabels Insel-Utopie setzt sich weder mit dem Problem von Gleichheit und Freiheit noch mit der Frage einer gerechten Güterverteilung innerhalb einer komplexen Gesellschaft auseinander.

Doch auch wenn die Utopie nicht den Rahmen christlich patriarchalischer Vorstellungen sprengt, so überrascht doch der ästhetische Sinn des Protestanten[6] für die lukullischen Genüsse und für die Schönheiten der Natur, der für die erste Hälfte des 18. Jahrhunderts, für den Rationalismus der Frühaufklärung ungewöhnlich ist und schon auf das Naturverständnis der Goethezeit verweist. Hier liegt ihr zukunftweisendes Moment!

---

6   Gerd Schubert spürt der recht lückenhaften Biographie des Autors nach: Gerd Schubert: Die wunderliche Fata des Johann Gottfried Schnabel aus Sandersdorf. Eine Übersicht zum gegenwärtigen Stand der Forschung zur Biographie des Verfassers der Insel Felsenburg. In: Bitterfelder Heimatblätter 17 (1994/95). S. 109–139.

YOSHITO TAKAHASHI (Japan, Kyoto)

Goethe, Justus Möser und Weimar

1

Am 11. Dezember 1774 machte der sachsen-weimarische Erbprinz Carl August auf seiner Reise nach Paris wie geplant in Frankfurt am Main Station und bat bei dieser Gelegenheit auch den damals bereits weit über die Grenzen der Stadt hinaus bekannten Dichter Johann Wolfgang Goethe um einen Besuch. Wie es der Zufall wollte, lagen bei diesem für beide Seiten so folgenreichen Zusammentreffen auf einem Tisch im Zimmer des Prinzen „Mösers ‚Patriotische Phantasien‘, und zwar der erste Teil, frisch geheftet und unaufgeschnitten" (FA I–14, S. 699). Folgt man der Beschreibung dieser Begegnung in „Dichtung und Wahrheit", dann lenkte Goethe, der den Inhalt dieses Buches bereits kannte, die Aufmerksamkeit des Erbprinzen geschickt viel mehr darauf als auf seine eigenen Schauspiele oder Romane (FA I–14, S. 701). Obwohl es hinsichtlich der Gründe, aus denen Goethe von Carl August nach Weimar berufen wurde, recht divergierende Meinungen gibt, wird es wohl so gewesen sein, dass gerade das eben erwähnte Gespräch dabei eine große Rolle spielte, worauf schon Emil Staiger hingewiesen hat: „Zu Goethe [...] faßte er [d. i. Carl August] Zutrauen und lud ihn ein, nach Weimar zu kommen. Es war aber nicht der Dichter des ‚Werther‘, dem er Vertrauen entgegenbrachte. [...] man unterhielt sich über Mösers ‚Patriotische Phantasein‘ und über den Vorzug, der dem Kleinstaat in kultureller Hinsicht gebührte, also ein Thema, das für den künftigen Herzog von Weimar und Eisenach von lebendigstem Interesse war"[1].

Auf Herders Empfehlung hin hatte Goethe im Winter 1770/1771 verschiedene Aufsätze von Justus Möser gelesen, die dieser in den „Osnabrückischen Intelligenz-Blättern"[2] veröffentlicht hatte, und die dann in den Jahren 1774 bis 1778 in Buchform als „Patriotische Phantasien" in vier Bänden erschienen[3]. Das Buch, das bei Goethe Visite auf dem Tisch Carl Augusts

---

1   Emil Staiger: Goethe. Bd. 1, 2. Aufl. Zürich und Freiburg (Atlantis) 1957, S. 270.
2   Diese dann seit 1776 von Möser selbst herausgegebene Zeitschrift erschien als Beilage zu den „Wöchentlichen Osnabrückischen Anzeigen". Vgl. Stauf, S. 218.
3   Goethe hatte ein Exemplar der „Patriotischen Phantasien" in seiner Bibliothek.

lag, war deren erster Band, in dem es vor allem um die Gestaltung bzw. Umgestaltung der kleineren Staaten im Gefüge des „Deutschen Reiches" geht. Anders als in zentralistisch regierten Staaten wie z. B. Frankreich oder England, wo sich alles auf die Hauptstädte Paris und London konzentrierte, standen im föderalistisch aufgebauten Deutschland eine Menge kleiner und kleinster Staatsgebilde, geistlicher Fürstentümer und freier Reichsstädte mehr oder weniger gleichberechtigt nebeneinander. In Mösers Augen aber war dies keineswegs ein Nachteil, sondern vielmehr eine der deutschen Nation angepasste und angemessene Struktur. Da nun Weimar selbst zu diesen kleinen Staaten gehörte, die man herablassend auch gerne als „Duodezfürstentümer" bezeichnete, wird Carl August im Gespräch mit Goethe über Mösers Buch, das er selbst mit Sicherheit noch nicht gelesen hatte („frisch geheftet und unaufgeschnitten"), dessen Bedeutung für sich und sein Land schnell erkannt haben.

Aus dem, was Goethe im 15. Buch von „Dichtung und Wahrheit" schreibt, lässt sich vermuten, worüber er damals mit Carl August gesprochen haben wird: „Mösers Darstellung, so dem Inhalt als dem Sinne nach, muß einem jeden Deutschen höchst interessant sein. Wenn man sonst dem deutschen Reiche Zersplitterung, Anarchie und Ohnmacht vorwarf, so erschien aus dem Möserischen Standpunkte gerade die Menge kleiner Staaten als höchsterwünscht zu Ausbreitung der Kultur im Einzelnen, nach den Bedürfnissen welche aus der Lage und Beschaffenheit der verschiedensten Provinzen hervorgehen" (FA I–14, S. 700).

Auch Renate Stauf hat in ihrer grundlegenden Arbeit über „Justus Mösers Konzept einer deutschen Nationalidentität" darauf hingewiesen, dass im Zentrum des Gesprächs zwischen dem Dichter und dem Erbprinzen wohl „das Problem des deutschen Provinzialismus, seiner Vor- und Nachteile für die Entwicklung von Kultur und Gesellschaft"[4] gestanden haben dürfte. Wenn man hier die Begriffe „pluralistisch" und „singularistisch" verwenden will, dann sollte nach Mösers Auffassung die Kultur in einem Staate „pluralistisch" sein, und das allein schon deshalb, damit die in den „verschiedensten Provinzen" lebenden Einwohner sich kulturell frei und eigenständig entwickeln könnten. Mösers sehr dezidiert formulierte Sicht dieser Dinge beinhaltet zugleich eine scharfe Kritik an der französischen „singularistischen" Kultur[5].

Seine Thesen suchte Möser durch das Beispiel der griechischen Polis zu stützen und zu erklären, in der jede „der vielen kleinen griechischen Republiken" sich ihre „eigne religiöse und politische Verfassung erschaffen, und mit

---

4 Stauf, S. 361.
5 Vgl. Stauf, S. 81–93.

Hülfe derselben [ihre] Kräfte zu einer außerordentlichen Größe gebracht"[6] hätte. Möser schätzte das System der „kleinen griechischen Republiken" gerade deshalb, weil es für die Vielfalt der kulturellen Entwicklung die maßgebliche „conditio sine qua non" gewesen sei. In der zweiten Hälfte des 18. Jahrhunderts aber strebten Monarchen wie Friedrich der Große, Maria Theresia und dann auch Joseph II. nach dem Einheitsstaat, gegen den Möser im Kapitel „Der jetzige Hang zu allgemeinen Gesetzen und Verordnungen ist der gemeinen Freiheit gefährlich" seiner „Patriotischen Phantasien" deutlich Position bezog, indem er „die gelehrte Natur", die „einen Hang zur Einförmigkeit" nehme oder „das ruhige Vergnügen, allgemeine Wahrheiten zu erfinden" habe, scharf kritisierte[7]. Obwohl offen bleibt, ob Goethe sich dieser Meinung anschloss und dies dem Erbprinzen gegenüber auch zum Ausdruck brachte, wissen wir doch, dass Carl August von dieser Unterredung tief beeindruckt gewesen sein muss, denn schon acht Monate später, im August 1775, erhielt Goethe einen Ruf nach Weimar. Da er damals schon ein viel diskutierter und somit wirklich berühmter deutscher Dichter war, hätte er, wenn er es denn gewollt hätte, z. B. in Berlin oder Wien eine glänzende Karriere machen können, und aus eben diesen Überlegungen stand sein Vater dem Ruf in das ferne Duodezfürstentum höchst skeptisch gegenüber. Doch Goethe zog die Weimarer Option allen anderen vor und reiste Anfang November 1775 zur großen Überraschung sicherlich vieler nach Weimar ab, jener kleinen und eher unbedeutenden Provinzstadt, in der er, mit einigen Unterbrechungen, den Rest seines Lebens verbringen sollte.

2

Wie Möser zog auch Goethe die kleineren Städte den wirklichen Großstädten vor, was sich sehr schön am folgenden Beispiel zeigt: Im Oktober 1810 empfing Napoleon Goethe in Erfurt zu einer Audienz. Der Verfasser des „Werther", den Napoleon in seiner Jugend oft und gerne gelesen hatte, gefiel ihm sehr gut und er lud Goethe deshalb nach Paris ein. Goethe dankte und anwortete ebenso höflich wie diplomatisch, folgte aber zeit seines Lebens dieser Aufforderung nicht, da er offenbar keinerlei Neigung dazu verspürte, Großstädte wie Paris, London oder Wien zu besuchen.

---

6   Justus Möser: Patriotische Phantasien. Justus Möser's Sämmtliche Werke. Bd. 3, Berlin (Friedrich Nicolai) 1820, S. 65.
7   Justus Möser's Sämmtliche Werke. Bd. 2, Berlin (Friedrich Nicolai) 1820, S. 18.

Auch Frankfurt am Main war für Goethe letztlich eine Großstadt. Am
12. 8. 1797 besuchte er auf der Reise in die Schweiz nach langer Zeit wieder
seine Heimatstadt, aber gleich nach seiner Ankunft schrieb er dann auch
schon an Schiller, wie sehr er sich dieser großen Stadt gegenüber entfremdet
fühlte: „Genug, ich bin mit geringer Unbequemlichkeit nach Frankfurt gekommen. Hier möchte ich nun mich an ein großes Stadtleben wieder gewöh-
nen. ... Hätte ich nicht an meinem Hermann und Dorothea ein Beispiel, daß
die modernen Gegenstände, in einem gewissen Sinne genommen, sich zum
Epischen bequemten, so möchte ich vor aller dieser empirischen Breite nichts
mehr wissen"[8].

In einer Handelsstadt wie Frankfurt wird alles in Geld umgerechnet. Bei
dieser Reise in die Heimat wohnte Goethe am Marktplatz und schrieb über
seinen dortigen Aufenthalt am 16. 8. 1797 an Schiller, dass dieser Platz
„durch klug unternehmende Menschen zum nützlichen Waren- und Marktplatz verändert wurde. Die Anstalt ging durch sonderbare Zufälle bei dem
Bombardement [durch die französische Armee] zugrunde und ist jetzt, größtenteils als Schutthaufen, noch immer das Doppelte dessen wert, was vor
11 Jahren von den gegenwärtigen Besitzern an die Meinigen bezahlt worden"[9].

Wie alles andere war in Frankfurt auch die Poesie den Regeln des Mark-
tes unterworfen. Hier dominierte in erster Linie die Wirtschaft und nicht die
Kultur, ein Faktum, das mehr oder weniger für alle Großstädte charakteristisch ist. Zu fragen wäre in diesem Kontext allerdings, ob sich in einer solchen Umgebung, die so ganz vom merkantilistischen Denken beherrscht
wird, überhaupt noch ein innerlich reiches Leben führen lässt. Dementsprechend wird einem solchen Primat von Handel und Wirtschaft bei Möser die
Agrargesellschaft und bei Goethe dann, mit Blick auf die Großstadt Frankfurt, die Kleinstadt Weimar mit ihrer ländlichen Abgeschiedenheit, ihrem
bukolischen Frieden und ihrer idyllischen Ruhe gegenübergestellt.

Goethe, der sich als Finanzminister vor allem vor die Aufgabe gestellt
sah, möglichst rasch eine wirtschaftliche Konsolidierung Sachsen-Weimars
zu erreichen, war sich der damit verbundenen Probleme wohl bewusst. Dessen ungeachtet waren für ihn die das „Herz" kultivierende Natur und die das
„Herz" ausdrückende Kultur viel wichtiger, und er war davon überzeugt, dass
Natur und Kultur in Großstädten wie Frankfurt allzu leicht in den Hintergrund gedrängt werden konnten und ebenso leicht zu zerstören waren. Aus
dieser seiner Überzeugung ergibt sich dann ebenso logisch wie konsequent,
warum Goethe ganz unmissverständlich eine ablehnende Position gegen die

8   Brief an Schiller, 12.8.1797.
9   Brief an Schiller, 16.8.1797

scheinbar unaufhaltsame und unkontrollierte Expansion der großen Städte bezogen hat.

Als Gegenargument könnte man nun aber anführen, dass Goethe ja eine Zeit lang in Rom, der einstigen „Hauptstadt der Welt", gelebt und sich dort sehr wohlgefühlt hatte. Aber im Vergleich zu Paris mit seinen damals 600.000 Einwohnern, war Rom lediglich eine mittelgroße Stadt (165.000 Einwohner[10]) und mit nur etwa einem Drittel der Einwohnerzahl Neapels schon längst nicht mehr die größte Stadt Italiens. Daneben war Rom auch nicht mehr die „Hauptstadt der Welt" und erhielt seine Bedeutung vor allem dadurch, dass dort im Vatikan der Papst residierte, das Oberhaupt der katholischen Kirche. Goethe wohnte damals im Zentrum Roms, von wo aus er innerhalb weniger Stunden die ganze Stadt besichtigen konnte, die ihn vor allem deshalb so faszinierte, weil es gerade keine moderne Großstadt war, sondern ein überschaubarer Ort mit antiken Ruinen, tropischen Pflanzen und einem ebenso bunten wie fröhlichen Volksleben.

Die Überreste des alten Rom waren damals noch nicht freigelegt, denn erst gegen Ende des 18. Jahrhunderts, als Goethe die Stadt längst wieder verlassen hatte, wurde auf dem Forum Romanum, das bis dahin größtenteils verschüttet unter der Erde gelegen hatte, mit den ersten Ausgrabungen begonnen. Goethe konnte deshalb in Rom nur jene Gebäude und Tore sehen, die aus dem über die Jahrhunderte angehäuften Schutt herausragten. Aber wird es nicht so gewesen sein – und darüber sollte man schon nachdenken –, dass man den Hauch des klassischen Altertums gerade mit dem Blick auf die über die Stadt hinweggegangenen Spuren ihrer so sehr bewegten Geschichte und auf die damit verbundenen „Verschüttungen" noch besser und noch lebhafter als heute empfinden konnte? Dieser Hauch längst versunkener Zeiten muss viel beeindruckender und bedeutungsvoller gewesen sein als die dann später ausgegrabene Realität.

Der hier von mir verwendete Begriff des „Hauchs" entspricht in etwa dem Begriff der „Aura" bei Walter Benjamin, der fest davon überzeugt war, dass Großstädte allein schon deshalb so gut wie nie eine „Aura" haben könnten, weil man sich in ihnen in erster Linie um die eigene Sicherheit kümmern müsse[11].

Für Goethe aber besaß Rom bis zu seinem Tod jene „Aura", derentwegen diese Stadt für ihn gewissermaßen zur zweiten Heimat wurde. Eine wirkliche Großstadt hingegen hätte ihm dies nie sein können, eben deshalb, weil ihr eine solche „Aura" abgeht. Wer Heimweh hat, erinnert sich in so einem Fall als erstes an den „Hauch" oder an die „Aura" seiner Heimat, und die meisten

---

10   Goethe-Handbuch, Bd. 4, S. 915.

11   Walter Benjamin: Über einige Motive bei Baudelaire. Gesammelte Schriften Bd. 1–2, Frankfurt am Main (Suhrkamp) 1991, S. 649f.

jener kleineren Städte, die reich an Natur, Geschichte und Kultur sind, werden gerade deshalb als „Heimat" empfunden. Vor der Ankunft Goethes war die Kleinstadt Weimar zwar von viel Natur umgeben und hatte auch eine lange und interessante Geschichte: was ihr aber fehlte, war ein pulsierendes kulturelles Leben. Daher sah sich Goethe vor die große Aufgabe gestellt, ihr ein solches – um in der Terminologie zu bleiben – „einzuhauchen".

3

Am 7. November 1775 traf Goethe in der zu diesem Zeitpunkt wenig bedeutenden Duodezresidenz Weimar ein, die seitdem zu einem der wichtigsten kulturellen Zentren Deutschlands geworden ist. Goethe kam aus der Handelsmetropole und Messestadt Frankfurt am Main, die zudem eine Freie Reichsstadt war und 40.000 Einwohner zählte[12], in eine dörfliche Stadt mit 6.000 Einwohnern[13], was zahlenmäßig etwa der Bevölkerung von Sachsenhausen, einem Vorort von Frankfurt, entsprach.

Der Schriftsteller Karl Julius Weber (1767–1832), ein ebenso scharfer Beobachter wie Satiriker, vermerkte 1828 in seinem Buch „Deutschland, oder Briefe eines in Deutschland reisenden Deutschen": „Wenn irgendeine Stadt der Imagination Streiche spielt, so ist es Weimar: Sein Ruf geht vor ihm her wie vor großen Männern, und man findet ein kleines, totes, schlecht gebautes, recht widriges Städchen, das Schloß ausgenommen, fast gar nichts Ausgezeichnetes"[14]. Entgegen unseren heutigen Vorstellungen von den damaligen Verhältnissen war das Weimar der Goethezeit weit entfernt von der idealen Stadt, wie sie Möser vorschwebte. Einige große Bürgerhäuser ausgenommen, von denen eines später in Goethes Besitz übergehen sollte, waren die meisten Häuser der Stadt klein und eher ärmlich. Die hygienischen Verhältnisse waren mehr als unerfreulich, und mit der Sauberkeit der Straßen war es ebenfalls schlecht bestellt. Da es nur wenig Industrie gab und der Handel auf einem sehr niedrigen Niveau stand, war an eine dynamische und progressive Entwicklung der Stadt kaum zu denken. Herder spricht am 28. 8. 1785 in einem Brief an Knebel von Weimar als dem „unseligen Mitteldinge

---

12 Vgl. http://de.wikipedia.org/wiki/Einwohnerentwicklung_von_Frankfurt_am_Main, http://commons. wikimedia.org/wiki/File:Frankfurt_population.svg.

13 Richard Friedenthal: Goethe. Sein Leben und seine Zeit. München (Serie Piper) 1982, S. 180. s. auch: http://de.wikipedia.org/wiki/Datei:Population_Statistics _Weimar.png.

14 Hans Eberhard: Weimar zur Goethezeit. Weimar (Stadtmuseum Weimar) 1980, S. 26.

zwischen Hofstadt und Dorf". Weimar war zudem ein Ort ohne „Aura", eben eine jener vernachlässigten Städte, die wie viele andere deutsche Kleinstädte auch nach dem dreißigjährigen Krieg weit hinter der allgemeinen Entwicklung zurückgeblieben waren.

Goethes Aufgabe sollte nun darin bestehen, diese wenig versprechende Stadt sowohl wirtschaftlich als auch kulturell zu einer möglichst hohen Blüte zu führen, d. h. sie also rasch und dynamisch dementsprechend zu entwickeln. Für dieses von Anfang an zu hoch gesteckte Ziel konnte ihm Mösers Buch doch immerhin insofern als Leitfaden dienen, als es ihm verschiedene praktische Hinweise für den einzuschlagenden Weg gab. Mösers Meinung nach war es unabdingbar, dass sich jede Stadt zunächst einmal ihre „eigne religiöse und politische Verfassung erschaffen" musste (vgl. Anm. 6). In Weimar entsprach dies der Verbindung des Protestantismus mit einer monarchischen Verfassung, ein System, das Goethe dann auch inmitten der allgemeinen Begeisterung für die Französische Revolution zu schützen und zu bewahren suchte. Eine Umwälzung wie in Frankreich mochte in einem zentralistischen Staat notwendig geworden sein, aber die zahlreichen kleinen Staaten in Deutschland konnten diesem Beispiel nicht folgen und waren gezwungen, ihre eigenen Wege zu gehen. Zu ihnen gehörte auch Weimar.

Nun war aber die Stadt Weimar trotz ihrer Armut und ihres desolaten Zustandes immer noch die Hauptstadt des Herzogtums Sachsen-Weimar, und die damals schon verwitwete Herzogin Anna Amalia bemühte sich nach Kräften darum, in ihr die Atmosphäre eines lebendigen und in viele Richtungen offenen geistigen Klimas zu schaffen, um sie so aus ihrer Provinzialität herauszuführen. In einem ersten Schritt in diese Richtung hatte sie 1772 Christoph Martin Wieland als Prinzenerzieher nach Weimar berufen, so dass schon vor der Ankunft Goethes der erste Keim für die Entwicklung der Stadt zu einer Kulturstadt gelegt worden war. Positiv schlug dabei auch die vorteilhafte geographische Lage Weimars zu Buche: Es liegt im Ilmtal, am Fuß des Ettersberges, inmitten der grünen Natur, und ist umgeben von so schönen Landschaften, dass man es euphorisch sogar die „Toscana des Ostens" genannt hat[15].

Betrachtet man diese Ausgangssituation Weimars nun mit den Augen Mösers, so hießen sich aus ihr unschwer drei für eine moderne Stadtentwicklung maßgebliche Konzepte herleiten, nämlich das Modell 1) einer Compact City (d. h. einer Anti-Großstadt), dann 2) das einer Kulturstadt (d. h. einer Anti-Wirtschaftsstadt) und schließlich und 3) das einer Gartenstadt (d. h. einer Stadt unter dem Primat der Landwirtschaft). Diese drei Grundideen hat Goethe offenbar in Weimar zu verwirklichen gesucht.

15 Vgl. L. Troeller, M. Remann: Die 100 Jahreszeiten der Toskana des Ostens. Halle (Mitteldeutscher Verlag) 2007.

Als Finanzminister hatte er sich u. a. auch mit der „Stadtplanung" Weimars zu beschäftigen. Dafür aber fehlten die nötigen Gelder, und um den chronischen Finanznöten des Herzogtums wenigstens vorläufig ein Ende zu bereiten, reiste Goethe noch vor seiner Ernennung 1779 mit Carl August zusammen in die Schweiz, um dort die exorbitante Summe von 50.000 Talern als Kredit aufzunehmen[16]. Als Goethe dann 1782 Finanzminister wurde, kürzte er in einer seiner ersten Maßnahmen umgehend die viel zu hohen Ausgaben für das Militär. Als nächstes wandte er sich dann städtebaulichen Verbesserungen zu, und hier vor allem den Straßen, die innerhalb und außerhalb Weimars nur schlecht gepflastert waren, keine Bürgersteige hatten und auf denen Kutschen und Frachtwagen immer wieder umstürzten. Nachdem Goethe das Wegenetz schließlich erfolgreich in Ordnung hatte bringen lassen, konnten Passanten und Reisende nunmehr gefahrlos nach Weimar gelangen und sich auch sicher innerhalb der Stadt bewegen. Doch trotz aller seiner Bemühungen um eine Konsolidierung des Haushalts konnte Goethe zu einer nachhaltigen Verbesserung der finanziellen Lage Sachsen-Weimars nur wenig beitragen[17].

Ganz anders und viel vorteilhafter fällt die Bilanz hinsichtlich seiner Bestrebungen aus, Weimar in eine, wie man heute sagen würde, „Compact City" mit viel Kultur und Grün umzuformen. Eine maßgebliche Rolle spielten bei der Verwirklichung dieses Zieles

1) Die literarischen Salons. Um Weimar in ein kulturelles Zentrum umzuwandeln, setzte Goethe bei der Hofgesellschaft ein, der er versuchte, eine bestimmte Form höherer Bildung jenseits der Etikette zu vermitteln. Zu diesem Zweck rief er kulturelle Zirkel wie die Freitagsgesellschaft oder das Mittwochskränzchen ins Leben, in denen er u. a. den Weimarer Hofdamen seine gerade fertiggestellten Romane, Aufsätze und dergleichen vorlas. Auch in seinem Hause gab es gelegentlich solche Salons. Um die Hofgesellschaft mit einer tiefergehenden, intellektuell-ästhetischen Bildung vertraut machen zu können, war die Hilfe der Herzogin Anna Amalia unentbehrlich, die eine hochintelligente Frau war und am Hofe die Wissenschaften und Künste mit aller Kraft zu fördern suchte. In Weimar war 1764 die Freimaurerloge „Anna Amalia zu den drei Rosen", als eine der ältesten deutschen Logen gestiftet worden[18], der dann 1780 auch

16 Friedenthal, a. a. O., S. 216.
17 Wesentlich erfolgreicher war im Hinblick darauf der Weimaraner Verleger Friedrich Johann Justin Bertuch (1747~1822), der seit 1786 das „Journal des Luxus und der Moden,, herausgab, das eine weite Verbreitung fand und über mehrere Jahrzehnte hinweg eine der wichtigsten deutschsprachigen Zeitschriften war.
18 Vgl. Goethe-Handbuch, Bd. 4, S. 343ff.; W. D. Wilson: Unterirdische Gänge. Goethe, Freimaurerei und Politik. Göttingen (Wallstein) 1999, S. 26, S. 231;

Goethe beitrat, einerseits, weil er dem Geist der Loge durchaus beipflichtete, andererseits, weil er in ihr gewissermaßen ebenfalls eine Art von Salon sah.

2) Das Hoftheater. Nachdem das Hoftheater 1791 am heutigen Standort des Nationaltheaters errichtet worden war, ließ Goethe als dessen Direktor nicht nur seine eigenen Dramen und die Schillers aufführen, sondern auch viele verschiedene Theaterstücke aus ganz Deutschland, wodurch es ihm gelang, Weimar neben Hamburg, Berlin, Mannheim, München und Wien schnell als einen der bekanntesten Theaterstandorte im deutschsprachigen Raum zu etablieren.

3) Die Weimarer Preisaufgaben. Goethe, der in Italien mit vielen Meisterwerken der Skulptur und Malerei vertraut geworden war, schrieb von 1799 bis 1805 alljährlich einen Wettbewerb auf dem Gebiet der bildenden Kunst aus, um in Deutschland so neben den schönen auch die bildenden Künste zu fördern. Einer der letzten Preisträger war Caspar David Friedrich, von dem sich Goethe dann allerdings später ganz entschieden abwandte.

4) Der öffentliche Park. Goethe war durch die Lektüre Justus Mösers auf die vorrangige Bedeutung der Landwirtschaft hingewiesen worden und suchte nun, auf deren Basis unter Einbeziehung der Natur Weimar zu einer „grünen", d. h. innen und außen von Grün umgebenen Stadt umzugestalten. Die Idee dazu mag durch das ihm von Carl August geschenkte Gartenhaus nachhaltig befördert worden sein, das landschaftlich sehr schön gelegen und von einer tiefen, idyllischen Ruhe umgeben ist. Der Besitzer der das Gartenhaus umgebenden Liegenschaften war Carl August, den Goethe bat, diese nun auch der Öffentlichkeit zugänglich zu machen. So geht auf seine Initiative der erste öffentliche Park der Welt zurück[19], und Weimar wurde damit früher als Paris, London oder Köln zu einer planmäßig von Grün, d. h. von Parks oder Gärten umgebenen Stadt.

Viel wichtiger aber als diese Errungenschaften war für Weimar die Anwesenheit Goethes in dieser Stadt, die, wie zuvor schon in Frankfurt, auch hier von geradezu magnetischer Wirkung war. Unter denen, die Goethe unmittelbar oder mittelbar veranlasste, dorthin oder ins benachbarte Jena zu kommen, waren sein Straßburger Mentor Herder und zwei seiner Jugendfreunde, die

---

F. Schößler: Goethes Lehr- und Wanderjahre. Tübingen (A. Francke) 2002, S. 134ff. s. auch http://www.geistigenahrung.org/ftopic28304.html

19 Vgl. Müller-Wolff, Susanne: Ein Landschaftsgarten im Ilmtal. Die Geschichte des herzoglichen Parks in Weimar. Köln (Böhlau) 2007, S. 204–229; Raabe, Paul: Spaziergänge durch Goethes Weimar. Zürich (Arche) 1999, S. 107f.; D. Ahrend u. G. Aepfler: Goethes Gärten in Weimar. Leipzig (Edition Leipzig) 1994, S .41ff.

beiden Stürmer und Dränger Jakob Michael Reinhold Lenz und Friedrich Maximilian Klinger, mit deren Anwesenheit sich Goethe jedoch auf längere Dauer nicht abfinden konnte. Auch andere spätere Berühmtheiten wurden von seiner ungewöhnlichen Anziehungskraft nach Weimar gelockt. Unter ihnen ist Schiller sicherlich am bekanntesten, aber auch Fichte, Schelling, Hegel, Wilhelm von Humboldt, Achim von Arnim und seine Frau Bettina suchten die Nähe Goethes. Als Resultat einer solchen Goethe-Verehrung nahm die Einwohnerzahl Weimars im 19. Jahrhundert ständig zu. 1903 betrug sie bereits 30.000, und war damit fünfmal so groß wie im Jahre 1775, und Weimar war dank Goethes Bemühungen zu einem kulturellen Zentrum Deutschlands geworden, das man bereits seit 1790 gelegentlich sogar als das „deutsche Athen" apostrophierte[20].

Der Versuch, eine deutsche Kleinstadt, wie hier z. B. Weimar, in ein „deutsches Athen" zu verwandeln, war Möser, dem als Modell für seine Stadtplanung die griechische Polis vorgeschwebt hatte, als eine kaum realisierbare Idee erschienen, weshalb er seinem Lebenswerk bewusst den Titel „Patriotische Phantasien" gab. In Weimar aber konnte Goethe Teile von Mösers Vorstellungen in die Praxis umsetzen, was sicherlich ebenso mit seiner Person als auch mit der besonders günstigen Konstellation zusammenhängt, die er an seinem Wirkungsort vorfand. Da Weimar eine kleine Stadt war, bestand zudem für Goethe die Notwendigkeit, sich ebenso aktiv wie intensiv nach außen hin zu orientieren: Es galt, Verbindungen zu anderen deutschen Städten anzuknüpfen, und auch das Ausland musste miteinbezogen werden. Dadurch wurde Weimar nicht nur für Deutschland, sondern für ganz Europa zu einem wichtigen kulturellen Mittelpunkt[21]. Innerhalb seines Gesichtskreises lagen darüber hinaus aber auch Amerika, Persien und China, und so konnte, worauf bereits Friedenthal hingewiesen hat, Goethe eben gerade deshalb „zum Kosmopoliten, zum Weltbewohner" werden, weil er in einer kleinen Stadt wie Weimar lebte[22].

Während für Mösers Heimatstadt Osnabrück der einstige Glanz, den sie als Hansestadt gehabt hatte, nach dem 30jährigen Krieg, für immer verloren war, erlebte Weimar in der Goethe-Zeit eine nie geahnte Blüte, die sich auch nach Goethes Tod unter der Großherzogin Maria Pawlowna, ihrem Sohn Carl Alexander und dessen Frau Sophie fortsetzte. Franz Liszt wurde als Kapellmeister berufen, Richard Wagner kam, und 1919 wurde hier das Staatliche

---

20 Bollenbeck, Georg: Weimar. In: E. François u. H. Schulze (Hg.): Deutsche Erinnerungsorte. Eine Auswahl. München (Beck) 2005, S. 95f.

21 Vgl. Curtius, Ernst Robert: Kritische Essays zur europäischen Literatur, Berlin u. München (Francke) 1950, S. 84.

22 Friedenthal, a. a. O., S. 179. Vgl. Takahashi, Yoshito: „Weltliteratur" bei Wieland und Goethe. In: Goethe-Jahrbuch. Bd. 126, 2009 Göttingen (Wallenstein), S. 27–39.

Bauhaus unter der Leitung von Walter Gropius als Kunstschule gegründet. Manche der Bauhauskünstler, wie z. B. Gropius, Itten, Feininger, Albers oder Klee, haben dann dort unter der deutlichen Einwirkung von Goethes Morphologie und Farbenlehre gearbeitet[23].

Im gleichen Jahr (1919) wurde Weimar dann auch zum politischen Zentrum Deutschlands. Nach dem Ende des Ersten Weltkriegs wählte man statt der früheren Reichshauptstadt Berlin als Tagungsort der Nationalversammlung Weimar, um „den ‚Geist von Weimar‘, inkarniert im Humanitäts- und Bildungsideal der Klassik Goethes und Schillers"[24] zu erneuern. Friedrich Ebert, der spätere Reichspräsident, äußerte 1919, dass es jetzt darum gehe, „die Wandlung [zu] vollziehen, vom Imperialismus zum Idealismus, von der Weltmacht zur geistigen Größe.[…] Wir müssen die großen Gesellschaftsprobleme in dem Geiste behandeln, in dem Goethe sie im zweiten Teil des Faust und in Wilhelm Meisters Wanderjahren erfaßt hat"[25]. 1919 wurde dort die neue deutsche Verfassung erarbeitet und beschlossen, und ihrem Tagungsort entsprechend wurde die junge Demokratie von nun an allgemein als „Weimarer Republik" apostrophiert. Sowohl von links, als auch von rechts ebenso scharf abgelehnt, wie permanent attackiert, fand dann der „Geist von Weimar" schon 1933 sein frühes Ende und wenig später begab sich „Großdeutschland", bzw. das „Großdeutsche Reich", wie es sich jetzt nannte, auf den Weg zur Weltherrschaft, der mit seinem Untergang enden sollte.

Bibliographie

BOTHE, F. (1988): *Geschichte der Stadt Frankfurt am Main.* Würzburg (Weidlich).

FELL, CH. (1988): *Justus Möser's Vision of the Golden Age in the „History of Osnabrück": Utopian Thought and Social Responsibility.* In:

23 Vg. Klassik Stiftung Weimar (Hg.): Das Bauhaus kommt aus Weimar: Katalog zur Ausstellung in Weimar vom 1. April bis 5. Juli 2009. München (Deutscher Kunstverlag) 2009; Küppers, Harald: Schnellkurs Farbenlehre. Die historische Entwicklung. Köln (DuMont) 2005, S. 61ff., L. Gericke u. K. Schöne: Das Phänomen Farbe. Zur Geschichte und Theorie ihrer Anwendung. Berlin (Henschel) 1970, S. 95ff.
24 Mandelkow, Karl Robert: Goethe in Deutschland. Rezeptionsgeschichte eines Klassikers. II, München (Beck) 1989, S. 10.
25 Ebert, Friedrich: Schriften, Aufzeichnungen, Reden. Bd. 2, Dresden (Reissner) 1926, S. 155f.

WITTKOWSKI, W. (Hg.): Verantwortung und Utopie. Zur Literatur der Goethezeit. Tübingen, S. 1–14.

FRIEDENTHAL, R. (1982): _Goethe. Sein Leben und seine Zeit._ München.

Goethe-Handbuch. Bd. 4 (1998): _„Anna Amalia", „F. J. Bertuch", „Ge-heimgesellschaften", „Möser", „Napoleon Bonaparte", „Rom" und „Weimar"),_ Stuttgart.

GOETHE, J. W. (1985ff.): _Dichtung und Wahrheit. Sämtliche Werke, 1–14,_ Frankfurt am Main, (Deutscher Klassiker Verlag). (Zit. als: FA)

LÜBBECKE, F. (1955): _Frankfurt, Goethes Heimat. Frankfurt am Main (Kramer),_ 4. Aufl.

STAUF, R. (1991): _Justus Mösers Konzept einer deutschen Nationalidentität. Mit einem Ausblick auf Goethe._ Tübingen, (Niemeyer). (Zit. als: Stauf)

YUHO HISAYAMA (Japan, Kyoto)

Geist als die Atmosphäre einer Stadt.
Zur Bedeutung des Begriffes „Geist" in
Goethes Gedenkrede auf Anna Amalia (1807)

1. Einleitung

Der Ausgangspunkt meines Beitrags ist eine kurze Passage in der bekannten Gedenkrede Goethes auf die Herzogin Anna Amalia von Sachsen-Weimar und Eisenach aus dem Jahre 1807. Dort heißt es in Bezug auf die jüngste Geschichte dieses „Athens an der Ilm", wie Weimar zwischenzeitlich auch überschwänglich genannt wurde:

> *Ihre [d. h. Anna Amalias] Regentschaft brachte dem Lande mannigfaltiges Glück, [...]. Ein ganz anderer Geist war über Hof und Stadt gekommen.*[1]

Worauf Goethe hier anspielt, ist nichts anderes als die grundlegende Umwandlung einer bis dahin provinziellen Duodezresidenz seit dem letzten Drittel des 18. Jahrhunderts unter der Regentschaft der Herzogin Anna Amalia.[2] Schon durch die Berufung Wielands, der 1772 einen viel beachteten Staatsroman, *Der goldene Spiegel*, veröffentlicht hatte, an den Weimarer Hof hatte sie „ihre Bereitschaft" signalisiert, „einem neuen, reformfreundlichen Denken und Regieren Raum zu gewähren".[3] Goethe, der 1775 vor allem als der berühmte Verfasser des *Götz* (1773) und der *Leiden des jungen Werthers* (1774) in Weimar eintraf, gab den weiteren Anstoß zu einer ganz unvorher-

---

1   Johann Wolfgang Goethe: „Zum feyerlichen Andenken der durchlauchtigsten Fürstin und Frau Anna Amalia, verwittweten Herzogin zu Sachsen-Weimar und Eisenach, gebornen Herzogin von Braunschweig und Lüneburg". In: *Sämtliche Werke* (im Folgenden zitiert als „FA"). Abt. I, Bd. 17: Tag- und Jahreshefte, Frankfurt a. M.: Deutscher Klassiker Verlag, 1994, S. 421–426, hier S. 423f.

2   Siehe den Art. „Weimar" in: *Goethe-Handbuch*. Bd. 4–2, hrsg. Hans-Dietrich Dahnke und Regine Otto, Stuttgart und Weimar: Metzler, 1998, S. 1122–1132.

3   Regine Otto: „Goethe in Weimar – Realitäten, Hoffnungen und Enttäuschungen". In: Th. Jung und B. Mühlhaus (Hrsg.): *Über die Grenzen Weimars hinaus – Goethes Werk in europäischem Licht*. Frankfurt a. M.: Lang, 2000, S. 9–22, hier S. 14.

gesehenen Entwicklung des dortigen literarischen Lebens, denn allein seine bloße Anwesenheit übte eine sehr große Anziehungskraft aus. 1776 wurde Herder berufen, und ihm folgten als zeitweilige Besucher Lenz und Klinger. Auch Wielands Zeitschrift *Der Teutsche Merkur* (1773–89) zog viele Intellektuelle nach Weimar, unter ihnen auch Schiller. Zusammen mit Jena, wo neben ihm auch Fichte, Schelling und Hegel eine Professur hatten, verwandelte sich die thüringische Kleinstadt, die Herder noch 1785 als das „unselige[] Mitteldinge zwischen Hofstadt u. [sic!] Dorf" beschrieben hatte,[4] allmählich in eines der bedeutendsten Zentren der deutschen Kultur, und man begann, vom „Geist" der Weimarer Klassik zu sprechen.[5]

Nun lässt sich das Wort „Geist" in der eingangs zitierten Stelle ganz unterschiedlich auslegen, und es wäre daher danach zu fragen, was Goethe damit eigentlich gemeint hat. Man wird zunächst einmal wohl davon ausgehen dürfen, dass er den Begriff nicht im landläufigen Sinne verwendet haben wird, also nicht, um einfach nur zu sagen, dass sich seit Anna Amalias Regierungsantritt in Weimar vieles geändert habe. Man wird vielmehr vermuten dürfen, dass Goethe das Wort „Geist" bewusst ausgewählt hat, um damit etwas ganz Bestimmtes auszudrücken, nämlich etwas, was ihm als eine grundlegende Veränderung besonders aufgefallen war. Nur scheint es sehr schwer festzustellen, was dieses Bestimmte eigentlich gewesen ist, und vielleicht entzieht es sich überhaupt einer definitorischen Erklärung.

Das *Goethe-Wörterbuch* hat aber doch versucht, eine Antwort zu geben, indem es die Bedeutung des Wortes „Geist" an dieser Stelle als „(Zeit-) Stimmung, Atmosphäre" erklärt.[6] Da aber dort keine genauere Erläuterung vorhanden ist, fragt man sich zunächst: Was aber bringt es mit sich, hier das Wort „Geist" als „Atmosphäre" zu deuten? Was ist dabei unter „Atmosphäre" zu verstehen, und wie konnte der „Geist", der nach dem weit verbreiteten Verständnis des 18. Jh. keine körperlichen Eigenschaften hat, also keine *res extensa* und daher auch kein räumliches Phänomen ist,[7] sich überhaupt im

---

4   Brief an Knebel vom 28. und 29. August 1785. Johann Gottfried Herder: *Briefe. Gesamtausgabe*. Bd. 5, bearbeitet von Wilhelm Dobbek und Günter Arnold. Weimar: Böhlau, 1979, S. 135.

5   Vgl. dazu Gerhard Schuster und Caroline Gille (Hrsg.): *Wiederholte Spiegelungen. Weimarer Klassik 1759–1832. Ständige Ausstellung des Goethe-Nationalmuseums*. 2 Bde. Stiftung Weimarer Klassik, München und Wien: Hanser, 1999.

6   Siehe den Art. „Geist" in: *Das Goethe-Wörterbuch*. Hrsg. von der Berlin-Brandenburgischen Akademie der Wissenschaften, der Akademie der Wissenschaften in Göttingen und der Heidelberger Akademie der Wissenschaften, Bd. 3, Stuttgart u. a.: Kohlhammer 1998, Sp. 1316–1338, hier Sp. 1325.

7   So beginnt z. B. der Artikel „Geist" in Zedlers *Großes vollständiges Universal-Lexicon* (Bd. X, Halle und Leipzig: Zedler, 1735, S. 659–672) mit folgender

Kulturraum Weimars atmosphärisch verbreiten? Dies sind die Leitfragen, mit denen sich mein Beitrag im Folgenden beschäftigen wird.

2. *Atmosphärische Konnotation des Wortes „Geist"*

Wenn wir auf die Etymologie des Wortes „Geist" zurückblicken, zeigt es sich sofort, dass der Terminus verschiedene semantische Wurzeln hat. Als die lateinischen Ursprünge des Begriffs gibt *Das Deutsche Wörterbuch* der Brüder Grimm *spiritus, anima, mens* und *genius* an.[8] Uns interessiert in diesem Kontext vor allem das Wort *spiritus*, da es die deutliche Konnotation des Atmosphärischen hat, oder genauer: des Hauchs oder des Windes, wie auch das Verb *spiro* das Atmen („ich atme") bedeutet. Schon in der Naturphilosophie der frühen Moderne ist der Begriff *spiritus* als die feinkörperliche Kopula zwischen Seele und Körper charakterisiert worden. Ihrer Theorie nach besteht der ganze Mensch aus drei Teilen: aus *anima* (Seele), *corpus* (Körper) und *spiritus*.[9] Dieser *spiritus*, der durch den menschlichen Körper fließt, wird als der Dampf des Blutes aufgefasst, und tatsächlich wurde *spiritus* damals meistens als gasförmig oder luftartig angesehen, aber doch nicht ganz unkörperlich wie etwa *anima* oder *mens*.[10] Auch begriffsgeschichtlich findet die Interpretation des *spiritus* bzw. des Geistes als das Atmosphärische eine Bestätigung: Das griechische Wort, das mit *spiritus* ins Lateinische übersetzt wurde, nämlich *pneuma*, ist etymologisch mit Wörtern, die den Wind oder den Atem bzw. das Atmen bezeichnen, ganz eng verwandt.[11]

Definition: „Geist ist ein uncörperliches Wesen, so das Leben und die Kraft zu Leben in sich hat" (S. 659).

8   Jacob und Wilhelm Grimm: *Deutsches Wörterbuch*. Bd. 4, Abt. 1, Theil 2, Leipzig: Hirzel, 1897, hier zit. nach: Bd. 5, München: Deutscher Taschenbuch Verlag, 1984, S. 2623.

9   Hier beziehe ich mich auf die Anthropologie Marsilio Ficinos (1433–99), der einer der bedeutendsten Denker der Renaissance war. Bei ihm heißt es: „Tria profecto in nobis esse videntur, anima, spiritus atque corpus." In: *De amore*, Bd. VI, Kap. 6, hier zit. nach: Marsilio Ficino: *Über die Liebe oder Platons Gastmahl.* Übers. Karl Paul Hasse; hrsg. Paul Richard Blum, Hamburg: Meiner, 1984, S. 204.

10   Siehe dazu Daniel P. Walker: *Spiritual and Demonic Magic from Ficino to Campanella.* London: The Warburg Institute, 1958, bes. S. 3–11. Auf S. 7 heißt es: „[The air] is of the same kind as the spirit".

11   Siehe dazu auch Ernst Lutze: *Die germanische Übersetzung von spiritus und pneuma. Ein Beitrag zur Frühgeschichte des Wortes „Geist".* Bonn (Diss.) 1960;

Eine der Wurzeln des Begriffes „Geist" konnotiert also etwas Atmosphärisches. Auch die oben zitierte Passage aus Goethes Rede impliziert einen
solchen Zusammenhang, nämlich dann, wenn man die gleich danach verwendete Präposition „über" mit in den Blick fasst.[12] Der „Geist" – und das
wird nun daraus deutlich – liegt sozusagen in der Luft „über" Hof und Stadt,
wirkt auf die dort wohnenden Menschen ein und beeinflusst den Charakter
des ganzen Raumes. Eine ganz ähnliche Formulierung findet sich bereits in
Goethes Bericht über die *Campagne in Frankreich* (1792), wo es heißt:
„Wenn auch sein [d. h. Yorick-Sternes] Geist nicht über den Deutschen
schwebte, so teilte sich sein Gefühl um desto lebhafter mit".[13] Hier erinnert
sich Goethe an Lawrence Sterne's seinerzeit höchst erfolgreichen Roman
A Sentimental Journey (1768). Wichtig ist für uns dabei das Verb „schweben", weil es zweifellos auf ein räumliches Phänomen verweist. In der Luft
„schwebt" der sozusagen pneumatische Einfluss Sternes, der durch das Wort
„Geist" ausgedrückt wird.

Vielleicht ist es an diesem Punkt nicht unangebracht, auch eine der Formulierung Goethes korrespondierende Bibelstelle ins Kalkül miteinzubezie-
hen, weil der Ausdruck „Schweben des Geistes" in uns eine gewisse biblische Vorstellung evoziert.[14] In der Apostelgeschichte des Neuen Testaments
heißt es, als der Heilige Geist über die Gemeinde der Gläubigen kommt, in
der Übersetzung Luthers:

> *Es gebürt euch nicht zu wissen zeit oder stunde / welche der Vater seiner macht*
> *furbehalten hat / Sondern jr werdet die krafft des heiligen Geistes empfahen /*

Marielene Putscher: *Pneuma, Spiritus, Geist. Vorstellungen vom Lebensantrieb
in ihren geschichtlichen Wanderungen.* Stuttgart: Steiner, 1974. Ficino übersetzte
das altgriechische Wort *pneuma* mit dem Begriff *spiritus* ins Lateinische. Siehe
Marsilio Ficino: *Lessico Greco-Latino.* Roma: Ateneo & Bizzarri, 1977, S. 131.

12   An einer Stelle in Faust (Teil I, V. 1118–1121) sagt Faust: „O gibt es Geister in
      der Luft, | Die zwischen Erd' und Himmel herrschend weben, | So steigt nieder
      aus dem goldnen Duft | Und führt mich weg, zu neuem buntem Leben!" FA
      Abt. I, Bd. 7/1: Faust Texte, 1994, S. 57.

13   FA Abt. I, Bd. 16: Campagne in Frankreich; Belagerung von Mainz; Reiseschrif-
      ten, 1994, S. 528.

14   Goethe kannte die Bibel seit seiner Kindheit sehr genau: Eine Bibelausgabe mit
      Kupferstichen von Matthaeus Merian war eines der ersten Bücher überhaupt, die
      er eifrig gelesen haben soll (siehe *Dichtung und Wahrheit*, Teil 1, Kap. 1). Ange-
      sichts der Tatsache, dass Goethe auf die Bibel sehr oft sowohl implizit als auch
      explizit Bezug nimmt (siehe dazu den Art. „Bibel" in: *Goethe-Handbuch.* Bd. 1,
      hrsg. Alfred Zastrau, Stuttgart: Metzler, 1961, bes. S. 1180), könnte man vermu-
      ten, dass in dem angeführten Zitat vielleicht ein biblischer Nachklang zu hören
      ist.

welcher auff euch komen wird / Vnd werdet meine Zeugen sein zu Jerusalem / vnd in gantz Judea vnd Samaria / vnd bis an das ende der Erden.[15]

An diese Stelle, die das Kommen des Heiligen Geistes ankündigt (Apg. 1,12–26), schließt sich das Zeugnis der Apostel in Jerusalem zu Pfingsten an (Apg. 2,1 und 6,7). Es ist bemerkenswert, dass auch in der Pfingstgeschichte der Heilige Geist in einem sehr engen Zusammenhang mit etwas Atmosphärischem, nämlich dem Wind, dargestellt wird: „Vnd als der tag der Pfingsten erfüllet war / waren sie alle einmütig bey einander. Vnd es geschach schnelle ein Brausen vom Himel / als eines gewaltigen Windes / vnd erfüllet das gantze Haus / da sie sassen" (Apg. 2,1–2).[16] Im Kontext dieser Bibelstelle kann man sich also das Wort „Geist" in einer Assoziation mit dem Wind vorstellen, der das Haus erfüllt, was sich dem heutigen Sprachgebrauch nach wiederum gut in einen Zusammenhang mit dem Begriff „Atmosphäre" bringen ließe.

Ob nun eine solche Anspielung auf die Apostelgeschichte wirklich von Goethe intendiert war, soll in diesem Beitrag allerdings nicht Gegenstand der Untersuchung sein, da es viel zu weit vom Thema weg führen würde. Man darf aber wohl davon ausgehen, dass Goethe mit dem Wort „Geist" eine alte, pneumatische – d. h. hier: atmosphärische – Konnotation angedeutet haben kann. Im Folgenden wird die Diskussion sich deshalb darauf beschränken, den Terminus „Geist" phänomenologisch als synonymen Begriff für die Atmosphäre einer Stadt zu interpretieren.

3. Zwei spezifische Charakteristika der Atmosphäre

Man spricht heutzutage oft und gerne von der besonderen Atmosphäre einer bestimmten Stadt: Weltstädte wie Paris, London, New York oder Tokio werden dabei oft als erstes genannt. Sie haben jede für sich ihre ganz eigene Atmosphäre, die sie von allen anderen Städte unserer Erde unterscheidet. Etymologisch gesehen leitet sich dieser Terminus von dem im 17. Jh. geprägten lateinischen Begriff „atmosphaera" ab, der erstmals um 1750 in seiner heutigen Form in der deutschen Sprache verwendet wurde.[17] In Goethes Werken begegnet uns das Wort in ganz verschiedenen Kontexten, gleichwohl

---

15 Apg. I, 6–8. Zit. nach: D. Martin Luther: *Die gantze Heilige Schrifft*. Bd. 3, hrsg. Hans Volz, München: Deutscher Taschenbuch Verlag, 1974, S. 2190.

16 Ebd. S. 2192.

17 Hermann Paul: *Deutsches Wörterbuch*. 10. Aufl., Tübingen: Niemeyer, 2002, S. 96.

aber nicht unbedingt in der Bedeutung eines „gestimmten Raumes"[18], wie es etwa bei der Formulierung „die Atmosphäre einer Stadt" der Fall ist, denn der Begriff wurde damals vorrangig in der Meteorologie im Sinne der physikalischen Atmosphäre verwendet, ganz so, wie wir z. B. auch heute noch von der Erdatmosphäre sprechen.[19]

Doch was ist mit dem Wort „Atmosphäre" in der heutigen übertragenen Bedeutung konkret gemeint? Obwohl dies ein uns allen sehr geläufiger Begriff sein dürfte, erweist es sich bei näherem Hinsehen als äußerst schwierig, ihn exakt zu definieren – und zu fragen ist, ob man es letztlich überhaupt kann.[20] Im Folgenden werden daher mit aller gebotenen Vorsicht zunächst einmal einige konstitutive Wesensmerkmale des Begriffs einer genaueren Betrachtung unterzogen. Ausgehend von den Ergebnissen bisheriger phänomenologischer Untersuchungen zum Thema „Atmosphäre" – ich denke dabei in erster Linie an Hermann Schmitz und Gernot Böhme[21] – lassen sich vor allem zwei wichtige Kriterien für eine Definition des Begriffes anführen. Das Wort „Atmosphäre" benennt zunächst einmal einen „gestimmten Raum", dessen besondere Eigenschaften dann erstens als „unbestimmt" und zweitens als „ganzheitlich" zu bezeichnen sind.

Die Atmosphäre ist also, phänomenologisch gesehen, einerseits *unbestimmt*, da sie sowohl räumlich als auch zeitlich nicht festzulegen ist. Die Räumlichkeit der Atmosphäre versteht sich nicht euklidisch, denn sie hat keine Oberfläche und ihre Größe ist mathematisch nicht zu messen, obwohl sie sehr wohl „Tiefe" oder „Weite" besitzen kann: Man denke hier z. B. an ein Phänomen wie das der so genannten „tiefen Stille". Schmitz bezeichnet

18 Siehe dazu Graf K. von Dürkheim: *Untersuchungen zum gelebten Raum.* In: *Neue psychologische Studien.* Bd. 6–4, hrsg. Felix Krueger, München: C. H. Beck, 1932, S. 383–480 (wiederveröffentlicht: Frankfurt am Main: Institut für Didaktik der Geographie, 2005); Ludwig Binswanger: „Das Raumproblem in der Psychopathologie". In: *Ausgewählte Vorträge und Aufsätze.* Bd. II, Bern: Franke, 1955, S. 174ff.; Elisabeth Ströker: *Philosophische Untersuchungen zum Raum.* 2. Aufl., Frankfurt a. M.: Vittorio Klostermann, 1977, bes. S. 22–54.

19 Siehe den Art. „Atmosphäre" in: *Das Goethe-Wörterbuch* (siehe Anm. 6). Bd. 1, 1978, Sp. 887–890. Vgl. dazu auch Gernot Böhme: „‚Mir läuft ein Schauer übern ganzen Leib' – das Wetter, die Witterungslehre und die Sprache der Gefühle". In: *Goethe-Jb.* Bd. 124 (2007), S. 133–141.

20 Vgl. den folgenden Aufsatz Böhmes, in dem er vor allem die akustisch wahrgenommene Atmosphäre einer Stadt thematisiert. Gernot Böhme: „Die Atmosphäre einer Stadt". In: *Anmutungen. Über das Atmosphärische.* Ostfildern: Edition Tertium, 1998, S. 49–70.

21 Siehe dazu vor allem Hermann Schmitz: *System der Philosophie.* Bd. III–2: Der Gefühlsraum, Bonn: Bouvier, Studienausgabe 2005, bes. S. 98ff.; Gernot Böhme: *Atmosphäre. Essays zur neuen Ästhetik.* Frankfurt a. M.: suhrkamp, 1995.

eine solche Art von Räumlichkeit als „flächenlos",[22] womit er zum Ausdruck bringen will, dass man keine klare Grenze zwischen Atmosphären ziehen kann. Hinzu tritt die zeitliche Unbestimmbarkeit der Atmosphäre. Sie ist vergänglich, was heißt, dass sie nicht an einem Ort bleibt. Es gibt zwar viele Mittel und Techniken, Atmosphären zu erzeugen und an einen Ort zu binden: Man denke hier beispielsweise an die Einrichtung eines Zimmers oder an die Hintergrundmusik in einem Kaufhaus oder Restaurant, was Böhme seinerseits zutreffend als „ästhetische Arbeit" bezeichnet hat.[23] Eine solche Inszenierung der Atmosphäre ist keineswegs nur ein Phänomen der heutigen Gesellschaft, sondern auch die *magia naturalis* in der Geistesgeschichte Europas weist charakteristische Eigenschaften auf, die aus dieser Perspektive sehr gut analysiert werden können.[24]

Festzuhalten wäre als Zweites, dass die Atmosphäre *ganzheitlich* ist. Sie präsentiert sich als etwas Ganzheitliches, das einen einheitlichen Charakter zeigt, und wird als „heiter", „fröhlich", „traurig" oder „melancholisch" bezeichnet: Die Atmosphäre versteht sich also nicht mosaikhaft, sondern beeinflusst als Ganzes einen Raum umfassend, wobei sie überpersönlich auf die Menschen wirkt, die sich an diesem Ort befinden. Atmosphärische Erfahrung ist aber mehr als eine nur subjektive, weshalb Böhme sie auch als „quasiobjektiv" bezeichnet hat.[25] Die Wirkung der Atmosphäre erscheint u. U. als zudringlich bzw. aufdringlich, und im Hinblick darauf unterscheidet Böhme die Atmosphäre und das Atmosphärische.[26] Ihm zufolge ist letzteres vom eigenen „leiblichen" Befinden getrennt und somit objektivierbar: Die Atmosphäre hingegen umgibt den Menschen leiblich unmittelbar nah und ist daher mangels der Möglichkeit einer Distanzierung von ihr sehr schwer zu erkennen.

---

22   Hermann Schmitz: *Kurze Einführung in die Neue Phänomenologie.* Freiburg u. München: Alber, 2009, S. 74.

23   Gernot Böhme: *Atmosphäre* (siehe Anm. 21). S. 34ff. Streng genommen scheint es mir aber doch so zu sein, dass durch ein derartiges Vorgehen nicht unbedingt die Atmosphäre an sich erzeugt wird, sondern dass vielmehr nur die faktischen Voraussetzungen dafür geschaffen werden, unter denen sich die gewollte oder intendierte Atmosphäre leichter einstellen kann.

24   Siehe dazu z. B. Ioan Petru Couliano: *Éros et magie a la Renaissance – 1484.* Paris: Flammarion, 1984; Yuho Hisayama: „Magie als Inszenierung der Atmosphäre? Eine Interpretation des *spiritus*-Begriffs von Marsilio Ficino im Hinblick auf den philosophischen Atmosphärenbegriff und das japanische Alltagswort *ki*". In: A. Ogawa, K. Tamura und D. Trauden (Hrsg.): *Wie alles sich zum Ganzen webt. Festschrift für Yoshito Takahashi zum 65. Geburtstag.* Tübingen: Stauffenburg, 2010, S. 45–59.

25   Gernot Böhme: *Aisthetik.* München: Fink, 2001, S. 49.

26   Ebd. S. 59ff.

Mithilfe dieser, wenn auch stark verkürzten Ausführungen, sind doch prinzipiell jene zwei spezifischen Merkmale der Atmosphäre benannt und hervorgehoben worden, die im Folgenden als Grundlage für einen Vergleich mit Goethes Verwendung des Wortes „Geist" herangezogenen werden können und diesen auch legitimieren.

4. Goethe als Beobachter der Atmosphäre

Dass Goethe sich, was heute weitgehend vergessen zu sein scheint, offensichtlich sehr gut sowohl auf das Erkennen als auch das Beschreiben von Atmosphäre verstand, hat Schmitz hervorgehoben, der sich in seiner Habilitationsschrift[27] mit Goethe beschäftigt hat und als ein profunder Goethe-Kenner gilt. Als Paradigma für das Erfassen und Darstellen von Atmosphäre in der Literatur überhaupt wählte er eine Textstelle aus Goethes *Campagne in Frankreich*:[28] Vor allem die letzten drei Sätze der von Schmitz in diesem Kontext zitierten Passage scheinen mir in Bezug auf unser Thema von Bedeutung:

> *[E]s ist doch als wenn die Welt einen gewissen braunrötlichen Ton hätte, der den Zustand so wie die Gegenstände noch apprehensiver macht. Von Bewegung des Blutes habe ich nichts bemerken können, sondern mir schien vielmehr alles in jener Glut verschlungen zu sein. Hieraus erhellet nun in welchem Sinne man diesen Zustand ein Fieber nennen könne.*[29]

In dem hier zitierten Abschnitt ist zwar nicht der „Geist einer Stadt" thematisiert, sondern das „Kanonenfieber" eines Schlachtfeldes, doch handelt es sich um weit mehr als nur das: Es geht in der Tat – und wohl ganz vorrangig – um die Atmosphäre eines Ortes, die sich ebenso unbestimmt wie ganzheitlich präsentiert. Goethe hat hier, so Schmitz, „die aufdringliche Gegenwart dieses nicht mehr subjektgebundenen, sondern ganzheitlich-atmosphärischen Gefühls [...] sehr scharf beobachtet",[30] und zeigt sich damit als ein ebenso präziser wie einfühlsamer Kommentator zur Atmosphäre eines Ortes.[31]

---

27 Hermann Schmitz: *Goethes Altersdenken im problemgeschichtlichen Zusammenhang.* Bonn: Bouvier, 1959.

28 Hermann Schmitz: *System der Philosophie.* Bd. III–2 (siehe Anm. 21), S. 100f.

29 FA Abt. I, Bd. 16 (siehe Anm. 13), S. 435.

30 Hermann Schmitz: *System der Philosophie.* Bd. III–2 (siehe Anm. 21), S. 100. Auch verschiedene Gelegenheitsgedichte Goethe zeigen, wie treffsicher er atmo-

5. Phänomenologische Analyse der Äußerung Goethes

Wenden wir uns nach diesem Exkurs nun nochmals der anfangs zitierten Passage zu:

> *Ihre Regentschaft brachte dem Lande mannigfaltiges Glück, [...]. Ein ganz anderer Geist war über Hof und Stadt gekommen.*

Mit diesen Worten hatte Goethe seinerzeit die wesentlichste Veränderung Sachsen-Weimars während der Regierungszeit der Herzogin Anna Amalia zu charakterisieren versucht. Wenn wir nun dieses Zitat angesichts der beiden oben genannten Merkmale der Atmosphäre genauer analysieren und uns dabei zunächst ihrer Unbestimmbarkeit zuwenden, dann ist diese meiner Ansicht nach in ihm auf doppelte Weise ausgedrückt. Zum einen wird gesagt, dass in dieser Zeit ein neuer „Geist" über Weimar „gekommen" sei, was bedeutet, dass dieser „Geist" sowohl beweglich als auch vergänglich war. Auch wenn der frühere Geist zu diesem Zeitpunkt noch nicht ganz verflogen war, wie Herder geschildert hat, kündigte sich bereits der Übergang an. Bemerkenswert ist dann aber auch, dass Goethe in Bezug darauf drei Lokalitäten von ganz unterschiedlicher räumlicher Größe anführt: das Land, den Hof und die Stadt. Dies soll vielleicht zum Ausdruck bringen, dass der Einflussbereich des „Geistes" keine klare Begrenzung zuließ, und dass seine Größe deshalb nicht klar definiert werden konnte. Eine flächenlose Atmosphäre verbreitet sich zwar unbestimmt, beeinflusst aber dennoch ein räumlich weites Feld.

Zum zweiten wird hier die Atmosphäre ganzheitlich dargestellt, und zwar mit der Formulierung: „[e]in ganz anderer Geist". Die Voraussetzung, um überhaupt von EINEM „ganz andere[n] Geist" sprechen zu können, wäre, dass es einen – und zwar neuen – ganzheitlichen Geist gab, der sich wesensmäßig von dem vorherigen Geist unterschied. Dieser Geist beschränkte sich nicht nur auf die Persönlichkeit Anna Amalias, denn es heißt im Zitat weiter: „Bedeutende Fremde von Stande, Gelehrte, Künstler, wirkten besuchend und

---

sphärische Phänomene zu beschreiben verstand. Ein weiteres Beispiel wäre im Bereich der Naturwissenschaften der Begriff der „Trübe" in der Farbenlehre, der ebenfalls auf eine atmosphärische Erfahrung hinweist.

31   Man könnte hier auch an Begriffe wie „Dunstkreis" denken, die auf eine atmosphärische Erfahrung verweisen und die Goethe an verschiedenen wichtigen Stellen verwendet hat. Vgl. dazu z. B. *Faust,* Teil I, V. 2669–2671, wo Mephistopheles sagt: „Indessen könnt ihr [d. h. Faust und Gretchen] ganz allein / An aller Hoffnung künft'ger Freuden / In ihrem [d. h. Gretchens] Dunstkreis satt euch weiden". FA Abt. 1, Bd. 7/1 (siehe Anm. 12), S. 114.

bleibend".[32] Mit dem Wort „Geist" dürfte also hier die Gesamtwirkung, die von diesen Persönlichkeiten ausging, gemeint sein.

Diese Passage, die als ein gutes Fallbeispiel für die Auffassung des Geistes als Atmosphäre einer Stadt herangezogen werden kann, ist nicht der einzige Text, in dem Goethe das Wort „Geist" im Sinne von etwas „Atmosphärischem" verwendet. Als Beleg dafür sei hier ein Beispiel aus seinem *Tasso* angeführt. Als Torquato Tasso, die Hauptperson des gleichnamigen Schauspiels, den Entschluss fasst, nach Rom zu gehen, verbindet er mit dieser Entscheidung auch eine ganz bestimmte Hoffnung: „Am meisten liegt mir mein Gedicht am Herzen. / [...] Ich möchte dort / Wo noch der Geist der großen Männer schwebt / Und wirksam schwebt, dort möcht' ich in die Schule / Aufs neue mich begeben [...]" (V. 3022ff.).[33] Durch diese seine Worte wird in Goethes Dichtung ein historisch gegründetes, „intellektuelles" Klima der Stadt evoziert. Es handelt sich dabei nicht unbedingt um eine sinnlich spürbare, sondern eher um eine im intellektuellen Sinne „geistige" Atmosphäre, so, wie sie Goethe in der oben zitierten Gedächtnisrede auf Anna Amalia angesprochen hatte. Eine solche Konnotation schwingt selbst im heutigen Sprachgebrauch noch mit, z. B. dann, wenn wir vom „Geist der Universität" sprechen.

6. Das japanische Wort „kifû" als Begriff für die Atmosphäre einer Stadt

Kann man nun auch im modernen Japanisch den „Geist" so, wie er in meinen Ausführungen gekennzeichnet worden ist, ausdrücken? Dafür lässt sich z. B. das japanische Wort *kifû* (気風) anführen, das ungefähr „den Charakter einer Region" bezeichnet, der von ihren Bewohnern mit bestimmt wird. Mit dem Wort *kifû* beschreibt man im Japanischen sehr zutreffend den „Geist" eines Ortes, wofür die folgende Passage aus dem Roman *Botchan* von Natsume Sôseki, der einer der bedeutendsten Schriftsteller der modernen japanischen Literatur ist, als Beispiel dienen möge. Es handelt sich dabei um die Schilderung der Abschiedsparty für einen gewissen Herrn Koga (*uranari-sensei*), der aus der Grossstadt Tokio in die ländliche Kleinstadt Nobeoka ziehen wird. Bei dieser Gelegenheit hält einer seiner Kollegen eine Rede, in deren Kontext die Übersetzer, Jürgen Berndt und Shinohara Seiei, das Wort *kifû* im Deutschen eben mit dem Begriff „Geist" wiedergegeben haben.

---

32 FA Abt. I, Bd. 17 (siehe Anm. 1), S. 424.
33 FA Abt. I, Bd. 5: Iphigenie; Egmont; Tasso, 1988, S. 821.

Nobeoka ist ein weltabgeschiedener Ort und bietet sicher nicht solche materiellen Annehmlichkeiten wie diese Stadt, aber soviel wie ich gehört habe, sollten dort sehr einfache Sitten herrschen und Lehrer wie Schüler sich noch den alten Geist [im Original steht hier: *kifū*] *der Natürlichkeit und der Anständigkeit bewahrt haben. Ich bin davon überzeugt, daß es dort keinen einzigen von diesen Laffen gibt, die mit Schmeicheleien um sich werfen und mit dem unschuldigsten Gesicht der Welt anständigen Menschen Fallstricke legen. Ein so warmherziger, gutmütiger und freundlicher Mensch wird dort bestimmt mit großer Herzlichkeit aufgenommen.*[34]

Das Wort *kifū* ist ein Kompositum von *ki* und *fū*, und schon mehrfach ist in der Forschung darauf hingewiesen worden, dass es zwischen *pneuma* bzw. *spiritus* und *ki* (気) gewisse Ähnlichkeiten gibt, das in manchen Kontexten auch mit der „Atmosphäre" übersetzt werden kann.[35] Nicht unwichtig ist hier darauf zu verweisen, dass das Wort „Atmosphäre" selbst im Japanischen als „umhüllendes *ki*" (*fun'iki*: 雰囲気) wiedergegeben wird. Etymologisch gesehen ist bei dem Zeichen des *ki* eine sehr interessante Konnotation zu finden, die möglicherweise mit dem Beobachten der atmosphärischen Phänomene – etwa des schwebenden Dampfes beim Kochen des Reises – viel zu tun hat.[36] Das zweite Element *fū* (風) bedeutet so viel wie „Wind", was wiederum – ähnlich dem *ki* – etymologische Ähnlichkeiten mit Wörtern wie *pneuma* oder *spiritus* impliziert und in dieser Weise auch etwas Atmosphärisches bezeichnet. Somit könnte der „Geist" in Goethes Rede – nun umgekehrt – meiner Ansicht nach sehr gut mit dem Wort *kifū* ins Japanische übersetzt werden.

34 Natsume Soseki: *Der Tor aus Tokio.* Übers. u. Nachw. Jürgen Berndt und Shinohara Seiei. Zürich: Theseus, 1990, S. 101.
35 Z. B. Ulrich Libbrecht: „Prāṇa=Pneuma=Ch'i?" In: W. L. Idema und E. Zürcher (Hrsg.): *Thought and Law in Qin and Han China. Studies dedicated to Anthony Hulsewé on the Occasion of his Eightieth Birthday.* Leiden: Brill, 1990, S. 42–62; Geoffrey Lloyd: „Pneuma between Body and Soul". In: *Journal of the Royal Anthropological Institute* 13 (2007), S. 135–146, bes. S. 143f.
36 Siehe dazu z. B. Keiji Yamada: *Ki no shizen zô,* Tokio: Iwanami, 2002. Als auf deutsch verfasste Rechersche: Peter Pörtner: „Notizen zum Begriff des Ki". In: G. S. Dombrady und F. Ehmcke (Hrsg.): *Referate des VI. Deutschen Japanologentages in Köln, 12.–14. April 1984.* Hamburg: Gesellschaft für Natur- und Völkerkunde Ostasiens, 1985, S. 215–254; Manfred Kubny: *Qi, Lebenskraftkonzepte in China. Definitionen, Theorien und Grundlagen.* Heidelberg: Haug, 1995.

7. Schluss

Was Goethe in der oben zitierten Stelle mit dem Wort „Geist" nun eigentlich genau gemeint hat, entzieht sich, wie schon eingangs angedeutet, weiterhin unserem Verständnis. Doch scheint mir eine Klärung dieser Frage in letzter Konsequenz auch gar nicht möglich, denn vieles von dem, was Goethe schrieb oder gesagt haben soll, erscheint dem Leser oft so vielschichtig und schillernd, dass viele seine Äußerungen eine einzige, allein gültige Interpretation geradezu verbieten. So gesehen könnte man unser Zitat als ein Paradebeispiel für die unauflösbare Ambivalenz vieler goethescher Äußerungen sehen, die uns aber dann doch im Vergleich mit anderen Sprachsystemen, wie hier mit dem japanischen Wort *kifū*, immer wieder neue Horizonte bei der Lektüre eröffnen können und mögen.

JEAN-LOUIS GEORGET (Frankreich, Paris)

Von Rothenburg nach Pressburg:
Probestücke einer Fusswanderung.
Wilhelm Heinrich Riehl und die Entstehung
seiner ethnographischen Forschungsmethode.

1869 erschien in Stuttgart und Berlin im Cotta-Verlag ein Buch mit dem
programmatischen Titel Wanderbuch, im Untertitel verdeutlicht mit dem
Zusatz als zweiter Teil zu Land und Leute. Der Verfasser Wilhelm Heinrich
Riehl (1823–1897) war zu dieser Zeit auf dem Höhepunkt seiner wissenschaftlichen Karriere angelangt. Er hatte schon einige bedeutende Werke
veröffentlicht und war 1853 vom bayerischen König Maximilian II. zum
Honorarprofessor für „Staats-, Gesellschafts-, Wirtschaftswissenschaft, Kul-
tur- und Staatengeschichte" an der Münchner Universität ernannt worden.
Diese ungewöhnlich umfassende Lehrstuhlbezeichnung wies emblematisch
auf die Hinwendung zu einer neuen wissenschaftlichen Forschungsrichtung
in Deutschland hin, einer Forschungsrichtung, die vor allem die traditionelle
Staatswissenschaft erweitern und die engen Grenzen der Kameralwissen-
schaften überschreiten sollte.

Die neue Wissenschaft sollte sich auf ein breites Forschungsfeld beziehen, nämlich auf die Wahrnehmung des „Volkes". Volk wurde hier nicht im
abstrakten Sinne verstanden, sondern deutete ganz klar auf einen Begriff hin,
den Riehl als „ethnographisch" definierte: „[Dieser] ethnographische Begriff
des Volkes, als eines durch Gemeinsamkeit von Stamm, Sprache, Sitte und
Siedelung verbundenen natürlichen Gliedes im großen Organismus der
Menschheit"[1] wurde zum begrifflichen Zentrum der „wissenschaftlichen"
Volkskunde. Das Wort „Volk" war im kameralwissenschaftlichen Korpus
nur selten politisch konnotiert worden. Im 18. Jahrhundert bezeichnete es
nach den Verwüstungen des Dreissigjährigen Kriegs vor allem die Bevölkerung, die ein bestimmtes Territorium bewohnte. Die Städte waren in den
Mittelpunkt des Territoriums gerückt und strukturierten es. Sie hatte ihre
eigene Ordnung, die als „Polizey" in der grossen Epoche des Kameralismus

---

1   Wilhelm Heinrich Riehl, Die Volkskunde als Wissenschaft, In *Wissenschaftliche
     Vorträge gehalten zu München im Winter 1858*, Braunschweig, 1858, S. 418.

definiert worden war, auf die landschaftliche Umgebung ausgedehnt[2]. Das Volk zu beobachten hiess zugleich die urbane Umgestaltung des Territoriums zu beschreiben.

Reiseberichte verkürzen meist die Reiseerfahrungen ebenso wie die auf der Reise gemachten Beobachtungen. Sie resümieren und fassen zusammen und können so der Vielzahl der Eindrücke oft nur unzureichend gerecht werden. Wilhelm Heinrich Riehl war sich dieser methodischen Schwäche sehr wohl bewusst und erprobte seine Methode auf verschiedenen Reisen, bei denen er Eindrücke und Beobachtungen in einem Tagebuch festhielt. Diese Reiseberichte betreffen seine zwischen 1864 und 1868 durchgeführten Reisen durch die deutschen Provinzen und in die Ostgebiete sowie nach Holland. Sie lassen sich als Prototypen oder in Riehlscher Terminologie als „Probestücke" der späteren ethnographischen Schriften lesen. Das *Wanderbuch* ist in sieben Kapitel gegliedert, die – wie die Jahreszahlen erkennen lassen – keineswegs chronologischer Anordnung folgen: 1867 war *Auf dem Wege nach Holland* erschienen, 1845 *Ein Gang durch's Taubertal* mit der Darstellung der Stadt Rothenburg, 1864 *Bauernland mit Bürgerrechten: der Rheingau*, 1866 *Eine geistliche Stadt: Freising*, 1867 *Die Holledau*, 1866 *Das Gerauer Land und seine Kaiserstätten*, und schließlich 1868 *Aus dem Leithawinkel. Heinburg, Rohrau, Pressburg*.

In seinem Vorwort erklärt Riehl, diese ungewöhnliche Kapitelanordnung resultiere aus seiner empirischen Forschungsmethode, und erläutert dazu ausführlich: „Ich wollte die Methode meiner Volkstudien darlegen. Und so ist jeder der folgenden Abschnitte in anderer Art geschrieben, in anderer Absicht und will mit anderem Maßstabe gemessen sein[3]". Die den Band einrahmenden Kapitel, also die einleitende erste Reisebeschreibung *Auf dem Wege nach Holland* und der abschließende Bericht *Aus dem Leithawinkel* betreffen beide bedeutende Grenzgebiete Deutschlands; sie erscheinen zugleich als Eckpfeiler des Riehlschen Ansatzes, der ebenso literarisch wie praktisch ausgerichtet ist: „Den Beginn *Auf dem Wege nach Holland* macht ein weit angelegtes Übersichtsbild. Die größere Masse des Stoffes ist hier nicht vom Verfasser selber erforscht, sondern aus Büchern und Abhandlungen geschöpft. Das Schlussaufsatz versetzt den Leser in den deutschungarischen Grenzstrich an der Donau, der Leitha und dem Neusiedlersee, er gibt [...] das äußerste Gegenbild zu den ersten Abschnitte[4]".

2   Marcus Sandl, *Ökonomie des Raumes. Der kameralwissenschaftliche Entwurf der Staatswirtschaft im 18. Jahrhundert*, Studien zum sozialen Wandel in Mittelalter und Früher Neuzeit, Böhlau Verlag, Köln/Weimar/Wien, 1999.

3   Wilhelm Heinrich Riehl, *Wanderbuch*, Stuttgart, 1869, S. 33.

4   Wilhelm Heinrich Riehl, *ibid.*

Während die Reise nach Holland entlang des Rheins sich mehr am Muster der literarisch inspirierten, geographisch-kulturgeschichtlichen Darstellung orientiert, zeigt der Bericht über die Wanderung durch den Leithawinkel einen „ethnographischen" Ansatz, im Sinne einer vor Ort durchgeführten Methode der praktischen Erforschung und Beschreibung des Beobachteten. Die a-chronologische Darstellung des *Wandersbuches* entspricht indes nicht nur einer methodologischen Didaktik, sondern auch den Kriterien einer räumlichen Ideologie: die Flusslinien (des Rheins) gelten als die „natürlichen Grenzen" der Nation. Im Gegensatz zu diesen geographischen, von der Natur bestimmten Grenzen erlaubt es die Erhebung der sprachlichen, kulturellen, architektonischen und religiösen Ähnlichkeiten und Unterschiede, das Territorium in der ganzen Verschiedenheit seiner Provinzen und Städte wahrzunehmen.

Der Bericht über die Wanderung durch das Taubertal, die Riehl 1865 unternimmt, folgt dem gleichen Verfahren, orientiert sich aber zugleich auch an Geschichte und Topographie der Gegend. Riehls Wanderreise durchs Taubertal wurde zum ersten Experimentierfeld seiner empirischen Methode, die ebenso die körperliche Erfahrung des Wandernden wie sein kulturgeschichtliches Wissen integriert. Dabei bietet er dem Leser eine Einführung in die mittelrheinischen Lande, eine Einführung, die sich ihrem Gegenstand allmählich annähert und von einer „historisch-topographischen Vogelperspektive" bis zu „einzelnen merkwürdigen Punkten" geht. Riehls Beschreibung des Taubertales mit seinen historischen Städten – Rothenburg, Greglingen, Weikersheim, Mergentheim – zeigt ein neues Raumverständnis und deutet damit den Wandel von einer gelehrt-aufgeklärten Auffassung des Räumlichen zu einer detaillierten wissenschaftlich-positivistischen Darstellung, die die neue Geographie des 19. Jahrhunderts bestimmen sollte, an.

Um die Geographie des untersuchten Landstrichs wahrzunehmen, dient nur nicht die Landkarte als Maßstab, sondern vielmehr auch der eigene Körper: „An der Talstraße der Tauber liegen neun Städte [...] auf siebenundzwanzig Stunden Wegs, es kommt also je drei Stunden eine Stadt, und wohl auf jede Stunde eine Ortschaft". Die Besonderheit dieses Dreiländerecks der „drei Herren: Bayern, Württemberg und Baden" ist gekennzeichnet durch eine Geschichte, die mit dem Boden selbst verwurzelt ist: „Der Boden gehört der deutschen Kaisergeschichte, hier lag die Feste der Hohestaufen". Rothenburg symbolisiert durch seine Lage, seine Architektur und die Gewerbeansiedelung diese merkwürdige Vergangenheit. Dabei wird besonders die kulturelle und historische Identität Rothenburg hervorgehoben – in Riehls Worten – die historische Physiognomie dieser freien Reichstadt: „Es erinnert an die politische und kriegerische Kraft- und Glanzheit dieser Reichstadt", die ihre frühere Unabhängigkeit im Laufe der Jahrhunderte verloren hat: „Nun ist Rothenburg an der Tauber nicht bloß eine bayerische Provinzialstadt gewor-

den [...] sondern eine Grenzstadt, die ganz außer der Welt liegt, ein vergessenes Trümmerstück des Mittelalters". Zur traditionsreichen Kultur und
Geschichte der Städte entlang der Tauber treten weitere lokale Eigenheiten
hinzu, Dialekte ebenso wie lokale Lebensformen, die sich jeweils den topographischen Besonderheiten verdanken: „Die Tauber entspringt in Bayern
und in Württemberg – wie man will. Denn die Bayern sagen, sie entspringe
hüben, und die Württemberger, sie entspringe drüben. Jedenfalls entspringt
sie an der Grenze[5]". Dieses Bonmot unterstreicht die dialektalen Eigenheiten
des Taubertales und seiner Städte. Riehl zufolge ist das Taubertal mit einem
zwanzigstündigem Fußmarsch zu durchqueren, und gleichzeitig ist es verwaltungstechnisch aufgeteilt zwischen Bayern, Baden und Württemberg. Der
Gang des Forschers durch das Taubertal zeigt bereits einen Beschreibungsansatz, der verschiedene neue wissenschaftliche Begrifflichkeiten zu integrieren
versucht. Die Verbindung von Topographie, Kosmographie, Stadtmorphologie, Statistik und Ökonomie steht dabei für eine neue Konzeption jenseits
aller Disziplinengrenzen sowie für die klare Orientierung an der Beobachtung
vor Ort. Dieser Fußwanderung durch das Taubertal bezeichnet gleichzeitig
eine Orientierung im nationalen Raum.

Die letzte Reisebeschreibung des Bandes führt den Leser in das deutschungarische Grenzgebiet von Donau, Leitha und Neusiedlersee. In methodischer Fortführung des Tauber-Kapitels bietet dieses Schlusskapitel des Bandes nun bereits eine erste Einführung in die entstehende Ethnographie:
„Diesmal war mir mein Tagebuch die wichtigste Stoffquelle, der Literatur
verdanke ich sehr wenig", schreibt Riehl. Hier wird nicht nur die bloße
Schilderung einer Gegend entwickelt, sondern auch die Dimension des Ungewohnten und Ungewöhnlichen. Insbesondere drei Städte werden von Riehl
besichtigt und jeweils anhand ihrer Architektur und Geographie, ihrer Bevölkerung und Sprache, der landschaftlichen Umgebung sowie ansatzweise
durch ihre Sitten und ihre historisch politische Lage charakterisiert. Dennoch
unterscheidet sich die Beschreibung des Leithawinkels von den vorausgehenden Reiseberichten. Sie orientiert sich weniger an den ästhetischen Charakteristika der Grenzstädte entlang der Leitha, sondern vielmehr an den Merkmalen nationaler und ethnischer Identität. Von Hainburg nach Rohrau, dann von
Eisenstadt nach Pressburg wandert Riehl durch das heutige Burgenland und
versucht so die ethnographischen Charakterzüge „grundverschiedener Nationalitäten" zu bestimmen. Die Charakterzüge, die er notiert, beruhen einerseits
auf der gesprochenen Sprache – „In dem Grenzstriche des ungarischen Leithawinkels, wo Deutsche, Magyaren und Kroaten untereinander wohnen,
verbindet sie alle doch wieder das gemeinsame Verständnis der deutschen

---

5 Wilhelm Heinrich Riehl, *Ein Gang durchs Taubertal* (1865), in *Wanderbuch*,
   ibid., S. 156 bis 159.

Sprache" – und andererseits auf der Schriftsprache: „Das sprechende Sinnbild dieses deutschen Markencharakters des westungarischen Grenzraumes bieten Ortsnamen: fast alle Dörfer und Städte führen hier zwei Namen: einen deutschen und einen magyarischen, Pressburg heißt Posony, Ödenburg Sopron, Raab Györ [...] Wien selber bleibt in Ungarn nicht Wien sondern Becs⁶". Riehl bezieht sich auf die Kunstgeschichte der Stadt, um auf diese Weise seine Sicht auf die kulturelle Identität dieser Region zu entwickeln.

Das Wanderstudium ist der methodische Grundsatz der Volkskunde; es sich die direkte Vor-Ort-Erfahrung im Untersuchungsfeld. Bei Riehls Studien handelt es sich darum, Land und Leute zu beobachten und zu beschreiben, um die historische ebenso wie die gegenwärtige „Morphologie des Volkslebens" darzustellen. Die Städte sind wichtige Meilensteine auf dem Weg zu einer neuen Malerei des deutschsprachigen Raums.

---

6   Wilhelm Heinrich Riehl, *Aus dem Leithawinkel* (1868), in *Wanderbuch*, S. 325 bis 342.

YASUMASA OGURO (Japan, Fukuoka)

Neo-Joachismus auf der „geistigen Insel" in München.
Kandinsky, Mereschkowski und Thomas Mann

1.

In der europäischen Literatur handelt es sich bei der Stadt um einen Chrono-Topos, weil man ihr nicht wenig unter dem biblischen Einfluss einen eschatologischen oder geschichtsphilosophischen Platz gibt. Die Bibel hat schon eine chrono-topographische Rahmenstruktur zwischen dem Garten Eden in der Genesis und dem neuen Jerusalem in der Apokalypse, einem utopischen Garten am Anfang und einer apokalyptischen Stadt am Ende. Die Geschichte der Menschheit entwickelt sich, biblisch gesehen, von der Vertreibung aus dem paradiesischen Garten bis zur Entstehung der friedlichen Stadt.

Die letzte Stadt steht heilsgeschichtlich für den ersten Garten. Die Stadtbilder sind aber nicht immer utopisch. Schon in der Offenbarung des Johannes spielt nicht nur das neue Jerusalem, sondern auch die Hure Babylon eine große Rolle. In der Heilsgeschichte müssen das neue Jerusalem und die Hure Babylon ausnahmslos gegensätzlich sein. Aber dieser Dualismus wird in der europäischen Literatur- und Kulturgeschichte nicht immer geltend gemacht, weil dort vor allem seit der Neuzeit positive und negative Stadtbilder aneinander oder ineinander liegen können.

Zu den besten Beispielen gehört das Stadtbild von München zwischen der Jahrhundertwende und dem Ersten Weltkrieg. Es handelt sich bei der damaligen Kunststadt um ein epochemachendes Geflecht aus utopischen und apokalyptischen Bewegungen, aus denen bedeutende Werke bzw. Bewegungen hervorgingen wie Stefan Georges „Das neue Reich", Ludwig Klages „Kosmologische Runde", Alfred Schulers „Die ewige Stadt", Franz von Stucks „Münchner Sezession", Wassily Kandinskys „Der blaue Reiter", Thomas Manns „Konservative Revolution", Lenins und Trotzkis Vorbereitung für die Russische Revolution, Ernst Tollers „Räterepublik", Adolf Hitlers „Nationalsozialismus" usw. Die Schöpfer dieser Werke und Bewegungen waren Sonderlinge und bewohnten eine „Insel", auf der das chrono-topographische Stadtbild seinen Niederschlag fand. Es geht in diesem Vortrag besonders um eine Ideologie, die ewige Stadt als den dritten und letzten Status der Weltgeschichte aufs Neue zu deuten.

2.

Es gab einmal in München „eine geistige Insel", so stellte sich ein ehemaliger „Insel"-Bewohner vor. Dort wohnte in der Zeit von 1896 bis 1910 Wassily Kandinsky.

> *„Was ist Schwabing?" fragte einmal ein Berliner in München. „Es ist der nördliche Stadtteil?" sagte ein Münchner. „Keine Spur", sagte ein anderer, „es ist ein geistiger Zustand." Was richtiger war. Schwabing war eine geistige Insel in der großen Welt, in Deutschland, meistens in München selbst. / Dort lebte ich lange Jahre. Dort habe ich das erste abstrakte Bild gemalt. Dort trug ich mich mit Gedanken über „reine" Malerei, reine Kunst herum.*[1]

In der Zeit von 1908 bis 1910 entwickelte Kandinsky seine Theorie von einer abstrakten Kunst, wobei der Schritt zur Abstraktion ohne die geistige Dimension nicht erfolgt wäre. Aufgrund dieser Denkart sollte der Durchbruch zur Abstraktion mit der Zerstörung des gegenständigen Bildes oder der alten materialistischen Epoche einhergehen. Der russische Avantgardist fühlte sich als Wegweiser einer neuen Ära am Übergang von der alten materialistischen Nacht zum neuen geistigen Tag und identifizierte sich mit dem heiligen Georg, dem Drachentöter, der sinnbildlich für eine geistige Erneuerung steht. Der geistige Ritter-Reiter zieht gegen den Materialismus der Gegenständlichkeit zu Felde und sein Sieg über den Drachen stellt den Triumph der Abstraktion und Geistigkeit gegen Gegenständlichkeit und Materialismus dar, so glaubte der Gründer des „blauen Reiters". Er feierte das Anzeichen, das auf diesen Sieg hinweist, enthusiastisch aus einer religiösen Perspektive:

> *Heute ist der große Tag der Offenbarungen dieses Reiches. Die Zusammenhänge dieser einzelnen Reiche wurden wie durch einen Blitz beleuchtet; sie taten unerwartet, erschreckend und beglückend aus der Finsternis [...] Dieser Blitz ist das Kind der Verdüsterung des geistigen Himmels, der schwarz, erstickend und tot über uns hing. Hier fängt die große Epoche des Geistigen an, die Offenbarung des Geistes. Vater – Sohn – Geist.*[2]

Die christliche Dreieinigkeit ist hier bedeutend, weil Kandinsky von diesem Standpunkt aus das Auftauchen des abstrakten Gemäldes vorausgesehen und seine Hauptschrift „Über das Geistige in der Kunst" mit der Behauptung geschlossen hat, „daß dieser Geist in der Malerei im organischen direkten

---

1   W. Kandinsky (1955: 133f.)
2   W. Kandinsky (2004: 45)

Zusammenhang mit dem schon begonnenen Neubau des geistigen Reiches steht, da dieser Geist die Seele ist der *Epoche des großen Geistigen.*"[3]

Hier soll auf seine eschatologische Auffassung eingegangen werden, weil damals bei Kandinsky nicht nur der Heilige Georg, sondern auch die apokalyptische Thematik eine große Rolle spielten. Motive wie die Sintflut, das jüngste Gericht, die apokalyptischen Reiter usw. erschienen in Kandinskys Werken besonders in der Zeit von 1908 bis 1910, wo er den Materialismus überwinden und „die dritte Offenbarung" in seiner Kunst sichern wollte. Seine apokalyptischen Visionen taugen nämlich für den Übergang zur anbrechenden, geistig orientierten Epoche oder der dritten Offenbarung.

3.

Kandinskys Begriff der apokalyptischen Dreieinigkeit entstammt einem alten eschatologischen Glaubensmodell von Joachim von Fiore, dem süditalienischen Abt im späten zwölften Jahrhundert. Nach seiner allegorischen Exegese der Trinität gliedert sich die Weltgeschichte in drei *status*, den des Vaters in der Alten, des Sohnes in der Neuen Ordnung und des Heiligen Geistes in dem kommenden Zeitalter der Liebe und Freiheit.

Hier ist auch festzuhalten, dass sich der Joachismus viel später in München weniger religiös und mehr gesellschaftskritisch aufs Neue entfaltete. Es ist allgemein bekannt, dass der in München entwickelte Nationalsozialismus die Idee des dritten Reiches als Propaganda für seine „Neue Ordnung" übernahm. Aber schon vorher spielte diese Idee auch in der in der Weimarer Republik bedeutend gewordenen, konservativen Revolution eine große Rolle. Ihr Haupttheoretiker A. Moeller van den Bruck hat 1923 sein letztes Werk veröffentlicht, dessen Titel „Das dritte Reich" dem Nationalsozialismus als propagandistisches Schlagwort diente.

Anschließend soll hier auf den russischen Joachismus eingegangen werden, der mittelbar oder unmittelbar am Anfang des 20. Jahrhunderts in den deutschsprachigen Raum gebracht wurde. In Russland entstand schon nach dem Jahre 1453, dem Fall Konstantinopels, eine Ideologie, dass Rom und Konstantinopel als das zweite Rom wegen der Häresie untergegangen seien und nur in Moskau, dem dritten Rom, der christliche Glaube vollständig bewahrt worden sei. Diese ursprünglich religiöse Denkart bewirkte im 19. Jahrhundert das russische Sendungsbewusstsein, das Kandinsky am An-

---

3   W. Kandinsky (2004: 147)

fang des 20. Jahrhunderts mehr oder weniger hatte. Bei diesem Russen sind der dritte Status und das dritte Rom zum Neo-Joachismus verschmolzen. Es lässt sich hier anmerken, dass der russische Symbolismus Kandinsky auf den joachischen Weg führte. Am Anfang des 20. Jahrhunderts erklärte sein geistiger Wegbereiter Dmitri Mereschkowski: „Das dritte und letzte Moment der religiösen Evolution, das Moment, das eben jetzt anhebt, ist die Offenbarung des Geistes, die die Offenbarung des Vaters mit der Offenbarung des Sohnes verschmelzen wird."[4] Der russische Schriftsteller entwickelte eine dialektische Grundthese, dass die europäische Kultur und Geschichte im ständigen Kampf zwischen Christentum und Heidentum sei, zwischen Geist und Leib, und erwartete „das dritte und letzte Moment der religiösen Evolution". Mit Mereschkowski gab Moeller van den Bruck ab 1905 die gesammelten Werke Dostojewskis heraus, der auch unter dem Einfluss des Joachismus den dritten Status erwartete.

4.

Thomas Manns Tagebücher 1918–1921 zeigen seine Versuche, unter den ideologischen Einflüssen der damaligen Lektüren seine romantische und konservative Haltung mit den geschichtlichen Abläufen der Nachkriegszeit zusammenzubringen, wobei seine Rezeption von Dmitri Mereschkowski eine entscheidende Rolle spielte. Thomas Mann drückt in seinem Aufsatz „Russische Anthologie" (1921) seine Begeisterung über den russischen Dichter aus. Dieser Besuch verwirklichte sich zwar nicht, aber fünf Jahre später traf Thomas Mann den russischen Dichter, der seit 1920 in der Emigration in Paris lebend einen theologisch geprägten Literatursalon betrieb. Thomas Mann gab in „Pariser Rechenschaft" (1926) Bericht von seiner ersten Bekanntschaft mit Mereschkowski. Er wurde in seiner antiwestlichen und antizivilisatorischen Haltung durch den russischen Apokalyptiker geprägt, der auf dem „dritten und letzten Reiche des Geistes" insistierte. Der Deutsche lobte den Russen über alle Maßen wegen seiner Affinität zur Konservativen Revolution. Die Lektüre der Hauptwerke Mereschkowskis prägte einerseits Thomas Manns Aufnahme der russischen Literatur und spiegelt sich andererseits auch in seinen Texten, vor allem in „Goethe und Tolstoi" (1923), „Der Zauberberg" (1924), „Joseph und seine Brüder" (1933–1943) u. a., wider.

Das Thomas-Mann-Archiv in Zürich besitzt mehrere Bücher Mereschkowskis, von denen es ein Buch mit dem Titel „Tolstoi und Dostojewski"

---

4   Zitiert nach: S. Ringbom (1982: 101)

gibt. Thomas Manns Tagebücher 1918–1921 zeigen seine Lektüre von Mer-eschkowskis Werken und seinen Briefwechsel mit dem Übersetzer Alexander Eliasberg, er las auch am 4. Oktober 1918 „Tolstoi und Dostojewski" wieder. Unter dem Einfluss dieser Lektüre schrieb er zwischen 1921 und 1922 „Goethe und Tolstoi", in dem er Goethe sowie Tolstoi als Natur und Schiller sowie Dostojewski als Geist bezeichnet und am Ende eine Synthese erwartet. In der Rede „Von deutscher Republik" (1922) manifestierte Thomas Mann die sogenannte Wandlung zum Republikaner, wobei nicht nur die homoeroti-sche, staatenbildende Kraft aus Hans Blühers „Die Rolle der Erotik in der männlichen Gesellschaft", sondern auch Mereschkowskis Idee des dritten Reiches wenn auch versteckt wieder eine entscheidende Rolle spielte. Thomas Mann verknüpfte kühn Novalis mit Walt Whitman als Dichter der Demokratie, um das Denksystem der „Betrachtungen eines Unpolitischen" (1918) und das republikanische Manifest zu balancieren. „Im Herzen der Demokratie ruhe letzten Endes das religiöse Element"[5], so sagte er in Anleh-nung an Whitman und erwartete die Weimarer Republik als „das Dritte Reich der religiösen Humanität"[6].

In der letzten Szene vom „Zauberberg" (1924) schildert Thomas Mann Hans Castorp im Feld als den „für das Neue [...], das neue Wort der Liebe und der Zukunft in seinem Herzen" sterbenden „Helden"[7]. Bei der Meresch-kowski-Rezeption hatte Thomas Mann versucht, selbst den Abgrund der Dekadenz zu überwinden, und sich selbst als Held des Wortes in die Zukunft zu projizieren. Schon vor dem Ersten Weltkrieg hat er im Aufsatz „Zu Fiorenza" (1912) seine Meinung über den Dichter geäußert: „[...] der Dichter ist die Synthese selbst. Er stellt sie dar, immer und überall, die Versöhnung von Geist und Kunst, von Erkenntnis und Schöpfertum, Intellektualismus und Einfalt, Vernunft und Dämonie, Askese und Schönheit – das Dritte Reich."[8] Für Thomas Mann verwirklicht sich der Dichter dialektisch in der Dreieinig-keit. In der oben genannten Ausgabe von „Tolstoi und Dostojewski", die im Besitz des Thomas-Mann-Archivs ist, steht meiner Untersuchung nach eine Stelle unterstrichen: „Auserwählten [...], die im dritten und letzten Reiche des Geistes die Herrschaft über die Menschen haben werden." Die Auser-wählten sah der Konservative unter dem Einfluss von Mereschkowski in den Dichtern nicht nur vor dem Ersten Weltkrieg, sondern auch in der Nach-kriegszeit. Im „Zauberberg", vor allem in seiner letzten Szene, waren seine romantische und konservative Haltung vor dem Weltkrieg und sein Manifest für die Weimarer Republik nach dem Weltkrieg in aller Heimlichkeit zu

---

5   Th. Mann (1990, Bd. 11: 837)
6   Th. Mann (1990, Bd. 11: 847)
7   Th. Mann (1990, Bd. 3: 907)
8   Th. Mann (1990, Bd. 11: 564)

überbrücken. Nach seiner Bekanntschaft mit dem „Mythos" in 1926 war
Thomas Mann zum dritten Mal in seine Lektüre von „Tolstoi und
Dostojewski" vertieft, um sich auf „Joseph und seine Brüder" (1933–1943)
vorzubereiten.

5.

1944 hielt Thomas Mann in Washington einen Vortrag über „Joseph und
seine Brüder", wobei er den Roman „Zauberberg" als „Vorgänger des
‚Joseph'" nannte.[9] Wie hat er denn den Hans-Castorps-Roman und die
Joseph-Tetralogie verknüpft? Er schickte unter dem Einfluss Mereschkowskis in der letzten Szene vom „Zauberberg" seinen Romanhelden ins
Felde, und zwar für „das neue Wort der Liebe und der Zukunft" oder „das
Dritte Reich der religiösen Humanität". Das utopisch erhoffte Dritte war
anschließend in Joseph, den Ernährer oder „die Synthese selbst" umzuwandeln. Um den Faschisten den Mythos aus den Händen zu nehmen und ihn
umzufunktionieren, setzte er in der Joseph-Tetralogie „das Dritte Reich der
religiösen Humanität" gegen reaktionäre „heruntergekommene Romantik"[10],
obwohl Mereschkowskis Einfluss auf ihn unauslöschlich war. Während des
Zweiten Weltkriegs zog er in den U.S.A. gegen den Nationalsozialismus zu
Felde, um sich dann im „Doktor Faustus" (1947) mit dem nationalsozialis-
tisch propagierten Schlagwort „Das Dritte Reich" auseinanderzusetzen.
    Die apokalyptische Utopie vom Dritten Reich war seit der Lehre des
Joachim von Fiore in der Geschichtsphilosophie und mancher Heilslehren
einflussreich, und auch in der Moderne freilich in unterschiedlichen Ausprä-
gungen, die vom Übergang zum abstrakten Gemälde über die literarische
Überbrückung zwischen der konservativen Revolution und dem Manifest für
die Weimarer Republik bis zum politischen Propaganda-Mythos reichen.
Nirgendwo hat sich der Neo-Joachismus so entscheidend niedergeschlagen
wie auf der „geistigen Insel" in München.

---

9   Th. Mann (1990, Bd. 11: 657)
10 Zi. aus Thomas Manns Tagebuch vom 25. 4. 1933. Th. Mann (1977: 60)

Bibliographie

KANDINSKY, W (1955): *Essays über Kunst und Künstler.* 2. Aufl. Hrsg. v. Max Bill. Bern.

KANDINSKY, W (2004): *Autobiographische Schriften.* Hrsg. v. Hans K. Roethel u. Jelena Hahl-Koch. Bern.

MANN, TH. (1990): *Gesammelte Werke in dreizehn Bänden.* Frankfurt a. M.

MANN, TH. (1977): *Tagebücher 1933–1934.* Hrsg. v. Peter de Mendelssohn. Frankfurt a. M.

RINGBOM, S. (1982): *Kandinsky und das Okkulte.* In: ZWEITE, A. (Hg.): Kandinsky und München. Begegnungen und Wandlungen 1896–1914. München.

CHRISTIANE NOWAK (Deutschland, Giessen)

Zwischen Utopie, Satire und Modernekritik.
Heinrich Manns Roman *Die Kleine Stadt* (1909) und der Topos „Kleinstadt"

Fragestellung und Vorgehen

Der amerikanische Historiker Mack Walker bezeichnete die Kleinstadt als Ort, wo „nearly every modern German has felt, somehow, that his origins as a German lay." (Walker 1971: 7.) Trotz dieser Bedeutung, die ihr von außen zugesprochen wird, gibt es sehr wenige kulturgeschichtliche Untersuchungen zur Kleinstadt in Deutschland. Diese Lücke nimmt der vorliegende Beitrag auf und stellt den Roman *Die kleine Stadt* von Heinrich Mann (Mann 1986.) als Element des Topos Kleinstadt vor. Hierbei steht ein Aspekt dieses Topos im Vordergrund: Anhand der Rezeption von *Die kleine Stadt* werde ich die Verbindungen zwischen Kleinstadt und Heimatkunst diskutieren.

Kleinstadtlob und Kleinstadtkritik

In Adolph Freiherr Knigges Gesellschaftsethik *Über den Umgang mit Menschen* von 1788 wird die Kleinstadt in ihren sozialen Umgangsformen von der Großstadt und vom Dorf unterschieden (Knigge 2008: 72–75.):

> In volkreichen, großen Städten kann man am unbemerktesten und ganz nach seiner Neigung leben […] In kleinen Städten ist man verurteilt mit einer Anzahl, oft sehr langweiliger Magnaten in strenger Abrechnung von Besuch und Gegenbesuchen zu stehn. […] In Dörfern und auf seinem Landgute lebt man in der Tat am ungezwungensten […]; allein die geselligen Freuden sind auf dem Lande nicht so leicht zu verschaffen.

Knigge stellt hier ein Schema auf, das Orte nach ihrem sozialen Leben und dessen Einfluss auf das Wohlbefinden eines Individuums klassifiziert. Als Kriterium für die individuelle Zufriedenheit an einem Ort steht in Knigges Ratgeber der Kontakt der Bewohner untereinander im Vordergrund. Große

Städte, kleine Städte und Dörfer unterscheiden sich bei ihm nicht durch architektonische, infrastrukturelle oder andere räumliche Gegebenheiten. Auch nicht die Nähe oder Ferne von Natur oder der Komfort der Wohnsituation sind entscheidend, sondern allein die Anzahl und Qualität der sozialen Kontakte haben eine Bedeutung für die Beurteilung eines Ortes. Das soziale Leben in der Kleinstadt wird bei Knigge durch langweilige Treffen mit Wirtschaftsmagnaten – in der Stadt führenden Unternehmern also –, durch mangelnde Abwechslung und viele soziale Verpflichtungen gekennzeichnet. Das herausragende Merkmal des gesellschaftlichen Lebens besteht in einem starken sozialen Zwang. Das Individuum ist verurteilt, sich den strengen Regeln unterzuordnen, im Gegensatz zur Großstadt und zum Dorf.

Damit ist bei Knigge eine Kleinstadtkritik auszumachen, die einen wesentlichen Bestandteil eines Topos Kleinstadt darstellt. Dieser Kleinstadtkritik zur Seite tritt jedoch auch ein explizites Kleinstadtlob, das in Texten im Laufe des 19. Jahrhunderts formuliert und zu Beginn des 20. Jahrhunderts akzentuiert wird. Exemplarisch für eine sehr positive Sicht der Kleinstadt sei hier die Schrift *Handwerk und Kleinstadt* des Reformarchitekten Heinrich Tessenow von 1919 zitiert (Tessenow 1919: 4.):

> Wo waren Dante, Albrecht Dürer, Michelangelo, Rembrandt usf., als sie ihre höchsten Werke arbeiteten? Wie groß waren seinerzeit in Griechenland die Städte? Wie groß waren die mittelalterlichen Städte, als sie ihre gewaltigsten Türme bauten? Wie groß war Frankfurt a. M., als Goethe dort geboren wurde? Wie groß war das Goethesche Weimar? Es waren kleine Residenz-, Universitäts-, kleine Handwerker- und Ackerbürgerstädte.

Bei Tessenow ist die Kleinstadt ein Zwischenraum, der zwischen Dorf und Großstadt vermittelt. In kleinen Städten werden alle Auswüchse und negativen Seiten der beiden Pole, Dorf und Großstadt, ausgeglichen – sie sind Orte der Harmonie, der großen Künstler und des Friedens. Das Zitat gibt neben dem Hinweis auf die Kulturleistungen großer Künstler in kleinen Städten auch Auskunft über die Schwierigkeit, den Begriff Kleinstadt zu definieren. Immer wieder wird in der Historiographie und in der Stadtsoziologie betont, wie problematisch es sei, eine Stadt allein über ihre Größe zu definieren, wie es der Begriff der Kleinstadt nahe legt. Dieses Merkmal sei zeit- und regionenabhängig und sage zudem kaum etwas über den Charakter einer Stadt aus. Allerdings wird in Deutschland für das erste Drittel des 20. Jahrhunderts auf die Definition des statistischen Reichsbüros von 1871 zurückgegriffen. Orte mit 2.000 bis 5.000 Einwohnern werden als Landstädte, mit 5.000 bis 20.000 als Kleinstädte, mit 20.000 bis 100.000 als Mittelstädte und mehr als 100.000 Einwohnern als Großstädte klassifiziert. Land- und Kleinstädte werden meist zusammen betrachtet. Neben der Größe werden außer-

dem noch funktionale und strukturelle Merkmale als Kriterien zur Typisie-
rung von Städten herangezogen: Der Typus Kleinstadt wird bestimmt als Ort,
in dem die Mehrzahl der Bevölkerung nichtlandwirtschaftlichen Tätigkeiten
nachgeht, ein ortsansässiger, gewerblicher Mittelstand die ökonomische
Struktur beherrscht, die Architektur hauptsächlich städtische Formen aufweist, d. h. mehrgeschossige, aneinander gefügte Gebäude, und wo staatliche,
administrative und zentralörtliche Funktionen erfüllt werden, d. h. kleine
Städte sind Schulstandorte, verfügen über Einkaufszentren, sowie Kultur-
und Freizeiteinrichtungen.(Vgl. Hannemann 2005: 106 und Lanziger 2003:
199.) Daneben spielt traditionell das rechtliche Kriterium, d. h. einem Ort
wurde das Stadtrecht verliehen, eine wichtige Rolle, muss aber in der Periode
der Industrialisierung, wo Siedlungen so schnell wuchsen, dass die Verleihung der Stadtrechte häufig erst spät geschah, obwohl eine gewisse Größe
schon lange erreicht war, relativiert werden. Heinrich Tessenow zählt unter
dem Begriff Kleinstadt folgende Stadttypen auf: antike griechische Städte,
mittelalterliche Städte, kleine Residenz-, Universitäts-, Handwerker- und
Ackerbürgerstädte. Trotz dieser Vielfalt schreibt der Autor von **der** Kleinstadt und er fasst die verschiedenen empirischen Formen unter einem Ober-
begriff zusammen. **Die** Kleinstadt mag es in der empirischen Realität nicht
geben, in der Literatur wird sie jedoch gestaltet und fließt in den Topos
Kleinstadt ein.

Kleinstadt und Heimatkunst

Kleinstadtlob und Kleinstadtkritik verändern sich im Laufe der Zeit, vor
allem durch die Urbanisierung Ende des 19. Jahrhunderts wurde ein Wandel
des Topos Kleinstadt ausgelöst. Die „Herausforderung der Urbanität" (Peukert 1987: 182.) bestimmte maßgeblich den Diskurs um die Kleinstadt im
ersten Drittel des 20. Jahrhunderts. Durch die Urbanisierung bekommen die
Pole Metropole und Provinz, sowie Stadt und Land schärfere Konturen und
die kleinen Städte werden in diesem polarisierten Feld einsortiert. Die Polari-
sierung von Metropole und Provinz, die sich in den ersten Jahrzehnten des
20. Jahrhunderts immer stärker ausprägte, nahm ihren Anfang um 1900 mit
der Konjunktur der Heimatkunstbewegung, die auch literarisch einen Niederschlag fand und zwar in einer von Friedrich Lienhard, Adolf Bartels und
Ernst Wachler eingeführten literarischen Strömung, die sich in der Zeitschrift

Heimat. Blätter für Literatur und Volkstum artikulierte.[1] Von anderen Zeitschriften, insbesondere im beim Bildungsbürgertum sehr populären *Kunstwart*, (Vgl. Kratzsch 1969.) wurden die Ideen aufgegriffen. Es wurde eine
Alternative zur Berliner Moderne gefordert, die außerhalb von Berlin geschaffene Kunst stärken sollte. Mit der Frage „Los von Berlin?" rief Lienhard
dazu auf, sich von den Einflüssen der Metropole zu lösen und „unabhängig
von den modischen Strömungen der Großstädte selbstständig zu schaffen".
(Lienhard 1902: 504.) Die Heimatkunst lieferte so die Parole für zahlreiche
berlinkritische Publizisten. Die Diskussionen in der Heimatkunstbewegung
brachten nicht nur eine Lagerbildung mit sich – Großstadtkritiker kontra
Großstadtbefürworter –, sondern eröffneten auch Zwischenräume. Die Kleinstadt und ihre Besonderheiten rückten in den Fokus der Betrachtung. Die
Heimatkunstbewegung lenkte das Augenmerk auf den Wert des kleinstädtischen Raumes für die „Nationalkultur", auf vernachlässigte Kunstwerke,
Architekturwerte und stadtplanerische Vorteile. Nicht nur in den Metropolen
sei Kunst zu finden, sondern auch in der Provinz. Außerdem wurde die Na-
turnähe und Ursprünglichkeit der kleinen Städte hervorgehoben. Sie wurden
als zu entdeckende Orte in einer Art „Dornröschenschlaf" betrachtet, die es
zu wecken galt. (Vgl. Schlaikjer 1902: 413–416.) Der Kunstmaler und Päda-
goge Oskar Schwindrazheim, der von 1899 bis 1910 zahlreiche Beiträge für
die Zeitschrift *Der Kunstwart* verfasste, forderte eine neue Wertschätzung der
Kleinstadt in der Kunst und deren angemessene Darstellung. Er propagierte
ein Ideal einer deutschen Stadt mit speziellen, traditionellen Bauwerken und
einer vormodernen Wirtschaftsstruktur, also ohne Industrie. (Vgl. Schwindrazheim 1899: 116–117.) Während im *Kunstwart* vor allem die materiellen
und städtebaulichen Aspekte der Kleinstadt diskutiert wurden, stehen in literarischen Texten die sozialen Strukturen der kleinen Städte im Vordergrund.
Wie diese sozialen Merkmale der Kleinstadt in der Literatur gefasst werden,
möchte ich nun am Beispiel des Romans *Die kleine Stadt* von Heinrich Mann
zeigen.

---

1   Lienhard, Wachler und Bartels übernahmen 1900 die Zeitschrift *Bote für die
    deutsche Literatur* und benannten sie um in *Heimat*. Lienhard verließ die Leitung
    der Publikation bereits nach dem ersten Heft wegen programmatischer Differen-
    zen. Ende 1900 wurde die Zeitschrift umbenannt in *Deutsche Heimat*. 1904 wur-
    de das Organ der Heimatkunst eingestellt. (Vgl. Sprengel 2004: 104f.)

Heinrich Mann: Die kleine Stadt

Heinrich Manns 1909 erschienener Roman *Die kleine Stadt* richtet sich gegen die Heimatkunst, die nach der Meinung des Autors ein „Ergebnis politischer Gleichgültigkeit" sei. (Mann 1986: 459.) *Die kleine Stadt* stellt einen wichtigen Meilenstein in der Wandlung Heinrich Manns von einem am Ästhetizismus ausgerichteten Monarchisten zum engagierten, linken Dichter-Intellektuellen dar. (Vgl. Stein 2002: 43–44.) Von April 1895 bis März 1896 gab der Autor die von Friedrich Lienhard begründete Zeitschrift *Das Zwanzigste Jahrhundert. Blätter für deutsche Art und Wohlfahrt* heraus, die nationalistische, antisemitische und die Heimatkunst propagierende Positionen vertrat. (Vgl. Kraske 1986.) In mehreren Artikeln schloss sich Heinrich Mann der Berlin-Kritik an und stellte zentralistische Tendenzen an den Pranger. (Vgl. Mann 1895.) In Äußerungen zwischen 1904 und 1910 bezieht er dann explizit Stellung gegen die Heimatkunst. (Vgl. Mann 2000: 47.) Der Roman *Die kleine Stadt* beschreibt eine Ausnahmesituation in einer kleinen italienischen Stadt. Auf Einladung des Advokaten Belotti kommt eine Operntruppe in die Stadt, um gemeinsam mit dem örtlichen Orchester die Oper *Die arme Tonietta* einzustudieren. Der katholische Priester Don Taddeo sammelt eine Gruppe von Operngegnern um sich. Bei der Aufführung der Oper gibt es Tumulte im Zuschauerraum des Theaters. Die Atmosphäre heizt sich so sehr auf, dass es auf der Piazza der Stadt zu bürgerkriegsähnlichen Zuständen kommt. Auf dem Höhepunkt des Geschehens wird Don Taddeo wahnsinnig und steckt ein Gasthaus in Brand, woraufhin Belotti der Brandstiftung verdächtigt wird. Don Taddeo gesteht jedoch seine Tat und söhnt so die Stadtgemeinde miteinander aus. Belotti wird als Held gefeiert, die Künstlergruppe zieht weiter in eine andere Stadt.

Im Roman *Die kleine Stadt* wird eine gesellschaftliche Vision dargestellt, in der ein Gemeinwesen seine Krise überwindet. In einem gedruckten Verlagsprospekt zu seinem Roman schrieb der Autor: „Diese kleine Stadt steht für eine große, sie steht für eine durch Liebe geadelte Menschheit." (Mann 1986: 474.) Heinrich Mann wendet sich der kleinen Stadt zu, um eine politische Vision formulieren zu können. Erst in einem so begrenzten Raum wie der Kleinstadt kann eine imaginierte Gemeinschaft konkret erfahrbar werden. Mit dieser Wahl des kleinstädtischen Schauplatzes spielt Heinrich Mann aber auch mit Klischees über kleine Städte und die Provinz, die diesen Räumen Statik und konservative Haltungen zuschreiben. Zwischen den Vorteilen eines Mikrokosmos Kleinstadt und den Rezeptionserwartungen, die durch das Deutungsmuster Kleinstadt hervorgerufen werden, entsteht eine Spannung.

Heinrich Mann war außerordentlich zufrieden mit seinem Werk und zuversichtlich, dass die politischen Implikationen des Romans vom Publikum

wahrgenommen würden, die Rezeptionsgeschichte weist dann aber auf zahlreiche Missverständnisse hin. (Vgl. Schneider 1991.) In einem Brief an seinen Jugendfreund Ludwig Ewers schrieb Mann am 13. Dezember 1909: „Die
Kleine Stadt ist mir von meinen Romanen der liebste, denn er ist nicht nur
technisch eine Eroberung, auch geistig." (Mann 1986: 467.) Einige Wochen
später, am 27. Dezember 1909, stellte er resigniert in einem Brief an René
Schickele fest: „Mein Roman *Die kleine Stadt* ist politisch zu verstehen, als
das Hohe Lied der Demokratie; aber natürlich merkt kein Mensch es." (Mann
1986: 469.) Die zwar überwiegend positiven Rezensionen übersahen in den
Augen des Autors dermaßen die politischen Implikationen des Romans, dass
Heinrich Mann sich veranlasst sah, einen Leserbrief in der Zeitschrift *Die
Zukunft* zu veröffentlichen. Er wehrte sich gegen die Behauptung, die Bevöl-
kerung der Kleinstadt sei in ihrem revolutionären Pathos und gleichzeitigen
Schwächen lächerlich und betonte den politischen Impetus des Werkes. (Vgl.
Mann 1986: 479–481)

Die Schwierigkeiten der Rezensenten mit dem politischen Gehalt des
Romans sind zum einen bedingt durch die satirische Figurencharakterisierung
– die Hauptfiguren zum Beispiel, die Führer der beiden verfeindeten Parteien,
Belotti und Don Taddeo, weisen deutliche menschliche Schwächen auf und
sind in ihrem Verhalten angreifbar, teilweise gar lächerlich. Zum anderen ist
der dargestellte demokratische Prozess schwer fassbar und vage. Der Roman
bezieht sich zwar auf Jean-Jacques Rousseau *Contrat social* von 1792 (Vgl.
Segelcke 1987: 2.) lässt aber eine dauerhafte Veränderung der politischen
Situation offen. Helmut Koopmann sieht nicht den Bezug zu einer Gesell-
schaftstheorie im Vordergrund, sondern eine enge Verbindung von Demokratie und Kunst in Heinrich Manns Werk (Vgl. Koopmann 1989: 435.):
Demokratie sei zuerst einmal das Aufbrechen verkrusteter Strukturen und das
Ausprobieren von neuen Lebensformen. Wie diese neuen Werte aussehen, ist
erst einmal zweitrangig, es geht vor allem um den Prozess des Aufbrechens,
der in einer kleinen Stadt mit verkrusteten Strukturen besonders effektvoll
gestaltet werden kann. In diesem Punkt werden in Heinrich Manns Text die
Kleinstadtkritik von Knigge und das Kleinstadtlob von Heinrich Tessenow
aufgenommen. Bevor die Operntruppe in die Stadt kommt, ist das Leben dort
langweilig und wird von den immergleichen Routinen bestimmt. Im Laufe
des Romans wird sie zu einem Raum für eine große kulturelle Leistung: eine
demokratische gesellschaftliche Vision scheint auf. Allerdings macht der
Text über eine dauerhafte Veränderung der Situation in der Stadt keine Aussage, das Vorher und Nachher der Geschehnisse bleibt im Dunkeln. Auch
werden in *Die kleine Stadt* kaum direkte politisch zu nennende Forderungen
verhandelt, im Zentrum des Romans stehen allgemeine humanitäre Werte wie
Versöhnung, Brüderlichkeit, Liebe. Die Handlung des Romans ist auf einen
konkreten, relativ abgeschlossenen Ort und einen Zeitraum von wenigen

Tagen konzentriert, dennoch wird ein „Vorgang von hundert Jahren" (Mann 1986: 479.) geschildert, der die gesamte Menschheit umfassen und als utopischer Gegenentwurf zur politisch unmündigen Gesellschaft des wilhelminischen Deutschlands fungieren soll. Dieser utopische Anspruch kollidiert aus der Perspektive der Rezensenten auf den ersten Blick mit dem gewählten Schauplatz, der sehr spezifischen kleinen Stadt mit italienischem Flair und Lokalkolorit. Der Rezensent Willy Rath bemerkte im *Kunstwart* (Rath 1910: 24.):

> „So erhielt das Buch nicht mit Unrecht den Art umfassenden Titel *Die kleine Stadt* – nur daß ein kleiner Zusatz fehlt: *Die* italienische *kleine Stadt* müßte es heißen. Ewig-Kleinstädtisches fehlt zwar mitnichten; aber das Neue, das Fesselnde, hauptsächlich Wertvolle hängt doch damit zusammen, daß ein ausgesprochen italienischer Ort sehr genau nach der Natur gezeichnet wird."

Rath hebt in seiner Rezension ab auf den Widerspruch zwischen dem allgemeinen literarischen Muster „Kleinstadtbeschreibung", das vor allem der Titel des Romans bedient, und der spezifischen regionalen Verortung. Mit das „Ewig-Kleinstädtische" bezeichnet der Rezensent die Bedeutung von Klatsch und Tratsch im Roman, die Behandlung der Operntruppe als Fremde und Außenstehende, die immergleichen Routinen in der Stadt, die Originalität der Figuren sowie ein spezifisches Verhältnis von Individuum und Menge. Im Vordergrund steht für Rath jedoch die Regionalität des Textes, die seiner Meinung nach auch sehr genau getroffen ist. Die exotische, aufregende und fremde Atmosphäre Italiens macht das Neue des Romans aus. Als „italienische Eigenschaften" zählt Heinrich Mann in Notizen über seine Italienaufenthalte Sinnlichkeit, Impulsivität, Aberglaube, das Leben auf der Straße wie eine auf ausschweifenden Gesten basierende Kommunikation auf und gestaltet diese auch im Roman. (Vgl. Mann 1906: 161–168.) Diese „italienischen Eigenschaften" unterscheiden die kleine Stadt von deutschen Kleinstädten. Eine Übertragbarkeit auf deutsche Verhältnisse ist somit nicht gegeben, die politische, allgemeingültige Utopie wird nicht anerkannt. Die Forderung der Heimatkunst nach „Lokalduft" wird in *Die kleine Stadt* erfüllt, durch die Lokalisierung in Italien aber auch unterlaufen. Die Situierung des Romans in einer Kleinstadt und die damit verbundene Beschreibung menschlicher Schwächen evoziert offenbar zu sehr das kulturelle Deutungsmuster „Kleinstadt", als dass die politische Vision angemessen wahrgenommen werden konnte.

Bibliographie

HANNEMANN, CH. (2005): *Klein- und Landstädte*, in: BEETZ, S., BRAUER, K., NEU, C. (Hg.): Handwörterbuch zur ländlichen Gesellschaft in Deutschland, Wiesbaden, S. 105–113.

KNIGGE, A. (2008): *Über den Umgang mit Menschen,* Frankfurt am Main.

KOOPMANN, H. (1986): *Nachwort zu „Die kleine Stadt",* in: MANN, H.: *Die kleine Stadt. Roman,* Frankfurt am Main, S. 431–446.

KRASKE, B. (1986): *Heinrich Mann als Herausgeber der Zeitschrift ,Das Zwanzigste Jahrhundert',* in: WOLFF, R. (Hg.): Heinrich Mann. Das essayistische Werk, Bonn, S. 7–25.

KRATZSCH, G. (1969): *Kunstwart und Dürerbund. Ein Beitrag zur Geschichte der Gebildeten im Zeitalter des Imperialismus,* Göttingen.

LANZINGER, M. (2003): *Kleinstadtgeschichte(n) zwischen locus und focus. Resümee und Thesen aus historisch-kulturwissenschaftlicher Sicht,* in: ZIMMERMANN, C. (Hg.): Kleinstadt in der Moderne, Ostfildern, S. 197–211.

LIENHARD, F. (1902): *Los von Berlin? Ein Schlusswort,* In: *Deutsche Heimat. Blätter für Literatur und Volkstum* Jg. 5, H. 17, S. 504–508. Gekürzt abgedruckt in: SCHUTTE, J., SPRENGEL P. (Hg.) (1987): Die Berliner Moderne. 1885–1914, Stuttgart, S. 225–230.

MANN, H. (1895): *Dezentralisation,* in: *Das Zwanzigste Jahrhundert,* Jg. 6, H. 2, S. 153–158.

MANN, H. (1906): *Der Fall Murri,* in: *Die Zukunft,* Jg. 55, H. 31, S. 161–168.

MANN, H. (1986): *Die kleine Stadt.* Mit einem Nachwort von Helmut Koopmann und einem Materialienanhang, zusammengestellt von Peter-Paul Schneider, Frankfurt am Main (SCHNEIDER, P. (Hg.): *Heinrich Mann. Studienausgabe in Einzelbänden).*

MANN, H. (2000): *Mache. Die Zukunft,* in: SCHRÖTER, K. (Hg.): Thomas Mann im Urteil seiner Zeit. Dokumente 1891–1955, Frankfurt am Main, S. 46–49.

PEUKERT, D. (1987): *Die Weimarer Republik. Krisenjahre der Klassischen Moderne,* Frankfurt am Main.

RATH, W. (1910): *Kleinstadtromane,* in: *Der Kunstwart,* Jg. 23, H. 19, S. 22–25.

SCHLAIKJER, E. (1902): *Die Kunst und die kleinen Städte,* in: *Der Kunstwart* Jg. 15, H. 22, S. 413–416.

SCHNEIDER, P. (1991): *„Aber natürlich merkt kein Mensch es". Heinrich Manns Roman ,Die kleine Stadt' und seine Kritiker,* in: *Heinrich-Mann-Jahrbuch,* Jg. 9, S. 29–49.

SCHWINDRAZHEIM, O. (1899): *Eine Deutschhausen-Ausstellung?*, in: *Der Kunstwart* Jg. 13, H. 3, S. 116–117.

SEGELCKE, E. (1987): *„Die kleine Stadt" als Hohelied der Demokratie. Heinrich Manns Naturrechtsidee im geschichtsphilosophischen Kontext von französischer Aufklärung und italienischem Risorgimento*, in: *Heinrich-Mann-Jahrbuch,* Jg. 5, S. 1–28.

SPRENGEL, P. (2004): *Geschichte der deutschsprachigen Literatur 1900 bis 1918. Von der Jahrhundertwende bis zum Ersten Weltkrieg*, München 2004.

STEIN, P. (2002): *Heinrich Mann*, Stuttgart et al.

TESSENOW, H. (1919): *Handwerk und Kleinstadt*, Berlin.

WALKER, M. (1971): *German home towns. Community State and General Estate 1648–1871*, Cornell Univ. Press, Ithaca.

MUN-YEONG AHN (Korea Rep., Daejeon)

Der Wandel im Bild der Stadt bei Rilke

1.

Prag, Linz, München, Venedig, Berlin, Florenz, Moskau, Paris, Rom, Capri, Kopenhagen, Dresden, Leipzig, Weimar, Arles, Aix, Avignon, Algier, Tunis, Kairouan, Kairo, Toledo, Sevilla, Wien, Genf, Bern, Zürich u. a. m.
        Diese sind die Städte, die Rilke im Laufe seines Lebens besuchte und wo er zeitweise wohnte. Der am 4. 12. 1875 in Prag geborene Dichter endete sein unruhiges Leben am 29. 12. 1926 in einem schweizerischen Sanatorium in Valmont und wurde an der Bergkirche von Raron beigesetzt (am 2. 1. 1927). Ohne dass man die damaligen Verhältnisse der noch unentwickelten Verkehrsmittel zu betrachten braucht, nimmt sich das Leben Rilkes mit den häufigen und weiten Ortswechseln außergewöhnlich aus. Wenn die Motivationen und Anlässe, die Rilke lebenslang von Ort zu Ort trieben, auch verschieden waren, seien es Vortrags- bzw. Forschungsreisen im Auftrag seines Verlags, seien es Besuche persönlicher Freunde, war seine Reise immer wie eine Pilgerschaft eines Suchenden, der manchmal von dem Vorgefundenen begeistert, aber auch viel öfter enttäuscht war. Was Rilke immer positiv beeindruckte, waren z. B. die weite Landschaft in Spanien, die menschenleeren kleinen Dörfer in Russland oder die Monumente der altägyptischen Kultur am Nil. In der Monographie der fünf Landschaftsmaler Worpswede (1903) beschreibt Rilke in tiefer Bewunderung die Bilderwelt der Künstler, in der die Menschen auch als ein Bestandteil der unbekannten Landschaft dargestellt sind. Im Gegensatz dazu erscheinen die Stadtbilder in Rilkes Dichtung fast immer mit einer negativen Implikation. Die bekannteste und gleichzeitig bösartigste Aussage über die Stadt findet sich z. B. im ersten Satz des Romans Die Aufzeichnungen des Malte Laurids Brigge (1910): „So, also hierher kommen die Leute, um zu leben, ich würde meinen, es stürbe sich hier."[1] Was für eine tödliche Diffamierung, die den Ruhm einer Weltstadt wie Paris ruinieren könnte! Während in diesem Roman Paris ausdrücklich genannt wird, steht die Stadt oder Städte als ein allgemeiner Begriff in den meisten

---

1   Rilke: SW, VI/709, Rilkes Werke werden zitiert nach der von Ernst Zinn besorgten Ausgabe der „Sämtlichen Werke" (SW) Band I–VI, Wiesbaden und Frankfurt 155–1966, mit römischer Band- und arabischer Seitenzahl.

Gedichten, falls die konkrete Ortsbezeichnung weder im Titel noch im Text des Gedichts angegeben wird.

2.

In einem seiner frühesten Gedichte stellt Rilke seine Geburtsstadt Prag hinter ein trübes Glas, wenn es heißt „ganz Prag" „verschwimmt wie hinter Glas"[2]. Diese Optik der Verschwommenheit scheint insofern natürlich zu sein, als sie mit der „Dämmerstunde" in einen Zusammenhang gebracht wird. Es ist aber bereits charakteristisch für Rilke, der diesem verschwommenen Stadtbild die „hoch" und „klar" ragende „Turmkuppel von Sankt Nikolas" gegenüberstellt, denn in diesem anscheinend harmlosen, impressionistischen Kontrast ist die Werturteilung der Gegenstände enthalten. Die „Dämmerstunde" fungiert hier sozusagen als ein Trennpunkt zwischen dem weltlichen und dem religiösen Stadtbild. Diese Trennung veranschaulicht Rilke noch wirkungsvoller, indem er das „da und dort" in den einzelnen Häusern aufblinzelnde Licht der „schwülen Stadtbrause" gegenüberstellt. Dabei übertrifft die Wirung des Augensinns („aufblinzeln") deutlich die des Wärmesinns („schwül"). Die Mitteilung der subjektiven Vorstellung des lyrischen Ich am Schluss („Mir ist, daß in dem alten Hause / jetzt eine Stimme ‚Amen' spricht"), unterstreicht den Gegensatz zwischen dem Angeschauten und dem Imaginierten. Das formale Schlusswort eines Gebetes weist auf die poetische Intention hin, das negative Gesamtbild einer Stadt wegzuwünschen.

Die Antithetik bzw. der antithetische Parallelismus ist ein konstitutives Prinzip der Rilkeschen Poetik, das sich von seiner Erstlingsgedichtsammlung Leben und Lieder (1894) bis zu den großen Gedichtzyklen Duineser Elegien und Sonette an Orpheus (1922) bewährte. Im oben angeführten Text bleibt aber diese Antithetik der Stadt auf der Ebene des oberflächlichen Eindrucks und ist noch unzureichend, das wesentliche Problem der Stadt zu thematisieren. Den eigentlichen Gegensatz der Stadt findet Rilke aber sehr bald in der Natur, als er die Stadt mit dem „Staub" in einen Stabreim einbindet und von den „leisen Melodien" eines Bachs abtrennt („Der Bach hat leise Melodien, / und fern ist Staub und Stadt."[3]). Im Vergleich zur massiven Kritik an der Stadt im Stunden-Buch (1905) ist dieser Gegensatz aber noch klischeehaft. Der frühe Wunsch an einer anderen Stelle, „Traurigkeiten zu großer Stadt

---

2   Rilke: *Larenopfer* (1896), *Im alten Haus*, SW I/9.
3   Rilke: *Advent* (1897), SW I/103.

(zu) vergessen"[4] wird auch nicht genau begründet. Die „Mondnacht" als Zeit des Vergessens und die Trennung „von dem versagten Garten" durch ein Gitter sind nicht genug, um „die Traurigkeiten zu großer Stadt" in ihrer eigentlichen Bedeutung konkret zu thematisieren.

3.

In der dreiteiligen Gedichtsammlung Das Stunden-Buch, das gerade um die vorletzte Jahrhundertwende (1899–1903) entstand, steht Rilkes Erfahrung der Großstädte wie München, Berlin, Florenz, und vor allem Paris im Hintergrund. Hier findet man zunächst die Frage nach dem Wesen von Rom: „Was ist Rom? / Es zerfällt. / Was ist die Welt? / Sie wird zerschlagen / eh deine Türme Kuppeln tragen"[5]. Die Bezeichnung Rom steht hier ohne Zweifel für das Römische Reich, das einen historischen Höhepunkt der Menschheit symbolisiert. Diese Frage wird allerdings durch den Mund eines Gott suchenden Mönchs geworfen. Damit wird die Religiosität der Aussage suggeriert. Das zerfallene Reich und die zerschlagene Welt sind die typischen Vanitas-Motive des Mittelalters und des Barocks. Der Dichter der Neuzeit konnte sich selbstverständlich nicht damit begnügen. An einer anderen Stelle benutzt Rilke einen eigenartigen Vergleich, um eine kritische Frage direkt auf die personifizierten Städte zu richten: „Ihr vielen unbestürmten Städte, / habt ihr euch nie den Feind ersehnt?"[6] Seltsam ist der Einfall, einen Feind als Gegenstand der Sehnsucht vorzustellen. Was hier mit dem Feind, der „liegt wie Landschaft vor den Mauern"[7], eigentlich gemeint ist, ist nicht deutlich zu bestimmen. Aber verrät diese Frage nicht gerade das feindselige Bewusstsein des lyrischen Ich selbst gegenüber der Stadt? In der Forderung, „vom Rande euerer [der Städte] Dächer"[8] auszuschauen, wird auch der Wunsch nach einem anderen, besseren Zustand der Stadt ausgedrückt.

Rilkes negative Ansicht der Städte geht in die an Gott gerichtete Anklage über: „Denn, Herr, die großen Städte sind / verlorene und aufgelöste: (...) Da leben Menschen, leben schlecht und schwer"[9]. Was Rilke unter dem Zeichen der Verlorenheit und der Aufgelöstheit dem Gott vorzeigt, sind vor allem die Menschen, denen die unmittelbare Verbindung mit der Natur gebrochen ist.

4 Rilke: *Mir zur Feier* (1909), *Gebet*, SW I/167.
5 Rilke: *Das Stunden-Buch / Vom mönchischen Leben* (1899), SW I/261.
6 Rilke: a. a. O., SW I/285.
7 Ebd.
8 A. a. O., SW I/286.
9 Rilke: *Das Stunden-Buch / Von der Armut und vom Tode*, SW I/345.

Es sind die traurigen Kinder, die an den Fensterstufen der Zimmer im Schatten aufwachsen, und die Jungfrauen, deren Mutterschaft keine Befruchtung erlebt („die Tage der enttäuschten Mutterschaft"[10]). Durch den Hinweis auf die von draußen rufenden Blumen und die wachende und atmende Erde Gottes, wird der Kluft zwischen der Natur als göttliche Wirklichkeit und der entfremdeten Stadt veranschaulicht. Das verstellte Verhältnis der Natur und damit die Verlogenheit der städtischen Prunks werden angeklagt: „Die große Städte sind nicht wahr; sie täuschen / den Tag, die Nacht, die Tiere und das Kind; / ihr Schweigen lügt, sie lügen mit Geräuschen / und mit den Dingen, welche willig sind."[11] Die Tiere und das Kind vertreten in Rilkes poetischen Vokabeln das an den Kreislauf der Natur gebundene Wesen, das nun in den Großstädten verstellt erscheint. Es scheint unmöglich, dieses getäuschte Verhältnis der Natur rückgängig zu machen, denn: „Die Städte aber wollen nur das Ihre / und reißen alles mit in ihren Lauf."[12] Es ist also das Schicksal der Menschen, die „umher gehn, entwürdigt durch die Müh, / sinnlosen Dingen ohne Mut zu dienen"[13]. Töricht sind aber die Menschen, die „ihre Schneckspuren" als „Fortschritt" bezeichnen und den Städten ohne Maß und Gleichgewicht in Kulturen dienen[14]. Das entfremdete Leben der Stadt fasst Rilke zusammen: „Es ist, als ob ein Trug sie täglich äffte, / sie können gar nicht mehr sie selber sein".[15]

4.

Für das poetische Verfahren von Rilke ist charakteristisch, dass das Elegische und das Satirische manchmal ineinander übergehen. In diesem Spannungsverhältnis zwischen der Klage und der Anklage wird das Großstadtmotiv in einen Zusammenhang mit dem Todesmotiv gebracht. So z. B. zeigt Rilke ein beinah apokalyptisches Bild der Stadt: „Und ganz im Dunkel stehn die Sterbebetten, / und langsam sehnen sie sich dazu hin; / und sterben lange, sterben wie in Ketten / und gehen aus wie eine Bettlerin"[16]. Der Vergleich des sterbenden Menschen mit einer „Bettlerin" ist sehr subtil und scheint daher im thematischen Kontext aufzufallen. Aber dieser Vergleich hängt eng zusam-

---

10 Rilke: *Das Stunden-Buch / Von der Armut und vom Tode*, SW I/345.
11 A. a. O., SW I/352.
12 A. a. O., SW I/363.
13 A. a. O., SW I/346.
14 Vgl. a. a. O., SW I/363.
15 Ebd.
16 A. a. O., SW I/346.

men mit dem Wunsch nach dem sog. eigenen Tod: „O Herr, gieb jedem seinen eignen Tod. / Das Sterben, das aus jenem Leben geht, / darin er Liebe
hatte, Sinn und Not."[17] Der hier gewünschte Tod ist ein sinnvoller Tod, der
ein erfülltes Leben voraussetzt. Die Bettlerin stellt also nichts anderes als
einen Zustand der Armut ohne Besitz dar. Interessanterweise operiert Rilke
wiederum mit einem antithetischen Doppelbegriff der Armut, indem er „nur
die Nicht-Reichen" und die wirklich Armen gegenüberstellt. Die von Rilke
geforderte positive Armut ist vor allem die geistige Haltung des Nichts-
Besitzen-Wollens: „Denn Armut ist ein großer Glanz aus Innen..."[18]. In der
Armut findet Rilke ein alternatives Leben, in dem die Entfremdung der Stadt
überwunden werden kann. Rilke bittet Gott gegenüber: „Mach, daß die Armen nichtmehr fortgeschmissen / und eingetreten werden in Verdruß."[19].
Rilke versucht, das positive Bild der armen Menschen vielseitig zu veranschaulichen, z. B.:"Des Armen Haus ist wie ein Altarschrein. / Drin wandelt
sich das Ewige zur Speise". Rilke schließt sein Stunden-Buch mit einem
großartigen Vergleich. Er nennt den Heiligen Franziskus „der Armut großer
Abendstern"[20].

5.

Im Hinblick auf die durchgehend negative Beurteilung der Stadt mag die
folgende Aussage Rilkes verwunderlich wirken: „Soll ich die Städte rühmen,
die überlebenden / (die ich anstaunte) großen Sternbilder der Erde."[21] Zwischen der Stadt der Sterbenden und den „großen Sternbilder[n] der Erde"
liegt wortwörtlich eine astronomische Entfernung. Die Antwort auf diese
Frage, die in der existentiellen und poetologischen Krise aufgeworfen wurde[22], findet man in den Duineser Elegien, wo die entscheidende Bekenntnis
zum Hiersein zum Ausdruck gebracht wird: „Hiersein ist herrlich."[23]. Rilke
zählt die „noch erkannte Gestalt" auf, die es in uns zu bewahren gilt: „Säulen,
Pylone, der Sphinx, das strebende Stemmen, / grau aus vergehender Stadt

17 Rilke: *Das Stunden-Buch / Von der Armut und vom Tode*, SW I/347.
18 A. a. O., SW I/356.
19 A. a. O., SW I/362.
20 A. a. O., SW I/366.
21 Rilke: SW II/395
22 In diesem Gedicht zeigt sich das lyrische Ich noch unschlüssig zum Rühmen der
    Stadt, weil da der *„neue Gedröhn der metallenen Handlung"* noch die Stimme
    des Dichters übertönt.
23 Rilke: *Duineser Elegien / Die Siebente Elegie*, SW I/710.

oder aus fremder, des Doms."[24]. Die Stadt impliziert hier zwar unmiss-
verstänlich noch die Vergänglichkeit („aus vergehender Stadt"), aber sie
erscheint doch als ein Ort, wo die Monumente der Menschheit gegen den
vernichtenden Strom der Zeit bewahrt sind. Der Umschlag der poetischen
Haltung von der Klage zum Rühmen der Stadt rührt von der elegischen Umkehr Rilkes her, die, wie Nietzsches amor fati, „des Nicht-Seins Bedingung"[25]
anerkennt und das existentielle Ideal eher im Dasein als im Sein sucht. Im
poetischen Wortschatz Rilkes stellt das Dasein die in eine Kunstform trans-
formierte Gestalt des Menschlichen dar, „darin wir die dumpf ordnende Natur / vergänglich übertreffen"[26]. Die Stadt verdient sozusagen, trotz ihrer
Vergänglichkeit, das poetische Rühmen, solange sie im Herzen des Dichters
die Gegenstände, die „die Bewahrung / der noch erkannten Gestalt"[27] stärken,
enthalten.

24 Rilke: *Duineser Elegien / Die Siebente Elegie*, SW I/712.
25 Rilke: *Sonette an Orpheus*, 2.Teil/XIII., SW I/759.
26 A. a. O., SW I/769.
27 Rilke: *Duineser Elegien / Die Siebente Elegie*, SW I/712.

SINAIDA FOMINA (Russland, Woronesh)

Die Stadtvorstellungen und -utopien als Gegenwirklichkeiten in der deutschen Literatur des XX. Jahrhunderts (am Beispiel der Oper „Der Aufstieg und Fall der Stadt Mahagonny" von B. Brecht und der Erzählung „Die Fremdenstadt im Süden" von H. Hesse)

Die ältesten bekannten Vorstellungen von Idealstädten, die vor allem auf die politische Organisation abzielten, stammen von Platon und Aristoteles, erste Planungen von Vitruv. Einflussreich war auch *Utopia* von Thomas Morus und *Der Sonnenstaat* von Tommaso Campanella. Utopia ist der Titel eines 1516 von Thomas Morus in lateinischer Sprache verfassten philosophischen Dialogs. Die Schilderung einer fernen „idealen" Gesellschaft gab den Anstoß zum Genre der Sozialutopie (U. Arnswald/H.-P. Schütt, 2011).

Als ‚Idealstadt' wird eine stadtplanerische Vorstellung bezeichnet, bei der eine Stadt von vorneherein unter einheitlichen Gesichtspunkten wie wirtschaftlicher, gesellschaftlicher und politischer Organisation – häufig verbunden mit sozialutopischen Ideen und einem ästhetischen Programm – entworfen wird (http://de.wikipedia.org/wiki/Idealstadt).

Grundsätzlich bieten Utopien Konzepte einer möglichen Welt an, „in der verschiedene Hypothesen durchgespielt werden können (Biella, 2007: 5). Jedenfalls ist eine Utopie das Phantasiegebilde eines Autors, der wiederum aus einer bestimmten sozialen Lage heraus spricht und Lösungsvorschläge, auch in Form von Handlungsanweisungen, zur Bewältigung bestimmter Konflikte formuliert. Nach B. Biella, bilden Krise meist den Realgrund von Utopien; daher sind sie immer auch ein Spiegelbild historischer Zeiten oder bestehender Gesellschaftszustände:

> *„Als rationale Gedankenentwürfe und -räume konstruieren sie abstrakte Gegenwirklichkeiten, die gleichwohl als konkrete bzw. reale geschildert werden, als zeitlich und räumlich entfernte Gebilde"* (B. Biella, 2007: 6).

Die heutigen Industriegesellschaften haben längst die materiellen Verheißungen vergangener Utopien verwirklicht. „Kritisch betrachtet, stellten zumindest Stadtutopien immer auch den Versuch dar, *eine perfekte, einheitliche (politische) Ordnung zu installieren* [...]. Utopie verweist per se darauf, daß das, was ist, auch anders werden kann, als es geworden ist" (ebenda:16).

Das Thema der Mega-Stadt, der Metropole wie auch das globale Thema des Urbanismus in der Literatur ist besonders heute aktuell und brisant wie nie zuvor. Seit der Entstehung moderner Großstädte gibt es eine neue Auseinandersetzung mit dem Thema „Stadt". An dieser Stelle möchte ich nur auf ein exemplarisches Beispiel verweisen, nämlich auf das Buch „*Kleine Literaturgeschichte der Großstadt*" von Angelika Corbineau-Hoffmann (2003), das „als (...) anregende Essay-Sammlung literarischer Stadtdarstellungen aus drei Jahrhunderten, die dem Leser (...) interessante Seitenblicke auf das Thema eröffnen und ihn etwas von der Faszination verspüren lassen" (M. Braun, 2003), gilt. In diesem Buch werden, so M. Braun, über ein Dutzend Werke der deutschen, englisch-amerikanischen, französischen, italienischen und russischen Literatur behandelt, in deren Mittelpunkt die modernen Metropolen Berlin, London, New York, Paris, Rom und St. Petersburg stehen. Das Phänomen „Großstadt" fand in der Gegenwartsliteratur ihren aufschlussreichen Ausdruck. Michael Braun schreibt:

„In Romanen, Erzählungen und Gedichten des 20. Jahrhunderts ist die Metropole Symbolträger, Raummotiv, Mitspieler. Sie kann – in Polarität zu Region und Provinz – zum Ort einer neuen ‚Heimat' werden. Zugleich hat sie [...] formale Innovationen und neue Wahrnehmungsweisen zum Vorschein gebracht, die prägend für die moderne Kultur sind" (M. Braun, 2003).

Spätestens seit der industriellen Revolution im 19. Jahrhundert, so M. Braun, zeigt die Großstadt ein doppeltes Gesicht:

einerseits „als Schreckbild und Moloch, als Schmelztiegel der Nationen, andererseits als Handels-, Verwaltungs- und Kulturzentrum, als komplexer sozialer Raum und Erfahrungsraum zahlreicher Wahrnehmungsreize" (M. Braun, 2003).

In meinem Aufsatz wird Versuch unternommen, die Stadtutopien als Gegenwirklichkeiten zu betrachten und die in der deutschen Literatur der Moderne dargestellte Problematik der Wechselwirkungen zwischen Idealstadt, Mensch und Natur zu analysieren.

Als Materialbasis dienen das Theaterstück „Der Aufstieg und Fall der Stadt Mahagonny" von B. Brecht und die Novelle „Die Fremdenstadt im Süden" von H. Hesse. Diese Werke haben unter den gegenwärtigen Globalisierungsverhältnissen an ihrer Aktualität nicht verloren. Mahagonny ist nach Kurt Weill die Geschichte von Sodom und Gomorrha. Ähnlich wie die biblische Vorlage, so Kurt Weill, soll die Stadt untergehen mit allen „*Gerechten und Ungerechten"*, wie die Witwe Begbick äußert (*Aufstieg und Fall der Stadt Mahagonny//de.wikipedia.org/...*/).

In dem vorliegenden Aufsatz werden Mahagonny und eine fremde Stadt im Süden aus der Perspektive menschlicher Vorstellungen von einer Idealstadt betrachtet. Den Inhalt des Aufsatzes bilden grundsätzlich drei Schwerpunkte: 1) Die Stadt Mahagonny als Fata Morgana: Glanz und Elend der Utopiestadt Mahagonny; 2) Die urbanisierte Natur und die denaturierte Südstadt 3) Der Vergleich zweier Stadtutopien von Mahagonny und einer fremden Stadt im Süden.

1. Die Stadt Mahagonny als Fata Morgana:
Glanz und Elend der Utopiestadt Mahagonny

Die Oper „Aufstieg und Fall der Stadt Mahagonny" von Bertolt Brecht entstand 1928/29 in Berlin, die Uraufführung fand am 9. März 1930 am Opernhaus Leipzig statt. Sie wurde zu einem der größten Theaterskandale in der Weimarer Republik. Die Gründung der Stadt Mahagonny wurde durch die Suche nach Gold beeinflusst.

„Willy der Prokurist, der Dreieinigkeitsmoses und Leokadja Begbick wollen die Küste entlang nach Norden, wo Gold gefunden wird. In der Wüste bleibt ihnen allerdings der Wagen liegen. *Wenn sie nicht zum Gold kommen, dann muss das Gold eben zu ihnen komme*n: Begbick beschließt spontan die Gründung einer Stadt. Mahagonny soll sie heißen, die Männer mit Frauen und Whiskey locken und um ihre Ersparnisse bringen. Der Traum vom Paradies zieht leichte Mädchen und allerlei Unzufriedene an, unter ihnen die vier Holzfäller Jakob, Joe, Heinrich und Paul" (Sedlmeyr, Th., 2009)

In der Geschichte von Mahagonny werden die Grundelemente des Weltentwicklungsmodells von G. W. F. Hegel ganz deutlich reflektiert, nämlich: *These – Antithese –Synthese*. Bekanntlich entwickelte Hegel

„eines der bedeutendsten Systeme der europäisch-abendländlichen Philosophie. Im Mittelpunkt dieses Systems steht das Absolute, das sich als subjektiver Geist im menschlichem Individuum, als objektiver Geist in Familie, Gesellschaft, Staat, als absoluter Geist in Kunst, Religion und Philosophie konkretisiert, und zwar im dialektischen Dreischritt von *These, Antithese, Synthese*"(Meyers Lexikonverlag. Hyper-Lexikon: Hegel – www.hyperkommunikation.ch/.../ hegel.htm).

Diese Triade von Hegel lässt sich in jeder Szene verfolgen.

In „Mahagonny" lassen sich auch einige musikalische Techniken erkennen, worauf äusserst überzeugend der Anfang von „Mahagonny" hinweist. Er (der Anfang) erinnert uns an eine Art *Ouvertüre*, da es schon in den ersten zwei Seiten des Stückes die ganze Geschichte der Stadt Mahagonny vermittelt wird. Vgl.

> *Hallo, wir müssen weiter! Aber der Wagen ist kaputt. Ja, dann können wir nicht weiter. Aber wir müssen weiter. Aber vor uns ist nur Wüste. Ja, dann können wir nicht weiter. Also müssen wir umkehren...Geht es nicht weiter? Nein. (Szene 1).*

Die größten Städte der Welt lockten immer die Bewohner der Kleinstädte, Dorfbewohner und nicht zuletzt auch die Ausländer an. Die Gründe für die Völkerwanderung nennt Bertolt Brecht ganz genau an:

> „*...Aber dieses ganze Mahagonny*
> *ist nur, weil alles so schlecht ist,*
> *weil keine Ruhe herrscht und keine Eintracht,*
> *und weil nichts gibt, woran man sich halten kann*
> *Unter unseren Städten sind Gossen*
> *In ihnen ist nichts und über ihnen ist Rauch*
> *Wir sind noch drin. Wir haben nichts genossen*
> *Wir vergehen rasch*
> *und langsam vergehen sie auch*
> *Fern vom Getriebe der Welt*

Die utopische Stadt Mahagonny wird als *der letzte große Plan* betrachtet. Vgl.:" Begbick:

> *Vor neunzehn Jahren ging das Elend los, und*
> *Die Existenzkämpfe haben mich ausgehöhlt. Dieses war mein letzter großer*
> *Plan:*
> *der hieß Mahagonny, die Netzestadt.*
> *Doch im Netze hat sich nichts gefangen... „*

Beachtenswert ist in diesem Zusammenhang, dass sich heutzutage die Gründe für die Auswanderung wesentlich ergänzen lassen: lokale Kriege, nationale Konflikte, die in der ganzen Welt zunehmende Kriminalität, Arbeitslosigkeit, Terroranschläge u. a. m. Man ist auf der Suche nach Sicherheit und Schutz – sowohl vor natürlichen bzw. klimatischen Einwirkungen als auch vor Aggressionen von außen. Man strebt nach besserem Leben, nach Glück und Geborgenheit in einer utopischen Megastadt. Man hofft darauf, dass es gelingen wird, in irgendeiner Idealstadt (beispielsweise in Mahagonny) mit einem neuen Leben anfangen zu vermögen. Aber da entsteht eine äußerst große Asymmetrie, eine Kluft zwischen der Größe der Megastadt und der kleinen Welt des Menschen; zwischen hohen Anforderungen an den Menschen (du musst, du sollst...) und realen Möglichkeiten des „kleinen" Menschen; zwischen den Turbulenzen und der Hektik der Megastadt und der Angst des kleinen Menschen, in diesem chaotischen Megastadt-Wirbel sich selbst zu verlieren; zwischen Menschenmasse und Individuum; der nationalen Deidentifizierung und dem Streben des Individuums, seine Selbstidentifikation aufzubewahren; zwischen der Zwangsakzeptanz der fremden Kultur und dem unerschütterlichen Hang des Menschen zu seiner einheimischen Kulturtradition u. a. m.

Die Polaritäten der utopischen Stadt Mahagonny stellt Bertolt Brecht mit seiner Denk- und Schreibvirtuosität dar. Weit und breit bedient er sich dabei vor allem der Metasprache, der Sprache vielfältiger kognitiver Metaphern (Z. Fomina, 2006: 26). Die ganze Geschichte von Mahagonny ist höchst metaphorisch, allegorisch geprägt. Bemerkenswert ist die Technik der Gestaltung metaphorischer Bilder. Bei positiven Bildern gebraucht B. Brecht hauptsächlich folgendes kognitives Modell: *„Mahagonny ist ...[x]"* z B. Mahagonny ist: eine „Paradiesstadt/eine Goldstadt", „die Stadt der Freude/die Stadt der Liebe" etc. Bei der Gestaltung negativer Bilder von Mahagonny macht er hingegen von deskriptiven Techniken Gebrauch.

Die kognitiv – metaphorische Basis für die Darstellung von Mahagonny stützt sich vor allem auf die wichtigsten *Polaritätsprinzipien,* da „der Rhythmus das Prinzip des Lebens und Maß des Menschen ist" (G.-K. Kaltenbrunner, 1983: 13). Wie G.-K. Kaltenbrunner betont,

„Kommen und Gehen von Tag und Nacht, Wiederkehr der Jahreszeiten, Ebbe und Flut, Steigen und Fallen des Grundwassers [...], Ankunft und Wegzug der Vögel, die Wiederholung der Alten in den Jungen [...], die Konjunkturen und Zyklen in Wirtschaft und Gesellschaft – wohin wir blicken und lauschen, finden wir Belege für das Wort Ludwig Klages ‚dass der Rhythmus die Urerscheinung' sei" (G.-K. Kaltenbrunner,1983: 13).

Die Polarität durchdringt das ganze metaphorische Gewebe von Mahagonny. Die Darstellung der utopischen Stadt Mahagonny beruht grundsätzlich auf der Gegenüberstellung zweier grundlegender Domänen: „Paradies" und „ Hölle"(Z. Fomina,2006: 48). Allerdings ist gerade das Paradiesbild mit der utopischen Stadtvorstellung und mit allen für sie typischen Facetten verknüpft. Das idyllische Bild von Mahagonny wird vor allem durch das Vorhandensein *der schönen Natur* repräsentiert. Der Glanz von Mahagonny wird mittels entsprechender Naturmetaphern verbalisiert. Die positiv geprägte Natur ist sehr stark in den Inhalt des Theaterstücks von B. Brecht miteinbezogen. Vgl. *„Die Luft ist kühl und frisch"; „grüner Mond von Alabama";*

„die Größe der Natur", " das Heraufkommen des Abends", „Nacht", " Kra-niche", „Wolken" etc.

Positive metaphorische Bilder lassen sich im Hinblick auf die Beschreibung der Stadt Mahagonny vor allem als unabdingbare Elemente der Stadtutopien betrachten, entsprechend denen Mahagonny ist: *„eine Paradies-stadt", „Goldstadt", „Geldstadt", „eine Insel der Seligen", „die Stadt der Freude („ eine Spaßgesellschaft, in der die Leute mit Humor leben)", „die Stadt der Liebe", " „die Stadt der Glücksgeselligkeit", „die Stadt, wo die Natur echt und schön ist", „die Stadt der Freiheit, wo man alles dürfen darf", „ein Vergnügungsort", „die Stadt der Nichtstuer (7 Tage ohne Arbeit)"* und dgl.

Die Stadtutopie wird auch gastronomisch und sozial markiert. In der Idealstadt kann man gut essen (*Fleischsalat*) und trinken (*Gin und Whisky*). Außerdem ist es: *„die Stadt der Dreißigdollarmädchen", „die Stadt, wo die Liebe käuflich ist"* und dgl.

In dieser Paradiesstadt wird das *Geld* in den Vordergrund gerückt: *Geld* als Anfang und Ende, Alpha und Omega, Ziel und Mittel, *Geld als die neue Religion* und letzten Endes *als Sinn des Lebens*. Zugleich bilden die obigen Komponenten die Bausteine für eine Quasi-Glücksstadt, Quasi Glücksgesellschaft.

Die wichtigsten Kennzeichen der Stadtutopie („schöne Natur", „Freude"/ "Glück"/"Liebe", „eine Insel der Seligen", „Vergnügungsort", „Spaßgesellschaft", „Nichtstun", „Ruhe" und „Frieden", „Alles darf man dürfen" und dgl.) gehen zugleich auf die Beschreibung des Paradieses zurück. Mahagonny wird mit dem „Goldenen Zeitalter" identifiziert, welches sich von den anderen Zeitepochen durch folgende Bilder abzeichnen lässt:

„... Da auf der freien Erde Menschen sich
Wie frohe Herden im Genuss verbreiteten ...
Wo jeder Vogel in der freien Luft
Und jedes Tier durch Berg und Thäler schweifend
Zum Menschen sprach: erlaubt ist, was gefällt. "
(J. W. von Goethe, Torquatto Tasso)

Der Begriff „Glück" gilt als eines der dominierenden Kennzeichen von Mahagonny und ist unmittelbar mit dem Phänomen „*Paradies*" verbunden:

„Paradies – als eine Art schöner Garten mit üppigem Pflanzenwuchs und friedlicher Tierwelt gedachte Stätte des Friedens, des Glücks und der Ruhe, die den ersten Menschen von Gott als Lebensbereich gegeben wurde" (G. Wahrig, 1997: 1119).

Die Vorstellungen vom Himmelreich werden mit dem Glück assoziiert. Die in Mahagonny genannten Elemente des Paradieses/Glückes stimmen mit der Beschreibung der *„Glücklichen Inseln"* (griech. *makaron nesoi, lat. Insulae fortunatae*) in der klassischen Antike völlig überein. Plutarch schriebt:

> „Regen fällt dort selten, und wenn er fällt, dann mit Maß. Es gibt meist laue Winde, die dann so reichlich Tau spenden, dass der Boden von selbst die beste Frucht in solchem Überfluss hervorbringt, dass die Bewohner nichts anderes zu tun haben, als sich dem Genuss des Ausruhens hinzugeben. Die Luft ist immer angenehm, so dass es auch unter den Barbaren allgemein angenommen wird, dass dies die elysischen Gefilde und der *Aufenthaltsort der Seligen* sind..." (U. Becker, 1992: 216).

Nicht uninteressant ist, dass dieselben Schwerpunkte in Mahagonny aufzufinden sind: *„... sich dem Genuss des Ausruhens hingeben"* (nichts tun), *„Die Luft ist immer angenehm"* (*„Die Luft ist frisch"*) etc. Aus den angeführten Überlegungen geht hervor, dass die Vorstellungen vom Glück, Lebensideal keinen besonderen Schwankungen unterworfen sind. Im Grunde genommen bleiben sie im Verlauf der Jahrhunderte nach wie vor dieselben.

Die obigen Idealbilder betonen Mahagonnyis Glanz und bewerten die die Stadt äusserst positiv. Gerade dieser aufgezählten „Vorteile" der Stadt Mahagonny wegen *„zogen die Unzufriedenen aller Kontinente der Goldstadt Mahagonny entgegen"*. Jedoch dauert das erträumte Glück nicht lange. Es geschieht eine Metamorphose: Die Idealstadt mit all ihren bunten und reichen Möglichkeiten für das menschliche Glück und für die unendlich „freie Liebe" verwandelt sich in ihren Antipoden, in ihr Gegenteil d. h. aus der Paradiesstadt wird sie letztlich zur Höllenstadt.

Die Stadt, wo der Mensch *„sonst nichts zu tun* hat", wo *„noch nichts geschehen ist"* und *„wo es nichts gibt, woran man sich halten kann"* (Das sind Worte von Paul Ackermann) deprimiert den Menschen, macht ihn höchst unglücklich. Und da entsteht die innere Krise, die Krise der Seele, die mehrfach dadurch verstärkt wird, wenn man zu bedenken beginnt, was einen gekostet hat, nach Mahagonny zu kommen, welche physischen und moralischen Kräfte einer sich gesetzt hat, um hierher zu kommen, was einer überwunden hat, um seinen Lebenstraum in die Tat umzusetzen. Die Krise der Seele: „Alles ist umsonst". Vgl.

„Paul: Sieben Jahre, sieben Jahre hab ich die Bäume gefällt...
Und das Wasser, und das Wasser, und das Wasser
Hatte nur vier Grad
...Alles habe ich ertragen, alles, um hierherzukommen".

Man war auf's Geld, auf den Reichtum bedacht. Man setzte sich zum Ziel, um jeden Preis reich zu werden und „Goldpapier unterm Hemde zu haben". Jahrelang arbeitete man hart. Das Geld kostete sie außerordentlich große Bemühungen, unmenschliche physische Anstrengungen. Vgl.

> *„Sie hatten 's schlimmer dort als selbst die Toten*
> *Und wurden reich davon, und wurden reich davon*
> *Und kommen, die Jacketts zum Platzen voll Banknoten*
> *Auf ihren Extrazügen an und sehen: MAHAGON".*

In dem angeführten Zitat kann man im Hinblick auf das Wort „*MAHAGON*" annehmen, dass dieses Wort nicht zufällig als Name für die Idealstadt Mahagonny gebraucht wird. Vermutlich ist diese Bezeichnung auf das oben erwähnte griechische Wort „MAKARON NESOI" (*die Glücklichen Inseln*) zurückzuführen ist.

Viele Jahre hegte man die Hoffnung auf die bessere Zukunft. Jedoch stellte man fest: dies hat keinen Sinn, alles ist „*vanitas vanitatum*" („*alles ist umsonst*"). Der Erwartungseffekt wird zu Nichts. Man trauert sehr um vergebliche Bemühungen:

> *„Paul: Tief in Alaskas weißverschneiten Wäldern*
> *Habe ich in Gemeinschaft mit drei Kameraden*
> *Bäume gefällt und an die Flüsse gebracht*
> *Rohes Fleisch gegessen und Geld gesammelt.*
> *Sieben Jahre habe ich gebraucht*
> *Um hierherzukommen".*

Wie viele andere will auch Paul Ackermann die Stadt bald wieder verlassen. Ihm ist es *zu ruhig in Mahagonny*, das durch *Verbote regulierte Laster* reizt ihn nicht. Seine Freunde überreden ihn zum bleiben. Als Leitmotiv des ganzen Werks dient der Gedanke „*Aber etwas fehlt*". Nichts ist schlimmer als die innere Entfremdung. Dieses „*Nichtsgeschehen*", dieses „*Woran-kann-man-sich-halten?*" führen zur tiefen Depression, Einsamkeit, Entmutigung und Verzweiflung.

Das Spektrum negativer metaphorischer Bilder ist im Vergleich zu dem der positiven wesentlich breiter. Das *negative* Charakteristikum von Mahagonny wird vorwiegend *deskriptiv* dargestellt. Im Mittelpunkt steht der Gedanke, dass diese Stadt tot ist. Zu den dominierenden Hauptelementen, die den negativen Teil des metaphorischen Porträts von Mahagonny darstellen, gehören folgende: Mahagonny ist: „ *eine Grab- und Sargstadt*", die Stadt „*mit Übermaß*", die Stadt „*ohne Bewegung*", die Stadt „*der Verbote*", „*die Stadt des Nichtstuns*", die „*Stadt, wo das Geld das größte Idol ist*" oder „*die Stadt, in der das Geld zur Religion geworden ist*", „*die Stadt, wo die Anti-*

moral, Antinächstenliebe, Antimenschlichkeit alltäglich gepredigt werden", „*eine Lasterstadt",* „*die Stadt der Gottlosen",* „*eine Höllenstadt",* „*keine Stadt für Geschäfte",* „*eine faule Stadt",* „*die Stadt der Monotonie, Langeweile und Einsamkeit"* und letzten Endes – *eine* „*Gespensterstadt",*" „*eine Sackgassen-Stadt",* eine *Fata Morgana-Stadt".*

Eben die utopischen Stadtvorstellungen (Mahagonny als Idealstadt, Glücksstadt und Paradiesstadt etc.) treten als Ursache, als Grund für die Zerstörung der Stadt Mahagonny, als Voraussetzung für ihren unvermeidlichen und schon apriori prognostizierbaren Fall und ihren Tod. Utopie und Realität reflektieren hier philosophische Grund-Folge-Beziehungen. Nach Machiavelli (1429–1527) gibt es eine bestimmte Menge *virtù* auf der Welt, die *wandern, sich sammeln* und *zerstreuen* kann, jedoch in ihrer Quantität konstant bleibt.

> „Die Wanderung der virtù steht im Zusammenhang mit dem Untergang eines Staates. Nach James Burnham ist der Untergang eines Staates durch die Verbreitung der virtù im Volk schon vorprogrammiert, da auf die *virtù* (Tatendrang/Energie) Ruhe folgt, auf die Ruhe der Müßiggang und auf den Müßiggang die Unordnung, auf die Unordnung der Zerfall"(Niccolo Machiavelli TheorieWiki.theoriewiki.org).

Unter dem Begriff *virtù* versteht Machiavelli die politische Energie bzw. den *Tatendrang* etwas zu tun. Das Wort „Virtù (Tugend/Tüchtigkeit) ist der Kernbegriff in Machiavellis Theorie und politischer Lehre." (P. Schroeder: 161). Vgl.: Mahagonny (Stadtutopie): →Ruhe →Frieden → Glück/Liebe → Ordnung →Nichtstun → Müßiggang →Unordnung → Chaos→ Zerfall und wiederum → Ordnung →Ruhe […] →Utopie (Das Nicollo Machiavelli – Prinzip „).

Die Analyse der Elendsbilder der Idealstadt Mahagonny hat gezeigt, dass ihre Palette bunter, präziser, nuancierter und subtiler als die der positiven ist. Das Elend der Stadt Mahagonny ist in allen feinen Einzelheiten beschrieben. Vor allem wird das ganze anthropozentrische Paradigma mit all ihren Bezügen zu anderen Gegebenheiten der Außen- und Innenwelt in Betracht gezogen. In dieser Stadt leben die Gottlosen, deren *Lebensmaximen Antimoral, Antinächstenliebe, Antimenschlichkeit* und dgl. sind. Hier leben die Sünder, deren Leben von den Lastern nicht zu trennen ist. Die Natur (anstelle des Gottes) will sie richten und als Mittel für ihre Bestrafung wählt sie *Hurrikane* und *Taifune.*

Mahagonny verwandelt sich also in eine Höllenstadt, in eine Stadt der Toten. Hier gibt es *keine Bewegung, keine Hoffnung* mehr. Hier herrscht die fürchterliche Stille (*„Ein Haufen Stille"* wie in einem Grab).

2. Die Urbanisierte Natur und die denaturierte Südstadtutopie

Der nächste Schwerpunkt des Aufsatzes, wie oben erwähnt wurde, bezieht sich auf die Besprechung der Problematik des Verhältnisses zwischen *Stadt, Natur* und *Utopie* (am Beispiel der Novelle „Die Fremdenstadt im Süden von Hermann Hesse"). H. Hesse nimmt die Gesetzmäßigkeiten der Entwicklung moderner Idealstädte, Industriestädte, die Spezifik ihrer Wechselwirkungen mit der Natur vorweg. Er beschreibt ein gewaltiges, ein künstliches (antinatürliches) Adaptieren (oder eine künstliche Anpassung) der belebten Natur an die Bedürfnisse eines neuen urbanen Stadtraums, ein pragmatisch orientiertes gewaltiges Integrieren natürlicher Räume in die Landschaft einer quasi Idealstadt. Dies führt zur Entstehung der denaturierten (künstlichen) Natur, der Ersatznatur in einer ebenso künstlichen Stadt, die sich letzen Endes als etwas Spielzeugähnliches, Unnatürliches, Nichtwahrheitsgetreues erweist.

Die urbane Natur (als ein quasi Analogon für die belebte Natur) hat an ihrer ursprünglichen Schönheit und Frische, ihrer Freiheit und an ihrem eigenen Antlitz verloren. Entsprechend der Stadtplanung soll die urbane Natur von vornherein nur diejenige Stadtfläche umfassen, die von den Stadtplanern bzw. Stadtarchitekten vorbestimmt werden. Sich selbst gehört die Natur nicht mehr. Sie soll den neuen (urbanen) Gesetzen und Regeln untergeordnet werden. Alles Echte (Natürliche) wird verdrängt, da es kein Einkommen bringen kann.

Die Verwandlung der echten Natur in die sogenannte Ersatznatur und einer Stadt in die Ersatzstadt, d. h. in die „Idyllestadt" beeinflusst im gewissen Sinne das Wesen des Menschen, seine Moral und Sittlichkeit. Der Mensch empfindet sich in dieser „denaturierten" Ersatzstadt als eine Marionettenpuppe. Im gewissen Sinne steht dies mit Goethes Gedanken"*Wände machen Leute*" im Einklang.

Zugunsten der Stadtplanung müssen Urbanität und Natur in utopischen Gartenstädten versöhnt werden. Die urbane Natur wird als eine Art Modell der belebten Natur, als handwerkliches Produkt dargestellt. Die Beziehungen zwischen Mensch und Natur, Menschen und Zivilisation, Mensch und Gesellschaft werden in der Novelle von Hesse in den Vordergrund gerückt. Das Hauptprinzip des Menschen (in seinem Verhältnis zu der Natur) ist: das Vernichten/Zerstören des Existierenden und die Schaffung an der Stelle des Vernichteten quasi neuer Sachverhalte.

Die Natur gilt nicht als Hintergrund der Handlung, sondern als *Ausgangspunkt*, als Maß für den geistigen und moralisch-sittlichen Zustand der Menschen und tritt in der Rolle der Schlüsselperson im Rahmen der Novelle „Die Fremdenstadt im Süden" auf.

Auf ironische Art und Weise beschreibt H. Hesse das widerspruchsvolle Verhältnis des modernen Großstädters zur Natur, die er einerseits begehrt, anderseits – wegen ihrer Unbekömmlichkeit „nicht mehr vertragen kann". Vgl.:

Bekanntlich schwärmt der Großstädter für nichts so sehr wie für Natur, für Idylle, Friede und Schönheit. Bekanntlich aber sind alle diese schönen Dinge, die er so sehr begehrt und von welchen bis vor kurzem die Erde noch übervoll war, ihm völlig unbekömmlich, er kann sie nicht vertragen.

Man versucht innerhalb jeder Metropole (jeder Megastadt) noch zusätzlich *„eine quasi Südstadt"* zu gründen oder selbst aus der Metropole etwas Ähnliches zu machen. Vgl.:

Fern liegt heutigen Unternehmern der absurde Gedanke, dem großstädtischen Kenner etwa ein Italien in der Nähe Londons, eine Schweiz bei Chemnitz, ein Sizilien am Bodensee vortäuschen zu wollen.

Die Natur sollte in dieser ganz besonderen Stadt bestimmten Anforderungen entsprechen. Vgl.:

*Und da er sie (die Natur) nun dennoch haben will, da er sich die Natur nun einmal in den Kopf gesetzt hat, so hat man ihm hier, wie es koffeinfreien Kaffee und nikotinfreie Zigarren gibt, eine naturfreie, eine gefahrlose, hygienische, denaturierte **Natur** aufgebaut.*

Eine der wichtigsten Forderungen der modernen Natur- und Kunststadt gilt „die Forderung nach absoluter ‚Echtheit'" Vgl.:

Und bei alledem war jener oberste Grundsatz des modernen Kunstgewerbes maßgebend, die Forderung nach absoluter „Echtheit". Mit Recht betont ja das moderne Gewerbe diese Forderung, welche in früheren Zeiten nicht bekannt war, weil damals jedes Schaf in der Tat ein echtes Schaf war und echte Wolle gab, jede Kuh echt war und echte Milch gab und künstliche Schafe und Kühe noch nicht erfunden waren.

Nachdem sie [die Prinzipien der Echtheit] aber erfunden waren und die echten nahezu verdrängt hatten, so H. Hesse, wurde in Bälde auch das Ideal der Echtheit erfunden.

Die Zeiten sind vorüber, wo naive Fürsten sich in irgendeinem deutschen Tälchen künstliche Ruinen, eine nachgemachte Einsiedelei, eine kleine unechte Schweiz, einen imitierten Posilipo bauen ließen.

Hermann Hesse schreibt, dass der Naturersatz, den der heutige Städter verlangt, muß unbedingt echt sei:

echt wie das Silber, mit dem er tafelt, echt wie die Perlen, die seine Frau trägt,
und echt wie die Liebe zu Volk und Republik, die er im Busen hegt.

Der Mensch identifiziert materielle Kulturwerte mit dem Begriff „Natur" und
stellt zwischen Ihnen das Gleichheitszeichen, indem er glaubt, dass die Natur
aufgrund derselben Maßkategorien bewertet werden kann. Diese materiellen
Maßkategorien gelten als unentbehrlicher Teil des Daseins der Großstädter
und sollten ihren sozialen Rang demonstrieren. Hesse bezweifelt die „Echtheit (die Authentizität) des Volks – und Heimatliebe", indem er diese mit der
quasi Echtheit der Ersatznatur vergleicht. Paradoxerweise wird die echte
Natur durch die quasi echte Natur ersetzt, die nach Bild und Ähnlichkeit mit
der belebten Natur rekonstruiert ist und obligatorisch dem sogenannten Prinzip der Echtheit und Natürlichkeit entsprechen soll. Vgl.:

Dies alles zu verwirklichen, war nicht leicht. Der wohlhabende Großstädter ver-
langt für den Frühling und Herbst einen Süden, der seinen Vorstellungen und
Bedürfnissen entspricht, einen echten Süden mit Palmen und Zitronen, blaue
Seen, malerische Städtchen, und dies alles war ja leicht zu haben.

Als Apotheose idyllischer Glücksstadtbilder gilt der *Blumenreichtum.* Mit
besonderer Genauigkeit und Subtilität beschreibt H. Hesse die unnatürlich-
natürliche Blumenwelt um die Hotels herum. Indem er die phantastische
Schönheit und die Vielfalt der um die Hotels herum angepflanzten Blumen
beschreibt, lässt er urplötzlich in die Beschreibung dieser erstaunlich schönen
Blumenharmonie die Betonwand- und Glaswandbilder einflechten, die die
Wahrnehmung dieser idyllischen Blumenwelt zunichte machen und das Idyl-
lenstadtbild zerstören. Die Beton – und Glaswände der Hotels dienen als
Symbol für einen eisernen Käfig, als eine Art Einsperrung für die Blumen.
    Die Hauptrolle spielen in diesem Glücksstadttheater nicht Natur und
Blumen, sondern hohe Betonwände, die berufen sind, materielle und wert-
mäßige Prioritäten der Idealsstadt zu betonen. Vgl.:

Vor dem Hotel erlischt langsam im Abend die Blumenpracht.: Da stehen in Bee-
ten, zwischen Betonmauern dicht und bunt die blühendsten Gewächse, Kamelien
und Rhododendren, hohe Palmen dazwischen, alles echt, und voll dicker kühl-
blauer Kugeln die fetten Hortensien.

Die Besonderheit der Ersatzstadt besteht auch darin, dass die Blumen hier
nicht nach ihrem freien Wunsch wachsen. Sie sollen nur in bestimmten Blu-
menbeeten in Verbindung mit bestimmten Baumsorten (beispielsweise mit

hohen Palmen und Rhododendren) wachsen. Für die Blumenwillkür, für die Blumenfreiheit gibt es hier keinen Platz. Alles ist hier streng geregelt und vorbestimmt. Alles ist der hohen Majestät namens „das urbane Naturparadies" untergeordnet. Überall soll die Ordnung herrschen, d. h. Blumen in den Beeten, zwischen ihnen nach Vorschriften verordnete Baumsorten. Also Nichts Überflüssiges! „Wachsen darf nur das, was erlaubt ist".

Ebenso wie alle Idealstädte unterscheiden sich auch ihre Bewohner von einander nicht. Sie sind nivelliert, vereinheitlicht und alle haben das gleiche Gesicht. Und daher machen sie das Gleiche: „Man trifft ",, „Man wandelt" und dgl.

Der abschließende Teil der Novelle lässt sich als eine gewisse philosophische Quintessenz betrachten. Alle Idealstädte sind gleich, haben ein und dasselbe Gepräge. Vielsprechend ist in diesem Sinne der Name einer quasi neuen Stadt, wohin sich die Kurgäste am nächsten Tag begeben möchten. Der Name dieser nicht existierenden Stadt ist agio. Was ist für diese neue Idealsstadt typisch? Vgl.:

Morgen findet eine große Gesellschaftsfahrt nach -aggio statt, auf die man sich freut. Und sollte man morgen aus Versehen statt nach -aggio an irgendeinen anderen Ort gelangen, nach -iggio oder -ino, so schadet das nichts, denn man wird dort ganz genau die gleiche Idealstadt antreffen, denselben See, denselben Kai, dieselbe malerisch-drollige Altstadt und dieselben guten Hotels mit den hohen Glaswänden, hinter welchen uns die Palmen beim Essen zuschauen, und dieselbe gute weiche Musik und all das, was so zum Leben des Städters gehört, wenn er es gut haben will.

3. Der Vergleich zweier Stadtvorstellungen und -utopien: *Mahagonny und die Fremdenstadt im Süden*

Einen wichtigen Schwerpunkt bildet der Vergleich zweier Stadtvorstellungen und -utopien: am Beispiel von Mahagonny, die als „Fata Morgana –Stadt" bzw. „Gespensterstadt" (als Geisterstadt) von B. Brecht dargestellt wird und der „Fremdenstadt im Süden" von H. Hesse, die als die Stadt mit der „denaturierten" Natur dargestellt wird.

Mahagonny und die „Fremdenstadt im Süden" sind Stadtutopien. Beide werden als imaginäre räumliche Kontinua wahrgenommen: Mahagonny gilt als Zufluchtsort „*der Unzufriedenen aller Kontinente*", als Ort von Begegnung und Isolation, die „Fremdenstadt im Süden" als Zufluchtsort der Großstädter. Die Gründe für die Flucht im ersten Fall sind:

„ ... Aber dieses ganze Mahagonny
ist nur, weil alles so schlecht ist,
weil keine Ruhe herrscht und keine Eintracht,
und weil nichts gibt, woran man sich halten kann.

Die Kleinstädte werden von den Großstädtern als Zufluchtssorte, als *Orte der Ruhe* und *Geborgenheit* wahrgenommen. Vor der Entfremdung, Sehnsucht, Depression der Metropole fliehen die Großstädter massenhaft nach Süden. Vgl.:

> „... in dem grauen Häusermeer Berlins, in den geradezu mathematischen Linien der Straßen, hingeschoben und versinkend in eine Flut gleichgültiger vorüberdrängender Menschen, die mehr wie Schatten und Schemen, fast wie Gespenster vorüberglitten– sucht die Seele eigentlich am hoffnungslosesten gerade nach einem solchen Leben in Natur und Kunst. Großstadtmüde – *das* Gefühl war sehr bald und rasch erwacht und groß geworden" (Grossstadt//http://kritische Ausgabe.de).

Alle idealen Groß- und Kleinstädte werden multipliziert, gescannt, synchronisiert und zugleich **entpersonifiziert**, indem sie sich gegenseitig wiederholen und imitieren lassen. Irgendeine Großstadt bzw. Kleinstadt (im Süden) ist eine der vielen **namenlosen** Städte, in denen man sich kaum verlaufen kann.

„Die Fremdenstadt konnte natürlich nicht in einem einzigen Exemplar hergestellt werden. Es wurden dreißig oder vierzig solche Idealstädte, gemacht, an jedem irgend geeigneten Ort sieht man eine stehen, und wenn ich eine dieser Städte zu schildern versuche, ist es natürlich nicht diese oder jene, sie trägt keinen Eigennamen, sie ist ein Exemplar, ist eine von vielen"

Alle Metropolen wie auch alle kleinen Städte im Süden sind **gleich** und sind **nach ein und demselben Muster** aufgebaut. Nicht uninteressant ist in diesem Zusammenhang die folgende Äußerung von Roland Barthes:

„Die rechtswinkligen und netzförmigen Städte (wie Los Angeles) bereiten uns, so sagt man, ein tiefes Unbehagen; sie verletzen in uns eine kinästhetische Empfindung der Stadt, wonach jeder urbane Raum ein Zentrum besitzen muss, in das man gehen und aus dem man zurückkehren kann, einen vollkommenen Ort, von dem man träumt und in beug auf den man sich hinwenden und abwenden, mit einem Wort: sich finden kann" (R. Barthes,1981: 47–48).

Aus einer Reihe von Gründen (historischer, ökonomischer, religiöser, militärischer Art) sind alle Städte im Westen, so R. Barthes, konzentrisch angelegt. R. Bartes betont, dass in Übereinstimmung mit der Grundströmung der westlichen Metaphysik, für die das Zentrum der Ort der Wahrheit ist, darüber hinaus jedoch die Zentren unserer Städte durch Fülle gekennzeichnet sind:

> *„An diesem ausgezeichneten Ort sammeln und verdichten sich* sämtliche Werte *der Zivilisation:* die Spiritualität *(mit den Kirchen),* die Macht *(mit den Büros), das* Geld *(mit den Banken), die Ware (mit den Kaufhäusern),* die Sprache *mit den Agoren: den Cafes und Promenaden): Ins Zentrum gehen heißt* die soziale Wahrheit treffen, *heißt an der großartigen Fülle der Realität teilhaben"* (R. Barthes, 1981: 47–48).

Die Großstadtvorstellung wird durch die urbane **Waren – und Konsumwelt** wie auch durch *Konsumtempel und Markthallen* ganz besonders geprägt.

> *„Der urbanen Waren- und Konsumwelt wird ästhetische Würde verliehen und „Konsumtempel und Markthallen werden als die neuen ‚Kathedralen' der Großstadt anerkannt"* (M. Braun, 2003)

Dieselbe Stadtlandschaft (Stadtinfrastruktur) lässt sich auch in der „Fremdenstadt im Süden" verfolgen:

> *Dort stehen die* großen, *mehrstöckigen Hotels, von intelligenten Direktoren geleitet, mit wohlerzogenem, aufmerksamem Personal. Dort fahren niedliche Dampfer über den See und elegante Wagen auf der Straße, überall tritt der Fuß auf Asphalt und Zement, überall ist frisch gefegt und gespritzt, überall werden Galanteriewaren und Erfrischungen angeboten.*

Die urbane Natur wird *als Modell der echten Natur,* als ein von Menschenhand geschaffenes Produkt. Die quasi echte Natur soll zum Analog der echten Natur innerhalb der Idealsstadt werden. Als Idealstadt kann nur diejenige Stadt bezeichnet werden, in der es solche Idealnatur gibt. Vgl.

> *Diese Stadt ist eine der witzigsten und einträglichsten Unternehmungen modernen Geistes. Ihre Entstehung und Einrichtung beruht auf einer genialen Synthese, wie sie nur von sehr tiefen Kennern der Psychologie des Großstädters ausgedacht werden konnte, wenn man sie nicht geradezu als eine direkte Ausstrahlung der Großstadtseele, als deren* verwirklichten *Traum bezeichnen will. Denn diese Gründung realisiert in idealer Vollkommenheit* alle Ferien- und Naturwünsche jeder durchschnittlichen Großstädterseele.

Die Ersatzstadt ist ein eigenartiges Kontinuum von *visualen, akustischen, perzeptiven, räumlichen und koloristischen Bildern,* von denen sie ganz besonders geprägt wird. Die Künstlichkeit, die Irrealität der rekonstruierten (wiederhergestellten) Stadt betonen entsprechende Raumkategorien. Als physische quantitative Marker treten beispielsweise die folgenden Kriterien auf: die kleine *Stadtgröße,* die horizontale *Stadtlinie,* die vertikale *Stadthöhe,* die intensive *Stadtdichte.* Vgl.:

> *Auf dieser Straße steht die Fremdenstadt, welche eine Dimension weniger hat als andere Städte, sie erstreckt sich nur in die Länge und Höhe, nicht in die Tiefe. Sie besteht aus einem dichten, stolzen Gürtel von Hotelgebäuden.*

Indem H. Hesse die Aufmerksamkeit der Leser auf physische Stadtcharakteristika fokussieren lässt (die Stadtgröße, die Stadthöhe etc.), bringt er sie dadurch zum Gedanken, dass sich eine Idealstadt nicht *tiefenartig,* sondern *linienartig* entwickelt, d. h. keine tiefen Wurzeln hat. Diese Idealstadt ist eine Stadtutopie, eine Stadtphantasie, ein Produkt des imaginären Bewusstseins. Das ist eine Stadt, die nur über die Oberfläche gleiten kann, die *brüchig* ist und sich in jeder beliebigen Minute *verschütten (zerfallen) kann.* Ohne tiefe Wurzeln kann sie lange Zeit nicht existieren und daher ist eine Idealstadt unlebensfähig.

Die **Polarität** der Grundzüge der utopischen Stadt Mahagonny zeichnet sich durch das Vorhandensein ihrer metaphorischer Glanz- und Elendbilder aus. Auf den Unterschied der Schokoladenseite der Idealsstadt und ihrer Schattenseite weist die zentrale Strasse hin, die als Grenze zwischen der Idealsstadt und der Wirklichkeitsstadt gilt. Vgl.:

> *Längs dem Ufer schwimmen die Boote, längs dem Seerand läuft die Seepromenade, eine doppelte Straße, der seewärts gekehrte Teil unter sauber geschnittenen Bäumen ist den Fußgängern reserviert, der innere Teil ist eine blendende und heiße Verkehrsstraße, voll von Hotelomnibussen, Autos, Trambahnen und Fuhrwerken.*

Der urbanen Ersatznatur wird eine wilde ungeschliffene Schönheit der echten Natur und der alten (realen) Stadt, die jedoch von dem zivilisierten Menschen unbemerkt bleiben, gegenübergestellt. Die Bildlichkeit, die Unnatürlichkeit der Stadtutopie in der Art einer Idealstadt zeigt sich in der Gegenüberstellung zweier Welten: einer realen und einer irrealen (imaginären) Welt. Im Gegensatz zu der Stadtutopie verbirgt sich der alte Stadtteil einer italienischen Stadt hinter dem Gürtel monotoner Hotels aus Glas und Beton. Vgl.:

> *Hinter diesem Gürtel aber, eine nicht zu übersehende Attraktion, findet der echte Süden statt, dort nämlich steht tatsächlich ein altes italienisches Städtchen, wo auf engem, stark riechendem Markt Gemüse, Hühner und Fische verkauft werden, wo barfüßige Kinder mit Konservenbüchsen Fußball spielen und Mütter mit fliegenden Haaren und heftigen Stimmen die wohllautenden klassischen Namen ihrer Kinder ausbrüllen. Hier riecht es nach Salami, nach Wein, nach Abtritt,*

nach Tabak und Handwerken, hier stehen in Hemdsärmeln joviale Männer unter
offenen Ladentüren, sitzen Schuhmacher auf offener Straße, das Leder klopfend,
alles echt und sehr bunt und originell, es könnte auf dieser Szene jederzeit der
erste Akt einer Oper beginnen. Hier sieht man die Fremden mit großer Neugierde
Entdeckungen machen und hört häufig von Gebildeten verständnisvolle Äuße-
rungen über die fremde Volksseele.

Sowohl die Städte selbst als auch ihre Bewohner sind **homogen**. Die Groß-
stadt droht die Homoginität zu überfluten. Darüber hinaus lässt sich sagen,
dass die Jungen aus Alaska einfach *zu Mahagonny-Leuten* geworden sind.
Das sind nicht mehr Paul, Jakob etc. Sie haben an ihrer *Individualität* verloren. Sie werden einfach zu einer Art „Masse", zu einer Schar von Menschen.
Sie sind entpersonifiziert, nivelliert, unifiziert. Es existiert keiner mehr als
Persönlichkeit. Einerseits fällt die Totalität der urbanen Welt (Mahagonny als
Ideal- und Paradiesstadt) auf und andererseits werden die Miseren der Großstadt aufgeklärt (Mahagonny als Höllenstadt). Das Markante und Individuel-
le, das Singuläre und Partikuläre sind für die Metropolen und Südstädte eher
eine Ausnahme als Regel. Die Metropolen und die Südstädte sind Orte für
Flaneurs, deren Tagablauf gleich (oder ähnlich) ist.

Die Metropole wird als ein **anthropomorphes**, soziales, moralisches
kulturelles, konsumiertes, wirtschaftlich-politisches, geistiges Phänomen
betrachtet. Die Großstadt hat ein Janusgesicht: „einerseits als Schreckbild
und Moloch; andererseits als Begegnungsort zahlreicher Kulturen und Welt-
sprachen, als Ort für die Entstehung neuer Lebensmodelle in der urbanen
Kultur.

Sowohl die Großstadt als auch die Südstadt werden in der Literatur der
Moderne insbesondere als moralisches Wesen dargestellt. An dem physi-
schen Erscheinungsbild der Stadt versucht man, so M. Braun, das moralische
Verhalten ihrer Bewohner abzulesen.

„Die ‚moralische Physiognomie' der Stadt entspricht der ‚physiognomischen
Moral' ihrer Bewohner. An Vorrang gewinnt die Totalität der urbanen Welt
(M. Braun, 2003).

Das **moralische Tableau** der Großstadt und der kleinen Südstadt spiegelt.
sich im Kult des Dinglichen. Man sieht im Dinglichen das Lebendige und im
Lebendigen das Dingliche. Leben heißt in Mahagonny – viel Geld haben,
d. h. im Dinglichen (im Begriff „Geld") sieht man das Lebendige. In Mahagonny dient das Geld als Religion, als Abgott und als Instrument für den
Wertewandel, für das Begreifen des Sinns der menschlichen Existenz. In der
Natur (im Lebendigen) – am Beispiel der Novelle Die Fremdenstadt im Süden" – sieht man hingegen das Dingliche. Die Natur, die als Ding betrachtet
wird, wird der künstlichen Stadtplanung und Stadtlandschaft untergeordnet.

Die Technik der Desillusionierung bei B. Brecht ermöglicht es aller-
dings, die Wahrheit der Dinge aufzuklären: Nicht Geld, sondern Wasser (als
Äquivalent des Lebens) determiniert die Existenz des menschlichen Daseins.
Die Desillusionierung bei H. Hesse stützt sich auf die Gegenüberstellung der
Ersatznatur in der denaturierten „Fremdenstadt" im Süden und der echten
Natur am Rande der Südstadt. Das Überschreiten der zentralen Strasse der
Südstadt ermöglicht es sowohl den Bewohnern der Stadt als auch den Touris-
ten den anderen (echten, natürlichen) Stadtteil zu erschließen.

Jede Metropole wie auch jede fremde Stadt im Süden braucht obligatorisch **ein Stück Natur**. Z. B. in Mahagonny:

Die Luft ist kühl
Der grüne Mond von Alabama
Auf das Wasser sehen

H. Hesse weist auf die Verbindung zwischen Mensch und Natur mehrfach
hin:

Bekanntlich schwärmt der Großstädter für nichts so sehr wie für Natur, für Idyl-
le, Friede und Schönheit. Zu den grundlegenden Elementen einer denaturierten
fremden Stadt im Süden gehören: ein See aus blauem Wasser, unzählige kleine
Ruderboote mit farbig gestreiften Sonnendächern und bunten Fähnchen; elegan-
te hübsche Boote mit kleinen netten Kissen und sauber wie Operationstische und
selbstverständlicherweise der Naturgenuss.

H. Hesse schildert ein urbanes Paradies, das sich allerdings von dem **Edem-**
garten wie auch von der Insel der Seligen wesentlich unterscheidet. Dieses
Paradies ist anderer Art. Es besteht aus Glas und Beton. Die echte Natur stört
die Stadtidylle und hält den Durchbruch der Zivilisation auf. Deswegen soll
die echte Natur aus der Idealstadt verdrängt werden. Das Motto der Idealstadt
ist: Die echte Natur raus!

Das Leben ist in beiden Städten **statisch**. Die Lebensweise der Bewohner
in Mahagonny ist vor allem durch die Starrheit, Unbeweglichkeit und Re-
gungslosigkeit gekennzeichnet. Vgl.:

„Man raucht.
Man schläft
Man schwimmt
Man holt sich eine Banane
Man schaut das Wasser an.
Man vergißt".

Auch sind alle Symptome des statischen Lebens in der Fremdenstadt im Süden nachzuweisen. Die Stadtbewohner, als Vertreter der Konsumgesellschaft, interessieren sich vor allem für Luxus, für feine nationale Gerichte, gastronomische Leckereien und Unterhaltungsmöglichkeiten. Die Sommerkühle interessiert sie nicht. Sie eilen in ihre Hotels von Beton und Glas. Alles betont die Monotonie, Ruhe, Eintönigkeit, Einförmigkeit, Faulheit und Lebensstockung in dieser Idealstadt. Hier ist ein Beispiel:

> *Man sieht gegen Abend die Dampferchen heimkehren, mustert die Aussteigenden, trifft wieder Bekannte, bleibt eine Weile vor einem Schaufenster voll alter Möbel und Stickereien stehen.*

In beiden utopischen Städten wird der Mensch als **zerstörerisches** Wesen dargestellt. Vgl.:

> *„ Und gerade so ist der Mensch: Er muss zerstören, was da ist".*
> *„ Wozu braucht's da einen Hurrikan?*
> *Was ist der Taifun an Schrecken*
> *Gegen den Menschen, wenn er seinen Spaß will?*
> *Das Kredo des Menschen ist:*
> *alles, was eben ist, muß krumm werden*
> *Und was hoch ragt, das muß in den Staub.*
> *Wir brauchen keinen Hurrikan*
> *Wir brauchen keinen Taifun*
> *Denn was er an Schrecken tun kann*
> *Das können wir selber .*
> *Aus dem Gesagten folgt das Fazit:*
> *Schlimm ist der Hurrikan*
> *Schlimmer ist der Taifun*
> *Doch am schlimmsten ist der Mensch"*

Paul: „Oh, Jungens, ich will doch gar kein Mensch sein".
Auch in der Südstadt ist das Verhalten des Menschen ähnlich: er zerstört die echte Natur und ersetzt sie durch die künstliche.

Abschlussbemerkungen

Im Streben des Menschen, eine Idealstadt zu gründen, lassen sich viele Gemeinsamkeiten sowohl am Beispiel von Mahagonny als auch anhand der kleinen „Fremdenstadt im Süden" nachvollziehen. Es erklärt sich in erster

Linie dadurch, dass man „die Großstadt gleichsam mit aufs Land" (Julius Hart) nehmen will. Die Lebensweise, die Gewohnheiten der Großstädter, ihre Wünsche und Bedürfnisse sollen auch in jeder Südstadt realisiert werden. Anhand des Theaterstücks „Aufstieg und Fall der Stadt Mahagonny" und der Erzählung „Die Fremdenstadt im Süden" lassen sich Reflexe der Absurdität und Deformation großstädtischen Lebens gut illustrieren.

Zu den dominanten (markierenden) Schlüsselbegriffe, die Mahagonny als Stadtutopie ganz besonders prägen, gehören vor allem diejenigen, die die *materielle* Grundbasis des menschlichen Daseins betonen. Damit hängen alle auf Gold- und Gelddomänen orientierten Sachverhalte zusammen. Des weiteren gleicht Mahagonny dem mythischen *„Paradies"*, das von Plutarch geschrieben wurde, sowie auch der „Insel der Seligen". Ber der kognitiven Konstruierung der Idealstadt geraten nur *positive* menschliche Gefühle und Gemütsbewegungen ins Blickfeld, da sich Mahagonny als Freudenstadt, als Stadt der Liebe, und Glücksgesellichkeit darstellen lässt. Jede Idealstadt bietet seinen Bewohnern zahlreiche Vergnügungsmöglichkeiten an und Mahagonny als *Vergnügungsort* bildet in dieser Hinsicht keine Ausnahme. Auch sind politische Werte von besonderem Wert, da sich Mahagonny als *„Stadt der Freiheit*, wo man alles dürfen darf", positioniert. Letzten Endes wird Mahagonny durch die wichtigsten wirtschaftlichen Maximen ausgezeichnet: „7 Tage ohne Arbeit".

Als eines der Bestandteile jeder Idealstadt tritt die *Natur* auf, deren Prädestination darin besteht, schönes und sorgloses, freudelustiges und nichtstuerisches, freies und von nicht abhängiges, humorvolles und auf Geld orientiertes Leben der Mahagonner alltäglich zu schmücken und zu begleiten. Mahagonny stützt sich im Grunde genommen auf folgende Bausteine des Stadtideals: *Gold, Geld, Paradies, Freude, Liebe, Ruhe, Frieden, Freiheit, Nichtstun und... „ein Stück Natur"*.

Die wichtigsten Bestandteile einer fremden Idealstadt im Süden kommen auch in all ihrer Feinheit und Raffiniertheit zum Vorschein. Unter den Determinanten der südlichen Idylle gewinnt (im Unterschied zur Großstadtidylle) die Natur an Vorrang (vgl.: (*Palmen und Zitronen, blaue Seen, faszinierende Gegenden, Blumenpracht, die blühendsten Gewächse, Kamelien und Rhododendren, die fetten Hortensien, hohe Palmen, ein See aus blauem Wasser, sauber geschnittene Bäume* und dgl.). Eben die Natur bestimmt das Wesen der „Fremdenstadt im Süden", jedoch zeigt sie sich in der übertriebenen, umgestalteten und künstlerischen Form. Sie wird urbanisiert und gelenkt. Die urbane Natur (oder Naturersatz) wird als Modell der belebten Natur, als von Menschenhand geschaffenes Produkt dargestellt. Der Mensch erwartet eine ihm „restlos unterworfene und von ihm *umgestaltete Natur*, eine Natur, die ihm zwar Reize und Illusionen gewährt, aber lenkbar ist und nichts von ihm verlangt, in die er sich mit allen seinen großstädtischen Gewohnheiten, Sitten und Ansprüchen bequem hineinsetzen kann" (H. Hesse). Das nächste markante Kennzeichen der idyllischen Stadt, das auch für jede Metropole typisch ist, ist das Vorhandensein typisch städtischer Artefakten (*gute Hotels mit den hohen Glaswänden, „hinter welchen uns die Palmen beim Essen zuschauen", „eine blendende und heiße Verkehrsstraße, voll von Hotelomnibussen, Autos, Trambahnen und Fuhrwerken" etc.).* Darüber hinaus zeichnet sich das Idealbild der Fremdenstadt durch *„gute weiche Musik", Gesellschaft, Hygiene und Sauberkeit, Stadtatmosphäre, Technik, Eleganz* aus.

Beachtung verdient die Tatsache, dass in beiden Stadtidealen dem *Wasserphänomen* eine ganze besondere Bedeutung beigemessen wird. In einer fremden Stadt im Süden spielt das Phänomen des Wassers wie auch alle mit ihm zusammenhängenden Realien eine Zeichenrolle. Die Wassermotive bestimmen das alltägliche Dasein der Südstädter (vgl.: *mit kurzen Wellchen, blaue Seen, kleine Ruderboote mit farbig gestreiften Sonnendächern und bunten Fähnchen, elegante hübsche Boote mit kleinen netten Kissen und sauber wie Operationstische, sanft geschwungene Kaimauer, am Ufer* etc.).

Wasser gilt auch in der idyllischen Metropole Mahagonny als eines der wichteigsten Kennzeichen. Beachtenswert ist in diesem Zusammenhang der Anfang und das Ende des Stücks, das mit der Beschreibung der *Wüste* beginnt (vgl.: „Aber vor uns ist nur *Wüste": also es gibt dort kein Wasser)* und mit der letzten Zeichenphrase von Paul Ackermann beendet wird: „Gebt mir doch *ein Glas Wasser!*" Daraus lässt sich schlußfolgern, dass gerade das Wasser (und nicht Geld) das wahre Leben ist und zwar: Wasser als eine reine Lebensquelle, Wasser als Sinn des Lebens, da es echt ist, da es Leben bringt und schenkt. „Gebt mir doch *ein Glas Wasser!*" klingt als der „Wahrheit letzter Schluss", als Zusammenfassung des argen Wegs der Erkenntnis von Paul Ackermann. Gerade der „arge Weg der Erkenntnis" verhilft ihm letzten Endes, den Sinn und die Hauptdomänen von Mahagonny zu entschlüsseln, nämlich:

fürs Geld kann man keine Freude, keine Freiheit kaufen, weil das Geld „unecht" ist und sich als Vision (Trugbild) erweist:

„Jetzt erkenne ich: als ich diese Stadt betrat, um mir mit Geld Freude zu kaufen, war mein Untergang besiegelt. Jetzt sitze ich hier und habe doch nichts gehabt. Ich war es, der sagte: Jeder muß sich ein Stück Fleisch herausschneiden, mit jedem Messer. Da war das Fleisch faul! Die Freude, die ich kaufte, war keine Freude, und die Freiheit für Geld keine Freiheit. Ich aß und wurde nicht satt, ich trank und wurde durstig. Gebt mir doch ein Glas Wasser!"

Die Stadtvorstellungen und Stadtutopien (am Beispiel des Theaterstücks „Aufstieg und Fall der Stadt Mahagonny" von Bertolt Brecht und der Novelle „Die Fremdenstadt im Süden" von Hermann Hesse) treten als Gegenwirklichkeiten auf. Beide Utopien sind auf die Träume der Menschen von besserem und glücklicherem Leben abgezielt. Man will die Hoffnung auf die besten Zeiten und Tugenden, auf die mythische Existenz einer sich irgendwo hinter den hohen Wäldern, Bergen und grenzenlosen Meeren befindenden Glucksinsel nie aufgeben. Unerschütterlich glaubt man daran, dass sich alles einmal unabdingbar zum Guten wenden wird und die ersehnten Träume aufgehen werden. So ist die menschliche Natur. Mahagonny als utopischer Zufluchtsort der „Unzufriedenen aller Kontinente" und eine fremde Stadt im Süden als Zufluchtsort der Großstädter erweisen sich in der Tat als Illusionen und Trugbilder. Und da fragt sich: „Können eigentlich [...] Träume aufgehen? In der Menschheitsgeschichte herrschte immer ein *Wechsel* zwischen *Chaos und Ordnung*, zwischen *Turbulenzen und Beruhigung*en, zwischen *gut* und *böse*, zwischen *kleinlich* und *großartig*. Die Menschen lösten die Ordnungen auf, um zur Ordnung zu kommen. Kann es überhaupt eine letzte Ordnung geben? Wenn ja, dann muss man immer wieder in ihr beginnen, immer wieder beim gleichen Ideal anfangen, beim gleichen, nie erreichbaren Traum" (F. Weymann, 1990: 14). Das Gesagte ist sowohl für Mahagonny als auch für eine fremde Stadt im Süden völlig zutreffend. Mahagonny erweist sich als eine Gespensterstadt (Geisterstadt), eine Art Vision, Fata Morgana – Stadt, die nie erreicht werden kann. Eben so steht es auch mit Hesses Südstadtutopie.

Bibliographie

ARNSWALD, U. / SCHÜTT, H.-PETER [Hrsg.] (2011): *Thomas Morus' Utopia und das Genre der Utopie in der Politischen Philosophie*, KIT Scientific Publishing, Karlsruhe 2011, ISBN 978-3-86644-403-4.
BARTHES, R. (1981): *Das Reich der Zeichen*. Suhrkamp Verlag. Frankfurt am Main. *Neue Folge* Band 77, S. 47–48.
BECKER, U. (1992): *Lexikon der Symbole*. Freiburg, Basel, Wien: Verlag Herder.
BIELLA, B. (2007): *„Thierischer als jedes Thier" – Ein Versuch über Himmel und Erde, Architektur, Utopie und Terror in zwölf Schritten // Himmel und Erde (Heaven and Earth) Festheft für Karsten Harries* Jg., Heft 1 August 2007 // In: www.tu-cottbus.de/.../wolke/deu/.../biella.htm.

BRAUN, M. (2003): *Rezension zum Buch „Kleine Literaturgeschichte der Großstadt" von Angelika Corbineau-Hoffmann*, Darmstadt: Wissenschaftliche Buchgesellschaft, 2003.

BRECHT, B: *Aufstieg und Fall der Stadt Mahagonny* // In: www.suite 101.de/.../brecht-aufstieg-und-fall-der...

CORBINEAU-HOFFMANN, A. *„Kleine Literaturgeschichte der Großstadt"* Darmstadt: Wissenschaftliche Buchgesellschaft, 2003. Geb., 226 S. // in *Literatur in Wissenschaft und Unterricht* 2003, Würzburg: Könighausen und Neumann, online-Publikation mit freundlicher Genehmigung der Redaktion, Walter T. Rix.

FOMINA, Z. (2006): *Blesk i nischeta goroda Mahagoni v zerkale kognitivnyh metafor (na materiale proizvedenij B. Brehta Der Aufstieg und Fall der Stadt Mahagoni* (Beitrag) *Seriya Sovremennye lingvisticheskie i metodiko-didaticheskie issledovaniya Nauchnogo Vestnika Voronezhskogo gosudarstvennogo arhitekturno – stroitel'nogo universiteta*, ISSN 1991-9700, № 5, 2006 S. 26–42.

FOMINA, Z. (2006): *Metaforicheskie antinomii goroda Mahagoni (na materiale p'esy Bertol'ta Brehta Aufstieg und Fall der Stadt Mahagony (stat'ya) Fenomen Gorod v lingvisticheskie i metodiko-didaticheskie issledovaniya Nauchnogo Vestnika Voronezhskogo gosudarstvennogo arhitekturno – stroitel'nogo universiteta*, ISSN 1991-9700, № 5, 2006 metaforicheskoj kartine mira cheloveka. Smolensk: Izd-vo SmolGU, 2006, S. 48–56.

MACHIAVELLI, N. // In: TheorieWiki.theoriewiki.org/index.php?title... Machiavelli.

MEYERS LEXIKONVERLAG // In: Hyper-Lexikon: Hegel – www.hyper kommunikation.ch/.../hegel.htm.

KALTENBRUNNER, G.-K. (Hrsg.)(1983): *Rhythmus des Lebens*, Freiburg: Herder.

NATUREINSAMKEIT bei brausender Weltstadt (2004): *Der Friedrichshagener Dichterkreis* // Grossstadt, 1/2004: //In: http://kritischeAus gabe.de.

SCHROEDER, P (2004): *Niccolo Machiavelli* // In: *Niccolò Machiavelli –* Wikipedia de.wikipedia.org/wiki/Niccolò_Machiavelli. S. 161.

SEDLMEYR, TH. (2009): *Interpretation und Inhalt der Oper um eine Paradiesstadt* // In: http://www.suite101.de/content/brecht-aufstieg-und-fall-der-stadt-mahagonny.

WAHRIG, G. (1997). *Deutsches Wörterbuch*. Bertelsmann Lexikon, Gütersloh.

WEYMANN, F. (1990): *Vier Versuche, sich einem Traum zu nähern.* // In: *Neues Deutschland* 14./15. April 1990.

SEIJI HATTORI (Deutschland, Giessen)

Vom ,Sich-Verirren' in der Stadt zum ,Verschwinden' der Stadt.
Zur ,ästhetischen Apperzeption' als poetologischem Movens der Stadterfahrung bei Kafka

Kafkas Replik auf Max Brods Aufsatz Zur Ästhetik

Max Brod hat für die Berliner Wochenzeitung „Die Gegenwart" vom 17. und 24. Februar 1906 einen Beitrag mit dem Titel *Zur Aesthetik* veröffentlicht, in dem er eine gewagte These aufstellte: „Schön ist diejenige Vorstellung, die neu ist."[1] Kafka wendet sich in einer als Replik darauf entworfenen Notiz[2] dagegen, indem er auf die Mangelhaftigkeit der durch „die neue Vorstellung" konstruierten Argumentation Brods hinweist und vorschlägt, einen neuen Begriff, die „ästhetische Apperception", als ästhetisches Erklärungsmodell einzuführen.

Zur historischen Kontextualisierung des hier von Kafka gebrauchten Apperzeptionsbegriffs ist festzuhalten, dass die transzendentale bzw. reine Apperzeption gemäß Kant mit Reflexion gleichgesetzt wird, die Apperzeption des Verstandes und Bewußtsein des Denkens bedeutet. „Im Sinne dieser reinen Apperzeption wird das ,Ich denke' (cogito) zum Grundbegriff des transzendentalen Idealismus."[3]. Im Gegensatz dazu beansprucht Herbart die Apperzeption „als Grundbegriff für die Psychologie als Wissenschaft", indem er ihre transzendentale Implikation ausblendet[4]. Nach ihm ist die Apperzeption „die Zueignung einer neuen Vorstellung in eine früher erworbene, zu Gedankenkreisen geordnete Vorstellungsmasse."[5] Er legt seiner Psycholo-

---

1   Brod (1906: 102). Vgl.: „Schön ist diejenige Vorstellung, die einen solchen Grad von Neuheit besitzt, daß sie von einem bestimmten Menschen unter Lustaffecten appercipirt werden kann." (ebd.)

2   Kafka (1993a: 9–11). Vgl. Kafka (1993b: 36); Brod (1965: 27). Diese Notiz Kafkas ist in der Forschung abgesehen von Arnold Heidsiecks bahnbrechender Studie bislang kaum beachtet worden. Vgl. u. a. Heidsieck (1994: 26–28).

3   Janke (1971a: 450).

4   Janke (1971b: 451).

5   Janke (1971b: 454). Vgl. Herbart (1968: bes. 188–205). In der Tat heißt es im Lehrbuch der empirischen Psychologie von Herbart-Schülern Gustav Adolf

gie die Vorstellung als Grundbegriff zugrunde und hebt „das Ich als Ursprung der Vorstellungen auf und erklärt es als letztes Resultat ihrer Verbindungen"[6]. Nicht das Ich stellt die Vorstellungen her, sondern die Vorstellungen machen das Ich aus. Wichtig ist, dass dieser Wissensstand der Psychologie in der zweiten Hälfte des 19. Jahrhunderts als geistesgeschichtlicher Kontext des obigen Kafka-Zitats gilt[7].

Bezeichnenderweise wandelt Kafka die „Apperception", diesen ursprünglich philosophisch-psychologischen Terminus, in einen *ästhetischen* um. Aber noch merkwürdiger ist, dass er weder psychologisch noch ästhetisch noch künstlerisch, sondern *physiologisch* argumentiert, indem er „Ermüdung", also eine körperliche Befindlichkeit, als einen zum ästhetischen Lustgefühl gegensätzlichen Geisteszustand, zwischen denen sich die „ästhetische Apperception" bewegt, ins Spiel bringt (Kafka [1993a: 9f.]).

Beachtenswert ist die zweite Hälfte von Kafkas Notiz, die aufzeigt, welche poetologische Rolle die „ästhetische Apperception" für die Darstellung der Stadterfahrung spielt.

Das Unsichere bleibt der Begriff „Apperception". So wie wir ihn kennen, ist es kein Begriff der Ästhetik. Vielleicht läßt es sich so darstellen. Wir sagen [sic!] ich bin ein Mensch ganz ohne Ortsgefühl und komme nach Prag als einer fremden Stadt. Ich will Dir nun schreiben, kenne aber Deine Adresse nicht, ich frage Dich, Du sagst sie mir, ich appercipiere das und brauche Dich niemals mehr zu fragen, Deine Adresse ist für mich etwas „Altes", so appercipieren wir die Wissenschaft. Will ich Dich aber besuchen [sic!] so muß ich bei jeder Ecke und Kreuzung immer, immer fragen, niemals werde ich die Passanten entbehren können, eine Apperception ist hier überhaupt unmöglich. Natürlich ist es möglich [sic!] daß ich müde werde und ins Kaffeehaus eintrete, das am Wege liegt [sic!] um mich dort auszuruhn und es ist auch möglich, daß ich den Besuch überhaupt aufgebe, deshalb aber habe ich immer noch nicht appercipiert (ebd. 10f.).

Kafka geht von der Unterscheidung aus zwischen der normalen ‚wissenschaftlichen Apperzeption' seitens ‚wissenschaftlicher Menschen' und der ‚ästhetischen Apperzeption' seitens ‚ästhetischer Menschen' (ebd. 10). Die ‚wissenschaftliche Apperzeption' ist mit dem Erfragen der Adresse beim möglichen Briefempfänger, wodurch das Briefschreiben erst ermöglicht wird,

---

Lindner und Franz Lukas, das als Lehrbuch für Psychologieunterricht in Kafkas Gymnasium benutzt wurde: „Das Umgewandeltwerden einer jüngeren (schwächeren) Vorstellung durch eine ältere, ihr an Macht und innerer Ausgeglichenheit überlegene führt den Namen der Apperception, im Gegensatz zur unveränderten Aufnahme derselben, der Perception". Vgl. Heidsieck (1994: 176f. [Appendix 8]): Lindner / Lukas (1900: 93f.). Vgl. Binder (1979: 207ff.).

6   Janke (1971b: 454).
7   Vgl. Binder (1979: 207ff.); Heidsieck (1994: 15ff.); Wagenbach (2006: 58f.).

zu vergleichen. Seine Adresse wird als eine neue Kenntnis bzw. Vorstellung „in eine früher erworbene, zu Gedankenkreisen geordnete Vorstellungsmasse" zugeeignet[8]. Hingegen wird die ‚ästhetische Apperzeption' mit dem Besuch einer Person an ihrem Wohnort und Fragen danach auf dem Weg dorthin verglichen. Bald gelingt dieses Fragen und erleichtert den Weg zum Ziel, bald misslingt es total, sodass das nach dem Weg suchende Subjekt ermüdet und in die Irre geht. Hier geht es um die Zirkulation von Lustgefühl und Müdigkeit. Hervorzuheben ist, dass die hier beschriebene, zur Unendlichkeit verdammte ewige Suche ein Leitmotiv mancher Kafkaschen Texte darstellt: Z. B. *Der Verschollene, Der Proceß, Das Schloß, Eine kaiserliche Botschaft, Fürsprecher*[9]. Im Folgenden möchte ich an Hand einiger kleiner Texte die Funktion der ‚ästhetischen Apperzeption' als Stadterfahrung analysieren.

Kafkas Stadträume als Realisation der ‚ästhetischen Apperzeption'

Ein Kommentar

> *Es war sehr früh am Morgen, die Straßen rein und leer, ich ging zum Bahnhof. Als ich eine Turmuhr mit meiner Uhr verglich, sah ich [sic!] daß schon viel später war als ich geglaubt hatte, ich mußte mich sehr beeilen, der Schrecken über diese Entdeckung ließ mich im Weg unsicher werden, ich kannte mich in dieser Stadt noch nicht sehr gut aus, glücklicherweise war ein Schutzmann in der Nähe, ich lief zu ihm und fragte ihn atemlos nach dem Weg. Er lächelte und sagte: „Von mir willst Du den Weg erfahren?" „Ja", sagte ich, „da ich ihn selbst nicht finden kann." „Gibs auf, gibs auf", sagte er und wandte sich mit einem großen Schwunge ab, so wie Leute, die mit ihrem Lachen allein sein wollen. (Kafka [1992a: 530])*

Auf den ersten Blick geht es hier um die Stadt, wie sie besonders im 20. Jahrhundert „Ausweg- und Orientierungslosigkeit" symbolisiert[10]. Dies wird in der ersten Hälfte durch die Unsicherheit des erzählenden Ich auf dem Wege zum Bahnhof und in der zweiten Hälfte durch die vom Schutzmann verweigerte Wegauskunft nahegelegt.

Gleichwohl besagt der Text beim genaueren Hinsehen anderes: Erstens ist im zweiten Satz die Diskrepanz zwischen eigener Uhr und Turmuhr er-

---

8 Janke (1971b: 454).
9 Vgl. Ikeuchi / Miura (2004: 72f.). Ikeuchi und Miura missverstehen jedoch völlig den Begriff die „ästhetische Apperception".
10 Vgl. Meineke (2008: 365).

wähnt, und auf sie wird die Verunsicherung des erzählenden Ich maßgeblich zurückgeführt. Diese Konstellation erinnert an die ca. zehn bzw, elf Monate vorher niedergelegte[11], berühmte poetologische Tagebuchpassage vom 16. Januar 1922 (Kafka [1990: 877]), wo Kafka das Auseinanderklaffen von innerer und äußerer Uhr, von Innen- und Außenwelt thematisiert[12]. Das deutet an, dass die obige Unsicherheit eine selbstverschuldete Unsicherheit sein kann. Zweitens werden im ersten Satz die Zeit des frühen Morgens sowie Reinheit und Leere der Straße erwähnt. Das kann als poetologisches Symbol für einen weiter zu schreibenden Text gedeutet werden. Drittens evoziert die übertriebene Geste des Schutzmannes im Schlusssatz des Textes – Sich-Abwenden „mit einem großen Schwunge" – und der Verweis auf ein mögliches verheimlichtes, selbstgefälliges Lachen groteske Komik[13], was die Inszenierung und die Theatralität des Textes bezeugt. Wenn man dies alles in Betracht zieht, dann ist dieser Text als poetologischer Text lesbar, der das Schreiben als solches selbstreferentiell thematisiert.

„Gibs auf, gibs auf" kann als Aufforderung zum Sich-Verlieren durch Sich-Verirren in der Stadt gedeutet werden. Darüber hinaus indiziert der Titel *Ein Kommentar*, dass dieser Text als solcher einen Verweis-Charakter oder sogar Appell-Charakter besitzt. Dieser „Kommentar" lehrt auf der inhaltlichen Eene des Textes, dass in dieser Stadt keine durch einen Polizisten zu vermittelnde ‚wissenschaftliche Apperzeption' mehr möglich sei, sodass man sich nur auf die „ästhetische Apperzeption", d. h. auf die Zirkulation von Lustgefühl und Ermüdung, stützen könne.

Eine noch radikalere Version der Stadterfahrung zeigt das folgende Fragment auf:

Als er ausbrach, war es Abend. Nun, das Haus lag ja am Wald. Ein Stadthaus, regelrecht städtisch gebaut, einstöckig, mit einem Erker nach städtischem oder vorstädtischem Geschmack, mit einem kleinen vergitterten Vorgärtchen, mit feinen durchbrochenen Vorhängen hinter den Fenstern, ein Stadthaus und lag doch einsam weit und breit. Und es war ein Winterabend und sehr kalt war es hier im freien Feld. Aber es war doch kein freies Feld, sondern städtischer Verkehr, denn um die Ecke bog ein Wagen der Elektrischen, aber es war doch nicht in der Stadt, denn der Wagen fuhr nicht, sondern stand seit jeher dort, immer in dieser Stellung, als biege er um die Ecke. Und er war seit jeher leer und gar kein Wagen der Elektrischen, ein Wagen auf vier Rädern war es und in dem durch die Nebel unbestimmt sich ausgießenden Mondlicht konnte er an alles erinnern. Und städtisches Pflaster war hier, pflasterartig war der Boden gestrichelt, ein musterhaft ebenes Pflaster, aber es waren nur die dämmerhaften Schatten der Bäu-

---

11 Vgl. Kafka (1992b: 124ff.).
12 Vgl. Politzer (1978: 19f.).
13 Vgl. Politzer (1978: 26).

me, die sich über die verschneite Landstraße legten (Kafka [1992a: 567f.], Her-
vorhebungen stammen von S. H.)

Bemerkenswert ist hier, dass die Metamorphosen der Metaphern durch das
Bild der „Stadt" vollzogen werden: Stadthaus am Wald – Stadthaus im freien
Feld – städtischer Verkehr; Wagen der Elektrischen – ein Wagen auf vier
Rädern im nebligen Mondlicht; städtisches Pflaster – die dämmerhaften
Schatten der Bäume auf der verschneiten Landstraße. Die Transformation
und die Transposition der städtischen Bilder werden so durch die ‚ästhetische
Apperzeption' auf schwindelerregende Weise in magischer Assoziationskette
realisiert und die Stadt selbst wird zum Abschluss des Textes zum Verschwinden gebracht. Der visionäre Bildzauber, der durch die Sprachmagie
der ‚ästhetischen Apperception' im Schreibvorgang heraufbeschworen wird,
zerrüttet die Ordnung der Dinge in der Welt und sorgt für ihre neue Formation in ihrer konstitutiven Metaphorizität auf dem weißen Papier.

Schluss

Kafka hat den Begriff der „Apperception", der ursprünglich als „cogito" in
der neuzeitlichen Philosophie eine herausragende Rolle spielte, unter dem
Einfluss von Herbarts Kritik übernommen und ästhetisch – und auch physiologisch – modifiziert, um ihn für seine Stadtdarstellung – und letztendlich für
sein ganzes Schaffen – fruchtbar zu machen. Barthes stellt in *Das Reich der
Zeichen*, das zugleich ein Buch zur „Schrift" ist, die folgende Betrachtung
zur Stadt Tokyo an: Sie habe „keine Klassifizierung" wie Straßennamen.
„Diese Unschärfe in der Bestimmung der Wohnung" setze ein Prinzip des
westlichen Denkens, „das Praktische sei stets das Rationalste", außer Kraft.
Demgemäß könne man diese Stadt „nur durch eine Tätigkeit ethnographischen Typs kennenlernen" d. h. nur „durch Gehen und Sehen, durch Gewöh-
nung und Erfahrung." „Einen Ort zum erstenmal besuchen heißt dann: beginnen, ihn zu schreiben: Da die Adresse ungeschrieben ist, muß sie sich eine
eigene Schrift schaffen." (Barthes [1981: 51ff.]*)*
     Diese Bemerkungen weisen eine frappante Ähnlichkeit mit Kafkas
Stadterfahrung durch die „ästhetische Apperception" auf, die auch, wie oben
gezeigt, explizit poetologischen Schrift-Charakter trägt. Auch hierin können
wir wohl ein Indiz dafür finden, dass Kafka die kulturelle Tradition des
Abendlandes geschickt unterläuft.

504 Seiji Hattori

Bibliographie

BARTHES, R. (1981 [1970]): *Ohne Adressen [Sans adresses]*. In: ders.: *Das Reich der Zeichen [L'Empire des signes]*. Aus dem Franz. von Bischoff, M. Frankfurt/M., S. 51–55.

BINDER, H. (Hg.) (1979): *Kafka-Handbuch*. Bd. 1. Stuttgart.

BROD, M. (1965): *Ungedrucktes von Franz Kafka*. In: „Die Zeit". Nr. 43 (den 22. Oktober 1965), S. 27.

BROD, M. (1906): *Zur Aesthetik*. In: „Die Gegenwart. Wochenschrift für Literatur, Kunst und öffentliches Leben". Berlin, 35. Jg., Bd. 69, Nr. 7 (den 17. Februar 1906), S. 102–104.

HEIDSIECK, A. (1994): *The Intellectual Contexts of Kafka's Fiction*. Columbia.

HERBART, J. F. (1968 [1850]): *Psychologie als Wissenschaft, neu gegründet auf Erfahrung, Metaphysik und Mathematik*. Zweiter, analytischer Theil. Nachdruck der Ausgabe 1850. Amsterdam.

IKEUCHI, O. / MIURA, M. (2004): *Akarui Kafuka [Ein heller Kafka]* (Gespräch [Jap.]). In: „Daikokai (Voyages into History, Literature and Thought)". 50 (2004), S. 56–84.

JANKE, W. (1971a): Art. „Apperzeption". In: RITTER, J. (Hg.): Historisches Wörterbuch der Philosophie. Bd. 1. Darmstadt, S. 448–450.

JANKE, W. (1971b): Art. „Apperzeption, transzendentale". In: RITTER, J. (Hg.): *Historisches Wörterbuch der Philosophie*. Bd. 1. Darmstadt, S. 451–455

KAFKA, F. (1990): *Tagebücher* (Franz Kafka: *Schriften, Tagebücher, Briefe. Kritische Ausgabe*. Frankfurt/M.). Hg. von KOCH, H.-G. u. a.

KAFKA, F. (1992a): *Nachgelassene Schriften und Fragmente II* (Franz Kafka: *Kritische Ausgabe*.). Hg. von Schillemeit, J.

KAFKA, F. (1992b): *Nachgelassene Schriften und Fragmente II, Apparatband* (Franz Kafka: *Kritische Ausgabe*.). Hg. von Schillemeit, J.

KAFKA, F. (1993a): *Nachgelassene Schriften und Fragmente I* (Franz Kafka: *Kritische Ausgabe*.). Hg. von Pasley, M.

KAFKA, F. (1993b): *Nachgelassene Schriften und Fragmente I, Apparatband* (Franz Kafka: *Kritische Ausgabe*.). Hg. von Pasley, M.

LINDNER, G. A., LUKAS, F. (1900): *Lehrbuch der Psychologie*. Wien.

MEINEKE, E. (2008): Art. „Stadt". In: BUTZER, G. u. a. (Hg.): *Metzler Lexikon literarischer Symbole*. Stuttgart, S. 364f.

POLITZER, H. (1978 [1962]): *Franz Kafka. Der Künstler*. Frankfurt/M.

WAGENBACH, K. (2006): *Franz Kafka. Eine Biographie seiner Jugend 1883–1912*. Neuauflage. Berlin.

CHEOL-UH LEE (Süd-Korea, Mokpo)

Das Menschenbild und die Großstadt
bei Alfred Döblin

Wenn W. Muschg Döblin angesichts seiner schillernden Produktivität als modernen Proteus bezeichnet,[1] verweist das auf die Suche dieses Autors nach neuen Möglichkeiten in einer geistigen Umbruchssituation. Der Prozess der Umwertung aller Werte, zu dem die seit der Mitte des 19. Jahrhunderts hochentwickelte Naturwissenschaft und die Technisierung beigetragen haben, brachte mit der Urbanisierung diametrale Veränderungen der Wahrnehmung hervor.

Döblin, als ein führender deutscher Avantgardist im beginnenden 20. Jahrhundert, war ein eingefleischter Großstädter. Darauf, wie sich seine narrative Produktivität zur Großstadt Berlin und ihren ständigen Geräuschen verhielt, schreibt er: „Ich habe kein Arbeitsceremonial, aber – ich kann in keiner fremden Stadt etc. arbeiten, (…) am sichersten nur in meiner Wohnung in Berlin und in Berliner Lokalen."[2] Und zum Lärm, er suche „zur Arbeit allgemeine Geräusche und geräuschvolle Räume auf, wie Cafés etc; mir scheint, dies tonisiert mich."[3]

In solchen Ausführungen ist seine positive Einstellung zur technisch und industriell entwickelten Großstadt als Paradigma und Experiment der Moderne impliziert. Bei Döblin erweist sich die moderne Metropole nicht als bloße materielle Gegebenheit, sondern als biologisch-organische Entwicklungsform der Stadt, d. h. als das Resultat einer „Umseelung" durch einen neu heraufgekommenen Geist. Döblin bezeichnet diesen neuen Geist in dem Text „Wissen und Verändern" (1931) als „dialektischen historischen Naturalismus" oder „Naturismus".[4] Im Naturismus will er den Spiritualismus mit dem Materialismus verbinden. In den naturphilosophischen Schriften „Das Ich über der Natur" (1928) und „Unser Dasein" (1933) wird dieser neue Geist mit genauerer Begründung zu einer ganzheitlichen Naturphilosophie erhoben.

---

1   W. Muschg (1962: 431): „Döblin (…) ist ein Proteus, der sich ständig verändert, weil ihn keine Wahrheit, die er findet, auf die Dauer befriedigt."
2   A. Döblin (1989: 214).
3   A. Döblin (1989: 213).
4   A. Döblin (1972: 195).

Im Aufsatz „Der Geist des naturalistischen Zeitalters" (1924) versucht Döblin, die Veränderungen der Kulturen durch die Idee des Kulturorganismus zu erklären: „Man bemerke, daß manche Kulturen einseitig bestimmte Organsysteme ausbilden, bestimmte Gehirnteil entwickeln, andere vernachlässigen. Die Energie wechselt, nachdem sie ihre Möglichkeiten erschöpft haben auf einem Gebiet, auf ein anderes hinüber. (…) Maßgebend für die Entwicklung, für den Wechsel der Kulturen, für den Antrieb zu neuer Variation sind besondere kraftvolle Menschen. (…) Sie drängen, wie man auch historisch sieht, die Epoche im Sinne ihrer Variation weiter."[5]

In der christlichen Tradition wurden die Europäer lange von der Vorstellung des Jenseits als des Sitzes Gottes beherrscht. Das Leben war für viele Christen vor allem ein Leben für das Jenseits. Ihr Wissen war kein konkretes Wissen im heutigen Sinne, sondern das Wissen um das Jenseits. Döblin meint, nur die ethischen Fragen seien für die Christen wichtig gewesen: „Das Wie blieb im Dunkeln, man beantwortete nur ethisch: wozu und warum."[6] Mit der Verlegung des Schwerpunktes der gesamten weltlichen Existenz in das Jenseits erschien das Menschenbild von tiefer Demut und zugleich von Hochmut bestimmt. Daraus entwickelte sich das demütige „Minderwertigkeitsgefühl", dass der Mensch vor Gott Nichts sei. Das Gefühl des Hochmuts bildete sich daraus, dass Gott oder Jenseits nur für die gläubigen Menschen Europas existierten.

Nach der metaphysischen Epoche folgte mit der Kopernikanischen Wende eine Übergangsperiode, in der sich die Aufmerksamkeit auf die bisher missachtete, „geschaffene" physische Natur richtete. Der „naturalistische Geist"[7] entwickelte sich als ein neuer Impuls; die metaphysische Gewalt ermattete langsam.

Diese neue junge Kraft wirke gegenwärtig in Amerika und Europa. Im naturalistischen Geist entwickle der Mensch ein „Kleinheitsgefühl" aber auch ein „Freiheits- und Unabhängigkeitsgefühl" als Elementargefühle. Jenes stamme aus der „Einsicht in die Belanglosigkeit des tierisch-menschlichen Einzelwesens" nach dem Verlust des Jenseitsglaubens. Dieses verbinde sich mit kräftiger Aktivität und Selbstverantwortungsgefühl. Das bedeute die Verweltlichung und die Verlagerung des Schwerpunktes der Existenz in das Diesseits.[8]

Der Wandel des Zeitgeistes beruhe auf der Variation des angeborenen „Gesellschaftstriebes"[9]. Im Wesentlichen bestimme dieser den Menschen als

---

5   A. Döblin (1989: 172).
6   A. Döblin (1989: 170).
7   A. Döblin (1989: 170).
8   Vgl. A. Döblin (1989: 172).
9   A. Döblin (1989: 171).

ein Kollektivwesen, was sich auf den Charakter aller Kulturen, ihres Geistes und ihrer gesellschaftlichen Ordnungen ausgewirkt habe. Hierbei erscheinen die scholastische, die humanistische und die derzeitige naturalistische Periode als Auswirkungen von Variationen des Gesellschaftstriebes. Der gesellschaftliche Strukturwandel sei von den alten festen Notverbänden wie Familien und Stämmen zu Städten und Großstädten erfolgt. Seine ständige Variation bilde stets eine neue Gesellschaftsordnung und einen neuen Menschentypus heraus.

Das Menschenbild der naturalistischen Epoche ist diesseitig und aktiv. Die Technik ist das Blut dieser Epoche. Ihr Geist schlägt sich in Erfindungen und in diversen Bereichen der menschlichen Arbeit nieder; sie hat eine ständige Intention zur Erweiterung ihrer selbst. Deshalb nennt Döblin sie einen „Dauerkrieg" und „permanente Eroberung der Welt".[10]

Den Geist des naturalistischen Zeitalters sieht Döblin als neuen Geist, dessen Charakter sich in der Menge der neuen Techniken und in der Masse der beteiligen Menschen deutlich zeige. Die Untergrundbahn gilt ihm als d i e Errungenschaft dieser siegreichen neuen Kraft. Döblin schreibt in diesem Sinn: „Unzweifelhaft ist der Kölner Dom die Äußerung eines starken bestimmten Geistes. Die Dynamomaschine kann es mit dem Kölner Dom aufnehmen."[11] Der neue Impuls braucht zu seiner Verwirklichung die Masse und führt zur Einbeziehung neuer Menschentypen in Fabrikarbeit, Bürotätigkeiten und Geschäftsleben. So entsteht aus zahlreichen Individuen ein technisch-industrielles Kollektivwesen. Dieses Kollektivwesen braucht Arbeitsstätten. Es entsteht die technische Stadt. Dabei wandelt sich die Funktion der alten Stadt durch die Kraft des neuen Geistes allmählich zur modernen technisch-industriellen Großstadt. Die moderne Großstadt wird zum adäquaten Leib der neuen Kraft. Die Städte werden zum „Korallenstock für das Kollektivwesen Mensch".[12] Diese Städte expandieren zudem an ihren Peripherien immer mehr. Durch die Verkehrs- und Kommunikationsmittel werden die deutlichen Grenzen zwischen Stadt und Land verwischt. Mit der Tendenz zur Expansion charakterisierte sich diese technische Epoche als übernational und als imperialistisch. Obwohl Döblin das Problem dieser Epoche als „Inkongruenz von Geistigkeit und Praxis", beruhend auf „der Ungeistigkeit des jungen technischen Triebes selbst"[13] erkennt, formulierte er ihr Ziel als den Vollzug der noch nicht gezogenen seelischen Konsequenz aus der Erkenntnis des Kopernikus: „Die Natur ist im ersten Abschnitt dieser Periode nur unbekannt und wird leidenschaftlich erforscht; später wird sie Geheimnis. Dies

---

10 A. Döblin (1989: 173).
11 A. Döblin (1989: 176).
12 A. Döblin (1989: 180).
13 A. Döblin (1989: 187).

Geheimnis zu fühlen und auf ihre Weise auszusprechen ist die große geistige Aufgabe dieser Periode."[14] In seiner in den 1920er Jahren entstandenen Naturphilosophie versucht er, das Menschenbild und die Weltanschauung der Epoche theoretisch zu begründen. Deshalb ist sie aufschlussreich für das Verständnis seiner Vorstellungen von der modernen Großstadt und der Technik.

Beim frühen Döblin kam das kognitive Subjekt durch das Konzept eines durch seine Bezüglichkeit mit der Welt bestimmten Ichs zu einem Wandel von der Überwelt zur Um- und Mitwelt. Die Auflösung des Subjektes bedeutete die Wiederherstellung der Weltkomplexität und die Entsubjektivierung der Welt. Diese Auffassung von der entpersönlichten Position wandelt sich durch Döblins Erkenntnis vom Ich-Charakter der Welt auf seiner Reise in Polen im Jahr 1924: „Ich bin ja das Ich, das sie alle hier anleuchtet."[15].In seinem naturphilosophischen Hauptwerk „Das Ich über der Natur" (1928) wird das Ich als das „Ur-Ich" bezeichnet und dieses als ein ontologisches metaphysisches Ganzheitsprinzip erklärt. Aber dieses monistische Weltprinzip ist weltimmanent. Danach sind alle Seienden „beseelt, sinnvoll, ichhaft".[16] Die Natur erwies sich angesichts ihrer inneren gesetzmäßigen Struktur, der äußeren Formen und der Ordnung der Zusammenhänge als ein Organismus, der ständig von einem Gleichgewicht zu einem anderen übergeht. Die Welt erschien als „die vieldimensionale Äußerung eines Ur-Ichs".[17] Konkreter formuliert Döblin das emanative Verhältnis des Ur-Sinns zu allen Seienden wie folgt: „Das Ur-Ich, wenn auch in der Verkrümmung der Zeit und der Vereinzelung, ist in jedem Wesen. Wie das Einzelne nicht real ohne das Ur-Ich, ist das Ur-Ich nicht ohne das Einzelne. Das Einzelne wirkt so als Täter und Schöpfer der Welt."[18] Dabei wird das Menschbild als dasjenige eines vom „Ur-Ich" zeitlich-räumlich emanierten von sich selbst getrennten, daher unvollkommenen Einzelwesens bestimmt, sodass von einer Aufspaltung des Ur-Sinns gesprochen werden kann.

Im Modell Döblins wird der Mensch auf der kollektiven Seite, als „Natur-Ich",[19] „plastisches Ich"[20] und „Gesellschafts-Ich"[21] passiv, und auf der individuellen Seite als unserem geläufigen Bewusstsein entsprechendes „Privat-Ich"[22] aktiv konzipiert. Unter dem Gesellschafts-Ich wird der Gesell-

14   A. Döblin (1989: 190).
15   A. Döblin (1968: 221).
16   A. Döblin (1928: 54).
17   A. Döblin (1928: 243).
18   A. Döblin (1928: 244).
19   Vgl. A. Döblin (1928: 177ff.).
20   Vgl. A. Döblin (1928: 154ff.).
21   Vgl. A. Döblin (1928: 156ff.).
22   Vgl. A. Döblin (1928: 163ff.).

schaftstrieb als Ursache der Kollektivität verstanden, unter dem Privat-Ich die Aktivität als die weltbauende Kraft des Ur-Ichs. Technik, Häuser, Geräte und Werkzeuge gehören zu ihren Leistungen. Bei Döblin bedeutet die Technik die Fortsetzung der Arbeits- und Organprinzipien der Natur und trägt zur Erhöhung und Übergipfelung der Natur bei. Aber die schaffende Aktion des Ichs bedeutet schließlich die Rückbewegung des unvollständigen Individuums zum vollkommenen Ur-Ich. Das ist Ent-Ichung, was heißt, sich mit dem Ur-Ich zusammenzuschließen und somit die unvollkommene Individuation zu überwinden. In „Unser Dasein" (1933) wird der Mensch als ein dialektisches Spannungsgefüge, als „Stück und Gegenstück der Natur" modelliert. Das erlebende Ich, dessen schaffenden Grundzüge aus „Existenz", „Einzigkeit" und „bildender Kraft"[23] bestimmt sind, habe zwar die Welt aufgebaut, aber seine Aktion als die Rückkehr zum Ur-Ich habe zur Unhaltbarkeit des Ichs geführt und bedeute dessen Unterwerfung unter die Realität.

In seinem Aufsatz „Großstadt und Großstädter" (1928)[24] stellt Döblin die Stadt Berlin als ein großes organisches Wesen dar. Um den Stoffwechsel in ihr zu unterhalten, schicke sie Eisenbahnen nach allen Seiten und lasse sie Menschen und Waren in ihren weiten Körper eintreten. Für die Beförderung zur Arbeit und zum Einkaufen seien elektrische Hoch- und Untergrundbahnen gebaut worden. Die Häuser, Mietskasernen und Straßen, die aber als einzelne Zellen im Organismus kein Gesicht hätten, unterwürfen sich dem Bildungsgesetz und dem Willen einer einzigen Macht, die hier die Großstadt baue. Diese habe die „Monotonie der wahrhaft großen Wesen",[25] und es herrsche in ihr „ein ungeheurer Arbeitswille",[26] der zur Entstehung eines neuen Typs des Menschen geführt habe. Die volle Wahrheit dieser Großstadt sei nur mit Hilfe des statistischen Jahrbuches darzustellen.

Döblin sieht in diesem Text von 1928 die Großstadt nicht konservativ negativ. Er ist der Meinung, dass sich die Literatur dieser und den Menschen in ihr öffnen solle. Die Menschen sieht er auf der Suche nach Gemeinschaftsgefühlen, obgleich sie viel differenzierter, individueller persönlicher geworden seien – eben durch die Großstadt. Zudem kritisch ... Der Mensch habe seinen „eingeborenen Adel (...) nicht an die Wirtschaft, an das Kapital oder an irgend einen Staat verkauft. (...) Alle Diktaturen wissen und fürchten dies."[27] Nach einer Anspielung auf die Sowjetunion, in die er 1928 noch

---

23 A. Döblin (1968: 49).
24 A. Döblin (1953: 221–241).
25 A. Döblin (1953: 223).
26 A. Döblin (1953: 224).
27 A. Döblin (1953: 240).

Hoffnungen setzt, wendet sich Döblin dem Ethos von „Glauben, Hoffen, Liebe" im Sinne des Paulus zu, der christlichen Liebe.[28]

Bibliographie

MUSCHG, W. (1962): *Nachwort.* In: DÖBLIN, A.: *Die Ermordung einer Butterblume. Ausgewählte Erzählungen.* Olten/Freiburg i. Br., S. 421–434

DÖBLIN, A. (1989): *Die Arbeit am Roman.* In: KLEINSCHMIDT, E. (Hg.): Döblin, A.: Schriften zu Ästhetik, Poetik und Literatur. Olten/Freiburg i. Br., S. 213–215

DÖBLIN, A. (1972): *Wissen und Verändern.* In: DÖBLIN, A.: *Der deutsche Maskenball von Linke Poot. Wissen und Verändern.* Olten/Freiburg i. Br., S. 125–266

DÖBLIN, A. (1989): *Der Geist des naturalistischen Zeitalters.* In: KLEIN-SCHMIDT, E. (Hg.): Döblin, A.: Schriften zu Ästhetik, Poetik und Literatur. Olten/Freiburg i. Br., S. 168–190

DÖBLIN, A. (1968*): Reise in Polen.* Olten/Freiburg i. Br.

DÖBLIN, A. (1928): *Das Ich über der Natur.* Berlin

DÖBLIN, A. (1964): *Unser Dasein.* Olten/Freiburg i. Br.

DÖBLIN, A. (1953): *Großstadt und Großstädter.* In: DÖBLIN, A. (Hg.): Minotaurus. Dichtung unter den Hufen von Staat und Industrie. Wiesbaden

---

28 Vgl. A. Döblin (1953: 241).

TAKAOKI MATSUI (Japan, Tokio)

Die Stadt als das Theater der Farben:
Zur Goetherezeption im *Passagen-Werk* Walter Benjamins

Es ist längst bekannt, dass Benjamin in seinen literarischen Essays dem Bild des Wetters besondere poetische Funktionen gab[1]. Aber auch in seinen Stadtbeschreibungen erhalten die Wetterbilder ganz konkrete Bedeutungen. Das gilt vor allem für seine unvollendeten Paris-Studien; dort wollte er in Anlehnung an Goethe die vergangene Blüte der wettergeschützten Ladenpassagen als „Urphänomene" auffassen. Die von ihm gesammelten „wirtschaftlichen Fakten" sollten nämlich

> *in ihrer selbsteignen Entwicklung [...] die Reihe der konkreten historischen Formen der Passagen aus sich hervorgehen lassen, wie das Blatt den ganzen Reichtum der empirischen Pflanzenwelt aus sich herausfaltet.* (1982: 577)

Die *selbsteigene* Entwicklung des Blattes ist nicht mechanisch vorprogrammiert; sie unterliegt den Wechselwirkungen der Naturelemente. Der Rhythmus des Wetters spielt eine große Rolle. Dasselbe gilt für die Entwicklung der Glasdächer der Ladenstraßen; die Läden benötigten lichtdurchlässige Dächer, damit sie sowohl bei schlechtem wie bei gutem Wetter die Passanten zum Einkauf locken konnten (1982: 83).

Wenn sie aber „bei plötzlichen Regengüssen der Zufluchtsort aller Überraschten" (ebd.) werden, so leiden sie auch an den negativen Folgen des Besucherandrangs. Denn „als Staub nimmt der Regen an den Passagen seine Revanche" (1982: 158); die Passanten bringen eine Menge Schlamm herein, der, bald ausgetrocknet, auf den Ladenauslagen trüben Staubschleier bildet. Mit dem ‚Versiegen' der Einnahmequellen verblasst also auch die lockende Farbe der Waren; der Konsumrausch wird abgekühlt. Der Flaneur, der dort von einer Rückkehr zur embryonalen Geborgenheit träumte und die zyklische Wiederkehr der Mode wie eine ontogenetische Wiederholung der Phylogenese genoss (1982: 161f.), wird daher auch von einem ernüchternd „kalte[n] Hauch" überrascht (1982: 672)[2].

---

1 Hamacher (1988).
2 Näheres zu diesem ‚kalten Hauch' der Embryonenwelt vgl. Matsui (2008: 144ff.).

Mit dem Bild des Wetters hatte sich Benjamin bereits in den frühsten kunsttheoretischen Schriften beschäftigt. Zuerst behandelte er die Beziehung zwischen den Regenwolken und den durchsichtigen Regenbogenfarben (1989: 19–26). Darauf setzte er sich in den Schriften zur Malerei (1977: 602–607) mit der ‚gewittrigen' Apokalyptik Kandinskys kritisch auseinander; in ihr bekundete sich auch die sozialökonomische Vision des Malers[3]. Und in der Notiz *Geld und Wetter* – die er um 1921, angesichts der bedrohlichen ‚Geldflut' (Inflation), vermutlich im Umgang mit den Heidelberger Ökonomen verfasste (1972: 941) – stellte er eine Parallele zwischen Geld- und Regengüssen her, indem er zwei Romane miteinander vergleichend betrachtete: *Lesabéndio* (Paul Scheerbart) und *Die andere Seite* (Alfred Kubin).

Diese Notiz nimmt die Grundmotive der Passagenarbeit vorweg. Denn der klimatische Gegensatz der beiden Romanwelten (extreme Trockenheit des bunt beleuchteten Asteroiden vs. dämmerhafte Trübe der Stadt „Perle") war nicht nur mit ihrem wirtschaftlichen Gegensatz (Geld- und Klassenlosigkeit vs. Mammonismus), sondern auch mit ihrem gegensätzlichen Städtebau verbunden (technophile Stahlskelette vs. restaurative Baupolitik); die Geschichte der Passagen war ebenfalls von dem Widerspruch zwischen der sozialistischen Architekturutopie und der Profitschlägerei geprägt. Kubins Roman gab Benjamin wohl auch Anlass dazu, die ‚irrationalistische' Traumtheorie von Ludwig Klages mutatis mutandis auf die Passagenarbeit anzuwenden. Denn während Klages die quasi-uterale Welt des Matriarchats zum utopischen Gegenpol des patriarchalen Kapitalismus erhob, stellte Kubin sie bloß als eine rückwärtsgewandte „andere Seite" der modernen Geldwirtschaft dar: als ein trübes despotisches „Traumreich", das bald durch die Invasion eines amerikanischen Industriellen zerstört werden sollte. Die Passagen, die bei Louis Aragon als „humane Aquarien" mit dem Mutterschoß assoziiert worden waren, wurden auf eine ähnliche Weise durch einen „amerikanischen Trieb" des Kapitalismus zerstört[4]. Von *Lesabéndio* lernte Benjamin dagegen die Gefahr des übereilten (totalitären) Utopismus. Anders als dessen Titelheld wagte er nämlich nicht selber einen Sprung in den wolkenlosen Raum; er kehrte der ‚Sonne' der utopischen Offenbarung den Rücken und betrachtete die trübe Vergangenheit mit dem Gestus eines rückwärtsgewandt im Sturm des Fortschritts treibenden Engels[5]. Seine Aufgabe sah er in einer ‚Spektralanalyse' der vergangenen Geldwirtschaft (1974: 1232)[6]; die dort unerfüllt begrabenen utopischen Hoffnungen der Toten sollen im Licht einer kommenden Offenbarung entdeckt werden. Die Offenbarung selbst mag so un-

---

3   Kandinsky (1952: 36ff.); Matsui (2008: 220ff.).
4   Aragon, *Le paysan de Paris* (1926); Zit. nach Benjamin (1982: 669).
5   Matsui (2008: 313ff., 341ff.).
6   Vgl. auch Benjamin (1972: 142).

sichtbar bleiben wie die UV-Strahlen; aber die Lücken, die dadurch im scheinbar bruchlosen Regenbogenmuster des Sonnenspektrums entstehen, geben uns die Hoffnung, dass wir noch unbekannte Züge der Toten erhellen könnten.

Anders als Goethe setzt Benjamin bei dieser Betrachtung die Existenz der unsichtbaren Strahlen voraus; dennoch fasst er ähnlich wie Goethe die historischen Fakten in der ‚Trübe' auf, die zwischen dem ‚Licht' (Erleuchtung) und der ‚Finsternis' (‚gewittriger' Geldflut) liegt. Die Besonderheit seiner ‚Spektralanalyse' wird deutlich, wenn man sie mit Simmels Farbmetaphorik vergleicht. Simmel verglich die Eigenschaft des Geldes mit derjenigen des weißen Lichts: Als ein neutral scheinendes Tauschmittel vereinigt das Geld

in sich den ganzen Farbenreichtum des wirtschaftlichen Lebens, wie das farblos erscheinende Weiß alle Farben des Spektrums in sich enthält. (Über sociale Differenzierung)[7]

Die in der Großstadt hochentwickelte Geldwirtschaft steigert die Buntheit des Markts, wobei sie zugleich die qualitativen Unterschiede der dort angebotenen Dinge (wegen ihrer Austauschbarkeit) nivelliert. Dem Großstadtbewohner, dessen überforderte Nerven ohnehin nicht mehr „auf neue Reize mit der ihnen angemessenen Energie [...] reagieren" können, erscheinen daher die Dinge in einer „gleichmäßig matten und grauen Tönung". Daraus erklärt sich auch der Überdruss der Großstadtkinder (*Die Großstädte und das Geistesleben*)[8].

Für Benjamin war diese Analogie schon deshalb problematisch, weil die Zusammensetzung der ungetrübten Spektralfarben erst jenseits der ‚regnerischen' Geldwirtschaft zu erblicken wäre. Sein Gegenstand war die Farbe der Waren, die unter den *schmutzig trüben* Glasdächern (1982: 211f.) angeboten wurden. Auch in der Langeweile des „grau" und „ebenmäßig" gefärbten großstädtischen Alltags witterte er – im Rückblick auf die *Regen*tage seiner Kindheit – eine Scheu vor den Sonnenstrahlen (1982: 159). Wie lebt nun der Erwachsene in dieser Trübe? Der Träumer, der sich regressiv in graugetöntes Erinnerungsbild seiner Kindheit oder seiner Vatergeneration versenken will, nimmt nicht nur Zuflucht im Drogen- und Konsumrausch; im Rotlichtmilieu sucht er sich, aus Scham vor dem eigenen Verhalten, hinter dem metallenen „Schorf" des Aufgelds zu verstecken:

---

7 Simmel (1989: 291); diese Analogie wird in seiner *Philosphie des Geldes* weiterentwickelt.

8 Simmel (1995: 121).

Kein Mädchen würde sich entschließen, Hure zu werden, rechnete sie allein mit der tarifmäßigen Entlohnung durch ihre Partner. [...] So viele Nuancen der Zahlung wie Nuancen des Liebesspiels [...]. Die schamgerötete Wunde am Körper der Gesellschaft sondert Geld ab und heilt. Sie überzieht sich mit metallnem Schorf. [...] Die Frechheit wirft die erste Münze auf den Tisch, die Scham zahlt hundert drauf, um sie zu bedecken. (1982: 615)

Die Geldwirtschaft weist also Benjamin zufolge eine Heilkraft gerade dort auf, wo sie unsere Bestialität bloßzulegen scheint; ihre ‚Trübe' gibt uns einen Spielraum für die Taten, die unser egoistisches Profitprinzip unterlaufen. – Er betrachtete zuvor in einem frühen Fragment *Über die Scham* eine derart dialektische Umkehrbarkeit des erniedrigten Daseins als das Potential der Schamröte selbst. In Anlehnung an Goethe (*Farbenlehre*, § 666) unterstellte er dabei zuerst die Überlegenheit der menschlichen Hautfarbe gegenüber den bunten Farben der Tiere, folgte aber nicht dem Argument des Dichters, da sonst ihr Vorrang beim Erröten verloren ginge:

Goethe bemerkt, dass die Farben an den organischen Wesen Ausdruck ihres Inneren sind. Das bedingt eine sehr merkwürdige [...] trübende Veränderung des Grundwesens der Farbe in der organischen Welt. Trübend: weil es dem reinen Wesen der Farbe nicht entspricht, Ausdruck eines Farbigen, Ausdruck vom Innern eines Farbigen zu sein. (1985: 70)

Im Unterschied zur „bunten Scham eines Affen" (ebd.), die Goethe wie ein Ausdruck der Unvollkommenheit des Tiers vorkam, zeigt laut Benjamin die Schamröte nicht etwa eine ‚innere Unruhe' des Beschämten; sie „steigt nicht aus dem Innern hoch", sondern

von außen von oben her übergießt sie den Beschämten und löscht in ihm die Schande und entzieht ihn zugleich den Schändern. Denn in jener dunklen Röte, mit der die Scham ihn übergießt, entzieht sie ihn wie unter einem Schleier den Blicken der Menschen. (1985: 69f.)

Mit einem fast esoterischen Argument trennte hier Benjamin das Innere des Beschämten (und das ‚reine Wesen' der Farbe) von der dunklen Röte, die es undurchsichtig zu verhüllen schien. Die so vermutete Schutzfunktion des trüben Schamschleiers war es, die er bald als die des Aufgelds auffassen sollte. In seinem ‚materialistischen' Spätwerk verfolgte er noch weitere Farberscheinungen: die Farben der bürgerlichen Einrichtungen in *Berliner Kindheit*; das Weiß und Rot in der ‚eiskalt' stagnierten russischen Planwirtschaft... So bunt inszenierte er seinen Kampf mit dem betrüblichen Zwang der Geldwirtschaft. Auch in der umstrittenen Deutung der baudelaireschen Weingedichte (1974: 519f.) ging es ihm wohl eigentlich darum zu betrachten,

wie ein flüchtiger Schimmer der Steuerfreiheit sich in die rötliche Gesichts-
farbe des verelendeten Arbeiters einmischte.

Bibliographie

BENJAMIN, W. (1974): *Gesammelte Schriften*, I, Frankfurt a. M.
BENJAMIN, W. (1977): *Gesammelte Schriften*, II, Frankfurt a. M.
BENJAMIN, W. (1972): *Gesammelte Schriften*, IV, Frankfurt a. M.
BENJAMIN, W. (1982): *Gesammelte Schriften*, V, Frankfurt a. M.
BENJAMIN, W. (1985): *Gesammelte Schriften*, VI, Frankfurt a. M.
BENJAMIN, W. (1989): *Gesammelte Schriften*, VII, Frankfurt a. M.
HAMACHER, W. (1988): *The Word Wolke – If It is One*, In: NÄGELE, R.
   (Hg.) Benjamin's Ground, Detroit, S. 147–176.
KANDINSKY, W. (1952): *Über das Geistige in der Kunst*, Bern.
MATSUI, T. (2008): *Walter Benjamin und die Kunst des Graphischen*,
   http://edoc.hu-berlin. de/docviews/abstract.php?lang=ger&id=29120
SIMMEL, G. (1989): *Gesamtausgabe*, II, Frankfurt a. M.
SIMMEL, G. (1995): *Gesamtausgabe*, VII–I, Frankfurt a. M.

Mechthild Duppel-Takayama (Japan, Tokyo)

Abgründige Organismen.
Die Murakami-Stadt als
Exponent globalisierter Metropolen

Murakami Haruki ist der weltweit meistgelesene japanische Schriftsteller. Er wurde bisher in 42 Sprachen übersetzt, 21 seiner Bücher liegen auf Deutsch vor, und in Japan selbst hat Murakami regelmäßig Millionenerfolge. Japanische Exotik sucht man vergeblich in seinen Geschichten, mehr noch: Die Orte und Personen darin sind austauschbar, dem Namen nach zwar japanisch, doch ebenso gut in einem völlig anderen Teil der Welt denkbar. Lisette Gebhardt nennt dies „geruchslos".[1] Die Geruchslosigkeit ergibt sich vor allem aus der Tatsache, dass Murakami Großstadtliteratur schreibt in einer Zeit, in der sich große Städte zunehmend ähnlich werden – in ihrer Architektur, dem Konsum- und Warenangebot, den Arbeits- und Wohnbedingungen: Eine vertraute Kulisse für viele Leser, deren Alltag sich nicht allzu sehr von dem des Murakami-Helden unterscheidet. Dass dieser Alltag in der Großstadt fragil ist, dass das unbeschwerte Leben jederzeit durch unheimliche Geschehnisse aufgebrochen werden kann, demonstriert der Autor in seinen Werken. Murakamis Stadtbeschreibungen werden nachfolgend anhand von drei Veröffentlichungen vorgestellt, die die Kontinuität der Beschäftigung Murakamis mit der Großstadtwelt und -unterwelt zeigen.

In dem 1985 erschienenen *Hard-boiled Wonderland und das Ende der Welt* sieht Hubert Winkels „ein Herzstück der Romanwelt des Murakami Haruki",[2] und tatsächlich sind darin die Erzählelemente zu finden, die als typisch für Murakami bezeichnet werden: der Großstadtheld ohne Familie und Freunde, der Einbruch des Phantastischen in den Alltag und die Existenz von Parallelwelten.

Der Roman besteht aus zwei Teilen, *Hard-boiled Wonderland* und *Das Ende der Welt*, die sich kapitelweise abwechseln, sodass zwei Geschichten

1   Lisette Gebhardt: *Das Fernziel? Die Rettung der Welt*. In: FAZ, 25. 7. 2009.
2   Hubert Winkels: *Ein Parzival aus Japan. Warum „Hard-boiled Wonderland und Das Ende der Welt" Haruki Murakamis bester Roman ist*. In: Die Zeit, 27. 4. 2006.

parallel erzählt werden.[3] *Hard-boiled Wonderland* kann man als „Mischung aus einem Mystery- und einem Jump-and-Run-Spiel für den PC"[4] bezeichnen, dessen lockerer Stil sofort den Duktus des Murakami-Helden erkennen lässt. Dieser Ich-Erzähler lebt in einer zunächst namenlosen Großstadt, die im Handlungsverlauf an nur wenigen Stellen verortet wird, zum ersten Mal in Kapitel 3, als sich der Held in einem Hochhaus zum Büro seines Auftraggebers begibt:

> *Ich (...) stieg vorsichtig Stufe für Stufe die glitschige Leiter hinab. Mit jeder Stufe wurde das Rauschen des Wassers lauter und deutlicher. Hinter dem Wandschrank im Zimmer eines Hochhauses ein Felseinschnitt, auf dessen Grund ein Bach floss. Das gab`s doch nicht! Und noch dazu mitten in Tokyo!* (30)[5]

Später werden auch die Stadtteile Aoyama (149), Shinjuku (151 u. 427) und Ginza (425 u. 496) genannt, der Kaiserpalast (160), die Ginza-U-Bahnlinie und zwei ihrer Stationen (351f.), die Marunouchi-Linie (427), der Meiji-Schrein (352) und der Hibiya-Park (487). Doch diese Namen sind austauschbar, sie könnten ohne inhaltlichen Verlust durch andere ersetzt werden. Es handelt sich um eine Großstadtkulisse der Gegenwart, aber die Topographie, ein konkret nachvollziehbares, einmaliges Stadtbild, ist Murakami in *Hard-boiled Wonderland* offensichtlich nicht wichtig.

Ganz anders geht er in *Das Ende der Welt* vor, wo nichts vom Tempo und der lokalen Beliebigkeit des *Wonderland* zu spüren ist. Bereits die ersten Sätze vermitteln die Stimmung der „klassischen Fantasy"[6]:

> *Wenn es Herbst wird, überzieht dicker goldener Pelz ihre Körper. Im wahrsten Sinne golden. Kein anderer Farbton hätte sich daruntermischen können. Ihr Gold kommt als Gold auf die Welt und existiert auf der Welt als Gold. Golden gefärbt ohne den geringsten Zwischenton sind sie da zwischen allem Himmel und aller Erde.* (21)

Bei den Tieren handelt es sich um Einhörner, anhand deren abendlichen Austriebs Murakami schon auf den ersten Seiten die Stadt in *Das Ende der Welt* sehr genau beschreibt (23). Das Buch enthält eine Karte dieser Stadt, und im

---

3   Sie wurden auch von zwei Übersetzern ins Deutsche übertragen: Jürgen Stalph übersetzte *Hard-boiled Wonderland*, Annelie Ortmanns *Das Ende der Welt*.

4   Burkhard Spinnen: *Das universelle „Du darfst". Haruki Murakamis Roman „Hard-Boiled Wonderland und das Ende der Welt".* In: Süddeutsche Zeitung, 16. 5. 2006.

5   Alle Seitenangaben beziehen sich auf die in der Bibliographie genannten deutschen Übersetzungen.

6   Burkhard Spinnen, a. a. O.

Erzählverlauf werden alle dort verzeichneten Stellen thematisiert: etwa der Weg des Protagonisten zur Bibliothek, wo er alte Träume aus Einhornschädeln liest; der Uhrturm, dessen Zeiger stillstehen; der unheimliche See im Süden; und immer wieder die bedrohliche Mauer.

Währenddessen hat der Held im *Wonderland* Bekanntschaft mit einer riesigen unterirdischen Anlage gemacht, die von so genannten „Schwärzlingen" beherrscht wird. Murakami lässt ihn wiederholt die Irrealität des Erlebten betonen:

> *Der idiotische Aufzug, die riesige Höhle hinten in dem Wandschrank, die Schwärzlinge, das Tonwegnehmen, das alles war einfach verrückt. Und dann hatte man mir zum Abschied auch noch einen Schädel geschenkt.* (88)

Dieser Schädel entpuppt sich als Einhornschädel: Es gibt eine Verbindung zwischen *Hard-boiled Wonderland* und *Das Ende der Welt*. Der Großstadtheld will die Auflösung seines Durchschnittslebens nicht wahrhaben, doch das Verschwinden seines Auftraggebers zwingt ihn, nachts ein zweites Mal in den Untergrund zu steigen, eine Reminiszenz an vorindustrielle Zeiten:

> *Hinten im Wandschrank breitete sich dieselbe Finsternis aus, die ich beim ersten Mal gesehen hatte, aber sie kam mir, vielleicht weil ich jetzt von der Existenz der Schwärzlinge wusste, bei weitem dichter und kälter vor. Perfekter kann Finsternis nicht sein. Bevor man die Dunkelheit von der Erde verbannte, indem man in den Städten die Straßen beleuchtete, Neonreklame installierte und Schaufenster illuminierte, muss die Welt voll gewesen sein von solchen Dunkelheiten.* (239)

Auf dem Weg fungiert ein Element des großstädtischen Morgens, die Zeitung, motivartig als Verbindung zur oberirdischen Realität (287, 298, 350). Die konkrete Rückkehr vom Reich der Schwärzlinge in die Stadt führt durch die Kanalisation in das U-Bahnnetz, „die Verlängerung der überirdischen Kultur" (375). Oben ist die Stadt unverändert, „die Welt war im Lot, alles verlief normal" (403). Auch der Erzähler verbringt Stunden der Normalität, wie sie in jeder Großstadt denkbar sind, weiß aber inzwischen, dass er bald Teil einer anderen Realität sein wird. Er beschreibt eine Stadt in seinem Kopf – die Stadt, die aus *Das Ende der Welt* bereits bekannt ist:

> *Ein Fluss fließt hindurch, und sie ist von einer hohen Mauer aus Ziegelsteinen umgeben. Die Bewohner können nicht heraus. Nur die Einhörner können die Stadt verlassen. Wie Löschpapier saugen sie die Identität, das Ego der Bewohner auf und transportieren es vor die Stadt. Deshalb gibt es in der Stadt keine Identität, kein Ego.* (448)

Eine übermächtige Stadt mit Bewohnern ohne Identität, ahnungslos und ohne das Bewusstsein, unglücklich zu sein – damit charakterisiert Murakami nicht nur die Fantasy-Stadt, sondern auch die Stadt unserer Gegenwart. Drei Punkte der Stadtdarstellungen in diesem Roman lassen sich festhalten: die vermeintliche Friedlichkeit des Lebens in einer modernen, vordergründig geordneten Stadt; der Stillstand, die Wunsch- und Glücklosigkeit in der abgeschlossenen inneren Stadt; und die latente Bedrohung durch Mächte unter der Oberfläche.

Zehn Jahre nach *Hard-boiled Wonderland und das Ende der Welt*, im Frühjahr 1995, wurde die von Murakami fiktiv angelegte Bedrohung im Untergrund, der potenzielle Krieg, zur Realität: Mitglieder der Aum-Sekte verübten im U-Bahnnetz der Stadt Tokyo einen Giftanschlag. Zwölf Menschen starben, etwa 3800 wurden verletzt. 1997 veröffentlichte Murakami eine umfangreiche Dokumentation des Anschlags mit 60 Interviews[7] von Opfern: *Untergrundkrieg*. In Vor- und Nachwort äußert er sich zu der aufwändigen Recherchearbeit und zu seiner Motivation für dieses Buch. Neben der Erschütterung über die diskriminierende Behandlung der Opfer und der Hoffnung auf ein „tieferes Verständnis der japanischen Gesellschaft" (314) zieht er eine Parallele zu *Hard-boiled Wonderland und das Ende der Welt* angesichts der Tatsache, dass der Anschlag unterirdisch stattfand und seine Phantasien einer Unterwelt mit Schwärzlingen zu bestätigen schien:

> *Als ich von dem Sarin-Anschlag in der U-Bahn erfuhr, fielen mir ganz unwillkürlich die Schwärzlinge ein. (Ich bildete) mir ein, es gäbe zwischen den von mir geschaffenen bösen Wesen und jenen finsteren Eindringlingen, die den Pendlern in der U-Bahn aufgelauert hatten, eine Verbindung. (...) Für mich bedeuten sie schlicht den Inbegriff der Gefahren, die stets im Dunkeln lauern und denen wir in Wirklichkeit nie begegnen. (321f.)*

Die Gefahren der Großstadt, die „Sinnverlassenheit des modernen Menschen" und der „drohende Selbstverlust der Individuen"[8] – diese Themen Murakamis finden sich auch in dem 2004 erschienenen *Afterdark*. Der Roman unterscheidet sich zunächst deutlich von Murakamis anderen Werken. Es gibt keinen Ich-Erzähler, sondern die Leser werden auf eine Kamerafahrt mitgenommen:

> *Vor uns liegt eine Großstadt. Mit den Augen eines hoch am Himmel fliegenden Nachtvogels nehmen wir die Szenerie wahr. Aus dieser Höhe wirkt die Stadt wie ein riesiges Lebewesen. (...) Wir richten unseren Blick auf einen Teil, an dem die*

---

7   Die deutsche Übersetzung ist eine Kürzung und enthält lediglich 34 Interviews.
8   Martin Maria Schwarz: *Mikado. Haruki Murakami: „Afterdark"*. Manuskript einer Sendung des Hessischen Rundfunks (hr 2) am 5. 1. 2006, S. 3.

Konzentration der Lichter besonders dicht ist, und lassen ihn an diesem Punkt
ruhig hinabsinken in das Meer aus bunten Leuchtreklamen. (9)

Aus dieser Außenperspektive werden drei Szenarien präsentiert, protokollar-
tige Aufzeichnungen einer Nacht in der Großstadt zwischen 23.56 Uhr und
6.52 Uhr. Die Erzählweise ähnelt Regieanweisungen eines Drehbuchs und
erinnert an klassische Großstadtfilme. Murakami erzählt parallel von zwei
Schwestern, Mari und Eri. Die Chinesischstudentin Mari lernt in einem Restaurant einen Posaunisten kennen und wird später zum Dolmetschen in ein
Stundenhotel geholt, wo eine chinesische Prostituierte von ihrem Freier ver-
prügelt wurde. Dieser Freier ist Computerspezialist und sitzt nach der Tat bei
nächtlicher Arbeit im Büro. Dazwischen läuft der dritte Handlungsstrang im
Zimmer von Eri, die seit Monaten schläft. „Wir" beobachten, wie ihr Fernse-
her sich einschaltet und ein anderes Zimmer zeigt. Eri wird allmählich auf
diese andere Seite gezogen, ohne dass „wir" es verhindern können. Der oben
erwähnte Einbruch des Phantastischen und die Existenz von Parallelwelten
finden sich also auch in *Afterdark* wieder. Allerdings sind diese Elemente auf
Eri beschränkt, die übrige Handlung weist kaum einen Moment des Abglei-
tens auf. Nur in den Dialogen wird der jedem Individuum drohende Abgrund
thematisiert, die trügerische Stabilität des normgerechten Alltagslebens:

(...) etwas wie eine Mauer, die verschiedene Welten trennt, existiert in Wirklich-
keit gar nicht. (...) Wenn man sich plötzlich dagegenlehnt, bricht man möglich-
erweise durch und landet auf der anderen Seite. Vielleicht merken wir bloß nicht,
dass sich die andere Seite schon in unser Inneres hineingestohlen hat. (118)

Hierbei geht es um die Möglichkeit, selbst ein Verbrechen zu begehen: die
horizontale Verschiebung des Lebens. Eine vertikale Verschiebung, weit
dramatischer, wird ebenfalls erwähnt:

(...) auch wenn der Boden, auf dem wir stehen, fest zu sein scheint, braucht nur
irgendetwas zu passieren, und wir brechen tief ein. Und dann ist alles vorbei, wir
können nie mehr zurück. Danach leben wir nur noch allein dort unten, in einer
halbdunklen Welt. (192)

Am Ende des Romans weicht die Dunkelheit, es wird Morgen, doch nichts ist
aufgelöst, „ein Mantel hat sich über das Chaos gelegt" (211).
　　Verdecktes Chaos, Wirklichkeit werdende Albträume und Wunsch- und
Glücklosigkeit. So unterschiedlich diese drei Bücher von Murakami Haruki
auch sein mögen – *Afterdark* eine filmische Suggestion, *Untergrundkrieg*
eine Dokumentation, *Hard-boiled Wonderland und das Ende der Welt* eine

Mystery-Fantasy – die darin beschriebene Murakami-Stadt ist die Metropole unserer Zeit.

Bibliographie

MURAKAMI, H. (1985): *Sekai no owari to hādoboirudo wandārando*, Shinchōsha, Tokyo. Deutsch: *Hard-boiled Wonderland und das Ende der Welt*, TB-Ausgabe 2007, btb, München.
MURAKAMI, H. (1997): *Andāguraundo*, Kōdansha, Tokyo. Deutsch: *Untergrundkrieg. Der Anschlag von Tokyo*, TB-Ausgabe 2004, btb, München.
MURAKAMI, H. (2004): *Afutādāku*, Kōdansha, Tokyo. Deutsch: *Afterdark*, TB-Ausgabe 2007, btb, München.

Publikationen der Internationalen Vereinigung für Germanistik (IVG)

Herausgegeben von Franciszek Grucza und Jianhua Zhu

Band 1 in Vorbereitung

Band 2 Akten des XII. internationalen Germanistenkongresses, Warschau 2010. Vielheit und Einheit der Germanistik weltweit. Eröffnungsvorträge – Diskussionsforen. Herausgegeben von Franciszek Grucza. 2012.

Band 3 Akten des XII. internationalen Germanistenkongresses, Warschau 2010. Vielheit und Einheit der Germanistik weltweit. Jiddische Sprache und Literatur in Geschichte und Gegenwart / Luxemburgistik im Spannungsfeld von Mehrsprachigkeit, Regionalität, Nationalität und Internationalität / Niederländische Sprach- und Literaturwissenschaft mit besonderer Berücksichtigung des Afrikaan / Oudere Nederlandse Letterkunde (Ältere Niederländische Literatur). Herausgegeben von Franciszek Grucza. Mitherausgeber: Simon Neuberg, Claude D. Conter, Jerzy Koch, Stefan Kiedroń. 2012.

Band 4 Akten des XII. internationalen Germanistenkongresses, Warschau 2010. Vielheit und Einheit der Germanistik weltweit. Sprache in der Literatur / Kontakt und Transfer in der Sprach- und Literaturgeschichte des Mittelalters und der Frühen Neuzeit / Die niederländische Sprachwissenschaft - , diachronisch und synchronisch. Herausgegeben von Franciszek Grucza. Mitherausgeber: Anne Betten, Alexander Schwarz, Stanisław Prędota. 2012.

Band 5 Akten des XII. internationalen Germanistenkongresses, Warschau 2010. Vielheit und Einheit der Germanistik weltweit. Einheit in der Vielfalt? Der Europadiskurs der SchriftstellerInnen seit der Klassik. Vielheit und Einheit des Erzählens? Möglichkeiten einer historischen Narratologie. Globalisierung – eine kulturelle Herausforderung für die Literaturwissenschaft? Germanistische Abgrenzungen. Herausgegeben von Franciszek Grucza. Mitherausgeber: Paul Michael Lützeler, Matías Martínez, Regina Hartmann. 2012.

Band 6 Akten des XII. internationalen Germanistenkongresses, Warschau 2010. Vielheit und Einheit der Germanistik weltweit. Nationale und transnationale Identitäten in der Literatur. Ich, Individualität, Individuum. Kulturelle Selbst-Vergewisserung in der Literatur. Herausgegeben von Franciszek Grucza. Mitherausgeber: Aleya Khattab, Dirk Kemper. 2012.

Band 7 Akten des XII. internationalen Germanistenkongresses, Warschau 2010. Vielheit und Einheit der Germanistik weltweit. Politische Romantik im 19. und 20. Jahrhundert. Die deutsche Romantik und ihre Folgen. Der deutschsprachige politische Roman. Herausgegeben von Franciszek Grucza. Mitherausgeber: Ulrich Breuer, Min Suk Choe, Penka Angelova. 2012.

Band 8 Akten des XII. internationalen Germanistenkongresses, Warschau 2010. Vielheit und Einheit der Germanistik weltweit. Aufgaben der Erforschung der Mittleren Deutschen Literatur bzw. der Kulturgeschichte der Frühen Neuzeit. Autofiktion. Neue Verfahren literarischer Selbstdarstellung. Klassische Moderne-Schwellen. Herausgegeben von Franciszek Grucza. Mitherausgeber: Hans-Gert Roloff. Martina Wagner-Egelhaaf, Claudia Liebrand. 2012.

Band 9 Akten des XII. internationalen Germanistenkongresses, Warschau 2010. Vielheit und Einheit der Germanistik weltweit. Post/Nationale Vorstellungen von „Heimat" in deutschen, europäischen und globalen Kontexten. Nationale Erinnerungskulturen im Zeitalter der Globalisierung. Deutsch-polnische Erinnerungsorte. Herausgegeben von Franciszek Grucza. Mitherausgeber: Friederike Eigler, Janusz Golec, Leszek Żyliński. 2012.

Band 10 Akten des XII. internationalen Germanistenkongresses, Warschau 2010. Vielheit und Einheit der Germanistik weltweit. Film und visuelle Medien. Multimediale und transnationale Kommunikation im Barockzeitalter. Entwicklungen in der deutschsprachigen Gegenwartsliteratur und Medien 1989. Literatur-Medien-Kultur im germanistischen Kontext. Herausgegeben von Franciszek Grucza. Mitherausgeber: Ryozo Maeda, Mirosława Czarnecka, Carsten Gansel, Jacek Rzeszotnik. 2012.

Band 11 Akten des XII. internationalen Germanistenkongresses, Warschau 2010. Vielheit und Einheit der Germanistik weltweit. Erzählte Geschichte-Erinnerte Literatur. Schreiben im Holocaust. Geschlecht, Generation und Nation. Bilaterale Interkulturelle Kommunikation in der Globalisierung. Herausgegeben von Franciszek Grucza. Mitherausgeber: Waltraud Maierhofer, Jörg Riecke, Monika Shafi, Xiaohu Feng. 2012.

Band 12 Akten des XII. internationalen Germanistenkongresses, Warschau 2010. Vielheit und Einheit der Germanistik weltweit. Interkulturalität als Herausforderung und Forschungsparadigma der Literatur und Medienwissenschaft. Sprachliche Höflichkeit zwischen Etikette und kommunikativer Kompetenz: linguistische, interkulturelle und didaktische Überlegungen. Herausgegeben von Franciszek Grucza. Mitherausgeber: Ortrud Gutjahr, Eva Neuland. 2012.

Band 13 Akten des XII. internationalen Germanistenkongresses, Warschau 2010. Vielheit und Einheit der Germanistik weltweit. Interkulturelles Verstehen und Kontrastives Vergleichen. Formen literarischer und intellektueller Zusammenarbeit. Herausgegeben von Franciszek Grucza. Mitherausgeber: Teruaki Takahsi, Julian Preece, Dagmar C.G. Lorenz. 2012.

Band 14 Akten des XII. internationalen Germanistenkongresses, Warschau 2010. Vielheit und Einheit der Germanistik weltweit. Koloniale und postkoloniale deutschsprachige Literatur. Die deutschsprachige Kultur und Lateinamerika. Indien im Spiegel der deutschen Dichtung. Klimachaos und Naturkatastrophen in der deutschen Literatur – Desaster und deren Deutung. Stadtvorstellungen und –utopien in Literatur und Geschichte. Herausgegeben von Franciszek Grucza. Mitherausgeber: Adjaï Paulin Oloukpona-Yinnon, Wille Bolle, Balasundaram Subramanian, Gabriele Dürbeck, Yoshito Takahashi. 2012.

Band 15 Akten des XII. internationalen Germanistenkongresses, Warschau 2010. Vielheit und Einheit der Germanistik weltweit. Deutsche Morphologie im Kontrast. Beschreibende deutsche Grammatik. Synthetische Grammatik des Deutschen als einzelsprachliche Grammatik auf universeller Basis. Corpusdaten und grammatische Regeln. Sprachkonzepte und Grammatikmodelle im DaFiA-Unterricht. Herausgegeben von Franciszek Grucza. Mitherausgeber: Horst J. Simon, Józef Paweł Darski, Kennosuke Ezawa, Stefan J. Schierholz, Peter Colliander. 2012.

Band 16 Akten des XII. internationalen Germanistenkongresses, Warschau 2010. Vielheit und Einheit der Germanistik weltweit. Germanistische Textlinguistik. Digitalität und Textkulturen. Vormoderne Textualität. Diskurslinguistik im Spannungsfeld von Deskription und Kritik. Herausgegeben von Franciszek Grucza. Mitherausgeber: Margot Heinemann, Beata Mikołajczyk, Beate Kellner, Ingo H. Warnke. 2012.

Band 17 Akten des XII. internationalen Germanistenkongresses, Warschau 2010. Vielheit und Einheit der Germanistik weltweit. Diachronische, diatopische und typologische Aspekte des Sprachwandels. Interferenz-Onomastik. Sprachgeschichte und Textsorten. Deutsche Dialekte und Regionalsprachen. Herausgegeben von Franciszek Grucza. Mitherausgeber: Michail L. Kotin, Wolfgang Haubrichs, Józef Wiktorowicz, Ewa Żebrowska. 2012.